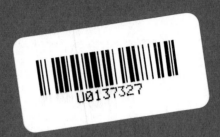

目录

Contents

方言备终录

（*Maximes éternelles ou Préparation à La Mort*）

利高烈（Alphonse De Liguori）原著
苗仰山（C. Bortolazzi）译

土山湾慈母堂
上海
1907年

导读

Introduction

游汝杰

《方言备终录》由意大利耶稣会传教士苗仰山（C.Bortolazzi）根据意大利天主教会利高烈（Alphonse De Liguori，1696—1787）的原著译成“松江土白”。该书有两种版本，一种是纯中文版，天主教耶稣会会士苗仰山序于光绪三十二年（1906 年），1906 年上海土山湾慈母堂排印，328 页；另一种是法文和松江方言汉字、罗马字的对照双语本，作者及书名等如下：S. Alphonse De Liguori，*Préparation à La Mort*（*dialecte de Chang-hai*），imprimerie de la mission Catholique，orphelinat de TOU-SE-VE，1907（利高烈原著，《方言备终录》，上海土山湾慈母堂排印，1907 年），656 页。

此书宣讲天主教的教理，内容有关生死、善恶、天堂、地狱、灵魂、肉身等，劝世人行善死后升天堂，全书分36日编排，每日讲一个话题。例如第二日《想世上的福一死就完》、第十三日《想世俗的虚假》等。西洋传教士编撰了大量宣传教理的著作，其中用吴语方言编写或翻译的就有上百种之多，例如上海话土白本还有《进教要理问答》（1855），宁波话有 *T'in-lu ts-nen*（《天路指南》，1857），苏州话有《真道略论》（1883），杭州话有《祷文经诫》（1867），崇明方言有《崇明方言问答》（1930）等。

本书篇幅较长，用句逗标点，其特点是行文流畅，不仅有大量单句和复句，并且有成篇语料。借此不仅可以研究百多年前松江话的词汇、语法，还可以研究话语（discourse analysis）或篇章。

许多方言字、词汇和语法现象很值得发掘和研究，例如：多用"团"少用"囡"；多用"担"少用"拿"；多用"一眼"少用"一点"；多用"搭之"少用"搭"，不用"脱"；多用"阿里"罕用"那里"。连词"咾"的出现频率很高，例如"失落之牛咾羊""十分怕咾吓"。是非问句只有"V+neg"一种句式，例如"侬许伊去拔脱否？""还来得及否？"，而没有"V+neg+V"这样的句式。"拉"字用法有多种，一是相当于普通话"在"，如"现在拉天堂上侬求啥"。二是后置于动词，表示动作持续，如"侬现在登拉个房子勿是侬个"。下面这个句子中有两个"拉"，前面的"拉"相当于"在"，后面的"拉"表示动作持续："人拉世界上活拉个时候勿常远。"三是后置于名词表示处所，如"圣女临终对修女拉话"。四是后置于"伊"，表示复数“伊拉”(他们)。“拉”有时衍音，变成双音节的“垃拉”，如“垃拉天堂上个人一定无得哭个事体”。单音节的“拉”出现频率较高。

本书成书于20世纪初期，其中方言现象可与19世纪中期和20世纪的文献比较，研究上海方言150多年来的变化发展。

本书根据复旦大学图书馆古籍部所藏中法双语版影印（索书号：810031)。感谢复旦大学图书馆古籍部眭俊主任的大力帮助。

2020年6月7日

方言備終錄

FAONG-YÉ BEI-TSONG LÔH

MAXIMES ÉTERNELLES

OU

PRÉPARATION À LA MORT

PAR

S. ALPHONSE DE LIGUORI

(dialecte de Chang-hai)

Ière PARTIE

CHANG-HAI

IMPRIMERIE DE LA MISSION CATHOLIQUE

ORPHELINAT DE T'OU-SÉ-WÉ.

1907

天主降生一千九百六年

江南主教姚　准

上海土山灣慈母堂排印

方言備終錄序

前頭聖利高烈做一本書、叫備終錄、講世界个空虛、靈魂个尊貴、天堂个寶貝、地獄个可怕、說話懇摯、意思醒豁、細細能念之、自然而然動心咾、發出悔罪个心情、生出做好个意思、從第本書出世到現在、有二百多年、感化人多來無數、所以山西田文都神父先用官話翻出、弗曾翻完、就過世者、本省李問漁神父、接上翻完之、拉降生一千八百九十七年印出、發賣各處、仰山 想第本書既然極好、假使用松江土白翻之出來、本處教友看之、或者聽之、箇箇就懂、好處必定極多、所以趁空閒个時候、逐點逐點翻出、盼望教友日都看點、并且仔仔細細、一頭看咾一頭體味、看之再看、看完之再起頭、自然怕犯罪咾做好、一朝天主命到起來、艮心太平、得着安死善終个大福氣、第个是聖利高烈做備終錄个苦心、亦是仰山等翻備終錄个意思、

光緒三十二年春耶穌會後學苗仰山識

二

TABLE DES MATIÈRES

Ière PARTIE

2e PARTIE

方言備終錄目錄

四

BUT DE L'OUVRAGE.

Voici ce que S. Alphonse M. de Liguori écrit dans sa préface : "On désirait que j'écrivisse des considérations sur les vérités éternelles en faveur des âmes qui ont à cœur de s'affermir et de s'avancer dans la vie spirituelle ; d'autre part on me demandait un recueil de matières propres à la prédication dans les missions. Pour ne pas multiplier les livres, les peines et les frais, j'ai trouvé bon de composer le présent ouvrage afin qu'il puisse servir à l'une et à l'autre fin....... Afin que les présentes considérations puissent aussi servir pour la prédication, je les ai remplies de textes de l'Écriture et de passages des Saints Pères, courts mais substantiels....... J'ai tâché aussi de recueillir dans beaucoup d'auteurs les pensées saillantes, qui m'ont paru les plus propres à toucher ; et je les ai présentées avec variété et brièveté afin que le missionnaire puisse choisir celles qui lui plaisent et les développer ensuite à son gré."

Pensant que cet ouvrage de S. Alphonse de Liguori pourrait aider les nouveaux missionnaires du Song-kaong fou à composer leurs premiers sermons, en leur donnant les expressions les plus nécessaires pour parler des vérités éternelles, je l'ai traduit en t'ou-wo avec l'aide de mon catéchiste (1). Ce n'est pas sans doute une œuvre parfaite, mais cette traduction, telle qu'elle est, pourra encore, j'espère, rendre quelques services.

Je profite de l'occasion pour remercier les Pères chinois de la charité avec laquelle ils m'ont aidé à remplir ma tâche.

Tong-ka-dou (Chang-hai) le 26 février 1906.

CH. BORTOLAZZI, S.J.

---

(1) D'après la traduction en mandarin des PP. Li et Dié. Comme dans cette édition, les textes de l'Écriture sainte souvent ne sont pas traduits littéralement, mais ne donnent que le sens du texte.

方言備終錄　第一日　想人死後光景。

一想　聖經上話。人、儂記好拉、儂本來是坭、後來還要歸到坭。就是將來有一日要死、死之後來、儂要葬拉坟墓裡。肉身臭爛、滿身禿是蛆虫。如同先知意撒依亞話。儂个舖蓋就是虫。一總人死之、齊是什介能。尊貴个、卑賤个、做皇帝个、做百姓个、死之以後、靈魂到一个永遠个地方去、肉身要變成功灰咾坭。照達味聖王向天主話。儂收伊拉个靈魂去、伊拉就死者、變成功墶塵。

教友、㑚看一看刻刻死拉个人。伊个死屍還垃拉床上、頭倒轉拉、頭髮蓬開拉、汗流得來禿濕、眼睛塌落拉、兩頰腮枯瘦、面孔發黃像墶塵、舌頭發青、身體冰冷、醜陋難看。人看見之無得一

Di ih gnéh. Siang gnen si heû-ke koang-kieng.

IH SIANG.—Seng-kieng laong wo: "Gnen, nong ki-hao-la, *nong pen-lai ze gni, heû-lai è yao koei-tao gni.*" **3** Zieû-ze tsiang-lai yeû ih gnéh yao si, si-tse heû-lai, nong yao tsaong-la wen-mou li; gnôh-sen ts'eû-lè, **4** mé-sen t'ôh-ze ts'i-zong: zu-dong sié-tse I-sè-i-ya wo: "*Nong-ke p'ou-kai zieû-ze zong.*" Ih-tsong **5** gnen si-tse zi zéh-ka-neng: tsen-koei-ke, pei-zié-ke, tsou-waong-ti-ke, tsou-pah-sing-ke, si-tse **6** i-heû, ling-wen tao ih-ke yong-yeu-ke di-faong k'i; gnôh-sen yao pié-zeng-kong h'oei lao gni: tsao Dèh-**7**-wi seng-waong hiang T'ié-tsu wo: "*Nong seû i-la-ke ling-weng k'i, i-la zieû si-tsé, pié-zeng-kong bong-***8***-zen.*"

Kiao-yeû, na k'eu-ih-k'eu k'eh-k'eh si-la-ke gnen: i-ke si-se è léh-la zaong laong, deû tao-tsé-**10**-la, deû-fèh bong-k'ai-la, heu lieû-teh-lai t'ôh sa, ngè-tsing tèh-loh-la, liang kèh-sai k'ou-seu, mié-k'ong **11** fèh waong ziang bong-zen, zéh-deû fèh ts'ing, sen-t'i ping-lang, ts'eû-leu-nè-k'eu: gnen k'eu-kié-tse m teh ih-

---

Ier Jour. Portrait d'un homme mort récemment.

Ier POINT. LE CORPS SUR SON LIT DE MORT.—La Ste Écriture dit: "Souviens-toi, homme, *pulvis es et in pulverem reverteris.*" (Gen. 5. 19.) **3** C'est-à-dire qu'un jour viendra où vous mourrez, et après votre mort vous serez enseveli dans un tombeau; votre corps sera livré à la corruption **4** et aux vers, selon les paroles d'Isaïe: "*Operimentum tuum erunt vermes.*" (Is. 14. 11.) **5** Ce sort est réservé à tout homme, qu'il soit noble ou roturier, empereur ou sujet; dès qu'il sera mort, **6** l'âme ira dans son éternité et le corps sera réduit en cendre et poussière: d'après les paroles du roi David **7** disant à Dieu: "*Auferes spiritum eorum et deficient, et in pulverem suum revertentur.*" (Ps. 103. 29.)

Chrétiens, voyez un homme qui vient de mourir: son cadavre est encore étendu sur son lit, la tête jetée en arrière, **10** les cheveux en désordre, tout ruisselant de sueur, les yeux abaissés, les joues creuses, le visage **11** jaunâtre comme de la poussière, la langue livide, le corps froid et d'un aspect hideux. De ceux qui le regardent il n'est personne

1

个勿是怕咾嚇。有多少个人、看見之爺娘、或者朋友死个樣色、就動心改過做好、棄家修道者。

更加可怕个、人死之勿滿一晝時、就起頭臭咾爛。要緊開開窻、點點香、赶脫第个臭氣。屋裡个人巴勿着得快點拿伊出去、葬拉坆墓裏、免得一家門聞着第个臭氣。有一个博學个人話。財主人死之、伊拉个肉身比之苦腦人更加來得臭。

驕傲个人、愛慕快活作樂、到第个時候、成功啥个樣子。伊拉喜歡咾寶貝个肉身、完全變成功可恨个、啥人還愛慕伊拉。就是伊个爺娘、也勿要看見伊。人活拉个時候、愛慕名聲、看重體面、會說會話、死之勿多幾時、佮人還記得伊呢。聖咏上話。記念个心、過去十分快、如同響聲一樣、一歇歇就無沒者。

ke véh ze p'ouo lao hah. Yeû tou-sao-ke gnen, k'eu-kié-tse ya-gnang woh-tsé bang-yeû si-ke yang-seh, 2 zieû dong-sin kai-kou tsou h'ao, k'i kia sieû-dao tsé.

Keng-ka k'o-p'ouo-ke, gnen si-tse véh mé ih tseû-ze, zieû k'i-deû ts'eû lao lè : yao-kien k'ai-k'ai ts'aong, 4 tié-tié hiang keu-t'éh di-ke ts'eû-k'i. Ôh-li-ke gnen pouo-véh-tsah-teh k'oa-tié nao i ts'éh-k'i, tsaong 5 la wen-mou li, mié-t'éh ih ka-men wen-zah di-ke ts'eû-k'i. Yeû ih-ke pôh-yah-ke gnen wo: *"Zai-6-tsu-gnen si-tse, i-la-ke-gnôh-sen pi-tse k'ou-nao-gnen keng-ka lai-teh ts'eû."*

Kiao-ngao-ke ai-mou k'a-wéh tsoh-loh-ke, tao di-ke ze-heû, zeng-kong sa-ke yang-tse! I-la hi-8-hoé lao pao-pei-ke gnôh-sen, wé-zié pié-zeng-kong k'o-hen-ke: sa-gnen è ai-mou i-la? Zieû-ze 9 i-ke ya-gnang a véh yao k'eu-kié i. Gnen wéh-la-ke ze-heû, ai-mou ming-sang, k'eu-zong t'i-mié, 10 wei-seh-wei-wo; si-tse véh tou ki-ze, sa-gnen è ki-teh i gni? Seng yong laong wo: *"Ki-gnè-ke 11 sin, kou-k'i zéh-fen k'oa, zu-dong hiang-seng ih-yang, ih hiéh-hiéh zieû m- méh tsé."*

---

qui ne soit frappé de terreur. Plusieurs à la vue de l'état d'un père, d'une mère ou d'un ami mourant, ont été émus, 2 ont changé de vie et ont renoncé au monde.

L'horreur redouble quand le cadavre, avant qu'un jour soit passé, commence à sentir et à se décomposer: il faut ouvrir les fenêtres 4 et brûler de l'encens pour éviter cette infection. Les gens de la maison désirent qu'il soit enlevé et 5 enterré au plus tôt, de peur qu'il n'infecte toute la maison. Un savant dit: 6 *"gravius fœtent divitum corpora."* (S. Ambr.)

Voilà donc à quoi sont réduits ces orgueilleux et ces amateurs des plaisirs! 8 Ce corps qu'ils aimaient tant est devenu un objet détestable: qui les aime encore? Même 9 leurs parents ne veulent plus les voir. L'homme pendant sa vie aime la renommée, il estime la beauté, 10 il est beau parleur; mais à peine est-il mort, qui pense encore à lui? On lit dans le livre des Psaumes: 11 *"Periit memoria eorum cum sonitu."* (Ps. 9. 7.)

人死之後來、有个人話伊好。有个人話伊㤹。有个怨恨伊、有个喜歡伊。喜歡个緣故、因爲自伊死之、可以得着伊个家當、或者味因爲受勿着伊个害處者。過之幾日、好咾㤹就無啥人話起者、連伊个爺娘也想勿着伊。教友、儂死之也是什介能。得着儂物事个人有个、想着儂个人無沒者。更加傷心个、恐怕儂還勿曾斷氣、就有人拿儂个物事。巴勿得望儂快點死、好就拿儂个物事。儂看人活之一生一世、算得啥呢。肉身臭咾爛、靈魂還勿曉得到阿裡去。

二想　聖基所話。儂要認得儂是啥、可以到坟墓裡去看一看。第个裡有灰咾泥、搭之蛆虫。眞正可以嘆息个。第个死拉个人、伊个肉身先發黃、勿常遠變成功黑、後來周身齊壞、爛得來臭

Gnen si-tse heû-lai, yeû-ke gnen wo i h'ao, yeû-ke gnen wo i k'ieû; yeû-ke yeu-hen i, yeû-ke **2** hi-hoé i; hi-hoé-ke yeû-kou, yen-wei ze-i si-tse, k'o-i teh-zah i-ke ka-taong, woh-tsé **3** méh yen-wei zeû-véh-zah i-ke hai-ts'u tsé. Kou-tse ki gnéh, h'ao lao k'ieû zieû m sa-gnen wo-k'i **4** tsé, lié i-ke ya-gnang a siang-véh-zah i. Kiao-yeû, nong si-tse a ze zéh-ka-neng: teh-za nong **5** méh-ze-ke gnen yeû-ke, siang-zah nong-ke gnen m-méh tsé. Keng-ka saong-sin-ke, k'ong-p'ouo nong è véh **6** zeng deu-k'i, zieû yeû gnen nao nong-ke méh-ze, pouo-véh-teh maong nong k'oa-tié si, h'ao zieû nao nong-ke **7** méh-ze. Nong k'eu gnen wéh-tse ih-sang-ih-se, seu-teh sa gni? Gnôh-sen ts'eû lao lè, ling-wen è véh **8** hiao-teh tao a-li k'i.

Gni siang.—Seng Ki-sou wo: "Nong yao gnen-teh nong ze sa, k'o-i tao wen-mou li k'i k'eu-ih-k'eu: **10** di-ke li yeû h'oei lao gni, tèh-tse ts'i-zong; tsen-tseng k'o-i t'è-sieh-ke." Di-ke si-la-ke gnen, **11** i-ke gnôh-sen sié fèh waong, véh zang-yeu pié-zeng-kong heh, heû-lai tseû-sen zi wa, lè-teh-lai ts'eû-

---

Dès que quelqu'un vient à mourir, les uns en disent du bien, d'autres en disent du mal; les uns le haïssent, d'autres **2** en sont contents, ou bien parce qu'ils peuvent jouir de son héritage, ou bien **3** parce qu'il ne peut plus leur nuire. Après quelques jours, on n'en parlera plus ni en bien ni en mal, **4** et ses parents même ne penseront plus à lui. Chrétien, il en sera de même pour vous après votre mort: **5** il y aura des gens qui jouiront de vos biens, mais personne ne pensera à vous. Ce qui fait encore plus de peine, c'est que peut-être vous n'aurez pas **6** encore rendu le dernier soupir, que déjà on emportera vos objets, et qu'on désirera votre mort pour pouvoir les emporter. **7** Considérez à quoi se réduit la vie d'un homme! Son corps se corrompt, et son âme **8** où va-t-elle?

IIe Point. Le corps dans la tombe. — S. Jean Chrysostôme dit: "Si vous voulez savoir ce que vous êtes, allez au tombeau et regardez: **10** il y a là des cendres, de la terre et des vers, vraiment vous avez de quoi gémir." Voyez ce cadavre, **11** d'abord jaunâtre, peu après noir, ensuite il entre complètement en putréfaction et laisse échapper

水流下來。一堆一堆个蛆虫、吃伊个爛肉身。後來老鼠一淘跑
來、有个拉外面吃、有个鑽拉裡向吃。歇之勿多幾時、肉咾皮一
眼無沒。頭髮挩脫、耳朶落脫、嘴咾鼻頭搭之面孔齊看勿出。骨
頭散脫、手咾脚完全壞者、單單剩一堆枯骨頭。末脚來變成功
埿墶塵。達尼厄爾先知聖人話。人个骨頭爛咾壞、像地上个墶
塵。風一吹、就散脫者。儂看人活之一生一世、算得啥。一个銅錢
也勿值。
箇个前頭做大官个、活拉个時候、那能威風、那能體面。現在垃
拉那裡。伊拉剩下來个銅錢物事、齊撥拉別人拿去。伊拉个死
屍垃拉坟墓裡、肉爛來一眼無沒。哎、活拉个時候財主尊貴、寶
貝自家个肉身、吃好着好、頭上戴得好、有多少人奉承伊。現在

se lieû-hao-lai. Ih-tei-ih-tei-ke ts'i-zong k'ieh i-ke lè gnôh-sen; heû-lai lao-se ih-dao bao 2 lai, yeû-ke la nga-mié k'ieh, yeû-ke tseu-la li-hiang k'ieh. Hiéh-tse véh tou ki-ze, gnôh lao bi ih 3 ngè m-méh; deû-fèh t'euh-t'éh, gni-tou loh-t'éh, tse lao bieh-deû tèh-tse mié-k'ong zi k'eu-véh-t'séh; koéh-4-deû sè-t'éh, seû lao kiah wé-zié wa tsé, tè-tè zeng ih-tei k'ou koéh-deû, méh-kiah-lai pié-zeng-kong 5 gni-bong-zen. Dè-gni-ngeh-eul sié-tse seng-gnen wo: *"gnen-ke koéh-deû lè lao wa, ziang di laong-ke bong-6-zen, fong ih ts'e, zieû sè-t'éh tsé."* Nong k'eu gnen wéh-tse ih-sang-ih-se seu-teh sa: ih-ke dong-dié 7 a véh zeh.

Kou-ke zié-deû tsou dou koé-ke, wéh-la-ke ze-heû na-neng wei-fong, na-neng t'i-mié! Yé-zai léh-9-la a-li? I-la zeng-hao-lai-ke dong-dié méh-ze, zi péh-la bieh-gnen nao-k'i: i-la-ke si-10-se léh-la wen-mou li, gnôh lè-lai ih-ngè m-méh. É! Wéh-la-ke ze-heû zai-tsu tsen-koei, pao-11-pei ze-ka-ke gnôh-sen, k'ieh h'ao t'sah h'ao, deû laong ta-teh h'ao, yeû tou-sao gnen wong-zeng i; yé-zai

---

une eau infecte. Une multitude de vers se nourrissent des chairs pourries: et puis viennent les rats, 2 les uns le rongent à l'extérieur, d'autres pénètrent à l'intérieur. Bientôt il ne reste plus rien des chairs et de la peau; 3 les cheveux tombent, les oreilles se détachent, on ne peut plus distinguer la bouche, le nez, le visage; les os 4 se désagrègent, les mains et les pieds se décomposent, il ne reste qu'un amas d'os décharnés, qui enfin seront réduits 5 en poussière. Le prophète Daniel dit: *"Redacta quasi in favillam æstivæ areæ,* 6 *quæ rapta sunt vento."* (Dan. 2.35.) Voyez ce que vaut un homme après toute une vie: 7 il ne vaut pas même une sapèque.

Ces grands mandarins, autrefois si majestueux, où sont-ils? 9 Leurs biens ont été pris par d'autres; leurs cadavres 10 sont dans une fosse, réduits en pourriture sans un morceau de chair. Pendant leur vie ils étaient riches et nobles, ils flattaient 11 leurs corps, aimaient à bien manger, à se vêtir richement et à orner leur tête, ils avaient bien des personnes à leur service; à présent

爛得來什介地步、啥人恭敬伊呢。
天堂上个聖人正眞明白。伊拉活拉个時候、曉得天主單單可
以愛慕个。爲愛慕天主咾、克苦自家个身體。現在伊拉个骨頭
成功聖物、个个人恭敬伊拉。伊拉个靈魂、現在拉天堂上、常常
看見天主、享受天堂个福氣。到之世界窮盡、搭之前頭吃苦个
肉身、從新併攏來。一淘受天堂个永福。什介能一想、拉世界上
克苦肉身、是眞正愛慕肉身。若使照肉身个偏情咾、愛慕肉身、
實在是害肉身、後來要落地獄、永遠吃苦頭。
三想　教友、儂拉第个死人个形像裡、看看儂自家死个樣子。
儂本來是泥。過之勿多幾年、或者勿多幾月、或者勿多幾日、就
要死。死之肉身要臭咾爛、變成功蛆虫。若伯聖人默想人死之

lè-teh-lai zéh-ka di-bou, sa-gnen kong-kieng i gni?

T'ié-daong laong-ke seng-gnen tsen-tseng ming-bah; i-la wéh-la-ke ze-heû, hiao-teh T'ié-tsu tè-tè k'o-3-i ai-mou-ke; wei ai-mou T'ié-tsu lao, k'eh-k'ou ze-ka-ke sen-t'i: yé-zai i-la-ke koéh-deû 4 zeng-kong seng wéh, ke-ke gnen kong-kieng i-la. I-la-ke ling-wen yé-zai la t'ié-daong laong, zang-zang 5 k'eu-kié T'ié-tsu, hiang-zeû t'ié-daong-ke foh-k'i. Tao-tse se-ka ghiong-zin, tèh-tse zié-deû kieh-k'ou-ke 6 gnôh-sen, zong-sin ping-long-lai, ih-dao zeû t'ié-daong-ke yong-foh. Zéh-ka-neng ih-siang, la se-ka laong 7 k'eh-k'ou gnôh-sen, ze tsen-tseng ai-mou gnôh-sen. Zah-se tsao gnôh-sen-ke p'ié-zing lao ai-mou gnôh-sen, 8 zéh-zai ze hai gnôh-sen, heû-lai yao loh di-gnôh yong-yeu k'ieh k'ou-deû.

Sè siang. — Kiao-yeû, nong la di-ke si-gnen-ke yeng-ziang li, k'eu-k'eu nong ze-ka si-ke yang-tse. 10 Nong pen-lai ze gni: kou-tse véh tou ki gné, woh-tsé véh tou ki gneuh, woh-tse véh tou ki gnéh, zieû 11 yao si; si-tse gnôh-sen yao ts'eû lao lè, pié-zeng-kong ts'i-zong. Zah-péh seng-gnen meh-siang gnen si-tse

---

réduits en corruption, qui les estime encore?

Les saints du ciel ont été vraiment des sages; pendant leur vie ils ont compris que Dieu seul était 3 digne d'amour, et pour l'amour de Dieu ils ont mortifié leur corps. À présent leurs ossements 4 sont devenus des choses saintes, et chacun les vénère. Leurs âmes au ciel 5 voient toujours Dieu et jouissent du bonheur du paradis. Lorsque sera venue la fin de ce monde, elles seront réunies à leur corps qui a tant souffert, 6 pour jouir ensemble du bonheur éternel. Ainsi mortifier à présent 7 son corps, c'est l'aimer vraiment. Mais celui qui l'aime en suivant ses passions, 8 hait vraiment son corps, et dans la suite souffrira éternellement dans l'enfer.

IIIe Point. Travaillons à notre salut. — Chrétien, dans ce tableau de la mort de l'homme, voyez une image de votre mort. 10 Vous êtes poussière: et dans peu d'années, ou de mois, ou même de jours, 11 vous mourrez; et votre corps deviendra de la pourriture et des vers. La méditation de l'abjection du tombeau

後來个卑賤、就一心修德行、成功聖人。聖經上記載。若伯聖人對臭肉身話。儂是我个爺爺。對蛆虫話。儂是我个娘咾我个姊妹。什介看來、人个肉身是十分卑賤个、頂要緊个事體、不過救靈魂。假使得儂死个時候、甩脫儂个靈魂、就勿論啥、完全甩脫者。

聖老楞佐儒斯定話。儂曉得後來一定要死、現在活拉世界上、該當像死人一樣。聖文多辣話。行風船、老大要緊登拉船梢上、把舵咾看風頭、人要好好能活拉、要緊想自家後來要死。聖伯爾納多話。想儂小个時候犯拉个罪、該當懊憹咾恨毒。想儂年紀輕个時候犯拉个罪、該當哭。想儂後來要死、該當怕。一定要想法子、改過咾做好。

heû-lai-ke pei-zié, zieû ih-sin sieû teh-yeng zeng-kong
seng-gnen. Seng-kieng laong ki-tsé Zah-péh seng gnen
2 tei ts'eû gnôh-sen wo: "Nong ze ngou-ke ya-ya."
Tei ts'i-zong wo: "Nong ze ngou-ke gnang lao ngou-
ke tse- 3 -mei." Zéh-ka k'eu-lai, gnen-ke gnôh-sen ze
zéh-fen pei-zié-ke; ting-yao-kien-ke ze-t'i péh-kou kieû
4 ling-wen. Kia-se-teh nong si-ke ze-heû, goè-t'éh nong-
ke ling-wen, zieû véh len sa wé-zié goè-t'éh 5 tsé.

Seng Lao-len-tsou Zu-se-ding wo: "Nong hiao-teh
heû-lai ih-ding yao si, yé-zai wéh-la se-ka laong, 7 kai-
taong ziang si-gnen ih-yang." Seng Wen-tou-lèh wo:
"Hang-fong zé, lao-da yao-kien teng-la zé-sao laong, 8
pouo dou lao k'eu fong-deû; gnen yao h'ao-h'ao-neng
wéh-la, yao kien siang ze-ka heû-lai yao si." Seng
Peh- 9 -eul-néh-tou wo: "Siang nong siao-ke ze-heû vè-
la-ke zu, kai-taong ao-lao lao hen-dôh; siang nong
gné- 10 -ki-k'ieng-ke ze-heû vè-la-ke zu, kai-taong k'ôh;
siang nong heû-lai yao si, kai-taong p'ouo, ih-ding yao
11 siang fèh-tse kai-kou lao tsou h'ao.

---

a rendu Job vertueux et saint. L'Écriture sainte rapporte
ces paroles de Job: 2 *"Putredini dixi: Pater meus es;
mater mea et soror mea vermibus."* (Job. 17. 14.) 3 Ain-
si le corps est tout à fait méprisable; la seule chose
nécessaire est de sauver 4 son âme. Si à la mort vous
perdez votre âme, tout sera perdu pour vous.

S. Laurent Justinien dit: "Puisque vouz savez que
vous devez mourir un jour, vivez à présent 7 comme si
vous étiez déjà mort." "Pour bien gouverner son navi-
re, dit S. Bonaventure, le nautonier doit se placer à
l'arrière, 8 tenir le gouvernail et regarder le vent; ainsi
l'homme pour mener une bonne vie, doit toujours penser
qu'il doit mourir." C'est pour cela que S. 9 Bernard
nous dit: "Considérez les péchés de votre enfance et
repentez-vous; considérez les péchés de votre 10 jeu-
nesse et pleurez; pensez que vous devez mourir et crai-
gnez, 11 prenez les moyens de vous convertir et de
faire le bien."

聖加爾祿幾時到人家坆墓門前、心裡就想咾話。若使第个死人復活轉來、爲得着天堂、勿論啥苦處、還勿願意受否。我現在還有工夫救我个靈魂、該當做啥好工夫呢。聖人話第句說話、是謙遜个心。教友、我現在問儂、儂到今朝、爲救靈魂做歇啥个好工夫、吃歇啥个苦頭。恐怕白白裡費脫工夫。勿單單無得功勞、還犯無數个罪、得罪天主、豈勿是坍拕否。

聖路加記載耶穌話。第顆無花菓樹、三年工夫勿生菓子、要伊做啥、勿如斬下來燒脫、勿要讓伊僭脫地皮。儂拉世界上、勿罷三年者。一向冷淡、勿熱心服事天主、難道勿怕天主个罰否。聖伯爾納多話。耶穌尋結成功拉个菓子、就是要人有好个行事咾、好个工夫。單不過有好个志向、好个願意勿彀是。故所以趁

Seng Ka-mi-lôh ki-ze tao gnen-ka wen-mou men-
zié, sin li zieû siang lao wo: "Zah-se di-ke si- 2 -gnen
woh-wéh-tsé-lai, wei teh-zah t'ié-daong, véh len sa k'ou-
ts'u è véh gneu-i zeû va? Ngou yé-zai 3 è yeû kong-
fou kieû ngou-ke ling-wen, kai-taong tsou sa h'ao kong-
fou gni?" Seng-gnen wo di-kiu seh-wo, 4 ze k'ié-sen-ke
sin. Kiao-yeû, ngou yé-zai men nong, nong tao kien-tsao
wei kieû ling-wen tsou-hiéh sa-ke 5 h'ao kong-fou, k'ieh-
hiéh sa-ke k'ou-deû? K'ong-p'ouo bah-bah-li fi-t'éh
kong-fou; véh tè-tè m-teh kong- 6 -lao, è vè m-sou-ke
zu teh-zu T'ié-tsu: k'i-véh-ze t'è-ts'ong va?
Seng Lou-kia ki-tsé Ya-sou wo: "*Di-k'ou m-h'ouo-
kou zu sè gné k'ong-fou véh sang kou-tse, yao i* 8 *tsou
sa? Véh zu tsè-hao-lai sao-t'éh, véh yao gnang i tsié di-
bi.*" Nong la se-ka laong véh ba 9 sè gné tsé; ih-hiang
lang-dè, véh gnéh-sin woh-ze T'ié-tsu, nè-dao véh p'ouo
T'ié-tsu-ke vèh va? Seng 10 Peh-eul-nèh-tou wo: "Ya-
sou zin kiéh-zeng-kong-la-ke kou-tse, zieû-ze yao gnen
yeû h'ao-ke hang-ze 11 lao h'ao kong-fou; dè-péh-kou
yeû h'ao-ke tse-hiang, h'ao-ke gneu-i, véh keû-ze." Kou-
sou-i ts'en

À l'aspect d'un tombeau, S. Camille de Lellis se
disait à lui-même: "Si ce mort 2 pouvait revenir à la
vie, que ne voudrait-il pas souffrir pour la vie éternelle?
Et moi 3 qui ai le temps pour sauver mon âme, que
dois-je faire?" Le saint parlait ainsi 4 par humilité.
Mais vous, chrétien, je vous le demande, pour sauver
votre âme, quel 5 bien avez-vous fait, qu'avez-vous souf-
fert jusqu'à présent? Peut-être avez-vous perdu le temps
inutilement; non seulement vous n'avez pas de mérites,
6 mais vous avez commis mille péchés en offensant
Dieu: n'est ce pas honteux?
S. Luc rapporte que N.-S. dit un jour: "*Ecce anni
tres sunt, ex quo venio quærens fructum in ficulnea hac
et non invenio;* 8 *succide ergo illam; ut quid etiam ter-
ram occupat?*" (Luc. 13. 7.) Vous qui êtes au monde
depuis plus de 9 trois ans, toujours tiède et paresseux
au service de Dieu, est-ce que vous ne craignez pas
son châtiment? Considérez, dit S. 10 Bernard, que le
Seigneur cherche des fruits; c'est-à-dire qu'il veut des
œuvres saintes 11 et qu'il ne se contente pas de bons
propos et de bons désirs." Profitez donc

儂現在天主賞賜拉个時候、該當快点走上去、修德行立功勞。
若使錯脫之第个時候、到死个辰光、就來勿及者。

第二日　想世上的福一死就完

一想　大概人看重銅錢咾物事、光榮咾快活。但是世界上个福氣、一死就完个。聖雅各伯宗徒話。人活拉是啥、不過是一蓬烟、勿常遠就散脫。儂看第蓬烟起來到空中、變成功雲、日頭照之、到還有点好看、忽然間風一起、就吹散者。第个有大爵位个人、今朝活拉十分體面、威風凛凛、人人看重。明朝一死、就可以輕慢、就可以恨者。伊拉愛拉个人、愛拉个物事、完全甩脫、一眼勿能彀拿去。
有一个人造好之一座體面个房子、請一个朋友來看看。朋友

nong yé-zai T'ié-tsu saong-se-la-ke ze-heû, kai-taong k'oa-tié tseû-zaong-k'i, sieû teh-yeng lih kong-lao. 2
Zah-se tsou-t'éh-tse di-ke ze-heû, tao-tse si-ke zen-koang, zieû lai-véh-ghih tsé.

Di-gni gnéh. Siang se-ka laong-ke foh-k'i ih-si zieû wé.

IH-SIANG. — Da-kai-gnen k'eu-zong dong-dié lao méh-ze, koang-yong lao k'a-wéh ; dè-ze se-ka laong-ke 5
foh-k'i ih-si zieû wé-ke. Seng Ya-koh-péh tsong-dou wo: "*Gnen wéh-la ze sa? Péh-kou ze ih-bong* 6 *yé, véh zang-yeu zieû sè-t'éh.*" Nong k'eu di-bong yé k'i-lai tao k'ong-tsong pié-zeng-kong yun; gnéh-deû tsao-7-tse, tao è yeû tié h'ao-k'eu ; féh-zé-kè fong ih k'i, zieû ts'e-sè tsé. Di-ke yeû dou tsiah-wei-ke 8 gnen, kien-tsao wéh-la zéh-fen t'i-mié, wei-fong-lin-lin, gnen gnen k'eu zong: ming-tsao ih-si, zieû k'o-i 9 k'ieng-mè, zieû k'o-i hen tsé. I-la ai-la-ke gnen, ai-la ke méh-ze, wé-zié goè-t'éh, ih-ngè 10 véh neng-keû nao-k'i.

Yeû ih-ke gnen zao-h'ao-tse ih-zou t'i-mié-ke waong-tse, ts'ing ih-ke bang-yeû lai k'eu-k'eu. Bang-yeû

---

du temps que Dieu vous donne pour avancer dans la voie de la vertu et pour acquérir des mérites. 2 Que si vous perdez ce temps, au moment de la mort il sera trop tard.

2e Jour. A la mort, tout finit.

Ier POINT. LA MORT NOUS DÉPOUILLE DE TOUT.— Les hommes généralement estiment les richesses, la gloire, les plaisirs ; mais la mort met fin à toutes ces 5
prospérités terrestres. L'apôtre S. Jacques dit : "*Quæ est vita vestra? Vapor est* 6 *ad modicum parens.*" (Jac. 4. 15.) Voyez ces vapeurs qui en s'élevant se changent en nuages ; 7 comme ils sont beaux illuminés par le soleil ; mais au premier coup de vent ils se dissipent. Ce grand de la terre, 8 aujourd'hui dans le luxe, plein de majesté, respecté par tout le monde : demain dès qu'il sera mort, on peut le 9 mépriser et le maudire. Il a abandonné les hommes et les choses qu'il chérissait, 10 il n'a pu rien emporter.

Quelqu'un ayant bâti une belle maison, invita un ami à la voir. "Ta maison

對伊話。儂第坎房子造得來蠻好、單單有一个毛病。自伊問有啥个毛病。朋友話。儂勿該當造第扇大門。因爲後來有一日儂要死、儂个死屍要從第扇大門裡扛出去。第个時候、箇座房子撥拉別人住、有拉个物事、儂一眼勿能彀担去。

又有人話。死如同強盜一樣、拿人有拉个世界上个福氣、完全搶去。儂看一个做皇帝个、活拉个時候、那能體面、登拉高咾大个皇宮裡、有多少人朝拜伊。等到自伊一死、就拿伊抬出去、總勿能彀住拉起。有拉个銅錢銀子、光榮富貴、齊勿能彀帶去。自伊个權柄、高个爵位、完全無沒者。從前西國總皇撒辣丁垃拉亞西亞洲、得多少國度、到死个辰光、叮囑自伊个大官府話。我死之後來、拉埋葬个時候、叫一个人拿一根棒、挑我个衣裳、拉

tei i wo: "Nong di-da waong-tse zao-teh-lai mè h'ao; tè-tè yeû ih-ke mao-bing." Ze-i men: "Yeû 2 sa-ke mao-bing?" Bang-yeû wo: "Nong véh kai-taong zao di-sé dou men; yen-wei heû-lai yeû ih-gnéh nong 3 yao si, nong-ke si-se yao zong di-sé dou-men-li kaong-ts'éh-k'i: di-ke ze-heû kou-zou waong-tse 4 péh-la biéh-gnen zu, yeû-la-ke méh-ze nong ih-ngè véh neng-keû tè-k'i.

I yeû gnen wo: "Si zu-dong ghiang-dao ih-yang, nao gnen yeû-la-ke se-ka laong-ke foh-k'i wé-zié 6 ts'iang-k'i." Nong k'eu ih-ke tsou-waong-ti-ke, wéh-la-ke ze-heû, na-neng t'i-mié! Teng-la kao-lao dou- 7 -ke waong-kong li, yeû tou-sao gnen zao-pa i. Teng-tao ze-i ih-si, zieû nao i dai-ts'éh-k'i, tsong 8 véh neng-keû zu-la-k'i; yeû-la-ke dong-dié-gnen-tse, koang-yong fou-koei, zi véh neng-keû ta-k'i. Ze- 9 -i-ke ghieu-ping, kao-ke tsiah-wei, wé-zié m-méh tsé.—Zong-zié Sè-lèh-ting léh-la 10 Ya-si-ya tseû teh tou-sao kôh-dou, tao si-ke zen-koang, ting-tsôh ze-i-ke dou koé-fou wo: "Ngou 11 si-tse heû-lai, la ma-tsaong-ke ze-heû, kao ih-ke gnen nao ih-ken baong, t'iao ngou-ke i-zaong la

---

est bien belle, lui dit-il; mais elle a un défaut.—2 Lequel? demanda-t-il.—Il ne fallait pas construire, répondit l'ami, cette porte d'entrée; car un jour tu 3 mourras et on emportera ton cadavre par cette porte: alors ta maison 4 sera habitée par d'autres, et tu ne pourras rien prendre avec toi."

"La mort, dit quelqu'un, est comme un brigand, elle dépouille l'homme de tous les biens de ce monde." 6 Regardez ce roi, pendant sa vie quelle splendeur! il habite un grand 7 palais, entouré de gens qui le vénèrent: une fois mort, on l'emportera, et il 8 ne pourra plus habiter son palais; il ne pourra rien emporter de ses richesses et de sa gloire. 9 Son pouvoir et sa haute dignité seront anéantis.—Jadis Saladin 10 s'étant rendu maitre en Asie de beaucoup de royaumes, au moment de mourir fit à ses grands officiers cette recommandation: 11 "Après ma mort, lorsqu'on emportera mon corps au tombeau, faites porter mes habits suspendus à un bâton par un homme

棺材前頭走哖喊。撒辣丁皇死者、別樣一眼勿挪去、單單着之第件衣裳、到坆墓裡去。
還有大凡人葬之以後、肉身完全壞、皇帝哖百姓、齊分別勿出。聖羅西畧話。儂到坆墓裡去看一看、難道分得出那裡一个是本家、那裡一个是相帮人。前頭去有一个明白人叫弟阿日吶、自伊要國皇亞立山懂得死之後來个卑賤、故意垃拉一堆枯骨頭裡尋物事。亞立山問伊尋啥。自伊答應哖話。我尋老皇帝斐理伯个頭。但是一堆个枯骨頭、分別勿出是那裡一个。若使皇帝分別得出、請皇帝尋來撥拉、我看一看。
人拉世界上个時候、講究第个大第个小、一死之大哖小、齊分別勿出。色納加話。人活拉有分別、死之無得分別、揑印把子个、

koé-zai zié-deû tseû lao h'è: "Sè-lèh-ting waong si tsé, biéh yang ih-ngè véh nè-k'i, tè-tè tsah-tse 2 di-ghié i-zaong tao wen-mou li k'i."

È yeû da-vè-gnen tsaong-tse i-heû, gnôh-sen wé-zié wa, waong-ti lao pah-sing, zi fen-biéh-véh-ts'éh. 4 Seng Pouo-si-liah wo: "Nong tao wen-mou li k'i k'eu-ih-k'eu, nè-dao fen-teh-ts'éh a-li-ih-ke ze 5 pen-ka, a-li ih-ke ze siang-paong-gnen?" Zié-deû-k'i yeû ih-ke ming-bah-gnen kiao Di-ou-zéh-néh, 6 ze-i yao kôh-waong Ya-lih-sè tong-teh si-tse heû-lai-ke pei-zié, kou-i léh-la ih-tei k'ou-7 -koéh-deû li zin méh-ze. Ya-lih-sè men i zin sa. Ze-i tèh-yeng lao wo: "Ngou zin lao waong-ti 8 Fi-li-peh-ke deû; tè-ze ih-tei-ke k'ou-koéh-deû fen-biéh-véh-ts'éh ze a-li-ih-ke. Zah-se 9 waong-ti fen-biéh-teh-ts'éh, ts'ing waong-ti zin-lai péh-la ngou k'eu-ih-k'eu."

Gnen la se-ka laong-ke ze-heû, kaong-kieû di-ke dou di-ke siao; ih-si-tse dou lao siao, zi fen-11-biéh-véh-ts'éh. Seh-néh-kia wo: "*Gnen wéh-la yeû fen-biéh, si-tse m-teh fen-biéh.*" Gnèh yen-pouo-tse-ke,

---

marchant devant le cercueil et criant: "Le roi Saladin est mort, il n'emporte rien au tombeau que 2 ces habits dont il est revêtu."

En outre quand le corps est dans la fosse, il se désagrège complètement, on ne peut plus distinguer les rois des roturiers. 4 "Allez regarder dans les tombeaux, dit S. Basile, est-ce que vous pouvez distinguer le 5 maître du serviteur?" Un jour le savant Diogène, 6 voulant montrer l'ignominie du tombeau à Alexandre le Grand, cherchait exprès en sa présence quelque chose dans un tas de 7 squelettes. "Que cherches-tu là? lui demanda Alexandre.—Je cherche, répondit-il, le crâne du roi 8 Philippe, et je ne puis le reconnaître dans ce tas de squelettes. Si 9 vous pouvez le reconnaître, veuillez me le montrer."

On dit à présent: celui-ci est grand, celui-là est petit; après la mort il n'y a plus de 11 différence entre le grand et le petit. "*Impares nascimur,* dit Sénèque, *pares morimur.*" Ceux qui ont tenu le sceau

搭之拿鋤頭鐵鎝个、死之齊是一樣个。總而言之、世界上个福氣、一死就完。

二想　依色巴尼亞國皇斐理伯第二、臨終个時候、叫太子登拉門前。解開之衣裳、拿胸膛露出、已經有點爛、有點虫、教太子看哰對伊話。儂看做皇帝个什介能死。世界上个大爵位、大富貴、過去那能快、一死完全無沒。有个博學士德阿多話。死實在利害、隨便啥勿怕、勿管儂是啥人、有銅錢个、做官个、做皇帝个、死一到、就該當離開第个世界、總逃勿過、死之後來、就要臭哰爛者、

聖安多尼記載哰話。亞立山皇帝死之後來、有一个博學士話。第个皇帝前日拉地上走、現在葬拉地皮下頭。前日普天之下

tèh-tse nao ze-deû t'ih-tèh-ke, si-tse zi ze ih-yang-ke.
Tsong-eul-yé-tse, se-ka laong-ke foh- **2** -k'i, ih-si zieû wé.
GNI SIANG.—I-seh-pouo-gni-ya kôh-waong Fi-li-peh
di-gni, ling-tsong-ke ze-heû, kiao, t'a-tse teng- **4** -la men-
zié; ka-k'ai-tse i-zaong, nao hiong-daong lou-ts'éh;
i-kieng yeû tié lè, yeû tié zong, kao t'a-tse **5** k'eu lao
tei i wo: "Nong k'eu tsou-waong-ti-ke zéh-ka-neng si!
Se-ka laong-ke dou tsiah-wei, dou fou- **6** -koei, kou-k'i
na-neng k'oa, ih-si wé-zié m-méh. Yeû-ke pôh-yah-ze
Teh-ouh-tou wo: "Si zéh-zai **7** li-hai, zu-bié sa véh
p'ouo, véh koé nong ze sa-gnen, yeû dong-dié-ke, tsou-
koé ke, tsou-waong-ti-ke, **8** si ih-tao, zieû kai-taong li-
k'ai di-ke se-ka, tsong dao-vé-kou; si-tse heû-lai, zieû
yao ts'eû lao **9** lè tsé.
Seng Eu-tou-gni ki-tsé lao wo: "Ya-lih-sè waong-ti,
si-tse heû-lai, yeû ih-ke pôh-yah-ze wo: **11** "Di-ke waong-
"ti zié-gnéh la di laong tseû, yé-zai tsaong la di-bi hao-
"deû; zié-gnéh p'ou-t'ié-tse-ya

---

sont égaux après la mort à ceux qui ont manié la houe
et la bêche. En un mot, quand la mort arrive **2** finit le
bonheur d'ici-bas.
IIe POINT. LA MORT, FIN DE TOUTES LES GRANDEURS.—
Sur le point d'expirer, Philippe II, roi d'Espagne, fit
venir son fils **4** en sa présence; puis entr'ouvrant ses
habits, il lui montra sa poitrine où il y avait du pus et
des vers, **5** puis lui dit: "Voyez comment meurent les
rois: les dignités et les **6** richesses de ce monde pas-
sent vite et finissent à la mort." Théodoret a dit: "La
mort est **7** terrible, elle ne craint rien, elle ne regarde
pas qui vous êtes; les riches, les magistrats, les rois, **8**
dès que la mort arrive, doivent quitter ce monde et ne
peuvent la fuir; et après la mort on devient la proie
de la **9** corruption."
S. Antonin rapporte qu'à la mort d'Alexandre un
philosophe s'écria: **11** "Cet empereur hier encore fou-
lait la terre sous ses pieds, aujourd'hui la terre le
recouvre; hier le monde entier

爲伊勿殼是、現在七尺个地洞放伊下去。前頭帶之無數个兵、霸佔天下、現在幾个人抬伊到坟墓裡。儂看世界上个福氣、那能樣式虛假个。天主拉聖經上提醒人話。儂本來是灰咾泥、爲啥驕傲。爲啥用心要得着世界上高个爵位、積蓄大个家當。忽然間死个時候一到、大个富貴、大个爵位、齊無用頭、白發脫多好心思。

儂看隱修聖人保祿、拉山洞裡六十年工夫、克苦自家个肉身、死个時候眞正好極、比之羅瑪總皇乃龍好得多。聖斐利斯一生一世忍耐苦惱、死來也好極、比之英國皇帝恩理各第八位好得多。第个兩位皇帝活拉个時候、確然有福氣、到底是天主个對頭、勿得好死。拿靈魂甩脫、世界上个福氣、爲伊拉有啥好

''wei i véh keû-ze, yé-zai ts'ih ts'ah-ke di-dong faong i ''hao-k'i ; zié-deû ta-tse m-sou-ke ping 2 pouo-tsié t'ié-ya, ''yé-zai ki-ke gnen dai i tao wen-mou li.'' Nong k'eu se-ka laong-ke foh-k'i, na-3-neng yang-seh hiu-ka-ke! T'ié-tsu la seng-kieng laong di-sing gnen wo : *''Nong pen-lai ze h'oei lao gni, wei-4-sa kiao-ngao?''* Wei-sa yong-sin yao teh-zah se-ka laong kao-ke tsiah-wei, tsieh-hioh dou-ke ka-taong? Féh-5-zé-kè si-ke ze-heû ih-tao, dou-ke fou-koei, dou-ke tsiah-wei, zi m-yong-deû, bah fèh-t'éh tou-6-h'ao sin-se.

Nong k'eu yen-sieû seng-gnen Pao-lôh, la sè-dong li lôh-séh gné kong-fou, k'eh-k'ou ze-ka-ke gnôh-sen, 8 si-ke ze-heû tsen-tseng h'ao-ghieh, pi-tse Lou-mô tsong-waong Nai-long h'ao teh tou. Seng Fi-li-se ih-9-sang-ih-se zen-nai k'ou-nao, si-lai a h'ao-ghieh, pi-tse Yeng-kôh waong-ti En-li-koh di-pèh wei 10 h'ao teh tou. Di-ke liang-wei waong-ti wéh-la-ke ze-heû k'iah-zé yeû foh-k'i, tao-ti ze T'ié-tsu-11-ke tei-deû véh teh h'ao si: nao ling-wen goè-t'éh, se-ka laong-ke foh-k'i wei i-la yeû sa h'ao

---

ne lui suffisait pas, aujourd'hui il est placé dans un trou de sept pieds ; hier il promenait ses armées 2 par tout l'univers, aujourd'hui quelques hommes le portent au tombeau." Voyez comme le bonheur de ce monde est 3 faux! Dieu lui-même dit: *"Quid superbis, terra et cinis?"* (Eccli. 10. 9.) 4 À quoi bon vous fatiguer à acquérir des dignités et à amasser une grande fortune ? 5 Tout-à-coup la mort arrive, à quoi vous serviront alors vos richesses et vos dignités ? Vous aurez inutilement consumé votre esprit.

Oh ! que la mort de S. Paul ermite, qui vécut soixante ans dans une grotte, toujours occupé à mortifier son corps, 8 fut plus douce que celle de Néron empereur de Rome ! Que la mort de S. Félix capucin, 9 qui vécut patiemment dans la souffrance, fut plus heureuse que celle de Henri VIII roi d'Angleterre ! 10 Ces deux personnages ont vraiment eu du bonheur dans ce monde, mais étant les 11 ennemis de Dieu, ils n'ont pas fait une bonne mort et ils ont perdu leurs âmes : à quoi leur a donc servi le bonheur

處。

聖人爲得着善終、救自家个靈魂、棄絶世界上个福氣、情願吃苦、受着別人輕慢咾淩辱、所以伊拉死得好、救自家个靈魂、升天堂。專門世俗个人、大大能勿是一樣、因爲伊拉愛慕世界上个福氣、貪肉身个快活咾作樂、勿避脫犯罪个機會、常常拉罪裡向活性命、那得能彀得着善終呢。

聖經上天主對罪人話。到之儂尋我個時候、尋勿着我者。因爲仁慈个時候過去拉者、單單剩拉罰个時候。一个人慣常犯罪、靈魂十分軟弱、若使碰着利害个誘感、好拉个時候、尚且勿能彀得勝、到臨終个時候、那得能彀得勝呢。天主最是公道个、照人做拉个行事咾待伊。平常行事好、天主待伊也好。平常行事

ts'u ?

Seng-gnen wei teh-zah zé-tsong, kieû ze-ka-ke ling-wen, k'i-ziéh se-ka-laong-ke foh-k'i, zing-gneu k'ieh-3-k'ou, zeû-zah biéh-gnen k'ieng-mè lao ling-zôh, sou-i i-la sitteh h'ao, kieû ze-ka-ke ling-wen seng 4 t'ié-daong. Tsé-men se-zôh-ke gnen, dou-dou-neng véh ze ih-yang, yen-wei i-la ai-mou se-zôh-laong-5-ke foh-k'i, t'é gnôh-sen-ke k'a-wéh lao tsoh loh, véh bi-t'éh vé-zu-ke ki-wei, zang-zang la zu 6 li-hiang wéh sing-ming, na-teh neng-keû teh-zah zé-tsong gni ?

Seng-kieng laong T'ié-tsu tei zu-gnen wo : *"Tao-tse nong zin ngou-ke ze-heû, zin-véh-zah ngou tsé."* Yen-wei 8 zen-ze-ke ze-heû kou-k'i-la-tsé, tè-tè zeng-la vèh-ke ze-heû. Ih-ke gnen koè-zang vè-zu, 9 ling-wen zéh-fen gneu-zah, zah-se bang-zah li-hai-ke yeû-ké, h'ao-la-ke ze-heû, zang-ts'ié véh neng-10-keû teh-seng, tao lin-tsong-ke ze-heû, na-teh neng-keû teh-seng gni ? T'ié-tsu tsu ze kong-dao-ke tsao 11 gnen tsou-la-ke hang-ze lao dai i ; bing-zang hang-ze h'ao, T'ié-tsu dai i a h'ao; bing-zang hang-ze

---

de ce monde ?

Les Saints pour mériter une belle mort et sauver leur âme, ont quitté les délices, ont désiré la souffrance, 3 le mépris, les outrages, et ainsi ont obtenu une bonne mort, ont sauvé leur âme et sont au 4 ciel. Tout au contraire les mondains, qui aiment les jouissances de la vie, 5 qui recherchent les plaisirs du corps, qui ne veulent pas quitter les occasions dangereuses et qui vivent toujours 6 dans le péché, comment peuvent-ils obtenir une bonne fin ?

Dieu dans l'Écriture sainte dit aux pécheurs : *"Quaeretis me et non invenietis."* (Jo. 7. 34.) Car 8 le temps de la miséricorde sera passé et il ne reste que celui de la vengeance. Celui qui a l'habitude du péché 9 a l'esprit affaibli, et si lorsqu'il se porte bien, il ne sait pas résister à une tentation violente, 10 comment pourra-t-il résister au moment de la mort? Dieu est très juste et traite 11 chacun selon ses œuvres : si les œuvres quotidiennes sont bonnes, Dieu le traite bien ; si les œuvres

勿好、天主待伊也勿好。故所以怺人煩難得着善終。

三想　達味聖王話。世界上个福氣、像做夢一樣、醒轉來就無沒者。有一个明白人話。人拉夢裡向、做着一樣快活事體、到底是空个、一覺味、就無得者。世界上个福氣也是什介。外面發顯好、一死味、就無沒者、如同做夢一樣。

聖方濟各玻爾日亞拉依西巴尼亞做大官府个時候、皇后依撒伯爾死者、皇帝差聖人送喪到皇坟上。到之第个地方、聖人要認清爽皇后个面孔。開開棺材一看。死屍臭咾爛、勿像人个樣色、實在可怕、人齊跑開。聖人拉第個時候、得着天主个光照、懂得世俗个虛假、心裡向嚇咾稀奇、就話。哎、依撒伯爾儂勿是我个皇后否。那能變來什介能呢。儂活拉个時候、有大个爵位、

十四

véh h'ao, T'iè-tsu dai i a véh h'ao. Kou-sou-i k'ieû-gnen vè-nè teh-zah zé-tsong.

SÈ SIANG. — Dèh-vi seng-waong wo: "*Se-ka-laong-ke foh-k'i, ziang tsou-maong ih-yang, sing-tsé-lai zieû m-3-méh-tsé*". Yeû ih-ke ming-bah-gnen wo: "Gnen la maong li-hiang, tsou-zah ih-yang k'a-wéh ze-t'i, tao ti 4 ze k'ong-ke, ih kao méh, zieû m-teh-tsé. Se-ka-laong-ke foh-k'i a ze zéh-ka; nga-mié fèh-hié 5 h'ao, ih-si méh, zieû m-méh-tsé, zu-dong tsou-maong ih-yang."

Seng Faong-tsi-koh Pou-eul-zéh-ya la I-si-pouo-gni-ya tsou dou koé-fou-ke ze-heû, waong-heû I-7-sèh-peh-eul si tsé, waong-ti ts'a seng-gnen song saong tao waong wen laong. Tao-tse di-ke di-faong, seng gnen 8 yao gnen ts'ing-saong waong-heû-ke mié-k'ong. K'ai-k'ai koé-zai ih-k'eu, si-se ts'eû lao lè véh ziang gnen-ke 9 yang-seh, zéh-zai k'o-p'ouo, gnen zi bao-k'ai. Seng-gnen la di-ke ze-heû, teh-zah T'ié-tsu ke koang-tsao, 10 tong-teh se-zôh-ke hiu-ka, sin li-hiang hah lao hi-ghi, zieû wo: "É! I-sèh-peh-eul nong véh ze 11 ngou-ke waong-heû va? Na-neng pié-lai zéh-ka-neng gni? Nong wéh-la-ke ze-heû, yeû dou-ke tsiah-wei;

---

sont mauvaises, Dieu n'a pas d'égards pour lui. C'est pour cela que les pécheurs obtiennent difficilement une bonne mort.

IIIe POINT. HÂTONS-NOUS DE NOUS DONNER À DIEU. — Le saint roi David dit que les prospérités de la vie sont "*velut somnium surgentium.*" (Ps. 72. 20.) 3 Un commentateur dit: "Dans un songe les choses les plus heureuses 4 ne sont rien et disparaissent au réveil." Tels sont en effet les plaisirs de ce monde; grands en apparence, 5 à la mort ils disparaissent comme si on avait fait un rêve.

S. François de Borgia, grand d'Espagne, avait été chargé par l'empereur d'accompagner le cadavre de l'impératrice 7 Isabelle au tombeau royal: arrivé là, le saint 8 devait vérifier l'identité de l'impératrice. Quand on ouvrit le cercueil, le cadavre était si décomposé qu'il n'avait pas 9 d'apparence humaine, il était si horrible que tous prirent la fuite. Mais le saint, éclairé d'une lumière d'en haut, 10 comprit la vanité du monde, et plein de stupeur et de crainte s'écria: "O Isabelle, est-ce cela 11 mon impératrice? Quel changement! Pendant votre vie vous aviez une haute dignité;

現在啥人來看重儂呢。儂翠个面孔、大个權柄、到那裡去者。世界上个尊貴咾體面、過去得什介能个快、我勿要做官者。我現在立定志向、朝後去單單服事天主、勿要服事一个會得死个皇帝者。聖人拉第个時候發願、安排好之一家門个事體、就進耶穌會修道。後來果然勿做官咾去修道、成功聖人。

前頭有一个明白人、拉一个死人个枯髏頭上、寫兩句說話。就是人默想死、能彀看輕世俗。到底爲啥咾還有多少人愛慕世俗呢。因爲勿想死个緣故咾。聖咏上話。亞當个子孫、爲啥愛慕世俗上个假光榮、貪空虛个福氣。教友、趁儂死勿曾到个時候、一心愛慕天主。現在能彀做好工夫、就去做。勿要等到明朝、明朝勿是一定个。若使今朝就死、來勿及者。所以儂就斷絕愛慕

yé-zai sa-gnen lai k'eu-zong nong gni? Nong ts'u-ke
mié-k'ong, dou-ke ghieu-ping, tao a-li k'i tsé? Se- 2
-ka-laong-ke tsen-koei lao t'i-mié kou-k'i-teh zéh-ka-
neng-ke k'oa, ngou véh yao tsou koé tsé. Ngou yé- 3 -
zai lih-ding tse-hiang, zao-heû-k'i tè-tè woh-ze T'ié-tsu,
véh yao woh-ze ih-ke wei-teh si-ke 4 waong-ti tsé."
Seng-gnen la di-ke ze-heû fèh-gneu, eu-ba-h'ao-tse ih-
ka-men-ke ze-t'i, zieû tsin 5 Ya-sou wei sieû-dao.
Heû-lai kou-zé véh tsou-koé lao k'i sieû-dao, zeng-kong
seng-gnen.

Zié-deû yeû ih-ke ming-bah gnen, la ih-ke si-gnen-
k'ou-lou-deû laong sia liang kiu seh-wo, zieû- 7 -ze
gnen meh-siang si, neng-keû k'eu-k'ieng se-zôh. Tao-ti
wei-sa-lao è yeû tou-sao gnen ai-mou se- 8 -zôh gni?
Yen-wei véh siang si-ke yeu-kou lao. Seng-yong laong
wo: *"Ya-taong-ke tse-sen, wei-sa ai-mou* 9 *se-zôh laong-
ke ka koang-yong, t'é k'ong-hiu-ke foh-k'i?"* Kiao-yeû,
ts'en nong si véh zeng tao-ke ze-heû, 10 ih-sin ai-mou
T'ié-tsu. Yé-zai neng-keû tsou h'ao kong-fou, zieû k'i
tsou; véh yao teng-tao ming-tsao, ming-11-tsao véh-ze
ih-ding-ke: zah-se kien-tsao zieû si, lai-véh-ghih tsé.
Sou-i nong zieû deu-ziéh ai-mou

à présent qui vous honore? Que sont devenus votre
visage si beau et votre grande puissance? 2 Puisque la
noblesse et la beauté passent si vite, je ne veux plus
aucune dignité; 3 je veux désormais servir Dieu seul,
je ne veux plus servir un 4 roi mortel." Et sur l'heure
il fit le vœu d'entrer dans la 5 Compagnie de Jésus
après qu'il aurait réglé les affaires de sa famille. De
fait il abdiqua sa charge, se fit religieux et devint
un saint.

Autrefois un savant sur une tête de mort écrivit
ces mots: 7 "Celui qui pense à la mort méprise le monde".
Mais pourquoi le monde a-t-il tant d'adorateurs? 8 C'est
qu'ils ne pensent point à la mort. *"Filii hominum,* lit-
on dans le livre des Psaumes, *usquequo gravi corde?
ut quid* 9 *diligitis vanitatem et quæritis mendacium?"*
(Ps. 4.3.) Ainsi donc, chrétien, profitez du temps que
la mort vous laisse 10 pour aimer Dieu de tout votre
cœur. Le bien que vous pouvez faire aujourd'hui, faites-
le sans délai; n'attendez pas à demain, car 11 demain
n'est pas sûr pour vous: si vous mouriez aujourd'hui,
il serait trop tard. Brisez les attaches

世俗个心、一心一意愛慕天主、救自家个靈魂。聖經上話。啥人死拉天主手裡、是有福氣个。故所以死爲好人勿是可怕个、一死就離開世界上个苦惱、永遠看見完全美好个天主。

第三日　想人个性命十分短。

一想　人齊曉得要死、到底勿肯預備、想死勿到拉裡。有个人想勿着死、如同勿死个一樣。若伯聖人話。人个性命短促得極、如同一朶花、早晨頭開、夜頭謝脫。天主命依撒意亞先知聖人喊咾話。人个肉身像一顆開花个草、草乾過之、花就謝者。就是話、人个肉身一死、世界上个福氣咾光榮、就無沒者。若伯聖人又話。我个日子過去得快極、比之跑信个人還要快。自伲人時時刻刻勿停个近死个日脚。走一步近一步、歇一口

十六

se-zôh-ke sin, ih-sin-ih-i ai-mou T'ié-tsu, kieû ze-ka-ke
ling-wen. Seng-kieng laong wo: "*Sa-gnen* 2 *si la*
T'ié-tsu seû li, ze yeû foh-k'i ke." Kou-sou-i si wei
h'ao-gnen véh ze k'o-p'ouo-ke; ih 3 si zieû li-k'ai se-
ka-laong-ke k'ou-nao, yong-yeu k'eu-kié wé-zié mei-
h'ao-ke T'ié-tsu.

Di-sè gnéh. Siang gnen-ke sing-ming zéh-fen teu.

IH SIANG.—Gnen zi hiao-teh yao si, tao-ti véh k'eng
yu-bei, siang si véh tao la-li: yeû-ke gnen 6 siang-véh-
zah si, zu-dong véh si-ke ih-yang. Zah-péh seng-gnen
wo: "*Gnen-ke sing-ming teu-tsôh-teh-ghieh,* 7 *zu-dong*
ih-tou h'ouo, tsao-zen-deû k'ai, ya-deû zia-téh." T'ié-tsu
ming I-sèh-i-ya sié-tse-seng-gnen 8 h'é lao wo: *Gnen-*
ke gnôh-sen ziang ih-k'ou k'ai-h'ouo-ke t'sao, t'sao keu-
pieh-tse, h'ouo zieû zia tsé." Zieû-ze 9 wo: gnen-ke
gnôh-sen ih si, se-ka-laong-ke foh-k'i lao koang-yong,
zieû m-méh tsé.

Zah-péh seng-gnen i wo: "*Ngou-ke gnéh-tse kou-*
k'i-teh k'oa-ghieh, pi-tse bao-sin-ke-gnen è yao k'oa." 11
Ze-gni ze-ze-k'eh-k'eh véh-ding-ke ghien si-ke gnéh-
kiah: tseû ih-bou ghien ih-bou, t'eû ih-k'eû

---

de ce monde, aimez Dieu de tout votre cœur, et ne pen-
sez qu'à sauver votre âme. On lit dans la sainte Écriture:
"*Beati* 2 *mortui qui in Domino moriuntur.*" (Apoc.
14. 13.) Ainsi la mort n'est pas à craindre pour les
bons chrétiens; en 3 mourant ils quittent ce monde
plein de misères pour jouir éternellement de la souve-
raine beauté de Dieu.

3ème Jour. Brièveté de la vie.

Ier POINT. LA MORT VIENT VITE.—Tous les hommes
savent qu'ils mourront, mais ils se figurent la mort si
éloignée qu'ils ne veulent pas s'y préparer: il y en a
même qui ne 6 pensent jamais à la mort, comme s'ils ne
devaient jamais mourir. Job dit: "*Homo brevi vivens*
tempore, 7 *quasi flos egreditur et conteritur.*" (Job. 14.1.)
Le Seigneur ordonna à Isaïe de 8 crier: "*Omnis caro*
fenum ; exsiccatum est fenum et cecidit flos." (Is. 40.6.)
C'est-à- 9 -dire qu'avec la mort du corps finissent le
bonheur et la gloire d'ici-bas.

"*Dies mei velociores fuerunt cursore*", dit Job (9.25.).
11 Nous avançons sans cesse vers le jour de notre
mort: chaque pas, chaque respiration

氣、就近一眼。聖日羅尼莫話。我寫个字、齊是我性命裡抽出來个。活一日、死近一日。一總人齊要死、如同流个水、單單有朝下去、無得回轉來个。前頭許多體面个人、愛慕快活作樂个人、齊去拉者、現在勿垃拉哩。

教友、儂个日脚過得勿少哩、死也勿遠者、儂還勿肯預備否。該當曉得、人到死个時候、富貴功名、完全過去、不過剩一个坟墓。如同若伯聖人話。我所剩拉个、不過是一个坟墓、人到之死个時候、想着之愛拉个人咾物事、搭之得着拉个光榮、勿單單無得安慰、還加增伊个苦。越是愛慕世俗个人、死个時候越是來得可憐。眼睛看自家要死者、有拉个銅錢物事、房子咾田地、光榮咾快活、齊要想留拉。到底一樣勿能彀拿去、雖然舍勿得、也

k'i, zieû ghien ih-ngè. Seng Zéh-lou-gni-moh wo: "Ngou sia-ke ze, zi ze ngou sing-ming li ts'eû-ts'éh-lai-2-ke". Wéh ih gnéh, si ghien ih gnéh. Ih-tsong gnen zi yao si, zu-dong lieû-ke se, tè-tè yeû zao-hao-3-k'i, m-teh wei-tsé-lai-ke. Zié-deû hiu-tou t'i-mié-ke gnen, ai-mou k'a-wéh-tsoh-loh-ke gnen, zi 4 k'i-la-tsé, yé-zai véh léh-la li.

Kiao-yeû, nong-ke gnéh-kiah kou-teh véh sao li, si a véh yeu tsé, nong è véh k'eng yu-bei va? Kai-6-taong hiao-teh, gnen tao si ke ze-heû, fou-koei kong-ming wé-zié kou-k'i, péh-kou zeng ih-ke wen-mou: 7 zu-dong Zah-péh seng-gnen wo: "*Ngou sou zeng-la-ke, péh-kou ze ih-ke wen-mou*". Gnen tao-tse si-ke 8 ze-heû, siang-zah-tse ai-la-ke gnen lao méh-ze, tèh-tse teh-zah-la-ke koang-yong, véh tè-tè m-9-teh eu-wei, è ka-tseng i-ke k'ou; yeuh-ze ai-mou se-zôh-ke gnen, si-ke ze-heû yeuh-ze lai-10-teh k'o-lié: ngè-tsing k'eu ze-ka yao si tsé, yeû-la-ke dong-dié méh-ze, waong-tse lao dié-di, koang-11-yong lao k'a-wéh, zi yao siang lieû-la; tao-ti ih-yang véh neng-keû nao-k'i, su-zé souo-véh-teh, a

---

nous en rapproche un peu. "Le moment où j'écris ces lignes, disait S. Jérôme, est enlevé à ma vie." 2 Un jour que nous vivons nous rapproche d'un pas vers la mort. "Tous les hommes doivent mourir, comme l'eau qui coule en bas et qui 3 ne remonte pas". (II. Reg. 14.14.) Les grands et les amateurs des plaisirs d'autrefois ont tous 4 passé, ils ne sont plus.

Chrétien, bien des jours de votre vie sont déjà écoulés, la mort n'est pas éloignée, et vous ne voulez pas vous y préparer? Vous 6 devez savoir qu'à l'article de la mort, les grandeurs et la gloire sont passées pour vous et il ne vous restera qu'un tombeau: 7 "*Solum mihi superest sepulchrum*", disait Job (17.1.). Alors, 8 le souvenir des personnes et des choses aimées, comme aussi celui de la gloire obtenue, rempliront notre cœur d'amertume 9 au lieu de le consoler; et plus nous aurons aimé ce monde, plus nous serons 10 dignes de compassion : en voyant la mort arriver, nous voudrions conserver nos richesses, notre maison, nos champs, 11 la gloire, les plaisirs ; mais on ne peut rien emporter, et quoique on regrette tout cela,

無法子。
第个時候、免勿來嘆氣咾話。哎、我个房子物事衣裳咾啥、勿常遠齊勿是我个、是別人个者。哎、可憐阿、我白白裡吃多少苦、爲靈魂一眼無啥好處、單不過憂悶咾難過、心裡失望。有多少人死个時候、還勿打算救靈魂。別人提醒伊、勸伊料理靈魂个事體、伊還勿肯聽、還勿忍耐。話別樣个事體、鑾清爽、對伊話靈魂上个事體、就勿清爽者、假做昏頭搭腦。還有幾个人、死个辰光、雖然神父替伊念赦罪經、到底勿曾預備好、也無得時候預備、神父白白裡念赦罪經。第个就是愛世俗个人、臨死慣常个光景。

二想　國王厄日基亞死个時候、勿情願死、落眼淚咾話。我活

m fèh-tse.

Di-ke ze-heû, mié-véh-lai t'è-k'i lao wo: "É! ngou-ke waong-tse méh-ze i-zaong lao-sa, véh zang-3-yeu véh ze ngou-ke, ze biéh-gnen-ke tsé. É! k'o-lié a! ngou bah-bah-li k'ieh tou-sao k'ou: wei 4 ling-wen ih-ngè m-sa h'ao-ts'u, tè-péh-kou yeû-men lao nè-kou, sin li séh-maong."—Yeû tou-sao gnen, 5 si-ke ze-heû, è véh tang-seu kieû ling-wen. Biéh-gnen di-sing i, k'ieu i liao-li ling-wen-ke ze-6-t'i, i è véh k'eng t'ing, è véh zen-nai. Wo biéh-yang-ke ze-t'i, mè ts'ing-saong; tei i wo ling-wen 7 laong-ke ze-t'i, zieû véh ts'ing-saong tsé, ka-tsou hoen-deû-tèh-nao. É yeû ki-ke gnen, si-ke zen-koang, 8 su-zé zen-vou t'i i gnè souo-zu kieng, tao-ti véh zeng yu-bei h'ao, a m-teh ze-heû yu-bei, 9 zen-vou bah-bah-li gnè souo-zu kieng. Di-ke zieû-ze ai se-zôh-ke gnen lin-si koè-zang-ke koang-10-kieng.

Gni siang.—Kôh-waong Ngeh-zéh-ki-ya si-ke ze-heû, véh zing-gneu si, loh-ngè-li lao wo: *"Ngou wéh-*

---

il n'y a rien à faire.

Nous serons forcés de dire alors en soupirant: "Oh! ma maison, mes habits, mes effets, bientôt 3 vous ne serez plus à moi, mais à d'autres. Hélas! je me suis fatigué inutilement: 4 mon âme n'y a rien gagné sinon des regrets et le désespoir." — Il y a des hommes 5 qui, même au moment de la mort, ne pensent pas à sauver leur âme. Si on les avertit, si on les exhorte à s'occuper de leur âme, 6 ils n'écoutent pas, et même perdent patience: si on leur parle d'autre chose, ils ont l'esprit lucide; si on leur parle de leur âme, 7 ils ne comprennent plus rien et simulent le délire. 8 Parfois le confesseur leur donne l'absolution, mais 9 inutilement, faute de préparation ou de temps pour s'y préparer. Voilà comment meurent ordinairement les mondains.

IIe Point. Le flambeau de la mort. —Le roi Ézéchias étant à la mort, regrettant de mourir, disait en pleurant: *"Præcisa est*

个性命、像織布个人割斷一个布、我想正好活拉、想勿到就要死、連我个命根也斷脫者。大概人齊是第个樣式。貼正拉預備享受世界上个福氣、想做第樣、想做箇樣、忽然間死者、勿論啥齊斷脫者。

人个性命像一燈火、末脚來亮之一亮、忽然間陰脫者。世界上个富貴光榮也是什介。貼巧拉得意个辰光、忽然間死一到、齊完結者。

死如同拉暗洞裡、常常遮瞞拉、勿撥別人看見。人不過看見世界上个福氣咾好處、一心要貪想咾愛慕。想勿着个時候、死日到裡、世界上个富貴、就要失脫。拉箇个時候、恰恰認得世俗个虛假、怨恨自家个糊塗、白白裡吃一生一世个苦。因爲得着拉

ke sing-ming, ziang tseh-pou-ke gnen keuh-deu ih-ke pou; ngou siang tseng-h'ao wéh-la, siang-véh-tao zieû yao 2 *si, lié ngou-ke ming ken a deu-t'éh tsé.*" Da-kai-gnen zi ze di-ke yang-seh; t'ih-tseng la yu-bei 3 hiang-zeû se-ka laong-ke foh-k'i, siang tsou di-yang, siang tsou kou-yang, féh-zé-kè si tsé, véh len sa 4 zi deu-t'éh tsé.

Gnen-ke sing-ming ziang ih-teng h'ou, méh-kiah-lai liang-tse ih liang, féh-zé-kè yen-t'éh-tsé. Se-ka-laong-6-ke fou-koei koang-yong a ze zéh-ka; t'ih-k'iao la teh-i-ke zen-koang, féh-zé-kè si ih tao, zi 7 wé-kiéh tsé.

Si zu-dong la é-dong-li, zang-zang tsouo-mé-la, véh péh biéh-gnen k'eu-kié. Gnen péh-kou k'eu-kié se-9- ka laong-ke foh-k'i lao h'ao-t'su, ih-sin yao t'é-siang lao ai-mou: siang véh zah-ke ze-heû, si gnéh 10 tao li, se-ka laong-ke fou-koei zieû yao séh-t'éh. La kou-ke ze-heû, k'è-k'è gnen-teh se-zôh-ke 11 hiu-ka, yeu-hen ze-ka-ke wou-dou, bah-bah-li k'ieh ih-sang-ih-se-ke k'ou, yen-wei teh-zah-la-

---

velut a texente vita mea; 2 *dum adhuc ordirer, succidit me*". (Is. 38. 12.) C'est ainsi pour la plupart des hommes; tandis qu'ils s'apprêtent à 3 jouir de ce monde, qu'ils pensent à faire ceci et cela, la mort vient 4 et tranche tout.

Le vie de l'homme est semblable à une lampe, qui en projetant une dernière lueur, s'éteint tout à coup. Il en est ainsi des 6 richesses et de la gloire; juste au moment où on est satisfait, la mort arrive, et tout 7 est fini.

La mort semble se tenir dans l'obscurité et se cacher, elle ne se laisse pas voir. Les hommes ne voient que 9 le bonheur et les biens de ce monde, qu'ils convoitent ardemment: au moment où il n'y pensent pas, leur dernier jour 10 arrive, et ils doivent abandonner leurs richesses. Alors ils comprennent la 11 fausseté de ce monde, s'indignent contre leur propre folie et d'avoir souffert inutilement, puisqu'en mourant ils doivent a-bandonner

个銅錢咾功名、一死、就勿得勿然要甩脫。
哎、我个个天主、世界頭上个銅錢物事、房子咾田地、富貴咾體面、到死个時候、有啥用頭。死之後來、不過著之兩三件衣裳、睏拉一个棺材裡。雖然拉葬个時候、體面咾鬧熱、到底倘使甩脫靈魂、有啥好處。

若伯聖人話。人勿論大咾小、齊拉坭裡。人死什介能卑賤、爲啥還要裝飾第个臭肉身呢。教友、我請儂勉强自家、查考自家个良心、有啥个毛病、該當用法子來改脫。趁儂死還勿曾到、快点走上去做好。第个時候過去得十分快。勿要白白裡甩脫。該當盡自家个力量、多立點功勞、救自家个靈魂、乃味能彀得着常生个福氣。

ke dong-dié lao kong-ming, ih-si zieû véh-teh-véh-zé yao goè-t'éh.

Ai ! ngou-ke T'ié-tsu, se-ka-deû-laong-ke dong-dié méh-ze, waong-tse lao dié-di, fou-koei lao t'i-mié, 3 tao si-ke ze-heû, yeû sa yong-deû ? Si-tse heû-lai, péh-kou tsah-tse liang sè ghié i-zaong, k'oen-la 4 ih-ke koé-zai li; su-zé la tsaong-ke ze-heû t'i-mié lao nao-gnéh, tao-ti t'aong-se goè-t'éh ling-5-wen, yeû sa h'ao-ts'u ?

Zah-péh seng-gnen wo : "*Gnen véh len dou lao siao, zi la gni li*". Gnen si zéh-ka-neng pei-zié, wei-sa 7 è yao tsaong-seh di-ke ts'eû gnôh-sen gni ? Kiao-yeû, ngou ts'ing nong mié-kiang ze-ka, zouo-k'ao ze-ka-ke 8 liang-sin; yeû sa-ke mao-bing, kai-taong yong fèh-tse lai kai-t'éh. Ts'en nong si è véh zeng tao, k'oa-tié 9 tseû-zaong-k'i tsou h'ao. Di-ke ze-heû kou-k'i-teh zéh-fen k'oa, véh yao bah-bah-li goè-t'éh: kai-taong 10 zin ze-ka-ke lih-liang tou lih tié kong-lao, kieû ze-ka-ke ling-wen; nai-méh neng-keû teh-zah zang-11-seng-ke foh-k'i.

---

les richesses et les charges acquises.

Mon Dieu ! à quoi servent les richesses, les palais, les terres, les dignités, le luxe, 3 quand vient la mort? Après la mort, à peine vêtu de quelques habits, vous serez couché 4 dans un cercueil; on vous fera peut-être un magnifique enterrement, mais de quoi vous servira-t-il, si vous avez perdu votre âme ?

"*Parvus et magnus ibi sunt*", le grand et le petit sont tous sous terre, dit Job (3. 19.). L'homme si abject à la mort, pourquoi 7 pense-t-il à parer ce corps de corruption? Je vous invite, chrétien, à faire des efforts pour bien examiner votre 8 conscience; et s'il y a des fautes, à prendre les moyens pour les corriger. Profitez du temps que la mort vous laisse, 9 hâtez-vous de faire le bien. Le temps passe très vite, ne le gaspillez pas: 10 faites tous vos efforts pour gagner des mérites et sauver votre âme; ainsi vous pourrez obtenir le bonheur de la vie éternelle.

三想　可憐人个糊塗。愛世界上勿常遠个福氣、後來要死、死之後來落地獄、吃永遠个苦。哎、死个辰光、末脚一口氣、關係十分大。或者永遠享福、或者永遠吃苦、一煞眼就定當者、永遠勿能彀更改。我主耶穌要伲得着善終。自伊受苦受難、死拉十字架上、還提醒伲、足慣光照伲个明悟、叫伲回頭改過、有个時候、因爲伲勿聽。加患難拉伲。用來提醒自伲。

前頭去有一個外教人、名頭叫安弟斯代。有人間伊、拉第个世界上、啥事體算是大造化。自伊答應話。好好能死。儂看一个外教人、還話好好能死、是算大造化。况且教友有信德个人、曉得死个時候關係永遠个事體、該當那能盼望善終呢。

比方有一隻袋、袋裡有兩張紙條、一條寫地獄兩个字、一條寫

Sè siang. — K'o-lié gnen-ke wou-dou ! ai se-ka-laong véh zang-yeu-ke foh-k'i, heû-lai yao si, si-2-tse heû-lai loh di-gnôh, k'ieh yong-yeu-ke k'ou ! Ai ! si-ke zen-koang méh-kiah ih-k'eû k'i, koè-i zéh-3-fen dou ! Woh-tsé yong-yeu hiang-foh, woh-tsé yong-yeu k'ieh-k'ou, ih-sèh-ngè zieû ding-taong tsé, yong-yeu véh 4 neng-keû kang-kai. Ngou Tsu Ya-sou yao gni teh-zah zé-tsong, ze-i zeû-k'ou-zeû-nè, si-la zé-ze-5-ka laong : wè di-sing gni, tsôh-koè koang-tsao gni-ke ming-ngou, kiao gni wei-deû-kai-kou; yeû-ke ze-heû, 6 yen-wei gni véh t'ing, ka vè-nè la gni, yong-lai di-sing ze-gni.

Zié-deû-k'i yeû ih-ke nga-kiao gnen, ming-deû kiao Eu-di-se-dai, yeû gnen men i, la di-ke se-8-ka-laong, sa ze-t'i seu ze dou zao-h'ouo. Ze-i tèh-yeng wo : "H'ao-h'ao-neng si". Nong k'eu ih-ke nga-9-kiao gnen, wè wo h'ao-h'ao-neng si, ze seu dou zao-h'ouo : foang-ts'ia kiao-yeû yeû sin-teh-ke gnen, hiao-teh 10 si-ke ze-heû koè-i yong-yeu-ke ze-t'i, kai-taong na-neng p'è-maong zé-tsong gni !

Pi-faong yeû ih-tsah dai, dai li yeû liang-tsang tse-diao: ih-diao sia di-gnôh liang-ke ze, ih-diao sia

---

IIIe Point. Importance du dernier moment.— Hélas quelle folie ! on aime les courts plaisirs de cette vie, ensuite il faut mourir, et on va 2 après la mort en enfer souffrir éternellement ! Oh ! de quelle importance est à la mort cette dernière respiration ! 3 Ce moment décide en un clin d'œil, sans espoir de changement, d'une éternité de jouissances ou de tourments. 4 Jésus pour nous mériter une bonne mort souffrit la passion et mourut sur la 5 croix : en outre il nous excite, souvent il éclaire notre intelligence, afin que nous nous convertissions, et parfois, 6 parceque nous ne l'écoutons pas, il nous afflige pour nous exciter.

Jadis il y avait un païen nommé Antisthène, quelqu'un lui demanda, quelle était la meilleure fortune qui pût échoir à un homme en ce 8 monde : "Une bonne mort", répondit-il. Si un 9 païen dit qu'une bonne mort est la plus heureuse fortune, comment un chrétien qui sait par la foi, 10 que du moment de la mort dépend l'éternité, ne doit-il pas désirer une bonne mort !

Supposez qu'une bourse renferme deux billets: sur l'un est écrit "Enfer", sur l'autre

天堂兩个字。啥人抽出天堂兩个字、就得着天堂。啥人抽出地獄兩个字、就落地獄。儂想人那能用心抽第个紙條。因爲人齊要升天堂、勿要落地獄。但是可憐有多少人已經落地獄、爲啥緣故呢、因爲勿用心救自家靈魂。

聖伯爾納定記載一个皇帝。死个時候、怕得來利害、嘆氣咾話。我有多好皇宮、有多好地皮、到底若使我今夜就死、勿曉得到啥地方去。

教友、儂相信有一日要死、死單單一回、死之後來有永遠个關係、若使一回差者、永遠差裡、總無啥法子來可以更改、爲啥咾現在還勿肯起頭預備呢。聖安德肋亞勿利諾有一回默想死、怕咾話。啥人曉得我死、是那能樣子。或者升天堂、或者落地獄、

t'ié-daong liang-ke ze ; sa-gnen ts'eû-ts'éh t'ié-daong liang-ke ze, zieû teh-zah t'ié-daong; sa-gnen ts'eû-ts'éh 2 di-gnôh liang-ke ze, zieû loh di-gnôh : nong siang gnen na-neng yong-sin ts'eû di-ke tse-diao ! Yen-wei gnen zi 3 yao seng t'ié-daong, véh yao loh di-gnoh. Tè-ze k'o-lié yeû tou-sao gnen i-kieng loh di-gnôh, wei-sa 4 yeu-kou gni ? Yen-wei véh yong-sin kieû ze-ka-ke ling-wen.

Seng Péh-eul-néh-ding ki-tsé ih-ke waong-ti, si-ke ze-heû, p'ouo-teh-lai li-hai, t'è-k'i lao wo: 6 "Ngou yeû tou-h'ao waong-kong, yeû tou-h'ao di-bi, tao-ti zah-se ngou kien ya zieû si, véh hiao-teh tao 7 sa di-faong k'i".

Kiao-yeû, nong siang-sin yeû ih gnéh yao si, si tè-tè ih wei, si-tse heû-lai yeû yong-yeu-ke koè-9-i, zah-se ih wei ts'ouo li, tsong m-sa fèh-tse lai k'o-i kang-kai, wei-sa-lao 10 yé-zai è véh k'eng k'i-deû yu-bei gni ? Seng Eu-teh-leh Ya-véh-li-noh yeû ih wei meh-siang si, 11 p'ouo lao wo: "Sa-gnen hiao-teh ngou si ze na-neng yang-tse ? Woh-tsé seng t'ié-daong, woh-tsé loh di-gnôh,

---

"Ciel"; celui qui tire "Ciel" ira au ciel; celui qui tire 2 "Enfer" ira en enfer; avec quelle attention on tirerait ce billet ! Parceque chacun 3 désire aller au ciel, et personne ne veut tomber en enfer. Cependant hélas ! bien des gens sont dejà en enfer, 4 et pourquoi ? Parcequ'ils ont négligé le salut de leur âme.

S. Bernardin rapporte qu'un roi près de mourir disait tout consterné : 6 "Moi, qui possède tant de terres et de palais, si je meurs cette nuit, je ne puis savoir 7 où j'irai".

Chrétien, puisque vous croyez que vous mourrez un jour, que vous ne mourrez qu'une fois, qu'après la mort il y a une éternité, 9 et que si vous vous trompez une fois c'est pour toujours, sans nul espoir de remède, comment 10 refuseriez-vous de vous y préparer ? S. André Avellin, en pensant un jour à la mort, 11 se demandait en tremblant: "Qui sait le sort qui m'attend après ma mort ? Le salut ou la damnation,

齊無得一定、勿是可怕否。聖類思伯爾德耶想着死之後來个事體、嚇來夜裡睏勿起。自家對自家話。類思、啥人曉得儂死之到阿裡去、若使咾該當受天主个罰、豈勿是可怕否。教友、儂看、聖人還怕死得勿好、儂犯之多少罪、偏生勿怕死來勿好否。快点回頭改過、熱心恭敬天主、盡力做補贖、勤勁辦神工領聖體、用心避脫犯罪个機會。

第四日　想人一定要死

一想　聖經上話。天主定當一總人齊要死一回。第个是一定个事體。聖奥斯定話。別樣事體好咾怵、勿是一定、單單死是一定个。一个小囝養出來、勿曉得後來是窮呢是財主、身體强健呢勿强健、或者歲數輕咾死、或者老之咾死、單不過曉得伊死

zi m-teh ih-ding, véh ze k'o-p'ouo va? Seng Lei-se Péh-eul-teh-laong siang-zah si-tse heû-lai-ke 2 ze-t'i, hah-lai ya li k'oen-véh-k'i; ze-ka tei ze-ka wo: "Lei-se, sa-gnen hiao-teh nong si-tse 3 tao a-li k'i? Zah-se lao kai-taong zeû T'ié-tsu-ke vèh, k'i-véh-ze k'o-p'ouo va?"— Kiao-yeû, nong k'eu, 4 seng-gnen wè p'ouo si-teh véh h'ao, nong vè-tse tou-sao zu, p'ié-sang véh p'ouo si-lai véh h'ao va? K'oa-5-tié wei-deû-kai-kou, gnéh-sin kong-kieng T'ié-tsu, zin-lih tsou pou-zôh, ghien-kien bè-zeng-kong ling-seng-t'i, 6 yong-sin bi-t'éh vè-zu-ke ki-wei.

Di-se gnéh. — Siang gnen ih-ding yao si

Ih siang. — Seng-kieng laong wo: "*T'ié-tsu ding-taong ih-tsong-gnen zi yao si ih wei*". Di-ke ze ih-ding-9-ke ze-t'i. Seng Ao-se-ding wo: "Biéh-yang ze-t'i h'ao lao k'ieû, véh ze ih-ding, tè-tè si ze ih-10-ding-ke". Ih-ke siao-neu yang-ts'éh-lai, véh hiao-teh heû-lai ze ghiong gni ze zai-tsu, sen-t'i ghia-ghié gni véh ghia-ghié, woh-tsé su sou k'ieng lao si, woh-tsé lao-tse lao si, tè-péh-kou hiao-teh i si

---

rien n'est certain: n'est-ce pas terrible?" — S. Louis Bertrand en pensant à ce qui arrivera après la mort, 2 tremblait tellement que la nuit il ne pouvait pas en dormir: "Louis, se disait-il, qui sait 3 où tu iras après la mort? Si Dieu doit te punir, n'est-ce pas épouvantable?" — Chrétien, voyez, 4 les saints craignaient une mauvaise mort, et vous chargé de tant de péchés, vous vous obstinez à ne pas la craindre? Hâtez 5 votre conversion, servez Dieu avec ferveur, employez vos forces à faire pénitence, fréquentez les sacrements 6 et fuyez les occasions du péché.

4ème Jour. Certitude de la mort.

Ier Point. Tout homme doit mourir. — "*Statutum est hominibus semel mori*" (Hebr. 9. 27.) Voilà ce qui est fixé. 9 S. Augustin a dit avec raison: "Prospérités, revers, tout est incertain, la mort seule est 10 certaine". Un enfant naît, on ignore s'il sera pauvre ou riche, d'une bonne ou d'une 11 mauvaise santé, s'il mourra jeune ou vieux, on sait seulement qu'il mourra

是一定个。
自從皇帝官府到小百姓、無得一个勿死个人。死个時候一到、就要死、無啥人能殼阻擋。聖奥斯定又話。水咾火、刀咾鎗、齊能殼阻擋、皇帝也有人抵敵伊個。單單死一到、啥人能殼抵敵自伊呢。前頭有一个法國皇帝。死个辰光喊咾話。我个權柄雖然大、到底勿能殼勿死、要想多活一點鐘、也勿能殼。若伯聖人對天主話。天主、儂定當人性命个常短、啥人能殼跳得過呢。
教友、儂現在活拉幾年者、啥人曉得儂還要活幾年、勿曉得第个一日是末脚一日。我現在拉寫第本書、儂拉念第本書、天主已經定當拉者、阿裡一日是我咾儂兩个人死个一日。死个時候一到、我勿能殼寫者。儂勿能殼念者。聖脉上話。啥人是常常

ze ih-ding-ke.

Ze-zong waong-ti koé-fou tao siao pah-sing, m-teh ih-ke véh si-ke gnen; si-ke ze-heû ih-tao, **3** zieû yao si, m-sa-gnen neng-keû tsou-taong. Seng Ao-se-ding i wo: "Se lao h'ou, tao lao ts'iang, zi neng-**4**-keû tsou-taong, waong-ti a yeû gnen ti-dieh i-ke; tè-tè si ih tao, sa-gnen neng-keû ti-dieh ze-**5**-i gni?" Zié-deû yeû ih-ke Fèh-kôh waong-ti, si-ke zen-koang h'è lao wo: "Ngou-ke ghieu-ping su-zé **6** dou, tao-ti véh neng-keû véh si; yao siang tou wéh ih tié-tsong, a véh neng-keû". Zah-péh seng-gnen tei **7** T'ié-tsu wo: "*T'ié-tsu, nong ding-taong gnen sing-ming-ke zang-teu, sa-gnen neng-keû t'iao-teh-kou gni?*"

Kiao-yeu, nong yé-zai wéh-la ki gné tsé, sa-gnen hiao-teh nong wè yao wéh ki gné? Véh hiao-teh di-**9**-ke ih gnéh ze méh-kiah ih gnéh. Ngou yé-zai la sia di-pen su, nong la gnè di-pen su, T'ié-tsu **10** i-kieng ding-taong-la-tsé, a-li ih gnéh ze ngou lao nong liang-ke gnen si-ke ih gnéh: si-ke ze-**11**-heû ih tao, ngou véh neng-keû sia tsé, nong véh neng-keû gnè tsé. Seng-yong laong wo: "*Sa-gnen ze zang-zang*

---

certainement.

Parmi les rois, les mandarins ou les gens du peuple, personne n'est immortel; et quand la mort arrive, **3** il faut mourir, pas un ne peut l'éviter. "On résiste au feu, dit S. Augustin, à l'eau, au fer, **4** on résiste aux rois, mais qui peut résister à la mort?" **5** Un roi de France au moment de mourir s'écriait: "Voilà que malgré toute ma puissance **6** je dois mourir; et si je voulais vivre une heure de plus, je ne le pourrais pas". C'est pour cela que Job disait à **7** Dieu: "*Constituisti terminos ejus, qui praeteriri non poterunt*". (Job. 14.5.)

Chrétien, vous avez dejà vécu bien des années, qui sait donc combien il vous en reste encore? Vous ne savez même pas si ce **9** jour est le dernier pour vous. Pour moi qui écris ce livre et pour vous qui le lisez, Dieu a **10** déjà déterminé le jour de notre mort: ce jour **11** une fois arrivé, je ne pourrai plus écrire, et vous, vous ne pourrez plus lire. "*Quis est homo, qui*

活拉咾勿死个。從古以來無得一个人勿死个、拉儂前頭个人已經死拉者、現在要挨着儂裡。儂看本地方上、前頭有多少人、眼前一个也勿看見。做官做皇帝、勿曉得換之幾个者。伊拉死之、別樣物事一眼無沒、單不過坟墓上个牌坊。伊拉拉坟墓裡臭咾爛、變成功爛泥、壓拉石頭底下。哎、世俗什介能虛假、爲啥咾還要愛慕伊呢。倒勿如專門救靈魂、得着永遠個福氣更加好。若使拉世界上、享受幾年工夫个福氣、死之後來落地獄、吃永遠个苦頭、有啥好處呢。

二想　聖西彼利話。伲活拉个時候、好像一个犯人拖到法場上去殺。就是活拉咾走一步、死也近一步。活一日、死个日子也近一日。伲領聖水个日子、有人記拉帳簿上。後來伲死个日子、

wéh-la lao véh si-ke?" Zong-kou-i-lai m-teh ih-ke gnen
véh si-ke; la nong zié-deû-ke gnen, 2 i-kieng si-la-tsé:
yé-zai yao a-zah nong li. Nong k'eu pen di-faong
laong, zié-deû yeû tou-sao gnen, 3 ngè-zié ih-ke a véh
k'eu-kié: tsou-koé tsou-waong-ti, véh hiao-teh wé-tse
ki-ke tsé; i-la si- 4 -tse, biéh-yang méh-ze ih-ngè m-
méh, tè-péh-kou wen-mou laong-ke ba-faong: i-la la
wen-mou li 5 ts'eû lao lè, pié-zeng-kong lè-gni, k'èh
la zah-deû ti-hao. Ai! se-zôh zéh-ka-neng hiu-ka,
wei-sa- 6 -lao è yao ai-mou i gni? Tao-véh-zu tsé-men
kieû ling-wen, teh-zah yong-yeu-ke foh-k'i keng-ka 7
h'ao. Zah-se la se-ka laong hiang-zeû ki gné kong-
fou-ke foh-k'i, si-tse heû-lai loh di-gnôh, k'ieh 8 yong-
yeu-ke k'ou-deû, yeû sa h'ao-ts'u gni?

GNI SIANG.— Seng Si-pi-li wo: "Gni wéh-la-ke
ze-heû, h'ao-ziang ih-ke vè-gnen t'ou-tao fèh-zang 10
laong k'i sèh." Zieû-ze wéh-la lao tseû ih bou, si a
ghien ih bou; wéh ih gnéh, si-ke gnéh-tse a 11 ghien
ih gnéh. Gni ling-seng-se-ke gnéh-tse, yeû gnen ki-la
tsang-bou laong; heû-lai gni si-ke gnéh-tse,

---

vivet et non videbit mortem?" (Ps. 88. 49.) Depuis
toute l'antiquité, il n'y a pas eu un homme immortel;
les hommes qui vivaient avant vous 2 sont tous morts:
à présent, c'est votre tour. Voyez, de tant de person-
nes qui vivaient dans votre pays, 3 je n'en vois pas une:
les magistrats et les empereurs ont changé je ne sais
pas combien de fois; 4 après leur mort, ils n'ont qu'un
mausolée sur leur tombeau: leur corps 5 entré en dé-
composition a été changé en poussière, qui git sous une
pierre tombale. Le monde est si faux, pourquoi 6 donc
nous attacher à lui? Il est bien préférable de songer à
notre âme pour obtenir une gloire éternelle. 7 Que vous
servirait-il d'avoir été heureux pendant quelques années
en ce monde, si vous deviez ensuite souffrir 8 éternel-
lement en enfer?

IIe POINT. NOUS APPROCHONS DE LA MORT À CHAQUE
INSTANT.— "Nous vivons tous, dit S. Cyprien, comme
un criminel qu'on traîne au lieu du 10 supplice". C'est-
à-dire que chaque pas que nous faisons est un pas de
plus vers la mort, et chaque jour que nous vivons, nous
en 11 rapproche d'autant. Comme au jour de notre
baptême nous avons été inscrits sur les registres, ainsi
on nous y inscrira

也有人記拉第本帳簿上。教友、儂題起死人个物事咾話。第个是我个父親个記念。第个是我个爺叔阿伯个記念、第个是我兄弟个記念。儂死之後來、別人也什介能題起儂。

比方一个人定當之死罪、綁到殺場上、一歇就要殺者。自伊還笑咾話、東看西看、快活咾作樂、好像到戲場頭去看戲一樣。儂一定話。第个人是癡子、或者無沒信德个。到底儂現在勿是到死个地方去否。還拉打算啥呢。比方一个犯人、看見一淘要殺个人、已經綁子咾殺拉者、心裡該當那能嚇咾怕。現在儂看見別人死拉者、那能勿怕呢。一總死拉个人、好像對活拉个人話。前日儂看我死、勿常遠別人看儂死。

一个人明白曉得死之後來、有一个永遠个地方、還勿小心救

a yeû gnen ki-la di-pen tsang-bou laong. Kiao-yeû, nong di-k'i si-gnen-ke méh-ze lao wo: "di-ke 2 ze ngou-ke vou-ts'in-ke ki-gnè; di-ke ze ngou-ke ya-sôh ah-pah-ke ki-gnè; di-ke ze ngou 3 hiong-di-ke ki-gnè": nong si-tse heû-lai, biéh-gnen a zéh-ka-neng di-k'i nong.

Pi-faong ih-ke gnen ding-taong-tse si zu, paong tao sèh-zaong laong, ih-hiéh zieû yao sèh tsé: ze-i wè 5 siao lao wo, tong-k'eu-si-k'eu, k'a-wéh lao tsoh-loh, h'ao-ziang tao hi-zang-deû k'i k'eu-hi ih-yang; nong 6 ih-ding wo: "di-ke gnen ze ts'e-tse, woh-tsé m-méh sin-teh-ke". Tao-ti nong yé-zai véh ze tao 7 si-ke di-faong k'i va? È la tang-seu sa gni? Pi-faong ih-ke vè-gnen, k'eu-kié ih-dao yao sèh- 8 -ke gnen, i-kieng paong-tse lao sèh-la-tsé, sin li kai-taong na-neng hah lao p'ouo! Yé-zai nong k'eu-kié 9 biéh-gnen si-la-tsé, na-neng véh p'ouo gni? Ih-tsong si-la-ke gnen h'ao-ziang tei wéh-la-ke gnen wo: 10 "zié gnéh nong k'eu ngou si, véh zang-yeu biéh-gnen k'eu nong si".

Ih-ke gnen ming-bah hiao-teh si-tse heû-lai yeû ih-ke yong-yeu-ke di-faong, è véh siao-sin kieû

---

le jour de notre mort. Chrétien, en parlant des objets laissés par les défunts, vous dites: "ceci 2 est un souvenir de mon père; cela est un souvenir de mon oncle, de mon 3 frère": ainsi après votre mort les autres parleront de vous.

Si un condamné, emmené au lieu du supplice pour y être exécuté dans quelques instants, 5 badinait, riait, portait ça et là ses regards, joyeux comme s'il allait au théâtre; vous 6 diriez que c'est un fou ou un incrédule. Mais vous, n'allez-vous pas à la 7 mort? Or quelles sont vos préoccupations? Un condamné, à la vue de l'exécution de 8 ceux qui doivent être mis à mort avec lui, de quelle frayeur n'est-il pas saisi! Et vous qui voyez 9 les autres dejà morts, comment ne craignez-vous pas? Les trépassés semblent dire aux vivants: 10 "hier tu nous a vus mourir, bientôt les autres te verront mourir".

Savoir que la mort sera suivie d'une éternité, et ne pas songer

靈魂、預備得着善終、第个人是眞正糊塗。有時候伲聽得話。某某人忽然死者、來勿及預備善終。伲就勿放心、憂伊个靈魂勿安當。既然什介、爲啥自家勿早點預備呢。難道保得住勿是忽然死否。儂看天底下各府各縣、那裡一塊無得人住拉。但是前頭个人、已經拉墳墓裡、現在个人、也齊要死、一个也勿剩。第个是信德个道理。

三想　死是一定个、教友拉齊曉得。倒底有多少人、像殺總勿死个、隨便自家犯罪、一眼無得怕懼。什介能个人、眞正可憐。教友、儂該當常常記得死咾、安排儂个事體。聖經上話。死像一个好官府判斷事體。就是人常常記得死、好好能判斷世俗个事體、就曉得是假个咾、勿去愛慕伊。聖若望宗徒話。世界上單單

ling-wen, yu-bei teh-zah zé-tsong, di-ke gnen ze tsen-tseng wou-dou ! Yeû ze-heû gni t'ing-teh wo : "meu- 2 -meu-gnen féh-zé si tsé, lai-véh-ghih yu-bei zé-tsong": gni zieû véh faong-sin, yeû i-ke ling-wen véh 3 t'ou-taong. Ki-zé zéh-ka, wei-sa ze-ka véh tsao-tié yu-bei gni ? Nè-dao pao-teh-zu véh ze féh- 4 -zé si va ? Nong k'eu t'ié-ti-hao koh fou koh yeu, a-li ih k'oei m-teh gnen zu-la ? Tè-ze zié- 5 -deû-ke gnen, i-kieng la wen-mou li; yé-zai-ke gnen, a zi yao si, ih-ke a véh zeng, di-ke 6 ze sin-teh-ke dao-li.

Sè siang.— Si ze ih-ding-ke, kiao-yeû la zi hiao-teh ; tao-ti yeû tou-sao gnen, ziang-sèh tsong véh 8 si-ke, zu-bié ze-ka vè-zu, ih-ngè m-teh p'ouo-ghiu. Zéh-ka-neng-ke gnen, tsen-tseng k'o-lié ! Kiao- 9 -yeû, nong kai-taong zang-zang ki-teh si lao, eu-ba nong-ke ze-t'i. Seng-kieng laong wo : "*Si ziang ih-ke* 10 *h'ao koé-fou p'é-teu ze-t'i*". Zieû-ze gnen zang-zang ki-teh si, h'ao-h'ao-neng p'é-teu se-zôh-ke ze- 11 -t'i, zieû hiao-teh ze ka-ke lao, véh k'i ai-mou i. Seng Zah-waong tsong-dou wo : "*Se-ka-laong tè-tè*

à son âme pour s'assurer une bonne mort, c'est une vraie folie ! Parfois en entendant dire qu'un 2 tel est mort à l'improviste et sans avoir eu le temps de s'y préparer, nous sommes anxieux de son salut éternel. 3 Puisqu'il en est ainsi, pourquoi ne vous hâtez-vous pas de vous y préparer ? Est-ce que vous êtes sûr de ne pas 4 mourir à l'improviste ? Voyez un peu : dans ce monde y a-t-il une préfecture ou sous-préfecture qui ne soit pas habitée ? Mais les 5 hommes d'autrefois sont dejà dans le tombeau ; ceux qui vivent à présent, tous doivent aussi mourir, pas un ne restera, voilà 6 qui est de foi.

IIIe Point. Pensons toujours à la mort.— La mort est certaine, les chrétiens savent cela ; comment donc en est-il qui 8 pèchent sans aucune crainte, comme s'ils ne devaient jamais mourir ? Des hommes de cette espèce, qu'ils sont dignes de compassion ! 9 Chrétien, faites toutes choses en vous souvenant toujours de la mort. "*O mors !* dit l'Écriture, 10 *bonum est judicium tuum*". (Eccli. 41.3.) C'est-à-dire que celui qui se souvient toujours de la mort apprécie sainement les choses de ce monde, 11 il sait qu'elles sont vaines, et il n'y met pas son cœur. D'après S. Jean, "*Omne quod est in mundo*

有肉身个快活、好看个物事、搭之一生一世个光榮。倒底人想着之活个時候勿常遠、爲啥還去愛慕伊呢。
聖人拉默想死、就看輕世俗。聖加祿拉讀書个臺子上、放一个骷髏頭、勿停个看伊。紅衣主教羅老尼伍拉一隻檯上、刻想死兩个字。可敬安濟納是撒魯斯地方主教、拉一个骷髏頭上、寫兩句話、我前日如同儂、儂後來如同我。有一个隱修聖人、死个時候十分快活、一點勿怕。別人問伊、爲啥什介能呢。自伊答應話。因爲我拿死、時時刻刻放拉眼睛門前、故所以看得勿稀奇、一點也勿怕。
一个走路人、拉路上瞎甩脫銅錢、想勿着到屋裡無得飯吃、是那能糊塗。若使一个人打算享世界上个福氣、勿怕永遠無得

*yeû gnôh-sen-ke k'a-wéh, h'ao-k'eu-ke méh-ze, tèh-tse
ih-sang-ih-se-ke koang-yong*". Tao-ti gnen siang-**2**-zah-
tse wéh-ke ze-heû véh zang-yeu, wei-sa è k'i ai-mou i gni?

Seng-gnen-la meh-siang si, zieû k'eu-k'ieng se-zôh.
Seng Kia-lôh la dôh-su-ke dai-tse laong, faong ih-ke **4**
k'ou-lou-deû, véh ding-ke k'eu i.— Hong-i-tsu-kiao Pouo-
lao-gni-ou la ih-tsah ghieu laong, k'eh "*siang si*" **5**
liang-ke ze.— K'o-kieng Eu-tsi-néh ze Sa-lou-se di-faong
tsu-kiao, la ih-ke k'ou-lou-deû laong sia **6** liang kiu wo:
"Ngou zié gnéh zu-dong nong, nong heû-lai zu-dong
ngou".— Yeû ih-ke yen-sieû seng-gnen, si-ke **7** ze-heû
zéh-fen k'a-wéh, ih-tié véh p'ouo. Biéh-gnen men i:
"Wei-sa zéh-ka-neng gni?" Ze-i tèh-yeng **8** wo: "Yen-
wei ngou nao si, ze-ze-k'eh-k'eh faong-la ngè-tsing
men-zié, kou-sou-i k'eu-teh véh hi-ghi; **9** ih tié a véh
p'ouo".

Ih-ke tseû-lou-gnen, la lou laong hèh goè-t'éh dong-
dié, siang-véh-zah tao ôh-li m-teh vè k'ieh, ze **11** na-
neng wou-dou! Zah-se ih-ke gnen tang-seu hiang se-ka
laong-ke foh-k'i, véh p'ouo yong-yeu m-teh

---

*concupiscentia carnis est, concupiscentia oculorum et
superbia vitae*". (1. Jo. 2. 16.) Mais celui qui pense **2**
à la brièveté de la vie, comment peut-il l'aimer?

C'est la méditation de la mort qui a inspiré aux
saints le mépris du monde. S. Charles avait placé une
4 tête de mort sur son bureau, et il la regardait sans
cesse.— Le cardinal Baronius avait fait graver sur son
anneau ces mots: "*Memento mori*". **5** Le vénérable
Ancina, évêque de Saluces, avait écrit sur une tête de
mort: **6** "J'ai été ce que tu es, tu seras ce que je
suis".— Un saint solitaire, près de mourir, **7** témoi-
gnait une grande joie sans l'ombre de crainte. On lui
en demanda la raison: **8** "J'ai à chaque instant, répon-
dit-il, pensé à la mort, et maintenant elle n'a rien de
nouveau pour moi; **9** je ne la crains pas".

Quelle folie ne serait-ce pas à un voyageur de dé-
penser follement son argent en chemin sans se soucier
qu'il n'aura pas de quoi manger chez lui! **11** Et n'est-il
pas plus insensé, celui qui cherche à vivre heureux dans
ce monde,

福氣、難道勿是更加糊塗否。

第五日　想死个時候勿一定

一想[illegible]伲一總人齊要死、是一定个。但是拉啥時候死、勿是一定个。有一个博學士衣弟姚德話。無得啥比之死是一定个、也無得啥比之死个時候、更加勿是一定个。天主已經定當拉者、伲各人拉幾年份幾月幾時、要離開第个世界、到一个永遠个地方。但是第个時候、伲勿曉得。

吾主耶穌教訓伲常常預備死、有常時話。死如同強盜、忽然間來个。又話、啝醒拉、因爲啝想勿着个辰光、我要來者。聖額我畧話。天主勿放伲曉得死个時候、是要伲時時刻刻預備死。世界上無得一歇工夫、勿死人个。勿論啥个候時、勿論啥个地方、常

foh-k'i, nè-dao véh ze keng-ka wou-dou va?

Di-n gnéh. Siang si-ke ze-heû véh ih-ding.

IH SIANG.— Gni ih-tsong-gnen zi yao si, ze ih-ding-ke: tè-ze la sa ze-heû si? véh ze ih- **4** -ding-ke. Yeû ih-ke pôh-yah-ze I-di-yao-teh wo: "M-teh sa pi-tse si ze ih-ding-ke, a **5** m-teh sa pi-tse si-ke ze-heû keng-ka véh ze ih-ding-ke". T'ié-tsu i-kieng ding-taong-la-tsé, **6** gni koh-gnen la ki gné-yen ki gneuh ki ze, yao li-k'ai di-ke se-ka, tao ih-ke yong-yeu-ke **7** di-faong; tè-ze di-ke ze-heû gni véh hiao-teh.

Ngou-Tsu Ya-sou kiao-hiun gni zang-zang yu-bei si, yeû-zang-ze wo: "*Si zu-dong ghiang-dao, féh-zé-kè* **9** *lai-ke*". I wo: "*Na sing la: yen-wei na siang véh tao-ke zen-koang, ngou yao lai tsé*". Seng Ngeh-ngou-liah **10** wo: "T'ié-tsu véh faong gni hiao-teh si-ke ze-heû, ze yao gni ze-ze-k'eh-k'eh yu-bei si". Se-ka- **11** -laong m-teh ih-hiéh kong-fou véh si gnen-ke; véh len sa-ke ze-heû, véh len sa-ke di-faong, zang-

---

sans se soucier d'être malheureux éternellement?

5ème Jour. Incertitude de l'heure de la mort.

Ier POINT. LE MOMENT EST FIXÉ, MAIS IL NOUS EST INCONNU.— Nous devons tous mourir, cela est certain; mais quand mourrons-nous? voilà qui est **4** incertain. "Rien de plus indubitable que la mort, dit l'Idiot, mais **5** rien de plus douteux que l'heure de la mort." Dieu a déjà fixé **6** l'année, le mois, l'instant où nous aurons à quitter cette terre et à entrer dans l'éternité; **7** mais cette époque nous est inconnue.

Notre-Seigneur nous exhorte à nous tenir toujours prêts, en nous disant parfois: "*Sicut fur..., ita* **9** *veniet*". (1. Thess. 5. 2.) Il nous dit encore: "*Estote parati: quia qua hora non putatis filius hominis veniet*". (Luc. 12. 40.) C'est, dit S. Grégoire, **10** pour nous voir constamment disposés à la mort, que Dieu nous en cache l'heure". Dans ce monde **11** il ne se passe pas un instant sans que quelqu'un meure; à chaque heure, dans n'importe quel endroit, il y a toujours

常有人死。若使伲要得着善終、救自家个靈魂、該當常常預備好。聖伯爾納多話。死勿論啥地方等儂拉、儂該當勿論啥地方等死、什介能勿論啥時候死、可以勿怕者。

人人曉得自家要死、倒底勿肯預備死。想死還遠拉裡、勿要緊預備。有个人已經年紀老力量無得、還勿肯預備死。還要想多活幾年、有个人病重者、還勿肯預備好好能死、要想多活三兩年。第个勿是自家騙自家否。教友、儂勿要騙自家、因為人勿曉得那裡一日上死。有个貼正拉白話咾死、有个貼正拉路上走路咾死、有个睏起拉个時候死。伊拉一定想勿着自家什介能死、倒底死拉者。就是今年已經死拉个多少人、也勿見得想着今年、就是末腳一年、倒底死拉者。

zang yeû gnen si : zah-se gni yao teh-zah zé-tsong, kieû ze-ka-ke ling-wen, kai-taong zang-zang yu-bei 2 h'ao. Seng Péh-eul-néh-tou wo : "Si véh len sa di-faong teng nong la, nong kai-taong véh len sa di-faong 3 teng si ; zéh-ka-neng véh len sa ze-heû si, k'o-i véh p'ouo tsé".

Gnen-gnen hiao-teh ze-ka yao si, tao-ti véh k'eng yu-bei si; siang si wè yeu-la-li, véh yao-kien 5 yu-bei. Yeû-ke gnen i-kieng gné-ki-lao, lih-liang m-teh, wè véh k'eng yu-bei si, wè yao siang tou 6 wéh ki gné ; yeû-ke gnen bing-zong-tsé, wè véh k'eng yu-bei h'ao-h'ao-neng si, yao siang tou wéh sè liang 7 gné. Di-ke véh ze ze-ka p'ié ze-ka va ? Kiao-yeû, nong véh yao p'ié ze-ka, yen-wei gnen véh hiao- 8 -teh a-li ih gnéh laong si. Yeû-ke t'ih-tseng la bah-wo lao si, yeû-ke t'ih-tseng la lou laong tseû- 9 -lou lao si, yeû-ke k'oen-k'i-la-ke ze-heû si : i-la ih-ding siang-véh-zah ze-ka zéh-ka-neng 10 si, tao-ti si-la-tsé. Zieû-ze kien gné i-kieng si-la-ke tou-sao-gnen, a véh kié-teh siang-zah 11 kien gné, zieû-ze méh-kiah ih gné; tao-ti si-la-tsé.

---

des gens qui meurent : si nous voulons faire une bonne mort et nous sauver, c'est en tout temps qu'il faut être prêts. 2 "La mort, dit S. Bernard, vous guette partout, vous devez donc l'attendre partout ; 3 ainsi en n'importe quel temps qu'il vous arrive de mourir, vous ne craindrez pas."

Tous les hommes savent qu'ils doivent mourir, mais ils ne veulent pas s'y préparer, se figurant la mort très éloignée, et sa 5 préparation inutile. Il y a des vieillards sans forces qui refusent de s'y préparer, se flattant de 6 vivre encore quelques années; il y a des hommes dangereusement malades, qui ne veulent pas se préparer à la mort, pensant avoir encore deux ou trois 7 ans de vie. N'est-ce pas vouloir se tromper soi-même ? Chrétien, puisque vous ignorez 8 le jour où la mort viendra, ne vous trompez pas vous-même. Il y a des gens qui sont morts en causant, d'autres en marchant, 9 d'autres en dormant : certes ils ne s'attendaient pas à mourir de la sorte, 10 mais ils sont morts. En outre tous ceux qui sont morts cette année ne pensaient pas, je crois, que 11 cette année était leur dernière année ; et cependant ils sont morts.

幾時魔鬼誘感儂、教儂勿要怕犯罪、因爲明朝可以辦神工、儂該當答應話。我現在犯罪、得罪天主、恐怕天主就收我个靈魂第个靈魂到那裡去、豈勿是就落地獄否。可憐有多少人貼正拉犯罪个時候、忽然間死者。聖經上話。天主罰人拉犯罪个時候、像釣魚个人一樣。魚一張開之嘴咾吃食、就上釣、人貼正拉快活咾犯罪、就受天主个罰。

二想　天主勿要伲失落脫靈魂、所以話多少說話來驚醒伲、感動伲个心。聖琢上話。若使哪勿改過。天主要拔一把劍來罰哪者。拉別个地方又話。罪人貼正拉話、伲現在蠻太平咾、無啥事體个時候、死就到者。天主又話。若然哪勿痛悔咾做補贖、齊要死拉罪裡向。聖奧斯定話。凡於人大聲大氣喊殺、勿是眞正

Ki-ze mô-kiu yeû-ké nong, kao nong véh yao p'ouo vè-zu, yen-wei ming-tsao k'o-i bè-zen-kong, nong **2** kai-taong tèh-yeng wo: "Ngou yé-zai vè-zu teh-zu T'ié-tsu, k'ong-p'ouo T'ié-tsu zieû seû ngou-ke ling-wen, **3** di-ke ling-wen tao a-li k'i? K'i-véh-ze zieû loh di-gnôh va?" K'o-lié yeû tou-sao gnen t'ih-tseng **4** la vè-zu-ke ze-heû, féh-zé-kè si tsé! Seng-kieng laong wo: *"T'ié-tsu vèh gnen la vè-zu-ke ze-* **5** *-heû, ziang tiao-n-ke gnen ih-yang"*. N ih tsang-k'ai-tse tse lao k'ieh zeh, zieû zaong tiao: gnen t'ih-tseng la **6** k'a-wéh lao vè-zu, zieû zeû T'ié-tsu-ke vèh.

Gni siang.— T'ié-tsu véh yao gni séh-loh-t'éh ling-wen, sou-i wo tou-sao seh-wo lai kieng-sing gni, **8** ké-dong gni-ke sin. Seng-yong laong wo: *"Zah-se na véh kai-kou, T'ié-tsu yao bèh ih-pouo kié lai vèh* **9** *na tsé"*. La biéh-ke di-faong i wo: *"Zu-gnen t'ih-tseng la wo, gni yé-zai mè ta-bing lao, m sa* **10** *ze-t'i-ke ze-heû, si zieû tao-tsé"*. T'ié-tsu i wo: *"Zah-zé na véh t'ong-hoei lao tsou pou-zôh, zi* **11** *yao si-la zu li-hiang"*. Seng Ao-se-ding wo: "Vè-yu-gnen dou-sang-dou-k'i h'è sèh, véh ze tsen-tseng

---

Ainsi quand le démon vous tente en vous disant de ne pas avoir peur de pécher parce que vous pouvez vous confesser demain, **2** répondez-lui: "Si Dieu dans cette heure où je l'offense m'appelait à lui, **3** mon âme où irait-elle? N'irait-elle pas en enfer? Hélas! combien de pécheurs sont morts dans l'acte même **4** du péché! *"Sicut pisces capiuntur hamo,* dit la Ste Écriture, **5** *sic capiuntur homines in tempore malo."* (Eccl. 9. 12.) Comme le poisson est pris tandis qu'il ouvre la bouche pour savourer l'appât: ainsi les hommes sont punis pendant qu'il se **6** réjouissent en offensant Dieu.

IIe Point. Préparons nos comptes.— Le Seigneur ne veut pas nous voir perdus, c'est pourquoi il emploie bien des paroles pour nous effrayer et pour **8** exciter notre cœur. *"Nisi conversi fueritis,* dit le Psalmiste, *gladium suum vibrabit."* (Ps. 7. 13.) **9** Ailleurs Dieu nous dit: *"Cum dixerint pax et* **10** *securitas, tunc repentinus eis superveniet interitus"*. (1. Thess. 5. 3.) Dieu dit encore: *"Nisi pœnitentiam habueritis, omnes similiter* **11** *peribitis"*. (Luc. 13. 3.) "Celui, dit S. Augustin, qui vous crie: "Je vous tue" n'a pas la volonté

要殺儂、單不過𢜗儂是者。天主也是什介。話要罰伲、勿是情願罰伲、是驚醒伲、叫伲常常預備、勿要死拉罪裡向。所以要緊日逐省察、查考自家个良心。有啥个毛病、啥个罪過、該當快點改脫。日日早晨頭蹊起來、問自家、倘然今朝死、靈魂妥當勿妥當。勿要等到病重个時候、乃味求天主賞賜儂多活頭兩个月、或者多活兩三日、爲預備儂个靈魂。現在天主賞賜儂有拉个時候、就該當預備好。因爲保勿住今朝勿是末脚一日咾。

聖經上話。勿要慢慢叫歸向天主、也勿要今朝推到明朝、因爲天主就要歎火咾立刻罰儂者。有个人話要改過、總勿改過、只管推頭、惹天主个義怒咾、受着天主个罰。

yao sèh nong, tè-péh-kou hah nong ze tsé". T'ié-tsu a ze zéh-ka : wo yao vèh gni, véh ze zing-gneu 2 vèh gni, ze kieng-sing gni, kao gni zang-zang yu-bei, véh yao si-la zu li-hiang.

Sou-i yao-kien gnéh-zôh sing-tsèh, zouo-k'ao ze-ka-ke liang-sin; yeû sa-ke mao-bing, sa-ke zu-kou, 4 kai-taong k'oa-tié kai-t'éh. Gnéh-gnéh tsao-zen-deû lôh-k'i-lai, men ze-ka: t'aong-zé kien-tsao si, ling-wen 5 t'ou-taong gni véh t'ou-taong? Véh yao teng-tao bing zong-ke ze-heû, nè-méh ghieû T'ié-tsu saong-se nong tou wéh 6 deû liang-ke gneuh, woh-tsé tou wéh liang sè gnéh, wei yu-bei nong-ke ling-wen. Yé-zai T'ié-tsu saong-se 7 nong yeû-la-ke ze-heû, zieû kai-taong yu-bei h'ao, yen-wei pao-véh-zu kien-tsao véh ze méh-kiah ih 8 gnéh lao.

Seng-kien laong wo : *Véh yao mè-mè-kiao koei-hiang T'ié-tsu, a véh yao kien-tsao t'ei tao ming-tsao, yen-wei* 10 *T'ié-tsu zieû yao koang-k'ou lao lih-k'eh vèh nong tsé*". Yeû-ke gnen wo yao kai-kou, tsong véh kai-kou, tséh- 11 -koé t'ei-deû, za T'ié-tsu-ke gni-nou lao zeû T'ié-tsu-ke vèh.

---

de vous tuer, mais seulement de vous faire peur." Dieu agit de la même manière, il dit qu'il nous punira, ce n'est pas qu'il désire 2 nous punir, c'est pour nous exciter à être toujours prêts à mourir, afin que nous ne mourions pas dans le péché.

Il est donc nécessaire d'examiner chaque jour sa conscience et de 4 corriger immédiatement ses défauts. Chaque matin en se levant, on doit se demander: si je mourais aujourd'hui, mon âme serait-elle 5 en sûreté? Il ne faut pas attendre qu'une grave maladie arrive et demander alors à Dieu 6 quelques années, quelques mois, ou deux ou trois jours pour préparer votre âme. Dieu vous accorde 7 maintenant du temps, préparez-vous donc, puisque vous n'êtes pas assuré si le jour présent n'est pas le dernier pour vous.

"*Ne tardes converti ad Dominum*, lit-on dans la Ste Écriture, *et ne differas de die in diem;* 10 *subito enim veniet ira illius et...... disperdet te.*" (Eccli. 5. 8.) Il y a des gens qui disent qu'ils veulent se convertir, et qui cependant ne se convertissent jamais, ils 11 diffèrent toujours et provoquent ainsi la colère divine, dont ils subiront les châtiments.

教友、儂要救靈魂、要緊離開犯罪个事體。若使現在勿離開、後來有一日總要離開个。假使得後來要離開、倒勿如現在離開更加妥當。等到死个時候咾離開味、太遲者。比方有人借儂銅錢、儂要自伊立一張借票、爲防備後來。爲啥咾救靈魂永遠个事體、儂倒勿小心防備呢。甩脫之銅錢銀子、可以盼望再得着个、甩脫之靈魂味、永遠勿能彀再得着者。

三想　耶穌教訓伲常常預備死、因爲到之死个時候、心裡向惛咾亂、勿容易預備。況且人足慣犯罪、勿肯改過、雖然天主感動伊个心、伊也勿肯聽、到之死个辰光、天主勿大肯可憐伊者。聖奧斯定話。人能彀救靈魂咾勿肯救、到之要救个時候、就勿能彀救者。第个是天主个公義、一眼勿過分。有多少人、話起肉

Kiao-yeû, nong yao kieû ling-wen, yao-kien li-k'ai vè-zu-ke ze-t'i : zah-se yé-zai véh li-k'ai, heû- **2** -lai yeû ih gnéh tsong yao li-k'ai-ke ; kia-se-teh heû-lai yao li-k'ai, tao-véh-zu yé-zai li-k'ai **3** keng-ka t'ou-taong. Teng-tao si-ke ze-heû lao li-k'ai méh, t'ai ze tsé. Pi-faong yeû gnen tsia nong dong- **4** -dié, nong yao ze-i lih ih-tsang tsia-piao, wei baong-bei heû-lai : wei-sa-lao kieû ling-wen yong-yeu-ke **5** ze-t'i, nong tao véh siao-sin baong-bei gni ? Goè-t'éh-tse dong-dié gnen-tse, k'o-i p'è-maong tsai-teh-zah- **6** -ke, goè-t'éh-tse ling-wen méh, yong-yeu véh neng-keû tsai-teh-zah tsé.

Sè siang.— Ya-sou kiao-hiun gni zang-zang yu-bei si, yen-wei tao-tse si-ke ze-heû, sin li-hiang **8** hoen lao leu, véh yong-i yu-bei. Faong-ts'ia gnen tsôh-koé vè-zu véh k'eng kai-kou, su-zé T'ié-tsu ké- **9** -dong i-ke sin, i a véh k'eng t'ing, tao-tse si-ke zen-koang, T'ié-tsu véh da k'eng k'o-lié i tsé. **10** Seng Ao-se-ding wo : "Gnen neng-keû kieû ling-wen lao véh k'eng kieû, tao-tse yao kieû-ke ze-heû, zieû véh **11** neng-keû kieû tsé : di-ke ze T'ié-tsu-ke kong-gni, ih-ngè véh kou-ven". Yeû tou-sao gnen, wo-k'i gnôh-

---

Chrétien, pour vous sauver il faut quitter le péché: si vous ne le quittez pas à présent, **2** un jour viendra où il faudra bien le quitter; que si vous devez le quitter un jour, n'est-il pas **3** plus sûr de le quitter dès à présent? Attendre la mort pour le quitter serait trop tard. Si quelqu'un vous emprunte une somme, **4** vous prenez vos garanties en exigeant de lui une obligation écrite : et pourquoi n'usez-vous pas de la même précaution quand il s'agit des **5** intérêts éternels de votre âme? Si vous perdez une somme d'argent, vous pouvez espérer de la récupérer, **6** mais si vous venez à perdre votre âme, vous ne pouvez la récupérer pendant toute l'éternité.

III° Point. Soyons toujours prêts.— Notre-Seigneur nous dit de nous trouver toujours prêts, parce que aux approches de la mort notre coeur est **8** bouleversé et il n'est guère facile de s'y préparer. Surtout pour le pécheur habitué et obstiné, qui n'a pas voulu suivre les **9** mouvements de la grâce, Dieu est encore moins disposé à avoir pitié de lui au moment de la mort. **10** "Celui, dit S. Augustin, qui alors qu'il le pouvait, n'aura pas voulu faire son salut, ne **11** pourra plus le faire quand il le voudra: cette justice divine n'est pas excessive." Il y a des gens qui, lorsqu'il s'agit des choses

身个事體來、實在明白、話到之救靈魂就糊塗不堪。教友、啥人曉得儂念第張書、勿是天主末脚一回題醒儂、儂還勿肯改過否。快點預備、怕忽然間死、來勿及咾。聖保祿題醒伲、教伲心裡嚇咾料、辦救靈魂个事體。聖安多尼記載西濟利亞个國王、爲驚醒一个人、叫伊坐拉龍廷上、預備酒水、拉伊頭上頭用一根細繩、掛一把大刀、若使繩一斷咾、刀落下來、就殺脫伊。第个人雖然坐拉龍廷上、嚇來酒水也吃勿落。伲怕死也要什介能、因爲死个時候、關係永遠个事體。

聖經上話。一顆樹砍拉南面、就拉南面、砍拉北面、就拉北面。伲死个時候也是什介。或者升天堂、或者落地獄、一躺就定當、總勿能彀更改者。眞福亞味辣死个時候、想着永遠个關係、怕來

sen-ke ze-t'i lai, zéh-zai ming-bah, wo-tao tse kieû ling-wen, zieû wou-dou-péh-k'é.

Kiao-yeû, sa-gnen hiao-teh nong gnè di-tsang su, véh ze T'ié-tsu méh-kiah ih wei di-sing nong, nong è **3** véh k'eng kai-kou va? K'oa-t'ié yu-bei, p'ouo féh-zé-kè si lai-véh-ghih lao. Seng Pao-lôh di-sing gni, **4** kao gni sin li hah lao teû bè kieû ling-wen-ke ze-t'i. Seng Eu-tou-gni ki-tsé Si-tsi-li-ya-**5**-ke kôh-waong, wei kieng-sing ih-ke gnen, kao i zou-la long-ding laong, yu-bei tsieû-se: la i deû zaong- **6** -deû, yong ih-ken si-zeng, kouo ih-pouo dou tao, zah-se zeng ih deu méh, tao loh-hao-lai, zieû sèh-t'éh **7** i. Di-ke gnen, su-zé zou-la long-ding laong, hah-lai tsieû-se a k'ieh-véh-loh. Gni p'ouo si a yao **8** zéh-ka-neng, yen-wei si-ke ze-heû, koè-i yong-yeu-ke ze-t'i.

Seng-kieng laong wo: *"Ih-k'ou zu k'é-la né-mié, zieû la né-mié, k'é-la pôh-mié, zieû la pôh-mié"*. Gni **10** si-ke ze-heû a ze zéh-ka: woh-tsé seng t'ié-daong, woh-tsé loh di-gnôh; ih t'aong zieû ding-taong, tsong **11** véh neng-keû kang-kai tsé. · Tsen-foh Ya-vi-lèh si-ke ze-heû, siang-zah yong-yeu-ke koè-i, p'ouo-lai

---

du corps, se montrent sages; mais dès qu'il est question de leur âme, on dirait qu'ils ont perdu le bon sens.

Que savez-vous, chétien, si par la lecture de cette page, Dieu ne vous avertit pas pour la dernière fois? Et vous **3** refusez encore de vous convertir? Plus de retard, préparez-vous à la mort, de peur qu'elle ne vous frappe à l'improviste et qu'il ne soit plus temps. S. Paul nous exhorte **4** à travailler à notre salut avec crainte et tremblement. S. Antonin rapporte qu'un **5** roi de Sicile, pour faire peur à quelqu'un, l'ayant fait asseoir sur son trône, lui fit servir un festin: au-dessus de sa tête **6** était suspendue par un léger fil une lourde épée, de manière que si le fil était venu à se rompre, l'épée en tombant l'aurait tué. Cet homme, quoique assis sur le trône, eut tellement peur, qu'il ne put rien avaler. Nous devons **8** ainsi craindre la mort, puisqu'il est question de notre sort éternel.

Nous lisons dans la Ste Écriture: "*Si ceciderit lignum ad austrum, aut ad aquilonem, in quocumque loco ceciderit, ibi erit*". (Eccli. 11. 3.) Il en sera ainsi au **10** moment de notre mort: ou au ciel, ou en enfer; la décision une fois prise, **11** on n'y reviendra jamais. S. Jean d'Avila sur le point de mourir, pensant aux conséquences de la mort, fut rempli d'une grande

非凡、就嘆氣咾話。巴勿得再有點工夫爲預備死。有一位隱修院長、名頭叫亞加東、做之好多年苦功、死个時候還怕咾話。啥人曉得我死之後來、那能樣子、啥人曉得天主那能審判我、豈勿是可怕否。聖亞爾瑟搦隱修之好幾年工夫、死个辰光還怕死、嚇來渾身抖。伊个學生子問伊爲啥什介能怕。自伊答應話。勿單單現在怕、我一向怕个。聖若伯話。天主審判我个時候、我有啥个說話來答應呢。儂看聖人拉齊怕、儂倒勿怕否。

第六日

一想　想惡人个死最可怕

聖經上話。惏人垃拉煩難个時候尋平安、不過苦上加苦。犯罪人現在活拉勿想着死、隨便自家犯罪、尋世界上个快

fi-vè, zieû t'è-k'i lao wo: "Pouo-véh-teh tsai yeû tié kong-fou yu-bei si!"

Yeû ih-wei yen-sieû yeu-tsang, ming-deû kiao Ya-ka-tong, tsou-tse h'ao-ta gné k'ou-kong, si-ke ze-heû **3** è p'ouo lao wo: "Sa-gnen hiao-teh ngou si-tse heû-lai na-neng yang-tse? Sa-gnen hiao-teh T'ié-tsu na-**4**-neng sen-p'é ngou? K'i-véh-ze k'o-p'ouo va?"— Seng Ya-eul-seh-gneh yen-sieû-tse h'ao-ki gné kong-fou, si-**5**-ke zen-koang wè p'ouo si, hah-lai wen-sen teû. I-ke hoh-sang-tse men i wei-sa zéh-ka-neng p'ouo: **6** ze-i tèh-yeng wo: "Véh tè-tè yé-zai p'ouo, ngou ih-hiang p'ouo-ke".— Seng Zah-péh wo: *"T'ié-tsu sen-p'é* **7** *ngou-ke ze-heû, ngou yeû sa seh-wo lai tèh-yeng gni?"* Nong k'eu seng-gnen-la zi p'ouo, nong tao véh p'ouo va?

Di-lôh gnéh. Siang oh-gnen-ke si tsu-k'o-p'ouo.

IH SIANG.— Seng-kieng laong wo: *"K'ieû-gnen léh-la vè-nè-ke ze-heû zin bing-eu, péh-kou k'ou laong ka* **11** *k'ou"*. Vè-zu-gnen yé-zai wéh-la véh siang-zah si, zu-bié ze-ka vè-zu, zin se-ka laong-ke k'a-

---

crainte et s'écria: "Oh! que n'ai-je encore un peu de temps pour me préparer à la mort!"

L'abbé Agathon, après tant d'années de pénitence, **3** eut peur au moment de mourir et s'écria: "Qu'en sera-t-il de moi après ma mort? Qui connaît le **4** jugement de Dieu à mon égard? N'est-ce pas terrible?"— S. Arsène, après avoir mené la vie érémitique pendant de longues années, **5** craignait la mort jusqu'à trembler de tous ses membres; ses disciples lui en ayant demandé la cause, **6** il répondit: "Cette crainte n'est pas seulement d'aujourd'hui, je l'ai toujours ressentie." — S. Job disait: **7** *"Quid enim faciam cum surrexerit ad judicandum Deus; et cum quaesierit, quid respondebo illi?"* (Job. 31. 14.) Les saints craignaient, et vous ne craignez pas?

6ème Jour. Mort du pécheur.

Ier POINT. À LA MORT, LE PÉCHEUR CHERCHERA DIEU ET NE LE TROUVERA POINT.— *"Angustia superveniente requirent pacem, et non erit; conturbatio super conturbationem veniet"*. (Ez. 7. 25.) **11** Présentement les pécheurs ne pensent pas à la mort, ils pèchent sans frein et cherchent les joies de ce

活、忽然間死一到、心裡就亂忙顛倒、大大能勿平安。靈魂上有無數个罪、艮心裡煩難過去、像毒蛇咬个一樣。想自家勿常遠就要死、到天主門前去聽審判、天主个十誡味一眼勿曾守、重重能得罪天主、那能可以放心呢。并且許多个苦腦、聚拉一時、心上亂來一眼無得靠托。

前頭亞巴郎盼望一樣煩難盼望个事體、立之大个功勞、就得着天主許拉个恩典。犯罪人無得大个功勞、倒有大个罪惡、常常勿怕天主个罰、偏生做惏、隨便自家犯罪、盼望天主救伊、能有第个理否。

聖奧斯定改脫習慣拉个毛病、用之十年工夫、還覺着勿容易。一个犯罪人臨終个時候、艮心上勿乾淨、滿身齊是罪、又加之

wéh, féh-zé-kè si ih-tao, sin li zieû leu maong-ting-tao, dou-dou-neng véh bing-eu. Ling-wen laong yeû 2 m-sou-ke zu, liang-sin li vè-nè kou-k'i, ziang dôh-zouo ngao-ke ih-yang. Siang ze-ka véh zang-yeu 3 zieû yao si, tao T'ié-tsu men-zié k'i t'ing sen-p'é, T'ié-tsu-ke zéh-ka méh ih-ngè véh zeng seû, zong-4-zong-neng teh-zu T'ié-tsu, na-neng k'o-i faong-sin gni? Ping-ts'ié hiu-tou-ke k'ou-nao zu-la ih ze, 5 sin laong leu-lai ih-ngè m-teh k'ao-t'oh.

Zié-deû Ya-pouo-laong p'é-maong ih-yang vè-nè p'è maong-ke ze-t'i, lih-tse dou-ke kong-lao, zieû teh-7-zah T'ié-tsu hiu-la-ke en-tié. Vè-zu-gnen m-teh dou-ke kong-lao, tao yeû dou-ke zu-oh, zang-8-zang véh p'ouo T'ié-tsu-ke vèh, p'ié-sang tsou k'ieû, zu-bié ze-ka vè-zu, p'è-maong T'ié-tsu kieû i, neng 9 yeû di-ke li va?

Seng Ao-se-ding kai-t'éh zih-koè-la-ke mao-bing, yong-tse zéh gné kong-fou, wè koh-zah véh yong-i: 11 ih-ke vè-zu-gnen lin-tsong-ke ze-heû, liang-sin laong véh keu-zing, mé-sen zi ze zu, i ka-tse

---

monde; mais surpris par la mort, leur coeur est en proie à une grande agitation et tout troublé. Leur âme est chargée 2 d'innombrables péchés, leur conscience est dans un état insupportable, comme si elle était déchirée par des vipères. À la pensée que dans peu d'instants 3 ils mourront pour comparaître au tribunal de Dieu, dont ils ont violé les commandements et qu'ils ont si 4 grièvement offensé; comment pourraient-ils être en paix? En outre, toutes ces angoisses arrivant en même temps, leur 5 coeur est tout troublé et sans aucun espoir.

Autrefois Abraham en espérant contre toute espérance, acquit un grand mérite et 7 obtint de Dieu le bienfait promis: mais les pécheurs dépourvus de tout mérite et chargés de péchés, qui 8 sans crainte des châtiments divins s'obstinent à faire le mal et à pécher, 9 quelle raison ont-ils d'espérer que Dieu les sauvera?

S. Augustin, après avoir employé dix années pour vaincre ses habitudes vicieuses, y trouvait encore de la difficulté: 11 et un pécheur moribond, avec la conscience souillée, remplie de péchés, accablé

多少苦腦、心上擾亂、頭惛、眼花、倒容易發得出眞心痛悔否。可憐有多少犯罪人、平常勿用心救靈魂、到死个時候、怕天主个審判、又怕落地獄、又覺着死个苦腦、拉第个時候就死者、豈勿是可怕否。

二想　犯罪人臨終个時候、苦腦得極。魔鬼千方百計阻擋伊救靈魂。如同默照經上話。魔鬼大大裡歡火、到郍个門前來誘感郍、因爲自伊曉得時候勿多者。并且勿罷一个魔鬼、有無數个魔鬼來誘感。第个魔鬼話。儂勿怕否、儂死之後來那能呢。箇个魔鬼話。儂一向勿聽天主个命、倒要盼望天主寬免儂否。別个魔鬼又話。儂用勿公道个銅錢、害別人家、壞脫別人家个名聲、現在那能可以補還呢。又有个魔鬼話。儂辦拉个神工、齊是

tou-sao k'ou-nao, sin laong zao-leu, deû hoen ngè h'ouo, tao yong-i fèh-teh-ts'éh tsen-sin t'ong-hoei va? K'o- **2** lié yeû tou-sao vè-zu-gnen, bing-zang véh yong-sin kieû-ling-wen, tao si-ke ze-heû p'ouo T'ié-tsu-ke **3** sen-p'é, i p'ouo loh di-gnôh, i koh-zah si-ke k'ou-nao, la di-ke ze-heû zieû si-tsé, k'i-véh- **4** -ze k'o-p'ouo va?

Gni siang.— Vè-zu-gnen lin-tsong-ke ze-heû, k'ou-nao-teh-ghieh: mô-kiu ts'ié-faong-pah-ki tsou-taong i **6** kieû lin-weng, zu-dong Meh-tsao-kieng laong wo: *"Mô-kiu dou-dou-li koang-h'ou, tao na-ke men-zié lai yeû-* **7** *-ké na, yen-wei ze-i hiao-teh ze-heû véh tou tsé.*" Ping-ts'ié véh ba ih-ke mô-kiu, yeû m-sou- **8** -ke mô-kiu lai yeû-ké. Di-ke mô-kiu wo: "Nong véh p'ouo va? Nong si-tse heû-lai na-neng gni?" Kou- **9** -ke mô-kiu wo: "Nong ih-hiang véh t'ing T'ié-tsu-ke ming, tao yao p'è-maong T'ié-tsu k'oé-mié nong va?" Biéh- **10** -ke mô-kiu i wo: "Nong yong véh kong-dao-ke dong-dié, hai biéh-gnen-ka, wa-t'éh biéh gnen-ka-ke ming- **11** -sang, yé-zai na-neng k'o-i pou-wè gni?" I yeû-ke mô-kiu wo: "Nong bè-la-ke zen-kong zi ze

---

de souffrances, avec le cœur, la tête et la vue troublés, comment pourrait-il si facilement faire un acte de contrition sincère? **2** Hélas! bien des pécheurs, pour avoir négligé le soin de leur âme, à leurs derniers moments, craignant le **3** jugement et l'enfer, ressentant les amertumes de la mort, rendent ainsi le dernier soupir! N'est-ce pas **4** épouvantable?

IIe Point. Angoisses du pécheur mourant. — Arrivé à sa dernière heure, le pécheur est très malheureux: le démon emploiera toute sorte de ruses pour l'empêcher de **6** sauver son âme, comme le dit l'Apocalypse: *"Descendit diabolus ad vos habens iram magnam,* **7** *sciens quod modicum tempus habet".* (Ap. 12.12.) En outre ce n'est pas un seul démon, mais une foule innombrable **8** de démons, qui viendra tenter le moribond. L'un lui dira: "Comment ne crains-tu pas? Qu'en sera-t-il de toi après la mort?" **9** L'autre: "Quoi! jusqu'à présent tu as été rebelle à Dieu, et tu espères qu'il voudra te pardonner?" **10** Un autre: "Comment à cette heure pourrais-tu remédier aux dommages que tu a causés aux autres dans leur argent et dans leur **11** réputation?" Un autre: "Tes confessions ont été

勿安當个、勿是無得痛悔、就是無得定改、像現在那能可以料理呢。無啥用頭者、免勿來要落地獄。

魔鬼就挪㑚人犯拉个罪、齊擺拉伊眼睛門前、引誘伊失望。聖伯爾納多話。第个時候一總个罪、像一淘差人、到犯罪人門前驚嚇伊話。伲是儂生來拉个、現在勿離開儂者、跟儂到天主臺前去聽審判。犯罪人臨終个時候、有什介能个誘感、那能可以得勝呢。實在勿容易、要緊十分勉強、乃味可以得勝。但是拉第个時候、明悟昏、心味硬、那得能彀勉強呢。

聖經上話。心硬个人、一定死來勿好、愛危險个人、要死拉危險裡。聖伯爾納多話。心硬个人、專門做㑚、爲啥呢。因爲要救靈魂總要拚命勉強自家、從地獄路上跳出來、乃味算得有用个。然

véh t'ou-taong-ke, véh ze m-teh t'ong-hoei, zieû-ze m-teh ding-kai ; ziang yé-zai na neng k'o-i liao- 2 -li gni ? M sa yong-deû tsé, mié-véh-lai yao loh di-gnôh."

Mô-kiu zieû nao k'ieû-gnen vè-la-ke zu, zi pa-la i ngè-tsing men-zié, yen-yeû i séh-maong. Seng 4 Péh-eul-néh-tou wo : "Di-ke ze-heû ih-tsong-ke zu, ziang ih-dao ts'a-gnen, tao vè-zu-gnen men-zié 5 kieng-hah i wo : "Gni ze nong sang-ts'éh-lai-la-ke, yé-zai véh li-k'ai "nong tsé, ken nong tao T'ié-tsu dai-6-zié k'i t'ing se[illegible]-"p'é". Vè-zu-gnen lin-tsong-ke ze-heû, yeû zéh-ka-neng-ke yeû-ké, na-neng k'o-i 7 teh-seng gni ? Zéh-zai véh yong-i : yao-kien zéh-fen mié-k'iang nai-méh k'o-i teh-seng; tè-ze la di- 8 -ke ze-heû, ming-ngou hoen, sin méh ngang, na-teh neng-keû mié-kiang gni ?

Seng-kieng laong wo : *"Sin ngang-ke gnen ih-ding si-lai véh h'ao ; ai ngoei-hié-ke gnen yao si-la ngoei-hié* 10 *li."* Seng Péh-eul-néh-tou wo : "Sin ngang-ke gnen, tsé-men tsou k'ieû, wei-sa gni ? Yen-wei yao kieû ling-wen, 11 tsong yao p'ing-ming mié-kiang ze-ka, zong di-gnôh lou laong t'iao-ts'éh-lai, nai-méh seu-teh yeû yong-ke ; zé-

---

mauvaises parce que tu les faisais sans douleur ou sans ferme propos; comment pourrais-tu maintenant les réparer? 2 Il n'y a plus de remède, tu ne peux plus éviter l'enfer".

Le démon, pour pousser le pécheur au désespoir, lui montrera alors les péchés qu'il a commis. "Les péchés, dit S. 4 Bernard, comme autant de satellites, se tiendront devant le pécheur et lui diront pour 5 l'effrayer: "Tu nous a enfantés, nous ne te quitterons pas, nous "t'accompagnerons 6 au tribunal de Dieu." Le pécheur moribond, comment pourra-t-il 7 vaincre toutes ces tentations ? Ce n'est pas chose facile : il faudrait pour cela faire un grand effort ; mais, 8 à ce moment, l'esprit étant plein de ténèbres et le cœur endurci, cet effort est-il possible ?

La Ste Écriture dit : *"Cor durum habebit male in novissimo ; et qui amat periculum, in illo peribit."* (Eccli. 3.27.) 10 "Ceux, dit S. Bernard, dont le cœur est endurci, ne pensent qu'à faire le mal, pourquoi ? parce que pour se sauver, 11 il serait nécessaire de faire un effort extrême, afin de sortir de la voie de damnation, voilà qui leur serait utile ; mais

而伊拉个罪壓住伊拉、勿放伊拉起來、故所以齊死拉罪裡。因爲伊拉好拉个時候、一門心思犯罪、天主个公義、就讓伊拉死拉罪裡。

聖若伯話。犯罪人个心、硬來像石頭。所以死來勿好个多。聖經上天主話。伊拉勃轉身體來、遮自家个面孔、勿要看我。到之煩難个時候、乃咊求我救伊拉。第个時候我答應伊拉話。倷自家揀拉个本家那裡去者、倷去求伊咊者。就是話。犯罪人看重世界上个物事、像殺天主、乃第个物事那得能彀救伊拉呢。聖熱羅尼莫也話。我試驗過幾躺、作惡咾犯罪个人、無得善終。

三想　聖經上天主話。犯罪人求我、我勿聽。若伯聖人話。犯罪人到之危險个辰光求天主、難道天主還肯聽伊拉喊救个聲

eul i-la-ke zu k'èh-zu i-la, véh faong i-la k'i-lai, kou-sou-i zi si-la zu li. Yen- 2 -wei i-la h'ao la-ke ze-heû, ih-men-sin-se vè-zu, T'ié-tsu-ke kong-gni zieû gnang i-la si- 3 -la zu li."

Seng Zah-péh wo: *"Vè-zu-gnen-ke sin ngang-lai ziang zah-deû."* Sou-i si-lai véh h'ao-ke tou. Seng-kieng 5 laong T'ié-tsu wo: *"I-la bé-tsé sen-t'i lai, tsouo ze-ka-ke mié-k'ong, véh yao k'eu ngou; tao-tse vè-***6***-nè-ke ze-heû, nai-méh ghieû ngou kieû i-la. Di-ke ze-heû ngou tèh-yeng i-la wo: Na ze-ka* 7 *kè-la-ke pen-ka a-li k'i tsé? Na k'i ghieû i méh-tsé."* Zieû-ze wo: vè-zu-gnen k'eu-zong se- 8 -ka laong-ke méh-ze ziang-sèh T'ié-tsu; nai di-ke méh-ze na-teh neng-keû kieû i-la gni? Seng Zéh-9-lou-gni-moh wo: "Ngou se-gné-kou ki t'aong, tsoh-oh lao vè-zu-ke gnen m-teh zé-tsong."

SÈ SIANG.— Seng-kieng laong T'ié-tsu wo: *"Vè-zu-gnen ghieû ngou, ngou véh t'ing."* Zah-péh seng-gnen wo: *Vè-zu-***11***-gnen tao-tse ngoei-hié-ke zen-koang ghieû T'ié-tsu, nè-dao T'ié-tsu è k'eng t'ing i-la h'è-ke seng-*

---

le poids de leurs péchés les opprime et les empêche d'en sortir, de sorte qu'ils termineront leur vie dans le péché. 2 Puisque lorsqu'ils se portaient bien, ils n'ont, aimé que le péché, à présent la justice divine les laisse mourir 3 dans le péché."

Job dit du pécheur: *"Cor ejus indurabitur quasi lapis."* (Job. 41.15.) à cause de cela la majorité des pécheurs meurent mal. 5 Dieu dit dans la Ste Écriture: *"Verterunt ad me tergum et non faciem; et tempore* 6 *afflictionis suæ dicent: Surge et libera nos. Ubi sunt* 7 *dii tui, quos fecisti tibi? Surgant et liberent te."* (Jer. 2.27.) De fait, les pécheurs ont estimé les 8 créatures à l'égal de Dieu; mais ces créatures comment peuvent-elles les sauver? S. 9 Jérôme dit: "Je sais par une longue expérience que ceux qui ont mal vécu ne font pas une bonne mort."

IIIe POINT. IL FAUT CHERCHER DIEU QUAND ON PEUT LE TROUVER.— Dieu dit dans la Ste Écriture: *"Tunc invocabunt me, et non exaudiam."* (Prov. 1.28.) Job dit: 11 *"Numquid Deus audiet clamorem ejus, cum venerit super eum* .

音否。天主對犯罪人話。㑚死个時候、我笑。聖額我畧解說話。笑是勿肯可憐个意思。聖經上天主又話。等時候到之、我要報仇、教伊拉跌倒、總勿能彀蹤起來。

什介能有好多回天主驚嚇犯罪人、勿能彀得着善終。倒底犯罪人勿怕、活拉个時候、平安咾無啥事體、像後來天主一定肯寬免賞賜伊拉升天堂。所以放心膽大犯罪、勿肯改過、糊裡糊塗直到死个辰光。要曉得天主願意一總人齊救靈魂、倒底人偏生做怺、勿肯改脫自家个毛病、故意犯罪、末脚來糊糊塗塗死者。

聖奧斯定話。犯罪人生之病、無得力量、伊个痛悔、也無得力量。

聖熱羅尼莫話。一生一世犯罪个人、十萬个人當中煩難有一

yen va?" T'ié-tsu tei vè-zu gnen wo: *"Na si-ke ze-heû ngou siao."* Seng Ngeh-ngou-liah ka-seh wo: "Siao **2** ze véh k'eng k'o-lié-ke i-se". Seng-kieng laong T'ié-tsu a wo: *"Teng ze-heû tao-tse, ngou yao pao-zeû,* **3** *kao i-la tih-tao, tsong véh neng-keû lôh-k'i-lai."*

Zéh-ka-neng yeû h'ao-ta-wei T'ié-tsu kieng-hah vè-zu-gnen, véh neng-keû teh-zah zé-tsong. Tao-ti vè-**5**-zu-gnen véh p'ouo, wéh-la-ke ze-heû bing-eu lao m sa ze-t'i, ziang heû-lai T'ié-tsu ih-ding k'eng **6** k'oé-mié, saong-se i-la seng tié-daong: sou-i faong-sin tè-dou vè-zu, véh k'eng kai-kou, wou-li-wou- **7** -dou zeh-tao si-ke zen-koang. Yao hiao-teh T'ié-tsu gneu-i ih-tsong-gnen zi kieû ling-wen: tao-ti gnen **8** p'ié-sang tsou k'ieu, véh k'eng kai-t'éh ze-ka-ke mao-bing, kou-i vè-zu, méh-kiah-lai wou-wou-dou-dou **9** si-tsé.

Seng Ao-se-ding wo: "Vè-zu-gnen sang-tse bing m-teh lih-liang, i-ke t'ong-hoei a m-teh lih-liang." **11** Seng Zéh-lou-gni-moh wo: "Ih-sang-ih-se vè-zu-ke gnen, zéh-mè-ke gnen taong-tsong vè-nè yeû ih-

---

angustia?" Ailleurs Dieu dit aux pécheurs: *"In interitu vestro, ridebo."* (Prov. 1.26.) Le mot "je rirai" signifie, selon l'explication de S. Grégoire, **2** qu'il refusera de faire miséricorde. Dieu dit encore: *"Mea est ultio et ego retribuam in tempore,* **3** *ut labatur pes eorum."* (Deut. 32.35.)

Ainsi en maint endroit Dieu menace les pécheurs d'une mauvaise mort; mais les **5** pécheurs ne craignent pas, ils vivent en paix sans inquiétude, comme si Dieu devait certainement dans la suite leur **6** pardonner et leur accorder le ciel: ainsi ils pèchent hardiment, ne s'amendent guère, insensés **7** jusqu'à la mort. À la vérité, Dieu veut le salut de chaque homme: mais ceux qui **8** s'obstinent à faire le mal, qui ne veulent pas se corriger, mourront à la fin dans leur aveuglement.

S. Augustin dit: "Comme le corps du pécheur malade est sans vigueur, de même sa contrition." Et selon **11** S. Jérôme, sur cent mille pécheurs qui persistent toute leur vie dans le péché, à peine en est-il un

个、死个時候得着天主个寬免。聖味增爵咈利話。罪人死个時候改過、是頂大个聖跡、比之復活死人更加大。伊拉一生一世犯罪、到死个時候、那能發得出眞心痛悔呢。

可敬伯辣爾孟有一回勸一个臨終个犯罪人、發眞心痛悔。第个犯罪人答應話。神父、我勿曉得啥个是痛悔。神父對伊講一番。第个臨終个人還勿懂、答應話。神父、儂話什介能个道理、我腦子裏向勿進去、勿曉得儂話啥、話完之就死者。聖奧斯定話。犯罪人前頭想勿着天主、現在天主罰伊拉拉臨終个時候、想勿着自家个靈魂。

聖保祿寫一封信撥拉伽辣大教友話。儂勿要想差、人勿能彀哄騙天主个。人種个是啥、收个也是啥。種个是罪過、收个是罪

ke, si-ke ze-heû teh-zah T'ié-tsu-ke k'oé-mié." Seng
Vi-tseng-tsiah Féh-li wo: "Zu-gnen si-ke ze- 2 -heû kai-
kou, ze ting-dou-ke seng-tsieh, pi-tse woh-wéh si-gnen
keng-ka dou." I-la i-sang-ih-se 3 vè-zu, tao si-ke ze-heû,
na-neng fèh-teh-ts'éh tsen-sin t'ong-hoei gni?

K'o-kieng Péh-lèh-eul-men yeû ih wei k'ieu ih-ke
lin-tsong-ke vè-zu-gnen fèh tsen-sin t'ong-hoei, di- 5
-ke vè-zu-gnen tèh-yeng wo: "Zen-vou, ngou véh hiao-
teh sa-ke ze t'ong-hoei." Zen-vou tei i kaong ih 6 fèh.
Di-ke lin-tsong-ke gnen è véh tong, tèh-yeng wo: "Zen-
vou, nong wo zéh-ka-neng-ke dao-li, ngou 7 nao-tse li-
hiang véh tsin-k'i, véh hiao-teh nong wo sa." Wo-wé-
tse zieû si-tsé. Seng Ao-se-ding wo: 8 "Vè-zu-gnen
zié-deû siang-véh-zah T'ié-tsu, yé-zai T'ié-tsu vèh i-la
la lin-tsong-ke ze-heû siang-9-véh-zah ze-ka-ke ling-wen."

Seng Pao-lôh sia ih-fong sin péh-la Ka-lèh-da kiao-
yeû wo: *"Na véh yao siang ts'ouo: gnen véh neng-keû*
11 *h'ong-p'ié T'ié-tsu-ke. Gnen tsong-ke ze sa, seû-ke a*
ze sa; tsong-ke ze zu-kou, seû-ke ze zu-

---

seul, qui obtienne le pardon au dernier moment." Enfin
S. Vincent Ferrier affirme: "Qu'un pécheur 2 se con-
vertisse à la mort, c'est le plus grand des miracles, plus
grand que la résurrection d'un mort." Ayant péché
pendant toute leur vie, 3 comment peuvent-ils se repentir
sincèrement à la mort?

Le vénérable Bellarmin ayant exhorté un pécheur
moribond à faire un acte de contrition, 5 celui-ci lui
répondit, qu'il ne savait ce que c'est que la contrition.
Bellarmin le lui expliqua. 6 Mais le moribond ne compre-
nait pas et lui dit: "Père, cette doctrine n'entre pas 7
dans ma tête, je ne comprends guère ce que vous dites."
Et en disant cela il mourut. 8 "Le pécheur, dit S. Au-
gustin, a oublié Dieu pendant sa vie, ainsi Dieu le punit
en le laissant 9 oublier son âme à la mort."

L'apôtre S. Paul écrivant aux Galates dit: *"Nolite*
errare: Deus non 11 *irridetur. Quæ enim seminaverit*
homo, haec et metet; qui seminat in carne sua, de carne
et metet corruptionem." (Gal. 6.7.) (Qui sème le péché
recueille

罰。教友、現在儂犯罪、做天主个對頭、後來勿能彀搭之天主一淘享福。那裡一个人活拉个時候放肆、順從自家个偏情、死之後來永遠要吃苦。

比方儂已經到死个時候、一口氣就要斷者、儂覺着那能。一定要想求天主、賞賜儂多活幾時、爲預備救靈魂个事體。既然什介能、又爲啥現在勿肯料理呢。該當謝天主、賞賜儂還有拉个時候、快點痛悔改過、想法子救靈魂、什介能味拉死个時候可以放心。

第七日　想冷淡人臨終个苦

一想　比方有一个人、生病重來要死、儂到伊門前去看看。自伊睏拉床上、勿常遠就要斷氣、渾身齊是痛苦。明悟昏、胸膛頭

四十二

vèh." Kiao-yeû, yé-zai nong vè-zu, tsou T'ié-tsu-ke tei-deû, heû-lai véh neng-keû tèh-tse T'ié-tsu ih-**2**-dao hiang-foh: a-li ih-ke gnen wéh-la-ke ze-heû faong-se, zen-zong ze-ka-ke p'ié-zing, si-tse **3** heû-lai yong-yeu yao k'ieh-k'ou.

Pi-faong nong i-kieng tao si-ke ze-heû, ih-k'eû k'i zieû yao deu tsé, nong koh-zah na-neng? Ih-ding **5** yao siang ghieû T'ié-tsu, saong-se nong tou wéh ki-ze, wei yu-bei kieû ling-wen-ke ze-t'i. Ki-zé zéh-**6**-ka-neng, i wéh-sa yé-zai véh k'eng liao-li gni? Kai-taong zia T'ié-tsu saong-se nong è yeû-la-ke **7** ze-heû, k'oa-tié t'ong-hoei kai-kou, siang fèh-tse kieû ling-wen. Zéh-ka-neng méh la si-ke ze-heû k'o-**8**-i faong-sin.

Di-ts'ih gnéh. Siang lang-dè-gnen lin-tsong-ke k'ou.

IH SIANG.— Pi-faong yeû ih-ke gnen sang-bing zong-lai yao-si, nong tao i men-zié k'i k'eu-k'eu: ze-**11**-i k'oen-la zaong laong, véh zang-yeu zieû yao deu-k'i, wen-sen zi ze t'ong-k'ou: ming-ngou hoen, hiong-daong-deû-

---

le châtiment.) Chrétien, vous devenez en péchant l'ennemi de Dieu, vous ne pourrez donc ensuite **2** vous réjouir avec Dieu: celui qui pendant sa vie lâche la bride à ses passions, doit **3** après sa mort souffrir éternellement.

Si vous vous trouviez actuellement à la mort, n'ayant plus qu'un souffle, quels seraient vos sentiments? Certainement **5** vous prieriez Dieu de vous accorder quelque temps pour vous préparer à faire votre salut. Puisqu'il en est **6** ainsi, pourquoi ne voulez-vous pas vous en occuper dès à présent? Remerciez Dieu du temps qu'il vous accorde, **7** hâtez votre conversion, et prenez les moyens pour sauver votre âme: en faisant ainsi, au moment de la mort vous serez **8** sans crainte.

7ème Jour. Sentiments du pécheur à la mort.

Ier POINT. TRISTE ÉTAT DU MONDAIN À LA MORT. — Figurez-vous un malade à la dernière extrémité; vous allez le voir: le voilà **11** étendu sur son lit, sous peu il va rendre le dernier soupir, il souffre dans tous ses membres: son intelligence est obscurcie, sa poitrine est oppressée

个氣頭勿轉、正拉吭。身上出冷汗、眼睛花、有啥事體一眼勿懂、話个說話也勿清爽、到什介能可憐个地步。死个時候已經近者、照理該當打算救靈魂預備永遠个事體。伊味勿打算第个事體、還想請先生來看病、免脫苦惱。屋裡向个人、大概齊管伊个肉身、想勿着伊靈魂个事體。至少做爺娘个、做朋友个、該當提醒伊預備靈魂。倒底第等人也勿肯回頭病人、也勿呌自伊領終傳聖事、因爲怕自伊聽得之嚇咾、所以勿敢話。病人味看見伊拉着急咾忙亂、大家垃拉議論、自家也曉得自家無用者。乃味心上亂咾怕、無得啥靠托、大大能勿平安。末脚來有人對病人話。儂勿能彀活者、安排儂屋裡个事體罷。又有人對伊話。儂个病是死症、要緊預備領終傳聖事、同之天主和

ke k'i t'eû-véh-tsé, tseng la haong; sen laong ts'éh lang heû, ngè-tsing h'ouo, yeû sa ze-t'i ih-ngè véh tong, 2 wo-ke seh-wo a véh ts'ing-saong; tao zéh-ka-neng k'o-lié-ke di-bou. Si-ke ze-heû i-kieng ghien-3-tsé, tsao li kai-taong tang-seu kieû ling-wen, yu-bei yong-yeu-ke ze-t'i: i méh véh tang-seu di-ke 4 ze-t'i, wè siang ts'ing sié-sang lai k'eu-bing, mié-t'éh k'ou-nao. Ôh-li-hiang-ke gnen da-kai zi koé i-5-ke gnôh-sen, siang-véh-zah i ling-wen-ke ze-t'i. Tse-sao tsou-ya-gnang-ke, tsou-bang-yeû-ke, kai-taong 6 di-sing i yu-bei ling-wen: tao-ti di teng gnen a véh k'eng wei-deû bing-gnen, a véh kao ze-i 7 ling tsong-fou seng-ze, yen-wei p'ouo ze-i t'ing-teh-tse hah lao, sou-i véh ké wo.

Bing-gnen méh k'eu-kié i-la zah-kiéh lao maong-leu, da-ka léh-la gni-len, ze-ka a hiao-teh ze-9-ka m-yong-tsé: nai-méh sin laong leu lao p'ouo, m-teh sa k'ao-t'oh, dou-dou-neng véh bing-eu. Méh-kiah-10-lai yeû gnen tei bing-gnen wo: "Nong véh neng-keû wéh-tsé, eu-ba nong ôh-li-ke ze-t'i ba." I yeû 11 gnen tei i wo: "Nong-ke bing ze si-tseng; yao-kien yu-bei ling tsong-fou seng-ze, dong-tse T'ié-tsu wou-

---

et haletante; baigné d'une sueur froide, les yeux hagards, il ne comprend rien, 2 il a peine à articuler quelques mots; ô état digne de compassion! La mort étant proche, 3 d'après la saine raison, on doit pourvoir à son âme et préparer son éternité: lui ne pense pas à 4 cela, il pense seulement à inviter des médecins pour le soigner et éviter la souffrance. Les gens de sa maison sont tous occupés pour son 5 corps, ils ne pensent pas à son âme. Si du moins les parents et les amis 6 l'exhortaient à préparer son âme; mais ils ne veulent pas l'avertir, ils ne veulent pas l'engager à 7 recevoir l'Extrême-Onction, de crainte de lui faire peur.

Cependant le malade, remarquant l'empressement, l'agitation et les pourparlers, comprend 9 que c'est fini pour lui: alors son cœur se trouble, s'épouvante et se trouvant sans appui, perd toute assurance. À la fin 10 quelqu'un dit au malade: "Vous ne pouvez plus vivre, mettez ordre aux affaires de votre famille." Un 11 autre lui dit: "Votre maladie est mortelle; il faut vous préparer à recevoir l'Extrême-Onction et à faire la paix

好、乃味可以離開第个世界、到永遠个地方去。病人聽之第个說話、心上那能樣色苦腦。想着就要離開爺娘、親眷朋友、有拉个物事一眼拿勿動、不過身上着之幾件衣裳、葬拉坭裡、那能難過呢。

哎、儂想人臨終个時候、看見屋裡向个人哭咾憂悶、那能要心焦呢。良心裡勿平安、像毒蛇拉咬一樣、因爲一向勿做啥好工夫。天主足慣動伊个心、呌伊改過、伊總勿改過。有幾回定當過好个志向、也勿會守。第个時候還話啥呢、不過嘆氣咾話。哎、可憐我得天主無數个恩典、活之好幾年工夫、能彀料理靈魂、勿會料理。現在要死、無得時候料理者。若使我完全守好定當拉个好志向、現在何等樣放心。現在要想守、倒底無得時候者。第

h'ao, nai-méh k'o-i li-k'ai di-ke se-ka, tao yong-yeu-ke di-faong k'i." Bing-gnen t'ing-tse di-ke 2 seh-wo, sin laong na-neng-yang-seh k'ou-nao! Siang-zah zieû yao li-k'ai ya-gnang ts'in-kieu bang-yeû, yeû-la-3-ke méh-ze ih-ngè nao-véh-dong, péh-kou sen laong tsah-tse ki-ghié i-zaong, tsaong-la gni li, na-neng 4 nè-kou gni!

Ai! nong siang gnen lin-tsong-ke ze-heû, k'eu-kié ôh-li-hiang-ke gnen k'ôh lao yeû-men, na-neng yao sin-6-tsiao gni! Liang-sin li véh bing-eu, ziang dôh zouo là ngao ih-yang, yen-wei ih-hiang véh tsou sa h'ao kong-7-fou: T'ié-tsu tsôh-koè dong i-ke sin, kiao i kai-kou, i tsong véh kai-kou: yeû ki wei ding-taong-kou 8 h'ao-ke tse-hiang, a véh zeng seû. Di-ke ze-heû è wo sa gni? Péh-kou t'è-k'i lao wo: "Ai! k'o-9-lié ngou teh T'ié-tsu m-sou-ke en-tié; wéh-tse h'ao-ki gné kong-fou, neng-keû liao-li ling-wen, véh 10 zeng liao-li; yé-zai yao si, m-teh ze-heû liao-li tsé. Zah-se ngou wé-zié seû-h'ao ding-taong-la-11-ke tse-hiang, yé zai wou-teng-yang faong-sin! Yé-zai yao siang seû, tao-ti m-teh ze-heû tsé". Di-

---

avec Dieu, alors vous pourrez quitter ce monde pour aller dans l'éternité." Le malade, en entendant 2 cela, comme il se sent malheureux! Oh! quel chagrin lui causera la pensée de quitter ses parents et ses amis, 3 de ne pouvoir rien emporter de ce qu'il possède, hormis les quelques habits qui envelopperont son corps pour être mis sous terre!

Oh! quel sera le chagrin du mourant à l'aspect de sa maison éplorée! 6 Sa conscience n'est pas non plus en paix, elle est comme mordue par des serpents venimeux, parcequ'il n'a pas pratiqué le bien: 7 souvent Dieu lui inspira de se convertir, mais il n'en a rien fait: parfois il avait pris de 8 bonnes résolutions, mais il ne les a pas gardées. Que peut-il dire à présent? "Ah! 9 malheureux que je suis, s'écriera-t-il! Dieu m'a donné des grâces sans nombre; pendant tant d'années que j'ai vécu, je pouvais régler les affaires de mon âme, 10 et je ne les ai pas réglées; maintenant je vais mourir, je n'ai plus le temps de les régler. Si j'avais été fidèle aux bonnes 11 résolutions que j'avais formées, que je serais tranquille à cette heure! Si à présent je pense à les garder, le temps me manque!" Voilà

个是冷淡教友臨終个光景。

二想　人到之死个時候、就曉得信德个道理是眞个、曉得天主个審判難當个、地獄个永苦難受个、所以十分怕。有个人立壞表樣个、死个時候更加苦腦。還有格外受過天主恩典个、起頭熱心、後來冷淡、能殼隨便自家奉事天主、也有工夫做好事體、看見多少好表樣、好多回得着天主个默啟、勿肯聽、到之死个時候、想着什介能个光景、心上那能苦。自家嘆氣咾話、哎、我前頭也教訓過別人、倒底我比伊拉更加勿好。我已經看輕過世俗、後來又愛慕者。儂想自伊个良心、那能樣式勿平安。將要臨終个人、想着之好多回得着天主个聖寵、齊辜負脫个。想着之好多回能殼做愛人个事體、齊看輕咾勿做。平常日脚、

ke ze lang-dè kiao-yeû lin-tsong-ke koang-kieng.

GNI SIANG.— Gnen tao-tse si-ke ze-heû, zieû hiao-teh sin-teh-ke dao-li ze tsen-ke: hiao-teh T'ié-**3**-tsu-ke sen-p'é nè-taong-ke, di-gnôh-ke yong k'ou nè-zeû-ke, sou-i zéh-fen p'ouo. Yeû-ke gnen lih **4** wa piao-yang, si-ke ze-heû, keng-ka k'ou-nao. È yeû keh-wai zeû-kou T'ié-tsu en-tié-ke, k'i-**5**-deû gnéh-sin, heû-lai lang-dè, neng-keû zu-bié ze-ka wong-ze T'ié-tsu, a yeû kong-fou tsou h'ao ze-**6**-t'i, k'eu-kié tou-sao h'ao piao-yang, h'ao-ta-wei teh-zah T'ié-tsu-ke meh-k'i, véh k'eng t'ing, tao-tse si-**7**-ke ze-heû, siang-zah zéh-ka-neng-ke koang-kieng, sin laong na-neng k'ou! Ze-ka t'è-k'i lao wo: "Ai! ngou **8** zié-deû a kiao-hiun-kou biéh-gnen, tao-ti ngou pi i-la keng-ka véh h'ao! Ngou i-kieng k'eu-k'ieng-kou **9** se-zôh, heû-lai a ai-mou tsé!" Nong siang ze-i-ke liang-sin na-neng-yang-seh véh bing-eu!

Tsiang-yao lin-tsong-ke gnen, siang-zah-tse h'ao-ta-wei teh-zah T'ié-tsu-ke seng-ts'ong, zi kou-wou-t'éh-ke: **11** siang-zah-tse hao-ta-wei neng-keû tsou ai gnen-ke ze-t'i, zi k'eu-k'ieng lao véh tsou: bing-zang gnéh-kiah

---

les circonstances de l'agonie d'un chrétien relâché.

IIe POINT. À LA MORT LE PÉCHEUR REGRETTERA LE TEMPS PERDU.— Au moment de la mort, on sent la vérité des enseignements de la foi: **3** on comprend qu'il est dur de subir le jugement de Dieu, que les peines de l'enfer sont insupportables, et ainsi on craint. Ceux qui ont donné **4** du scandale seront encore plus malheureux. Quant à ceux qui ont reçu des grâces extraordinaires, qui au **5** commencement ont été fervents et ensuite se sont relâchés, qui étaient libres de servir Dieu, qui avaient du temps pour faire le bien, **6** qui ont eu sous les yeux de bons exemples, qui ont reçu beaucoup d'inspirations et qui ne les ont pas suivies, **7** au moment de mourir, pensant à tout cela, combien leur cœur sera dans l'amertume! "Hélas! diront-ils, moi **8** aussi j'ai exhorté les autres et j'ai été plus mauvais qu'eux! J'avais méprisé le **9** monde et ensuite je l'ai aimé!" Réfléchissez un peu combien leur conscience doit être agitée!

Le mourant, à la pensée qu'il n'a pas répondu à la grâce tant de fois reçue de Dieu, **11** qu'il a méprisé et négligé les œuvres de miséricorde, que d'ordinaire

要別人讚美、喜歡體面、寶貝自家个肉身、勿肯吃苦、貪安逸、尋快活、一眼無啥功勞、那能勿難過呢。可憐到死个時候、所愛慕拉个世界上个福氣齊完結者、所剩拉个單單是苦腦。

聖額我畧記載有一个財主人、名頭叫克理三畧、一向勿守規矩、大大裡壞表樣。死个時候、魔鬼來噪鬧、顯出可怕个形像來、要拉伊落地獄。第个財主人對魔鬼話、儂等到明朝再來。魔鬼答應話。哎、眞正糊塗、儂現在想要點時候、爲啥儂好幾年工夫、看得十分輕、用來犯罪。倒底現在無得時候者。可憐伊白白裡喊叫咾求救。自伊有一个兒子、名頭叫瑪西莫是修道个、拉伊門前。自伊話。我个小囝快點相帮我。拉喊个時候、面孔發紅、像火燒个一樣、就拉床上逍咾蹔咾死者。

yao biéh gnen tsè-mei, hi hoé t'i-mié, pao-pei ze-ka-ke gnôh-sen, véh k'eng k'ieh-k'ou, t'é eu-yeh, zin 2 k'a-wéh, ih-ngè m sa kong-lao, na-neng véh nè-kou gni? K'o-lié, tao si-ke ze-heû, sou ai-mou-3-la-ke se-ka laong-ke foh-k'i zi wé-kiéh-tsé, sou zeng-la-ke tè-tè ze k'ou-nao.

Seng Ngeh-ngou-liah ki-tsé yeû ih ke zai-tsu-gnen, ming-deû kiao Keh li-sè-liah, ih-hiang véh seû koei-5 -kiu, dou-dou-li wa piao-yang: si-ke ze-heû mô-kiu lai ts'ao-nao, hié-ts'éh k'o-p'ouo-ke yeng-ziang lai, 6 yao la i loh di-gnôh. Di-ke zai-tsu-gnen tei mo-kiu wo: "Na teng-tao ming-tsao tsai-lai!" Mô-kiu 7 tèh-yeng wo: "Ai! tsen-tseng wou-dou! Nong yé-zai siang yao tié ze-heû! wei-sa nong h'ao-ki gné kong-fou 8 k'eu-teh zéh fen k'ieng, yong lai vè-zu? Tao yé-zai m teh ze-heû tsé." K'o-lié i bah-bah-li 9 h'è kiao lao ghieû kieû. Ze-i yeû ih-ke gni-tse, ming-deû kiao Mô-si-moh, ze sieû-dao-ke, la i men-10-zié. Ze-i wo: "Ngou-ke siao-neu, k'oa-t'ié siang-paong ngou!" La h'è-ke ze-heû, mié-k'ong fèh-hong, ziang 11 h'ou-sao-ke ih-yang, zieû la zaong laong siao lao zè lao si-tsé.

---

il a recherché la louange et aimé le luxe, qu'il a flatté son corps ne voulant rien souffrir, qu'il a cherché le plaisir et la 2 joie et qu'il n'a pas de mérites, comment pourrait-il ne pas souffrir? Hélas! 3 le bonheur de ce monde, qu'il a tant aimé, est fini pour lui et il ne lui en reste que des regrets.

S. Grégoire rapporte qu'un homme riche, nommé Crisorius, qui ne pratiquait pas ses devoirs 5 et était très scandaleux, étant sur le point de mourir, les démons vinrent le vexer, et se montrant à lui sous des formes horribles, 6 voulaient l'entraîner en enfer. "Venez donc demain!" leur criait-il. Mais les démons lui 7 répondaient: "Insensé! c'est à cette heure que tu veux du temps! pourquoi donc as-tu 8 méprisé tant d'années en les employant à pécher? Il n'y a plus de temps." Hélas! il 9 criait en vain au secours. En face de lui se trouvait son fils, du nom de Maxime, lequel était moine. 10 "Mon fils, lui disait-il, vite secourez-moi!" Tandis qu'il criait le visage tout rouge, 11 comme s'il fût en feu, et se débattait sur son lit, il expira.

哎、可憐有多化人、貪世界上虛假个福氣、像癡子一樣。到死个時候、眼睛就開者、乃味曉得自家糊塗。但是曉得太遲者、於是乎失望咾死。儂看險呢勿險。

教友、儂現在有工夫拉裡、避脫第个可怕个死。快點改脫老毛病、勿要等到後來、恐怕後來無得時候改過者。啥人曉得勿是天主个仁慈、末脚一回題醒儂。現在儂仔細想一想、有啥事體、儂死个時候願意做个、現在就做。

前頭法國有個尊貴人、勿情願拉朝廷上辦事體、情願棄絕世俗、一心奉事天主。箇个時候法國个皇帝加祿第五問伊、爲啥要離開朝廷、勿肯做官呢。伊答應話。因爲要救我个靈魂。拉朝廷裡太鬧熱、勿能彀專門奉事天主。趁現在死勿曾到、還有點

É, k'o-lié yeû tou-h'ouo gnen, t'é se-ka-laong hiu-ka-ke foh-k'i, ziang ts'e-tse ih-yang : tao si-ke 2 ze-heû ngè-tsing k'ai-tsé, nai-méh hiao-teh ze ka wou-dou. Tè-ze hiao-teh t'ai ze tsé, yu-ze-3 wou séh-maong lao si. Nong k'eu, hié gni véh hié?

Kiao-yeû, nong yé-zai yeû kong-fou la-li bi-t'éh di-ke k'o-p'ouo-ke si ; k'oa-tié kai-t'éh lao mao-5 bing ; véh yao teng-tao heû-lai, k'ong-p'ouo m-teh ze-heû kai-kou tsé. Sa-gnen hiao-teh véh ze 6 T'ié-tsu-ke zen-ze méh-kiah ih-wei di-sing nong? Yé-zai nong tse-si siang-ih-siang, yeû sa ze-t'i 7 nong si-ke ze-heû gneu-i tsou-ke, yé-zai zieû tsou.

Zié-deû yeû-ke tsen-koei gnen véh zing-gneu la zao-ding laong bè ze-t'i, zing-gneu k'i-zi éh se-9-zôh, ih-sin wong-ze T'ié-tsu. Kou-ke ze-heû Si-pè-ya-kôh waong-ti Kia-lôh di-n men i : "Wei-sa 10 yao li-k'ai zao-ding, véh k'eng tsou-koé gni?" I tèh-yeng wo: "Yen-wei yao kieû ngou-ke ling-wen : la zao-11-ding li t'ai nao-gnéh, véh neng-keû tsé-men wong-ze T'ié-tsu ; ts'en yé-zai si véh zeng tao, è yeû tié

Hélas! ces hommes, qui convoitent follement le faux bonheur de ce monde, arrivés au moment de mourir, 2 leurs yeux s'ouvrent et ils reconnaissent leur folie. Mais ils la reconnaissent trop tard et 3 meurent en désespérés. Pensez-y, n'est-ce pas dangereux?

Chrétien, à présent vous avez du temps pour éviter cette mort si épouvantable : hâtez-vous de corriger vos défauts invétérés ; 5 n'attendez pas, parce que peut-être vous n'en aurez plus le temps. Qui pourrait dire que ce n'est pas le dernier appel de la 6 divine miséricorde? Réfléchissez bien quelle est la chose que vous voudriez faire 7 au moment de la mort, et faites-la immédiatement.

Autrefois un gentilhomme ne voulait plus servir à la cour, il désirait quitter le monde 9 pour servir Dieu de tout cœur. Charles-Quint alors roi d'Espagne lui demanda: "Pourquoi donc 10 voulez-vous quitter la cour et n'être plus officier?— C'est, répondit-il, parce que je veux sauver mon âme : 11 or le bruit de la cour m'empêche de servir Dieu uniquement ; en profitant du temps que la mort me laisse je puis encore

工夫痛悔咾做補贖。若使到之死个時候、就來勿及者。

三想　人眼前勿小心救靈魂、到死个時候、一總个事體、齊變之苦處、像荊棘茨擉伊个心、實在難受。拉箇个時候想着前頭貪个邪淫咾快活、光榮咾體面、齊變之苦个事體。有朋友來望望伊、勿單單無得安慰、更加憂悶。雖然神父來替伊送終、自伊也無啥安慰。神父拿苦像放拉伊眼睛門前、伊看見之、想着天主愛伊、爲救伊个靈魂、受苦受難。伊味一眼勿報答、瞎用天主个仁慈、犯無數个罪、也好像荊棘茨擉伊个心。

哎、糊塗到第个地步、實在可憐。第个時候罪人話。我得着天主無數个聖寵、勿曾好好能用。什介能好多年工夫、冒用天主个恩典。現在無得、靠托、能彀勿受天主个罰、能彀勿怕否。第个時

kong-fou t'ong-hoei lao tsou pou-zôh : zah-se tao-tse si-ke ze-heû, zieû lai-véh-ghih-tsé.

Sè siang.— Gnen ngè-zié véh siao-sin kieû ling-wen, tao si-ke ze-heû, ih-tsong-ke ze-t'i zi pié-3-tse k'ou-ts'u, ziang kieng-kieh-ts'e ts'ôh i-ke sin: zéh-zai nè-zeû! La kou-ke ze-heû, siang-zah zié-deû 4 t'é-ke zia-yen-lao k'a-wéh, koang-yong lao t'i-mié, zi pié-tse k'ou-ke ze-t'i. Yeû bang-yeû lai maong-5-maong i, véh tè-tè m-teh eu-wei, keng-ka yeû-men. Su-zé zen-vou lai t'i i song tsong, ze-i 6 a m sa eu-wei. Zen-vou nao k'ou-ziang faong-la i ngè-tsing men-zié: i k'eu-kié-tse, siang-zah T'ié-7-tsu ai i, wei kieû i-ke ling-wen zeû-k'ou-zeû-nè, i méh ih-ngè véh pao-tèh, hèh yong T'ié-tsu-8 ke zen-ze, vè m-sou-ke zu, a h'ao-ziang kieng-kieh-ts'e ts'ôh i-ke sin.

Ai ! wou-dou tao di-ke di-bou. zéh-zai k'o-lié ! Di-ke ze-heû zu-gnen wo : "Ngou teh-zah T'ié-tsu 10 m-sou-ke seng-ts'ong, véh zeng h'ao-h'ao-neng yong; zéh-ka-neng h'ao-ta gné kong-fou mao-yong T'ié-tsu-ke 11 en-tié : yé-zai m-teh k'ao-t'oh; neng-keû véh zeû T'ié-tsu-ke vèh, neng-keû véh p'ouo va?" Di-ke ze-

---

faire pénitence : une fois le moment de mourir arrivé, ce serait trop tard.

IIIe Point. Remords stériles au moment de la mort. — Pour celui qui maintenant néglige les intérêts de son âme, quand il sera arrivé au dernier moment, tous les objets se changeront en 3 supplice, et comme des épines perceront son cœur : que cela doit être pénible ! À ce moment-là, le souvenir d'avoir 4 convoité les plaisirs charnels, la gloire et le faste, lui sera très amer : les visites des amis 5 non seulement ne le consoleront pas, mais augmenteront même sa tristesse. Le prêtre viendra bien pour l'assister, mais il n'en recevra 6 pas de consolation. Le prêtre placera sous ses yeux le crucifix : en le voyant, la pensée que 7 Dieu l'a aimé, jusqu'à souffrir la Passion pour sauver son âme, et que lui s'est montré si ingrat, qu'il a abusé de la divine 8 miséricorde, qu'il a commis des péchés sans nombre, sera comme une épine qui percera son cœur.

Insensé à ce point, qu'il est digne de compassion ! À ce moment le pécheur dira : "J'ai reçu 10 tant de grâces, et je n'en ai pas profité ; pendant de longues années j'ai abusé des 11 bienfaits de Dieu : maintenant je n'ai aucun appui ; puis-je ne pas être puni par Dieu? puis-je ne pas craindre?" Alors 5

候罪人要求天主賞賜伊多活一年、或者一个月、或者一个主日、清清爽爽辦靈魂个事體、也勿能彀得着者。送終个人對伊話。有信德个靈魂、快點預備見天主罷。自伊聽見之第句說話、心裡想咾話。哎、可怕呵、我現在垃拉屋裡、明朝就到棺材裡去者、我个靈魂到阿裡去呢。

末脚來有人點聖燭。哎、儂聖个蠟燭、儂个亮光、發顯眞个事體。人活拉个時候、看見世界上个福樂是可愛个。到死个時候看得出是可恨个、齊是虛假个、齊是騙人个。到底拉第个時候明白、已經太晚者。

第八日　想善人的死

一想　聖經上話。聖人个死、拉天主門前是看重个。論到死本

heû zu-gnen yao ghieû T'ié-tsu saong-se i tou wéh ih gné, woh-tsé ih-ke gneuh, woh-tsé ih-ke tsu-**2**-gnéh, ts'ing-ts'ing-saong-saong bè ling-wen-ke ze-t'i, a véh neng-keû teh-zah-tsé. Song tsong-ke gnen tei i **3** wo: "Yeû sin-teh-ke ling-wen, k'oa-tié yu-bei kié T'ié-tsu ba." Ze-i t'ing-kié-tse di-kiu seh-wo, **4** sin li siang lao wo: "Ai! k'o-p'ouo a! Ngou yé-zai léh-la ôh-li, ming-tsao zieû tao koé-zai li k'i-**5**-tsé; ngou ke ling-wen tao a-li k'i gni?"

Méh-kiah-lai yeû gnen tié seng tsôh. Ai! nong sen-ke lèh-tsôh, nong-ke liang-koang fèh hié tsen-ke ze-t'i! **7** Gnen wéh-la-ka ze-heû k'eu-kié se-ka laong-ke foh-loh ze k'o-ai-ke; tao si-ke ze-heû k'eu-**8**-teh-ts'éh ze k'o-hen-ke, zi ze hiu-ka-ke, zi ze p'ié gnen-ke. Tao-ti la di-ke ze-heû ming-**9**-bah i-kieng t'ai è tsé.

Di-pèh gnéh. Siang h'ao-gnen-ke si.

Ih siang.— Seng-kieng laong wo: *"Seng-gnen-ke si la T'ié-tsu men-zié ze k'eu-zong-ke"*. Len-tao si pen-

---

le pécheur demandera à Dieu de lui accorder une année, un mois, ou une semaine, **2** afin de pourvoir avec une tête saine à son âme, mais il n'obtiendra rien. Ceux qui l'assistent dans son agonie lui **3** diront: "Âme chrétienne, vite prépare-toi pour te présenter à Dieu." Entendant cela, **4** il pensera: "Hélas! que c'est terrible! À présent je suis dans ma maison, et demain je serai dans le cercueil; **5** mon âme où ira-t-elle?"

À la fin on allume le cierge bénit. Eh! toi cierge bénit, ta lumière montrera bien des vérités! **7** Les hommes pendant leur vie pensent que le bonheur de ce monde est digne d'amour; au moment de leur mort, **8** ils comprendront qu'il est détestable, faux et trompeur. Mais comprendre cela à ce moment, **9** c'est trop tard.

8ème Jour. Mort des justes.

Ier Point. La mort des justes est un repos.— *"Pretiosa,* dit la Ste Écriture, *in conspectu Domini mors sanctorum ejus."* (Ps. 115.15.) La mort en soi-même

來是可怕个、但是照信德个道理、好人个死是可愛个。聖伯爾納多話。死是一總苦處个末脚、得勝魔鬼个完全、是天堂个門路。爲啥咾叫死是一總苦處个末脚。因爲人活拉世界上、照若伯聖人話、完全是苦處、一死味苦頭就完結者。

愛慕世俗个人、要想多活幾歲、到底瑟納加話。多活幾歲是多吃幾年苦頭。免勿得生病咾煩難、憂愁怕懼、常常有个。作樂个事體少、苦个事體多。聖奧斯定話。人活拉世界上、活來常遠、有啥好處、不過多吃點苦。因爲人拉世界上活性命、該當吃苦、吃之苦頭後來、乃味能彀得着常生。第个是天主个意思。

戴爾都艮話。幾時天主減少人个性命、早點收伊去、是減少伊个苦處。所以死爲好人、是吃苦个完結。聖經上讚美好人个死

lai ze k'o-p'ouo-ke, tè-ze tsao sin-teh-ke dao-li, h'ao-gnen-ke si ze k'o-ai-ke. Seng Péh-eul-**2**-néh-tou wo: "Si ze ih-tsong k'ou-ts'u-ke méh-kiah, teh-seng mô-kiu-ke wé-zié, ze t'ié-daong-ke men-**3**-lou." Wei-sa-lao kiao si ze ih-tsong k'ou-ts'u-ke méh-kiah? Yen-wei gnen wéh-la se-ka laong, tsao Zah-**4**-péh seng-gnen wo, wé-zié ze k'ou-ts'u, ih-si méh k'ou-deû zieû wé-kiéh-tsé.

Ai-mou se-zôh-ke gnen yao siang tou wéh ki su: tao-ti Seh-néh-ka wo: "Tou wéh ki su, ze tou **6** k'ieh ki gné k'ou-deû." Mié-véh-teh sang-bing lao vè-nè; yeû-zeû p'ouo-ghiu zang-zang yeû-ke; tsoh-loh-ke **7** ze-t'i sao, k'ou-ke ze-t'i tou. Seng Ao-se-ding wo: "Gnen wéh-la se-ka laong, wéh-lai zang-yeû, yeû **8** sa h'ao-ts'u? péh-kou tou k'ieh tié k'ou." Yen-wei gnen la se-ka laong wéh-sing-ming kai-taong k'ieh-k'ou, k'ieh-**9**-tse k'ou-deû heû-lai, nai-méh neng-keû teh-zah zang-seng: di-ke ze T'ié-tsu-ke i-se.

Té-eul-tou-liang wo: "Ki-ze T'ié-tsu kè-sao gnen-ke sing-ming, tsao-tié seû i k'i, ze kè-sao i-**11**-ke k'ou-ts'u." Sou-i si wei h'ao-gnen ze k'ieh-k'ou-ke wé-kiéh. Seng-kieng laong tsè-mei h'ao-gnen-ke si

---

est horrible, mais selon la foi, la mort des justes est aimable. **2** "La mort, dit S. Bernard, est le terme des peines, l'achèvement de la victoire sur le démon et la porte du ciel." **3** Pourquoi la mort est-elle le terme des peines? Parce que, selon Job, l'homme dans ce monde **4** est rempli de beaucoup de misères, qui finissent à la mort.

Les mondains désirent une longue vie: mais d'après Sénèque, "vivre quelques années de plus, c'est **6** souffrir pendant quelques années de plus." Les maladies et les calamités sont inévitables; il y a toujours des motifs de tristesse et de crainte; les **7** joies sont rares, et les afflictions en grand nombre. "Qu'est-ce que vivre longtemps, dit S. Augustin, **8** sinon souffrir longtemps?" La raison en est, que l'homme est en ce monde pour souffrir, afin que **9** par la souffrance il mérite la vie éternelle: voilà le plan de Dieu.

C'est ce qui fait dire à Tertullien que "lorsque Dieu abrège la vie d'un homme, en l'appelant plus tôt à lui, il abrège **11** son tourment." Ainsi la mort pour les justes est la fin des souffrances. La Ste Écriture loue la mort des justes

咾話。好人死起來、眞正有福氣、伊拉死拉天主手裡、脫脫世界頭上个苦腦、登拉安逸个地方。聖經上又話。好人个靈魂拉天主手裡、死个可怕、害勿着伊拉。什介能死个時候勿是苦、倒是作樂。因爲好人垃拉世界上、一心一意愛慕天主、看輕世俗、世俗个牽連、老早已經除脫、一門心思想要看見天主、所以伊拉非但勿怕死、還願意死。

犯罪人味完全相反。伊拉最怕个是死、因爲伊拉勿愛天主咾。伊拉愛个、是世界上个一總物事、光榮安逸咾快活。到死个辰光、一哏拿勿動、所以伊拉个苦十分利害。另外拉臨終个時候、聽見神父話。有信德个靈魂、儂要離開第个世界者。罪人聽見之更加怕、勿曉得死之到那裡去。

lao wo: *"H'ao-gnen si-k'i-lai tsen-tseng yeû foh-k'i, i-la si-la T'ié-tsu seû li; t'euh-t'éh se-ka-***2***-deû laong-ke k'ou-nao, teng-la eu-yeh-ke di-faong."*

Seng-kieng-laong i wo: *"H'ao-gnen-ke ling-wen la T'ié-tsu seû-li, si-ke k'o-p'ouo hai-véh-zah i-la."* **4** Zéh-ka-neng si-ke ze-heû véh ze k'ou, tao ze tsoh-loh. Yen-wei h'ao-gnen léh-la se-ka laong, ih-**5**-sin-ih-i ai-mou T'ié-tsu, k'eu-k'ieng se-zôh; se-zôh-ke k'ié-lié lao-tsao i-kieng zu-t'éh, ih-men-**6**-sin-se siang-yao k'eu-kié T'ié-tsu: sou-i i-la fi dè véh p'ouo si, è gneu-i si.

Vè-zu-gnen méh wé-zié siang-fè: i-la tsu-p'ouo-ke ze si: yen-wei i-la véh ai T'ié-tsu lao, **8** i-la ai-ke, ze se-ka-laong-ke ih-tsong méh-ze, koang-yong eu-yeh lao k'a-wéh; tao si-ke zen-**9**-koang ih-ngè nao véh dong, sou-i i-la-ke k'ou zéh-fen li-hai. Ling-nga la lin-tsong-ke ze-heû, **10** t'ing-kié zen-vou wo: "Yeû sin-teh-ke ling-wen, nong yao li-k'ai di-ke se-ka tsé", zu-gnen t'ing-kié-**11**-tse keng-ka p'ouo, véh hiao-teh si-tse tao a-li k'i.

---

et dit: *"Beati mortui qui in Domino moriuntur. Amodo... ut requiescant a laboribus suis."* (Apoc. 14.13.) ils ont dépouillé **2** les misères de cette vie et demeurent dans un lieu de paix.

La Ste Écriture dit encore: *"Justorum animae in manu Dei sunt, et non tanget illos tormentum mortis."* (Sap. 3.1.) **4** Mourir ainsi ce n'est pas une peine, c'est une joie. Les saints pendant leur vie, **5** ont aimé Dieu de tout cœur et ont méprisé le monde; depuis longtemps ils ont enlevé les attaches à ce monde, **6** et désirent ardemment voir Dieu: ainsi non seulement ils ne craignent pas la mort, mais ils la désirent.

Pour les pécheurs c'est tout le contraire: ce qu'ils redoutent le plus, c'est la mort: parce que n'ayant pas aimé Dieu, **8** ils ont aimé les choses, la gloire et les plaisirs de ce monde; et à la mort **9** ne pouvant rien emporter, leur douleur est extrême. Surtout étant à l'agonie, **10** en entendant le prêtre leur dire: "Âme chrétienne, quitte ce monde", ils **11** craindront davantage, ne sachant pas où ils iront après leur trépas.

五十二

好人味勿是什介。心上有靠托、明白曉得天主最來得忠心个、既然許之、必定照个、爲自伊吃苦个人、許拉个天堂、一定賞賜个、所以好人放心咾敢對天主話。我个天主、儂是我个一總个福氣、我死拉儂手裡、覺着非凡个平安。

二想　聖經上話。好人死个時候、天主揩伊拉个眼淚、安慰伊拉、乃朝後總勿死者。因爲好人垃拉世界上、吃多少苦頭、常常搭之魔鬼世俗肉身三讐打仗、實在危險。又怕犯罪得罪天主、怕落地獄、甩脫靈魂、心上常庄勿放心。到之死个時候、天主安慰伊拉、一死之後、世界上个苦咾危險、齊無沒者。

聖盎博羅削話。㑚人活拉世界上、日逐搭之三讐打仗、一歇勿小心、就要上伊拉个擋。聖伯多祿亞爾岡大辣垃拉臨終个時

H'ao-gnen méh véh ze zéh-ka : sing-laong yeu k'ao-t'oh, ming-bah hiao-teh T'ié-tsu tsu-lai-teh tsong-sin-ke, **2** ki-zé hiu-tse pih-ding tsao-ke : wei ze-i k'ieh-k'ou-ke gnen hiu-la-ke t'ié-daong, ih-ding saong-se-**3**-ke . Sou-i h'ao-gnen faong-sin lao ké tei T'ié-tsu wo : "Ngou-ke T'ié-tsu, nong ze ngou-ke ih-tsong-ke **4** foh-k'i. ngou si-la nong seû-li koh-zah fi-vè-ke bing-eu."

GNI SIANG. — Seng-kieng laong wo: *"H'ao-gnen si-ke ze-heû T'ié-tsu k'a i-la-ke ngè-li, eu-wei i-***6***-la, nai-zao-heû tsong véh si-tsé."* Yen-wei h'ao-gnen léh-la se-ka-laong, k'ieh tou-sao k'ou-deû, zang-zang **7** tèh-tse mô-kiu se-zôh gnôh-sen sè zeû tang-tsang, zéh-zai ngoei-hié ; i p'ouo vè-zu teh-zu T'ié-tsu, **8** p'ouo loh di-gnôh goè-t'éh ling-wen, sin laong zang-tsaong véh faong-sin. Tao-tse si-ke ze-heû, T'ié-tsu eu-**9**-wei i-la; ih si-tse heû, se-ka-laong-ke k'ou lao ngoei-hié, zi m-méh-tsé.

Seng Haong-poh-lou-siah wo : "Gni-gnen wéh-la se-ka-laong, gnéh-zôh tèh-tse sè zeû tang-tsang ; ih-hiéh véh **11** siao-sin, zieû yao zaong i-la-ke taong." Seng Péh-tou-lôh Ya-eul-kang-da-lèh léh-la lin-tsong-ke ze-

---

Il n'en est pas ainsi du juste : son cœur est plein de confiance, il sait que Dieu est juste **2** et qu'il donne ce qu'il a promis ; il donnera certainement le paradis qu'il a promis à ceux qui souffriront pour lui. **3** Ainsi le juste est sans crainte et peut dire à Dieu : "Mon Dieu, vous êtes tout mon **4** bonheur. en mourant dans vos bras je sens une grande paix."

IIe POINT. LA MORT DU JUSTE EST UNE VICTOIRE. — *"Absterget Deus omnem lacrymam ab oculis eorum,* **6** *et mors ultra non erit."* (Apoc. 21.4.) Les justes souffrent dans ce monde, ils doivent constamment **7** combattre leur trois ennemis, le démon, le monde et la chair, chose vraiment périlleuse ; ils ont peur d'offenser Dieu, **8** ils craignent l'enfer et la perte de leur âme, ainsi leur cœur n'est jamais tranquille. Mais au moment de la mort Dieu les **9** consolera ; une fois morts, les misères et les dangers de cette vie seront finis.

"Sur cette terre, dit S. Ambroise, nous devons chaque jour combattre avec nos trois ennemis ; un manque de **11** vigilance, et nous tombons dans leurs pièges." S. Pierre d'Alcantara étant sur le point d'expirer,

候、有一个修道人、要相帮伊翻身。聖人勿許咾話。我个肉身勿曾死、還有犯罪个危險、儂勿要動我。聖女德肋撒也常常怕犯罪、自伊話、我活拉、勿論啥時候、能彀犯罪咾失落脫天主

史鑑上記載有一个大歲數个神父、臨終个時候、別人齊哭、自伊味快活咾笑。拉伊門前个人問伊、爲啥咾笑。自伊話。我現在要離開第个苦世界、到享福个地方去、豈勿是快活否。爲啥咾那哭呢。聖女加大利納臨終个時候、對修女拉話。那搭我快活罷。因爲我要離開第个危險个世界、到平安个地方去者。

聖西彼廉話、比方人看見登个房子、要坍脫者、倒勿是快點朝外跑否。人活拉第个世界上。危險多來、世俗个風氣、魔鬼个暴虐、肉身个偏情、常庄引誘人犯罪、害人个靈魂。故所以好人巴

heû, yeû ih-ke sieû-dao-gnen yao siang-paong i fè sen; seng-gnen véh hiu lao wo: "Ngou-ke gnôh-sen véh 2 zeng si, è yeû vè-zu-ke ngoei-hié, nong véh yao dong ngou." Seng-gnu Teh-leh-sèh a zang-zang p'ouo vè-3-zu, ze-i wo: "Ngou wéh-la, véh len sa ze-heû, neng-keû vè-zu lao séh-loh-t'éh T'ié-tsu."

Se-kè laong ki-tsé yeû ih-ke dou su sou-ke zen-vou, lin-tsong-ke ze-heû, biéh-gnen zi k'ôh, ze-5-i méh k'a-wéh lao siao. La i men-zié-ke gnen men i: "Wei-sa-lao siao?" Ze-i wo: "Ngou yé-zai 6 yao li-k'ai di-ke k'ou se-ka, tao hiang-foh-ke di-faong k'i, k'i-véh-ze k'a-wéh va? Wei-sa-lao 7 na k'ôh gni?"— Seng-gnu Kia-da-li-néh, lin-tsong-ke ze-heû, tei sieû-gnu-la wo: "Na tèh ngou k'a-wéh 8 ba, yen-wei ngou yao li-k'ai di-ke ngoei-hié-ke se-ka, tao bing-eu-ke di-faong k'i."

Seng Si-pi-lié wo: "Pi-faong gnen k'eu-kié teng-ke waong-tse yao t'è-t'éh-tsé, tao véh ze k'oa-tié zao 10 nga bao va?" Gnen wéh-la di-ke se-ka laong, ngoei-hié tou-lai, se-zôh-ke fong-k'i, mô-kiu-ke bao-11-gnah, gnôh-sen-ke p'ié-zing, zang-tsaong yen-yeû gnen vè-zu, hai gnen-ke ling-wen: kou-sou-i h'ao-gnen pouo-

---

un religieux voulait l'aider à se tourner; le saint ne le permit pas et lui dit: "Mon corps n'est pas 2 encore mort, je suis encore dans le danger de pécher; ne me touchez pas." Ste Thérèse craignait toujours le péché 3 et disait: "À chaque moment de ma vie, je puis pécher et perdre Dieu."

L'histoire rapporte qu'un vieux prêtre sur le point de mourir 5 manifestait une vive joie, et riait tandis que les autres versaient des larmes. Ceux-ci lui dirent: "Pourquoi riez-vous?" "Je 9 quitte ce monde misérable, répondit-il, et je m'en vais dans un lieu plein de joie, comment puis-je ne pas m'en réjouir? Mais vous qu'est-ce que vous avez à 7 pleurer?"— Ste Catherine de Sienne disait en mourant à ses religieuses: "Réjouissez-vous avec moi 8 de ce que je quitte cette terre pleine de dangers, pour aller au séjour de la paix."

"Supposez, dit S. Cyprien, un homme qui voit que la maison où il habite s'écroule, ne se précipiterait-il pas 10 dehors au plus vite?" L'homme sur cette terre est entouré de dangers; les mœurs du monde, la tyrannie des démons, 11 les passions de la chair ne cessent de le tenter pour perdre son âme: l'homme juste

勿着得早點死、離開第个危險个世界。保祿宗徒想着之第个危險、嘆氣咾話。啥人替我從第个要死个肉身裡救出來。我實在願意死、搭之吾主耶穌登拉一淘。什介能看起來、一个人靈魂上有天主个聖寵、天主早點收伊去、眞正是有大福氣个。人活拉世界上實在可怕得極、活一日、有一日个危險、總勿能个放心。像過海个人、勿曾到碼頭、勿能彀話平安咾無啥事體。倘勿曾死、免勿來犯小罪。儂看照聖經个說話、有德行个人還犯七个罪。況且軟弱个罪人、倒可以勿犯否。聖盎博羅削話。人一死、拿自家个毛病完全埋葬脫。就是勿會犯罪者。有一个可敬个神父、名頭叫味增爵加辣法、伊拉臨終个時候話。我个性命完者、我得罪天主也完者。爲此緣故聖經上讚美死拉个人、

véh-tsah-teh tsao-tié si, li-k'ai di-ke ngoei-hié-ke se-ka. Pao-lôh tsong-dou, siang-zah-tse di-ke **2** ngoei-hié, t'è-k'i lao wo: *"Sa-gnen t'i ngou zong di-ke yao-si-ke gnôh-sen li kieû-ts'é-lai?" "Ngou zéh-**3**-zai gneu-i si, tèh-tse Ngou-tsu Ya-sou teng-la ih-dao."* Zéh-ka-neng k'eu-k'i-lai ih-ke gnen ling-**4**-wen laong yeû T'ié-tsu-ke seng-ts'ong, T'ié-tsu tsao-tié siû i k'i, tsen-tseng ze yeû dou foh-k'i-ke.

Gnen wéh-la se-ka laong zéh-zai k'o-p'ouo-teh-ghieh; wéh ih gnéh, yeû ih gnéh-ke ngoei-hié, tsong véh neng-**6**-keû faong-sin: ziang kou-h'ai-ke gnen, véh zeng tao mô-deû, véh neng-keû wo bing-eu lao m sa ze-t'i.— **7** Gni véh zeng si, mié-véh-lai vè siao zu; nong k'eu tsao seng-kieng-ke seh-wo, "yeû teh-yeng-ke gnen è **8** vè ts'ih-ke zu": faong-ts'ia gneu-zah-ke zu-gnen, tao k'o-i véh vè va? Seng Haong-poh-lou-siah wo: "Gnen **9** ih-si nao ze-ka-ke mao-bing wé-zié ma-tsaong-t'éh." Zieû-ze véh wei vè-zu-tsé. Yeû ih-ke k'o-**10**-kieng-ke zen-vou, ming-deû kiao Vi-tseng-tsiah Ka-lèh-fèh, i la lin-tsong-ke ze-heû wo: "Ngou-ke sing-**11**-ming wé-tsé, ngou teh-zu T'ié-tsu a wé-tsé." Wei-ts'e-yeu-kou seng-kieng laong tsè-mei si-la-ke gnen

---

désire donc mourir au plus tôt, afin de quitter ce monde dangereux. S. Paul, en pensant à ces **2** dangers, s'écriait en soupirant: *"Quis me liberabit de corpore mortis hujus?"* (Rom. 7.24.) **3** *"Cupio dissolvi et esse cum Christo."* (Philip. 1.23.) Combien doit donc être heureux celui qui, **4** étant en état de grâce, est de bonne heure enlevé de ce monde!

La vie dans ce monde est pleine de craintes; chaque jour a ses dangers, on ne peut jamais être **6** sans soucis: comme le navigateur ne peut se dire en sûreté tant qu'il n'est pas dans le port.— **7** En outre pendant notre vie, nous ne pouvons éviter toutes les fautes légères; voyez, d'après la Ste Écriture, "le juste **8** tombera sept fois" (Prov. 24.16.): à plus forte raison nous autres hommes fragiles, comment pourrions-nous ne pas pécher? C'est pourquoi S. Ambroise dit que "ceux qui **9** meurent enterrent tous leurs vices"; c'est-à-dire qu'ils ne peuvent plus pécher. **10** Le vénérable Père Vincent Caraffe disait au moment de mourir: "En cessant de vivre, je cesse d'offenser Dieu." Voilà pourquoi le Sage loue les morts

超過活拉个人。

三想　好人个死、勿單單是世界上苦處个完結、還是常生个起頭、享福个門路。因爲人勿死、勿能彀升天堂。所以死爲好人是快活咾恭喜个事體。聖經上比方好人个死、是天堂个門口。聖熱羅尼莫願意死咾對死話。死、我親愛拉个、早點替我打開天堂門、教我進去、看見我个天主。

聖基所話。比方一个皇帝、要一个人到伊皇宮裡登拉。單不過先要伊、拉一个暗房子裡登幾日、乃味許伊到皇宮裡。儂想第个人、那能盼望早點從第个暗房子裡出來咾、到宮裡去。伲个肉身像一个監牢、靈魂登拉裏向吃苦、巴不着得早點出來、看見天主。達味聖王求天主話。天主、從第个肉身个監牢裡、救我

ts'ao-kou wéh-la-ke gnen.

Sè siang.— H'ao-gnen-ke si véh tè-tè ze se-ka laong k'ou-ts'u-ke wéh-kiéh, è ze zang-sen-ke **3** k'i-deû, hiang-foh-ke men-lou, yen-wei gnen véh si, véh neng-keû seng t'ié-daong: sou-i si wei h'ao-gnen **4** ze k'a-wéh lao kong-hi-ke ze-t'i. Seng-kieng laong pi-faong h'ao-gnen-ke si, ze t'ié-daong-ke men-k'eû. **5** Seng Zéh-lou-gni-moh gneu-i si lao, tei si wo: "Si, ngou ts'in-ai-la-ke, tsao-t'ié t'i ngou tang-k'ai **6** t'ié-daong men, kao ngou tsin-k'i, k'eu-kié ngou-ke T'ié-tsu."

Seng Ki-sou wo: "Pi-faong ih-ke waong-ti, yao ih-ke gnen tao i waong-kong li teng-la; tè-péh-kou **8** sié yao i la ih-ke é waong-tse li teng ki gnéh, nai-méh hiu i tao waong-kong li: nong siang di-**9**-ke gnen na-neng p'è-maong tsao-tié zong di-ke é waong-tse li ts'éh-lai lao tao kong-li k'i! Gni-ke **10** gnôh-sen ziang ih-ke kè-lao, ling-wen teng-la li-hiang k'ieh-k'ou, pouo-véh-tsah-teh tsao-tié ts'éh-lai k'eu-**11**-kié T'ié-tsu!" Dèh-vi seng-waong ghieû T'ié-tsu wo: *"T'ié-tsu, zong di-ke gnôh-sen-ke kè-lao li kieû ngou*

---

plus que tout homme vivant. (Eccli. 4.2.)

IIIe Point. La mort du juste est le commencement de la vie.— La mort n'est pas seulement la fin des souffrances, elle est encore le **3** commencement de la vie éternelle, la porte du bonheur, parce que si on ne meurt pas, on ne peut pas aller au ciel: ainsi la mort pour les justes **4** est une chose joyeuse et de laquelle on peut les féliciter. La Ste Écriture dit que la mort du juste est comme la porte du paradis: *"Haec porta Domini"* (Ps. 117.20.) **5** S. Jérôme désirait la mort et s'adressant à elle lui disait: "Ô mort, ma bien-aimée, hâte-toi de m'ouvrir la porte du **6** ciel, afin que je puisse y entrer, pour voir mon Dieu."

"Si un roi, dit S. Chrysostome, avait décrété qu'un des ses sujets habitât dans son palais; mais **8** qu'auparavant il l'obligeât à loger pendant quelques jours dans une maison obscure, et alors seulement il lui serait permis d'entrer au palais: **9** combien ce sujet serait impatient d'en sortir pour aller au palais! Notre **10** corps est semblable à une prison, l'âme y est malheureuse, oh! combien elle désire en sortir pour **11** voir Dieu!" C'est pourquoi David priait Dieu ainsi: *"Educ de custodia*

出來罷。
聖伯路諾話。好人个死、勿好叫死、該應叫伊常生个起頭。故所以聖教會担聖人死个日子、叫伊生日。聖亞大納削話。好人个死、勿是死、是像搬場一樣、從世界上搬到天堂上、豈勿是一庄恭喜个事體否。

聖奧斯定十分盼望死。自伊話。死是可愛个、可以盼望个、因爲是禍患个末脚、一總衰瘏个滿工、平安个起頭、死就來罷、我願意死、好見天主者。天主、我想看見儂、就收我罷。聖西彼廉話。犯罪人个死、是眞个死、因爲從暫時个死、到永遠个死。從暫時个苦腦、到永遠个苦腦、眞正可怕。但是好人勿是什介能。伊拉明白曉得一死之後來、世界頭上个苦無沒者、永遠个福氣起頭

五十六

ts'éh-lai ba."

Seng Péh-lou-noh wo: "H'ao-gnen-ke si véh h'ao kiao si, kai-yeng kiao i zang-seng-ke k'i-deû." Kou-sou-**3**-i seng-kiao-wei tè seng-gnen-ke si-ke gnéh-tse, kiao i sang gnéh. Seng Ya-da néh-siah wo: "H'ao-gnen-ke **4** si véh ze si, ze ziang pé-zang ih-yang": zong se-ka laong pé-tao t'ié-daong laong, k'i-véh-ze ih-tsaong **5** kong-hi-ke ze-t'i va?

Seng Ao-se-ding zéh-fen p'è-maong si; ze-i wo: "Si ze k'o-ai-ke, k'o-i p'è-maong-ke, yen-wei **7** ze wou-wè-ke méh-kiah, ih-tsong sa-dou-ke mé-kong, bing-eu-ke k'i-deû; si, zieû lai ba, ngou gneu-**8**-i si h'ao kié T'ié-tsu tsé. T'ié-tsu, ngou siang k'eu-kié nong, zieû seû ngou ba!" Seng Si-pi-lié wo: "Vè-**9**-zu-gnen-ke si ze tsen-ke si, yen-wei zong zè-ze-ke si tao yong-yeu-ke si, zong zè-ze-ke **10** k'ou-nao tao yong-yeu-ke k'ou-nao: tsen-tseng k'o-p'ouo! Tè-ze h'ao-gnen véh ze zéh-ka-neng: i-la ming-**11**-bah hiao-teh ih-si-tse heû-lai, se-ka-deû laong-ke k'ou m-méh-tsé, yong-yeû-ke foh-k'i k'i-deû

---

animam meam." (Ps. 141.8.)

S. Bruno disait: "La mort des justes ne doit pas s'appeler mort, mais le commencement de la vie éternelle." **3** Et de fait le jour de la mort des saints est appelé par l'Église le jour de leur naissance. "La mort des justes, dit S. Athanase, **4** n'est pas une mort, mais un changement de domicile": ils passent de ce monde à la vie éternelle, ne doit-on pas les féliciter?

S. Augustin désirait ardemment mourir; il disait: "Ô mort aimable et désirable, **7** tu es le terme des douleurs, la fin des travaux, le commencement du repos; ô mort, viens donc, je désire **8** mourir pour voir Dieu. Mon Dieu, je veux vous voir, prenez-moi donc tout de suite!" "La mort du **9** pécheur est une vraie mort, dit S. Cyprien, puisque de la mort temporelle, il doit passer à la mort éternelle, des **10** misères passagères, il doit passer aux misères éternelles: que cela est redoutable! Mais il n'en est pas ainsi pour les justes: ils **11** savent très bien que pour eux la mort est la fin des misères de ce monde et le commencement de leur bonheur éternel,

者、所以伊拉極其願意死。

史鑑上記載聖濟貧若望活拉个時候、有一个財主人、單單養一个兒子、怕伊壽勿長、獻多好銅錢銀子、求聖人爲伊兒子求天主、賞賜伊長壽。聖人求天主後來、過勿多幾時、財主人个兒子死者、氣來大大能哭。天主安慰伊、就打發一个天神、告訴伊話。儂求天主賞賜儂个兒子長壽、天主已經許儂个所求、賞賜伊眞正得着長壽、叫伊拉天堂上永遠活拉。

聖比約尼伍要去致命个時候、快活來交關。衙門裡个差人、稀奇咾對伊話。儂要死者、啥快活呢。聖人答應話。倗想差者。我勿是去死、是去升天堂永遠活拉。儂看一看聖人死个時候、那能快活咾平安。若使儂要死搭伊拉一樣、罷勿得現在勉力發奮、

tsé, sou-i i-la ghieh-ghi gneu-i si."

Se-kè laong ki-tsé seng tsi-bing Zah-waong wéh-la-ke ze-heû, yeû ih ke zai-tsu-gnen tè-tè yang 3 ih-ke gni-tse, p'ouo i zeû véh zang, hié tou-h'ao dong-dié-gnen-tse, ghieû seng-gnen wei i gni-tse ghieû 4 T'ié-tsu saong-se i zang zeû. Seng-gnen ghieû T'ié-tsu heû-lai, kou véh tou ki-ze, zai-tsu-gnen-ke gni-5-tse si-tsé, k'i-lai dou-dou-neng k'ôh. T'ié-tsu eu-wei i, zieû tang-fèh ih-ke t'ié-zen kao-sou i 6 wo: "Nong ghieû T'ié-tsu saong-se nong-ke gni-tse zang zeû: T'ié-tsu i-kieng hiu nong-ke ghi-ghieû, saong-se 7 i tsen-tseng teh-zah zang zeû, kiao i la t'ié-daong laong yong-yeu wéh-la."

Seng Pi-yoh-gni-ou, yao k'i tse-ming-ke ze-heû. k'a-wéh-lai kiao-koè; nga-men li-ke ts'a-gnen hi-9-ghi lao tei i wo: "Nong yao si-tsé, sa k'a-wéh gni?" Seng-gnen tèh-yeng wo: "Na siang ts'ouo tsé! ngou véh 10 ze k'i si, ze k'i seng t'ié-daong yong-yeu wéh-la." Nong k'eu-ih-k'eu seng-gnen si-ke ze-heû na-neng 11 k'a-wéh lao bing-eu; zah-se nong yao si tèh-tse i-la ih-yang, ba-véh-teh yé-zai mié-lih-fèh-fen

---

c'est pour cela qu'ils la désirent ardemment."

L'histoire raconte qu'au temps où vivait S. Jean l'Aumônier, un homme opulent, qui n'avait qu'un 3 fils unique, craignant qu'il n'eût pas une vie longue, remit au saint de grandes aumônes, en le priant 4 d'obtenir à son fils une grande vieillesse. Le saint ayant prié, l'enfant 5 mourut bientôt après, laissant son père si affligé qu'il en pleura longuement. Dieu, pour le consoler, envoya un ange lui 6 dire: "Tu as demandé pour ton fils une vie longue: Dieu a écouté ta prière 7 en l'appelant à la vie éternelle du ciel."

S. Pione se rendant au lieu de son martyre, allait si gaiement, que les satellites en furent étonnés 9 et lui dirent: "Tu vas mourir, quel sujet as-tu d'être si gai?" "Quelle est votre erreur! répliqua le saint, ce 10 n'est pas à la mort, mais à la vie éternelle du ciel que je vais". Voyez comme les saints ont été 11 joyeux et sans crainte au moment de mourir; si vous voulez mourir comme eux, vous devez nécessairement faire tous vos efforts

改脫儂个毛病、效法聖人个表樣。

第九日　想善人死的平安

一想　聖經上話。好人个靈魂拉天主手裡。既然拉天主手裡、一定平安。所以好人死个時候、雖然有魔鬼个誘惑、到底勿怕。伊拉有之天主个保護、魔鬼勿能殼害伊拉。聖盎博羅削話。危險越是大、相帮越是多。天主總勿許好人受魔鬼个害處。古經上記載對頭人圍困一个城池、先知厄里塞个相帮人嚇唬怕。厄里塞安慰伊話。儂勿要怕。天主打發無數个天神、來看守第个城池、對頭人勿能殼害自伲。好人死起來、也是什介能。聖爾厄爾天神來相帮、聖母也來相帮、耶穌來保護、故所以勿怕。達味聖王話。天主是我个相帮、是我个亮光、是我个平安、我

kai-kou nong-ke mao-bing, yao-fèh seng-gnen-ke piao-yang.

Di-kieû gnéh. Siang h'ao-gnen-ke si méh bing-eu-ke.

IH SIANG.— Seng-kieng laong wo: *"H'ao-gnen-ke ling-wen la T'ié-tsu seû-li."* Ki-zé la T'ié-tsu seû li, 4 ih-ding bing-eu. Sou-i h'ao-gnen si-ke ze-heû, su-zé yeû mô-kiu-ke yeû-ké, tao-ti véh p'ouo: 5 i-la yeû-tse T'ié-tsu-ke pao-wou, mô-kiu véh neng-keû hai i-la. Seng Haong-poh-lou-siah wo: "Ngoei-6-hié yeuh-ze dou, siang-paong yeuh-ze tou; T'ié-tsu tsong véh hiu h'ao-gnen zeû mô-kiu-ke hai-ts'u."

Kou-kieng laong ki-tsé tei-deû-gnen wei-k'oen ih-ke zeng-ze, sié-tse Ngeh-li-sè-ke siang-paong-gnen hah 8 lao p'ouo; Ngeh-li-sè eu-wei i wo: "Nong véh yao p'ouo; T'ié-tsu tang-fèh m-sou-ke t'ié-zen lai k'eu-9-seû di-ke zeng-ze, tei-deû-gnen véh neng-keû hai ze-gni." H'ao-gnen si-k'i-lai a ze zéh-ka-neng: 10 seng Mi-ngeh-eul t'ié-zen lai siang-paong, seng Mou a lai siang-paong, Ya-sou lai pao-wou, kou-sou-i véh 11 p'ouo. Dèh-vi seng-waong wo: *"T'ié-tsu ze ngou-ke siang-paong, ze ngou-ke liang-koang, ze ngou-ke bing-eu, ngou*

---

pour corriger vos défauts et imiter les exemples des saints.

9ème Jour. Paix du juste à la mort.

Ier POINT. LE JUSTE N'A RIEN À CRAINDRE À LA MORT.— La Ste Écriture dit: *"Justorum animae in manu Dei sunt."* (Sap. 9.1.) Si Dieu garde entre ses mains les âmes des justes, elles sont 4 certainement en paix. Le démon tente aussi les justes au moment de la mort, mais ils n'ont pas à craindre: 5 puisque si Dieu les assiste, le démon ne peut pas leur faire du mal. S. Ambroise enseigne que 6 "Dieu augmente ses secours à mesure que s'accroissent les dangers; ainsi Dieu ne laissera pas les justes subir les atteintes des démons."

Il est rapporté dans l'ancien testament que les ennemis ayant mis le siège à une ville, le serviteur du prophète Élisée en fut 8 consterné; mais le prophète releva son courage par ces mots: "Ne crains rien; Dieu a envoyé une armée d'anges pour 9 protéger cette ville, les ennemis ne peuvent nous nuire." Il en sera de même à la mort du juste: à son aide viendra 10 S. Michel avec la divine Mère, Jésus viendra aussi le protéger: ainsi il ne 11 craindra pas. Le roi David disait: *"Dominus illuminatio mea et salus mea,*

怕啥呢。

博學士阿里熱吶話。魔鬼拚命用力个拖伲落地獄、倒底天主救自伲、天主个力量比之伊大。魔鬼雖然恨伲、恨得來勿過頭、總勿能彀得勝天主。聖保祿話。天主是忠心个、勿許魔鬼誘感人、超過人个力量。

恐怕有人要話。那能前頭有多少聖人、死个時候也怕个。儂該當曉得、什介能个聖人、無啥幾个、大概聖人死个時候𦤼快活。有常時味天主許好人、拉臨終个時候、受誘感咾怕、是爲磨煉伊拉个小過失、拉世界上做補贖、死之後來減少煉獄个苦頭。倒底好人个怕、搭之罪人个怕、大大裡兩樣个。因爲罪人死个時候个怕、無沒靠托天主个心、所以失望个多。好人死个時候

p'ouo sa gni?"

Pôh-yah-ze Ôh-li-zéh-néh wo: "Mô-kiu p'ing-ming yong-lih-ke t'ou gni loh di-gnôh, tao-ti T'ié-tsu 3 kieû ze-gni, T'ié-tsu-ke lih-liang pi-tse i dou: mô-kiu su-zé hen gni hen-teh-lai véh kou-deû, 4 tsong véh neng-keû teh-seng T'ié-tsu." Seng Pao-lôh wo: *T'ié-tsu ze tsong-sin-ke, véh hiu mô-kiu yeû-ké 5 gnen ts'ao-kou gnen-ke lih-liang."*

K'ong-p'ouo yeû gnen yao wo: "Na-neng zié-deû yeû tou-sao seng-gnen si-ke ze-heû a p'ouo-ke?" Nong kai-7-taong hiao-teh zéh-ka-neng-ke seng-gnen m sa ki-ke; da-kai seng-gnen si-ke ze-heû mè-k'a-wéh. 8 Yeû-zang-ze méh T'ié-tsu hiu h'ao-gnen la lin-tsong-ke ze-heû zeû yeû-ké lao p'ouo, ze wei mô-lié 9 i-la-ke siao kou-séh, la se-ka laong tsou pou-zôh, si-tse heû-lai kè-sao lié-gnôh-ke k'ou-deû. 10 Tao-ti h'ao-gnen-ke p'ouo, tèh-tse zu-gnen-ke p'ouo, dou-dou-li liang-yang-ke: yen-wei zu-gnen si-ke 11 ze-heû-ke p'ouo, m-méh k'ao-t'oh T'ié-tsu-ke sin, sou-i séh-maong-ke tou; h'ao-gnen si-ke ze-heû-

---

quem timebo?" (Ps. 26.1.)

Le docte Origène dit: "Le démon emploie toutes ses forces pour nous entraîner en enfer, mais Dieu, qui veut notre 3 salut, est incomparablement plus fort: quoique le démon nous haïsse d'une manière qu'on ne peut dépasser, 4 il ne peut l'emporter sur Dieu." À cause de cela S. Paul disait: *"Fidelis Deus est, qui non patietur vos tentari 5 supra id quod potestis."* (1.Cor.10.13).

Mais, direz-vous, plusieurs saints, à l'heure de la mort, ont été assaillis de craintes. 7 Sachez que ces saints sont en très petit nombre; on peut dire que tous les saints sont morts très joyeux. 8 Parfois Dieu permet que les justes au moment de mourir soient tentés et craignent, afin de les purifier de 9 quelques petits défauts, pour qu'ils fassent pénitence en cette vie, et abrègent ainsi leurs peines en purgatoire. 10 Mais la crainte des justes diffère de celle des pécheurs: les pécheurs 11 en face de la mort craignent, et n'ayant pas confiance en Dieu, tombent dans le désespoir; les justes

个怕、仍舊靠托天主、所以勿失望。

聖伯爾納多病重个時候、怕來利害、魔鬼引誘伊失望。倒底聖人想着之耶穌五傷、立刻就有安慰、對耶穌話。我主、儂个五傷、就是我个靠托、儂个五傷功勞、做我个功勞。聖依納爵死个時候也怕、倒底靠托咾話。我个靈魂、儂出去罷。七十年工夫服事天主、還怕死否。話罷之平平安安咾死者。又有一个耶穌會神父、死个時候有人問伊、怕呢勿怕。伊答應咾話。若使我前頭服事回回教祖師穆罕默德、實在要怕个、我味一向服事仁慈个天主、我怕啥耶、難道天主勿肯救我否。

好人死个時候、雖然想着前頭犯罪、得罪天主。但是痛悔告解、做之補贖、天主已經寬免拉者。照聖經上天主話。若是罪人痛

ke p'ouo, zeng-ghieû k'ao-t'oh T'ié-tsu, sou-i véh séh-
maong.
Seng Péh-eul-néh-tou bing-zong-ke ze-heû, p'ouo-
lai-li-hai, mô-kiu yen-yeû i séh-maong; tao-t'i seng-**3**-
gnen siang-zah-tse Ya-sou-ke n saong, li-k'eh zieû yeû
eu-wei, tei Ya-sou wo: "Ngou Tsu, nong-ke n saong **4**
zieû-ze ngou-ke k'ao-t'oh; nong-ke n saong-ke kong-lao
tsou ngou-ke kong-lao." Seng I-lèh-liah si-ke ze-**5**-heû
a p'ouo, tao-ti k'ao t'oh lao wo: "Ngou-ke ling-wen,
nong ts'éh-k'i ba; ts'ih-séh gné kong-fou woh-ze **6** T'ié-
tsu, wè p'ouo si va?" Wo ba-tse bing-bing-eu-eu lao si
tsé.— I yeû ih-ke Ya-sou-wei zen-**7**-vou, si-ke ze-heû yeû
gnen men i, p'ouo lao véh p'ouo. I tèh-yeng lao wo:
"Zah-se ngou zié-deû woh-**8**-ze wei-wei-kiao ts'ou-se
Moh-eu-meh teh, zéh-zai yao p'ouo-ke;ngou méh ih-hiang
woh-ze zen-ze-ke **9** T'ié-tsu, ngou p'ouo sa ya? Nè-dao
T'ié-tsu véh k'eng kieû ngou va?"
H'ao-gnen si-ke ze-heû, su-zé siang-zah zié-deû vè-
zu teh-zu T'ié-tsu, tè-ze t'ong-hoei kao-ka, **11** tsou-tse
pou-zôh, T'ié-tsu i-kieng k'oé-mié-la-tsé, tsao seng-kieng
laong T'ié-tsu wo: *"Zah-se zu-gnen t'ong-*

---

tout en craignant, ont confiance en Dieu et ne désespè-
rent jamais.
S. Bernard étant gravement malade, fut pris d'une
grande crainte, le démon le tentait de désespoir; quand
3 le souvenir des plaies de Notre-Seigneur le consola
immédiatement; il lui dit: "Mon Dieu, vos plaies **4**
sont mon appui; les mérites de vos plaies sont mes mé-
rites." S. Hilarion eut **5** aussi peur: mais plein de con-
fiance il s'écria: "Sors, mon âme; depuis soixante-dix
ans tu sers **6** J.-C., et tu crains la mort?" À peine avait-
il prononcé ces paroles, qu'il expira en paix.— On de-
mandait à un père jésuite, qui était sur le point de mou-
rir, s'il avait peur. Il répondit: "Si j'avais servi le
chef du **8** Mahométisme, Mahomet, j'aurais raison de
craindre; mais j'ai servi un **9** Dieu miséricordieux,
pourquoi craindrais-je? Est-ce que Dieu ne veut pas me
sauver?"
Si le juste à la mort se souvient de ses péchés, il
sait aussi qu'il s'en est repenti, s'en est confessé, **11** en
a fait pénitence, et que Dieu lui a pardonné, selon les
paroles de l'Écriture: *"Si impius egerit poenitentiam...*

悔咾做補贖、我就勿記念伊个罪者。恐怕有人拉想、伲那能曉得、天主已經寬免伲个罪。我對伊拉話、啥人恨毒自家个罪咾、守天主十誡个、可以保得定天主寬免伊拉个罪。因爲人个心、總要愛慕一樣、或者愛慕天主、或者愛慕犯罪个事體。若使自伊恨毒犯罪个事體、一定愛慕天主、故所以罪寬免拉者。

二想　好人死个時候勿苦腦、因爲伊拉曉得天主是忠信个、又是仁慈个、許拉熱心奉事伊个人、能殼享受天堂个福氣。所以伊拉有大个靠托、心裡十分平安。天主味也另外保護伊拉、賞賜伊拉心裡快活得極、好像勿覺着死个痛苦。

罪人死个時候、大大裡勿是一樣。伊拉覺着自家單單有罪、無得功勞、良心上勿平安、像虫咬个一樣。照聖人个說話、熱心教

h'oei láo tsou pou-zôh, ngou zieû véh ki-gnè i-ke zu-tsé." K'ong-p'ouo yeû gnen la siang: gni na-neng hiao-**2**-teh T'ié-tsu i-kieng k'oé-mié gni-ke zu? Ngou tei i-la wo: sa-gnen hen-dôh ze-ka-ke zu-lao **3** seû T'ié-tsu zéh-ka-ke, k'o-i pao-teh-ding T'ié-tsu k'oé-mié i-la-ke zu. Yen-wei gnen-ke sin **4** tsong yao ai-mou ih-yang, woh-tsé ai-mou T'ié-tsu, woh-tsé ai-mou vè-zu-ke ze-t'i; zah-se ze-**5**-i hen-dôh vè-zu-ke ze-t'i, ih-ding ai-mou T'ié-tsu, kou-sou-i zu k'oé-mié-la-tsé.

GNI SIANG.— H'ao-gnen si-ke ze-heû véh k'ou-nao: yen-wei i-la hiao-teh T'ié-tsu ze tsong-sin-ke, **7** i ze zen-ze-ke, hiu-la gnéh-sin wong-ze i-ke gnen, neng-keû hiang-zeû t'ié-daong-ke foh-k'i: sou-**8**-i i-la yeû dou-ke k'ao-t'oh, sin li zéh-fen bing-eu. T'ié-tsu méh a ling-nga pao-wou i-la, **9** saong-se i-la sin li k'a-wéh-teh-ghieh, h'ao-ziang véh koh-zah si-ke t'ong-k'ou.

Zu-gnen si-ke ze-heû, dou-dou-li véh ze ih-yang; i-la koh-zah ze-ka tè-tè yeû zu, m-**11**-teh kong-lao, liang-sin laong véh bing-eu, ziang zong ngao-ke ih-yang. Tsao seng-gnen-ke seh-wo, gnéh-sin kiao-

---

omnium iniquitatum ejus non recordabor." (Ez. 18.21.) Vous penserez peut-être: comment pouvons, nous savoir **2** que Dieu nous a pardonnés? Je réponds: celui qui hait ses péchés et **3** garde les commandements de Dieu, peut être sûr que Dieu lui a pardonné. Parce que le cœur de l'homme **4** doit aimer un des deux, ou il aime Dieu, ou il aime le péché; si donc **5** il hait le péché, par le fait il aime Dieu, et ses péchés lui sont pardonnés.

IIe POINT. LE JUSTE MEURT DANS UNE DOUCE PAIX.— Les justes au moment de la mort ne sont pas malheureux: ils savent que Dieu est fidèle, **7** miséricordieux, et qu'il a promis les joies du ciel à ceux qui le serviront fidèlement: ainsi **8** ils sont pleins de confiance et dans une grande paix. En outre Dieu les protège d'une manière extraordinaire, il leur **9** donne une grande joie, de sorte qu'ils ne paraissent pas sentir les douleurs de la mort.

Tout différent est le sort des pécheurs; ils sentent qu'ils sont chargés de péchés, qu'ils n'ont aucun **11** mérite et que leur conscience est tourmentée comme si elle était mordue par des serpents. Au dire des saints, comme les justes,

友拉臨終个時候快活來、好像已經起頭享受天堂上个福氣、犯罪人味拉臨終个辰光、怕咾嚇、好像已經起頭覺着地獄个苦頭。

好人拉平素日脚、愛慕天主、死个時候、更加愛慕天主。巴勿着得就死咾看見天主。故所以死爲好人勿是罰、是賞、勿是苦、是福、是離開苦腦个地方、到享福个地方。眞正如同聖經上話。好人死起來登拉安逸个地方。博學士蘇亞賚死个時候、覺着格外平安、對伊身邊个人話。我勿曾想到死是什介能好个。紅衣主教巴樂尼阿病重、拉危險个時候、郎中教伊勿要多想死。自伊就問。爲啥咾儂什介能話。儂想我怕死呢啥。我勿怕死、我愛慕死。

yeû la lin-tsong-ke ze-heû k'a-wéh lai, h'ao-ziang i-kieng
k'i-deû hiang-zeû t'ié-daong-laong-ke foh-k'i ; 2 vè-zu-
gnen méh la lin-tsong-ke zen-koang, p'ouo lao hah, h'ao-
ziang i-kieng k'i-deû koh-zah di-gnôh-ke 3 k'ou-deû.

H'ao-gnen-la bing-sou-gnéh-kiah ai-mou T'ié-tsu,
si-ke ze-heû keng-ka ai-mou T'ié-tsu : pouo-véh-tsah-5-
teh zieû si lao k'eu-kié T'ié-tsu ! Kou-sou-i si wei h'ao-
gnen véh ze vèh, ze saong ; véh ze k'ou, ze 6 foh : ze li-
k'ài k'ou-nao-ke di-faong, tao hiang-foh-ke di-faong ; tsen-
tseng zu-dong seng-kieng laong wo : "H'ao-7-gnen si-
k'i-lai teng-la eu-yeh-ke di-faong." Pôh-yah-ze Sou-ya-
lé si-ke ze-heû, koh-zah keh-8-wai bing-eu, tei i sen-pié-
ke gnen wo : "Ngou véh zeng siang-tao si ze zéh-ka-
neng h'ao-ke."— Hong-i-9-tsu-kiao Pouo-loh-gni-ouh
bing zong, la ngoei-hié-ke ze-heû, laong-tsong kao i véh
yao tou siang si. Ze-10-i zieû men : "Wei-sa-lao nong
zéh-ka-neng wo ? Nong siang ngou p'ouo si gni-sa ? Ngou
véh p'ouo si, ngou ai-11-mou si."

éprouvent à la mort une telle joie qu'ils semblent goûter
déjà les joies du paradis ; de même 2 les pécheurs
éprouvent dans leur agonie de telles terreurs, qu'ils sem-
blent avoir déjà commencé à sentir les peines de l'enfer.

Les saints qui aux jours ordinaires ont aimé Dieu,
l'aiment davantage au moment de mourir : oh ! s'ils 5
pouvaient mourir à l'instant pour aller voir Dieu ! Ainsi
pour les saints, la mort n'est pas une peine, mais une
récompense ; elle n'est pas un tourment, mais un bon-
heur : 6 ils quittent cette terre malheureuse, pour aller
dans le lieu de la joie ; ainsi qu'on lit dans l'Écriture :
7 "*Illi autem sunt in pace.*" (Sap. 3.1.) Le savant
Père Suarez, au moment de mourir, éprouva 8 une paix
si extraordinaire, qu'il dit à ceux qui l'entouraient :
"Je n'avais jamais pensé que la mort fût si douce."— 9
Le cardinal Baronius étant dangereusement malade, le
médecin lui dit de ne pas tant penser à la mort. 10 Le
cardinal demanda : "Pourquoi dites-vous cela ? Croyez-
vous que j'aie peur de la mort ? Je ne crains pas la
mort, je l'aime."

又有一个紅衣主教、爲天主致命个時候、着之一身好衣裳、自家話。我現在吃喜酒去。遠開殺𡌶味勿多路、拿捏拉个撐椏棒、甩脫之咾話。我个脚快點走罷、離開天堂勿遠者、快活咾唱讚頌天主个聖歌。聖五傷方濟各死个時候自家唱聖歌、叫別人一淘唱。院長厄里亞話。死个辰光該當哭个、爲啥咾儂倒唱歌呢。聖人答應話。因爲我勿常遠要死、去享見天主、第个是可以慶賀个、我心裡向快活得極、勿得勿然要唱歌。

聖女德肋撒會裡、有一个修女、臨終个時候。看見別个修女拉哭。自伊話、做啥咾哭。儂咾若使愛我、該當搭之我一淘快活。我現在要去看見吾主耶穌基利斯督、豈勿是要快活否。

有一个打野獸个人、拉山峽裡、看見一个隱修人、渾身齊是爛

I yeû ih-ke hong-i-tsu-kiao, wei T'ié-tsu tse-ming-ke ze-heû, tsah-tse ih-sen h'ao i-zaong, ze 2-ka wo: "Ngou yé-zai k'ieh hi tsieû k'i." Yeu-k'ai sèh-zang méh véh tou lou, nao gnèh-la-ke ts'ang-a-baong 3 goè-t'éh-tse lao wo: "Ngou-ke kiah k'oa tié tseù ba; li-k'ai t'ié-daong véh yeu tsé." K'a-wéh lao ts'aong *"Tsè-4-zong T'ié-tsu-ke seng kou."*— Seng n saong Faong-tsi-koh si-ke ze-heû ze-ka ts'aong seng-kou, kao biéh-gnen 5 ih-dao ts'aong. Yeu-tsang Ngeh-li-ya wo: "Si-ke zen-koang kai-taong k'ôh-ke, wei-sa-lao nong tao ts'aong kou 6 gni?" Seng-gnen tèh-yeng wo: "Yen-wei ngou véh zang-yeu yao si k'i hiang-kié T'ié-tsu, di-ke ze k'o-i 7 k'ieng-wou-ke, ngou sin li hiang k'a-wéh-teh-ghieh, véh-teh-véh-zé yao ts'aong kou."

Seng-gnu Teh-leh-sèh wei li, yeû ih-ke sieû-gnu, lin-tsong-ke ze-heû, k'eu-kié biéh-ke sieû-gnu la 9 k'ôh, ze-i wo: "Tsou sa lao k'ôh? Na lao zah-se ai ngou, kai-taong tèh-tse ngou ih dao k'a-wéh: ngou 10 yé-zai yao k'i k'eu-kié ngou tsu Ya-sou Ki-li-se-tôh, k'i-véh ze yao k'a-wéh va?"

Yeû ih-ke tang-ya-seû-ke gnen, la sè-kèh li, k'eu-kié ih-ke yen-sieû-gnen, wen-sen zi ze lé-

---

Le cardinal Fisher allant mourir pour la foi, revêtit de beaux habits, 2 disant qu'il allait aux noces. Lorsqu'il fut près du lieu du supplice, il jeta le bâton dont il se servait 3 et s'écria: "Allez, mes pieds, marchez vite; nous ne sommes plus loin du paradis." Et plein de joie il chanta 4 le *Te Deum*.— S. François d'Assise chantait des cantiques en mourant et invitait les autres 5 à chanter avec lui. "Mon père, lui dit le prieur Élie, en mourant on doit pleurer; comment donc chantez-vous?" 6 Le saint répondit: "Voilà, je vais bientôt mourir et voir Dieu, c'est une chose 7 si heureuse, qui remplit tellement mon cœur de joie, que je ne puis me défendre de chanter."

Une religieuse carmélite allait mourir; voyant les autres sœurs 9 pleurer: "Quoi! leur dit-elle, vous pleurez? Si vous m'aimez, réjouissez-vous avec moi: je vais 10 à présent voir N.-S. J.-C., ne faut-il pas se réjouir?"

Un chasseur trouva dans une étroite vallée un solitaire, dont le corps n'était qu'une plaie;

瘡、胭拉地上、看起來就要死者。伊勿單單勿難過、還快活咾唱聖歌。捉野獸个人看見之、心裡稀奇、問伊話。儂到什介能个地步、還笑咾唱歌否。隱修人答應話。老兄、儂勿曉得个、我第个肉身像一堵爛垙壁腳、伊擋住我、看勿着天主。現在一堵壁腳拉坍者、能彀看見天主、故所以我喜歡咾唱聖歌。聖女加大利納十分願意看見天主、常常盼望死、自伊話。死是可愛个、日日夜夜勿停个想咾盼望、巴勿得就死、看見天主去。聖女德肋撒也願意死、足慣話。死哎、死哎、幾時就死者、大概聖人齊願意死、因爲勿死、勿能彀升天堂、享永遠个福氣。

三想　聖奧斯定話。爲愛慕天主个人、活拉是苦、死味是作樂。所以好人活拉、是勿得勿然。聖多默味辣諾瓦話。爲愛慕世俗

ts'aong ; k'oen-la di laong, k'eu-k'i-lai yao si tsé ; i véh tè-tè véh nè-kou, è k'a-wéh lao ts'aong 2 seng-kou. Tsoh ya-seû-ke gnen k'eu-kié-tse, sin li hi-ghi, men i wo: "Nong tao zéh-ka-neng di-3-bou è siao lao ts'aong kou va?" Yen-sieû-gnen tèh-yeng wo: "Lao hiong, nong véh hiao-teh-ke: ngou di-ke gnôh-4-sen ziang ih-tou lè-gni pieh-kiah, i taong-zu ngou k'eu-véh-zah T'ié-tsu ; yé-zai ih-tou pieh-kiah la 5 t'è-tsé, neng-keû k'eu-kié T'ié-tsu, kou-sou-i ngou hi-hoé lao ts'aong seng-kou."— Seng-gnu Kia-da-li-néh 6 zéh-fen gneu-i k'eu-kié T'ié-tsu, zang-zang p'è-maong si ; ze-i wo: "Si ze k'o-ai-ke ; gnéh-gnéh ya-7-ya véh ding-ke siang lao p'è-maong: pouo-véh-teh zieû si, k'eu-kié T'ié-tsu k'i !"— Seng-gnu Teh-leh-sèh a 8 gneu-i si tsôh-koé wo: "Si a ! Si a ! Ki-ze zieû si-tsé ?" Da-kai seng-gnen zi gneu-i si, yen-9-wei véh si, véh neng-keû seng t'ié-daong hiang yong-yeu-ke foh-k'i.

Sè siang.— Seng Ao-se-ding wo: "Wei ai-mou T'ié-tsu-ke gnen, wéh-la ze k'ou, si méh ze tsoh-loh." 11 Sou-i h'ao-gnen wéh-la ze véh-teh-véh-zé. Seng Tou-meh Vi-lèh-noh-wa wo: "Wei ai-mou se-zôh-

---

il gisait à terre, semblant être à l'agonie: non seulement il n'était point triste, mais il chantait encore gaîment. 2 Le chasseur tout étonné lui dit: "Comment! vous êtes réduit à un tel 3 état et vous riez et chantez?" L'ermite lui répondit: "Mon frère, vous ne réfléchissez pas: mon 4 corps est comme une cloison de boue, qui m'empêche de voir Dieu ; or cette cloison va 5 s'écrouler et me permettre de voir Dieu. Voilà ce qui me console et pourquoi je chante." Ste Catherine de Gênes désirant 6 ardemment voir Dieu, était impatiente de mourir ; elle disait: "La mort est aimable ; 7 nuit et jour j'y pense sans cesse et je l'espère: oh ! si je pouvais mourir tout de suite, afin d'aller voir Dieu !"— Ste Thérèse 8 souhaitait aussi la mort et disait souvent: "Mourir ! Mourir ! Quand pourrai-je mourir ?" Tous les saints désiraient la mort, 9 parce que si l'on ne meurt pas, on ne peut pas aller au ciel pour jouir éternellement.

IIIe Point. Le juste éprouve, en mourant, un avant-goût de la joie céleste.— "Ceux qui aiment Dieu trouvent la vie amère et la mort délicieuse", dit S. Augustin. 11 Ainsi les justes vivent dans ce monde par nécessité. "Pour les mondains, dit S. Thomas de Villeneuve.

个人、死是可怕个、如同强盗一樣。伊拉想勿着个時候、死登時立刻來者、拿伊拉世界上个福氣、完全搶去、拿伊拉个靈魂害脫、甩拉地獄裡、永遠吃苦。好人勿是什介、好人時時刻刻預備死、盼望早點死、所以死是像天主打發拉个欽差、請伊拉咾話。天主等㑚到常生个酒筵席上去、叫我來請㑚、㑚走、升天堂去罷。

儂想好人聽見吾主耶穌話。忠心个相帮人、到儂本家个宮裡來享福、是何等樣快活作樂。好人死个時候、想着從前做補贖、念經默想、看輕世俗、爲天主吃苦、大大裡有安慰、心上實在快活來無招架。聖基所話。若使人相信有一个天堂、又曉得死之升天堂去、啥人還要哭呢。

ke gnen, si ze k'o-p'ouo-ke, zu-dong ghiang-dao ih-yang, i-la siang-véh-zah-ke ze-heû, si teng-ze-**2**-lih-keh lai-tsé, nao i-la se-ka laong-ke foh-k'i wé-zié ts'iang-k'i, nao i-la-ke ling-wen hai-**3**-t'éh, goè-la di-gnôh li, yong-yeu k'ieh-k'ou. H'ao-gnen véh ze zéh-ka: h'ao-gnen ze-ze-k'eh-k'eh yu-bei **4** si, p'è-maong tsao-tié si: sou-i si ze ziang T'ié-tsu tang-fèh-la-ke k'ieng-ts'a, ts'ing i-la lao wo: **5** "T'ié-tsu teng na tao zang-seng-ke tsieû-yé-zieh laong k'i, kao ngou lai ts'ing na, na tseû, seng t'ié-daong k'i **6** ba."

Nong siang h'ao-gnen t'ing-kié ngou tsu Ya-sou wo: "*Tsong-sin-ke siang-paong-gnen, tao nong pen-ka-ke kong-li* **8** *lai hiang-foh*", ze wou-teng-yang k'a-wéh tsoh-loh! H'ao-gnen si-ke ze-heû, siang-zah zong-zié tsou pou-zôh, **9** gnè kieng meh-siang, k'eu-k'ieng se-zôh, wei T'ié-tsu k'ieh-k'ou, dou-dou-li yeû eu-wei, sin laong zéh-zai k'a-**10**-wéh-lai m-tsao-ka! Seng Ki-sou wo: "Zah-se gnen siang-sin yeû ih-ke t'ié-daong, i hiao-teh si-tse **11** seng t'ié-daong k'i, sa-gnen è yao k'ôh gni?"

---

la mort est terrible, elle est comme un brigand, elle vient au moment ou ils n'y pensent pas, **2** elle leur enlève tout le bonheur de ce monde et elle nuit à leur âme qu'elle **3** jette dans les supplices éternels de l'enfer. Il n'en est pas de même pour les justes: à chaque instant ils sont prêts, **4** et désirent mourir au plus tôt: aussi la mort se présente comme un ambassadeur envoyé par Dieu pour les inviter en ces termes: **5** "Dieu vous attend pour le festin éternel, il m'a envoyé vous inviter, hâtez-vous donc, allez au ciel."

Oh! quelle joie pour le juste d'entendre Jésus lui dire: "*Euge, serve bone et fidelis,* **8** *intra in gaudium Domini tui!*" (Matth. 25.21.) Oh! quelle consolation et quelle joie de se rappeler au moment de la mort les pénitences, **9** les oraisons, le détachement du monde et tout ce qu'on aura souffert pour Dieu! **10** "Celui qui croit au Paradis, dit S. Chrysostome, et sait qu'après sa mort il ira en Paradis, peut-il pleurer?"

好人死个時候、想着自家做拉恭敬聖母个工夫、如同日逐念玫瑰經、朝拜聖母堂、瞻禮七守大齋、進聖母會咾啥、那能有安慰。因爲聖母是極其忠信个童貞女、一定報答忠心奉事伊个人。有一个熱心恭敬聖母个人。臨終个時候、告訴皮乃神父話。我從來勿曾想到熱心恭敬聖母个人、拉死个時候、是什介能好个、我實在解說勿來。另外恭敬聖體个人、臨終个時候、更加覺着安慰。聖斐理伯吶利臨終个時候、看見神父供聖體、到伊个房間裡、就話。我愛拉个來者、我愛拉个來者、快點送拉我。聖人領之聖體、就快快活活咾死者。恐怕有人話。啥人曉得我將來那能死。或者善終、或者惡終、齊

H'ao-gnen si-ke ze-heû, siang-zah ze-ka tsou-la
kong-kieng seng Mou-ke kong-fou, zu-dong gnéh-zôh
gnè 2 mei-koei-kieng, zao-pa seng Mou daong, tsé-li ts'ih
seû dou-tsa, tsin seng Mou wei lao-sa, na-neng yeû eu-
3-wei ! Yen-wei seng Mou ze ghieh-ghi tsong-sin-ke
dong-tseng gnu, ih-ding pao-tèh tsong-sin wong-ze i-ke
4 gnen. Yeû ih-ke gnéh-sin kong-kieng seng Mou-ke
gnen, lin-tsong-ke ze-heû, kao-sou Bi-nai zen-vou wo :
5 "Ngou zong-lai véh zeng siang-tao gnéh-sin kong-
kieng seng Mou-ke gnen, la si-ke ze-heû, ze zéh-ka-
neng 6 h'ao-ke: ngou zéh-zai ka-seh véh lai."

Ling-nga kong-kieng seng-t'i-ke gnen, lin-tsong-ke
ze-heû, keng-ka koh-zah eu-wei. Seng Fi-li-péh Néh-
8-li, lin-tsong-ke ze-heû, k'eu-kié zen-vou kong seng-
t'i tao i-ke waong-kè, zieû wo : "Ngou ai-la-9-ke lai-tsé,
ngou ai-la-ke lai-tsé ! k'oa-tié song la ngou !" Seng-
gnen ling-tse seng-t'i, zieû k'a-k'a-wéh-10-wéh lao si-tsé.

K'ong-p'ouo yeû gnen wo: "Sa-gnen hiao-teh ngou
tsiang-lai na-neng si ? Woh-tsé zé-tsong, woh-tsé oh-
tsong, zi

Quelle consolation encore pour les justes, en ce mo-
ment suprême, de se rappeler les hommages rendus à
la Mère de Dieu, comme la récitation journalière du 2
Rosaire, les visites aux sanctuaires de Marie, les jeûnes
du samedi, l'entrée dans la congrégation et caetera ! 3
Marie, la vierge fidèle, récompensera indubitablement
son fidèle serviteur. 4 Un zélé serviteur de Marie disait
en mourant au P. Binet : 5 "Je n'avais jamais imaginé
la douceur que goûte à la mort le fidèle serviteur de
Marie : 6 vraiment je ne puis pas l'expliquer."

Ceux qui ont honoré d'une manière spéciale le très
saint Sacrement, éprouveront une consolation particuliè-
re à la mort. S. Philippe 8 Néri, en voyant entrer
dans sa chambre le prêtre avec le saint Viatique, s'é-
cria : 9 "Voici mon amour, voici celui que j'aime ! vite
donnez-le moi !" Après qu'il eut reçu le saint Viatique,
il expira rayonnant de joie.

"Mais qui sait, dira peut-être quelqu'un, comment
je mourrai? Je ne puis pas savoir si je ferai une bonne ou

勿曉得。但是我問儂。啥个事體能彀教別人惡終、豈勿是罪否。所以儂怕、死來勿好、只要勿犯罪。聖盎博羅削話。勿是死是可怕个、罪味是可怕个、因爲罪能彀害靈魂咾。聖奥斯定話。活拉做好人、勿會得惡終个。聖經上話。有義德个人。勿論那能樣式死、總是平安个。爲此緣故熱心个人、勿怕死、并且願意死。那裡一个人、一心愛慕天主、自然而然願意死。因爲一死味、永永遠遠結合天主、勿能彀再犯罪、離開天主。凡于人勿願意死、發顯自伊勿大愛慕天主。如同小囝拉拉外頭、想勿着歸來望望大人、發顯勿愛慕大人。伲要像聖人能个死來好、巴勿得現在要愛慕天主、盡自家个本分。現在越發愛慕天主味、拉死个辰光、越發覺着平安咾勿怕。

véh hiao-teh!" Tè-ze ngou men nong: "Sa-ke ze-t'i neng-keû kao biéh-gnen oh-tsong? k'i-véh-ze zu va? 2 Sou-i nong p'ouo si-lai véh h'ao, tséh yao véh vè zu."— Seng Haong-poh-lou-siah wo: "Véh ze si ze k'o-3-p'ouo-ke, zu méh ze k'o-p'ouo-ke, yen-wei zu neng-keû hai ling-wen lao." Seng Ao-se-ding wo: "Wéh-la 4 tsou h'ao-gnen véh wei-teh oh-tsong-ke." Seng-kieng-laong-wo: "*Yeû gni-teh-ke gnen, véh len na-neng yang-seh* 5 *si, tsong ze bing-eu-ke.*" Wei-ts'e-yeu-kou gnéh-sin-ke gnen véh p'ouo si, ping-ts'ié gneu-i si.

A-li ih-ke gnen ih-sin ai-mou T'ié-tsu, ze-zé-eul-zé gneu-i si, yen-wei ih-si méh yong-7-yong-yeu-yeu kiéh-héh T'ié-tsu, véh neng-keû tsai vè-zu li-k'ai T'ié-tsu. Vè-yu-gnen véh gneu-i si, 8 fèh-hié ze-i véh da ai-mou T'ié-tsu; zu-dong siao-neu léh-la nga-deû, siang véh zah kiu-lai maong-9-maong dou-gnen, fèh-hié véh ai-mou dou-gnen. Gni yao ziang seng-gnen neng-ke si-lai h'ao, ba(罷)-véh-teh yé-10-zai yao ai-mou T'ié-tsu, zin ze-ka-ke pen-ven: yé-zai yeuh-fèh ai-mou T'ié-tsu méh, la si-ke 11 zen-koang, yeuh-fèh koh-zah bing-eu lao véh p'ouo.

---

une mauvaise mort!" Je vous demande à mon tour: "Qu'est-ce qui rend la mort mauvaise? n'est-ce pas le péché? 2 Ainsi si vous redoutez la mauvaise mort, vous n'avez qu'à éviter le péché."— "Ce n'est pas la mort qui est 3 redoutable, dit S. Ambroise, mais bien le péché, parce que le péché nuit à l'âme." S. Augustin disait: 4 "On ne saurait mourir mal après avoir bien vécu." Et l'Écriture dit: "*Justus autem si morte praeoccupatus fuerit* 5 *in refrigerio erit.*" (Sap. 4.7.) Ainsi le juste non seulement ne craint pas la mort, mais il la désire.

Celui qui aime Dieu de tout cœur doit naturellement désirer la mort, puisque la mort nous unit 7 éternellement à Dieu et nous empêche de nous séparer de lui par le péché. Celui qui ne désire pas la mort 8 fait preuve d'un faible amour envers Dieu; comme l'enfant prouve qu'il n'aime pas ses parents, si étant au dehors, 9 il ne pense pas au retour pour les voir. Si nous voulons mourir de la mort des saints, il est de toute nécessité d'aimer Dieu à 10 présent et de bien remplir nos devoirs: plus à présent on aimera Dieu, plus on trouvera de consolation et de paix à la mort.

第十日　想預備善終的法子

一想　人人齊曉得要死、死味是只得一回、死个時候有大个關係、或者永遠吃苦、或者永遠享福、一回定當之、永遠勿能彀更改。但是死个好咾惏、完全垃拉平常日脚个預備。平常日脚預備得好、死來也好。平常日脚預備來勿好、死來也勿好。有許多教友、勿小心預備、故所以死來勿安當。爲此緣故儂要救靈魂得着善終、該當早點立功勞、做好工夫、日逐預備死。勿什介味、死忽然間到之、就來勿及者。比方一个將軍、對頭圍困之城池、刻刻想預備糧草、搭之軍器傢生、還來得及否。儂看世界上个人、爲得着功名、爲得着銅錢銀子、爲辦親事、那能用心咾想法子。伊拉爲暫時个福氣、什介用心、伲爲靈魂上永遠个

Di-zéh gnéh. Siang yu-bei zé-tsong-ke fèh-tse.

IH SIANG.— Gnen-gnen zi hiao-teh yao si, si méh ze tséh-teh ih wei, si-ke ze-heû yeû dou-ke 3 koè-i, woh-tsé yong-yeu k'ieh-k'ou, woh-tsé yong-yeu hiang-foh, ih wei ding-taong-tse, yong-yeu véh neng-keû 4 kang-kai. Tè-ze si-ke h'ao lao k'ieû, wé-zié léh-la bing-zang gnéh-kiah-ke yu-bei: bing-zang gnéh-kiah 5 yu-bei-teh h'ao, si-lai a h'ao; bing-zang gnéh-kiah yu-bei-lai véh h'ao, si-lai a véh h'ao.

Yeû hiu-tou kiao-yeû, véh siao-sin yu-bei, kou-sou-i si-lai véh t'ou-taong. Wei-ts'e-yeu-kou nong yao 7 kieû ling-wen teh-zah zé-tsong. kai-taong tsao-tié lih kong-lao tsou h'ao kong-fou. gnéh-zôh yu-bei si. Véh 8 zéh-ka méh, si féh-zé-kè tao-tse, zieû lai-véh-ghih-tsé. Pi-faong ih-ke tsiang-kiun, tei deû wei-k'oen 9-tse zeng-ze, k'eh-k'eh siang yu-bei liang-ts'ao tèh-tse kiun-ki-ka-sang, è lai-teh-ghih va? Nong k'eu se-10-ka laong-ke gnen, wei teh-zah kong-ming, wei teh-zah dong-dié-gnen-tse, wei bè ts'in-ze, na-neng yong-sin 11 lao siang fèh-tse! I-la wei zè-ze-ke foh-k'i zéh-ka yong-sin, gni wei ling-wen-laong yong-yeu-ke

---

10ème Jour. Moyens de se préparer à la mort.

Ier POINT. NE PAS ATTENDRE LE DERNIER MOMENT.— Chacun sait qu'il faut mourir, qu'on ne meurt qu'une seule fois et que le moment de la mort est de la plus grande 3 conséquence, puisque il décide de notre éternité heureuse ou malheureuse, pour toujours et sans espoir de 4 changement. Mais la bonne ou mauvaise mort dépend entièrement de la préparation ordinaire de chaque jour: si notre 5 préparation ordinaire est bonne, nous mourrons bien; si elle est mauvaise, nous mourrons mal.

Bien des chrétiens ne s'occupent guère de se préparer et ainsi ils meurent mal. Ainsi si vous voulez 7 sauver votre âme en faisant une bonne mort, il faut commencer de bonne heure à acquérir des mérites, à faire le bien et à vous préparer tous les jours à la mort. 8 Autrement, la mort arrivant à l'improviste, il ne sera plus temps. Si un général attendait que 9 la place fût assiégée par l'ennemi pour songer à préparer les provisions et les armes, serait-il encore à temps? Voyez 10 comme les hommes sont diligents et pensent aux moyens pour arriver aux honneurs, pour gagner de l'argent ou pour arranger un mariage! 11 Pour un bonheur passager ils sont si diligents, et nous, pour l'affaire éternelle de notre âme,

事體、倒勿用心防備、是啥个道理。
聖經上話。罪人死个時候、像大風大雨、雷响矔睒、發煞能打伊拉。伊拉勿能彀阻擋、乃味來求我、我勿聽伊拉。爲啥咾天主勿聽。因爲罪人死个時候、喊个聲氣、勿是眞心歸向天主、不過是怕死、無得着實改過个心。該當曉得人死个時候、單單外面領聖事、勿彀是。要緊有愛天主咾恨毒罪个心。但是罪人一向勿愛慕天主、專門愛慕世俗、臨終个時候、那得能彀愛天主呢。伊拉一向愛快活、喜歡犯罪个事體、死个辰光、那能可以恨罪呢。爲此緣故、犯罪人煩難得着善終。

●

聖經上比方十个姑娘、五个明白个、五个糊塗个。明白个預備好之燈咾油、等新官人一到、就迎接進去。糊塗个、勿曾預備燈

ze-t'i, tao véh yong-sin baong-bei: ze sa-ke dao-li?
Seng-kieng laong wo: "Zu-gnen si-ke ze-heû, ziang
dou fong dou yu, lei-hiang oh-hié, fèh-sèh-neng tang i-**3**-
la; i-la véh neng-keû tsou-taong, nai-méh lai ghieû ngou,
ngou véh t'ing i-la." Wei-sa-lao T'ié-tsu véh **4** t'ing?
Yen-wei zu-gnen si-ke ze-heû, h'è-ke sang-k'i véh ze tsen-
sin koei-hiang T'ié-tsu, péh-kou ze **5** p'ouo si, m-teh
zah zéh kai-kou-ke sin. Kai-taong hiao-teh gnen si-ke
ze-heû, tè-tè nga-mié ling **6** seng-ze, véh keû-ze; yao-kien
yeû ai T'ié-tsu lao hen-dôh zu-ke sin: tè-ze zu-gnen ih-
hiang véh **7** ai-mou T'ié-tsu, tsé-men ai-mou se-zòh,
lin-tsong-ke ze-heû, na-teh-neng-keû ai T'ié-tsu gni? I-**8**-
la ih-hiang ai k'a-wéh, hi-hoé vè-zu-ke ze-t'i, si-ke zen-
koang, na-neng k'o-i hen zu gni? **9** Wei-ts'e-yeu-kou
vè-zu-gnen vè-nè teh-zah zé-tsong.
Seng-kieng laong pi-faong zéh-ke kou-gnang, n-ke
ming-bah-ke, n-ke wou-dou-ke; ming-bah-ke, yu-bei-**11**-
h'ao-tse teng lao yeû, teng sin-koé-gnen ih-tao, zieû
gnen-ts'ih tsin-k'i; wou-dou-ke, véh zeng yu-bei teng

---

nous manquons de prévoyance: qu'est-ce que cela?
Selon la Ste Écriture, "*la mort fondra sur les pé-
cheurs comme une tempête* (de vent, de pluie, de tonner-
re, d'éclairs; et **3** eux n'y pouvant rien), *ils invoqueront
Dieu et Dieu ne les écoutera pas.*" (Prov. 1.27.) Pour-
quoi Dieu ne les écoutera-t-il pas? **4** Parce que le pé-
cheur qui au moment de la mort invoque Dieu, ne dé-
sire vraiment pas retourner à Dieu, mais seulement il **5**
a peur de la mort. Il faut savoir qu'il ne suffit pas, au
moment de la mort, de recevoir les **6** sacrements pour
la forme; il est nécessaire d'aimer Dieu et de haïr le
péché: mais le pécheur, qui n'a jamais **7** aimé Dieu et
qui n'a aimé que le monde, comment pourra-t-il aimer
Dieu à la mort? **8** Le pécheur qui n'a aimé que les
plaisirs et le péché, comment pourra-t-il les détester au
moment de la mort? **9** Ainsi les pécheurs bien difficile-
ment obtiennent une bonne mort.
L'Écriture sainte raconte la parabole des dix vier-
ges, cinq sages et cinq folles: les sages ayant préparé
11 leurs lampes et l'huile, dès que l'époux arriva, elles
allèrent à sa rencontre et entrèrent avec lui; les folles,
n'ayant préparé ni lampes

咾油、齊闊拉門外頭。聖人是明白人、伊拉常常預備死、得着善終、跟從吾主耶穌升天堂。我勸儂教友、也早點預備罷、拉臨終个時候、儂願意做个事體、現在就要做。

二想　教友、儂旣然曉得一定要死、該當跪拉苦像門前、感謝天主賞賜、還有時候、能彀安安當當預備靈魂个事體。後來要用心查考儂个良心、看一向犯啥罪。照天主个十誡、聖教个四規、七罪宗、細細能省察。有啥犯罪个機會。搭之別人來往、犯罪个事體、有呢勿有。慣常有啥毛病。省察起來、就要記好拉、預備辦一个總告解、如同拉死个時候一樣。

良心上有啥勿放心个事體、齊要安排妥當。比方有勿公道个銅錢物事、壞過歇別人家个名聲、或者有搭別人做寃家、第个

lao yeû, zi koè-la men nga-deû. Seng-gnen ze ming-bah gnen, i-la zang-zang yu-bei si, teh-zah zé-**2**-tsong, ken-zong ngou Tsu Ya-sou seng t'ié-daong. Ngou k'ieu nong kiao-yeû a tsao-tié yu-bei ba; la lin-tsong-**3**-ke ze-heû nong gneu-i tsou-ke ze-t'i, yé-zai zieû yao tsou.

GNI SIANG.— Kiao-yeû, nong ki-zé hiao-teh ih-ding yao-si, kai-taong ghiu-la k'ou-ziang men-zié, ké-zia **5** T'ié-tsu è yeû ze-heû neng-keû t'ou-t'ou-taong-taong yu-bei ling-wen-ke ze-t'i. Heû-lai yao **6** yong-sin zouo-k'ao nong-ke liang-sin, k'eu ih-hiang vè sa zu: tsao T'ié-tsu-ke zéh ka, seng-kiao-ke se-**7**-koei, ts'ih zu tsong, si-si-neng sing-ts'èh; yeû sa vè-zu-ke ki-wei, tèh-tse biéh-gnen lai-waong vè-zu-**8**-ke ze-t'i, yeû gni véh yeû; koè-zang yeû sa mao-bing. Sing-ts'èh-k'i-lai, zieû yao ki-h'ao-la, yu-bei **9** bè ih-ke tsong kao-ka, zu-dong la si-ke ze-heû ih-yang.

Liang-sin laong yeû sa véh faong-sin-ke ze-t'i, zi yao eu-ba t'ou-taong: pi-faong yeû véh kong-dao-ke **11** dong-dié méh-ze, wa-kou-hiéh biéh-gnen-ka-ke ming-sang, woh-tsé tèh-tse biéh-gnen tsou yeu-ka, di-ke

---

ni huile, furent laissées hors la porte. Les saints ont été sages,ils se préparèrent toujours à la mort, ont fait une belle **2** fin et ont suivi N.-S. en paradis. Je vous exhorte, chrétien, à hâter votre préparation; **3** faites à présent ce que vous voudrez faire à la mort.

IIe POINT. METTRE SA CONSCIENCE EN BON ÉTAT ET RÉGLER SA VIE.— Chrétien, puisque vous savez qu'il vous faut mourir, prosternez-vous aux pieds de Jésus crucifié; remerciez **5** Dieu du temps qu'il vous accorde pour mettre votre conscience en règle. Ensuite **6** examinez sérieusement votre conscience, pour voir en quoi vous avez péché: examinez-vous minutieusement sur les commandements de Dieu, les préceptes de l'Église, **7** les sept péchés capitaux; voyez si vous êtes dans une occasion de péché, si dans les relations avec les autres **8** il y a péché, et quelles fautes vous commettez ordinairement. Tout en vous examinant, retenez bien vos fautes, **9** pour faire une confession générale, comme si vous étiez au moment de la mort.

Tout ce qui trouble votre conscience, réglez-le d'une manière sûre: si vous avez **11** de l'argent ou des choses mal acquises, si vous avez lésé la réputation d'autrui, si vous avez des inimitiés,

多少事體、一起該當快點料理。該當補還个、就補還。該當和睦个、就和睦。

辦之神工後來、爲用心保守天主个聖寵、定當志向、熱心服事天主。每一日默想。倘使有便、日多望彌撒。勤謹辦神工領聖體。日逐拜聖體。爲恭敬聖母味瞻禮七上守大齋。看聖母面上、哀矜窮人。進聖母會、念玫瑰經。每一日好多回想着天主、想着聖母。拉誘感當中、越該當喊耶穌瑪利亞个聖名。每日夜頭省察。有啥過失、就痛悔改過。

假使得守好第个多少法子、是天主揀選儂升天堂个憑據、一定能彀得着善終。恐怕有个時候、魔鬼誘感儂話。儂那能可以幾年工夫、什介能熱心、那能可以直到死守好定當拉个志向。

tou-sao ze-t'i, ih-k'i kai-taong k'oa-tié liao-li ; kai-taong pou-wè-ke, zieû pou-wè ; kai-taong wou-moh-**2**-ke, zieû wou-moh.

Bè-tse zen-kong heû-lai, wei yong-sin pao-seû T'ié-tsu-ke seng-ts'ong, ding-taong tse-hiang gnéh-sin woh-ze **4** T'ié-tsu : mei ih gnéh meh-siang ; t'aong-se yeû bié, gnéh-tou maong mi-sèh ; ghien-kien bè-zen-kong ling-seng-t'i ; **5** gnéh-zôh pa seng-t'i ; wei kong-kieng seng Mou méh tsé-li-ts'ih laong seû dou-tsa ; k'eu seng Mou mié laong, ai-**6**-kieng ghiong-gnen, tsin seng Mou wei, gnè mei-koei-kieng. Mei ih gnéh h'ao-ta-wei siang-zah T'ié-tsu, siang-zah seng **7** Mou ; la yeû-ké taong-tsong, yeuh kai-taong h'è Ya-sou Mô-li-ya-ke seng-ming. Mei gnéh ya-deû sing-ts'èh ; **8** yeû sa kou-séh, zieû t'ong-hoei kai-kou.

Kia-se-teh seû-h'ao di-ke tou-sao fèh-tse, ze T'ié-tsu kè-sié nong seng t'ié-daong-ke bing-kiu : ih-**10**-ding neng-keû teh-zah zé-tsong. K'ong-p'ouo yeû-ke ze-heû mô-kiu yeû-ké nong wo : "Nong na-neng k'o-i **11** ki gné kong-fou zéh-ka-neng gnéh-sin, na-neng k'o-i zéh-tao si seû-h'ao ding-taong-la-ke tse-hiang ?"

---

il faut arranger tout cela au plus vite ; s'il faut restituer, restituez ; s'il faut faire la paix, **2** faites-la.

Après la confession, afin de conserver la grâce de Dieu, faites le propos de servir Dieu avec ferveur : **4** pour cela, méditez chaque jour et, si vous le pouvez, assistez à la messe ; approchez-vous souvent des sacrements ; **5** chaque jour, faites une visite au S. Sacrement; afin d'honorer la Ste Vierge, jeûnez le samedi, et par amour envers Marie, **6** faites quelque aumône, entrez dans la Congrégation et récitez le Rosaire. Chaque jour, pensez souvent à Dieu et à la Ste Vierge ; **7** mais spécialement dans les tentations, invoquez les noms très saints de Jésus et de Marie. Chaque soir, faites l'examen, **8** et repentez-vous des fautes commises.

La fidélité à ces pratiques sera pour vous un signe que Dieu vous a prédestiné : **10** vous obtiendrez certainement une bonne mort. Peut-être le démon vous tentera en vous disant : "Comment est-il possible **11** que vous viviez d'une manière si fervente pendant des années ; comment pouvez-vous garder ces propos jusqu'à la mort ?"

儂要回頭魔鬼話。死勿曉得幾時。今朝一日也保勿定。儂魔鬼那能保得定活幾年耶。併且我靠托耶穌个功勞、搭之聖母个保護。什介能可以勿上魔鬼个擋。

三想　凡於人要得着善終、拉臨終个時候、願意做个事體現在就做。人到之死个時候、齊願意做好工夫、立功勞、巴勿着得靈魂上無得罪、死之就享見天主。爲啥晓現在倒勿肯勉勵自家熱心。聖奧斯定話。人要死來平安、先該當拿愛世俗个心割斷。大概人相信銅錢銀子、愛體面、愛快活、心鑽脫拉世俗裡、齊勿肯預備死、也勿願意死、所以死來勿好。該當想世界上个福氣、是虛假个、勿能彀常久个。儂現在捨不得離開、到之死个日子、一定要離開、一眼勿能彀帶去。

Nong yao wei-deû mô-kiu wo: "Si véh hiao-teh ki-ze. Kien-tsao ih gnéh a pao-véh-ding, nong mô-kiu 2 na-neng pao-teh-ding wéh ki gné a? Ping-ts'ié ngou k'ao-t'oh Ya-sou-ke kong-lao tèh-tse seng Mou-ke 3 pao-wou." Zéh-ka-neng k'o-i véh zaong mô-kiu-ke taong.

Sè siang.— Vè-yu-gnen yao teh-zah zé-tsong, la lin-tsong-ke ze-heû gneu-i tsou-ke ze-t'i, yé-5-zai zieû tsou. Gnen tao-tse si-ke ze-heû, zi gneu-i tsou h'ao kong-fou lih kong-lao, pouo-véh-tsah-teh 6 ling-wen laong m-teh zu, si-tse zieû hiang-kié T'ié-tsu: wei-sa-lao yé-zai tao véh k'eng mié-li ze-7-ka gnéh-sin? Seng Haong-poh-lou-sia wo: "Gnen yao si-lai bing-eu, sié kai-taong nao ai se-zôh-ke sin 8 keuh-deu." Da-kai-gnen siang-sin dong-dié-gnen-tse, ai t'i-mié, ai k'a-wéh, sin tseu-t'éh-la se-zóh li, 9 zi véh k'eng yu-bei si, a véh gneu-i si, sou-i si-lai véh-h'ao. Kai-taong siang se-ka laong-ke 10 foh-k'i ze hiu-ka-ke, véh neng-keû zang-kieû-ke: nong yé-zai souo-véh-teh li-k'ai, tao-tse si-ke 11 gnéh-tse, ih-ding yao li-k'ai, ih ngè véh neng-keû ta-k'i.

Répondez-lui: "Qui sait quand je dois mourir? Je ne suis pas assuré du jour présent, 2 comment donc peux-tu me promettre quelques années de vie? En outre, je mets ma confiance dans les mérites de Jésus et dans la 3 protection de Marie". Ainsi vous ne tomberez pas dans les pièges du démon.

IIIe Point. Se détacher du monde.— Quiconque veut bien mourir, doit faire à présent ce qu'il voudrait faire au moment de la mort. 5 Chacun, arrivé à la mort, voudrait faire des bonnes œuvres et acquérir des mérites, avoir 6 l'âme sans aucun péché, de manière à pouvoir, une fois mort, aller voir Dieu immédiatement: mais pourquoi ne veut-on pas à présent faire des efforts pour être 7 fervent? S. Ambroise nous dit: "Pour mourir en paix, il faut auparavant rompre avec l'amour du monde". 8 Les hommes aiment l'argent, le luxe, les plaisirs, leur cœur est tout au monde, 9 ils ne veulent pas se préparer à la mort et ne désirent pas mourir, et ainsi ils meurent mal. On doit penser que le 10 bonheur de ce monde est faux et passager: quoique à présent on ait du regret à le quitter, au 11 jour de notre mort il faudra bien le quitter, sans pouvoir rien emporter.

7

聖奧斯定話。儂拉死个時候、勿要有啥羅唆咾分心、要緊早點舒署好肉身上个事體、如同分家當咾啥。乃味死个辰光、可以一門心思管靈魂个事體。假使得儂現在看輕世俗、愛慕天主、常常預備死、乃味死之後來、就可以去見天主、享受天堂个永福。但是第个事體、勿是容易个、該當勉勵自家、效法有德行个人。

有个教友每一个月裡、另外揀一个日腳、預備死。第个日腳上、做好工夫、默想死个道理、熱心念經求天主、像第个月裡向、就要死个一樣。還有个人、每一回辦神工、領聖體、像是末脚一躺。儂也該當什介能用心預備、因爲到之死个時候、來勿及預備者。

Seng Ao-se-ding wo: "Nong la lin-tsong-ke ze-heû, véh yao yeû sa lou-sou lao fen-sin, yao-kien tsao-tié 2 su-zu-h'ao gnôh-sen laong-ke ze-t'i, zu-dong fen ka-taong lao-sa; nai-méh si-ke zen-koang, k'o-i 3 ih-men-sin-se koé ling-wen-ke ze-t'i." Kia-se-teh nong yé-zai k'eu-k'ieng se-zôh, ai-mou T'ié-tsu, 4 zang-zang yu-bei si, nai-méh si-tse heû-lai, zieû k'o-i k'i kié T'ié-tsu, hiang-zeû T'ié-tsu yong 5 foh. Tè-ze di-ke ze-t'i véh ze yong-i-ke, kai-taong mié-li ze-ka yao-fèh yeû teh-yeng-ke 6 gnen.

Yeû-ke kiao-yeû, mei ih-ke gneuh li, ling-nga kè ih-ke gnéh-kiah yu-bei si: di-ke gnéh-kiah laong, 8 tsou h'ao kong-fou, 'meh-siang si-ke dao-li, gnéh-sin gnè kieng ghieû T'ié-tsu, ziang di-ke gneuh li-hiang zieû 9 yao si-ke ih-yang. Wè yeû-ke gnen, mei ih wei bè-zen-kong ling-seng-t'i, ziang ze méh-kiah ih t'aong. 10 Nong a kai-taong zéh-ka-neng yong-sin yu-bei, yen-wei ao-tse si-ke ze-heû, lai-véh-ghih yu-bei-11-tsé.

S. Augustin dit: "Si vous désirez mourir sans être importuné et distrait, il faut 2 régler auparavant les affaires temporelles, comme le partage de vos biens etc.; alors seulement vous pourrez, au moment de la mort, 3 employer toutes vos facultés au soin de votre âme". Si vous méprisez le monde, si vous aimez Dieu, 4 si vous êtes toujours prêt à mourir, alors dès que vous serez mort, vous irez voir Dieu et jouir du bonheur du ciel. 5 Mais cela n'étant pas facile, il faut vous efforcer d'imiter les hommes vertueux.

Plusieurs personnes choisissent dans chaque mois un jour pour se préparer à la mort: ce jour-là, 8 elles font des bonnes œuvres, elles méditent sur la mort, elles prient Dieu avec ferveur, comme si elles 9 devaient mourir dans le courant du mois. Il y a des personnes qui, chaque fois qu'elles se confessent ou communient, le font comme si c'était pour la dernière fois. 10 Vous devez vous préparer avec une pareille diligence, parce que, au moment de la mort, il n'est plus temps de se préparer.

修女加大利納亞爾伯爾拉拉聖女德肋撒會裡修道、臨終个時候、嘆氣咾話。㑚一總阿姊、我現在嘆氣、勿是因爲怕死、我廿五年工夫預備好拉者。單不過可憐罪人、總勿肯預備死、等到死个時候、那能發得出痛悔、搭之天主和睦呢。

教友、既然什介能、儂現在查考儂个良心、有啥偏愛个人、偏愛个物事否、有啥勿好个來往、犯罪个機會否。若使有个、一概斷絶離開、爲愛慕天主咾完全棄絶。

每一日早晨頭踀起來、要想今朝就是臨終个日子、就是今朝勿死、後來總有一日。現在活拉、恐怕勿到夜頭。活到之夜頭、恐怕勿到明朝。如果什介能預備、就能彀得着善終。

第十一日　想時候的貴重

Sieû-gnu Kia-da-li-néh Ya-eul-béh-eul léh-la seng-gnu Teh-leh-sèh wei-li sieû-dao, lin-tsong-ke 2 ze-heû, t'è-k'i lao wo: "Na ih-tsong ah-tsi, ngou yé-zai t'è-k'i, véh ze yen-wei p'ouo si; ngou gnè-3-n gné kong-fou yu-bei h'ao-la-tsé; tè-péh-kou k'o-lié zu-gneh-tsong véh k'eng yu-bei si; teng-tao 4 si-ke ze-heû, na-neng fèh-teh-ts'éh t'ong-hoei tèh-tse T'ié-tsu wou-moh gni?"

Kiao-yeû, ki-zé zéh-ka-neng, nong yé-zai zouo-k'ao nong-ke liang-sin: yeû sa p'ié-ai-ke gnen, p'ié-ai-6-ke méh-ze va? yeû sa véh h'ao-ke lai-waong, vè-zu-ke ki-wei va? Zah-se yeû-ke, ih-kai deu-7-ziéh li-k'ai, wei ai-mou T'ié-tsu wé-zié k'i-ziéh.

Mei ih gnéh tsao-zen-deû lôh-k'i-lai, yao siang kien-tsao zieû-ze lin-tsong-ke gnéh-tse, zieû-ze kien-tsao 9 véh si, heû-lai tsong yeû ih gnéh; yé-zai wéh-la, k'ong-p'ouo véh tao ya-deû; wéh-tao-tse ya-deû, k'ong-10-p'ouo véh tao ming-tsao. Zu-kou zéh-ka-neng yu-bei, zieû neng-keû teh-zah zé-tsong.

Di-zéh-ih gnéh. Siang ze-heû-ke koei-zong.

Catherine de S. Albert, carmélite, au moment de mourir, 2 laissait échapper des soupirs: "Mes sœurs, dit-elle, je ne soupire pas par crainte de la mort; je m'y prépare depuis vingt-3-cinq ans; mais je plains les pécheurs qui ne veulent pas se préparer à la mort; comment peuvent-ils 4 au moment de la mort se repentir sincèrement et faire la paix avec Dieu?"

Chrétien, puisqu'il en est ainsi, examinez votre conscience: si vous avez une affection déréglée envers quelqu'un ou pour quelque chose, 6 si vous avez quelque mauvaise relation ou si vous êtes dans l'occasion de péché, 7 brisez tout cela et le rejetez pour l'amour de Dieu.

Chaque matin en vous levant, pensez qu'aujourd'hui c'est le jour de votre mort, que si vous 9 ne mourez pas aujourd'hui, dans la suite il y aura bien un jour où vous mourrez; vous vivez à présent, mais peut-être vous n'arriverez pas au soir; si au soir vous êtes encore en vie, 10 peut-être vous n'arriverez pas jusqu'au lendemain. En vous préparant ainsi, vous obtiendrez une bonne mort.

11ème Jour. Prix du temps.

一想　聖經上話。我个兒子、儂該當小心保守時候、勿要白用脫。時候實在寶貝。世界上勿論啥个物事、勿能彀比時候个值銅錢。第个是天主賞賜拉人个一个大恩典。外教人也曉得時候个值銅錢、所以慣常話。一寸時候一寸金子、倒底一寸金子、買勿到一寸時候。古人色納加話。時候是無得價錢个寶貝。聖人看時候更加來得寶貝。聖伯爾納定話。論到時候个尊貴、可以比天主个尊貴、因爲好好能用時候、可以買天堂、得着看見天主無限無量个福氣。人用一歇工夫、發一个上等痛悔、或者發一个愛慕天主个心、就得着天主个聖寵、永遠个光榮、所以時候是十分尊貴个。

時候好比一个寶庫。第个寶庫、單單世界上有个、天堂上無得、

Ih siang.— Seng-kieng laong wo : *Ngou-ke gni-tse, nong kai-taong siao-sin pao-seû ze-heû, véh yao bah goè-*2-*t'éh*". Ze-heû zéh-zai pao-pei: se-ka laong véh len sa-ke méh-ze, véh neng-keû pi ze-heû-ke zeh 3 dong-dié: ti-ke ze T'ié-tsu saong-se la gnen ke ih-ke dou en-tié. Nga-kiao-gnen a hiao-teh ze-4-heû-ke zeh dong-dié, sou-i koè-zang wo: "Ih ts'en ze-heû ih ts'en kien-tse, tao-ti ih ts'en kien-tse 5 ma-véh-tao ih ts'en ze-heû". Kou-gnen Seh-néh-kia wo: " Ze-heû ze m-teh ka-dié-ke pao-pei".

Seng-gnen k'eu ze-heû keng-ka lai-teh pao-pei. Seng Péh-eul-néh-ding wo: " Len-tao ze-heû-ke tsen-koei, 7 k'o-i pi T'ié-tsu-ke tsen-koei, yen-wei h'ao-h'ao-neng yong ze-heû, k'o-i ma t'ié-daong, teh-zah k'eu-8-kié T'ié-tsu wou-yé-wou-liang-ke foh-k'i. Gnen yong ih-hiéh kong-fou fèh ih-ke zaong-teng t'ong-hoei, woh-9-tsé fèh ih-ke ai-mou T'ié-tsu-ke sin, zieû teh-zah T'ié-tsu-ke seng-ts'ong lao yong-yeu-ke koang-yong; 10 sou-i ze-heû ze zéh-fen tsen-koei-ke".

Ze-heû h'ao pi ih-ke pao-k'ou ; di-ke pao-k'ou, tè-tè se-ka laong yeû-ke; t'ié-daong laong m-teh,

---

Ier Point. Le temps est le trésor de la terre. — "*Fili*, nous dit l'Esprit-Saint, *conserva tempus*." (Eccl. 4. 23.) 2 Le temps est vraiment précieux: rien dans ce monde ne vaut autant que le temps, 3 qui est un grand bienfait de Dieu accordé aux hommes. Les païens même connaissent 4 le prix du temps, et ainsi on dit ordinairement: "Un pouce de temps un pouce d'or, mais avec un pouce d'or 5 on ne peut pas acheter un pouce de temps." Autrefois Sénèque disait:" Le temps est un trésor sans prix".

Mais les saints l'ont encore plus apprécié. S. Bernardin disait:" 7 On peut comparer le prix du temps à Dieu lui-même, parce que celui qui l'emploie bien peut acheter le ciel et le bonheur infini de 8 voir Dieu. Celui qui fait un acte de contrition parfaite 9 ou un acte d'amour de Dieu, obtient la gloire éternelle; 10 ainsi le temps est très précieux.

Le temps est comme un trésor; ce trésor, on ne le trouve que dans ce monde; on ne le trouve ni au ciel,

地獄裡也無得。拉地獄裡个人、常常哭自家拉世界上白甩脫時候、勿曾用來修德行立功勞。現在垃拉地獄裡、想要一歇工夫、爲救靈魂、也勿能彀得着。

垃拉天堂上个人、一定無得哭个事體。倘使能彀有个、也無得啥別樣、不過想着拉世界上、勿曾完全用時候來立功勞、爲得着天堂上更加大个福氣、更加大个光榮。有一个本篤會裡个修女、死之後來、發顯拉一个本會修女話。我已經升天堂拉者、已經心滿意足、勿要別樣者。倒底比方天主許我、我願意再到世界上。多吃點苦頭、多立點功勞、爲得着天堂上更加大个光榮。又話。爲得着念一遍亞物个功勞、我也願意吃臨終个苦頭、直到公審判个日脚。

di-gnôh li a m-teh. La di-gnôh li-ke gnen, zang-zang k'ôh ze-ka la se-ka laong bah goè-t'éh **2** ze-heû, véh zeng yong-lai sieû teh-yeng lih kong-lao; yé-zai léh-la di-gnôh li siang yao ih hiéh kong-**3**-fou, wei kieû ling-wen, a véh neng-keû teh-zah.

Léh-la t'ié-daong laong-ke gnen, ih ding m-teh kôh-ke ze-t'i : t'aong-se neng-keû yeû-ke, a m-te **5** sa biéh-yang, péh-kou siang-zah la se-ka laong véh-zeng wé-zié yong ze-heû lai lih kong-lao, wei teh-**6**-zah t'ié-daong laong keng-ka dou-ke foh-k'i, keng-ka dou-ke koang-yong. Yeû ih-ke Pen-toh wei li-ke **7** sieû-gnu, si-tse heû-lai, fèh-hié la ih-ke pen wei sieû-gnu wo : "Ngou i-kieng seng t'ié-daong la tsé, **8** i-kieng sin-mé-i-tsôh, véh yao biéh-yang tsé ; tao-ti pi-faong T'ié-tsu hiu ngou, ngou gneu-i tsai tao **9** se-ka laong, tou k'ieh tié k'ou-deû, tou lih tié kong-lao, wei teh-zah t'ié-daong laong keng-ka dou-ke koang-**10**-yong."I wo : "Wei teh-zah gnè ih-pié Ya-véh-ke kong-lao, ngou a gneu-i k'ieh lin-tsong-ke k'ou-deû, **11** zeh-tao kong-sen-p'é-ke gnéh-kiah."

---

ni en enfer. Les damnés pleurent sans cesse pour avoir perdu inutilement le temps en ce monde, **2** pour ne l'avoir pas employé à pratiquer la vertu et à acquérir des mérites : à présent qu'ils sont en enfer, ils voudraient avoir un instant **3** pour sauver leur âme, mais ils ne l'obtiendront pas.

Au ciel, il n'y a certes pas de pleurs : mais si les bienheureux pouvaient pleurer, **5** ce serait uniquement à la pensée de n'avoir pas employé en ce monde tout leur temps à acquérir des mérites, pour **6** obtenir un bonheur et une gloire plus grande au ciel. Une **7** religieuse bénédictine défunte apparut à une religieuse du même ordre et lui dit : "Je suis déjà au ciel **8** pleinement contente, je ne désire rien ; mais si Dieu le permettait, je voudrais retourner dans **9** le monde, pour souffrir encore, mériter davantage et gagner ainsi une plus grande gloire au ciel." **10** Et elle ajouta : "Pour acquérir le mérite de la récitation d'un Ave, je consentirais à endurer les douleurs de mon agonie, **11** jusqu'au jour du jugement."

教友、儂聽得之第个故事、就曉得儂大差者。爲啥咾儂白費脫時候呢。儂今朝能彀做好工夫、那能偏生要拖遲到明朝呢。時候實在尊貴个、一過去、勿能彀回轉來。後來个時候味、勿是一定个、單單現在个一歇工夫趁儂用。時候又過得十分快、如同河裡流个水、一歇過去之、無得回轉來者。儂該當好好能用時候、總勿要白白裡甩脫。

聖女德肋撒話。若使儂今朝勿會預備妥當離開第个世界、恐怕明朝就死、死來勿好、所以勿要朝後拖遲去。

二想　時候是十分寶貝个、倒底人看得勿值銅錢。聖伯爾納多嘆氣咾話。世界頭上無得啥物事、比時候一樣值銅錢个。人倒看來卑賤、白白裡甩脫救靈魂个時候、眞正可憐。儂看伊拉

Kiao-yeû, nong t'ing-teh-tse di-ke kou-ze, zieû hiao-teh nong dou ts'ouo-tsé : wei-sa-lao nong bah-fi-t'éh **2** ze-heû gni? Nong kien-tsao neng-keû tsou h'ao kong-fou, na-neng p'ié-sang yao t'ou-ze tao ming-tsao gni? Ze-**3**-heû zéh-zai tsen-koei-ke, ih kou-k'i véh neng-keû wei-tsé-lai; heû-lai-ke ze-heû véh ze ih-**4**-ding-ke, tè-tè yé-zai-ke ih hiéh kong-fou ts'en nong yong. Ze-heû i kou-teh zéh-fen k'oa, zu-dong **5** wou li lieû-ke se, ih hiéh kou-k'i-tsé m-teh wei-tsé-lai-tsé. Nong kai-taong h'ao-h'ao-neng yong ze-**6**-heû, tsong véh yao bah-bah-li goè-t'éh.

Seng-gnu Teh-leh-sèh wo: "Zah-se nong kien-tsao véh zeng yu-bei t'ou-taong li-k'ai di-ke se-ka, k'ong-**8**-p'ouo ming-tsao zieû si, si-lai véh h'ao; sou-i véh yao zao heû t'ou-ze k'i".

Gni siang. — Ze-heû ze zéh-fen pao-pei-ke, tao-ti gnen k'eu-teh véh zeh dong-dié. Seng Péh-eul-néh-**10**-tou t'è-k'i lao wo : "Se-ka-deû laong m-teh sa'méh-ze' pi ze-heû ih-yang zeh dong-dié-ke, gnen **11** tao k'eu-lai pei-zié, bah-bah-li goè-t'éh kieû ling-wen-ke ze-heû : tsen-tseng k'o-lié!" Nong k'eu i-la

---

Chrétien, en entendant cette histoire, vous sentez bien que vous vous êtes fortement trompé : pourquoi perdez-vous **2** votre temps? Vous pouvez aujourd'hui même faire le bien, pourquoi vous obstinez-vous à le remettre au lendemain ? Le temps **3** est vraiment précieux, mais dès qu'il est passé, il ne revient plus; le temps à venir n'est pas **4** certain, seulement l'instant présent est à vous pour vous en servir. Le temps passe très vite, comme **5** l'eau d'un fleuve qui coule, elle passe dans un instant et ne revient pas. Vous devez bien employer le temps, **6** et ne point le gaspiller.

Ste Thérèse dit :" Si aujourd'hui vous n'êtes pas bien préparé à quitter ce monde, **8** peut-être demain vous mourrez, et vous mourrez mal ; et ainsi il ne faut pas différer".

IIe Point. Mépris que les mondains ont du temps. — Le temps est très précieux, mais les hommes le regardent comme de nulle valeur. S. Bernard **10** disait en gémissant : " Dans ce monde, rien ne vaut autant que le temps, **11** mais les hommes le regardent comme de nulle valeur, et ils gaspillent les jours de salut : que c'est lamentable ! " Voyez ces hommes

話笑个人、一日到夜話閒話。若使問伊拉、倗做啥。伊拉話。無啥事體、消遣消遣。儂看伊拉賭銅錢个人、問伊拉倗做啥。伊拉話。無啥做哓解解厭。再看伊拉孛相哓閒宕个人、朝東朝西。遊山看水、說許多个閒談笑話、又講邪淫个臭話、正經个事體勿去赶、成日个閒拉、儂問伊拉做啥。伊拉話。勿做啥、不過孛相相。哎、可憐白白裡過脫時候、總勿能彀再得着者。

現在空過脫時候、後來到之死个日子、要想再活一年、或者一个月、或者一日、爲料理靈魂个事體、也勿能彀者。拉第个時候、刻刻曉得時候是頂寶貝个。但是曉得來太遲者、懊憹來勿及哩。聖老楞佐儒斯定話。人到死个時候、聽憑儂用多少銀子、想買一歇歇个時候、也勿能彀。拿光榮體面、安逸作樂、完全甩脫、

wo-siao-ke gnen, ih gnéh tao ya wo hè-wo; zah-se men i-la: "Na tsou sa?" I-la wo: "M sa 2 ze-t'i, siao-k'ié-siao-k'ié." Nong k'eu i-la tou dong-dié-ke gnen; men i-la: "Na tsou sa?" I-la wo: 3 "M sa tsou lao ka-ka yé." Tsai k'eu i-la béh-siang lao hè-daong-ke gnen, zao-tong-zao-si, yeû-sè-4-k'eu-se, wo (話) hiu-tou-ke hè-dè-siao-wo, i kaong zia-yen-ke ts'eû wo, tseng-kieng-ke ze-t'i véh k'i 5 keu, zeng-gnéh-ke hè-la; nong men i-la: "Tsou sa?" I-la wo: "Véh tsou sa, péh-kou béh-siang-siang." É, 6 k'o-lié bah-bah-li kou-t'éh ze-heû, tsong véh neng-keû tsai teh zah-tsé.

Yé-zai k'ong kou-t'éh ze-heû, heû-lai tao-tse si-ke gnéh-tse, yao-siang tsai wéh ih gné, woh-tsé ih-8-ke gneuh, woh-tsé ih gnéh, wei liao-li ling-wen-ke ze-t'i, a véh neng-keû tsé. La di-ke ze-heû 9 k'eh-k'eh hiao-teh ze-heû ze ting pao-pei-ke; tè-ze hiao-teh-lai t'ai ze tsé, ao-lao lai-véh-ghih 10 li. Seng Lao-len-tsou Zu-se-ding wo: "Gnen tao si-ke ze-heû, t'ing-bing nong yong tou-sao gnen-tse, siang 11 ma ih-hiéh-hiéh-ke ze-heû, a véh neng-keû; nao koang-yong t'i-mié, eu-yeh tsoh-loh, wé-zié goè-t'éh,

---

qui disent des facéties, du matin au soir ils disent des paroles inutiles; si vous leur demandez: "Que faites-vous?" ils vous répondent: "2 Nous n'avons rien à faire, nous passons le temps à rire." Voyez ces joueurs; demandez-leur: "Que faites-vous?" Ils vous diront: "3 Nous n'avons pas d'occupations, c'est pour nous désennuyer." Voyez encore ces flâneurs, qui vont par ci par là et se promènent sur les montagnes 4 pour voir en bas (l'eau), qui disent des riens, qui racontent des choses déshonnêtes, qui ne s'occupent pas de choses sérieuses, 5 qui restent tout le jour désœuvrés: demandez-leur: "Que faites-vous?" Ils vous répondront: "Nous ne faisons rien, seulement nous nous amusons." 6 Hélas! ils passent inutilement leur temps, et ce temps ils ne l'auront plus.

À présent ils perdent le temps, et arrivés au jour de leur mort ils désireront vivre encore une année, un 8 mois, un jour, pour régler les affaires de leur âme, et ils ne le pourront pas. 9 Alors ils comprendront que le temps est la chose la plus précieuse: mais ils comprendront cela trop tard, et leurs regrets seront inutiles. 10 L'homme arrivé à l'heure de la mort, dit S. Laurent Justinien, quoique il donne autant d'argent que vous voudrez pour 11 acheter un instant de temps, il ne le pourra pas; quoique il abandonne sa gloire, son luxe, son bonheur, ses joies,

爲得着一刻工夫、料理靈魂、也勿能彀立刻就要死、無沒時候者。

達味聖王話。儂日頭落山个前頭、想着造儂个天主。勿要白費脫時候、到之夜裡、就看勿出者。比方一个行路人、走之一日个路。到之夜裡、刻刻曉得走差者、儂想伊那能懊憹。要想換一條路、已經看勿出者、自伊个心上那能着急。有許多个人、死个時候也是什介。想自家拉世界上、活之多年工夫、總勿曾好好能用、勿曾熱心恭敬天主、做好哰立功勞、到死个時候、乃味認得自家个差。要想好好能用時候、倒底時候無沒者。拉箇个時候懊憹哰話。可憐我白甩脫時候、白白裡活之一搶。哎、什介能多年工夫白甩脫、若使好好能用、也能彀成功聖人。我實在糊塗、

wei teh-zah ih-k'eh kong-fou, liao-li ling-wen, a véh-neng-keû: lih-k'eh zieû yao si, m-méh ze-heû 2 tsé.

Dèh-vi seng-waong wo: "*Nong gnéh-deû loh sè-ke zié-deû, siang-zah zao nong-ke T'ié-tsu.*" Véh yao bah-fi-4-t'éh ze-heû, tao-tse ya li zieû k'eu-véh-ts'éh-tsé. Pi-faong ih-ke hang-lou-gnen, tseû-tse ih gnéh-ke 5 lou, tao-tse ya li, k'eh-k'eh hiao-teh tseû ts'ouo tsé, nong siang i na-neng ao-lao! Yao siang wé ih-diao 6 lou, i-kieng k'eu-véh-ts'éh-tsé: ze-i-ke sin laong na-neng zah-kiéh! Yeû hiu-tou-ke gnen, si-ke ze-7-heû a ze zéh-ka: siang ze-ka la se-ka laong, wéh-tse ta gné kong-fou, tsong véh zeng h'ao-h'ao-neng 8 yong, véh zeng gnéh-sin kong-kieng T'ié-tsu, tsou h'ao lao lih kong-lao. Tao si-ke ze-heû, nai-méh gnen-teh 9 ze-ka-ke ts'ouo; yao-siang h'ao-h'ao-neng yong ze-heû, tao-ti ze-heû m-méh-tsé: la kou-ke ze-heû 10 ao-lao lao wo: "K'o-lié ngou bah-goè-t'éh ze-heû, bah-bah-li wéh-tse ih ts'iang! Ai, zéh-ka-neng ta 11 gné kong-fou bah-goè-t'éh, zah-seh h'ao-hao-neng yong, a neng-keû zeng-kong seng-gnen: ngou zéh-zai wou-dou,

---

pour obtenir un moment, pour penser à son âme, ce sera en vain: il faut qu'il meure immédiatement, il n'y a plus de temps pour lui."

Le Sage nous exhorte ainsi: "*Memento Creatoris tui... antequam tenebrescat sol et lumen.*" (Eccli. 12. 1.) Il ne faut pas 4 perdre son temps, parce que, la nuit arrivée, on n'y voit plus. Supposez un voyageur qui, après avoir marché tout le jour, 5 s'aperçoit seulement à la nuit, qu'il a fait fausse route, combien grande est sa douleur! Il voudrait changer de 6 route, mais il n'y voit plus: que son cœur est dans l'angoisse! Bien des chrétiens au moment de la mort 7 se trouveront dans les mêmes circonstances: ils penseront qu'ils ont mal employé tant d'années en ce monde, 8 qu'ils n'ont pas servi Dieu avec ferveur, qu'ils n'ont pas fait d'œuvres méritoires. À la mort, ils comprendront 9 leur erreur; ils voudraient alors bien employer le temps, mais ils n'ont plus de temps: alors 10 ils se repentiront en disant: "Hélas! Nous avons perdu notre temps, nous avons inutilement vécu! Si nous avions bien employé ces 11 années perdues, nous serions devenus des saints: vraiment nous avons été des insensés

勿曾好好能用个、現在懊愢來勿及者。

三想　聖經上話。儂拉亮个時候走路罷。就是教訓伲、趁活拉个時候、做好事體咾立功勞、跟從吾主耶穌、走天堂个路。勿要等到死个時候、剛剛想着救靈魂个事體。因爲到死个時候太晚哩、做勿及个者。聖經上話。倻常常預備好拉、因爲倻想勿着个辰光、我要來者。第个也教訓伲早點做好工夫、預備善終、後來死个時候、也便當者。

哎、我个天主、儂看世界頭上个人、那能糊塗。爲世俗个事體、齊用心料理、爲靈魂个事體、勿用心料理。大概人打官司、怕打輸、請訟師、託門路、費脫銅錢、想多少法子爲保護自家。倒底爲靈魂永遠个大事體、少有幾个人用心料理个。

véh zeng h'ao-h'ao-neng yong-ke: yé-zai ao-lao lai-véh-ghih tsé.

Sè siang.—Seng-kieng laong wo: *"Nong la liang-ke ze-heû tseû-lou ba."* Zieû-ze kiao-hiun gni ts'en wéh-la-**3**-ke ze-heû tsou h'ao ze-t'i lao lih kong-lao, ken-zong ngou tsu Ya-sou tseû t'ié-daong-ke lou. Véh yao **4** teng-tao si-ke ze-heû, kiang-kiang siang-zah kieû ling-wen-ke ze-t'i, yen-wei tao si ke ze-heû t'ai **5** è li, tsou-véh-ghih-ke tsé. Seng-kieng laong wo: *"Na zang-zang yu-bei-h'ao-la, yen-wei na siang-véh-zah-***6***-ke zen-koang, ngou yao lai-tsé."* Di-ke a kiao-hiun gni tsao-tié tsou h'ao kong-fou, yu-bei zé-tsong: heû-**7**-lai si-ke ze-heû a bié-taong tsé.

Ai, ngou ke T'ié-tsu, nong k'eu se-ka-deû laong-ke gnen, na-neng wou-dou! Wei se-zôh-ke ze-t'i, zi **9** yong-sin liao-li, wei kieû ling-wen-ke ze-t'i véh yong-sin liao-li. Da-kai-gnen tang koé-se, p'ouo tang su, **10** ts'ing zong-se, t'ao men-lou, fi-t'éh dong-dié, siang tou-sao fèh-tse wei pao-wou ze-ka. Tao-ti wei ling-**11**-wen yong-yeu-ke dou ze-t'i, sao yeû ki-ke gnen yong-sin liao-li-ke.

---

en les employant si mal: mais il est trop tard pour nous en repentir.

IIIe Point. Il faut profiter du temps.—*"Ambulate dum lucem habetis"* (Jo. 12. 35.) La Ste Écriture nous exhorte par ces mots à profiter du **3** temps de la vie pour faire le bien et mériter, pour marcher dans la voie du ciel à la suite de N.-S. N'**4**attendons pas le moment de la mort pour penser à sauver notre âme, car alors il sera trop tard, **5** et on n'y arrivera pas. La Ste Écriture nous dit aussi: *"Estote parati, quia qua hora non putatis,* **6** *Filius hominis veniet."* (Luc. 12. 40.) Ces paroles nous invitent aussi à faire des bonnes œuvres pour nous préparer à la mort: **7** alors le moment de la mort nous sera facile.

Mon Dieu, voyez comme les hommes sont insensés! Ils traitent avec soin toutes les choses de ce monde, **9** et ne s'occupent guère de leur âme. Lorsqu'on fait un procès, craignant de le perdre, **10** on invite un avocat, on cherche des expédients, on dépense de l'argent, on songe aux moyens de défense. Mais pour l'affaire **11** éternelle de l'âme, à peine y a-t-il quelqu'un qui s'en occupe.

有个人話。我年紀還輕拉裡、等到老之咾學好、也勿算遲。天主个仁慈、還要賞賜我多活幾年裡。哎、話第个說話个人、大大裡差者。天主造人拉世界上、活一日、該當盡一日个本分、勿能殼空過日子。聖經上記載耶穌罰一顆無花菓樹、就是教訓伲、常常做好工夫、勿要閒遊浪蕩。若使白費脫時候、免勿來要受天主个罰。

有个人話。我勿會做啥怵事體、倒就要受罰否。哎、話什介能說話个人、眞正可憐。成日个閒蕩咾字相、一眼也勿做啥、今朝話東家長、明朝話西家短、什介能爲靈魂有啥好處。豈勿是瞎用天主賞賜拉个工夫否。比方儂叫兩个做生活个人。伊拉一日到夜閒拉、勿替儂做生活、雖然無得別樣毛病、單單懶惰。儂就

Yeû-ke gnen wo: "Ngou gné ki è k'ieng la-li, teng-tao lao-tse lao hoh hao, a véh seu ze: T'ié-tsu-2-ke zen-ze è yao saong-se ngou tou wéh ki gné li." Ai, wo di-ke seh-wo-ke gnen, dou-dou-li 3 ts'ouo tsé. T'ié-tsu zao gnen la se-ka laong, wéh ih gnéh, kai-taong zin ih gnéh-ke pen-ven: véh neng-keû 4 k'ong-kou gnéh-tse. Seng-kieng laong ki-tsé Ya-sou vèh ih-k'ou m-h'ouo-kou-zu, zieû-ze kiao-hiun gni zang-5-zang tsou h'ao kong-fou, véh yao hè-yeû-laong-daong. Zah-se bah-fi-t'éh ze-heû, mié-véh-lai yao-zeû T'ié-6-tsu-ke vèh.

Yeû-ke gnen wo: "Ngou véh zeng tsou sa k'ieû ze-t'i, tao zieû yao-zeû vèh-va?" Ai, wo zéh-ka-neng seh-8-wo-ke gnen, tsen-tseng k'o-lié! Zeng-gnéh hè-daong lao béh-siang, ih-ngè a véh tsou sa, kien-tsao wo 9 tong ka zang, ming-tsao wo si ka teu, zéh-ka-neng wei ling-wen yeû sa h'ao-ts'u? K'i-véh-ze hèh yong 10 T'ié-tsu saong-se-la-ke kong-fou va? Pi-faong nong kao liang-ke tsou sang-wéh-ke gnen, i-la ih gnéh 11 tao ya hè-la, véh t'i nong tsou sang-wéh, su-zé m-teh biéh-yang mao-bing, tè-tè lè-dou, nong zieû

"Mais, dira quelqu'un, je suis jeune, si j'attends la vieillesse pour commencer à bien vivre, ce n'est pas trop tard: Dieu 2 dans sa miséricorde m'accordera encore quelques années de vie." Celui qui dit cela 3 se trompe fortement. Dieu, en créant l'homme dans ce monde, a voulu que chaque jour de sa vie il remplît les devoirs de ce jour-là: on ne peut pas 4 passer inutilement son temps. Il est rappprté dans le saint Évangile que N.-S. maudit le figuier; c'est pour nous avertir qu'il faut toujours 5 faire des bonnes œuvres et ne jamais flâner. Que si quelqu'un perd son temps, il sera inévitablement puni par Dieu.

"Mais, répliquera-t-on, je ne fais rien de mal, pourquoi me punira-t-on?" 8 Qu'ils sont dignes de compassion, ceux qui parlent ainsi! Y a t-il quelque utilité pour votre âme à rester oisif, et à vous amuser toute la journée sans rien faire, 9 en parlant mal aujourd'hui de celui-ci, demain de celui-là? N'est-ce pas abuser du temps que 10 Dieu vous donne? Si deux des ouvriers que vous avez engagés, restaient oisifs du matin 11 au soir, sans faire votre travail, quoique ils n'eussent pas d'autre défaut que la paresse, vous

勿要伊拉者。

聖經上話。一句閒話、還要受天主个審判。況且白費脫時候、可以勿受審判否。所以儂現在能彀做就做、勿要空閒。落之地獄。要想做、勿能彀做者。比方天主許地獄裏个人、出來修德行立功勞、一定一分半秒鐘、也勿肯空過去。到底勿能彀出來者。有一位可敬修女話。聖人齊勤謹做好工夫、个个就做、無得一个推頭到明朝。犯罪人味常常推頭明朝改過、明朝做好、直到死、也勿改過勿做好。

所以儂該當痛悔懶惰个罪、白費脫多少時候、求天主饒赦、定當志向、乃朝後、勉力加工、補一補前頭个缺失。儂看做生意人、爲得着銅錢。一眼勿躭擱時候。儂爲得着天堂永遠个富貴、倒

八十二

véh yoa i-la tsé.

Seng-enkig laong wo: "Ih-kiu hè wo, è yao **zeû T'ié-tsu-ke sen-p'é."** Faong-t'sia bah-fi-t'éh ze-heû, **k'o-**
3-i véh zeû sen-p'é va? Sou-i nong yé-zai neng-keû tsou zieû tsou, véh yao kong-hè: loh-tse di-gnôh, **4 yao siang tsou véh neng-keû tsou-tsé.** Pi-faong T'ié-tsu hiu di-gnôh li-ke gnen ts'éh-lai sieû teh-yeng lih **5 kong-lao,** ih-ding ih-fen-pé-sao-tsong a **véh** k'eng **k'ong kou-k'i.** Tao-ti véh neng-keû ts'éh-lai-tsé. Yeû **6** ih-wei k'o-kieng sieû-gnu wo: "Seng-gnen zi ghien-kieng tsou h'ao kong-fou, ke-ke zieû tsou, m-teh ih-ke **7** t'ei-deû tao ming-tsao; vè-zu-gnen méh zang-zang t'ei-deû ming-tsao kai-kou: ming-tsao tsou h'ao. zeh-tao si **8** a véh kai-kou véh tsou h'ao.

Sou-i nong kai-taong t'ong-hoei lè-dou-ke zu, bah-fi-t'éh tou-sao ze-heû, ghieû T'ié-tsu gnao-souo, ding-
10-taong tse-hiang nai-zao-heû mié-lih ka kong pou-ih-pou zié-deû-ke k'ieuh-séh. Nong k'eu tsou sang-i-ke gnen: **11** wei teh-zah dong-dié, ih-ngè véh tè-koh ze-heû; nong wei teh-zah t'ié-daong yong-yeu-ke fou-koei, tao

---

ne voudriez plus d'eux.

D'après la sainte Écriture, Dieu jugera même une parole oiseuse: est-ce qu'il **3** ne jugera pas à plus forte raison le temps perdu? Ainsi ce que vous pouvez faire maintenant, faites-le, ne restez pas oisif: une fois tombé en enfer, **4** vous voudriez bien travailler, mais vous ne le pourrez pas. Si Dieu permettait aux damnés de sortir pour pratiquer les vertus et **5** mériter. ils ne voudraient pas, bien sûr, perdre la plus petite parcelle de temps. Mais ils ne sortiront jamais. **6** Une vénérable religieuse disait: "Tous les saints ont fait le bien avec ardeur, chacun l'a fait immédiatement, pas un ne l'a **7** différé au lendemain; les pécheurs, au contraire, diffèrent toujours leur conversion: demain ils feront le bien et ainsi jusqu'à la mort **8** ils ne se convertissent pas et ne font pas le bien."

Ainsi vous devez vous repentir de ce que votre paresse vous a fait perdre tant de temps: demandez-en pardon à Dieu, et **10** faites le propos de vous efforcer de réparer votre faute par un surcroît de travail. Voyez les commerçants: **11** pour gagner de l'argent, ils ne diffèrent pas d'un moment; et vous, pour gagner les richesses et les honneurs du ciel, vous

怕吃苦否。比方替別个人數銅錢。數拉个、齊是自家捉个、儂肯停一歇否。眼前儂時時刻刻能彀立功勞、也是自家得个、那能倒懶惰呢。

聖方濟各玻爾日亞聽見別人話閒話、就用法子、使得伊拉談論天主个事體。別人問伊爲啥阻擋別人話閒話。聖人話。怕甩脫時候咾。大概聖人齊勸別人好好能用時候、因爲時候實在寶貝、一過去之、總勿來个咾。

第十二日　想救靈魂的大事

一想　聖保祿話。㑚教友、我勸㑚好好能做㑚个事體。但是一總事體裡向、頂大个就是救自家个靈魂。大凡人看得勿要緊。別樣事體齊用心辦理、爲救靈魂偏生勿用心。爲得着功名、爲

p'ouo k'ieh-k'ou va? Pi-faong t'i biéh-ke gnen su dong-dié, su-la-ke zi ze ze-ka tsoh-ke, nong k'eng 2 ding ih hiéh va? Ngè-zié nong ze-ze-k'eh-k'eh neng-keû lih kong-lao, a ze ze-ka teh-ke, na-neng 3 tao lè-dou gni?

Seng Faong-tsi-koh Pou-eul-zéh-ya t'ing-kié biéh-gnen wo hè-wo, zieû yong fèh-tse se-teh i-la dè-5-len T'ié-tsu-ke ze-t'i. Biéh-gnen men i wei-sa tsou-taong biéh-gnen wo hè-wo. Seng-gnen wo: "P'ouo bah-goè-6-t'éh ze-heû lao." Da-kai seng-gnen zi k'ieu biéh-gnen h'ao-h'ao-neng yong ze-heû, yen-wei ze-heû zéh-zai 7 pao-pei, ih kou-k'i-tse tsong véh lai-ke lao.

Di-zéh-gni gnéh. Siang kieû ling-wen-ke dou ze-t'i.

Ih siang.—Seng Pao-lôh wo: "*Na, kiao-yeû, ngou k'ieu na h'ao-h'ao-neng tsou na-ke ze-ti*". Tè-ze ih-10-tsong ze-t'i li-hiang, ting-dou-ke zieû-ze kieû ze-ka-ke ling-wen; da-vè gnen k'eu-teh véh yao-kien. 11 Biéh-yang ze-t'i zi yong-sin bè li, wei kieû ling-wen p'ié-sang véh yong-sin. Wei teh-zah kong-ming, wei

---

craindrez la souffrance? Si en comptant l'argent des autres, tout ce que vous pourriez compter était à vous, consentiriez-vous à vous 2 arrêter un instant? À présent, à chaque instant, vous pouvez gagner des mérites qui sont aussi à vous: comment 3 êtes-vous donc si paresseux?

Lorsque S. François de Borgia entendait les autres parler de choses inutiles, il faisait en sorte qu on 5 parlât de Dieu. On lui demanda pourquoi il empêchait les autres de dire des paroles inutiles: "De peur de perdre 6 le temps", répondit le saint. Tous les saints ont exhorté les autres à bien employer leur temps, parce que le temps est une chose vraiment 7 précieuse, et qu'une fois passé il ne revient plus.

12ème Jour. Importance du salut.

Ier Point. Le salut est notre affaire la plus importante.—S. Paul dit: "*Rogamus autem vos, fratres, ut vestrum negotium agatis.*" (I Thess. 4. 10.) De 10 toutes nos affaires, le salut éternel est la plus grande; mais la plupart des hommes la regardent comme la moins importante. 11 On traite toutes les autres affaires avec soin, mais pour l'affaire du salut on s'obstine à n'y mettre aucun soin, Pour obtenir une dignité, pour

得着銅錢、爲打官司、齊費心去辦、捨得出力。爲救靈魂、一眼勿肯費心、也捨勿得出力。勿單單勿出力救靈魂、還用力害自家个靈魂。

有多少教友習慣犯罪、走落地獄个路、好像死之後來、無得天堂地獄、無得審判个一樣。每一日起來、忙忙碌碌、辦世界上个事體、拿靈魂个事體完全勿管。爲自家人面上、隨便啥苦頭也肯吃。比方失脫之一隻馬、落脫之一樣物事、用心去尋。失脫之天主个聖寵、甩脫之靈魂、一總个事體齊甩脫拉者、倒勿拉心上、還笑咾話、一眼勿着急。

教友、勿要什介能冷淡、該當盡心竭力救靈魂。因爲第件事體最是要緊个、關係十分大个。若使失脫之靈魂、還有啥勿失脫。

八十四

teh-zah dong- dié, wei tang koé-se, zi fi-sin k'i bè, souo-véh-teh ts'éh-lih; wei kieû ling-wen, ih-ngè véh-2-k'eng fi-sin, a souo-véh-teh ts'éh-lih; véh tè-tè véh ts'éh-lih kieû ling-wen, è yong-lih hai ze-ka-3-ke ling-wen.

Yeû tou-sao kiao-yeû zih-koè vè-zu, tseû loh di-gnôh-ke lou, h'ao-ziang si-tse heû-lai m-teh t'ié-5-daong di-gnôh, m-teh sen-p'é-ke ih-yang. Mei ih gnéh k'i-lai, maong-maong-lôh-lôh bè se-ka laong-ke 6 ze-t'i; nao ling-wen-ke ze-t'i wé-zié véh koé. Wei ze-ka-gnen mié laong, zu-bié sa k'ou-deû a 7 k'eng k'ieh; pi-faong séh-t'éh-tse ih-tsah mô, loh-t'éh-tse ih-yang méh-ze, yong-sin k'i zin: séh-t'éh-tse 8 T'ié-tsu-ke seng-ts'ong, goè-t'éh-tse ling-wen, ih-tsong-ke ze-t'i zi goè-t'éh-la-tsé, tao véh la sin 9 laong, è siao lao wo, ih-ngè véh zah-kiéh.

Kiao-yeû, véh yao zéh-ka-neng lang-dè, kai-taong zin-sin-ghiéh-lih kieû ling-wen, yen-wei di-ghié ze-t'i 11 tsu ze yao-kien-ke, koè-i zéh-fen dou-ke. Zah-se séh-t'éh-tse ling-wen, è yeû sa véh séh-t'éh?

---

gagner de l'argent, pour un procès, on dépense son cœur et ses forces; mais pour le salut éternel, on n'y 2 met pas son cœur, on ne veut faire aucun effort; non seulement on ne fait pas d'effort pour sauver son âme, mais on en fait pour la perdre.

Bien des chrétiens habitués au péché marchent dans la voie de l'enfer, comme si après la mort, il n'y avait ni ciel, 5 ni enfer, ni jugement. Chaque jour, dès leur lever, ils sont très pressés pour traiter les 6 affaires de ce monde et ne s'occupent guère de leur âme. Ils sont prêts à tout souffrir pour les intérêts de leur famille; 7 ont-ils perdu un cheval ou un objet quelconque, ils le cherchent avec attention: ont-ils perdu la grâce de 8 Dieu et leur âme, quoique de fait avec elle ils aient tout perdu, cela ne les touche pas, 9 ils continuent à rire et à causer sans éprouver la moindre inquiétude.

Chrétien, ne soyez pas ainsi indifférent; vous devez employer tout votre cœur et toutes vos forces à sauver votre âme, parce que c'est la chose 11 la plus nécessaire et dont les conséquences sont les plus grandes. Si vous perdez votre âme, que ne perdez-vous pas avec elle?

8

永遠吃苦、總勿能殼救者。聖基所話。世界上一總个寶貝、齊比勿得一个靈魂。儂看天主那能愛靈魂。爲救人个靈魂、從天上降下來、吃一總个苦頭、釘拉十字架上死。所以有一个聖師話。人个靈魂、尊貴像天主。因爲天主聖子、用伊个寶血來救贖拉个。

聖斐理伯納利話。勿肯救靈魂个人、像癡子一樣。日逐跡起來打算好个地位、想享受肉身上个作樂、勿曉得第个事體是虛假个、勿常遠个、一死就無沒者。靈魂永遠勿死个、偏生勿着急打算。

有一个人話。我勿懂啥緣故、有多少教友、相信有一个死个日脚、死之後來要審判、好人个靈魂升天堂、忺人个靈魂落地獄。

Yong-yeu k'ieh-k'ou, tsong véh neng-keû kieû tsé. Seng Ki-sou wo: "Se-ka laong ih-tsong-ke pao-pei, zi pi-**2**-véh-teh ih-ke ling-wen." Nong k'eu T'ié-tsu na-neng ai-mou ling-wen: wei kieû gnen-ke ling-wen zong t'ié laong **3** kaong-hao-lai, k'ieh ih-tsong-ke k'ou-deû, ting la zéh-ze-ka laong si. Sou-i yeû ih-ke seng-se wo: **4** "Gnen-ke ling-wen tsen-koei ziang T'ié-tsu, yen-wei T'ié-tsu seng-tse yong i-ke pao hieuh lai kieû-zôh-la-**5**-ke."

Seng Fi-li-péh Néh-li wo: "Véh k'eng kieû ling-wen-ke gnen, ziang ts'e-tse ih-yang." Gnéh-zôh lôh-k'i-lai **7** tang-seu h'ao-ke di-wei, siang hiang-zeû gnôh-sen-laong-ke tsoh-loh, véh hiao-teh di-ke ze-t'i ze hiu-**8**-ka-ke, véh zang-yeu-ke, ih-si zieû m-méh-tsé: ling-wen yong-yeu véh si-ke, p'ié-sang véh zah-kiéh **9** tang-seu.

Yeû ih-ke gnen wo: "Ngou véh tong sa yeu-kou, yeû tou-sao kiao-yeû siang-sin yeû ih-ke si-ke gnéh-**11**-kiah, si-tse heû-lai yao sen-p'é, h'ao gnen-ke ling-wen seng t'ié-daong, k'ieû gnen-ke ling-wen loh di-gnôh;

Vous serez malheureux pour l'éternité et vous ne pourrez jamais vous sauver. S. Jean Chrysostome dit: "Tous les biens de ce monde ne sont rien **2** au prix d'une âme." Considérez un peu combien Dieu aime les âmes: pour les sauver, Dieu **3** est descendu du ciel, il a souffert toute sorte de tourments, et il est mort crucifié sur la croix. Aussi un docteur dit: **4** "L'âme paraît être aussi noble que Dieu, puisque le Fils de Dieu l'a rachetée avec son précieux sang."

S. Philippe de Néri dit que celui qui ne veut pas sauver son âme est comme un fou. Chaque jour, dès le lever, **7** on songe à obtenir une plus haute position,on pense à goûter les jouissances du corps; on ne réfléchit pas que ces choses sont **8** fausses et passagères, et qu'elles finissent à la mort: quant à l'âme qui jamais ne mourra, on s'obstine à ne pas s'en inquiéter.

Quelqu'un a dit: " Je ne comprends pas pourquoi il y a des chrétiens qui croient qu'ils mourront un jour, **11** qu'après la mort il y a un jugement, que les âmes des bons iront au ciel et celles des mauvais en enfer;

但是伊拉做个事體、勿照第个道理、一眼勿怕、也勿用心救靈魂、實在可憐。

二想　聖伯爾納多看見教友勿着急救靈魂、氣得來哭。可憐伊拉拿靈魂个大事體、當一个孛相東西、單管肉身个事體、打算發財、想活好性命、好像勿曉得世界上个福氣、齊是空虛个。吾主耶穌話。人若是得着普天下一總个國度、失脫之自家个靈魂、有啥好處。教友、儂拿吾主耶穌第句說話、細細能想一想。若使儂救着之靈魂、拉世界上雖然窮苦、受別人凌辱、也是有福氣个。若使救勿着靈魂、儂拉世界上雖然體面、有銅錢、有福氣、到底死之後來落地獄、什介能个福氣、爲儂有啥好處呢。天主造儂、本來要儂拉世界上奉事伊、救自家个靈魂、死之後

tè-ze i-la tsou-ke ze-t'i véh tsao di-ke dao-li, ih-ngè véh p'ouo, a véh yong-sin kieû ling-**2**-wen : zéh-zai k'o-lié !"

GNI SIANG.—Seng Péh-eul-néh-tou k'eu-kié kiao-yeû véh zah-kiéh kieû ling-wen, k'i-teh-lai k'ôh ; k'o-lié **4** i-la nao ling-wen-ke dou ze-t'i taong ih-ke béh-siang tong-si, tè koé gnôh-sen-ke ze-t'i, tang-**5**-seu fèh-zai, siang wéh h'ao sing-ming, h'ao-ziang véh hiao-teh se-ka laong-ke foh-k'i zi ze k'ong-hiu-ke.

Ngou tsu Ya-sou wo : "*Gnen zah-ze teh-zah p'ou-t'ié-ya ih-tsong-ke kôh-dou, séh-t'éh-tse ze-ka-ke* **7** *ling-wen, yeû sa h'ao-ts'u ?*" Kiao-yeû, nong nao ngou tsu Ya-sou di-kiu seh-wo, si-si-neng siang-ih-siang : **8** zah-se nong kieû-zah-tse ling-wen, la se-ka laong su-zé ghiong-k'ou, zeû biéh-gnen ling-zôh, a ze yeû **9** foh-k'i-ke ; zah-se kieû-véh-zah ling-wen, nong la se-ka laong su-zé t'i-mié, yeû dong-dié, yeû foh-**10**-k'i, tao-ti si-tse heû-lai loh di-gnoh, zéh-ka-neng-ke foh-k'i, wei nong yeû sa h'ao-ts'u gni ?

T'ié-tsu zao nong, pen-lai yao nong la se-ka laong wong-ze i, kieû ze-ka-ke ling-wen, si-tse heû-

---

et cependant leurs actions ne sont pas conformes à ces vérités, ils ne craignent pas, ils ne font pas attention à leur salut : **2** que c'est triste !

IIe POINT. LE SALUT EST NOTRE UNIQUE AFFAIRE. — S. Bernard, voyant le manque d'empressement des chrétiens pour leur salut, en était triste jusqu'à en pleurer de pitié pour **4** ceux qui regardent la grande affaire de leur âme comme un enfantillage, qui ne s'occupent que des affaires du corps, qui pensent à **5** s'enrichir, à mener une vie heureuse, comme s'ils ne savaient pas que le bonheur de ce monde est faux.

N.-S. nous dit : "*Quid prodest homini, si mundum universum lucretur,* **7** *animae vero suae detrimentum patiatur ?*" (Matth. 16. 26.) Chrétien, réfléchissez attentivement à ces paroles de N.-S. : **8** si vous faites votre salut, quoique dans ce monde vous soyez pauvre et méprisé, vous êtes un homme **9** heureux ; si au contraire vous manquez votre salut, quoique vous soyez dans le luxe, riche et **10** heureux, de quelle utilité vous sera ce bonheur, une fois tombé en enfer ?

Dieu vous a créé pour le servir en ce monde, sauver votre âme et après

來升天堂、享永遠个福樂、勿是教儂貪世界上个福氣。若使儂勿肯服事天主、後來要受天主个審判、儂有啥个說話來答應天主呢。哎、我个天主、儂看伲那能糊塗。每日蹊起來、單單管眼前个事體、死之後來个事體、完全勿管。

聖斐理伯納利有一回、拉羅瑪府、碰着一个年輕人、生來聰明美麗、名頭叫方濟各若在辣自伊最相信體面。聖人問伊咾話。我看儂最喜歡光榮。比方儂造化咾得着做一个官、登拉別人上頭、或者大造化咾做一个紅衣主教、或者更加高陞做教化皇、請問儂還有啥盼望否。儂回轉去想一想罷。第个年輕人聽得之聖人个說話、回轉去。一想後來那能樣式、就得着天主開導伊个心、曉得世俗是虛假个、救靈魂是頂要緊个、就定當志

lai seng t'ié-daong hiang yong-yeu-ke foh-loh; véh ze kiao nong t'é se-ka laong-ke foh-k'i. Zah-se nong **2** véh k'eng voh-ze T'ié-tsu, heû-lai yao zeû T'ié-tsu-ke sen-p'é, nong yeû sa seh-wo lai tèh-yeng **3** T'ié-tsu gni? Ai, ngou-ke T'ié-tsu, nong k'eu gni na-neng wou-dou! Mei gnéh lôh-k'i-lai, tè-tè koé ngè-**4**-zié-ke ze-t'i, si-tse heû-lai-ke ze-t'i wé-zié véh koé.

Seng Fi-li-péh Néh-li yeû ih wei, la Lou-mô fou, bang-zah ih-ke gné-k'ieng-gnen, sang-lai tsong-ming **6** mei-li, ming-deû kiao Faong-tsi-koh Zah-zai-lèh, ze-i tsu siang-sin t'i-mié. Seng-gnen men i lao wo: **7** "Ngou k'eu nong tsu hi-hoé koang-yong. Pi-faong nong zao-h'ouo lao teh-zah tsou ih-ke koé, teng-la biéh-gnen **8** zang-deû; woh-tsé dou zao-h'ouo lao tsou ih-ke hong-i-tsu-kiao; woh-tsé keng-ka kao-seng tsou kiao-h'ouo-**9**-waong, ts'ing men nong è yeû sa p'è-maong va? Nong wei-tsé-k'i siang-ih-siang ba." Di-ke gné-k'ieng-gnen t'ing-**10**-teh-tse seng-gnen-ke seh-wo, wei-tsé-k'i; ih siang heû-lai na-neng yang-seh, zieû teh-zah T'ié-tsu k'ai-**11**-dao i-ke sin, hiao-teh se-zôh ze hiu-ka-ke, kieû ling-wen ze ting yao-kien-ke: zieû ding-taong tse-

---

votre mort jouir éternellement au ciel; ce n'est nullement pour convoiter le bonheur d'ici-bas. Si vous **2** ne voulez pas servir Dieu, vous devez dans la suite subir son jugement, que pourrez-vous alors lui répondre? **3** Mon Dieu, voyez comme nous sommes insensés! Chaque jour, à peine levés, nous nous occupons des **4** choses présentes, et nous ne pensons guère aux choses à venir.

S. Philippe de Néri rencontra un jour à Rome un jeune homme intelligent et **6** beau, nommé François Zazzera, très attaché à la gloire. Le saint lui demanda: **7** "Il me semble que vous aimez surtout les honneurs. Si par un heureux hasard vous obteniez une magistrature, et que vous dominiez les autres; **8** ou si par un hasard plus heureux vous étiez créé cardinal; ou si en montant encore plus haut vous deveniez pape, **9** dites-moi donc, qu'est-ce que vous désireriez encore? Retournez chez vous et pensez-y." Ce jeune homme ayant **10** entendu les paroles du saint, s'en retourna chez lui; et dès qu'il commença à réfléchir à ce qu'il pouvait faire dans la suite, Dieu dirigeant **11** son intelligence, il comprit que le monde est faux, et que sauver son âme est l'affaire la plus importante: il prit immédiatement

向、棄家修道、進聖斐理伯納利會、熱心服事天主。
該當曉得人單單有一个靈魂。若使甩脫之一个靈魂、總無得啥別个者、前頭有一个皇帝、問教化皇本篤第十二位、求一件事體、是犯誡命咾、勿能彀准許个。教化皇答應話。假使得我有兩个靈魂一个爲儂失脫之、還有一个拉哩、但是我單單有一个靈魂、勿肯爲儂咾失落、故所以總勿能彀准許儂。
聖方濟各沙勿畧話。世界上不過有兩件大事體。一樣味是好个、一樣味是恘个、救着靈魂是頭等个好事體。救勿着靈魂是頂恘个事體。聖女德肋撒勸本會个修女話。儂記好拉人單單有一个靈魂、一个永遠。若使甩脫之一个靈魂永遠甩脫拉者。所以達味聖王對天主話。我單單求一樣事體、就是救我个靈

hiang k'i kia sieû-dao, tsin seng Fi-li-péh Néh-li wei, gnéh-sin woh-ze T'ié-tsu.

Kai-taong hiao-teh gnen tè-tè yeû ih-ke ling-wen, zah-se goè-t'éh-tse ih-ke ling-wen, tsong m-teh **3** sa biéh-ke tsé. Zié-deû yeû ih-ke waong-ti, men kiao-h'ouo-waong Pen-toh di zéh-gni wei, ghieû ih-ghié **4** ze-t'i, ze vè kia-ming lao véh neng-keû tsen-hiu-ke. Kiao-h'ouo-waong tèh-yeng wo: "Kia-se-teh ngou yeû **5** liang-ke ling-wen, ih-ke wei nong séh-t'éh-tse, è yeû ih-ke la-li; tè-ze ngou tè-tè yeû ih-**6**-ke ling-wen, véh k'eng wei nong lao séh-loh, kou-sou-i tsong véh neng-keû tsen-hiu nong."

Seng Faong-tsi-koh Souo-véh-liah wo: "Se-ka laong péh-kou yeû liang-ghié dou ze-t'i; ih-yang méh ze h'ao-**8**-ke, ih-yang méh ze k'ieû-ke: kieû-zah ling-wen ze deû-teng-ke h'ao ze-t'i, kieû-véh-zah ling-wen ze **9** ting-k'ieû-ke ze-t'i." Seng-gnu Teh-leh-sèh k'ieû pen wei sieû-gnu wo: "Na ki-h'ao-la, gnen tè-tè **10** yeû ih-ke ling-wen, ih-ke yong-yeu: zah-se goè-t'éh-tse ih-ke ling-wen, yong-yeu goè-t'éh-la-tsè." **11** Sou-i Dèh-vi seng-waong tei T'ié-tsu wo: "*Ngou tè-tè ghieû ih-yang ze-t'i... zieû-ze kieû ngou-ke ling-*

---

la résolution de quitter sa famille, de se faire religieux, d'entrer dans la Congrégation de S. Philippe et de servir Dieu avec ferveur.

Il faut savoir que l'homme n'a qu'une âme, et s'il la perd, il n'en aura pas **3** une autre. Jadis un roi demandait au pape Benoît XII une **4** chose qui était contraire aux commandements de Dieu et ne pouvait être accordée. Le pape répondit: "Si j'avais **5** deux âmes, en en sacrifiant une pour vous, il m'en resterait une autre; mais, comme je n'en ai qu'une seule, **6** je ne veux pas la perdre pour vous, ainsi il m'est impossible de vous satisfaire."

S. François-Xavier disait: "Ici-bas, il n'y a que deux grandes choses; une bonne, **8** l'autre mauvaise: sauver son âme, c'est le plus grand bien, perdre son âme c'est **9** le plus grand mal." Et Ste Thérèse disait à ses religieuses: "Rappelez-vous que l'homme n' **10** a qu'une âme et qu'une éternité: l'âme une fois perdue, est perdue pour l'éternité." **11** C'est pour cela que le roi David disait à Dieu: "*Unam petii a Domino....*

魂、到儂天主个宮裡去。

聖保祿寫信撥拉斐理本地方个教友話。倗怕咾嚇个能、辦救靈魂个事體。爲啥咾聖人話要怕咾嚇。因爲勿怕就懶惰咾、救勿着靈魂。聖奧斯定話。魔鬼勿睏、儂倒要睏否、就是話、魔鬼曉得人个靈魂尊貴个、所以千方百計引誘人、人倒看自家个靈魂看得輕、實在糊塗。

三想　聖歐蓋理話。救靈魂个事體、是永遠个大事體、人勿用心辦理、是頂大个差處。若使甩脫之一樣物事、還有別樣可以補。失脫之爵位、還能彀再得着。世界頭上、隨便啥个差處、齊有法子料理、但不過失脫之靈魂、無得法子者。

人死是一回、失脫靈魂也是一回、一回失脫之、永遠失脫拉者。

wen, tao nong T'ié-tsu-ke kong li k'i."

Seng Pao-lôh sia sin péh-la Fi-li-pen di-faong-ke kiao-yeû wo: "*Na p'ouo lao hah-ke-neng bè kieû* 3 *ling-wen-ke ze-t'i.*" Wei-sa-lao seng-gnen wo yao p'ouo lao hah? Yen-wei véh p'ouo zieû lè-dou lao kieû-4-véh-zah ling-wen. Seng Ao-se-ding wo: "Mô-kiu véh k'oen, nong tao yao k'oen va?" Zieû-ze wo: mô-kiu hiao-5-teh gnen-ke ling-wen tsen-koei-ke, sou-i ts'ié-faong-pah-ki yen-yeu gnen, gnen tao k'eu ze-ka-ke ling-6-wen k'eu-teh k'ieng, zéh-zai wou-dou.

Sè siang.—Seng Eû-kai-li wo: "Kieû ling-wen-ke ze-t'i, ze yong-yeu-ke dou ze-t'i; gnen véh yong-8-sin bè li, ze ting dou-ke ts'ouo-ts'u." Zah-se goè-t'éh-tse ih-yang méh-ze, è yeû biéh-yang k'o-i 9 pou; séh-t'éh-tse tsiah-wei, è neng-keû tsai teh-zah; se-ka-deû laong zu-bié sa-ke ts'ouo-ts'u, zi yeû 10 fèh-tse liao-li; tè-péh-kou séh-t'éh-tse ling-wen, m-teh fèh-tse tsé.

Gnen si ze ih wei, séh-t'éh-tse ling-wen a ze ih wei: ih wei séh-t'éh-tse, yong-yeu séh-t'éh-la-tsé.

---

ut inhabitem in domo Domini." (Ps. 26. 4.).

S. Paul écrivant aux Philippiens leur disait: "*Cum timore et tremore* 3 *vestram salutem operamini.*" (Phil. 2. 12.) Pourquoi donc le saint dit-il: " avec crainte "? Parce que si on ne craint pas, on sera paresseux et on ne se sauvera 4 pas. "Le démon ne dort pas, et vous dormez?" s'écrie S. Augustin; c'est-à-dire: le démon connaissant 5 la noblesse de notre âme, tente les hommes avec mille ruses; les hommes au contraire méprisent leur 6 âme, les insensés!

IIIe Point. Le salut manqué est un mal sans remède.— S. Eucher dit: "Le salut est la grande affaire éternelle: si quelqu'un la néglige, 8 il commet la plus grande faute." Si on perd une chose, on peut y remédier avec une autre; 9 une dignité que l'on perd, on peut de nouveau l'obtenir; dans ce monde, à toute erreur il y a 10 remède; mais si on perd son âme, il n'y a plus de remède.

On ne meurt qu'une fois, et on ne perd son âme qu'une fois: l'âme une fois perdue est perdue pour toujours.

拉地獄裡个人、現在懂得靈魂那能寶貝个、救靈魂那能要緊个、到底懂得太遲者。伊拉想着拉世界上个時候、能彀救靈魂、因爲貪光榮體面、搭之肉身个快活咾勿肯救、心上十分苦腦、一頭嘆氣、一頭哭咾話。伲實在差者。到底伊拉哭、一眼無啥用頭。

聖女德肋撒話、若使一个人、自家勿小心咾、失脫之一件衣裳、落脫之一个手戒指、或者一樣値銅錢个物事、心上就勿平安、氣來飯也吃勿落、睏也睏勿去。况且伊拉地獄裡向个人、登拉黑暗个監牢裡、常常火拉燒、總勿能彀出來、是那能苦呢。伊拉懊憹咾話。伲拿靈魂甩脫之、天堂也甩脫者、拿天主也甩脫裡、一總个好處、一眼無得、第个是伲自家勿小心、可憐伲眞正糊

La di-gnôh li-ke gnen yé-zai tong-teh ling-wen na-neng pao-pei-ke, kieû ling-wen na-neng yao-kien-**2**-ke; tao-ti tong-teh t'ai ze tsé! I-la siang-zah la se-ka laong-ke ze-heû neng-keû kieû ling-wen, **3** yen-wei t'é koang-yong t'i-mié tèh-tse gnôh-sen-ke k'a-wéh lao véh k'eng kieû, sin laong zéh-fen k'ou-nao, **4** ih-deû t'è-k'i ih-deû kôh lao wo: "Gni zéh-zai ts'ouo-tsé." Tao-ti i-la k'ôh ih ngè m sa yong-**5**-deû.

Seng-gnu Teh-leh-sèh wo: "Zah-se ih-ke gnen, ze-ka véh siao-sin lao, séh-t'éh-tse ih-ghié i-zaong, **7** loh-t'éh-tse ih-ke seû-ka-tse, woh-tsé ih-yang zeh dong-dié-ke méh-ze: sin laong zieû véh bing-eu; **8** k'i-lai vè a k'ieh-véh-loh, k'oen a k'oen-véh-k'i. Faong-t'sia i-la di-gnôh li-hiang-ke gnen teng-la **9** heh-é-ke kè-lao-li, zang zang h'ou la sao, tsong véh neng-keû ts'éh-lai, ze na-neng k'ou gni! I-la **10** ao-lao lao wo: "Gni nao ling-wen goè-t'éh-tse, t'ié-daong a goè-"t'éh-tse, nao T'ié-tsu a goè-t'éh-li, **11** ih-tsong-ke h'ao-ts'u "ih-ngè m-teh, di-ke ze gni-ze-ka véh siao-sin: k'o-lié gni "tsen-tseng wou-

---

Les damnés comprennent bien à présent combien l'âme est précieuse, et combien il est nécessaire de la sauver; **2** mais ils ont compris cela trop tard! En se souvenant que pendant leur vie ils pouvaient sauver leur âme, et que **3** parce qu'ils ont convoité la gloire, le luxe et les plaisirs du corps, ils n'ont pas voulu la sauver, ils éprouvent une très grande peine, **4** ils gémissent, ils pleurent et s'écrient: "Ah! nous nous sommes vraiment trompés!" Mais leurs larmes sont inutiles.

"Si quelqu'un, dit Ste Thérèse, par mégarde a perdu un habit, **7** une bague ou un objet quelconque de prix: son cœur n'a plus de paix; **8** le regret lui enlève l'appétit et le sommeil. Quelle sera donc la douleur des réprouvés se trouvant dans cette prison **9** obscure, toujours brûlés par le feu, sans pouvoir jamais en sortir?" "Ah! disent-ils **10** avec "regret, nous avons perdu notre âme, le paradis et Dieu, **11** "nous n'avons plus aucun bonheur, et cela par notre faute: "hélas! nous avons été vraiment des

塗。有个教友話。我雖然有罪、盼望天主饒赦、還能殼救靈魂、怕啥呢。又有人話。天主是仁慈个、我盼望天主个仁慈賞賜我後來改過、也能殼救靈魂、難道就要落地獄否。哎、教友、儂勿要糊塗。救靈魂个事體、勿好弄孛相个。儂要救靈魂、該當早點起頭、勿要等到後來、因爲後來勿是一定个。前頭有過多少教友也話、後來點改過、到底劃勢能死者、現在拉地獄裡、吃無窮盡个苦頭。

第十三日 想世俗的虛假

一想 前頭有一个讀書人、叫亞理斯第伯、有一回船上裝之貨色、過海。忽然間起起風來、船壞脫、貨色甩脫拉海裡、單單剩

"dou!"

Yeû-ke kiao-yeû wo: "Ngou su-zé yeû zu, p'è-maong T'ié-tsu gnao-souo, è neng-keû kieû ling-wen, p'ouo sa 3 gni?" I yeû gnen wo: "T'ié-tsu ze zen-ze-ke, ngou p'è-maong T'ié-tsu-ke zen-ze saong-se ngou heû-lai 4 kai-kou, a neng-keû kieû ling-wen, nè-dao zieû yao loh di-gnôh va?" Ai, kiao-yeû, nong véh yao wou-dou; 5 kieû ling-wen-ke ze-t'i, véh h'ao long-béh-siang-ke. Nong yao kieû ling-wen, kai-taong tsao-tié k'i-deû, véh 6 yao teng-tao heû-lai, yen-wei heû-lai véh ze ih-ding-ke. Zié-deû yeû-kou tou-sao kiao-yeû, a wo 7 heû-lai-tié kai-kou, tao-ti wah-sèh-neng si-tsé, yé-zai la di-gnôh li, k'ieh m-ghiong-zin-ke k'ou-8-deû.

Di-zéh-sè gnéh. Siang se-zôh-ke hiu-ka.

IH SIANG.—Zié-deû yeû ih-ke dôh-su-gnen, kiao Ya-li-se-di-péh, yeû ih wei zé laong tsaong-tse 11 fou-seh kou h'ai: féh-zé-kè k'i-k'i fong lai, zé wa-t'éh, fou-seh goè-t'éh-la h'ai li; tè-tè zeng

---

"sots!"

Il y a des chrétiens qui disent: "Quoique je pèche, j'espère que Dieu me pardonnera et que je sauverai mon âme, pourquoi craindre?" 3 D'autres disent: "Dieu est miséricordieux, j'espère que la miséricorde divine m'accordera, dans la suite, de me 4 corriger, et ainsi je me sauverai: est-ce que je dois immédiatement tomber en enfer?" Chrétien, n'agissez pas inconsidérément; 5 vous ne devez pas traiter l'affaire de votre salut en enfant qui s'amuse. Si vous voulez sauver votre âme, il faut commencer tout de suite, 6 sans attendre l'avenir, parce que l'avenir n'est pas sûr. Autrefois bien des chrétiens ont dit aussi: "Je me convertirai 7 plus tard", mais étant morts subitement, ils sont à présent en enfer, où ils souffrent des tourments sans fin.

13ème Jour. — Vanité du monde.

Ier POINT. LES BIENS DE CE MONDE SONT INUTILES. — Autrefois il y avait un lettré nommé Aristippe qui, ayant chargé des 11 marchandises sur un bateau, traversait le mer; par un coup de vent le bateau se brisa, et toutes les marchandises allèrent au fond; lorsqu'il parvint à la côte, il ne lui

一个身體上岸。第个時候自伊就曉得世界上个虛假。後來寫信撥拉朋友話。伢勿必得積蓄物事、只要打算有得吃、有得着之、就是者。若使伢賺之多少銅錢、像我能一起甩完、勿是白費心思否。

伲拉世界頭上、如同行船過海。死个時候、如同一隻船壞脫之、失脫貨色一樣。上岸味、如同到永遠个地方去。伲个爺娘、親眷朋友、現在勿拉世界上、齊垃拉永遠个地方者。所以伲勿要愛慕哝貪求物事。只要有得用味、是者。多來也無啥用頭、因爲死个時候、一樣拿勿動个哝。

聖盎博羅削話。世界上个福氣、勿是伲个、因爲死个時候、勿能彀拿之哝走。單單功勞哝德行、能彀拿去个。有許多个人、默想

ih-ke sen-t'i zaong ngeu. Di-ke ze-heû ze-i zieû hiao-teh se-ka-laong-ke hiu-ka; heû-lai sia 2 sin péh-la bang-yeû wo: "Na véh pih-teh tsih-hioh méh-ze, tséh yao tang-seu yeû-teh k'ieh, yeû-teh tsah-3-tse, zieû-ze tsé. Zah-se na zè-tse tou-sao dong-dié, ziang ngou-neng ih-k'i goè wé, véh ze bah-fi-4-sin-se va?"

Gni la se-ka-deû laong zu-dong hang-zé kou h'ai; si-ke ze-heû, zu-dong ih-tsah zé wa-t'éh-tse 6 séh-t'éh fou-seh ih-yang; zaong ngeu méh, zu-dong tao yong-yeu-ke di-faong k'i. Gni-ke ya-gnang, ts'in-kieû 7 bang-yeû, yé-zai véh la se-ka laong, zi léh-la yong-yeu-ke di-faong tsé; sou-i gni véh yao ai-8-mou lao t'é-ghieû méh-ze; tséh yao yeû-teh yong méh, ze-tsé; tou-lai a m sa yong-deû, yen-wei si-9-ke ze-heû, ih-yang nao-véh-dong-ke lao.

Seng Haong-poh-lou-siah wo: "Se-ka laong-ke foh-k'i, véh ze gni-ke, yen-wei si-ke ze-heû véh neng-11-keû nao-tse lao tseû; tè-tè kong-lao lao teh-yeng neng-keû nao-k'i-ke." Yeû hiu-tou-ke gnen, meh-siang-

---

restait plus que son corps. A ce moment, il comprit la vanité du monde; dans la suite, il écrivit à ses amis une 2 lettre, dans laquelle il leur disait: "Vous ne devez pas amasser beaucoup de choses, tâchez seulement d'avoir de quoi manger et de quoi vous vêtir, 3 et c'est tout. Si ayant amassé beaucoup d'argent, vous perdiez tout comme moi, est-ce que vous ne vous seriez pas fatigués inutilement?"

L'homme en ce monde est comme un navire qui traverse l'Océan; 6 la perte du bateau et des marchandises est l'image du moment de la mort; l'arrivée au rivage est l'image de l'homme qui entre dans l'éternité. Notre père et notre mère, nos parents, 7 nos amis, ne sont plus dans ce monde, ils sont dans l'éternité; ainsi nous ne devons pas ai-8-mer et convoiter les biens de ce monde; une fois que nous avons le nécessaire, cela suffit; il n'y a aucune utilité à en avoir beaucoup, puisqu'9à la mort on ne peut rien emporter.

De là le mot de S. Ambroise: "Le bonheur de ce monde n'est pas à nous, parce qu'en mourant nous ne pouvons pas l'emporter; nous n'emporterons que nos mérites et nos vertus." Beaucoup de gens, en méditant

之第个道理、就離開家鄉咾修道、也有个到曠野地方去苦修、也有个爲天主咾致命。聖依納爵用第个道理勸化多少人、救着多少人个靈魂、另外感動聖方濟各沙勿畧。第个方濟各沙勿畧年輕个時候、拉法國京城裡、貪世界上个福氣、一門心思赶功名。聖依納爵看見之、對伊話。儂該當想一想、世俗勿是牢實个、許拉个福氣、勿擬拉人、就是擬之味、也勿能个滿人个心、即使有常時、滿人个心、到底勿常遠个、一死就無沒者。儂聽見那裡一个財主人、死之拿一个銅錢去个。儂幾時聽見一个皇帝、死之有本事拿一件衣裳去个。方濟各聽見之第个道理、心裡感動、就棄絕世俗、跟從聖依納爵咾修道、成工聖人。

tse di-ke dao-li, zieû li-k'ai ka-hiang lao sieû-dao, a yeû-ke tao k'oang-ya di-faong k'i k'ou-sieû, **2** a yeû-ke wei T'ié-tsu lao tse-ming.

Seng I-néh-tsiah yong di-ke dao-li k'ieû-h'ouo tou-sao gnen, kieû-zah tou-sao gnen-ke ling-wen ; ling-nga **4** ké-dong seng Faong-tsi-koh Souo-véh-liah. Di-ke Faong-tsi-koh Souo-véh-liah gné-k'ieng-ke ze-heû, la Fèh-**5**-kôh kieng-zeng li, t'é se-ka laong-ke foh-k'i, ih-men-sin-se keu kong-ming. Seng I-néh-tsiah k'eû-kié-**6**-tse, tei i wo : "Nong kai-taong siang-ih-siang, se-zôh véh ze lao-zéh-ke, hiu-la-ke foh-k'i, véh péh-**7**-la gnen ; zieû-ze péh-tse méh, a véh neng-keû mé gnen-ke sin ; tsieh-se yeû-zang-ze mé gnen-ke sin, **8** tao-ti véh zang-yeû-ke, ih si zieû m-méh-tsé. Nong t'ing-kié a-li-ih-ke zai-tsu gnen, si-tse **9** nao ih-ke dong-dié k'i-ke? Nong ki-ze t'ing-kié ih-ke waong-ti, si-tse yeû pen-ze nao ih-ghié **10** i-zaong k'i-ke ?" Faong-tsi-koh t'ing-kié-tse di-ke dao-li, sin li ké-dong, zieû k'i-ziéh se-zôh, ken-**11**-zong seng I-néh-tsiah lao sieû-dao, zeng-kong seng-gnen.

---

cette vérité, ont quitté leur pays pour se faire religieux, d'autres sont allés dans les déserts pour vivre en anachorètes, **2** d'autres ont donné leur vie pour Dieu.

En se servant de cette vérité, S. Ignace convertit et gagna beaucoup d'âmes ; mais surtout **4** toucha S. François-Xavier. François-Xavier encore jeune, habitant la capitale de la France, **5** aspirait après le bonheur de ce monde et recherchait ardemment les honneurs. S. Ignace le voyant ainsi, **6** lui dit : "Pensez que le monde n'est pas sincère, il ne donne pas le bonheur qu'il promet ; **7** et quand même il le donnerait, il ne pourrait pas contenter le cœur de l'homme ; et supposé que parfois il le contente, **8** ce n'est pas pour longtemps, à la mort tout est fini. Avez-vous entendu dire qu'un richard ait après sa mort **9** emporté une seule sapèque ? Quand avez-vous entendu raconter qu'un roi fût assez puissant pour emporter un seul **10** habit après sa mort ?" Frappé de ces réflexions, François renonça au monde, suivit **11** S. Ignace, se fit religieux et devint un saint.

撒落滿明白个皇帝、從開天闢地到乃、是一个頂有福氣个人、到底還勿曾滿伊个心、自伊話。世界上个物事、齊是虛假个、虛而又虛、假而又假、勿單單無得福氣、併且得着之心裡就勿平安咾厭棄。聖女瑪加利大是國王祿多爾哺第二位个囡。伊話。做皇帝咾管國度、拉死个時候有啥好處。教友、眞正什介、世界頭上光榮富貴、齊無啥用頭、單單救靈魂是要緊个。

聖人想着之救靈魂、齊怕咾嚇。聖安德肋亞勿利諾有一回默想救靈魂个道理、怕咾哭咾話。啥人曉得我一定救着靈魂呢。聖類思伯爾德郎有一回夜裡向睏勿去、想着之救靈魂个要緊。怕得極、就跳起來話。啥人曉得我一定勿落地獄、眞正可怕。有一个大德行个神父、名頭叫思熱利、常常怕救勿着靈魂、院

Sèh-loh-mé ming-bah-ke waong-ti, zong k'ai-t'ié-pih-di tao nai, ze ih-ke ting yeû foh-k'i-ke gnen; **2** tao-ti è véh zeng mé i-ke sin, ze-i wo: *Se-ka-laong-ke méh-ze, zi ze hiu-ka-ke. Hiu* **3** *eul yeu hiu, ka eul yeu ka, véh tè-tè m-teh foh-k'i, ping-ts'ié teh-zah-tse sin li zieû véh bing-***4***-eu lao yé-k'i.*" Sieû (修)-gnu Mô-kia-li-da ze kôh-waong Lôh-tou-eul-féh di-gni-ke neu, i wo: **5** "Tsou-waong-ti lao koé kôh-dou, la si-ke ze-heû, yeû sa hao-ts'u?" Kiao-yeû, tsen-tseng zéh-ka: se-ka-**6**-deû-laong koang-yong fou-koei, zi m sa yong-deû, tè-tè kieû ling-wen ze yao-kien-ke.

Seng-gnen siang-zah-tse kieû ling-wen, zi p'ouo lao hah. Seng Eu-teh-leh Ya-véh-li-noh yeû ih wei meh-**8**-siang kieû ling-wen-ke dao-li, p'ouo lao kôh lao wo: "Sa-gnen hiao-teh ngou ih-ding kieû-zah ling-wen gni?" **9** Seng Lei-se Péh-eul-teh-laong yeû ih wei ya li-hiang k'oen-véh-k'i, siang-zah-tse kieû ling-wen-ke yao-**10**-kien, p'ouo-teh-ghieh; zieû t'iao-k'i-lai wo: "Sa-gnen hiao-teh ngou ih-ding véh loh di-gnôh? Tsen-tseng k'o-p'ouo!" **11** Yeû ih-ke dou teh-yeng-ke zen-vou, ming-deû kiao Se-gnéh-li, zang-zang p'ouo kieû-véh-zah ling-wen. Yeu-

---

Le savant roi Salomon fut, depuis le commencement du monde jusqu'à présent, l'homme le plus heureux; **2** mais son cœur n'était pas complètement satisfait; aussi il disait; "*Vanitas vanitatum et omnia vanitas.*" (Eccli. 1. 2.) **3** "*Ecce universa vanitas et afflictio spiritus.*" (Eccli. 1. 14.) **4** Sœur Marguerite, fille de l'empereur Rodolphe II, disait: **5** "A quoi sert d'être roi et de gouverner un royaume, à l'heure de la mort?" Chrétien, il en est vraiment ainsi: **6** la gloire et la noblesse de ce monde ne servent de rien, sauver son âme est la seule chose nécessaire.

Les saints craignaient en pensant à leur salut éternel. S. André Avellin, en **8** méditant une fois sur le salut, eut peur et s'écria en pleurant: " Qui sait si je me sauverai?" **9** Une nuit, S. Louis Bertrand ne pouvant s'endormir et réfléchissant sur la nécessité du salut, **10** fut pris d'une grande crainte; bondissant sur son lit, il s'écria: " Qui sait si je ne me damnerai point? Que c'est terrible!" **11** Un Père d'une grande vertu, nommé Ségneri, craignait continuellement de ne pas faire son salut.

長神父教伊放心、自伊就稀奇唻話。神父、儂話起來、我救得着靈魂否。伊拉有大德行个人、一向看輕世俗、還怕救勿着靈魂、罪人倒可以勿怕否。那能敢放心膽大、如同無啥事體个一樣呢。

二想　世界上个福氣勿是眞个。外面看起來好、裏面坑拉个齊是苦處、并且過去十分快、一瞬眼就無沒者。若伯聖人話。我个日腳過去快來、像一隻行風船、行過之、一眼無啥形迹。伲个性命、既然勿常遠、享个福氣也勿多時、請問儂前頭無數个財主人、明白人、做官府个、做皇帝个、伊拉个富貴唻體面、大个爵位、現在拉那裡。一眼無沒。聖奧斯定話。儂勿要單想人現在有啥物事、儂也該當看那裡一个人、死个時候拿啥物事去。所以

tsang zen-vou kao i faong-sin ; ze-i zieû hi-ghi lao wo : "Zen-vou, nong k'eu-k'i-lai, ngou kieû-teh-zah **2** ling-wen va ?"— I-la yeû dou teh-yeng-ke gnen, ih-hiang k'eu-k'ieng se-zôh, è p'ouo kieû-véh-zah ling-wen, **3** zu-gnen tao k'o-i véh p'ouo va ?Na-neng ké faong-sin tè-doù, zu-dong m sa ze-t'i-ke ih-yang **4** gni ?

Gni siang.—Se-ka laong-ke foh-k'i véh ze tsen-ke ; nga-mié k'eu-k'i-lai h'ao, li-mié kaong-la-ke **6** zi ze k'ou-ts'u ; ping-ts'ié kou-k'i zéh-fen k'oa, ih sèh ngè zieû m-méh-tsé. Zah-péh seng-gnen wo : "Ngou-**7**-ke gnéh-kiah kou-k'i k'oa-lai, ziang ih-tsah hang-fong zé, hang-kou-tse, ih-ngè m sa yeng-tsieh." Gni-ke **8** sing-ming ki-zé véh zang-yeu, hiang-ke foh-k'i a véh tou ze. Ts'ing men nong, zié-deû m sou-ke zai-**9**-tsu-gnen, ming-bah-gnen, tsou-koé-fou-ke tsou-waong-ti-ke, i-la-ke fou-koei lao t'i-mié, dou-ke tsiah-**10**-wei, yé-zai la a-li ? Ih-ngè m-méh. Seng Ao-se-ding wo : "Nong véh yao tè siang gnen yé-zai yeû **11** sa méh-ze,nong a kai-taong k'eu a-li-ih-ke gnen, si-ke ze-heû, nao sa méh-ze k'i. Sou-i

---

Le Père Recteur lui dit de se tranquilliser; celui-ci tout étonné lui dit: "Ainsi, mon Père, vous dites que je me sauverai?"- **2** Ces hommes très vertueux, qui avaient toujours méprisé le monde, craignaient encore de ne pas sauver leur âme, **3** et les pécheurs ne craignent pas ? Comment osent-ils être si tranquilles et si hardis, comme s'il n'était question de rien ?

IIe point. Les biens de ce monde sont méprisables. — Le bonheur de ce monde n'est pas vrai ; sous une belle apparence, il cache **6** tous les tourments ; en outre il passe très vite, en un clin d'œil tout est fini. S. Job disait : "Mes **7** jours ont fui avec la vitesse d'un navire" (Job. 9.25.) "qui une fois passé, ne laisse aucune trace." (Sap. 5.10.) Puisque notre **8** vie est si courte, le bonheur que nous goûtons ne peut avoir une longue durée. Je vous demande, qu'en est-il à présent de la noblesse, **9** du luxe, des dignités qu'avaient autrefois tous ces richards, ces savants, ces mandarins, ces empereurs? **10** Il n'en reste rien. Ne regardez pas seulement, dit S. Augustin, à ce que quelqu'un possède à présent, **11** considérez aussi si quelqu'un a emporté quoi que ce soit en mourant. Ainsi

儂看見人有大个富貴、大个光榮、第个齊是虛假个、一死之就無沒者。

人拉世界上享福拉个、落之地獄、更加來得苦腦、因爲想着前頭个福氣、勿單單無啥好處、倒還拉地獄裡、加增一層苦、哭咾喊咾話。伲个光榮富貴、爲伲有啥好處、現在到那裡去者。哎、眞正可憐。世界上个人、那能無淸頭、爲得着體面、爲得着功名、爲得着銅錢銀子、爲得着隨便啥个好處、實在肯盡量个吃苦。話到爲靈魂上、一眼勿肯用心。哎、我个天主、現在人一眼勿懂世俗个虛假、到死个時候就懂者。

教化皇良第十一位、拉死个時候話。若使我做修道院裡看門个相公、比之做教化皇來得好。教皇阿諾畧第三位、臨終个辰

nong k'eu-kié gnen yeû dou-ke fou-koei, dou-ke koang-yong, di-ke ze hiu-ka-ke, ih-si-tse zieû **2** m-méh-tsé."

Gnen la se-ka laong hiang-foh-la-ke, loh-tse di-gnôh, keng-ka lai-teh k'ou-nao, yen-wei siang-zah zié-**4**-deû-ke foh-k'i, véh tè-tè m sa h'ao-ts'u, tao è la di-gnôh li ka-tseng ih-zeng k'ou; k'ôh lao, **5** h'è lao, wo: "Gni-ke koang-yong fou-koei, wei gni yeû sa h'ao-ts'u? Yé-zai tao a-li k'i tsé?" Ai, tsen-**6**-tseng k'o-lié! se-ka-laong-ke gnen na-neng m ts'ing-deû! wei teh-zah t'i-mié, wei teh-zah kong-ming, wei **7** teh-zah dong-dié-gnen-tse, wei teh-zah zu-bió sa-ke h'ao-ts'u, zéh-zai k'eng zin liang-ke k'ieh-k'ou; wo-**8**-tao wei ling-wen laong, ih-ngè véh k'eng yong-sin. Ai, ngou-ke T'ié-tsu, yé-zai gnen ih-ngè véh tong se-**9**-zôh-ke hiu-ka, tao si-ke ze-heû zieû tong-tsé.

Kiao-h'ouo-waong Liang di-zéh-ih-wei, la si-ke ze-heû wo: "Zah-se ngou tsou sieû-dao-yeu li k'eu men-**11**-ke siang-kong, pi-tse tsou kiao-h'ouo-waong lai-teh h'ao." —Kiao-waong Ouh-noh-liah di-sè-wei, lin-tsong-ke zen-

---

la noblesse et la gloire que vous voyez possédées par les hommes, sont fausses et **2** finissent à la mort."

Ceux qui ont joui dans ce monde, sont bien plus malheureux en enfer, parce que le souvenir **4** du bonheur passé non seulement ne leur est d'aucun avantage, mais en outre augmente leurs souffrances; aussi ils pleurent, **5** ils crient et ils disent: "Quel fruit nous revient-il de notre gloire et de notre noblesse? Où sont-elles allées?" Hélas! **6** Hélas! comme les hommes de ce monde sont déraisonnables! pour obtenir le luxe, les honneurs, **7** l'argent ou n'importe quel avantage, ils veulent bien dépenser leurs forces et souffrir; mais **8** pour l'âme, on n'est qu'insouciance. Eh! mon Dieu, les hommes qui à présent ne comprennent pas **9** la fausseté du monde, la comprendront-ils bien au moment de la mort?

Le pape Léon XI disait à ses derniers moments: "Il vaudrait mieux pour moi avoir été portier dans un monastère, **11** que souverain pontife."—Le pape Honorius III disait dans son

9

光話。若使我勿做教化皇、到修道院裡做燒飯个、日逐蕩蕩碗盞、揩揩鑊子、眼前更加平安。

依西巴尼亞國皇帝斐理伯第二位、拉死个時候、叫太子等拉伊門前、自家解開之衣裳、教伊看胸膛上拉爛咾出蟲。對太子話。儂看做皇帝个什介能死、世界上个大爵位無啥幾時。話罷之、又喊咾話。哎、巴勿着得我一生一世修道、比之做皇帝更加安當。話之第句說話、命服事伊个人、拿一根粗繩、搭之一个十字架、掛拉頸骨上。安排好死後來个事體、對太子話。我个小囝、儂要曉得世界上个福氣、齊是假个、皇帝搭之窮人、死起來一樣个、單單拉世界上熱心恭敬天主个味、死起來安當。太子聽見之第个教訓、直到死勿忘記。伊後來做皇帝、極其熱心。活到

koang wo: "Zah-se ngou véh tsou kiao-h'ouo-waong, tao sieû-dao-yeu li tsou sao-vè-ke, gnéh-zôh daong-daong wé-**2**-tsè, k'a-k'a woh-tse, ngè-zié keng-ka bing-eu."

I-si-pouo-gni-ya kôh waong-ti Fi-li-péh di-gni-wei, la si-ke ze-heû, kiao t'a-tse teng-la **4** i men-zié, ze-ka ka-k'ai-tse i-zaong, kao i k'eu hiong-daong-laong la lè lao ts'éh zong: tei t'a-tse **5** wo: "Nong k'eu tsou-waong-ti-ke zéh-ka-neng si, se-ka-laong-ke dou tsiah-wei m sa ki-ze." Wo-ba-**6**-tse, i h'è lao wo: "Ai, pouo-véh-tsah-teh ngou ih-sang-ih-se sieû-dao, pi-tse tsou waong-ti keng-ka **7** t'ou-taong!" Wo-tse di-kiu seh-wo, ming woh-ze i-ke gnen, nao ih-ken ts'ou zeng, tèh-tse ih-ke zéh-**8**-ze-ka, kouo-la kieng-koéh laong; eu-ba-h'ao si heû-lai-ke ze-t'i, tei t'a-tse wo: "Ngou-ke siao-neu, **9** nong yao hiao-teh se-ka-laong-ke foh-k'i zi ze ka-ke; waong-ti tèh-tse ghiong-gnen si-k'i-lai ih-**10**-yang-ke; tè-tè la se-ka-laong gnéh-sin kong-kieng T'ié-tsu-ke méh, si-k'i-lai t'ou-taong." T'a-tse t'ing-**11**-kié-tse di-ke kiao-hiun, zeh-tao si véh maong-ki. I heû-lai tsou waong-ti ghieh-ghi gnéh-sin. Wéh-tao

---

agonie: " Si au lieu d'être pape, j'étais resté à la cuisine d'un couvent, occupé chaque jour à laver la vaisselle **2** et à nettoyer les marmites, je serais bien plus en paix à ce moment."

Philippe II roi d'Espagne, étant près de mourir, dit au prince héritier de se tenir **4** devant lui; ayant ensuite ouvert ses habits, il lui montra sa poitrine dont le pus donnait naissance à des vers, et dit au prince: **5** "Voyez comment meurt un roi: les grandes dignités de ce monde ne durent pas longtemps." Ensuite **6** il s'écria:" Oh! qu'il aurait été plus sûr pour moi d'avoir été moine pendant toute ma vie au lieu de roi!" **7** Après avoir ainsi parlé, il ordonna aux domestiques de lui passer au cou une grosse corde avec une croix; **8** et ayant tout disposé pour le temps qui suivrait sa mort, il dit au prince héritier: "Mon fils, **9** vous devez savoir que le bonheur de ce monde est faux; qu'il n'y a pas de différence entre la mort d'un roi et celle d'un pauvre; **10** ceux-là seuls qui dans ce monde servent Dieu avec ferveur meurent bien." Le prince **11** jusqu'à la mort n'oublia pas ces avertissements. Il fut ensuite un roi très fervent. A l'âge

四十三歲、死个時候、叫大官府到伊門前來、叮囑伊拉話。我死之、伽葬我个時候、勿要讚美我、要告訴一總人話、做皇帝个也免勿脫要死、做皇帝个勿是享福、實在是吃苦。又大聲嘆氣喊咾話。哎、我做之皇帝、實在勿放心、巴勿得一向垃拉荒野地方苦修、比之做皇帝安當、到天主跟前審判个時候、有點靠托。我現在要死者、要去聽天主个審判者、勿曉得天主那能審判我、實在可怕。

什介能看起來、世界上个福氣、齊無啥好處、但不過死个時候、加點憂悶。所以聖女德肋撒話。勿要愛慕世界上一死就無沒个福氣、該當愛慕永遠垃拉个福氣。

三想　聖保祿話。人垃世界上、活垃个時候勿常遠、雖然有福

se-zéh-sè su, si-ke ze-heû, kiao dou koé-fou tao i men-zié lai, ting-tsôh i-la wo: "Ngou 2 si-tse, na tsaong ngou-ke ze-heû, véh yao tsè-mei ngou; yao kao-sou ih-tsong gnen wo: tsou-waong-ti-ke a 3 mié-véh-teh yao si; tsou-waong-ti-ke véh ze hiang-foh, zéh-zai ze k'ieh-k'ou." I dou sang t'è-k'i h'è 4 lao wo: "Ai, ngou tsou-tse waong-ti, zéh-zai véh faong-sin; pouo-véh-teh ih-hiang léh-la faong-ya di-faong 5 k'ou-sieû, pi-tse tsou waong-ti t'ou-taong, tao T'ié-tsu ken-zié sen-p'é-ke ze-heû yeû tié k'ao-t'oh. Ngou 6 yé-zai yao si-tsé, yao k'i t'ing T'ié-tsu-ke sen-p'é tsé, véh hiao-teh T'iè-tsu na-neng sen-p'é ngou: 7 zèh-zai k'o-p'ouo!"

Zéh-ka-neng k'eu-k'i-lai, se-ka laong ke foh-k'i, zi m sa h'ao-ts'u; tè-péh-kou si-ke ze-heû 9 ka tié yeû-men. Sou-i seng-gnu Teh-leh-sèh wo: "Véh yao ai-mou se-ka laong ih si zieû m-méh-10-ke foh k'i, kai-taong ai-mou yong-yeu-léh-la-ke foh-k'i.

Sè siang.— Seng Pao-lôh wo: "*Gnen la se-ka laong wéh-la ke ze-heû véh zang-yeu; su-zé yeû foh-*

---

de quarante-trois ans au moment de mourir, il appela près de lui les grands dignitaires et les exhorta en leur disant: "Après ma mort, 2 au moment de m'enterrer, il ne faut pas faire mon éloge; on avertira seulement tout le monde que les rois 3 ne peuvent pas éviter la mort; et qu'être roi n'est pas un bonheur, mais bien une souffrance." Il s'écria ensuite: 4 "Avoir été roi ne me donne aucune confiance; oh! si au lieu d'avoir été roi, j'avais été religieux pénitent dans un désert, 5 combien je serais plus rassuré; arrivé au tribunal de Dieu, j'aurais un petit appui. 6 A présent je m'en vais subir le jugement de Dieu, je ne sais comment Dieu me jugera: 7 c'est vraiment terrible!"

Ainsi il est visible que le bonheur de ce monde ne donne aucun avantage; il ne sert qu'à augmenter la tristesse 9 au moment de la mort. C'est pourquoi Ste Thérèse disait: "Il ne faut pas aimer un bonheur qui finit à la mort, 10 il faut aimer le bonhenr éternel."

IIIe Point. Il faut travailler pour le ciel.— "*Tempus breve est*, nous dit S. Paul; *qui utuntur hoc mundo*

氣、如同無啥用頭一樣。因爲世界上个福氣、過去像影子哓。比方做戲个人、第个打扮官府、箇个打扮百姓、做罷之、一眼分別勿出。世界上也是什介、第个有銅錢、箇个窮苦、第个尊貴、箇个卑賤、一死齊分別勿出。請問儂、現在住拉个房子、有幾化人登過歇者。一代去之、又是一代、勿曉得換之幾化人者。

保老尼亞國王加西彌祿有一日貼正拉拉坐席个時候、拿起酒盃來嗑酒、忽然間死者。責爾蘇皇帝、坐之七日个龍廷、夜裡向胭拉个時候、撥別人殺脫。波愛彌亞國王辣弟斯拉搭之法國个公主攀親、定當日子好日、貼正拉預備酒水、娶親个人、還勿曾轉來、國王劃勢能生起病來死者。大官府就差人、回頭新娘娘、回到本國。聖方濟各玻爾日亞看見王后依撒伯爾死之、

k'i, zu-dong m sa yong-deû ih-yang: yen-wei se-ka-laong-ke foh-k'i, kou k'i ziang yeng-tse."

Pi-faong tsou hi-ke gnen, di-ke tang-pè koé-fou, kou-ke tang-pè pah-sing; tsou-ba-tse, ih-ngè fen-**3**-biéh-véh-ts'éh. Se-ka-laong a ze zéh-ka-neng; di-ke yeû dong-dié, kou-ke ghiong-k'ou; di-ke tsen-koei, kou-**4**-ke pei-zié, ih si zi fen-biéh-véh-ts'éh. Ts'ing men nong: yé-zai zu-la-ke waong-tse yeû ki-h'ouo gnen **5** teng-kou-hiéh-tsé? Ih dai k'i-tse, i ze ih dai, véh hiao-teh wé-tse ki-h'ouo gnen tsé.

Pao-lao-gni-ya kôh-waong Kia-si-mi-lôh, yeû ih gnéh t'ih-tseng léh-la zou-zieh-ke ze-heû, nao-k'i **7** tsieû-pei lai hèh tsieû, féh-zé-kè si-tsé. Tseh-eul-sou waong-ti, zou-tse ts'ih gnéh-ke long-ding, ya li-**8**-hiang k'oen-la-ke ze-heû, péh biéh-gnen sèh-t'éh. Pou-ai-mi-ya kôh-waong Lèh-di-se-la, tèh-tse Fèh-**9**-kôh-ke kong-tsu p'è-ts'in, ding-taong gnéh-tse h'ao-gnéh, t'ih-tseng la yu-bei tsieû-se, tsu-ts'in-ke gnen è **10** véh zeng tsé-lai, kôh-waong wah-sé-neng sang-k'i bing lai si tsé. Dou koé-fou zieû ts'a gnen, wei-deû sin **11** gnang-gnang, wei-tao pen kôh.—Seng Faong-tsi-koh P'ouo-eul-zéh-ya k'eu-kié waong-heû I-sèh-peh-eul si-tse,

---

tanquam non utantur, praeterit enim figura hujus mundi." (1 Cor. 7. 2.)

Par exemple, parmi les comédiens, l'un est habillé en roi, un autre en homme du peuple; une fois la comédie finie, il n'y a plus **3** de différence entre eux. De même en ce monde: celui-ci est riche, celui-là pauvre; celui-ci est noble, **4** celui-là est roturier; une fois morts, il n'y a plus de différence. Je vous demande: dans la maison où vous logez maintenant, combien de personnes **5** y ont habité? Une génération passée, une autre y succède, je ne sais pas combien de fois les hommes ont changé.

Casimir, roi de Pologne, étant un jour à table, tomba mort au moment où il prenait **7** la coupe pour boire. L'empereur Celse était sur le trône depuis sept jours, **8** quand il fut assassiné la nuit pendant son sommeil. Ladislas, roi de Bohême, fiancé avec **9** une princesse de France, avait déjà fixé le jour du mariage; juste pendant qu'on préparait le festin, ceux qui étaient sortis inviter la fiancée, **10** n'étaient pas encore de retour, que le roi pris d'un mal subit mourut. Les grands dignitaires envoyèrent des personnes pour avertir la nouvelle **11** mariée de retourner dans son royaume.—S. François de Borgia, à la vue du cadavre de l'impératrice Isabelle

爛來臭得極、伊就懂得世俗个虛假、就勿要做官、定當一心一意服事天主咾修道。爲啥咾伲還相信世俗咾忘記天堂。

聖路加聖史記載耶穌話。一个財主人、有一年收成好、倉間裡糧食藏足、快活咾話。我多年工夫有得用者。忽然間天主對伊話。糊塗个人、今夜就要儂个性命、儂倒得意否。到之夜裡就死者。自伊个物事、爲伊有啥好處。

聖經上勸伲話。勿要拉世界上積蓄多化物事、因爲齊要壞个咾、該當積蓄天堂上个物事。就是要緊修德行立功勞、盡完全教友个本分、第个是有好處个事體。聖奧斯定話。啥人是財主人、啥人是窮人。那裡一个人愛慕天主、就是財主人。那裡一个人勿愛慕天主、就是窮人。一个人雖然有普天下金銀寶貝、若

lè-lai ts'eû-teh-ghieh, i zieû tong-teh se-zôh-ke hiu-ka, zieû véh yao tsou koé, ding-taong ih-sin-ih-**2**-i woh-ze T'ié-tsu lao sieû-dao. Wei-sa-lao gni wè siang-sin se-zôh lao maong-ki t'ié-daong?

Seng Lou-kia seng-se ki-tsé Ya-sou wo: ih-ke zai-tsu-gnen, yeû ih gné seû-zeng h'ao, ts'aong-kè li **4** liang-zeh zaong-tsôh, k'a-wéh lao wo: "Ngou ta gné kong-fou yeû-teh yong tsé." Féh-zé-kè T'ié-tsu tei i **5** wo: "Wou-dou-ke gnen, kien-ya zieû yao nong-ke sing-ming, nong tao teh-i va?" Tao-tse ya-li zieû si-**6**-tsé: ze-i-ke méh-ze wei i yeû sa h'ao-ts'u?

Seng-kieng laong k'ieu gni wo: "*Véh yao lo se-ka laong tsih-hioh tou-h'ouo méh-ze, yen-wei zi yao wa-ke* **8** *lao; kai-taong tsih-hioh t'ié-daong laong-ke méh-ze.*" Zieû-ze yao-kien sieû teh-yeng lih kong-lao, zin wé-zié **9** kiao-yeû-ke pen-ven, di-ke ze yeû h'ao-ts'u-ke ze-t'i. Seng Ao-se-ding wo: "Sa-gnen ze zai-tsu-**10**-gnen, sa-gnen ze ghiong-gnen? A-li-ih-ke gnen ai-mou T'ié-tsu, zieû-ze zai-tsu-gnen; a-li-ih-ke **11** gnen véh ai-mou T'ié-tsu, zieû-ze ghiong-gnen." Ih-ke gnen su-zé yeû p'ou-t'ié-ya kien-gnen-pao-pei, zah-

---

en état de décomposition et exhalant une odeur fétide, comprit immédiatement la vanité de ce monde, il ne voulut plus être officier, et fit le propos **2** de servir Dieu de tout cœur et d'être religieux. Pourquoi nous autres aimons-nous encore le monde et oublions-nous le ciel?

L'évangéliste S. Luc rapporte que N.-S. raconta qu'un homme riche ayant eu, une année, une récolte si abondante que ses greniers **4** étaient remplis, s'écria tout content: "J'en ai pour bien des années." Tout à coup Dieu lui **5** dit: "Insensé, cette nuit même je vais te redemander ta vie, et tu es content?" De fait, il mourut dans la nuit: **6** quel avantage lui procurèrent ses biens?

La Ste Écriture nous dit: "*Nolite thesaurizare vobis thesauros in terra, ubi ærugo et tinea demolitur;...* **8** *thesaurizate vobis thesauros in cælo.*" (Matth. 6. 19.) C'est-à-dire, il faut être vertueux, acquérir des mérites, et remplir **9** son devoir: voilà ce qui est avantageux. S. Augustin dit: "Qui est riche **10** et qui est pauvre? Celui qui aime Dieu est riche; celui qui **11** n'aime pas Dieu est pauvre." En effet possédât-on toutes les choses précieuses du monde, si

使勿愛慕天主、是最來得窮苦咾、無得福氣个人。一个人雖然十分窮苦、若使愛慕天主、就最是財主咾有福氣个者。什介能就可以曉得、凡於人要享福、該當愛眞个福氣、就是天堂上个福氣、勿要愛世界上假个福氣。

第十四日　想世上不是久居之地

一想　聖經上話。人後來要到永遠个地方去。現在拉第个世界上、有多少怺人、活拉稱心適意、有銅錢、有體面。有个好人味倒吃苦頭咾窮苦。但是或者好或者怺、死之後來、一定有一个賞罰个地方。第个道理外教人也曉得个。越是伲進教人、得着之信德个恩典、更加曉得死之後來、有一个永遠个天堂、永遠个地獄。第个就是爲好人咾罪人、常遠登个地方。

se véh ai-mou T'ié-tsu, ze tsu lai-teh ghiong-k'ou lao, m-teh foh-k'i-ke gnen; ih-ke gnen su-zé **2** zéh-fen ghiong-k'ou, zah-se ai-mou T'ié-tsu, zieû tsu ze zai-tsu lao, yeû foh-k'i-ke tsé. Zéh-ka-neng **3** zieû k'o-i hiao-teh, vè-yu gnen yao hiang-foh, kai-taong ai tsen-ke foh-k'i, zieû-ze t'ié-daong laong-ke **4** foh-k'i, véh yao ai se-ka laong ka-ke foh-k'i.

Di-zéh-se gnéh. Siang se-ka véh ze zang-kieû teng-ke di-faong.

Ih siang.—Seng-kieng laong wo: "*Gnen heû-lai yao tao yong-yeu-ke di-faong k'i.*" Yé-zai léh-la di-ke se-**7**-ka laong, yeû tou-sao k'ieû-gnen, wéh-la ts'eng-sin-seh-i, yeû dong-dié, yeû t'i-mié; yeû tou-sao h'ao-gnen méh, **8** tao k'ieh-k'ou-deû lao ghiong-k'ou. Tè-ze woh-tsé h'ao, woh-tsé k'ieû, si-tse heû-lai, ih-ding yeû ih-ke **9** saong vèh-ke di-faong. Di-ke dao-li nga-kiao-gnen a hiao-teh-ke; yeuh-ze gni tsin-kiao-gnen, teh-zah-**10**-tse sin-teh-ke en-tié, keng-ka hiao-teh si-tse heû-lai, yeû ih-ke yong-yeu-ke t'ié-daong, yong-yeu-**11**-ke di-gnôh; di-ke zieû-ze wei h'ao-gnen lao zu-gnen zang-yeu teng-ke di-faong.

---

on n'aime pas Dieu, on est l'homme le plus pauvre et le plus malheureux; que si on aime Dieu, quoique on **2** soit très pauvre, on est très riche et très heureux. De tout ceci **3** on peut conclure que quiconque veut jouir du bonheur, doit aimer le vrai bonheur, c'est-à-dire le bonheur du ciel, **4** il ne faut pas aimer le faux bonheur de ce monde.

14ème Jour. La vie présente est un voyage vers l'éternité.

Ier Point. L'homme est voyageur sur la terre.—La Ste Écriture dit: "*Ibit homo in domum aeternitatis suae.*" (Eccli. 12. 5.) À présent **7** bien des méchants vivent dans ce monde contents, dans les richesses et dans le faste; beaucoup de bons **8** au contraire vivent dans la souffrance et la pauvreté. Mais il doit y avoir après la mort **9** un endroit où les bons et les méchants seront récompensés ou punis. Les païens mêmes ont compris cette vérité; à plus forte raison, nous chrétiens, qui avons reçu **10** le bienfait de la foi, nous savons qu'il y a après cette vie un paradis éternel et un enfer **11** éternel: c'est dans ces endroits que les bons et les méchants habiteront toujours.

聖保祿宗徒話。伲長久个地方、勿拉世界上、垃拉死之後來。什介能就可以明白第个世界、勿是伲个屋裡、是路過个地方、伲个屋裡是天堂。儂現在登拉个房子、勿是儂个、是像客寓一樣、勿常遠死之、就要離開、讓拉別人住。儂愛慕拉个人、也勿能彀常常搭之儂登拉一起。儂个肉身要登拉墳墓裡、到之公審判个時候、再要搭之儂个靈魂結合、到永遠个地方去、或者登拉天堂上、或者登拉地獄裡、勿是一定个。爲第个緣故、聖奧斯定話。儂是一个路過个客人、世界上个物事、儂只得看看罷、拿是拿勿動个。比方一个行路人、經過一个地方、就買一个宅基、造一座房子、登之幾日就動身、用伊勿着、豈勿是糊塗否。伲人拉世界上、也是什介。若使勿是預先安排

Seng Pao-lôh tsong-dou wo: "*Gni zang-kieû-ke di-faong véh la se-ka laong, léh-la si-tse heû-lai.*" Zéh-**2**-ka-neng zieû k'o-i ming-bah di-ke se-ka véh ze gni-ke ôh-li, ze lou-kou-ke di-faong. Gni-**3**-ke ôh-li ze t'ié-daong. Nong yé-zai teng-la-ke waong-tse, véh ze nong-ke, ze ziang k'ah-gnu ih-yang: **4** véh zang-yeu si-tse zieû yao li-k'ai, gnang-la biéh-gnen zu; nong ai-mou-la-ke gnen a véh neng-keû **5** zang-zang tsa-tse nong teng-la ih-k'i; nong-ke gnôh-sen yao teng-la wen-mou li, tao-tse kong sen-p'é-**6**-ke ze-heû, tsai yao téh-tse nong-ke ling-wen kiéh-héh, tao yong-yeu-ke di-faong k'i: woh-tsé teng-la **7** t'ié-daong laong, woh-tsé teng-la di-gnôh li, véh ze ih-ding-ke.

Wei di-ke yeu-kou seng Ao-se-ding wo: "Nong ze ih-ke lou-kou-ke k'ah-gnen, se-ka-laong-ke méh-**9**-ze, nong tséh-teh k'eu-k'eu ba, nao ze nao-véh-dong-ke." Pi-faong ih-ke bang-lou-gnen, kieng-kou ih-ke **10** di-faong, zieû ma ih-ke zah-ki, zao ih-zou waong-tse, teng-tse ki gné zieû dong-sen, yong i véh zah, **11** k'i-véh-ze wou-dou va? Gni-gnen la se-ka-laong a ze zéh-ka: zah-se véh ze yu-sié eu-ba-

---

L'Apôtre S. Paul nous dit: "*Non habemus hic manentem civitatem, sed futuram inquirimus.*" (Heb. 14. 14.) **2** D'où nous pouvons comprendre que cette terre n'est nullement notre maison, mais un lieu de passage: notre **3** maison est le ciel. La maison que vous habitez n'est pas à vous, elle est comme un hôtellerie: **4** sous peu, après votre mort, vous devez l'abandonner et la céder à d'autres; vous ne pouvez pas non plus rester toujours avec les **5** personnes que vous aimez; votre corps habitera dans un tombeau, et au jour du jugement, **6** réuni à votre âme, il ira dans un lieu éternel: **7** au ciel ou en enfer, ce n'est pas déterminé.

De là cet avertissement de S. Augustin: "Vous n'êtes qu'un voyageur, **9** vous ne pouvez que regarder les choses d'ici-bas, vous ne pouvez pas les emporter." Bien fou serait un voyageur, si, passant par un **10** endroit, il achetait un terrain, y bâtissait une maison d'où il faudrait partir après y avoir demeuré quelques jours, ne pouvant plus s'en servir! **11** De même pour nous qui sommes en ce monde: combien nous serions insensés,

好死之後來个地方、單單打算拉世界上過好日脚、登好房子、貪肉身个快活、眞正是糊塗。因爲第个物事、一死就拿勿動者。所以人活拉頂大个事體、就是專門救靈魂、若使救着之靈魂、乃味可以算得有福氣个人、永遠登拉天堂上。

講到天堂个好、世界上个皇宮、比之天堂、牛棚也勿如。天堂个體面、人總想勿出、拉天堂上个光榮富貴、搭之天神聖人一淘登拉、看見天主咾聖母、常常享福、總勿會得失脫、一眼無得啥苦頭、齊是作樂、永遠喜歡咾得意。第个就是好人長久登个地方。

儂若使救勿着靈魂、落之地獄、登拉火裡、一總个苦處齊有拉、千千萬萬年勿能彀出來、眞正苦腦。儂想一想看、將來儂要住

h'ao si-tse heû-lai-ke di-faong, tè-tè tang-seu la se-ka-laong kou h'ao gnéh-kiah, teng h'ao waong-tse, **2** t'è gnôh-sen-ke k'a-wéh, tsen-tseng ze wou-dou; yen-wei di-ke méh-ze, ih si zieû nao-véh-dong-tsé! **3** Sou-i gnen wéh-la ting-dou-ke ze-t'i, zieû-ze tsé-men kieû ling-wen. Zah-se kieû-zah-tse ling-wen, **4** nai-méh k'o-i seu-teh yeû foh-k'i-ke gnen, yong-yeu teng-la t'ié-daong-laong.

Kaong-tao t'ié-daong-ke h'ao, se-ka-laong ke waong-kong, pi-tse t'ié-daong, gneû-bang a véh zu. T'ié-daong-ke **6** t'i-mié, gnen tsong siang-véh-ts'éh. La t'ié-daong-laong-ke koang-yong fou-koei, tèh-tse t'ié-zen seng-gnen ih-dao **7** teng-la, k'eu-kié T'ié-tsu lao seng Mou, zang-zang hiang-foh, tsong véh wei-teh séh-t'éh; ih-ngè m-teh sa **8** k'ou-deû, zi ze tsoh-loh, yong-yeu hi-hoé lao teh-i. Di-ke zieû-ze h'ao-gnen zang-kieû teng-ke di-**9**-faong.

Nong zah-se kieû-véh-zah ling-wen, loh-tse di-gnôh, teng-la h'ou-li, ih-tsong-ke k'ou-ts'u zi yeû-la, **11** ts'ié-ts'ié-mè-mè gné vèh neng-keû ts'éh-lai, tsen-tseng k'ou-nao. Nong siang-ih-siang-k'eu, tsiang-lai nong yao zu-

---

si au lieu de préparer à l'avance l'endroit où nous irons après notre mort, nous pensions seulement à vivre des jours heureux, à loger dans une belle maison, **2** à jouir des plaisirs du corps, puisque nous ne pouvons rien emporter de cela à la mort! **3** Ainsi pendant cette vie notre grande affaire est de nous occuper uniquement de notre salut. Si sous sauvons notre âme, **4** alors nous pouvons compter parmi les hommes heureux, et nous habiterons éternellement dans le paradis.

Quant à la beauté du paradis, les palais des monarques de ce monde ne valent pas des étables au regard de la cité céleste. **6** Personne ne peut comprendre la beauté du paradis. Au ciel, il y a la groire et la richesse, on habite avec les anges et les saints, **7** on voit Dieu et Marie, on jouit toujours, et ce bonheur on ne le perdra jamais; il n'y a aucune **8** douleur, tout y est joie, on y est éternellement content et satisfait. Voilà le séjour éternel des justes.

Que si vous perdez votre âme, une fois tombé dans l'enfer vous serez au milieu du feu, où il y a toutes sortes de souffrances, **11** et après des milliers et des millions d'années, vous n'en sortirez pas, vous y serez vraiment malheureux. Réfléchissez à présent où vous voulez

拉啥地方、儂自家揀、若使要住拉天堂上、該當早點做好工夫。
二想　人死之、靈魂一離開肉身、到一个永遠个地方去、一到
味即定當者、永遠無啥更改。聖經上記載一个財主人、拉世界
上享福、做一个有銅錢个人、死之後來落地獄。辣匝祿拉世界
上吃苦、人看伊勿起、死之後來升天堂。聖基所看第个兩个人
个表樣、嘆氣咾話。哎、世界上个福氣、眞正可怕、拖財主人到地
獄裡、永遠吃苦。世界上个苦頭眞有福氣、領討飯个人到天堂
上、永遠享福。
有个教友話。啥人曉得後來那能。若使天主定當我落地獄、我
那能可以升天堂。我對儂話。或者升天堂、或者落地獄、全拉人
手裡。因爲天主照各人个行事咾定當。比方斬一顆樹、樹側拉

la sa di-faong: nong-ze-ka kè; zah-se yao zu-la t'ié-daong-laong, kai-taong tsao-tié tsou h'ao kong-fou.

GNI SIANG.—Gnen si-tse, ling-wen ih li-k'ai gnôh-sen, tao ih-ke yong-yeu-ke di-faong k'i, ih tao **3** mèh zieû (就) ding-taong-tsé, yong-yeu m sa kang-kai. Seng-kieng laong ki-tsé ih-ke zai-tsu-gnen, la se-ka **4** laong hiang-foh, tsou ih-ke yeû dong-dié-ke gnen, si-tse heû-lai loh di-gnôh; Lèh-tsèh-lôh la se-ka **5** laong k'ieh-k'ou, gnen k'eu i vèh k'i, si-tse heû-lai seng t'ié-daong. Seng Ki-sou k'eu di-ke liang-ke gnen-**6**-ke piao-yang, t'è-k'i lao wo: "Ai, se-ka laong-ke foh-k'i tsen-tseng k'o-p'ouo, t'ou zai-tsu-gnen tao di-**7**-gnôh li, yong-yeu k'ieh-k'ou; se-ka laong-ke k'ou-deû tsen yeû foh-k'i, ling t'ao-vè-ke gnen tao t'ié-daong **8** laong, yong-yeu hiang-foh."

Yeû-ke kiao-yeû wo: "Sa-gnen hiao-teh heû-lai na-neng? zah-se T'ié-tsu ding-taong ngou loh di-gnôh, ngou **10** na-neng k'o-i seng t'ié-daong?" Ngou tei nong wo: woh-tsé seng t'ié-daong, woh-tse loh di-gnôh, zié la gnen **11** seû li; yen-wei T'ié-tsu tsao koh-gnen-ke hang-ze lao ding-taong. Pi-faong tsè ih-k'ou zu, zu tseh-la

---

habiter: choisissez vous-même; mais si vous voulez habiter dans le paradis, il faut vous hâter de faire des œuvres méritoires.

IIe POINT. L'HOMME PEUT ASSURER SON BONHEUR. — Dès que l'homme est mort, l'âme, ayant quitté le corps, s'en va dans un lieu éternel; une fois qu'elle y est, **3** son sort est fixé, il ne sera pas changé pendant toute l'éternité. Il est rapporté dans la Ste Écriture qu'un homme après avoir été heureux dans ce monde, **4** et avoir mené la vie d'un homme qui a de l'argent, tomba après sa mort en enfer; et que Lazare, après avoir vécu en ce monde **5** dans la souffrance et méprisé de tous, alla, une fois mort, en paradis. S. Jean Chrysostôme, en considérant l'exemple de ces deux hommes, **6** s'écriait en soupirant: "La prospérité d'ici-bas est vraiment funeste, elle entraîna le riche en enfer **7** pour souffrir éternellement; l'infortune de ce monde est heureuse, elle conduisit le mendiant au ciel **8** pour jouir éternellement."

Des chrétiens disent: "Qui sait ce qu'il en sera de moi dans la suite? si Dieu a fixé que j'aille en enfer, **10** comment puis-je aller au ciel?" Je réponds: le ciel et l'enfer sont entre **11** vos mains; parce que Dieu fixe cela selon les œuvres de chacun. Lorsqu'on abat un arbre, celui-ci tombe

那裡一面、就砍拉那裡一面。儂願意曉得後來升天堂、或者落地獄、要看儂現在側拉那裡一面、就是走天堂个路呢、還是走地獄个路。教友、儂勿要疑惑、若使修德行立功勞、熱心服事天主、就是天主揀選儂升天堂个憑據。儂常常求天主相帮、日逐想永遠个事體、一定勿落地獄。

從前有一个女人習慣犯罪、貪福亞味辣勸伊咾話。世界上个福樂、齊勿常遠个、一死味就無沒者、死之後來、或者苦腦、或者作樂、有一个地方是永遠个、儂拿第兩句說話想一想。第个女人聽見之亞味辣个說話。想之一想、立刻痛悔改過、朝後去勿敢再犯罪者。

有一个耶穌會神父、名頭叫色熱利、有一回默想永遠个事體、

a-li ih-mié, zieû k'é-la a-li ih-mié. Nong gneu-i hiao-teh heû-lai seng t'ié-daong, woh-tsé loh 2 di-gnôh, yao k'eu nong yé-zai tseh-la a-li ih-mié, zieû-ze tseû t'ié-daong-ke lou gni, è ze tseû 3 di-gnôh-ke lou. Kiao-yeû, nong véh yao gni-woh, zah-se sieû teh-yeng lih kong-lao, gnéh-sin woh-ze T'ié-4-tsu, zieû-ze T'ié-tsu kè-sié nong seng t'ié-daong-ke bing-kiu: nong zang-zang ghieû T'ié-tsu siang-paong, gnéh-zôh 5 siang yong-yeu-ke ze-t'i, ih-ding véh loh di-gnôh.

Zong-zié yeû ih-ke gnu-gnen zih-koè vè-zu; tsen-foh Ya-vi-lèh k'ieu i lao wo: "Se-ka-laong-ke 7 foh-loh, zi ze véh zang-yeu-ke, ih si méh zieû m-méh-tsé; si-tse heû-lai, woh-tsé k'ou-nao, woh-tsé 8 tsoh-loh, yeû ih-ke di-faong ze yong-yeu-ke: nong nao di-liang kiu seh-wo siang-ih-siang." Di-ke gnu-9-gnen t'ing-kié-tse Ya-vi-lèh-ke seh-wo, siang-tse-ih-siang, lih-k'eh t'ong-hoei kai-kou, zao-heû-k'i véh 10 ké tsai vè-zu tsé.

Yeû ih-ke Ya-sou wei zen-vou, ming-deû kiao Seh-gnéh-li, yeû ih-wei meh-siang yong-yeu-ke ze-t'i,

---

du côté où il penche. Donc, si vous désirez savoir si vous irez au ciel ou 2 en enfer, regardez de quel côté vous penchez maintenant; c'est-à-dire voyez si vous marchez par la voie du ciel ou 3 de l'enfer. Chrétien, n'en doutez pas, si vous pratiquez les vertus, si vous gagnez des mérites, si vous servez Dieu avec ferveur, 4 c'est la preuve que Dieu vous a choisi pour le ciel: si vous priez toujours Dieu de vous aider, 5 si vous pensez tous les jours à l'éternité, soyez-en sûr, vous ne tomberez pas en enfer.

Autrefois, il y avait une femme habituée au péché; le Bienheureux Avila l'exhorta en lui disant: "Le bonheur de ce monde 7 ne dure pas longtemps, il finit à la mort; après la mort, il y a un lieu de malheur ou de 8 bonheur qui est éternel: pensez donc à ces deux mots." Cette femme 9 ayant entendu les paroles d'Avila, y réfléchit, et immédiatement se repentit, se corrigea, et 10 n'osa plus pécher ensuite.

Le P. Segneri, de la Compagnie de Jésus, méditant une fois sur l'éternité,

㦦得來幾夜工夫睏勿去。後來加苦工、勉力修德行、到一个極頭地步。有一位主教默想永遠个關係、就修德行成工聖人、自伊話。我時時刻刻預備到永遠个地方去。又有一个修道人、登拉山洞裡、足慣話。永遠呀、永遠呀、可怕个永遠呀。眞福亞昧辣話。若使人相信有永遠个地方咾、勿肯勉力盡教友个本分、該當拿伊關拉癡子院裡、當一个癡子。

三想　聖經上話。人要到永遠个地方去。勿會話一定个地方、就是發顯人有自主个權柄。做好做怵、隨便自家、天堂地獄、自家去揀、雖然天主要个个人救靈魂、到底勿勉强。日勒米亞先知聖人話。天主拿常生个路、搭之永遠个死路、排拉人眼睛門前、隨便人自家揀選。要升天堂、總該當走常生个路、要落地獄、

hah-teh-lai ki ya kong-fou k'oen-véh-k'i; heû-lai ka k'ou-kong, mié-lih sieû teh-yeng, tao ih-ke ghieh-**2**-deû-ke di-bou. Yeû ih-wei tsu-kiao meh-siang yong-yeu-ke koè-i, zieû sieû teh-yeng zeng-kong seng-gnen; ze-**3**-i wo: "Ngou ze-ze-k'eh-k'eh yu-bei tao yong-yeu-ke di-faong k'i." I yeû ih-ke sieû-dao-gnen, teng-**4**-la la sè-dong li, tsôh-koè wo: "Yong-yeu a, yong-yeu a, k'o-p'ouo-ke yong-yeu a!" Tsen-foh Ya-vi-lèh **5** wo: "Zah-se gnen siang-sin yeû yong-yeu-ke di-faong lao, véh-k'eng mié-lih zin kiao-yeû-ke pen-ven, kai-**6**-taong nao i koè-la ts'e-tse yeu li, taong ih-ke ts'e-tse."

SÈ SIANG.—Seng-k'eng laong wo, gnen yao tao yong-yeu-ke di-faong k'i; véh zeng wo ih-ding-ke di-faong, **8** zieû-ze fèh-hié gnen yeû ze tsu-ke ghieu-ping; tsou h'ao tsou k'ieû zu-bié ze-ka, t'ié-daong di-gnôh ze-**9**-ka k'i kè. Su-zé T'ié-tsu yao ke-ke gnen kieû ling-wen, tao-ti véh mié-k'iang. Zéh-leh-mi-ya sié-**10**-tse seng-gnen wo: "*T'ié-tsu nao zang-seng-ke lou, tèh-tse yong-yeu-ke si lou, pa-la gnen ngè-tsing men-**11**-zié*"; zu-bié gnen ze-ka kè-sié: yao seng t'ié-daong, tsong kai-taong tseû zang-seng-ke lou; yao loh di-gnôh,

---

eut tellement peur, que durant plusieurs nuits il n'en put dormir; et depuis lors il augmenta ses pénitences et s'efforça de pratiquer les vertus jusqu'à une **2** très grande perfection. Un évêque, en méditant sur l'importance de l'éternité, devint vertueux et saint; **3** il disait: "À chaque instant, je me prépare à entrer dans l'éternité." Un religieux qui habitait **4** dans une caverne, répétait continuellement: "Ô éternité, ô éternité, éternité terrible!" Le bienheureux Avila **5** disait: "Celui qui croit à l'éternité et ne s'efforce pas de remplir ses devoirs de chrétien, **6** devrait être regardé comme un fou et enfermé dans une maison de santé."

IIIe POINT. L'HOMME S'EN IRA DANS LA MAISON DE SON ÉTERNITÉ. — L'Écriture sainte dit que l'homme ira dans un lieu éternel; mais elle ne dit pas que le lieu est déterminé, **8** pour montrer que l'homme a le libre arbitre; il peut agir bien ou mal comme il veut, c'est lui **9** qui choisit le ciel ou l'enfer. Quoique Dieu désire le salut de chaque homme, il ne force pourtant personne. Le prophète Jérémie **10** dit: "*Ecce ego do coram vobis viam vitae et viam mortis*" (Jer. 21. 8.); **11** à chacun de choisir: celui qui veut aller au ciel, doit marcher par la voie de la vie éternelle; celui qui veut aller en enfer,

就走永遠个死路。

果然什介能、到底世界上个人、少有幾个情願落地獄个、就是㤚人也願意升天堂。然而勿肯走天堂个路、斷斷乎勿能彀升天堂。聖奧斯定話。世界上尋勿出一个糊塗人、願意活拉咾、偏生吃毒藥个、但是有多少教友、勿要落地獄、盼望升天堂、伊拉倒偏生犯罪、豈勿是糊塗否。

伲該當想永遠个關係、是一件最大个事體。勿像世界上買一座房子、只要講闊咾狹、大咾小、好看勿好看。到底尋一个最有福氣个地方、登拉箇个地方个、齊是天主个朋友。伲若使勿到箇个裡、就要到一个苦腦地方、拉箇个地方登拉个、齊是㤚人咾、兇惡个魔鬼。講到登个時候、或者拉天堂上、或者拉地獄裡、

zieû tseû yong-yeu-ke si lou.

Kou-zé zèh-ka-neng ; tao-ti se-ka laong-ke gnen, sao yeû ki-ke zing-gneu loh di-gnôh-ke, zieû-ze **3** k'ieû-gneu a gneu-i seng t'ié-daong ; zé-eul véh k'eng tseû t'ié-daong-ke lou, teu-teu-wou véh neng-keû seng **4** t'ié-daong. Seng Ao-se-ding wo :" Se-ka laong zin-véh-ts'éh ih-ke wou-dou gnen, gneu-i wéh-la lao, p'ié-**5**-sang k'ieh doh-yah-ke." Tè-ze yeû tou-sao kiao-yeû véh yao loh di-gnôh, p'è-maong seng t'ié-daong, i-la **6** tao p'ié-sang vè-zu : k'i-véh-ze wou-dou va ?

Gni kai-taong siang yong-yeu-ke koè-i, ze ih-ghié tsu-dou-ke ze-t'i ; véh ziang se-ka laong ma ih-**8**-zou waong-tse, tséh-yao kaong k'oé lao èh, dou lao siao, h'ao-k'eu véh h'ao-k'eu ; tao-ti zin ih-ke tsu yeû **9** foh-k'i-ke di-faong, teng-la kou-ke di-faong-ke, zi ze T'ié-tsu-ke bang-yeû ; gni zah-se véh tao **10** kou-ke li, zieû yao tao ih-ke k'ou-nao di-faong, la kou-ke di-faong teng-la-ke, zi ze k'ieû-gnen **11** lao, hiong-oh-ke mô-kiu ; kaong-tao teng-ke ze-heû, woh-tsé la t'ié-daong laong, woh-tsé la di-gnôh li,

---

n'a qu'à prendre le chemin de la mort éternelle.

De fait, c'est ainsi ; cependant, parmi les hommes, à peine s'il y a quelqu'un qui désire aller en enfer, **3** même les méchants désirent aller au ciel ; mais ceux qui ne veulent pas marcher par la voie du ciel, n'arriveront certainement pas **4** au ciel."On ne trouvera pas, dit S. Augustin, dans ce monde, un homme si stupide que, désirant vivre, **5** il s'obstine à avaler du poison ." Néanmoins il y a des chrétiens qui ne veulent pas tomber en enfer et qui espèrent monter au ciel, et qui **6** pourtant s'obstinent à pécher : est-ce qu'ils ne sont pas des insensés ?

Nous devons réfléchir que l'éternité est d'une importance capitale ; ce n'est pas comme l'achat d'une **8** maison sur la terre, dans ce cas il suffit de s'informer sur sa largeur, sa grandeur et sa beauté ; mais il s'agit de trouver **9** un lieu où il y a toute sorte de délices, où tous ceux qui y habitent sont les amis de Dieu ; que si nous n'y arrivons pas,**10** nous irons dans un lieu de malheur, habité par les méchants **11** et par les terribles démons; quant au temps qu'on doit y séjourner, soit au ciel, soit en enfer,

勿是三十年四十年、也勿是一千年一萬年、是永遠無得完結个。所以第个事體、關係極大、勿能彀勿好好能預備个。

多瑪斯茂祿爲天主致命个時候、自伊个妻子、名頭叫羅依斯引誘伊背教。自伊問咾話。比方我背之教、還能彀活幾歲。妻子話。話勿定、還好活十廿年。自伊話。儂糊塗、我已經老拉者、就是再活十廿年、比起永遠來、好筧啥。爲幾年个性命、失脫天堂个福氣、我一定勿做第个糊塗事體。

哎、我个天主、求儂賞賜我靈魂上个亮光、光照我个心、使得我懂得第个道理。聖女德肋撒話。有許多教友、犯之大罪落地獄、因爲少信德个緣故。若使人相信有永遠个地方、該當想法子救靈魂、勤謹領聖事、每日默想、避脫犯罪个機會、看輕虛假个

véh ze sè-séh gné se-séh gné, a véh ze ih ts'ié ih mè gné, ze yong-yeu, m-teh wé-kiéh-**2**-ke. Sou-i di-ke ze-t'i koè-i ghieh dou, véh neng-keû véh h'ao-h'ao-neng yu-bei-ke.

Tou-mô-se Meu-lôh wei T'ié-tsu tse-ming-ke ze-heû, ze-i-ke ts'i-tse, ming-deû kiao Lou-i-se, **4** yen-yeû i pei-kiao; ze-i men i lao wo: "Pi-faong ngou pei-tse kiao, è neng-keû wéh ki su?" Ts'i-tse **5** wo: "Wo véh ding, è h'ao wéh zéh gnè gné." Ze-i wo: "Nong wou-dou, ngou i-kieng lao-la-tsé, zieû-ze **6** tsai wéh zéh gnè gné, pi-k'i yong-yeu lai, h'ao seu sa? Wei ki gné-ke sing-ming, séh-t'éh t'ié-daong-ke **7** foh-k'i, ngou ih-ding véh tsou di-ke wou-dou ze-t'i."

Ai, ngou-ke T'ié-tsu, ghieû nong saong-se ngou ling-wen laong-ke liang-koang, koang-tsao ngou-ke sin, se-teh ngou **9** tong-teh di-ke dao-li. Sen-gnu Teh-leh-sèh wo: "Yeû hiu-tou kiao-yeû, vè-tse dou zu, loh di-gnôh, **10** yen-wei sao sin-teh-ke yeu kou". Zah-se gnen siang-sin yeû yong-yeu-ke di-faong, kai-taong siang fèh-tse **11** kieû ling-wen, ghien-kieng ling seng-ze, mei gnéh meh-siang, bi-t'éh vè-zu-ke ki-wei, k'eu-k'ieng hiu-ka-ke

---

il ne s'agit pas de trente ou quarante ans, ni même d'un millier ou d'une dizaine de milliers d'années, c'est pour l'éternité sans fin. **2** Ainsi, c'est une chose d'une souveraine importance, et il est indispensable de s'y bien préparer.

Lorsque Thomas Morus allait mourir pour la foi, Louise sa femme, **4** l'engagea à apostasier; il lui fit cette question: "En supposant que j'apostasie, combien d'années pourrai-je encore vivre?" Sa femme **5** répondit: "On ne peut pas le dire d'une manière certaine, vous pourriez bien vivre encore une vingtaine d'années. — Insensée, répliqua Thomas, je suis déjà vieux; en admettant **6** que je vive encore vingt ans, que serait-ce en comparaison de l'éternité? Comment! pour quelque années de vie, perdre le bonheur du ciel, **7** je ne ferai jamais une telle folie."

Mon Dieu, éclairez mon âme je vous en prie, illuminez mon cœur, afin que **9** je comprenne cette vérité. Ste Thérèse disait: "Bien des chrétiens pèchent mortellement et tombent en enfer **10** par manque de foi." Celui qui croit à l'éternité, doit penser aux moyens **11** de sauver son âme, à fréquenter les sacrements, à méditer chaque jour, à éviter les occasions de péché et à mépriser le monde

10

世俗。

第十五日　想大罪的兇惡

一想　凡於人犯一个大罪、是大大能淩辱天主、惹天主戭火。聖多瑪斯話。要曉得罪个大小、該當看得罪拉个是啥人、犯罪个是啥人。比方得罪一个平常人、是小事體、假使得罪一个官府、罪就大者、若使得罪之皇帝、罪更加來得大。因爲受淩辱个越是尊貴、罪越是重大。天主是最尊貴个、是萬王之王、伊个威嚴是無限量个、普天下个人、搭之天堂上个天神聖人、拉天主門前小得極、像一粒沙泥一樣。依撒亞先知聖人話。天主个尊貴咾光榮、啥人能彀比、世界頭上一總个皇帝、拉天主門前、小來如同無沒。

se-zôh.

Di-song-n gnéh. Siang dou zu-ke hiong-oh.

Ih biang.—Vè-yu gnen vè ih-ke dou zu, dou-dou-neng ling-zôh T'ié-tsu, za T'ié-tsu koang-h'ou. **4** Seng Tou-mô-se wo: "Yao hiao-teh zu-ke dou-siao, kai-taong k'eu teh-zu-la-ke ze sa-gnen, vè-zu-**5**-ke ze sa-gnen." Pi-faong teh-zu ih-ke bing-zang-gnen, ze siao ze-t'i; kia-se teh-zu ih-ke koé-**6**-fou, zu zieû dou tsé; zah-se teh-zu-tse waong-ti, zu keng-ka lai-teh dou; yen-wei zeû ling-zôh-ke **7** yeuh-ze tsen-koei, zu yeuh-ze zong-dou. T'ié-tsu ze tsu tsen-koei-ke, ze vè waong-tse waong; i-ke wei-**8**-gné ze wou-yè-liang-ke; p'ou-t'ié-ya-ke gnen, têh-tse t'ié-daong-laong-ke t'ié-zen seng-gnen, la T'ié-tsu **9** men-zié siao-teh-ghieh, ziang ih-lih souo-gni ih-yang. I-sèh-ya sié-tse seng-guen wo: "T'ié-tsu-ke tsen-**10**-koei lao koang-yong sa-gnen neng-keû pi? Se-ka-deû laong ih-tsong-ke waong-ti, *la T'ié-tsu men-zié siao-***11**-*lai zu-dong m-méh.*"

---

si faux.

15ème Jour.—De la malice du péché mortel.

Ier Point. Le pécheur outrage Dieu.—Celui qui commet un péché mortel, outrage Dieu grièvement et provoque la colère divine. **4** S. Thomas dit: "Pour comprendre la grandeur d'un péché, il faut voir qui est l'offensé et qui est **5** l'offenseur." Ainsi, offenser un homme du peuple, c'est une petite chose; offenser un mandarin, **6** c'est grave; offenser un roi, c'est bien plus grave; parce que plus l'offensé est **7** élevé en dignité, plus l'offense est grande. Dieu est très grand, il est le roi des rois, sa majesté **8** est infinie; tous les hommes de l'univers, avec tous les anges, les saints du ciel, **9** devant Dieu sont petits comme rien, comme un grain de sable. Le prophète Isaie dit: Qui peut **10** être comparé à la grandeur et à la gloire de Dieu? Tous les rois de la terre "*quasi non sint, sic sunt coram eo.*" (Is. 40. 17.)

聖伯爾納多話。人是蛆蟲个袋、蛆蟲个吃局。因爲人死之後來、勿常遠就要爛、蛆蟲要吃、吃得來荒光。聖若望宗徒話。人是無用个、窮苦个、是瞎眼个、又是赤膊身體个。話是無用、因爲人一眼無啥能幹、話是瞎眼、因爲隨便啥勿懂、話是窮苦咾赤膊身體、因爲是一眼無啥。

聖伯爾納多話。一个卑賤稀小个泥蟲、到敢凌辱無限量威嚴个天主、是那能个兇惡。爲此緣故聖多瑪斯話。人犯罪得罪天主、看起來是無窮个兇惡、因爲凌辱無限量个天主咾。聖奧斯定話。大罪个兇惡、是無限量个、故所以雖然拿普天下个人、搭之一總个天神、消滅脫之、爲補一个罪、也補勿到。一總超性學士話。天主用地獄罰大罪、雖然地獄裡个苦、十分利害、到底還

Gnen méh ze sa (人味是啥)? Seng Péh-eul-néh-tou wo: "Gnen ze ts'i-zong-ke dai, ts'i-zong-ke k'ieh-ghiôh." Yen-wei gnen si-tse heû-lai, **2** véh zang-yeu zieû yao lè, ts'i-zong yao k'ieh, k'ieh-teh-lai faong-koang. Seng Zah-waong tsong-dou wo: "Gnen ze m-**3**-yong-ke, ghiong-k'ou-ke, hèh-ngè-ke, i ze ts'ah-pôh sen-t'i-ke." Wo ze m yong, yen-wei gnen ih-**4**-ngè m sa neng-keu; wo ze hèh-ngè, yen-wei zu-bié sa véh tong; wo ze ghiong-k'ou lao ts'ah-pôh sen-**5**-t'i, yen-wei gnen ih-ngè m sa.

Seng Péh-eul-néh-tou wo: "Ih-ke pei-zié hi-siao-ke gni-zong, tao ké ling-zôh wou-yè-liang wei-gné-**7**-ke T'ié-tsu, ze na-neng hiong-oh!" Wei-ts'e-yeu-kou seng Tou-mô-se wo: "Gnen vè-zu teh-zu T'ié-**8**-tsu, k'eu-k'i-lai ze wou-ghiong-ke hiong-oh, yen-wei ling-zôh wou-yè-liang-ke T'ié-tsu lao." Seng Ao-se-**9**-ding wo: "Dou zu-ke hiong-oh ze wou-yè-liang-ke, kou-sou-i su-zé nao p'ou-t'ié-ya-ke gnen, tèh-**10**-tse ih-tsong-ke t'ié-zen, siao-mié-t'éh-tse, wei pou ih-ke zu, a pou-véh-tao." Ih-tsong ts'ao-sing-yah-**11**-ze wo: "T'ié-tsu yong di-gnôh vèh dou zu; su-zé di-gnôh li-ke k'ou zéh-fen li-hai, tao-ti è

Et l'homme, qu'est-il? S. Bernard répond: "C'est un sac de vers, c'est la pâture des vers." Parce que l'homme, peu de temps après sa mort, **2** est en proie à la corruption et dévoré complètement par les vers. Et l'apôtre S. Jean dit que l'homme est 3 "*miser et pauper et cæcus et nudus.*" (Apoc. 3. 17.) Il dit: incapable, parce que l'homme **4** ne peut rien; il dit: aveugle, parce que l'homme ne comprend rien; il dit: aveugle et nu, **5** parce que l'homme n'a rien.

"Un ver si vil, s'écrie S. Bernard, et si petit, a l'audace d'outrager un Dieu d'infinie majesté: **7** quelle perversité!" C'est pour cette raison que S. Thomas dit: "L'offense de l'homme envers Dieu **8** semble contenir une malice infinie, parce qu'il outrage un Dieu infini." Et S. Augustin **9** affirme que la "malice du péché mortel est infinie, d'où il suit que l'anéantissement de tous les hommes et **10** de tous les Anges pour réparer un seul péché serait une réparation insuffisante." Tous les théologiens **11** disent aussi: "Dieu punit le péché mortel par l'enfer; mais, quoique les peines de l'enfer soient si terribles, elles

勿能殼相稱大罪个兇惡。

儂要想天主造拉个一總物事、齊聽天主个命、一个勿强、如同海裡个風浪、雨咾雪、水火氷雹、搭之樣樣無靈个物事、無得一樣勿聽天主个命。單單人敢相反天主个命。人犯罪个時候、好像對天主話、我勿肯服事儂、我要照我个私慾偏情。天主命人話。儂勿要報仇。犯罪人對天主話。我偏生要報仇。天主話。儂勿要偷別人物事。犯罪人話。我一定要偷个。天主話。勿要犯邪淫。犯罪人話。我總要犯个。

什介能犯罪人眞正像厄日多國个皇帝法郎做天主个對頭、膽大咾對天主話。天主、儂是啥人、我勿認得儂、我勿聽儂个命、我要做个事體、總要做个、儂勿要來管我。哎、膽大个犯罪人敢

véh neng-keû siang-ts'eng dou zu-ke hiong-oh."

Nong yao siang T'ié-tsu zao-la-ke ih-tsong méh-ze, zi t'ing T'ié-tsu-ke ming, ih-ke véh ghiang, zu-dong **3** h'ai li-ke fong laong, yu lao sih, se h'ou ping-pao, tèh-tse yang-yang m-ling-sing(性)-ke méh-ze, m-teh ih-**4**-yang véh t'ing T'ié-tsu-ke ming. Tè-tè gnen ké siang-fè T'ié-tsu-ke ming: gnen vè-zu-ke ze-heû, h'ao-**5**-ziang tei T'ié-tsu wo: "T'ié-tsu, ngou véh k'eng woh-ze nong, ngou yao tsao ngou-ke se-yôh-p'ié-zing." T'ié-tsu **6** ming gnen wo: "Nong véh yao pao-zeû." Vè-zu-gnen tei T'ié-tsu wo: "Ngou p'ié-sang yao pao-zeû." —T'ié-tsu wo: **7** "Nong véh yao t'eû biéh-gnen-ke méh-ze." Vè-zu-gnen wo: "Ngou ih-ding yao t'eû-ke." — T'ié-tsu wo: "Véh yao vè **8** zia-yen." Vè-zu-gnen wo: "Ngou tsong yao vè-ke."

Zéh-ka-neng vè-zu-gnen tsen-tseng ziang Ngeh-zéh-tou-kôh-ke waong-ti Fèh-laong, tsou T'ié-tsu-ke tei-deû, **10** tè-dou lao tei T'ié-tsu wo: "T'ié-tsu, nong ze sa-gnen? Ngou véh gnen-teh nong, ngou véh t'ing nong-ke ming; **11** ngou yao tsou-ke ze-t'i, tsong yao tsou-ke, nong véh yao lai koé ngou." Ai, tè-dou-ke vè-zu-gnen ké

---

ne sont pas proportionnées à la malice du péché mortel."

Pensez que toutes les choses créées par Dieu, toutes lui obéissent sans la moindre résistance; ainsi **3** le vent et les vagues de la mer, la pluie et la neige, l'eau, le feu, la grêle et toutes les créatures inanimées, il n'y en a pas **4** une qui n'obéisse à Dieu. Il n'y a que l'homme qui ose résister aux ordres de Dieu; l'homme, quand il pèche, semble **5** dire à Dieu: "Seigneur, je ne veux pas vous servir, je veux agir selon mes passions." Le Seigneur **6** lui dit: "Ne te venge point." Le pécheur répond: "Et moi, je veux absolument me venger."—Dieu dit **7**: "Ne prends pas le bien d'autrui." Le pécheur répond: "Et moi, je veux le prendre."—Dieu dit: "Ne commets pas **8** d'impureté." Le pécheur répond: "Et moi, je veux en commettre."

Ainsi le pécheur, semblable au roi d'Égypte Pharaon, ennemi de Dieu, **10** a l'audace de lui dire: "Seigneur, qui êtes-vous? Je ne vous connais point; je veux pas vous obéir; **11** ce que je veux faire, je le ferai certainement, ne vous occupez pas de moi." Le pécheur est si hardi que d'oser

什介能對天主話。儂仔細想一想。儂是啥人、天主是啥、難道最尊貴个天主、受儂最卑賤人个凌辱、就肯過去咾勿罰个否。儂再要想、儂是一个稀小个物事、那得能彀超過天主呢。天主是全能个、自伊造天地搭之一總物事、只須一句說話、就成功者、若使要滅脫天地、搭之一總物事、也只須一句說話、就滅脫者。天主要罰一个人、勿要費啥心思、一要就可以。人倒膽大咾得罪天主、眞正放肆得極、糊塗勿過。

二想　人失落脫之天主个寵愛、雖然做皇帝、得着世界上一總个福氣、也勿算好、因爲無沒之天主个寵愛、是最大个兇惡。論到天主个寵愛、比之千千萬萬个世界、更加寶貝。但是世界上个人犯罪、輕慢天主、單單爲幾个銅錢、爲一歇个歎火、爲肉

zéh-ka-neng tei T'ié-tsu wo, nong tse-si siang-ih-siang, nong ze sa-gnen, T'ié-tsu ze sa: nè-dao tsu-**2**-tsen-koei-ke T'ié-tsu zeû nong tsu-pei-zié gnen-ke ling-zôh, zieû k'eng kou-k'i lao véh vèh-ke va? Nong **3** tsai yao siang: nong ze ih-ke hi-siao-ke méh-ze, na-teh neng-keû ts'ao-kou T'ié-tsu gni? T'ié-tsu ze **4** zié-neng-ke, ze-i zao t'ié di tèh-tse ih-tsong méh-ze, tséh su ih-kiu seh-wo, zieû zeng-kong-tsé; **5** zah-se yao mié-t'éh t'ié di, tèh-tse ih-tsong méh-ze, a tséh su ih-kiu seh-wo, zieû mié-t'éh-tsé. **6** T'ié-tsu yao vèh ih-ke gnen, véh yao fi sa sin-se: ih-yao zieû k'o-i. Gnen tao tè-dou lao teh-**7**-zu T'ié-tsu, tsen-tseng faong-se-teh-ghieh, wou-dou véh kou.

GNI SIANG.—Gnen séh-loh-t'éh-tse T'ié-tsu-ke tsong-ai, su-zé tsou waong-ti, teh-zah se-ka-laong ih-**9**-tsong-ke foh-k'i, a véh seu h'ao, yen-wei m-méh-tse T'ié-tsu-ke tsong-ai ze tsu dou-ke hiong-oh. **10** Len-tao T'ié-tsu-ke tsong-ai, pi-tse ts'ié-ts'ie-mè-mè-ke se-ka, keng-ka pao-pei. Tè-ze se-ka-**11**-laong-ke gnen vè-zu, k'ieng-mè T'ié-tsu, tè-tè wei ki-ke dong-dié, wei ih-hiéh-ke koang-h'ou, wei gnôh-

---

parler ainsi au Seigneur. Considérez donc minutieusement ce que vous êtes et ce qu'est Dieu: est-ce qu'**2**un Dieu si grand laissera passer, sans les punir, les outrages qu'il reçoit de toi, homme si vil? **3** Réfléchissez encore: vous si petit, comment pouvez-vous donc vous mettre au-dessus de Dieu? Dieu est **4** tout puissant; d'un seul mot, il créa le ciel, la terre et toutes les choses; **5** d'un seul mot, il pourrait anéantir le ciel, la terre et toutes les choses. **6** Pour punir le pécheur, il n'est pas nécessaire que Dieu se tourmente l'esprit: une pensée, et c'est fait. Ainsi l'homme qui ose **7** offenser Dieu est vraiment on ne peut plus désordonné et stupide.

IIe POINT. LE PÉCHEUR DÉSHONORE DIEU.—Celui qui a perdu la grâce de Dieu, fût-il roi, eût-il tout bonheur **9** en ce monde, ne peut plus être compté comme bon, puisque la perte de la grâce sanctifiante est le mal le plus grand. **10** La grâce de Dieu est bien plus précieuse que mille et mille mondes; mais, les hommes **11** en ce monde pèchent et méprisent Dieu, pour quelques sapèques, pour la colère d'un instant, pour un petit

身上一眼邪淫个快樂、或者爲一點个傲氣、就犯罪得罪天主。聖經上天主話。爲一把大麥、爲一塊麵餅、伊拉就得罪自我。達味聖王默想天主个尊貴、就嚇咾話。天主、啥人能彀相像儂呢。到底犯罪个人看勿起天主、拿犯罪个事體看得重。天主用先知依撒意个嘴來話、儂犯罪人、拿我甩拉一邊、連帶裡看也勿要看我、總歸照儂个偏情。聖熱羅尼莫話。犯罪人个心上、無沒天主、伊拉愛拉个物事、就是伊拉个天主。聖多瑪斯話。若使儂愛慕快活咾作樂、第个快活咾作樂、就是儂个本家。聖西彼廉話。凡於人拿愛拉个物事、看來比之天主重、第个物事就是伊个天主。

再要想、人犯罪、勿單單勿聽天主个命、凌辱天主、并且當面輕

sen-laong ih-ngè zia-yen-ke k'oa-loh, woh-tsé wei ih-tié-ke ngao-k'i: zieû vè-zu teh-zu T'ié-tsu. **2** Seng-kieng laong T'ié-tsu wo: "*Wei ih-pouo da-mah, wei ih-k'oei mié-ping, i-la zieû teh-zu ze-ngou*". — Dèh-**3**-vi seng waong meh-siang T'ié-tsu-ke tsen-koei, zieû bah lao wo: "*T'ié-tsu, sa-gnen neng-keû siang-ziang nong gni?*" **4** Tao-ti vè-zu-ke gnen k'eu-véh-k'i T'ié-tsu, nao vè-zu-ke ze-t'i k'eu-teh zong. T'ié-tsu yong sié-**5**-tse I-sèh-i-ke tse lai wo: "Na vè-zu-gnen nao ngou goè-la ih-pié, lié-ta-li k'eu a véh **6** yao k'eu ngou, tsong-koei tsao na-ke p'ié-zing." Seng Zéh-lou-gni-moh wo: "Vè-zu-gnen-ke sin laong m-méh **7** T'ié-tsu, i-la ai-la-ke méh-ze, zieû-ze i-la-ke T'ié-tsu." Seng Tou-mô-se wo: "Zah-se nong **8** ai-mou k'a-wéh lao tsoh-loh, di-ke k'a-wéh lao tsoh-loh zieû-ze nong-ke pen-ka." Seng Si-pi-lié **9** wo: "Vè-yu gnen nao ai-la-ke méh-ze, k'eu-lai pi-tse T'ié-tsu zong, di-ke méh-ze zieû-ze i-**10**-ke T'ié-tsu."

Tsai yao siang, gnen vè-zu véh tè-tè véh t'ing T'ié-tsu-ke ming, ling-zôh T'ié-tsu, ping-ts'ié taong-mié k'ieng-

---

plaisir sensuel, pour un peu d'orgueil: voilà pourquoi on offense Dieu. **2** "*Violabant me*, dit Dieu dans la Ste Écriture, *propter pugillum hordei, et fragmen panis.*" (Ez. 13. 19.) — **3** Le roi David, à la pensée de la grandeur de Dieu, tout ému s'écriait: "*Domine, quis similis tibi?*" (Ps. 34. 10.) **4** Mais les pécheurs méprisent Dieu en lui préférant le péché. Dieu, par **5** la bouche du prophète, nous dit: "Vous autres pécheurs, vous m'avez rejeté, vous n'avez pas **6** voulu même me regarder, vous avez absolument voulu suivre vos mauvais instincts." S. Jérôme dit: "Le pécheur n'a pas Dieu dans **7** son coeur, mais ce qu'il aime est son dieu." De même, S. Thomas affirme: "Si vous **8** aimez le plaisir, ce plaisir est votre maître." Et S. Cyprien: **9** "Celui qui estime un objet aimé plus que Dieu, en fait **10** son dieu."

Encore une considération: le pécheur, non seulement désobéit à Dieu et l'outrage, mais c'est en face qu'il le

慢天主、第个罪更加重。比方一个人背後頭罵儂、還容易忍耐。若使當面罵儂、就勿肯過去者。人犯罪是垃拉天主門前犯罪、傷天主个光榮。拉人門前勿敢做个事體、拉天主門前倒敢做个、豈勿是大大裡輕慢天主否。

聖經上天主話。我充滿天地。就是話我各處地方垃拉。達味聖王話。天主、我勿論走到那裡、儂常常拉我門前。犯罪人勿怕天主、拉天主門前、想要犯啥罪、就犯啥罪、故意惹天主个義怒。天主用先知依撒意个嘴唲話。犯罪人拉我當面犯罪、是惹我䵵火、叫我降罰。

三想　人犯罪勿單單凌辱天主、併且難爲天主、惹天主難過、叫天主當勿起。比方儂愛拉个人、或者受過儂恩典个人、得罪

一百十四

mè T'ié-tsu, di-ke zu keng-ka zong. Pi-faong ih-ke gnen pei heû-deû mô nong, è yong-i zen-nai ; **2** zah-se taong-mié mô nong, zieû véh k'eng kou-k'i-tsé. Gnen vè-zu ze léh-la T'ié-tsu men-zié vè-zu, **3** saong T'ié-tsu-ke koang-yong : la gnen men-zié véh ké tsou-ke ze-t'i, la T'ié-tsu men-zié tao ké tsou-**4**-ke, k'i-véh-ze dou-dou-li k'ieng-mè T'ié-tsu va ?

Seng-kieng laong T'ié-tsu wo : "*Ngou ts'ong-mè t'ié di.*" Zieû-ze wo ngou koh t'su di-faong léh-la. Dèh-vi seng-**6**-waong wo : "T'ié-tsu, ngou véh len tseû-tao a-li, nong zang-zang la ngou men-zié." Vè-zu-gnen véh p'ouo T'ié-**7**-tsu, la T'ié-tsu men-zié siang yao-vè sa zu, zieû vè sa zu, kou-i za T'ié-tsu-ke gni-nou. T'ié-**8**-tsu yong sié-tse I-sèh-i-ke tse lao wo : "Vè-zu-gnen la ngou men-zié vè-zu, ze za ngou koang-**9**-h'ou, kao ngou kiang vèh."

Sè siang. —Gnen vè-zu véh tè-tè ling-zôh T'ié-tsu, ping-ts'ié nè-wei T'ié-tsu, za T'ié-tsu nè-kou, **11** kao T'ié-tsu taong-véh-k'i. Pi-faong nong ai-la-ke gnen, woh-tsé zeû-kou nong en-tié-ke gnen, teh-zu

---

méprise, ce qui est bien plus grave. Si quelqu'un vous maudit par derrière, vous patientez encore facilement ; **2** mais si on vous maudit en face, vous ne le laissez pas passer. L'homme pèche et blesse la gloire de Dieu en présence de Dieu même: **3** oser faire en présence de Dieu ce qu'on n'oserait pas faire devant un homme, **4** n'est-ce pas un affront très grave fait à Dieu ?

Dieu dit dans l'Écriture sainte : "*Cœlum et terram ego impleo.*" (Jer. 23. 24.) C'est-à-dire qu'il est présent en tous lieux. Ainsi, David **6** disait : "Seigneur, que je marche n'importe où, vous êtes toujours devant moi." Mais le pécheur ne craint pas Dieu, **7** et commet en la présence de Dieu le péché qu'il a voulu commettre, provoquant expressément la colère de Dieu : **8** comme Dieu lui-même le dit par le prophète Isaïe : "Ils provoquent ma colère **9** et m'excitent à les punir, en faisant le mal sous mes yeux." (Is. 65. 3.)

IIIe Point. Le pécheur afflige Dieu. —Le pécheur non seulement outrage Dieu, mais il l'atteint et l'afflige **11** au point que Dieu ne peut pas le supporter. L'injure faite par une personne aimée ou qui a reçu vos bienfaits

自儂、儂更加傷心。什介能就可以懂得、天主造伲人、養活伲人、降生受苦受難、爲救贖伲人、賞賜伲人無數个恩典、待伲人實在好、人該當那能樣子愛慕天主、報答天主个恩典。到底人勿單單勿愛慕天主、勿報答天主、還犯罪得罪天主、凌辱咤輕慢天主、看勿起天主、儂想想看、傷天主个心、是那能利害、天主那能受得來呢。

愛慕天主个人、天主拉伊心裡、勿肯犯罪得罪天主。犯罪人勿要天主登拉伊心裡、硬勁趕脫天主。若伯聖人話。犯罪人對天主話。儂離開我罷。儂看犯罪人、何等樣勿好。雖然勿是親口話第个說話。到底伊拉个行事、明白發顯什介。聖額我畧話。犯罪人赶走天主、勿是用說話、是用行事。犯罪人曉得天主頂恨个

ze-nong, nong keng-ka saong-sin. Zéh-ka-neng zieû k'o-i tong-teh T'ié-tsu zao gni-gnen, yang-wéh gni-gnen, **2** kiang-seng zeû-k'ou-zeû-nè wei kieû-zôh gni-gnen, saong-se gni-gnen m-sou-ke en-tié, dai gni-gnen zéh-**3**-zai h'ao, gnen kai-taong na-neng-yang-tse ai-mou T'ié-tsu, pao-tèh T'ié-tsu-ke en-tié! Tao-ti gnen véh **4** tè-tè véh ai-mou T'ié-tsu, véh pao-tèh T'ié-tsu, è vè-zu teh-zu T'ié-tsu, ling-zôh lao k'ieng-mè **5** T'ié-tsu k'eu-véh-k'i T'ié-tsu; nong siang-siang-k'eu, saong T'ié-tsu-ke sin ze na-neng li-hai, T'ié-tsu na-**6**-neng zeû-teh-lai gni?

Ai-mou T'ié-tsu-ke gnen, T'ié-tsu la i sin li, véh k'eng vè-zu teh-zu T'ié-tsu; vè-zu-gnen véh **8** yao T'ié-tsu teng-la i sin li, ngang-kieng keu-t'éh T'ié-tsu. Zah-péh seng-gnen wo: "*Vè-zu-gnen tei T'ié-**9**-tsu wo: nong li-k'ai ngou ba.*" Nong k'eu vè-zu-gnen wou-teng-yang véh h'ao! Su-zé véh ze ts'in k'eû wo **10** di-ke seh-wo, tao-ti i-la-ke hang-ze ming-bah féh-hié zéh-ka. Seng Ngeh-ngou-liah wo: "Vè-zu-**11**-gnen keu-ts'éh T'ié-tsu, véh ze yong seh-wo, ze yong hang-ze." Vè-zu-gnen hiao-teh T'ié-tsu ting hen-ke

---

vous blesse beaucoup plus au cœur. De ceci vous pouvez comprendre que Dieu nous ayant créés et nourris, **2** s'étant incarné et ayant souffert la Passion pour nous racheter, nous ayant accordé d'innombrables bienfaits, nous ayant traités **3** si bien, comprendre, dis-je, combien nous devrions l'aimer et lui montrer notre reconnaissance! Mais non **4** seulement nous n'avons pas aimé Dieu ni montré notre reconnaissance, mais encore nous l'avons offensé par le péché, nous l'avons injurié, méprisé, **5** nous n'avons fait aucun cas de lui; songez donc combien cruellement nous avons blessé le cœur de Dieu! Comment Dieu **6** pourra-t-il supporter cela?

Celui qui aime Dieu, possède Dieu dans son cœur, et ne veut pas l'offenser; mais le pécheur ne **8** veut pas que Dieu habite dans son cœur, il en chasse Dieu. "Les pécheurs, selon le mot de Job, *dixerunt* **9** *Deo: recede a nobis.*" (Job. 21. 14.) Voyez combien les pécheurs sont méchants! Quoique ils ne disent pas **10** cela de bouche, leurs actions montrent le fait. "Ce n'est pas par des paroles, dit S. Grégoire, mais par des actes que les pécheurs **11** expulsent Dieu." Les pécheurs savent bien que Dieu hait souverainement

一百十六

是罪、到底偏生要犯、像殺對天主話。儂旣然勿要看見我个罪、介味勿要搭之我个罪登拉一淘、快點走、我要犯罪哩。人勿會犯大罪个時候、靈魂潔淨咾好看、天主愛慕伊、登拉伊心當中、如同登拉自家皇宮裡。儂想想看、第个人是那能尊貴个。到底一犯之大罪、就拿天主拖出去、天主一離開、魔鬼就進伊个心、所以人犯罪个時候、如同對天主話。儂出去罷、讓魔鬼來登、儂去之、伊就來。

有一回吾主耶穌發顯拉聖女彼利日大對伊話。哎、可憐、我撥拉犯罪人赶出來、魔鬼代替我到伊个心裡、如同一个皇帝、撥百姓赶出之、一个强盜來接伊个位置。儂看犯罪人是那能恘个、那能暴虐个。

ze zu; tao-ti p'ié-sang yao vè-zu, ziang-sèh tei T'ié-tsu wo: "Nong ki-zé véh yao k'eu-kié ngou-ke zu, **2** ka-méh véh yao tèh-tse ngou-ke zu teng-la ih-dao, k'oa-tié tseû, ngou yao vè-zu li."

Gnen véh zeng vè dou zu-ke ze-heû, ling-wen kiéh-zing lao h'ao-k'eu, T'ié-tsu ai-mou i, teng-la i **4** sin taong-tsong, zu-dong teng-la ze-ka waong-kong li: nong siang-siang-k'eu, di-ke gnen ze na-neng tsen-koei-**5**-ke! Tao-ti ih vè-tse dou zu, zieû nao T'ié-tsu t'ou-ts'éh-k'i. T'ié-tsu ih li-k'ai, mô-kiu zieû tsin **6** i-ke sin; sou-i gnen vè-zu-ke ze-heû, zu-dong tei T'ié-tsu wo: "Nong ts'éh-k'i ba, gnang mô-kiu **7** lai teng, nong k'i-tse, i zieû lai."

Yeû ih wei ngou tsu Ya-sou fèh-hié la seng-gnu Pi-li-zéh-da tei i wo: "Ai, k'o-lié! ngou péh-**9**-la vè-zu-gnen keu-ts'éh-lai, mô-kiu dai-t'i ngou tao i-ke sin li; zu-dong ih-ke waong-ti, péh **10** pah-sing keu-ts'éh-tse, ih-ke ghiang-dao lai tsih i-ke wei-tse." Nong k'eu vè-zu-gnen ze na-neng k'ieû-**11**-ke, na-neng bao-gnah-ke!

---

1 péché; ainsi, en s'obstinant à vouloir pécher, ils semblent dire à Dieu: "Puisque vous ne voulez pas voir mon péché, vous ne voulez pas non plus demeurer avec mon péché, **2** eh bien! allez-vous-en vite, parce que je vais pécher."

Celui qui n'a pas encore commis de péché mortel, a l'âme pure et belle, il est aimé de Dieu, qui habite dans son **4** cœur comme dans son propre palais: réfléchissez combien cet homme est noble! **5** Mais dès qu'il pèche mortellement, il met Dieu dehors. À peine Dieu l'a-t-il abandonné, que le démon entre dans **6** son cœur; ainsi l'homme, au moment où il pèche, semble dire à Dieu: "Partez donc, cédez la place au démon: **7** vous parti, lui viendra tout de suite."

Une fois, N.-S. se montra à Ste Brigitte et lui dit: "Ayez pitié de moi, **9** qui suis chassé par les pécheurs; le démon a pris ma place dans leur cœur; je suis comme un roi banni par **10** son peuple et auquel on a fait succéder un brigand." Voyez combien les pécheurs sont mauvais **11** et cruels!

犯罪人得着天主無數个恩典、非但勿愛慕天主、還要得罪天主、該當那能受天主个罰呢。天主用依撒意先知話。天咾地、一總物事、倻聽好拉、我養活拉个小囝、我愛慕咾提拔拉个兒子、倒來輕慢自我。

總而言之、人犯罪、實在傷天主个心、假使天主也能彀難過个、人犯之一个大罪、可以使得天主難過來、到死个地步。有一个有名聲个人、叫默第納、話。大罪个兇惡、是無窮盡个、若然天主能彀憂悶个、大罪老早滅脫天主、因爲天主覺着無限量个憂悶咾。聖伯爾納多話。照大罪个暴虐、能彀弄殺天主。保祿宗徒話。人犯大罪、如同拿耶穌再釘殺拉十字架上。哎、罪呀、罪呀、儂何等樣兇惡、儂什介利害个、我該當那能恨毒儂呢。

Vè-zu-gnen teh-zah T'ié-tsu m-sou-ke en-tié, fi dè véh ai-mou **T'ié-tsu**, è yao teh-zu T'ié-**2**-tsu, kai-taong na-neng zeû T'ié-tsu-ke vèh gni? T'ié-tsu yong I-sèh-i sié-tse wo: "*T'ié lao di, ih-**3**-tsong mèh-ze, na t'ing-k'ao la: ngou yang-wéh-la-ke siao-neu, ngou ai-mou lao di-bèh-la-ke gni-tse,* **4** *tao lai k'ieng-mè ze-ngou!*"

Tsong-eul-yé-tse, gnen vè-zu zéh-zai saong T'ié-tsu-ke sin: kia-se T'ié-tsu a neng-keû nè-kou-ke, **6** gnen vè-tse ih-ke dou zu, k'o-i se-teh T'ié-tsu nè-kou-lai tao si-ke di-bou. Yeû ih-ke **7** yeû ming-sang-ke gnen, kiao Meh-di-néh, wo: "Dou-zu-ke hiong-oh, ze wou-ghiong-zin-ke: zah-zé T'ié-tsu **8** neng-ke yeû-men-ke, dou zu lao-tsao mié-t'éh T'ié-tsu, yen-wei T'ié-tsu koh-zah wou-yè-liang-ke yeû-**9**-men lao". Seng Péh-eul-néh-tou wo: "Tsao dou zu-ke bao-gnah, neng-keû long-sèh T'ié-tsu". Pao-lôh tsong-dou **10** wo: "Gnen vè dou zu, zu-dong nao Ya-sou tsai ting-sèh la zéh-ze-ka laong." Ai, zu a, zu a, nong **11** wou-teng-yang hiong-oh! Nong zéh-ka-neng li-hai-ke, ngou kai-taong na-neng hen-dôh nong gni!

Les pécheurs qui, ayant reçu de Dieu des bienfaits sans nombre, non seulement ne l'ont pas aimé, mais encore l'ont outragé, **2** combien doivent-ils être punis! Dieu dit par le prophète Isaïe: " *Audite coeli,* **3** *auribus percipe terra: filios enutrivi et exaltavi,* **4** *ipsi autem spreverunt me!*" (Is. 1. 2.)

En un mot, les pécheurs blessent vraiment le cœur de Dieu: de manière que si Dieu était capable de douleur, **6** un seul péché mortel suffirait pour le faire mourir de tristesse. **7** Le célèbre P. Médina dit:" La malice du péché mortel est infinie: si Dieu **8** pouvait être sujet à la tristesse, le péché mortel aurait déjà anéanti Dieu, parce que Dieu en aurait senti une tristesse infinie. **9** Et S. Bernard: " Le péché mortel est de sa nature si cruel qu'il tend à tuer Dieu." S. Paul **10** nous dit aussi, que l'homme en péchant mortellement, crucifie de nouveau N.-S. O péché! O péché! **11** Combien tu es cruel! Et puisque tu es si cruel, combien nous devons te haïr!

第十六日　想天主的仁慈

一想　天主个本性是完全好个、情願拿自家个美好、分撥拉人。教化皇聖頁話。天主个本性、是仁慈个、十分願意拿自家个福氣、賞賜拉伲、照伊个本性、勿願意罰人、情願寬免人。有常時天主罰人、是勿得勿然、故所以戡火一過、仍舊可憐人。天主忍耐犯罪个人、實在大極、勿單單勿就去罰伊、還引導伊回頭改過、救伊个靈魂。教友、儂細細能想一想、天主待儂那能仁慈、儂犯之幾化罪、得罪天主、天主能彀就罰儂落地獄、乃現在非但勿罰儂、還用仁慈來待儂、賞賜儂恩典、保存咾養活儂、各樣事體裡、照顧儂保護儂、等儂回頭改過、眞正如同智識經上話。因爲天主等人痛悔改過、假做勿看見人个罪。

Di-zéh-lôh gnéh. Siang T'ié-tsu-ke zen-ze.

IH SIANG.— T'ié-tsu-ke pen-sing ze wé-zié h'ao-ke, zing-gneu nao ze-ka-ke mei-h'ao, fen péh-la **3** gnen. Kiao-h'ouo-waong seng Liang wo: "T'ié-tsu-ke pen-sing ze zen-ze-ke, zéh-fen gneu-i nao ze-ka-ke **4** foh-k'i, saong-se la gni; tsao i-ke pen-sing, véh gneu-i vèh gnen, zing-gneu k'oé-mié gnen." Yeû-zang-ze **5** T'ié-tsu vèh gnen, ze véh-teh-véh-zé; kou-sou-i koang-h'ou ih-kou, zeng-ghieû k'o-lié gnen.

T'ié-tsu zen-nai vè-zu-ke gnen, zéh-zai dou ghieh; véh tè-tè véh zieû k'i vèh i, wè yen-dao i **7** wei-deû-kai-kou, kieû i-ke ling-wen. Kiao-yeû, nong si-si-neng siang-ih-siang T'ié-tsu dai nong na-neng **8** zen-ze: nong vèh-tse ki-h'ouo zu, teh-zu T'ié-tsu, T'ié-tsu neng-keû zieû vèh nong loh di-gnôh; nai yé-**9**- zai fi dè véh vèh nong, wè yong zen-ze lai dai nong, saong-se nong en-tié, pao-zeng lao yang-wéh nong, **10** koh-yang-ke ze-t'i li tsao-kou nong, pao-wou nong, teng nong wei-deû-kai-kou. Tsen-tseng zu-dong Tse-seh kieng **11** laong wo: "*Yen-wei T'ié-tsu teng gnen t'ong-hoei kai-kou, ka tsou véh k'eu-kié gnen-ke zu.*"

16ème Jour.—De la miséricorde de Dieu.

Ier POINT. DIEU ATTEND LE PÉCHEUR.—Dieu, dans sa nature, est tout à fait bon, aussi désire-t-il partager ses biens avec **3** les autres. Le pape S. Léon dit: "Dieu étant de sa nature miséricordieux, désire extrêmement nous communiquer **4** son bonheur; son inclination va non pas àunir, pmais à faire miséricorde." Que si parfois **5** Dieu châtie l'homme, c'est qu'il est forcé; aussi, dès que le moment de sa colère est passé, il a de nouveau compassion.

La patience de Dieu envers les pécheurs est vraiment grande; non seulement il ne les punit pas immédiatement, mais encore il les excite **7** à se convertir et à sauver leur âme. Chrétien, considérez attentivement avec quelle miséricorde Dieu vous a traité: **8** ayant offensé Dieu par tant de péchés, Dieu pouvait vous punir immédiatement en vous envoyant en enfer; mais **9** il ne l'a pas fait, bien plus il vous a traité avec miséricorde, il vous a accordé ses bienfaits, il vous a conservé et nourri, **10** il a pris soin de vous et vous a protégé en toute sorte de rencontres, attendant votre conversion. Il en est vraiment de Dieu comme dit le livre de la Sagesse: **11**. "*Dissimulans peccata hominum propter pœnitentiam.*" (Sap. 11. 24.)

亞巴古先知聖人稀奇天主个仁慈、對天主話。儂是看見勿得罪个、爲啥咾人犯罪、儂勿響呢。第个意思話、伊拉犯邪淫个人、報仇个人、無得一樣勿做个人、日日犯罪、得罪天主、天主爲啥勿罰伊拉。爲啥什介能忍耐。像勿看見个能呢。依撒意亞答應話。天主勿罰犯罪个人、因爲等伊拉回頭改過、救伊拉个靈魂咾。

聖多瑪斯話。天主造拉个一總物事、如同水火氣土、看見人犯罪凌辱天主、齊戴火咾、照自家个本性、願意替天主報仇。但是天主个仁慈實在大、像忘記脫人凌辱伊、勿單單勿罰人、還等人改過。聖經上話。天主勿要犯罪人死、要犯罪人改過咾活。聖奧斯定有一回默想天主个仁慈、稀奇咾話。天主我有一句說

Ya-pouo-kou sié-tse seng-gnen, hi-ghi T'ié-tsu-ke zen-ze, tei T'ié-tsu wo : " *Nong ze k'eu-kié-vèh-teh* **2** *zu-ke : wei-sa-lao gnen vè-zu, nong vèh hiang gni ?* " Di-ke i-se wo : i-la vè zia-yen-ke gnen, **3** pao-zeû-ke gnen, m-teh ih-yang véh tsou-ke gnen, gnéh-gnéh vè-zu teh-zu T'ié-tsu, T'ié-tsu wei-sa **4** véh vèh i-la ? wei-sa zéh-ka-neng zen-nai, ziang véh k'eu-kié-ke-neng gni ? I-sèh-i-ya tèh-yeng **5** wo : " T'ié-tsu véh vèh vè-zu-ke gnen, yen-wei teng i-la wei-deû-kai-kou, kieû i-la-ke ling-wen **6** lao. "

Seng Tou-mô-se wo : " T'ié-tsu zao-la-ke ih-tsong méh-ze, zu-dong se h'ou k'i t'ou, k'eu-kié gnen vè **8**-zu ling-zôh T'ié-tsu, zi koang-h'ou lao, tsao ze-ka-ke pen-sing, gneu-i t'i T'ié-tsu pao-zeû. Tè-ze **9** T'ié-tsu-ke zen-ze zéh-zai dou, ziang maong-ki-t'éh gnen ling-zôh i ,véh tè-tè véh vèh gnen, è teng **10** gnen kai-kou. Seng-kieng laong wo : " *T'ié-tsu véh yao vè-zu-gnen si, yao vè-zu-gnen kai-kou lao wéh.*" Seng **11** Ao-se-ding yeû ih wei meh-siang T'ié-tsu-ke zen-ze, hi-ghi lao wo :" T'ié-tsu, ngou yeû ih-kiu seh-

---

Le prophète Habacuc, étonné de la miséricorde divine, disait à Dieu : "*Respicere ad iniquitatem non poteris :* **2** *quare respicis super iniqua agentes et taces ?*" (Habac. 1. 13.) C'est-à-dire : ces impudiques, ces **3** vindicatifs, ces hommes qui ne reculent devant rien, ils offensent Dieu tous les jours, pourquoi Dieu **4** ne les punit-il pas ? pourquoi est-il donc si patient, comme s'il ne les voyait pas ? Isaïe répond à ceci et **5** dit : " *Propterea expectavit Dominus ut misereatur vestri.*" (Is. 30. 18.) Il ne les punit pas, afin qu'ils se convertissent et sauvent leurs âmes.

S. Thomas dit : " Toutes les créatures, comme l'eau, le feu, l'air, la terre, à la vue de l'homme qui **8** pèche et outrage Dieu, se mettent en colère et, selon leur instinct naturel, voudraient venger Dieu." Mais **9** la miséricorde de Dieu est vraiment grande ; il semblerait que Dieu a oublié les outrages de l'homme, non seulement il ne le punit pas, mais encore il attend **10** sa conversion. La Ste Écriture dit : "*Nolo mortem impii, sed ut convertatur et vivat.*" (Éz. 33. 11.) S. **11** Augustin méditant un jour sur la miséricorde divine, s'écria tout étonné : " Seigneur, j'ai un mot

話、儂勿要怪。若使儂勿是天主、就是勿公道个。儂看伲人拉罪裡向活性命、搭之罪一淘登拉、捨勿得離開、勿是一日咾兩日、一个月咾兩个月、又勿是一年咾二年、好帶年工夫常常犯罪、惹儂天主个義怒、儂味勿單單勿戴火、還用仁慈來待伲、要寬免伲。哎、儂个仁慈、眞正是無限無量个者。

二想 天主个仁慈、勿但等犯罪人改過、還尋犯罪人叫伊拉改過咾做好。聖經上記載元祖亞當吃之命菓、背逆天主、就迯拉一邊。天主个仁慈非但勿罰伊、還尋伊、叫伊咾話。亞當、亞當、儂拉那裡。那能勿看見儂。有人解說第句說話咾話。天主對亞當話个說話、好像爺尋自家个兒子。天主待亞當什介能仁慈、待伲也什介能仁慈、伲好幾回犯罪、天主非但勿罰伲、並且尋

wo, nong. véh yao koa: zah-se nong véh ze T'ié-tsu, zieû ze véh kong-dao-ke. Nong k'eu gni-gnen la zu li-**2**-hiang wéh-sing-ming tèh-tse zu ih-dao teng-la, souo-véh-teh li-k'ai, véh ze ih gnéh lao liang gnéh, **3** ih-ke gneuh lao liang-ke gneuh, i véh ze ih gné lao gni gné, h'ao-ta gné kong-fou zang-zang vè-zu, **4** za nong T'ié-tsu-ke gni-nou, nong méh véh tè-tè véh koang-h'ou, è yong zen-ze lai dai gni, yao k'oé-**5**-mié gni: ai! nong-ke zen-ze tsen-tseng ze ou-yè-ou-liang-ke tsé."

GNI SIANG.—T'ié-tsu-ke zen-ze véh dè teng vè-zu-gnen kai-kou, è zin vè-zu-gnen, kiao i-la **7** kai-kou lao tsou h'ao. Seng-kieng laong ki-tsai gneu tsou Ya-taong k'ieh-tse ming-kou pei-gneh T'ié-tsu, zieû bé-**8**-la ih pié. Tié-tsu-ke zen-ze fi dè véh vèh i, è zin i, kiao i lao wo: "Ya-taong, Ya-taong, **9** nong la a-li? Na-neng véh k'eu-kié nong?" Yeû gnen ka-seh di-kiu seh-wo lao wo: "T'ié-tsu tei Ya-**10**-taong wo-ke seh-wo, h'ao-ziang ya zin ze-ka-ke gni-tse." T'ié-tsu dai Ya-taong zéh-ka-neng zen-ze, **11** dai gni a zéh-ka-neng zen-ze; gni h'ao-ki-wei vè-zu: T'ié-tsu fi dè véh vèh gni, ping-ts'iè zin

---

mais ne me l'imputez pas à mal: si vous n'étiez pas Dieu, vous seriez injuste. Vous voyez comme nous vivons **2** dans le péché, comme nous y sommes attachés, de manière que nous regrettons de nous en séparer, et cela non pas pendant un ou deux jours, **3** un ou deux mois, non pas pendant une ou deux années, mais pendant de longues années nous péchons toujours, **4** nous provoquons votre colère, et vous, non seulement vous ne vous fâchez pas, mais encore vous nous traitez avec miséricorde, et vous désirez **5** nous pardonner! Vraiment votre miséricorde est infinie."

IIe POINT. DIEU APPELLE LE PÉCHEUR.—Non seulement la divine miséricorde attend que le pécheur se convertisse, mais elle cherche le pécheur et l'appelle **7** à se convertir et à faire le bien. L'Écriture sainte rapporte qu'Adam, notre premier père, après s'être révolté contre Dieu en mangeant le fruit défendu, se **8** cachait. La miséricorde de Dieu, au lieu de le punir, alla à sa recherche et l'appela en disant: "Adam, Adam, **9** où es-tu? Comment ne te vois-je pas?" D'aucuns interprètent cette phrase ainsi: "Les paroles de Dieu **10** à Adam sont d'un père qui cherche son fils." La miséricorde dont Dieu usa envers Adam, **11** il en use aussi à notre égard; nous avons péché bien des fois: Dieu, au lieu de nous punir, alla à notre

伲、叫伲回頭改過。有常時動伲个心、默啟伲有好个念頭、有常時使得伲个良心勿平安咾怕、有時候用講道理个人來提醒、有時候用患難來驚醒、或者用伲个親眷朋友來勸化。總而言之、天主用各式各樣法子來救伲、一歇勿停个叫伲。

伲味像殺聾甏、勿聽天主个叫喊。儂个心腸什介能硬、什介能勿聽命、天主該當棄絕儂、勿管儂者。到底天主个仁慈、總要儂救靈魂。儂想想看、儂是啥、天主是啥。儂是一个卑賤咾齷齪个罪人。天主味是尊貴無比个、無限量威嚴个大主。儂倒敢得罪天主否。況且儂越是得罪天主、天主越是叫儂、儂還假做聾甏咾啞子、勿理着天主否。

可憐犯罪人、拿天主趕出去、勿許自伊登拉心裡、拿門關住之、

gni, kiao gni wei-deû-kai-kou : yeû-zang-ze dong gni-ke sin, meh-k'i gni yeû h'ao-ke gnè-deû, yeû-zang-2-ze se-teh gni-ke liang-sin véh bing-eu lao p'ouo, yeû-ze-heû yong kaong-dao-li-ke gnen lai di-sing, 3 yeû-ze-heû yong wè-nè lai kieng-sing, woh-tsé yong gni-ke ts'in-kieu bang-yeû k'ieu-h'ouo : tsong-eul-yé-4-tse, T'ié-tsu yong koh-seh-koh-yang féh-tse lai kieû gni, ih hiéh véh ding-ke kiao gni.

Gni méh ziang-sèh long-bang véh t'ing T'ié-tsu-ke kiao-h'é. Nong-ke sin-zang zéh-ka-neng ngang, zéh-ka-neng 6 véh t'ing-ming, T'ié-tsu kai-taong k'i-ziéh nong, véh koé nong tsé : tao-ti T'ié-tsu-ke zeng-ze tsong yao nong 7 kieû ling-wen. Nong siang-ih-siang-k'eu : nong ze sa? T'ié-tsu ze sa? Nong ze ih-ke pei-zié lao oh-ts'oh-ke 8 zu-gnen : T'ié-tsu méh ze tsen-koei ou pi-ke, ou-yè-liang wei-gné-ke da tsu! Nong tao ké teh-zu 9 T'ié-tsu va? Faong-ts'ia nong yeuh-ze teh-zu T'ié-tsu, T'ié-tsu yeuh-ze kiao nong; nong è ka tsou long-bang 10 lao o-tse, véh li-zah T'ié-tsu va?

K'o-lié vè-zu-gnen nao T'ié-tsu keu-ts'éh-k'i, véh hiu ze-i teng-la sin li, nao men koè-zu-tse,

---

recherche et nous invita à nous corriger : parfois il toucha notre cœur et nous inspira de bonnes pensées, parfois 2 il provoqua des remords et des craintes dans notre conscience, d'autres fois il nous émut par des prédicateurs, 3 d'autres fois il employa les calamités pour nous faire craindre, ou bien il s'est servi de nos parents et amis pour nous convertir : en somme, 4 Dieu employa toute sorte de moyens pour nous sauver, et à chaque instant il ne cessa de nous appeler.

Mais nous, comme des sourds, nous n'avons pas entendu la voix de Dieu. Puisque vous avez le cœur si dur, et ne voulez 6 aucunement obéir, Dieu devait vous rejeter et ne plus s'occuper de vous : cependant la divine miséricorde veut absolument 7 le salut de votre âme. Réfléchissez un peu : qui êtes-vous? qui est Dieu? Vous êtes un vil et sordide 8 pécheur, tandis que Dieu est si grand qu'il n'y a rien de comparable ; il est le souverain maître, d'une majesté infinie. Et vous avez osé outrager 9 Dieu! Et plus vous l'outragiez, plus Dieu vous appelait ; et vous faisiez encore le sourd 10 et le muet, ne répondant pas à Dieu!

Pauvres pécheurs qui ont chassé Dieu et ne veulent pas lui permettre de demeurer dans leur cœur, dont ils ont fermé la porte

勿放天主再進去。天主倒還捨不得離開、等拉門口頭敲開門。聖弟阿尼削話。天主愛犯罪人、愛來倒像糊塗。天主好像對犯罪人話。㑚勿要躲避我、勿要怕我、我勿恨㑚、單要㑚好、願意㑚救靈魂升天堂、爲啥咾㑚要失望呢。聖若伯稀奇天主个仁慈咾話。天主、人有啥好處咾、儂什介能看重伊拉、爲啥咾儂个心、完全放拉人个身上呢。

三想　世界上个皇帝、若使國度裡个人背逆伊、後來雖然懊憹咾改過、求伊寬免、勿單單勿肯收留、還看也弗要看、恨到至極。天主待伲勿是什介。雖然自伊是最尊貴个、是一總皇帝个皇帝、到底伲咾痛悔改過、求天主寬免、天主就肯收留个。聖經上話。若然㑚回頭改過、到天主門前來、天主一定勿勃轉

véh faong T'ié-tsu tsai tsin-k'i ! T'ié-tsu tao wè souo-véh (勿)-teh li-k'ai, teng-la men-k'eû-deû k'ao k'ai men. **2** Seng Di-wou-gni-siah wo : "T'ié-tsu ai vè-zu-gnen, ai-lai tao ziang wou-dou." T'ié-tsu h'ao-ziang tei vè-**3**-zu-gnen wo : "Na véh yao tou-bi ngou, véh yao p'ouo ngou, ngou véh hen na, tè yao na h'ao, gneu-i na **4** kieû ling-wén seng t'ié-daong, wei-sa-lao na yao séh-maong gni ?" Seng Zah-péh hi-ghi T'ié-tsu-ke zen-ze **5** lao wo : *"T'ié-tsu, gnen yeû sa h'ao-ts'u lao, nong zéh-ka-neng k'eu-zong i ? wei-sa-lao nong-ke sin* **6** *wé-zié faong-la gnen-ke sen laong gni ?"*

Sè siang. — Se-ka-laong-ke waong-ti, zah-se kôh-dou-li-ke gnen pei-gneh i, heû-lai su-zé ao-**8**-lao lao kai-kou, ghieû i k'oé-mié, véh tè-tè véh k'eng seû-lieû, è k'eu véh yao k'eu, hen tao tse-**9**-ghieh. T'ié-tsu dai gni véh ze zéh-ka. Su-zé ze-i ze tsu tsen-koei-ke, ze ih-tsong waong-ti-ke **10** waong-ti, tao-ti gni lao t'ong-hoei kai-kou, ghieû T'ié-tsu k'oé-mié, T'ié-tsu zieû k'eng seû-lieû-ke.

Seng-kieng laong wo : *"Zah-se na wei-deû-kai-kou, tao T'ié-tsu men-zié lai, T'ié-tsu ih-ding véh béh-tsé-*

---

et qui ne veulent pas que Dieu y rentre ! Mais Dieu regrettant de les abandonner, se tient à la porte et frappe pour qu'on lui ouvre. **2** S. Denis dit que "Dieu aime les pécheurs jusqu'à paraître insensé." Dieu semble dire aux **3** pécheurs : Ne me fuyez pas, ne craignez pas, je ne vous hais point, je ne veux que votre bien, je désire seulement que votre **4** âme se sauve et monte au ciel : pourquoi donc vous abandonnez-vous au désespoir ? S. Job étonné de la divine miséricorde **5** s'écrie : " *Quid est homo, quia magnificas eum ? aut quid apponis* **6** *erga eum cor tuum ?"* (Job 7. 17.)

IIIe Point. Dieu accueille le pécheur avec bonté. —Les rois de la terre, lorsque les sujets rebelles viennent leur demander pardon après s'être repentis **8** et corrigés, non seulement ne les gardent pas à leur service, mais ne daignent pas même les regarder, ils les haïssent au **9** dernier degré. Dieu ne nous traite pas ainsi. Quoique Dieu soit ce qu'il y a de plus grand, et qu'il soit le **10** roi des rois, il est tout prêt à nous accueillir, si repentants et corrigés nous lui demandons pardon.

La Ste Écriture dit : *"Non avertet faciem suam a vobis, si reversi*

之面孔咾勿看㑚。并且還親自尋犯罪个人咾話。㑚回頭改過罷、我就回轉頭來看㑚。儂看天主个仁慈、是那能大个。

耶穌拉世界上个時候、設一个比方話。有一个看羊人、失脫之一隻羊、後來尋着之、十分快活、對自伊个朋友話。㑚恭喜自我、因爲我失脫拉个羊、尋着拉者。耶穌話第个比方後來、伊自家解說話。一个犯罪人改過、天堂上个天神齊要快活。我主耶穌又話一个敗子回頭个表樣、第个敗子游蕩拉外頭、拿家當弄乾淨之、後來回到屋裡、自伊个爺、勿單單勿責備伊、併且一看見伊、立刻跑出去、抱伊咾親伊个面孔、教相幫人撥伊體面个衣裳來著、請別人吃酒咾慶賀。第个比方、是表明天主个仁慈、拉犯罪人面上、實在大極。犯罪人痛悔咾改過、最是快活天主

tse mié-k'ong lao véh k'eu na." Ping-ts'ié è ts'in-ze zin vè-zu-gnen lao wo: "Na wei-deû-kai-kou **2** ba, ngou zieû wei-tsé deû lai k'eu na." Nong k'eu T'ié-tsu-ke zen-ze ze na-neng dou-ke!

Ya-sou la se-ka-laong-ke ze-heû seh ih-ke pi-faong wo: Yeû ih-ke k'eu-yang-gnen, séh-t'éh-tse **4** ih-tsah yang, heû-lai zin-zah-tse zéh-fen k'a-wéh tei i-ke bang-yeû wo: "Na kong-hi ze-ngou, **5** yen-wei ngou séh-t'éh-la-ke yang zin-zah-la-tsé." Ya-sou wo di-ke pi-faong heû-lai, i-ze-ka **6** ka-seh wo: "Ih-ke vè-zu-gnen kai-kou, t'ié-daong-laong-ke t'ié-zen zi yao k'a-wéh."

Ngou tsu Ya-sou **7** i wo ih-ke ba-tse wei-deû-ke piao-yang. Di-ke ba-tse yeû-daong la nga-deû, nao ka-taong long-**8**-keu-zin-tse, heû-lai wei-tao ôh-li; ze-i-ke ya véh tè-tè véh tsah-bei i, ping-ts'ié ih k'eu-**9**-kié i, lih-k'eh bao-ts'éh-k'i, bao i lao ts'in i-ke mié-k'ong, kao siang-paong-gnen péh i t'i-mié-ke **10** i-zaong lai tsah, ts'ing biéh-gnen k'ieh-tsieû lao k'ing-wou. Di-ke pi-faong ze piao-ming T'ié-tsu-ke zen-ze, **11** la vè-zu-gnen mié-laong, zéh-zai dou-ghieh. Vè-zu-gnen t'ong-hoei lao kai-kou, tsu ze k'a-wéh T'ié-tsu-

---

fueritis ad eum." (II Par. 30. 9.) En outre, Dieu lui-même va à la recherche des pécheurs et leur dit: "Convertissez-vous et **2** je me tournerai vers vous." (Zach. 1. 3.) Voyez comme la miséricorde de Dieu est grande!

Notre-Seigneur étant dans ce monde, raconta cette parabole: Un berger ayant retrouvé **4** une brebis perdue, s'en réjouit fortement et dit à ses amis: "Félicitez-moi, **5** parce que j'ai retrouvé ma brebis qui s'était égarée." N.-S. ayant raconté cette parabole, **6** l'expliqua en disant: "Si un pécheur se convertit, tous les Anges du ciel se réjouissent."

N.-S. **7** raconta aussi l'exemple du retour de l'enfant prodigue. Cet enfant prodigue, ayant en vagabondant dissipé **8** tout son patrimoine, s'en retourna chez lui; son père, non seulement ne le gronda pas, mais dès qu'il l'aperçut, **9** il courut au dehors l'embrasser, le baiser, ordonna aux serviteurs de lui donner de beaux **10** habits, et il invita les autres à un festin de congratulation. Cette parabole montre comment la miséricorde de Dieu **11** envers les pécheurs est vraiment grande à l'extrême. Le pécheur qui se repent et se convertit, réjouit immensément le cœur

个心、勿單單天主勿罰伊、併且拿恩典來撥拉伊。聖經上話。假使罪人改過遷善、痛悔咾做補贖、我就忘記脫伊拉个罪。達味聖王向天主話。儂勿看輕謙遜咾痛悔个心。依撒意先知話。天主饒赦自伲、爲自伊有光榮。又話。罪人、儂哭自家个罪、天主就要可憐儂、勿許儂常常哭、天主聽見儂喊伊个聲氣、立刻就答應儂。教友、儂看天主什介能仁慈、還勿肯改過、熱心恭敬天主否。

第十七日　想妄靠天主的仁慈

一想　聖瑪竇記載耶穌一个比方話。有一个本家、刻刻種之小麥、就有一个對頭人來撒稗草子。等到長起來个時候、做生活人看見之有稗草、問本家話。儂許伲去拔脫否、本家話。勿要、

ke sin, vèh tè-tè T'ié-tsu véh vèh i, ping-ts'ié nao en-tié lai péh-la i.

Seng-kieng-laong wo: "*Kia-se zu-gnen kai-kou-ts'ié-zé, t'ong-hoei lao tsou pou-zôh, ngou zieû maong-ki-t'éh i-***3***-la-ke zu.*" Dèh-vi seng waong hiang T'ié-tsu wo: "*Nong vèh k'eu-k'ieng k'ié-sen lao t'ong-hoei-ke sin.*" I-sèh-**4**-i sié-tse wo: "*T'ié-tsu gnao-souo ze-gni, wei ze-i yeû koang-yong.*" I wo: "Zu-gnen, nong k'ôh ze-ka-**5**-ke zu, T'ié-tsu zieû yao k'o-lié nong, véh hiu nong zang-zang k'ôh, *T'ié-tsu t'ing-k'ié nong h'è i-ke sang-***6***-k'i, lih-k'eh zieû tèh-yeng nong.*" Kiao-yeû, nong k'eu T'ié-tsu zéh-ka-neng zen-ze! È véh k'eng kai-kou, gnéh-**7**sin kong-kieng T'ié-tsu va?

Di-zéh-ts'ih gnéh. Siang waong k'ao T'ié-tsu-ke zen-ze.

Ih siang.—Seng Mô-deû ki-tsai Ya-sou ih-ke pi-faong wo: "Yeû ih-ke pen-ka k'eh-k'eh tsong-tse **10** siao-mah, zieû yeû ih-ke tei-deû-gnen lai sèh ba-ts'ao tse: teng-tao tsang-k'i-lai-ke ze-heû, tsou-sang-**11**-wéh gnen, k'eu-kié-tse yeû ba-ts'ao, men pen-ka wo: "Nong hiu gni k'i bèh-t'éh "va?" Pen-ka wo: "Véh yao,

---

de Dieu; non seulement Dieu ne le punit pas, mais il le comble encore de bienfaits.

La Ste Écriture: "*Si impius egerit pœnitentiam, omnium iniquitatum ejus* **3** *non recordabor.*" (Ez. 18. 21.) Le saint roi David disait aussi à Dieu: "*Cor contritum et humiliatum, Deus, non despicies.*" (Ps. 50. 19.) **4** "Dieu sera glorifié en vous pardonnant," dit le prophète Isaïe, "*exaltabitur parcens vobis.*" Et le même prophète ajoute: "Pécheur, dès que tu pleureras tes **5** péchés, Dieu aura pitié de toi, il ne te laissera pas pleurer toujours, *ad vocem clamoris tui, statim* **6** *ut audierit, respondebit tibi.*" (Is. 30. 18.) Voyez, chrétien, combien Dieu est miséricordieux! Et vous ne voulez pas vous convertir? **7** Vous ne voulez pas servir Dieu avec ferveur?

17ème Jour. — Abus de la divine miséricorde.

Ier Point. Dieu est miséricordieux, mais aussi il est juste. S. Matthieu rapporte cette parabole de N.-S.: "Un propriétaire avait à peine semé **10** du froment, que son ennemi vint y semer de l'ivraie. Lorsqu'elle eut grandi, **11** les serviteurs s'aperçurent qu'il y avait de l'ivraie, et dirent au maître: "Voulez-vous que nous allions l'arracher?" — "Non, répondit le maître,

等到小麥熟之、我呌斫麥个人、先拔稗草來燒脫。照第个比方、
就可以曉得、一面發顯天主个仁慈、忍耐犯罪人、等伊拉改過。
一面發顯天主个公義、到之時候、要重重能罰犯罪人。
聖奧斯定話。魔鬼用兩樣法子誘感人犯罪。一樣用失望、一樣
用瞎望。失望就是人犯之罪後來、魔鬼嚇伊咾話。天主最來得
公道个、儂犯之罪、得罪天主利害勿過、天主一定要罰儂、總勿
寬免儂、就引誘伊失望。瞎望味、就是人犯之罪後來、魔鬼誘感
伊話。儂勿要怕、天主最來得仁慈个、雖然儂犯無數个罪、總勿
罰儂、儂犯罪味者、勿要怕啥。
魔鬼用第个兩樣法子、勿曉得害脫幾化人个靈魂、爲此緣故、
聖奧斯定教訓伲話。人犯罪个後來、該當盼望天主饒赦、犯罪

"teng-tao siao-mah zôh-tse, ngou kao tsoh mah-ke gnen sié "bèh ba-ts'ao lai sao-t'éh." Tsao di-ke pi-faong, **2** zieû k'o-i hiao-teh, ih mié fèh-hié T'ié-tsu-ke zen-ze zen-nai vé-zu-gnen, teng i-la kai-kou; **3** ih mié fèh-hié T'ié-tsu-ke kong-gni, tao-tse ze-heû, yao zong-zong-neng vèh vè-zu-gnen.

Seng Ao-se-ding wo: "Mô-kiu yong liang yang fèh-tse yeû-ké gnen vè-zu: ih-yang yong séh-maong, ih-yang **5** yong hèh maong. Séh-maong zieû-ze gnen, vè-tse zu heû-lai, mô-kiu hah i lao wo: "T'ié-tsu tsu-lai-teh **6** kong-dao-ke, "nong vè-tse zu, teh-zu T'ié-tsu li-hai véh kou, T'ié-tsu ih-"ding yao vèh nong, tsong véh **7** k'oé-mié nong", zieû yen-yeû i séh-maong. Hèh-maong méh, zieû-ze gnen vè-tse zu heû-lai, mô-kiu yeû-ké **8** i wo: "Nong véh yao p'ouo, T'ié-"tsu tsu-lai-teh zen-ze-ke, su-zè nong vè m-sou-ke zu, tsong "véh **9** vèh nong: nong vè-zu méh-tsé, véh yao p'ouo sa."

Mô-kiu yong di-ke liang yang fèh-tse, véh hiao-teh hai-t'éh ki-h'ouo gnen-ke ling-wen; wei-ts'e-yeu-kou **11** seng Ao-se-ding kiao-hiun gni wo: "Gnen vè-zu-ke heû-lai, kai-taong p'è-maong T'ié-tsu gnao-souo; vè-zu-

---

"lorsque le froment sera mûr, j'ordonnerai aux moisson-"neurs d'arracher d'abord l'ivraie et de la brûler." De cette parabole, **2** nous apprenons d'une part, comment la divine miséricorde est patiente envers le pécheur, attendant sa conversion; **3** d'autre part elle montre comment la justice divine, une fois le temps arrivé, punit très sévèrement les pécheurs.

Selon S. Augustin, deux sortes de moyens sont employés par le démon pour solliciter les hommes au péché: le désespoir et **5** la présomption. Le désespoir, c'est-à-dire quand l'homme, après avoir péché, se laisse épouvanter par le démon qui lui dit: "Dieu est très **6** juste, or par tes péchés tu l'as offensé à l'excès, il te punira donc certainement, et il ne **7** consentira jamais à te pardonner." C'est par ces mots que le démon le sollicite au désespoir. La présomption, c'est-à-dire quand, l'homme ayant péché, le démon le tente **8** en lui disant: "Ne crains rien, Dieu est très miséricordieux, quoique tes péchés soient sans nombre, Dieu ne **9** te punira pas: pèche donc, de quoi as-tu peur?"

On ne peut pas savoir combien d'âmes le démon a perdues par ces deux moyens. De là **11** cet avis de S. Augustin: "Après le péché, espérez de Dieu le pardon; avant le

个前頭該當怕天主个罰、什介能味、就勿失望、也勿瞎盼望。失望个人、勿能彀救靈魂。瞎盼望个人、也勿能彀救靈魂。

有幾个犯罪人話。天主是仁慈个、我現在犯什介能个罪、勿碍啥、我還可以後來辦神工、怕啥呢。聖奧斯定話。靠託天主仁慈咾犯罪个、落地獄實在多極。因爲瞎靠託天主个仁慈咾勿肯改過、頂惹天主个義怒。所以聖經上話。儂勿要話天主个仁慈是大得極个、我就是犯無數个罪、天主也肯寬免我个。有一日吾主耶穌發顯拉聖婦彼利日大話。我是公道个、也是仁慈个、犯罪人但不過想我个仁慈、想勿着我个公道。聖巴西略話。天主是好个、也是公道个、促勿要單單想好个一面、忘記公道个一面。該當想天主是仁慈个、又是公道个。天主果然允

ke zié-deû, kai-taong p'ouo T'ié-tsu-ke vèh." Zéh-ka-neng méh, zieû véh séh-maong, a véh hèh p'è-maong. Séh-2-maong-ke gnen, véh neng-keû kieû ling-wen; hèh p'è-maong-ke gnen, a véh neng-keû kieû ling-wen.

Yeû ki-ke vè-zu-gnen wo: "T'ié-tsu ze zen-ze-ke, ngou yé-zai vè zéh-ka-neng-ke zu, véh ngai 4 sa, ngou è k'o-i heû-lai bè-zen-kong, p'ouo sa gni?" Seng Ao-se-ding wo: "K'ao-t'oh T'ié-tsu zen-ze 5 lao vè-zu-ke, loh di-gnôh zéh-zai tou ghieh. Yen-wei hèh k'ao t'oh T'ié-tsu ke zeng-ze lao véh k'eng 6 kai-kou, ting za T'ié-tsu-ke gni-nou." Sou-i seng-kieng laong wo: "*Nong véh yao wo: T'ié-tsu-ke zen-ze 7 ze dou-teh-ghieh-ke, ngou zieû-ze vè m-sou-ke zu, T'ié-tsu a k'eng k'oé-mié ngou-ke.*"

Yeû ih gnéh ngou tsu Ya-sou fèh-hié la seng-wou Pei-li-zéh-da wo: "Ngou ze kong-dao-ke, a ze 9 zen-ze-ke: vè zu-gnen tè-péh-kou siang ngou-ke zen-ze, siang-véh-zah ngou-ke kong-dao." Seng Pouo-si-10-liah wo: "T'ié-tsu ze h'ao-ke, a ze kong-dao-ke, gni véh yao tè-té siang h'ao-ke ih-mié, maong-ki 11 kong-dao-ke ih mié." Kai-taong siang T'ié-tsu ze zen-ze-ke, i ze kong-dao-ke; T'ié-tsu kou-zé yun-

---

péché, craignez les châtiments divins." Ainsi l'on évitera le désespoir, et la présomption. 2 Ceux qui désespèrent, ne sauveront point leur âme; ceux qui sont présomptueux, ne la sauveront pas non plus.

Il y a des pécheurs qui disent: "Dieu est miséricordieux; si à présent je commets ce péché, cela ne fait rien, 4 je pourrai m'en confesser dans la suite, pourquoi craindre?" S. Augustin dit: "Ils sont extrêmement nombreux dans l'enfer, ceux qui ont 5 péché confiants en la miséricorde de Dieu. La raison en est que celui qui s'appuie à l'aveugle sur la miséricorde de Dieu et ne veut pas 6 se convertir, provoque le plus sa colère." Aussi la Ste Écriture nous avertit: "*Ne dicas: miseratio Domini 7 magna est, multitudinis peccatorum meorum miserebitur.*" (Eccli. 5. 6.)

Un jour, N.-S. apparut à Ste Brigitte et lui dit: "Je suis juste et 9 miséricordieux: mais les pécheurs pensent seulement à ma miséricorde, et ne pensent pas à ma justice." S. Basile 10 dit aussi: "Dieu est bon, mais aussi il est juste, nous ne devons pas penser à sa bonté et oublier 11 sa justice." Il faut donc songer que Dieu est miséricordieux et juste: Dieu de fait a promis

許用仁慈來待人、到底勿是許拉隨便啥人、是許拉怕天主个人、勿是許拉勿怕天主个人。人咾勿怕天主、瞎靠託天主个仁慈、介味天主單單用公道來待伊。

聖基所話。幾時魔鬼誘惑儂犯罪咾話。勿要怕、天主是仁慈个、小心呀、勿要相信伊个說話、因爲是哄騙儂。照聖伯爾納多个說話、路濟弗爾犯之罪、天主爲啥咾登時立刻就罰伊。因爲自伊想天主勿罰伊个咾。聖經上記載瑪納瑟皇帝痛悔改過之後來、天主就饒赦伊。伊个兒子叫亞蒙、看見自家个爺、什介能容易得着天主个寬免、就放肆咾作惡、勿想改過、天主立刻就罰伊。

什介能看起來、天主勿是常常忍耐个、假使常常忍耐、介味無

hiu yong zen-ze lai dai gnen, tao-ti véh ze hiu-la zu-bié sa-gnen, ze hiu-la p'ouo T'ié-tsu-ke **2** gnen, véh ze hiu-la véh p'ouo T'ié-tsu-ke gnen. Gnen lao véh p'ouo T'ié-tsu, hèh k'ao-t'oh T'ié-tsu zen-**3**-ze, ka-méh T'ié-tsu tè-tè yong kong-dao lai dai i.

Seng Ki-sou wo: "Ki-ze mô-kiu yeû-ké nong vè-zu lao wo: Véh yao p'ouo, T'ié-tsu ze zen-ze-ke: **5** siao-sin a! Véh yao siang-sin i-ke seh-wo, yen-wei ze h'ong-p'ié nong." Tsao seng Péh-eul-néh-tou-ke **6** seh-wo, Lou-tsi-féh-eul vè-tse zu, T'ié-tsu wei-sa-lao teng-ze-lih-k'eh zieû vèh i? Yen-wei ze-**7**-i siang T'ié-tsu véh vèh i-ke lao.—Seng-kieng laong ki-tsai Mô-néh-seh waong-ti t'ong-hoei kai-kou-tse **8** heû-lai, T'ié-tsu zieû gnao-souo i: i-ke gni-tse kiao Ya-maong k'eu-kié ze-ka-ke ya, zéh-ka-neng **9** yong-i teh-zah T'ié-tsu-ke k'oé-mié, zieû faong-se lao tsoh-oh, véh siang kai-kou: T'ié-tsu lih-k'eh zieû **10** vèh i.

Zéh-ka-neng k'eu-k'i-lai, Tié-tsu véh ze zang-zang zen-nai-ke; kia-se zang-zang zen-nai, ka-méh m

---

de traiter avec miséricorde non pas n'importe qui, mais ceux qui le craignent, **2** et non pas ceux qui ne le craignent point. Quant à ceux qui n'ont pas la crainte de Dieu, et qui se confient aveuglément en la miséricorde de Dieu, **3** Dieu ne les traitera que selon sa justice.

S. Jean Chrysostome dit: "Quand le démon vous sollicite au péché en disant: Ne crains pas, Dieu est miséricordieux: **5** attention, n'y croyez pas, car il vous trompe." Pourquoi, d'après S. Bernard, **6** après son péché Lucifer fut-il à l'instant puni par le Seigneur? Parce qu'**7**il pensait qu'il ne serait pas puni.—L'Écriture sainte raconte que le roi Manassès s'étant converti, **8** Dieu lui pardonna immédiatement; Amon, son fils, voyant que son père avait si **9** facilement obtenu le pardon de Dieu, s'adonna à une vie déréglée et criminelle, ne pensant pas à se convertir; aussi Dieu le **10** punit à l'instant.

Ainsi vous voyez que Dieu ne patiente pas toujours; s'il patientait toujours,

啥人落地獄者。到底照大概明白人个道理、大一半開明悟拉个教友、落地獄个、齊是因爲瞎靠託天主个仁慈、放肆犯罪个緣故。一个人靠託天主个仁慈咾犯罪、是譏笑天主、還勿該應受罰否。所以教友儂小心、勿要瞎靠託天主个仁慈。要救靈魂、總該當立功勞咾做補贖、第个是罷勿得个一條路。

二想　有个人話。我犯過歇幾化罪、天主一向寬免我、我想後來犯之罪、天主仍舊肯寬免我、怕啥耶。聖保祿話。儂那能輕慢天主个好心咾、天主个忍耐、難道儂勿曉得天主用仁慈來待儂、是望儂改過否。

小心呀、假使得儂勿肯改過、天主一定要罰儂者。天主用日勒彌亞个嘴來話。我管巴比羅个百姓、管勿好、就要棄絶伊拉者。

sa gnen loh di-gnôh-tsé : tao-ti tsao da-kai ming-bah-gnen-ke dao-li, dou ih pé k'ai-ming-ngou-la-2-ke kiao-yeû loh di-gnoh-ke ; zi zu yen-wei hèh k'ao-t'oh T'ié-tsu-ke zen-ze, faong-se vè-zu-ke 3 yeû-kou. Ih-ke gnen k'ao-t'oh T'ié-tsu-ke zen-ze lao vè-zu, ze ki-siao T'ié-tsu, è véh kai-yeng 4 zieû vèh va? Sou-i, kiao-yeû, nong siao-sin, véh yao hèh k'ao-t'oh T'ié-tsu-ke zen-ze ; yao kieû ling-wen, 5 tsong kai-taong lih kong-lào lao tsou pou-zôh, di-ke ze ba-véh-teh-ke ih-diao lou.

Gni siang.—Yeû-ke gnen wo : "Ngou vè-kou-hiéh ki-h'ouo zu, T'ié-tsu ih-hiang k'oé-mié ngou, ngou siang heû-7-lai vè-tse zu, T'ié-tsu zeng-ghieû k'eng k'oé-mié ngou, p'ouo sa ya?" Seng Pao-lôh wo : "*Nong na-neng k'ieng-mè* 8 *T'ié-tsu-ke h'ao sin lao T'ié-tsu-ke zen-nai? nè-dao nong véh hiao-teh T'ié-tsu yong zen-ze lai dai* 9 *nong, ze maong nong kai-kou va?*"

Siao-sin a! kia-se-teh nong véh k'eng kai-kou, T'ié-tsu ih-ding yao vèh nong tsé. T'ié-tsu yong Zéh-leh-11-mi-ya-ke tse lai wo : "*Ngou koé Pouo-pi-lou-ke pah-sing ; koé véh h'ao, zieû yao k'i-ziéh i-la tsé.*"

---

personne ne se damnerait : or, d'après la plupart des savants, plus de la moitié des adultes 2 chrétiens seront damnés ; la cause en est que, confiants en la miséricorde divine, ils pèchent 3 sans retenue. Celui qui pèche dans l'espoir d'obtenir de Dieu miséricorde, se joue de Dieu : est-ce qu'il ne devra pas 4 subir le châtiment? Ainsi, chrétien, n'abusez pas de la miséricorde de Dieu ; si vous voulez sauver votre âme, 5 vous devez acquérir des mérites et faire le bien, voilà la route que vous devez nécessairement suivre.

IIe Point. Le pécheur abandonné de Dieu.—Quelqu'un dira : "J'ai commis bien des péchés et Dieu jusqu'à présent m'a toujours pardonné ; je pense 7 que si je pèche dans la suite, Dieu me pardonnera comme auparavant : pourquoi craindrais-je ?" S. Paul dit : "*An divitias* 8 *bonitatis ejus et patientiæ contemnis? ignoras quoniam benignitas Dei* 9 *ad pœnitentiam te adducit?*" (Rom. 2. 4.)

Prenez garde! si vous refusez de vous convertir, Dieu vous punira certainement. Dieu dit par la bouche de 11 Jérémie : "*Curavimus Babylonem, et non est sanata ; derelinquamus eam.*" (Jer. 51. 9.)

第句說話是可怕个、因爲幾時天主棄絕个人、就勿肯賞賜伊格外个聖寵、勿肯另外相帮伊改過、讓伊死拉罪裡。第个人个明悟、就糊塗、靈魂上無沒光照、伊个心也硬者、習慣犯罪、單想世界上个福氣、忘記脫天堂、第个是最可怕个罰。聖伯爾納多默想第个道理、怕得利害、求天主話。天主、儂讓犯罪人世界上有福氣、我勿要什介能个仁慈、因爲第个仁慈、比之罰更加勿好。日勒彌亞先知話。天主爲啥咾讓犯罪人稱心適意、是像人家養胡羊、養壯之、就要殺伊。犯罪人拉世界上有福氣、是勿好个大憑據、就是天主棄絕伊拉、聽憑伊拉享世界上个福氣、死之後來、罰伊拉落地獄。併且人拉世界上、犯罪越多、拉地獄裡受苦也越大。聖額我畧話。天

Di-kiu seh-wo ze k'o-p'ouo-ke, yen-wei ki-ze T'ié-tsu k'i-ziéh-ke gnen, zieû véh k'eng saong-se i 2 keh-wai-ke seng-ts'ong, véh k'eng ling-nga siang-paong i kai-kou, gnang i si-la zu li. Di-ke gnen-ke 3 ming-ngou zieû wou-dou, ling-wen laong m-méh koang-tsao, i-ke sin a ngang-tsé, zih-koè vè-zu, tè siang 4 se-ka-laong-ke foh-k'i, maong-ki-t'éh t'ié-daong, di-ke ze tsu k'o-p'ouo-ke vèh.

Seng Péh-eul-néh-tou meh-siang di-ke dao-li, p'ouo-teh li-hai, ghieû T'ié-tsu wo: "T'ié-tsu, nong gnang vè-6-zu-gnen se-ka-laong yeû foh-k'i; ngou véh yao zeh-ka-neng-ke zen-ze, yen-weî di-ke zen-ze, pi-7-tse vèh k'eng-ka véh h'ao." Zéh-leh-mi-ya sié-tse wo: "T'ié-tsu wei-sa-lao gnang vè-zu-gnen ts'eng-sin-8-seh-i? Ze ziang gnen-ka yang wou-yang, yang-tsaong-tse, zieû yao sèh i."

Vè-zu-gnen la se-ka-laong yeû foh-k'i, ze véh h'ao-ke dou bing-kiu; zieû-ze T'ié-tsu k'i-ziéh i-10-la, t'ing-bing i-la hiang se-ka-laong-ke foh-k'i, si-tse heû-lai vèh i-la loh di-gnôh. Ping-ts'ié 11 gnen la se-ka-laong vè-zu yeuh tou, la di-gnôh li zeû-ke k'ou a yeuh dou. Seng Ngeh-ngou-liah wo: "T'ié-

---

Ces paroles sont terribles, parce que, quand Dieu abandonne quelqu'un, c'est qu'il lui refuse 2 les grâces extraordinaires, il ne veut pas l'aider d'une manière particulière à se convertir, et il le laisse mourir dans le péché. L'intelligence de 3 cet homme est obscurcie, son âme n'est plus éclairée, son cœur s'endurcit, il s'habitue au péché, il ne pense 4 qu'au bonheur d'ici-bas, et il oublie le ciel: voilà le plus terrible des châtiments.

S. Bernard, en méditant cette vérité, était saisi d'une grande crainte et priait Dieu ainsi: "Seigneur, vous accordez aux 6 pécheurs le bonheur en ce monde; loin de moi cette miséricorde, bien plus funeste que 7 tout châtiment." Le prophète Jérémie disait: "Pourquoi Dieu permet-il aux pécheurs d'être si satisfaits 8 et si contents? C'est comme celui qui nourrit des brebis, une fois qu'elles sont engraissées, il les tue." (Jér. 12. 3.)

C'est un très mauvais signe pour les pécheurs de prospérer en ce monde; c'est que Dieu les a rejetés, 10 il les laisse jouir du bonheur d'ici-bas, pour les punir après leur mort dans l'enfer. En outre, 11 plus ils auront péché dans ce monde, plus ils seront tourmentés en enfer. "Dieu, dit S. Grégoire,

主現在勿罰罪人、到之罰个時候、要罰得更加重。所以儂勿要話。我小到大、罪犯來勿少、一大裡下來、天主勿曾罰我。第句說話、萬萬話勿得、恐怕天主个公義到之、罰儂更加利害。

三想　前頭垃拉巴來爾茂地方、有兩个人、大家最話得來、有一日兩家頭出去孛相、兩个人當中、一个名頭叫責瑟助、是戲子、自伊看見自家个朋友、跌倒之頭、發顯有心事个樣式、就問伊話。儂有啥事體、豈勿是預備辦神工否。儂勿曉得前頭有一个神父、叫辣奴撒勸我話。天主賞賜儂還要活十二年、該當趁第个時候、改過、勿什介能要受天主个罰、得勿着好死。神父教訓我後來、我也勿曾改過、經過之幾化地方、從來勿曾生歇病。單單近來生一个重病、幾幾乎死、到底現在覺着比之前頭更

tsu yé-zai véh vèh zu-gnen, tao-tse vèh-ke ze-heû, yao-vèh-teh keng-ka zong". Sou-i nong véh yao **2** wo: "Ngou siao tao dou, zu vè-lai véh sao, ih-da-li-hao-lai T'ié-tsu véh zeng vèh ngou". Di-kiu seh-**3**-wo vè-vè wo-véh-teh, k'ong-p'ouo T'ié-tsu-ke kong-gni tao-tse, vèh nong keng-ka li-hai.

Sè siang. — Zié-deû léh-la Pouo-lai-eul-meû di-faong, yeû liang-ke gnen, da-ka tsu wo-teh-lai. Yeû **5** ih gnéh liang-ka-deû ts'éh-k'i béh-siang ; liang-ke gnen taong-tsong, ih-ke, ming-deû kiao Tseh-seh-leh, ze hi-**6**-tse ; ze-i k'eu-kié ze-ka-ke bang-yeû, ts'ong-tao-tse deû, fèh-hié yeû sin ze-ke yang-seh, zieû men **7** i wo : "Nong yeû sa ze-t'i ? K'i-véh-ze yu-bei bè-zen-kong va ? Nong véh hiao-teh zié-deû yeû ih-**8**-ke zen-vou, kiao Lèh-ndu-sèh, k'ieu ngou wo : "T'ié-"tsu saong-se nong è yao wéh zéh-gni gné, kai-taong ts'en "**9** di-ke ze-heû kai-kou ; véh zéh-ka-neng yao zeû T'ié-tsu-"ke vèh, teh-véh-zah h'ao si..." Zen-vou kiao-**10**-hiun ngou heû-lai, ngou a véh zeng kai-kou ; kieng-kou-tse ki-h'ouo di-faong, zong-lai véh zeng sang-hiéh bing. **11** Tè-tè ghien-lai sang ih-ke zong-bing, ki-ki-wou si ; tao-ti yé-zai koh-zah pi-tse zié-deû keng-

---

ne punit pas pour le moment les pécheurs, mais lorsque le temps de leur châtiment sera arrivé, ils seront punis bien davantage." Ainsi ne **2** dites pas : "Depuis mon enfance, j'ai beaucoup péché, et cependant Dieu ne m'a pas encore puni." Des paroles **3** semblables ne doivent aucunement se dire, de crainte que, le temps de la justice étant arrivé, vous ne soyez plus terriblement puni.

IIIe Point. Malheur a celui qui laisse passer le temps de la miséricorde.—Autrefois, il y avait à Palerme deux hommes qui étaient grandement amis. **5** Un jour, ils sortirent pour s'amuser ; un d'eux, appelé César, qui était comédien, **6** voyant son ami qui allait la tête baissée, comme s'il avait quelque chose au cœur, lui dit: "Qu'as-tu donc ? Est-ce que tu prépares ta confession ? Tu ne sais pas encore qu'autrefois **8** le P. La Nuza m'exhorta ainsi : "Dieu "te donne encore douze ans de vie, tu dois profiter **9** de ce "temps pour te corriger, autrement Dieu te punira et tu feras "une mauvaise mort..." Après cette **10** exhortation, je ne me suis nullement converti ; j'ai voyagé dans bien des pays, je ne suis jamais tombé malade, **11** sinon que dernièrement je fis une maladie très grave, j'ai été sur le point d'en mourir ; mais à présent je me sens plus

加强健。照神父話拉个十二年、就拉第个月裡滿者、所以我請儂贍禮七上、看一臺好戲。第臺戲是我新做拉个。話好之、各人大家轉去。到之贍禮七上、果然伊个朋友來看戲。第个一日是西洋一千六百六十八年十一月廿四日。戲子責撒肋就上臺做戲、貼正拉開口唱戲个時候、心裡斷之一根血絡、就死者。可憐伊從戲臺上跳到地獄裡。

教友、現在我勸儂小心、勿要話。我身體還强健拉哩、犯罪怕啥、等到死个時候咾救靈魂、還勿算遲。第个是魔鬼个哄騙、勿要上伊个擋、世界上年紀輕咾强健个、忽然間生起病來咾死个、也勿少。

恐怕天主等儂个時候滿者、若使再勿改過、天主就要罰儂。比

ka ghia-ghié. Tsao zen-vou wo-la-ke zéh-gni gné, zieû la di-ke gneuh li mé-tsé; sou-i ngou ts'ing 2 nong tsé-li-ts'ih-laong k'eu ih-dai h'ao hi; di-dai hi ze ngou sin tsou-la-ke." Wo-h'ao-tse, koh-gnen 3 da-ka tsé-k'i. Tao-tse tsé-li-ts'ih-laong, kou-zé i-ke bang-yeû lai k'eu hi: di-ke ih gnéh ze 4 si-yang ih-ts'ié-lôh-pah-lôh-zéh-pèh-gné zéh-ih gneuh gnè-se gnéh. Hi-tse Tseh-sèh-leh zieû zaong-dai 5 tsou hi: t'ih-tseng la k'ai k'eû ts'aong hi-ke ze-heû, sin li deu-tse ih-ken hieuh-loh, zieû si-tsé. K'o-6-lié i zong hi-dai laong t'iao-tao di-gnôh li.

Kiao-yeû, yé-zai ngou k'ieu nong siao-sin véh yao wo: "Ngou sen-t'i è ghia-ghié-la-li, vè-zu p'ouo sa? 8 Teng-tao si-ke ze-heû lao kieû ling-wen, è véh seu ze." Di-ke ze mô-kiu-ke h'ong-p'ié, véh yao 9 zaong i-ke taong. Se-ka-laong gné-ki-k'ieng lao ghia-ghié-ke, féh-zé-kè sang-k'i bing lai lao si-ke, 10 a véh sao.

K'ong-p'ouo T'ié-tsu teng nong-ke ze-heû mé tsé; zah-se tsai véh kai-kou, T'ié-tsu zieû yao vèh nong. Pi-

---

fort qu'auparavant. Les douze années dont m'a parlé le Père, s'accomplissent ce mois-ci: ainsi, je 2 t'invite à venir samedi prochain voir une belle comédie que j'ai composée récemment." Après ce discours, chacun 3 s'en retourna chez soi. Arrivé au samedi, l'ami alla de fait voir la comédie: c'était 4 le 24 novembre 1668. Le comédien César monta sur la scène 5 pour jouer la comédie; et juste au moment où il ouvrait la bouche pour chanter, une veine du cœur se brisa, et il mourut à l'instant. 6 Hélas! il sauta de la scène en enfer.

Chrétien, je vous exhorte à faire attention à ne pas dire: "Je suis encore fort, si je pèche, qu'y a-t-il à craindre? 8 Attendre la mort pour se sauver, ce n'est pas trop tard." Voilà une ruse du démon, ne donnez pas 9 dans le piège. Les hommes jeunes et forts qui tout à coup tombent malades et meurent, 10 ne sont pas peu nombreux dans ce monde.

Peut-être que le temps va finir, où Dieu a voulu vous attendre; et, si vous ne vous convertissez pas, vous serez puni. Si

方儂得罪天主个事體、用來得罪世界上个人、只須一回兩回、別人也勿肯忍耐儂、就要搭儂講情理者。但是天主个仁慈、勿像人个小器。天主忍耐儂、等儂到現在、儂若使還勿肯改過、天主就勿肯用仁慈、要用公義來罰儂、無啥疑惑。所以儂勿要靠託天主个仁慈咾犯罪、要趁天主肯用仁慈个時候、快點做好咾補贖前頭犯拉个罪。

第十八日　想罪的數目

一想　聖經上話。因爲天主勿是就罰人、故所以人敢犯罪。照天主个公義、人犯之罪、立刻就罰、也是該當。但是天主个仁慈、勿肯立刻就罰、等人改過、望人救靈魂。人昧勿曉得天主个愛情、瞎靠託天主个仁慈、只管犯罪凌辱天主。到底天主勿是常

faong nong teh-zu T'ié-tsu-ke ze-t'i, yong-lai teh-zu se-ka-laong-ke gnen, tséh-su ih wei liang wei, **2** biéh-gnen a véh k'eng zen-nai nong, zieû yao tèh nong kaong zing-li tsé. Tè-ze T'ié-tsu-ke zen-ze véh **3** ziang gnen-ke siao-k'i : T'ié-tsu zen-nai nong, teng nong tao yé-zai ; nong zah-se è véh k'eng kai-kou, T'ié-**4**-tsu zieû véh k'eng yong zen-ze, yao yong kong-gni lai vèh nong, m sa gni-woh. Sou-i nong véh yao k'ao-**5**-t'oh T'ié-tsu-ke zen-ze lao vè-zu ; yao ts'en T'ié-tsu k'eng yong zen-ze-ke ze-heû, k'oa-tié tsou h'ao **6** lao pou-zôh zié-deû vè-la-ke zu.

Di-zéh-pèh gnéh. Siang zu-ke sou-moh.

Ih siang.— Seng-kieng laong wo : "*Yen-wei T'ié-tsu véh ze zieû vèh gnen, kou-sou-i gnen ké vè-zu.*" Tsao **9** T'ié-tsu-ke kong-gni, gnen vè-tse zu, lih-k'eh zieû vèh, a ze kai-taong : tè-ze T'ié-tsu-ke zen-ze **10** véh k'eng lih-k'eh zieû vèh, teng gnen kai-kou, maong gnen kieû ling-wen. Gnen méh véh hiao-teh T'ié-tsu-ke ai-**11**-zing, hèh k'ao-t'oh T'ié-tsu-ke zen-ze, tséh-koé vè-zu ling-zôh T'ié-tsu. Tao-ti T'ié-tsu véh ze zang-

---

vous aviez une ou deux fois seulement fait pour offenser quelqu'un ce que vous avez fait pour offenser Dieu, **2** on ne voudrait plus vous supporter, et on vous en demanderait raison. Mais la miséricorde de Dieu n'est pas **3** comme la petitesse humaine : Dieu vous a supporté et vous a attendu jusqu'à présent ; si vous ne voulez pas encore vous convertir, **4** Dieu ne voudra plus user de sa miséricorde, il se servira de sa justice pour vous punir, il n'y a pas de doute. Donc, ne péchez plus en vous **5** confiant en la divine miséricorde ; profitez du temps où Dieu veut user de sa miséricorde ; hâtez-vous de faire le bien, **6** et de faire pénitence des péchés que vous avez commis.

18ème Jour. Du nombre des péchés.

Ier point. La mesure est fixe pour chacun. La Ste Écriture dit : "*Quia non profertur cito contra malos sententia, filii hominum perpetrant mala.*" (Eccl. 8. 11.) Selon **9** la justice divine, dès que l'homme a péché, il devrait être immédiatement puni : mais la divine miséricorde **10** ne consent pas à ce que l'homme soit puni tout de suite, elle attend qu'il se corrige, dans l'espoir qu'il sauvera son âme. Cependant, les hommes ne comprennent pas l'amour de Dieu, **11** et s'appuyant à l'aveugle sur la divine miséricorde, ils pèchent et outragent Dieu sans relâche. Mais Dieu ne

常忍耐个、到之自家定當拉个時候、就勿忍耐哰要罰人者。
照大概聖人个說話、天主忍耐人犯罪、有一定个數目。天主定
當拉寬免幾輪、數目滿之、就勿寬免者。伊拉話、如同天主爲各
人定當世界上活幾日、也老早定當寬免各人幾个罪、多一个
就勿寬免。比方天主定當爲某人寬免幾輪、某人寬免幾輪、滿
之數目、朝後再要犯罪咊、就勿寬免者。
智識經上話。天主定當哰安排人个一總事體如同輕重大小
長短个數目、齊有一定个界限。所以人該當怕、要怕自家犯个
罪、過之定當拉个數目、天主總勿肯寬免者。第端道理拉聖經
上好多回話過歇。有一个地方話。亞毛來義人个罪、還勿曾滿
數目、幾時滿之第个數目、天主就要罰伊拉。

zang zen-nai-ke ; tao-tse ze-ka ding-taong-la-ke ze-heû, zieû véh zen-nai lao yao vèh gnen tsé.

Tsao da-kai seng-gnen-ke seh-wo, T'ié-tsu zen-nai gnen vè-zu, yeû ih-ding-ke sou-môh. T'ié-tsu ding-**3**-taong-la k'oé-mié ki t'aong ; sou-môh mé-tse, zieû véh k'oé-mié tsé. I-la wo : Zu-dong T'ié-tsu wei koh-**4**-gnen ding-taong se-ka-laong wéh ki gnéh, a lao-tsao ding-taong k'oé-mié koh-gnen ki-ke zu, tou ih-ke **5** zieû véh k'oé-mié. Pi-faong T'ié-tsu ding-taong wei meu-gnen k'oé-mié ki t'aong, meu-gnen k'oé-mié ki-t'aong ; mé-**6**-tse sou-moh, zao-heû tsai yao vè-zu méh, zieû véh k'oé-mié tsé.

Tse-séh kieng laong wo : *T'ié-tsu ding-taong lao eu-ba gnen-ke ih-tsong ze-t'i, zu-dong k'ieng-zong dou-siao* **8** *zang-teu-ke sou-moh, zi yeû ih-ding-ke ka-hè.*" Sou-i gnen kai-taong p'ouo, yao p'ouo ze-ka vè-ke **9** zu, kou-tse ding-taong-la-ke sou-moh, T'ié-tsu tsong véh k'eng k'oè-mié tsé. Di-teu dao-li la seng-kieng **10** laong h'ao-ta-wei wo-kou-hiéh. Yeû ih-ke di-faong wo : "*Ya-mao-lai-gni gnen-ke zu, è véh zeng mé* **11** *sou-moh.*" Ki-ze mé-tse di-ke sou-moh, T'ié-tsu zieû yao vèh i-la.

---

patiente pas toujours ; arrivé le temps fixé, il ne patiente plus et punit.

D'après le sentiment de la plupart des saints, le nombre des péchés que Dieu supporte est déjà fixé. Ainsi, Dieu a **3** déterminé de pardonner tant de fois ; ce nombre rempli, il ne pardonnera plus. Les saints disent : Comme Dieu a déjà fixé pour chaque **4** homme le nombre de jours qu'il vivra, ainsi il a déjà déterminé le nombre de péchés qu'il lui pardonnera ; si on en commet un de plus, **5** il n'y aura plus de pardon. Ainsi, Dieu a déjà réglé de pardonner à un tel tant de fois, à un autre tant de fois ; **6** ce nombre rempli, si on pèche dans la suite, il n'y a plus de pardon.

Le Livre de la Sagesse dit : "*Omnia in mensura et numero* **8** *et pondere disposuisti.*" (Sap. 11. 21.) Chaque chose a une limite déjà fixée. Ainsi, nous devons craindre que nos péchés **9** ne dépassent le nombre fixé et n'obtiennent plus le pardon de Dieu. Il est question bien souvent dans la Ste Écriture **10** de cette vérité. Dans un endroit, elle dit : "*Necdum enim completæ sunt iniquitates Amorrhæorum.*" (Gen. 15. 16.) **11** Ainsi, lorsque ce nombre sera rempli, Dieu les punira.

聖經上又話。現在朝後、我勿肯再可憐依辣厄爾百姓。拉別个地方又話。爲做過歇補贖个罪、儂勿要多放心咾一眼勿怕、也勿要罪上加罪、勿肯改過。第个就是話、犯罪人要緊有怕懼个心、勿單單後來勿敢犯罪、就是前頭犯過拉个罪、也該當怕懼。爲啥咾要怕呢。因爲從前犯拉个罪、雖然已經寬免拉者、若使從新再犯一个、加拉前頭个罪上、恐怕要滿定當拉个數目者、什介能味、就救勿着靈魂咾、要受天主个罰者。

瑪加伯經上話。天主忍耐第个國度、勿曾罰伊拉、是等伊拉个罪惡滿之、就要罰伊拉。聖經上記載撒伍爾皇帝對先知撒慕爾話。求儂擔當我个罪、搭之我一淘回轉去、恭敬天主。撒慕爾話。我勿搭儂轉去、因爲儂輕慢天主个說話、勿聽天主个命、天

Seng-kieng laong i wo: "*Yé-zai zao-heû ngou véh k'eng tsai k'o-lié I-lèh-ngeh-eul pah-sing.*" La biéh-ke **2** di-faong i wo: "*Wei tsou-kou-hiéh pou-zôh-ke zu, nong véh yao tou faong-sin lao ih-ngè véh p'ouo, a* **3** *véh yao zu laong ka zu, véh k'eng kai-kou*". Di-ke zieû-ze wo: vè-zu-gnen yao-kien yeû p'ouo-ghiu-ke **4** sin, véh tè-tè heû-lai véh ké vè-zu, zieû-ze zié-deû vè-kou-la-ke zu a kai-taong p'ouo-ghiu. **5** Wei-sa-lao yao p'ouo gni? Yen-wei zong-zié vè-la-ke zu, su-zé i-kieng k'oé-mié-la-tsé, zah-se **6** zong-sin tsai vè ih-ke, ka-la zié-deû-ke zu laong, k'ong-p'ouo yao mé ding-taong-la-ke sou-moh tsé, **7** zéh-ka-neng méh kieû-véh-zah ling-wen lao, yao zeû T'ié-tsu-ke vèh tsé.

Mô-kia-péh kieng laong wo: "*T'ié-tsu zen-nai di-ke kôh-dou, véh zeng vèh i-la, ze teng i-la-ke* **9** *zu-oh mé tsé, zieû yao vèh i-la.*" Seng-kieng laong ki-tsai Sèh-wou-eul waong-ti tei sié-tse Sèh-mou-**10**-eul wo: "*Ghieû nong tè-taong ngou-ke zu, tèh-tse ngou ih-dao wei-tsé-k'i, kong-kieng T'ié-tsu.* Sèh-mou-eul **11** wo: "*Ngou véh tèh nong tsé-k'i, yen-wei nong k'ieng-mè T'ié-tsu-ke seh-wo, véh t'ing T'ié-tsu-ke ming, T'ié-*

La Ste Écriture dit encore; "*Non addam ultra misereri domui Israël.* (Os. 1. 6.) Ailleurs, **2** elle dit: "*De propitiato peccato noli esse incredulus,* **3** *neque adjicias peccatum supra peccatum.*" (Eccli. 5. 5.) C'est-à-dire que le pécheur doit craindre, **4** de manière non seulement à ne plus oser pécher, mais aussi à trembler pour les péchés qu'il a commis. **5** Pourquoi cela? Parce que, bien que ces péchés soient déjà remis, si **6** on commet une nouvelle faute, celle-ci s'ajoutant aux précédentes, il peut se faire qu'elle réalise le nombre fixé, **7** et ainsi on ne pourra plus se sauver, et on sera puni par Dieu.

Dans le livre des Machabées, on dit: "*Dominus patienter expectat ut eas (nationes)... in* **9** *plenitudine peccatorum puniat.*" (2. Mach. 6. 14.) L'Écriture sainte rapporte que le roi Saül dit au prophète Samuel: **10** "*Porta, quæso, peccatum meum, et revertere mecum ut adorem Dominum.*" Samuel lui **11** répondit: "*Non revertar tecum; quia projecisti sermonem Domini,*

主已經棄絶儂者。
巴爾大撒皇帝輕慢聖拉个物事、用堂裡个金酒杯、搭之妃子咾客人一淘吃酒。貼正拉吃个時候、看見一隻手拉墻上寫字、伊勿懂啥意思、請達尼厄爾先知來解說。達尼厄爾先知一看、替伊解說咾話。天主公義个天平秤、拉秤自儂、曉得儂單單有罪、無得功勞、儂个罪惡已經滿拉者、天主要罰儂、儂个國度要滅脫、自家要死。果然第个一夜、敵拉別人殺脫、國度味搶去。
哎、眞正可憐、有幾化人單單貪世界頭上个福樂、隨便自家犯罪、總勿改過。伊拉个罪滿之數目、貼正拉得意个時候、忽然間刑罰到者、人味死、世界上个福氣完全甩脫、還落地獄、受永遠个苦。伊垃拉世界上享過拉个福氣、搭之犯拉个罪、像一堆柴、

tsu i-kieng k'i-ziéh nong tsé."

Pouo-eul-da-sèh waong-ti k'ieng-mè seng-la-ke méh-ze, yong daong li-ke kien tsieû-pei, tèh-tse fi-tse **3** lao k'ah-gnen ih-dao k'ieh tsieû. T'ih-tseng la k'ieh-ke ze-heû, k'eu-kié ih-tsah seû la ziang laong sia ze: **4** i véh tong sa i-se, ts'ing Dèh-gni-ngeh-eul sié-tse lai ka-seh. Dèh-gni-ngeh-eul sié-tse ih k'eu, **5** t'i i ka-seh lao wo: "T'ié-tsu-ke kong-gni-ke t'ié-bing-ts'eng, la ts'eng ze-nong, hiao-teh nong tè-tè yeû **6** zu, m-teh kong-lao; nong-ke zu-oh i-kieng mé-la-tsé, T'ié-tsu yao vèh nong, nong-ke kôh-dou yao **7** miéh-t'éh, ze-ka yao si." Kou-zé di-ke ih ya, péh-la biéh-gnen sèh-t'éh, kôh-dou méh ts'iang-k'i.

Ai, tsen-tseng k'o-lié: yeû ki-h'ouo gnen tè-tè t'é se-ka-deû-laong-ke foh-loh, zu-bié ze-ka vè-**9**-zu, tsong véh kai-kou. I-la-ke zu mé-tse sou-moh, t'ih-tseng la teh-i-ke ze-heû, féh-zé-kè **10** yeng-vèh-tao-tsé, gnen méh si, se-ka-laong-ke foh-k'i wé-zié goè-t'éh, è loh di-gnôh zeû yong-yeu-**11**-ke k'ou. I-la (拉) la se-ka laong hiang-kou-la-ke foh-k'i, tèh-tse vè-la-ke zu, ziang ih tei za,

---

et projecit te Dominus." (I Reg. 15. 25.)

Le roi Balthazar ayant profané des objets sacrés, en buvant du vin avec ses concubines **3** et ses hôtes, dans les vases du temple; juste pendant qu'il buvait, il vit une main qui écrivait sur le mur certains caractères: **4** n'en comprenant pas le sens, il invita le prophète Daniel à le lui expliquer. Daniel à première vue **5** le lui expliqua et dit: "La balance de la divine justice, en vous pesant, trouva que vous n'avez que **6** des péchés et pas de mérites; vos péchés ont rempli la mesure, Dieu va vous punir, votre royaume sera **7** détruit et vous périrez." De fait, il fut tué cette nuit-là et son royaume passa à d'autres.

Hélas! c'est vraiment déplorable: bien des hommes ne pensent qu'au bonheur d'ici-bas, ils pèchent à leur gré **9** et ne se corrigent point. Lorsque leurs péchés atteindront le nombre fixé, juste au moment où ils seront contents, le châtiment **10** arrivera à l'improviste, ils mourront, ils devront abandonner le bonheur de ce monde, et ils seront précipités en enfer, pour subir une peine **11** éternelle. Le bonheur dont ils auront joui dans ce monde et les péchés qu'ils auront commis, seront comme un tas de bois,

點着之咾燒伊拉。伊垃拉世界上、罪犯得越多、拉地獄裡受个苦越重。所以教友、儂要小心躲避犯罪、因爲勿曉得天主定當寬免儂幾輪。假使得儂个罪滿之數目、天主就勿饒赦儂者。

二想 有一等犯罪人話。我年紀還輕拉裡、難道我个罪就滿數否、怕啥呢。儂話儂个年紀還輕、到底天主勿看人个年紀大咾小、單單看人个罪犯得多咾少。並且天主定當寬免人犯罪个數目、勿是一樣个。有个人天主寬免伊一百輪、有个寬免一千輪、有个寬免一頭兩輪、犯之第三輪、天主就勿寬免者。有个一輪也勿寬免、伊拉犯之頭一个罪、天主个公義、就罰伊拉落地獄。

聖額我畧記載有一个五歲个小囝、話之一句咒駡天主个說

tié-zah-tse lao sao i-la; i-la la se-ka-laong zu vè-teh yeuh tou, la di-gnôh li zeû-ke **2** k'ou yeuh zong. Sou-i kiao-yeû, nong yao siao-sin tou-bi vè-zu, yen-wei véh hiao-teh T'ié-tsu ding-taong **3** k'oé-mié nong ki t'aong: kia-se-teh nong-ke zu mé-tse sou-moh, T'ié-tsu zieû véh gnao-souo nong-tsé.

Gni siang. — Yeû ih teng vè-zu-gnen wo: "Ngou gné-ki è k'ieng la-li, nè-dao ngou-ke zu zieû mé **5** sou va? P'ouo sa gni?" Nong wo nong-ke gné-ki è k'ieng, tao-ti T'ié-tsu véh k'eu gnen-ke gné-ki dou **6** lao siao, tè-tè k'eu gnen-ke zu vè-teh tou lao sao. Ping-ts'ié T'ié-tsu ding-taong k'oé-mié gnen vè-zu-**7**-ke sou-moh véh ze ih-yang-ke: yeû-ke gnen T'ié-tsu k'oé-mié ih-pah t'aong, yeû-ke k'oé-mié ih **8** ts'ié t'aong; yeû-ke k'oé-mié ih deû liang t'aong, vè-tse di-sè t'aong, T'ié-tsu véh k'oé-mié tsé; yeû-ke **9** ih t'aong a véh k'oé-mié, i-la vè-tse deû-ih-ke zu, T'ié-tsu-ke kong-gni zieû vèh i-la loh **10** di-gnôh.

Seng Ngeh-ngou-liah ki-tsai yeû ih-ke n su-ke siao-neu, wo-tse ih-kiu tseû-mô T'ié-tsu-ke seh-

---

qui après avoir été allumé les brûlera; plus ils auront péché dans ce monde, plus ils souffriront **2** dans l'enfer. Ainsi, chrétien, évitez avec soin le péché, parce que vous ignorez combien de fois Dieu a décrété **3** de vous faire grâce: si vos péchés atteignent le nombre déterminé, Dieu ne vous pardonnera plus.

IIe Point. La mesure n'est pas la même pour tous.— Des pécheurs disent: "Je suis encore jeune, est-ce que mes péchés vont déjà remplir **5** la mesure? Qu'ai-je à craindre?" Vous dites que vous êtes jeune, mais ieu Dne regarde pas si vous êtes jeune **6** ou vieux, il fait seulement attention au nombre de vos péchés. En outre le nombre de péchés que Dieu est déterminé à pardonner, **7** n'est pas égal pour tous: Dieu pardonne à l'un cent péchés, à l'autre **8** mille; à tel autre un ou deux péchés, au troisième péché il n'y aura pas de pardon; il y en a **9** auxquels Dieu ne pardonne pas même un péché, au premier péché la justice divine les condamne à l'**10**enfer.

S. Grégoire rapporte d'un enfant de cinq ans, qu'ayant proféré un blasphème,

話、天主就罰伊落地獄。有一回聖母對聖女本達話。有一个十二歲个小姑娘、頭一回犯罪、天主頃刻就罰伊落地獄。又有一个八歲个小囝、頭一䡴犯罪、立刻就死咾落地獄。儂看天主什介能公義、儂怕呢勿怕。所以該當常常小心、勿敢犯罪、得罪天主。

古經上記載天主話。我可憐達瑪斯各个百姓三䡴、若使第四䡴犯罪、我就勿可憐。恐怕有人要話。爲啥咾三䡴寬免之、第四䡴就勿寬免呢。第个事體人勿要瞎話、第个是天主个意思、勿是人可以測度个。聖奥斯定話。單單天主曉得啥人該當寬免、啥人勿該當寬免。寬免个、是天主仁慈賞賜拉个、勿寬免个、是天主个公義定當拉个。

wo, T'ié-tsu zieû vèh i loh di-gnoh. Yeû ih-wei seng Mou tei seng-gnu Pen-dah wo : "Yeû ih-ke zéh-**2**-gni su-ke siao kou-gnang, deû-ih wei vè-zu, T'ié-tsu k'ieng-k'eh zieû vèh i loh di-gnôh." I yeû ih-**3**-ke pèh su-ke siao-neu, deû-ih t'aong vè-zu, lih-k'eh zieû si lao loh di-gnôh. Nong k'eu T'ié-tsu zéh-**4**-ka-neng kong-gni, nong p'ouo gni véh p'ouo? Sou-i kai-taong zang-zang siao-sin, véh ké vè-zu teh-zu T'ié-**5**-tsu.

Kou-kieng laong ki-tsai T'ié-tsu wo : "Ngou k'o-lié Dèh-mô-se-kôh-ke pah-sing sè t'aong, zah-se di-se **7** t'aong vè-zu, ngou zieû véh k'o-lié." K'ong-p'ouo yeû gnen yao wo : "Wei-sa-lao sè t'aong k'oé-mié-tse, di-se **8** t'aong zieû véh k'oé-mié gni?" Di-ke ze-t'i gnen véh yao hèh wo : di-ke ze T'ié-tsu-ke i-se, véh **9** ze gnen k'o-i ts'eh-doh-ke. Seng Ao-se-ding wo : "Tè-tè T'ié-tsu hiao-teh sa-gnen kai-taong k'oé-mié, **10** sa-gnen véh kai-taong k'oé-mié : k'oé-mié-ke, ze T'ié-tsu zen-ze saong-se-la-ke ; véh k'oé-mié-ke, ze **11** T'ié-tsu-ke kong-gni ding-taong-la-ke."

---

il fut précipité en enfer. Une fois, la Ste Vierge dit à le servante de Dieu Benoîte (de Florence), qu'une **2** petite fille de douze ans, au premier péché, fut immédiatement condamnée à l'enfer. **3** Un enfant de huit ans, après le premier péché, mourut à l'instant et se damna. Voyez comment **4** agit la divine justice, et vous, la craignez-vous? Ainsi, il faut toujours veiller sur soi et ne pas être si hardi que d'offenser Dieu.

Il est rapporté dans l'Ancien Testament que Dieu dit : "J'ai eu pitié du peuple de Damas jusqu'à trois fois, au quatrième **7** crime je ne lui ferai plus grâce." (Amos 1. 3.) On demandera peut-être : "Pourquoi Dieu ayant pardonné trois fois, **8** ne veut-il pas pardonner la quatrième ?" On ne doit pas plaisanter sur ces choses : c'est le jugement de Dieu, **9** l'homme ne peut pas le conjecturer. S. Augustin dit : "Dieu seul sait à qui il faut pardonner, **10** et à qui il ne faut pas pardonner : le pardon, c'est la divine miséricorde qui l'accorde ; le refus du pardon, c'est **11** la justice de Dieu qui le décrète."

有一等偏生犯罪个人話。我前頭好幾回犯罪、天主味一向饒赦我、我現在再犯罪、想起來天主也肯饒赦个。我答應伊話。天主到乃勿曾罰儂、勿要想天主常常勿罰个、等儂个罪滿之數目、一定要罰、無得啥疑惑个。聖經上話。儂勿要話、我犯罪弗碍啥、從來勿曾碰着歇啥患難。聖基所話。儂若是勿曾碰着啥患難、更加可怕、因爲罰得來遲點、罰更加要重。伲犯之罪、天主加伲患難、是驚醒伲、痛悔改過。若使天主一眼勿加啥苦頭、伲想勿着改過、比方劃勢能死之落地獄、豈勿是更加可怕否。啥人得着天主格外个聖寵、起初熱心恭敬天主、喜歡做好工夫、後來辜負天主个恩典、慢慢之冷淡、犯罪咾勿肯改過、到末脚受个罰、更加來得重。

Yeû ih teng p'ié-sang vè-zu-ke gnen wo: "Ngou zié-deû h'ao-ki-wei vè-zu, T'ié-tsu méh ih-hiang gnao-**2**-souo ngou; ngou yé-zai tsai vè-zu, siang-k'i-lai T'ié-tsu a k'eng gnao-souo-ke." Ngou tèh-yeng i-la wo: "T'ié-**3**-tsu tao-nai véh zeng vèh nong, véh yao siang T'ié-tsu zang-zang véh vèh-ke; teng nong-ke zu mé-tse sou-**4**-moh, ih-ding yao vèh, m-teh sa gni-woh-ke." Seng-kieng laong wo: "*Nong véh yao wo : ngou vè-zu véh ngai* **5** *sa, zong-lai véh zeng bang-zah-hiéh sa wè-nè.*" Seng Ki-sou wo: "Nong zah-ze véh zeng bang-zah sa wè-**6**-nè, keng-ka k'o-p'ouo, yen-wei vèh-teh-lai ze tié, vèh keng-ka yao zong." Gni vè-tse zu, T'ié-tsu ka **7** gni wè-nè, ze kieng-sing gni t'ong-hoei kai-kou; zah-se T'ié-tsu ih-ngè véh ka sa k'ou-deû, gni siang-**8**-véh-zah kai-kou: pi-faong wa-séh-neng si-tse loh di-gnôh, k'i-véh-ze keng-ka k'o-p'ouo va?

Sa-gnen teh-zah T'ié-tsu keh-wai-ke seng-ts'ong, k'i-ts'ou gnéh-sin kong-kieng T'ié-tsu, hi-hoé tsou h'ao kong-**10**-fou, heû-lai kou-wou T'ié-tsu-ke en-tié, mè-mè-tse lang-dè vè-zu lao véh k'eng kai-kou, tao-méh-**11**-kiah zeû-ke vèh keng-ka lai-teh zong.

Un pécheur obstiné répliquera: "J'ai tant de fois péché, et Dieu m'a jusqu'à présent **2** pardonné; j'espère que Dieu me pardonnera encore le péché que je vais commettre." Je lui réponds: **3** "Parce que Dieu ne vous a pas puni jusqu'à présent, ne pensez pas qu'il ne vous punira jamais; lorsque la mesure de vos péchés sera comble, **4** le châtiment viendra, il n'y a pas à en douter." La Ste Écriture dit: "*Ne dixeris : peccavi, et* **5** *quid mihi accidit triste ?*" (Eccli. 5. 4.) "Si vous n'avez pas encore subi de calamités, **6** c'est bien plus terrible, vous dit S. Chrysostome, parce que étant puni plus tard, vous serez puni avec plus de rigueur." Lorsque, à cause de nos péchés, Dieu nous **7** envoie des calamités, c'est pour nous exciter à nous convertir; que si Dieu ne nous envoie pas de malheur, nous ne penserons **8** pas à nous corriger: si alors enlevés par une mort subite nous tombons en enfer, n'est-ce pas bien plus terrible ?

Quant à ceux qui ont obtenu des grâces particulières, qui au commencement servaient Dieu avec ferveur et pratiquaient volontiers des œuvres méritoires, **10** et qui dans la suite se sont montrés ingrats aux bienfaits de Dieu, qui peu à peu sont tombés dans l'indifférence et après le péché n'ont pas voulu se convertir, à la fin **11** ils subiront un châtiment bien plus sévère.

三想　聖經上話。小囝、儂犯歇罪否、乃勿要再犯者。勿單單勿要再犯、併且該當求天主饒赦儂个罪。又要想天主願意救儂个靈魂、對儂話。小囝、儂勿要再犯罪、得罪我、要哭儂從前犯拉个罪、儂求我寬免、我就寬免儂。若使再犯味、我就勿寬免者。所以教友、儂得罪天主好幾回者、乃朝後勿要再犯、得罪天主、若使儂從新要犯罪、恐怕天主勿饒赦儂者。

有人話。既然什介能、恐怕天主勿肯再寬免我、我還能彀救靈魂否。儂勿要什介能話。我話恐怕儂再犯罪、天主勿寬免儂、是叫儂乃朝後勿要犯罪、常常小心防備。若使儂乃下去原要犯罪、保得定天主勿罰儂否。既然保勿定、爲啥勿小心防備呢。哎、人吃藥、看好自家个毛病、總勿敢瞎吃、因爲怕吃差之、要受

SÈ SIANG.—Seng-kieng laong wo : "*Siao-neu, nong vè-hiéh zu va ? Nai véh yao tsai vè-tsé ; véh tè-tè véh* **2** *yao tsai vè, ping-ts'ié kai-taong ghieû T'ié-tsu gnao-souo nong-ke zu*". I yao siang T'ié-tsu gneu-i kieû nong-**3**-ke ling-wen, tei nong wo : "Siao-neu, nong véh yao tsai vè-zu teh-zu ngou, yao k'ôh nong zong-zié vè-la-**4**-ke zu ; nong ghieû ngou k'oé-mié, ngou zieû k'oé-mié nong ; zah-se tsai vè méh, ngou zieû véh k'oé-mié tsé." Sou-**5**-i, kiao-yeû, nong teh-zu T'ié-tsu h'ao-ki-wei tsé, nai-zao-heû véh yao tsai vè, teh-zu T'ié-tsu, zah-**6**-se nong zong-sin yao vé-zu k'ong-p'ouo T'ié-tsu véh gnao-souo nong tsé.

Yeû gnen wo : "Ki-zé zéh-ka-neng, k'ong-p'ouo T'ié-tsu véh k'eng tsai k'oé-mié ngou, ngou è neng-keû kieû ling-**8**-wen va ?" Nong véh yao zéh-ka-neng wo. Ngou wo k'ong-p'ouo nong tsai vè-zu, T'ié-tsu vèh k'oé-mié nong, ze **9** kao nong nai-zao-heû véh yao vè-zu, zaong-zaong siao-sin baong-bei : zah-se nong nai-hao-k'i gneu yao vè-**10**-zu, pao-teh-ding T'ié-tsu véh vèh nong va ? Ki-zé pao-véh-ding, wei-sa véh siao-sin baong-bei gni ?

Ai, gnen k'ieh ya, k'eu-h'ao ze-ka-ke mao-bing, tsong véh ké hèh k'ieh, yen wei p'ouo k'ieh ts'ouo-tse yao zeû

IIIe POINT. IL FAUT TOUJOURS CRAINDRE. — "*Fili, peccasti ? Non adjicias iterum ; sed* **2** *et de pristinis deprecare ut dimittantur.*" (Eccli. 21. 1.) Vous devez aussi penser que Dieu désire vous **3** sauver et vous dit : "Mon enfant, tu ne dois plus pécher ni m'outrager, tu dois pleurer les péchés que **4** tu as commis ; si tu me demandes pardon, je te pardonnerai ; mais si tu retombes dans le péché, il n'y a plus de pardon." **5** Ainsi, chrétien, vous qui avez déjà offensé Dieu bien des fois, ne l'offensez plus à l'avenir ; **6** si vous péchez derechef, peut-être que Dieu ne vous pardonnera pas.

Quelqu'un dira : "Puisqu'il en est ainsi, peut-être Dieu ne voudra plus me pardonner, comment puis-je donc encore sauver mon âme ?" **8** Ne parlez pas ainsi. Je dis que Dieu peut-être ne vous pardonnera pas, **9** pour vous avertir de ne plus pécher dans la suite et d'être toujours sur vos gardes : si plus tard vous continuez à pécher, **10** êtes-vous sûr que Dieu ne vous punira pas ? Puisque vous n'en êtes pas sûr, pourquoi ne prendriez-vous pas vos précautions ?

Si on prend un remède pour se soigner, on ne le fait pas à l'aveuglette, de peur que pris à tort il ne

害處咾。人爲肉身上个事體、齊小心料理、勿肯吃虧、獨是爲靈魂永遠个大事體、倒勿肯小心料理。

有人話。我雖然犯罪、後來要辦神工。我問儂。幾時辦神工。儂話。下一个主日就辦。我問儂。一定活得到下一个主日否。比方今朝就死味那能。所以儂勿要糊塗咾推頭、因爲活咾死个權柄、勿拉儂手裡。若使勿造化咾犯之罪、就要快點去辦神工。況且天主許拉寬免个、是現在痛悔改過个人、勿許拉推辭後來改過个人。因爲朝後推辭个人、無得眞實改過个心、單想照自家个偏情、享肉身个快活、貪世界上个福氣、然後預備救靈魂。想勿着天主勿肯等待、立刻就罰伊拉死、無得工夫預備。到之第个時候、刻刻認得自家糊塗、爲得着世界上个福氣、救勿

hai-ts'u lao: gnen wei gnôh-sen-laong-ke ze-t'i, zi siao-sin liao-li, véh k'eng k'ieh-kiu; dôh-ze wei ling-**2**-wen yong-yeu-ke dou ze-t'i, tao véh k'eng yong-sin liao-li.

Yeû gnen wo: "Ngou su-zé vè-zu, heû-lai yao bè-zen-kong." Ngou men nong: "Ki-ze bè-zen-kong?" Nong wo: **4** "Hao ih-ke tsu-gnéh zieû bè." Ngou men nong: "Ih-ding wéh-teh tao hao ih-ke tsu-gneh va? Pi-faong kien-**5**-tsao zieû si méh na-neng?" Sou-i nong véh yao wou-dou lao t'ei-deû, yen-wei wéh lao si-ke ghieu-ping **6** véh la nong seû li: zah-se véh zao-h'ouo lao vè-tse zu, zieû yao k'oa-tié k'i bè-zen-kong.

Faong-ts'ia T'ié-tsu hiu-la k'oé-mié-ke, ze yé-zai t'ong-hoei kai-kou-ke gnen, véh hiu-la t'ei-ze heû-**8**-lai kai-kou-ke gnen; yen-wei zao-heû t'ei-ze-ke gnen, m-teh tsen-zéh kai-kou-ke sin: tè siang tsao **9** ze-ka-ke p'ié-zing, hiang gnôh-sen-ke k'a-wéh, t'é se-ka-laong-ke foh-k'i, zé-heû yu-bei kieû ling-**10**-wen. Siang-véh-zah T'ié-tsu véh k'eng teng-dai, lih-k'eh zieû vèh i-la si, m-teh kong-fou yu-bei. Tao-**11**-tse di-ke ze-heû, k'eh-k'eh gnen-teh ze-ka wou-dou, wei teh-zah se-ka-laong-ke foh-k'i, kieû-véh-

---

soit nuisible: les hommes s'occupent avec soin des choses du corps, ils ne veulent pas souffrir de dommages; il n'y a que **2** l'affaire éternelle de leur âme qu'ils traitent sans aucun soin.

Quelqu'un dira: Si je pèche, après je m'en confesserai." Je vous demande: "Quand vous en confesserez-vous?" Vous répondez: **4** "La semaine prochaine. — Mais vivrez-vous certainement jusqu'à la semaine prochaine? Si vous **5** mourez aujourd'hui, qu'en sera-t-il de vous?" Ainsi il ne faut pas différer sottement, car la vie et la mort **6** ne sont pas en votre pouvoir: donc si par malheur vous avez péché, allez vite vous confesser.

D'autant que Dieu promet le pardon à celui qui se repent et se convertit à présent, il ne l'a pas promis à ceux qui diffèrent **8** leur conversion; parce que ceux qui diffèrent n'ont pas un vrai désir de se convertir: il ne pensent **9** qu'à suivre leurs passions, jouir du bonheur du corps et chercher la félicité d'ici-bas, et ensuite ils penseront au salut de leur âme. **10** Ils ne réfléchissent pas que Dieu ne voudra pas attendre, qu'à l'instant il les frappera de mort sans leur donner le temps de s'y préparer. **11** À ce moment-là, ils commenceront à comprendre leur folie, d'avoir, pour obtenir le bonheur de ce monde, négligé de sauver

着靈魂、失落脫天主、懊憹也來勿及。

第十九日　想天主的聖寵

一想　天主个聖寵、是十分尊貴个、但是若伯聖人話。人勿曉得第个尊貴。古經上記載天主向日勒米亞先知話。若使儂分別得出尊貴咾卑賤、儂个嘴差勿多如同我个嘴。就是話、人能殼分別好咾怵、就相像天主。爲此緣故該當分明白、人有天主个聖寵、是那能好、無沒天主个聖寵、是那能勿好。第个兩件事體、是要緊曉得个、因爲人勿曉得聖寵个寶貝、就看來勿値銅錢。有時候爲一點驕傲、爲一眼銅錢、爲一歇快活、就犯大罪、失落天主个聖寵。

該當曉得天主个聖寵、是一个寶庫、藏坑無數个寶貝。人得着

zah ling-wen, séh-loh-t'éh T'ié-tsu, ao-lao a lai-véh-ghih.

Di-zéh-kieû gnéh. Siang T'ié-tsu-ke seng-ts'ong.

IH SIANG.—T'ié-tsu-ke seng-ts'ong ze zéh-fen tsen-koei-ke. Tè-ze Zah-péh seng-gnen wo: "*Gnen véh hiao*-**4**-*teh di-ke tsen-koei.*" Kou-kieng laong ki-tsai T'ié-tsu hiang Zéh-léh-mi-ya sié-tse wo: "*Zah-se nong fen*-**5**-*biéh-teh-ts'éh tsen-koei lao pei-zié, nong-ke tse ts'ouo-véh-tou zu-dong ngou-ke tse.*" Zieû-ze wo, gnen neng-**6**-keû fen-biéh h'ao lao k'ieû, zieû siang-ziang T'ié-tsu. Wei-ts'e-yeu-kou kai-taong fen ming-bah, gnen yeû T'ié-tsu-**7**-ke seng-ts'ong ze na-neng h'ao, m-méh T'ié-tsu-ke seng-ts'ong ze na-neng véh h'ao. Di-ke-liang-ghié ze-**8**-t'i ze yao-kien hiao-teh-ke, yen-wei gnen véh hiao-teh seng-ts'ong-ke pao-pei, zieû k'eu-lai véh zeh dong-**9**-dié; yeû ze-heû wei ih-tié kiao-ngao, wei ih-ngè dong-dié, wéh ih-hiéh k'a-weh, zieû vè dou zu, séh-**10**-loh T'ié-tsu-ke seng-ts'ong.

Kai-taong hiao-teh T'ié-tsu-ke seng-ts'ong ze ih-ke pao-k'ou, zaong-k'aong m-sou-ke pao-pei; gnen teh-zah

---

leur âme et perdu le ciel, mais il sera trop tard pour se repentir.

19ème Jour. Quel grand bien est la grâce de Dieu et quel grand mal sa disgrâce.

Ier POINT. DIGNITÉ À LAQUELLE NOUS ÉLÈVE LA GRÂCE DE DIEU. — Rien de plus noble que la grâce de Dieu. Cependant Job dit: "*Nescit homo* **4** *pretium ejus.*" (Job. 28. 13.) Il est rapporté dans l'Ancien Testament que Dieu dit au prophète Jérémie: "*Si separaveris* **5** *pretiosum a vili, quasi os meum eris.*" (Jer. 15. 19.) C'est-à-dire, celui qui sait discerner le bien du mal est semblable à Dieu. Ainsi il est nécessaire de bien discerner quel bien est la grâce **7** de Dieu et quel mal est sa disgrâce. Il faut comprendre **8** ces deux choses, parce que, si on ignore combien la grâce est précieuse, on la regarde comme une chose sans valeur, **9** et alors pour un peu d'orgueil, pour quelques sapèques, pour le plaisir d'un moment, on pèche mortellement et **10** on perd la grâce de Dieu.

Il faut savoir que la grâce est un trésor qui renferme des richeses sans nombre; celui qui possède

第个寶庫、搭之天主稱朋友、是天主寵愛个人。智識經上話。天主个聖寵、是無窮盡个寶庫、人得着之、就是天主親愛个人。照本性个道理、天主造拉个人、萬萬勿能彀搭之天主做朋友。因爲聖熱羅尼莫話。朋友是平等个稱呼。一个卑賤个人、那得能彀搭之天主稱朋友呢。到底天主愛慕人無窮个、顧意搭之人稱朋友。耶穌拉聖經上話。若使儂守我个誡命、就是我个朋友。又話。我已經話過拉者、儂是我个朋友、勿是我个相帮人。聖額我畧讀第篇聖經、稀奇咾話。哎、天主个愛情、是那能大个、照理上、伲勿應該稱天主个奴僕、乃現在竟然稱是天主个朋友。比方一个人要搭皇帝做朋友、勿是容易个事體、勿要話平常人做勿到、就是朝廷裡向个大官府、也勿敢搭之皇帝稱朋友。

di-ke pao-k'ou tèh-tse T'ié-tsu ts'eng bang-yeû, ze T'ié-tsu ts'ong-ai-ke gnen. Tse-séh-kieng laong wo: "*T'ié-*2*-tsu-ke seng-ts'ong ze m-ghiong-zin-ke pao-k'ou, gnen teh-zah-tse, zieû-ze T'ié-tsu ts'in-ai-ke gnen.*"

Tsao pen-sing-ke dao-li, T'ié-tsu zao-la-ke gnen, vè-vè véh neng-keû tèh-tse T'ié-tsu tsou bang-yeû; 4 yen-wei seng Zéh-lou-gni-moh wo: "Bang-yeû ze bing-teng-ke ts'eng-hou." Ih-ke pei-zié-ke gnen na-teh 5 neng-keû tèh-tse T'ié-tsu ts'eng bang-yeû gni? Tao-ti T'ié-tsu ai-mou gnen wou-ghiong-ke, gneu-i tèh-tse 6 gnen ts'eng bang-yeû. Ya-sou la seng-kieng laong wo: "*Zah-se na seû ngou-ke kia-ming, zieû-ze ngou-ke bang-*7*-yeû*." I wo: "*Ngou i-kieng wo-kou-la-tsé, na ze ngou-ke bang-yeû, véh ze ngou-ke siang-paong-gnen.*" Seng 8 Ngeh-ngou-liah dôh di-p'ié seng-kieng, hi-ghi lao wo: "Ai, T'ié-tsu-ke ai-zing ze na-neng dou-ke! Tsao 9 li laong, gni véh yeng-kai ts'eng T'ié-tsu-ke nou-boh; nai yé-zai kieng-zé ts'eng ze T'ié-tsu-ke bang-yeû."

Pi-faong ih-ke gnen yao tèh waong-ti tsou bang-yeû, véh ze yong-i-ke ze-t'i; véh yao wo bing-zang 11 gnen tsou-véh-tao, zieû-ze zao-ding li-hiang-ke dou koé-fou, a véh ké tèh-tse waong-ti ts'eng bang-yeû.

---

ce trésor, est appelé l'ami de Dieu et est chéri de Dieu. Le Livre de la Sagesse dit: "2 *Infinitus enim thesaurus est hominibus, quo qui usi sunt participes facti sunt amicitiae Dei.*" (Sap. 7. 14.)

Selon la raison naturelle, l'homme, créé par Dieu, ne pourrait nullement devenir l'ami de Dieu; 4 parce que, selon le mot de S. Jérôme, "l'appellation d'ami est une appellation entre égaux." Un homme misérable, comment 5 pourrait-il donc être appelé par Dieu son ami? Mais Dieu aime l'homme sans mesure et désire que l'homme soit lié 6 d'amitié avec lui. N.-S. dit dans la Ste Écriture: "*Vos amici mei estis, si feceritis quae ego praecipio vobis.* 7 *Jam non dicam vos servos... Vos autem dixi amicos.*" (Joan. 15. 14.) 8 S. Grégoire, interprétant ce passage, s'écrie tout étonné: "Oh! que la bonté de Dieu est grande! 9 Naturellement nous ne devrions pas même porter le nom d'esclaves de Dieu; et voilà qu'on nous donne sûrement celui d'amis."

Ce n'est pas chose facile pour quelqu'un d'être l'ami d'un roi; non seulement un homme 11 du peuple ne peut pas y arriver, mais même les grands mandarins qui sont à la cour n'osent pas se dire les amis du roi.

假使得有一个大官府、能殼搭之皇帝稱朋友、第个是頂體面个事體。到底天主个仁慈、許拉愛伊个人、搭伊朋友稱呼。想想看、第个恩典是那能大个。

聖奥斯定記載有兩个大官府、有一日到隱修院裡去孛相。看見一本聖安當个行實、拿來就念。有一个念个時候、動心咾想離開世俗、就對伊个同伴話。伲拉世俗上尋啥、已經做之大官府、無得啥別樣个盼望咾想頭、頂好味搭之皇帝做朋友。但是第个事體勿容易、還要碰着多少危險、乃味能殼到第个地步。就是到之第个地步、也勿常遠、不過幾年个光榮。看第个聖人个行事、伲眞正是糊塗。爲得着皇帝个寵愛、要受辛苦、若使要得着天主个寵愛、做天主个朋友、立刻就能殼。兩家頭商量之

Kia-se-teh yeû ih-ke dou koé-fou, neng-keû tèh-tse waong-ti ts'eng bang-yeû, di-ke ze ting t'i-mié-**2**-ke ze-t'i; tao-ti T'ié-tsu-ke zen-ze, hiu-la ai i-ke gnen, tèh i bang-yeû ts'eng-hou: siang-siang-**3**-k'eu di-ke en-tié ze na-neng dou-ke!

Seng Ao-se-ding ki-tsai yeû liang-ke dou koé-fou, yeû ih gnéh tao yen-sieû-yeû li k'i béh-siang; k'eu-**5**-kié ih-pen seng Eu-taong-ke hang-zéh, nao-lai zieû gnè. Yeû ih-ke gnè-ke ze-heû, dong-sin lao siang **6** li-k'ai se-zôh, zieû tei i-ke dong-bé wo: "Gni la se-zôh laong zin sa? I-kieng tsou-tse dou koé-**7**-fou, m-teh sa biéh-yang-ke p'è-maong lao siang-deû, ting-h'ao méh tèh-tse waong-ti tsou bang-yeû; tè-ze **8** di-ke ze-t'i véh yong-i, wè yao bang-zah tou-sao ngoei-hié, nai-méh neng-keû tao di-ke di-bou: **9** zieû-ze tao-tse di-ke di-bou, a véh zang-yeu, péh-kou ki gné-ke koang-yong. K'eu di-ke seng-gnen-**10**-ke hang-zèh, gni tsen-tseng ze wou-dou: wei teh-zah waong-ti-ke ts'ong-ai, yao zeû sin-k'ou, zah-se yao **11** teh-zah T'ié-tsu-ke ts'ong-ai, tsou T'ié-tsu-ke bang-yeû, li-k'eh zieû neng-keû." Liang-ka-deû saong-liang-tse

---

Que si un grand mandarin pouvait devenir l'ami du roi, ce serait la chose **2** la plus honorable ; or la divine miséricorde permet à ceux qui aiment Dieu de lier amitié avec lui: considérez **3** combien ce bienfait est grand!

S. Augustin rapporte que deux grands officiers allèrent dans un ermitage pour se distraire, et **5** ayant trouvé la vie de S. Antoine, se mirent à la lire. Un d'eux fut touché par cette lecture, pensa à **6** abandonner le monde et dit à son compagnon: "Que cherchons-nous au milieu du monde? "Nous sommes déjà grands officiers, **7** nous n'avons pas "d'autre espoir et d'autre pensée, le mieux serait de devenir "les amis de l'empereur; mais **8** ce n'est pas chose facile, il "faut courir encore bien des périls pour y aviver: **9** et supposé que nous parvenions à ce but, ce ne sera pas pour long-"temps, seulement quelques années de gloire. Selon la vie **10** "de ce saint, nous sommes vraiment des sots: pour obtenir "l'affection de l'empereur, il nous faudra souffrir, mais pour "**11** obtenir l'affection de Dieu et devenir ses amis, nous le "pouvons immédiatement." Tous les deux, après s'être consultés

一歇、立定主意、勿做官者、爲奉事天主咾進隱修院。

凡於人有天主个聖寵、勿但是天主个朋友、又是天主个大細。聖咏上話。俉是天主个、是頂高个天主个兒子。聖若望宗徒也話。俉看天主聖父那能愛伲、賞賜伲叫咾成功天主个兒子。第个是那能个體面呢。

人有之天主个寵愛、也是天主聖神个聖堂。前頭有一位神父、替一个小囝付聖水。修女瑪利亞陶呵義也拉箇搭、忽然間看見魔鬼離開第个小囝、天主聖神就進去、邊頭有無數个天神。儂想想看、天主个聖寵、豈勿是頂大个寶貝否。

二想　聖多瑪斯話。論聖寵个尊貴、超過一總本性个恩典、因爲得着之第个聖寵、就是天主寵愛拉个人、能彀搭之天主个

ih hiéh, lih-ding tsu-i véh tsou koé tsé, wei wong-ze T'ié-tsu lao tsin yen-sieû-yeu.

Vè-yu gnen yeû T'ié-tsu-ke seng-ts'ong, véh tè ze T'ié-tsu-ke bang-yeû, i ze T'ié-tsu-ke dou-si. **3** Seng-yong laong wo: "*Na ze T'ié-tsu-ke, ze ting-kao-he T'ié-tsu-ke gni-tse*". Seng Zah-waong tsong-dou a **4** wo: "*Na k'eu T'ié-tsu seng-Vou na-neng ai gni, saong-se gni kiao lao zeng-kong T'ié-tsu-ke gni-tse.*" Di-**5**-ke ze na-neng-ke t'i-mié gni!

Gnen yeû-tse T'ié-tse-ke ts'ong-ai, a ze T'ié-tsu seng-Zen-ke seng-daong. Zié-deû yeû ih-wei zen-vou **7** t'i ih-ke siao-neu fou-seng-se. Sieû-gnu Mô-li-ya Dao-a-gni a la kou-tèh, féh-zé-kè k'eu-**8**-kié mô-kiu li-k'ai di-ke siao-neu, T'ié-tsu seng-Zen zieû tsin-k'i, pié-deû yeû m-sou-ke t'ié-zen. **9** Nong siang-siang-k'eu, T'ié-tsu-ke seng-ts'ong, k'i-véh-ze ting-dou-ke pao-pei va?

Gni siang.—Seng Tou-mô-se wo: "Len seng-ts'ong-ke tsen-koei, ts'ao-kou ih-tsong pen-sing-ke en-tié, yen-**11**-wei teh-zah-tse di-ke seng-ts'ong, zieû-ze T'ié-tsu ts'ong-ai-la-ke gnen, neng-keû tèh-tse T'ié-tsu-ke

---

un instant, firent le propos de se démettre de leur charge et de se faire ermites pour servir Dieu.

Quiconque a la grâce de Dieu, non seulement est l'ami de Dieu, mais encore est son enfant. **3** On lit dans les Psaumes: "*Dii estis, et filii Excelsi omnes.*" (Ps. 81. 6.) Et l'apôtre S. Jean **4** dit: "*Videte qualem charitatem dedit nobis Pater, ut filii Dei nominemur et simus.*" (I. Jo. 3. 1.) **5** Que c'est beau!

Par la grâce sanctifiante, l'homme devient le temple du Saint-Esprit. Comme un missionnaire **7** baptisait un enfant en présence de Ste Marie d'Oignies, la sainte vit tout à coup **8** le démon qui le quittait et l'Esprit Saint qui faisait en lui son entrée avec un cortège d'anges. **9** N'est-ce pas que la grâce de Dieu est la chose la plus précieuse?

IIe Point. Avantages que procure la grâce de Dieu.—S. Thomas dit: "Quant à la noblesse de la grâce, elle surpasse tous les dons naturels, parce **11** que celui qui la possède est l'ami de Dieu, et peut entrer en participation

本性相通。如同聖伯多祿話。伽受着之天主个聖寵、搭之天主个本性有分頭。

耶穌受苦受難救贖伲、拿伊个功勞咾光榮、分撥拉伲。聖經上記載耶穌對天主聖父話。我个父親、儂撥拉我个光榮、我分拉伊拉。總而言之、啥人有天主个聖寵、如同搭之天主成功一个。聖保祿宗徒對高林多教友話。啥人親近天主、搭之天主成功一个神體。吾主耶穌也話過、啥人愛慕我、我个父親也愛慕伊、自伲來登拉伊心當中。

再想靈魂上有天主个聖寵、第个靈魂就美麗咾好看、天主親愛伊。聖曲經上、讚美天主親愛拉个靈魂咾話。儂是我个朋友、何等樣美麗咾體面、我親愛拉个來能。聖咏上話。天主个眼睛

pen-sing siang-t'ong". Zu-dong seng Péh-tou-lôh wo: "Na zeû-zah-tse T'ié-tsu seng-ts'ong *tèh-tse T'ié-tsu-***2***-ke pen-sing yeû ven-deû.*"

Ya-sou zeû-k'ou-zeû-nè kieû-zôh gni, nao i-ke kong-lao lao koang-yong fen péh-la gni. Seng-kieng laong **4** ki-tsai Ya-sou tei T'ié-tsu seng-Vou wo: "*Ngou-ke Vou-ts'in, nong péh-la ngou-ke koang-yong, ngou fen* **5** *la i-la*". Tsong-eul-yé-tse, sa-gnen yeû T'ié-tsu-ke seng-ts'ong, zu-dong tèh-tse T'ié-tsu zeng-kong ih-ke. **6** Seng Pao-lôh tsong-dou tei Kao-ling-tou kiao-yeû wo: "*Sa-gnen ts'in-ghien T'ié-tsu, tèh-tse T'ié-tsu zeng-kong* **7** *ih-ke zen-t'i*". Ngou tsu Ya-sou a wo-kou: "*Sa-gnen ai-mou ngou,...ngou-ke Vou-ts'in a ai-mou-i,* **8** *ze-gni lai teng-la i sin taong-tsong*".

Tsai siang ling-wen laong yeû T'ié-tsu-ke seng-ts'ong, di-ke ling-wen zieû mei-li lao h'ao-k'eu, T'ié-tsu ts'in-**10**-ai i. Seng Kiôh kieng laong tsè-mei T'ié-tsu ts'in-ai-la-ke ling-wen lao wo: "*Nong ze ngou-ke bang-yeû,* **11** *wou-teng-yang mei-li lao t'i-mié, ngou ts'in-ai-la-ke lai ba*". Seng-yong laong wo: "*T'ié-tsu-ke ngè-ts'ing*

---

avec sa nature." Et S. Pierre nous dit: " Vous avez la grâce de Dieu *ut efficiamini divinae* **2** *consortes naturae.*" (II. Petr. 1. 4.)

Notre-Seigneur nous sauva par sa Passion et partagea avec nous ses mérites et sa gloire. L'Évangile **4** rapporte que Notre-Seigneur dit au Père Éternel: "*Et ego claritatem, quam dedisti mihi, dedi* **5** *eis.*" (Jo. 17. 22.) En somme, celui qui a la grâce de Dieu ne fait qu'un avec Dieu. **6** S. Paul écrivant aux Corinthiens, leur dit:" *Qui adhaeret Domino,* **7** *unus spiritus est.*" (I. Cor. 6. 17.) Notre-Seigneur lui-même l'a dit: "*Si quis diligit me,... Pater meus diliget eum, et* **8** *ad eum veniemus, et mansionem apud eum faciemus.*" (Jo .14. 23.)

Considérez encore que l'âme qui est en état de grâce, resplendit de beauté et Dieu la **10** chérit. Le Cantique loue l'âme chérie de Dieu et dit: "*Quam pulchra es,* **11** *amica mea, quam pulchra es...veni sponsa mea...*" (Cant. 4. 1.) On lit aussi dans les Psaumes: "*Oculi Domini*

看義德个人、天主个耳朵、聽義德个人祈求。話義德个人、就是有聖寵个人、天主最來得愛慕伊、常常保守伊、捨勿得離開伊。聖婦彼利日大話。人若使看見好人个靈魂、那能樣式體面、就喜歡咾愛慕伊、要到死个地步。聖女加大利納受着天主格外个恩典、看見一个有聖寵个靈魂、美麗來無得啥比得上、實在好看非凡、就話。情願甩脫我个性命、勿情願第个靈魂失脫伊个好看。既然天主个聖寵、是什介能好个、伲該當一門心思、得着聖寵。第个聖寵、雖然是最尊貴咾最美麗个、到底勿論啥時候要得、就可以得着、只要人有愛慕天主个心。

世界上个福氣、齊是虛假咾勿常遠个、人倒要去愛慕咾貪求、得着个味少、白白裡吃苦个味、勿曉得有幾化。天主个寵愛、天

k'eu gni-teh-ke gnen, T'ié-tsu-ke gni-tou t'ing gni-teh-ke gnen ghi-ghieû." Wo gni-teh-ke gnen, zieû-ze **2** yeû seng-ts'ong-ke gnen ; T'ié-tsu tsu lai-teh ai-mou i, zang-zang pao-seû i, souo-véh-teh li-k'ai i.

Seng wou Pei-li-zéh-da wo : "Gnen zah-se k'eu-kié h'ao-gnen-ke ling-wen, na neng yang-seh t'i-mié, zieû **4** hi-hoé lao ai-mou i, yao tao si-ke di-bou." Seng-gnu Kia-da-li-néh zeû-zah T'ié-tsu keh-wai-**5**-ke en-tié, k'eu-kié ih-ke yeû seng-ts'ong-ke ling-wen, mei-li lai m-teh sa pi-teh-zaong, zéh-zai **6** h'ao-k'eu fi-vè, zieû wo : "Zing-gneu goè-t'éh ngou-ke sing-ming, véh zing-gneu di-ke ling-wen séh-t'éh i-**7**-ke h'ao k'eu." Ki-zé T'ié-tsu-ke seng-ts'ong ze zéh-ka-neng h'ao-ke, gni kai-taong ih-men-sin-se teh-**8**-zah seng-ts'ong : di-ke seng-ts'ong, su-zé ze tsu tsen-koei lao tsu mei-li-ke, tao-ti véh len sa ze-**9**-heû yao teh, zieû k'o-i teh-zah, tséh yao gnen yeû ai-mou T'ié-tsu-ke sin.

Se-ka-laong-ke foh-k'i zi ze hiu-ka lao véh zang-yeu-ke ; gnen tao yao k'i ai-mou lao t'é-ghieû. **11** Teh-zah-ke méh sao ; bah-bah-li k'ieh-k'ou-ke méh véh hiao-teh yeû ki-h'ouo. T'ié-tsu-ke ts'ong-ai, t'ié-

---

super justos, et aures ejus ad preces eorum." (Ps. 33. 16.) On dit les justes, c'est-à-dire **2** ceux qui ont la grâce ; Dieu les aime par dessus tout, il les protège toujours et ne se sépare d'eux qu'à regret.

Ste Brigitte disait qu'un homme ne pourrait pas voir, sans mourir de **4** joie et d'amour, la beauté de l'âme d'un juste. Et Ste Catherine, après avoir vu, par un bienfait particulier **5** de Dieu, une âme en état de grâce, d'une beauté et **6** d'un éclat incomparables, s'écria : "J'aimerais mieux perdre la vie que de voir cette âme perdre sa **7** beauté." Puisque la grâce de Dieu nous embellit tant, nous devons nous employer de tout cœur **8** à l'obtenir : si noble et si splendide qu'elle est, l'obtenir nous le pouvons **9** dès que nous voulons, il suffit d'aimer Dieu.

Le bonheur de ce monde est faux et court ; cependant, les hommes l'aiment et le désirent ardemment. **11** Peu nombreux ceux qui l'obtiennent ; innombrables, ceux qui se fatiguent en vain à sa recherche. N'importe qui

堂个福樂、隨便啥人可以得着。啥人多出力、多吃苦、得着个福樂也多、無得白白裡吃苦个。

耶穌會神父巴德利亞尼、記載有一个本會修道人、死之後來、發顯出來話。我已經升天堂拉者、還有依西巴尼亞國王斐理伯第二位、也升天堂拉者。但是伲兩家頭享个光榮福氣、勿是一樣。我个大、伊个小、搭之世界頭上相反个、伊是皇帝、我是平常人。雖然什介、到底天堂上个福氣、齊是無窮盡个、齊是心滿意足个。

三想　人失落之天主个聖寵、非但靈魂上醜陋咾難看、併且是天主恨毒个。意撒依亞先知聖人話。伲个罪惡使得伲搭之天主分開、伲勿是天主个百姓、天主勿是伲个本家。照第句說

daong-ke foh-loh, zu-bié sa-gnen k'o-i teh-zah, sa-gnen tou ts'éh-lih tou k'ieh-k'ou, teh-zah-ke foh-**2**-loh a tou; m-teh bah-bah-li k'ieh-k'ou-ke.

Ya-sou wei zen-vou Pouo-teh-li-ya-gni ki-tsai yeû ih-ke pen-wei-ke sieû-dao-gnen, si-tse heû-lai, **4** fèh-hié-ts'éh-lai wo: "Ngou i-kieng seng t'ié-daong la-tsé; wè yeû I-se-pouo-gni-ya kôh-waong Fi-li-**5**-péh di-gni-wei, a seng t'ié-daong la-tsé: tè-ze gni liang-ka-deû hiang-ke koang-yong foh-k'i, véh ze **6** ih-yang; ngou-ke dou i-ke siao, tèh-tse se-ka-deû-laong siang-fè-ke, i ze waong-ti, ngou ze bing-**7**-zang gnen." Su-zé zéh-ka, tao-ti t'ié-daong-laong-ke foh-k'i, zi ze m-ghiong-zin-ke, zi ze sin-mé-**8**-i-tsôh.

SÈ SIANG. — Gnen séh-loh-tse T'ié-tsu-ke seng-ts'ong, fi dè ling-wen laong ts'eû-leû lao nè-k'eu, ping-ts'ié **10** ze T'ié-tsu hen-dôh-ke. I-sèh-i-ya sié-tse seng-gnen wo: "*Na-ke zu-oh se-teh na tèh-tse* **11** *T'ié-tsu fen-k'aï*". "*Na véh ze T'ié-tsu-ke pah-sing, T'ié-tsu véh ze na-ke pen-ka.*" Tsao di-kiu seh-

---

peut obtenir la grâce de Dieu et le bonheur du ciel, et ceux qui font plus d'effort, qui souffrent davantage,obtiendront un **2** bonheur plus grand; aucun ne se fatigue inutilement.

Le Père Patrignani, de la Compagnie de Jésus, raconte qu'un religieux de la même Compagnie apparut **4** après sa mort et dit: "Je suis déjà au ciel; le roi d'Espagne Philippe **5** II est aussi au ciel: mais le bonheur de nous deux est **6** différent; le mien plus grand, le sien plus petit, au rebours de ce monde où il était roi et moi **7** sujet." Cependant, le bonheur du ciel est pour tous sans fin et contente le cœur **8** pleinement.

IIIe POINT. LA DISGRÂCE DE DIEU. — L'âme de celui qui a perdu la grâce de Dieu non seulement est abjecte et affreuse à voir, mais elle **10** est haïe de Dieu. Le prophète Isaie dit: "*Iniquitates vestrae diviserunt inter vos* **11** *et Deum vestrum.*" (Is. 59. 2.) "*Vos non populus meus, et ego non ero vester.*" (Os. 1. 9.) Ces paroles

話、就可以曉得罪是最兇惡个事體。凡於天主造拉个物事、天主齊愛慕个、但不過人个罪、天主勿要看見个。因爲天主是最潔淨个、最聖个、最美好个。罪惡味是最齷齪、最醜陋个、搭之天主大大裡勿相對、所以天主最恨个。

哎、若使一个人得罪之皇帝、是皇帝个對頭、勿是可怕个事體否。人犯之罪、得罪天主、是天主个對頭、豈勿是更加可怕否。皇帝一戳火、人還能穀遮瞞咾躲避、或者到別搭地方去、總有法子藏坑自家个身體。若使天主恨毒咾戳火、啥人能穀躲避呢。勿論走到那裡、總逃勿過天主个手。達味聖王對天主話。天主、儂各處地方拉拉、我升到天堂上、儂也拉天堂上、我落拉地獄裡、儂也拉地獄裡、我走到海邊頭、儂也拉海邊頭、我勿論走到

wo, zieû k'o-i hiao-teh, zu ze tsu hiong-oh-ke ze-t'i. Vè-yu T'ié-tsu zao-la-ke méh-ze, T'ié-2-tsu zi ai-mou-ke, tè-péh-kou gnen-ke zu, T'ié-tsu véh yao k'eu-kié-ke; yen-wei T'ié-tsu ze tsu-3-kiéh-zing-ke, tsu-seng-ke, tsu-mei-h'ao-ke, zu-oh méh ze tsu-oh-tsoh tsu-ts'eû-leû-ke, tèh-tse T'ié-4-tsu dou-dou-li véh siang-tei, sou-i T'ié-tsu tsu-hen-ke.

Ai! zah-se ih-ke gnen teh-zu-tse waong-tî, ze waong-ti-ke tei-deû, véh ze k'o-p'ouo-ke ze-t'i 6 va? Gnen vè-tse zu teh-zu T'ié-tsu, ze T'ié-tsu-ke tei-deû: k'i-véh-ze keng-ka k'o-p'ouo va? Waong-7-ti ih koang-h'ou, gnen è neng-keû tsouo-méh lao tou-bi, woh-tsé tao biéh-tèh di-faong k'i, tsong yeû fèh-8-tse zaong-k'aong ze-ka-ke seng-t'i. Zah-se T'ié-tsu hen-dôh lao koang-h'ou, sa-gnen neng-keû tou-bi gni? 9 Véh len tao a-li, tsong dao-véh-kou T'ié-tsu-ke seû. Dèh-vi seng waong tei T'ié-tsu wo: "T'ié-tsu, 10 nong koh-ts'u di-faong léh-la; ngou seng-tao t'ié-daong laong, nong a la t'ié-daong laong; ngou loh la di-gnôh 11 li, nong a la di-gnôh li; ngou tseû-tao h'ai pié-deû, nong a la h'ai pié-deû; ngou véh-len tseû-tao

---

suffisent pour prouver que le péché est le mal le plus grand. Dieu aime 2 n'importe quelle créature, mais il ne peut voir le péché; car Dieu est extrêmement 3 pur, saint et bon, et le péché est ce qu'il y a de plus sale et de plus immonde, c'est 4 l'opposé de Dieu, aussi Dieu le hait.

Oh! si quelqu'un offense l'empereur et l'a pour ennemi, n'est-ce pas terrible? 6 Or, celui qui a offensé Dieu par le péché, a Dieu pour ennemi: n'est-ce pas bien plus terrible? 7 Si l'empereur se met en colère, on peut se cacher et l'éviter, ou bien fuir ailleurs, en somme il y a la ressource 8 de se dérober. Mais lorsque Dieu hait, lorsqu'il s'irrite, qui donc peut l'éviter? 9 Où qu'on aille, jamais on ne pourra fuir la main de Dieu. Le saint roi David disait à Dieu: 10 "Vous êtes partout; si je monte au ciel, vous y êtes; si je descends en enfer, 11 je vous y trouve; si je vais sur le bord de la mer, vous y êtes aussi; que j'aille n'importe

那裡斷斷乎逃勿脫儂个手。

聖經上話。犯天主誡命个人、是可以咒罵个。因爲伊得罪之天主、失落天主个寵愛、就做天主个寃家、又拿前頭个功勞、一起甩完。雖然犯罪人个功勞、大來如同聖保祿隱修、拉荒野地方九十八年工夫、或者大來如同聖方濟各沙勿畧救無數个靈魂、齊是白白裡。聖熱羅尼莫話。一个人就是有一總宗徒个功勞、若使犯之一个大罪、第个功勞完全甩脫者。

聖方濟各撒肋爵話。人犯之大罪、若使天神能殼哭、一定要哭到至極地步。犯罪人勿曉得第个兇險、恰像平安咾無啥事體。

聖奧斯定話。人失落之牛咾羊、齊覺着難過、連帶連飯也吃勿落。失脫之天主个聖寵、倒勿曉得難過、眞正糊塗。

a-li, teu-teu-wou dao-véh-t'éh nong-ke seû."

Seng-kieng laong wo: "*Vè T'ié-tsu kia-ming-ke gnen, ze k'o-i tseû-mô-ke.*" Yen-wei i teh-zu-tse T'ié-**3**-tsu, séh-loh T'ié-tsu-ke ts'ong-ai, zieû tsou T'ié-tsu-ke yeu-ka, i nao zié-deû-ke kong-lao ih-k'i **4** goè-t'éh. Su-zé vè-zu-gnen-ke kong-lao dou-lai zu-dong seng Pao-lôh yen-sieû, la faong-ya di-faong **5** kieû-zéh-pèh gné kong-fou, woh-tsé dou-lai zu-dong seng Faong-tsi-koh Sou-véh-liah kieû m-sou-ke ling-**6**-wen, zi ze bah-bah-li. Seng Zéh-lou-gni-moh wo: "Ih-ke gnen zieû-ze yeû ih-tsong tsong-dou-ke kong-**7**-lao, zah-se vè-tse ih-ke dou-zu, di-ke kong-lao wé-zié goé-t'éh-tsé."

Seng Faong-tsi-koh Sèh-leh-tsiah wo: "Gnen vè-tse dou-zu, zah-se t'ié-zen neng-keû k'ôh, ih-ding yao k'ôh **9** tao tse-ghieh di-bou". Vè-zu-gnen véh hiao-teh di-ke hiong-hié, héh-ziang bing-eu lao m sa ze-t'i. **10** Seng Ao-se-ding wo: "Gnen séh-loh-tse gneû lao yang, zi koh-za nè-kou, lié-ta-lié vè a k'ieh-véh-**11**-loh: séh-t'éh-tse T'ié-tsu-ke seng-ts'ong, tao véh hiao-teh nè-kou, tsen-tseng wou-dou."

---

où, je ne pourrai jamais éviter votre main."

La sainte Écriture dit: "*Maledicti qui declinant a mandatis tuis.*" (Ps. 118. 21.) La raison en est que celui qui offense Dieu **3** et perd la grâce sanctifiante, devient l'ennemi de Dieu et perd tous les mérites acquis. **4** Le pécheur eût-il des mérites aussi grands que S. Paul ermite, qui vécut quatre-vingt-dix-huit ans **5** dans un désert, ou bien aussi grands que ceux de S. François Xavier, qui gagna à Dieu des âmes sans nombre, **6** tout est inutile. S. Jérôme dit: "Si quelqu'un avait même les mérites de tous les Apôtres, **7** dès qu'il commet un péché mortel, tous ces mérites sont entièrement perdus."

S. François de Sales nous dit que "lorsque quelqu'un commet un péché mortel, si les Anges étaient capables de pleurer, ils pleureraient **9** très amèrement." Mais les pécheurs ne comprennent pas ce malheur, ils semblent en paix, comme si de rien n'était. **10** On perd un bœuf, dit S. Augustin, ou une brebis, et l'on est peiné jusqu'à ne pouvoir rien manger: **11** on perd la grâce de Dieu, et l'on ne s'afflige point, c'est vraiment de la folie."

一百五十

FAONG-YÉ BEI-TSONG LÔH

MAXIMES ÉTERNELLES

OU

PRÉPARATION À LA MORT

PAR

S. ALPHONSE DE LIGUORI

(dialecte de Chang-hai)

IIe PARTIE

CHANG-HAI

IMPRIMERIE DE LA MISSION CATHOLIQUE

ORPHELINAT DE T'OU-SÈ-WÈ.

1907

TABLE DES MATIÈRES

Ière PARTIE

2e PARTIE

第二十日　想罪人的糊塗

一想　聖經上話。世俗上个明白、拉天主門前是糊塗。眞福若望亞味辣話。世界上該當有兩个監牢、一个收勿相信天主个人、一个收相信天主咾、勿守天主誡命个人。第種糊塗人多得極、伊拉雖然糊塗、倒底勿肯承認、自家稱爲明白人。伊拉爲得世界上个福氣、爲得便宜咾勿吃虧、爲話說話、爲哄騙人、第个就是伊拉个明白。

講到聖人、伊愛慕天主、看輕世俗、一門心思救靈魂、喜歡受別人个凌辱咾輕慢、愛對頭人、願意克苦、謙遜咾忍耐、勿貪銅錢、勿求名聲、勿愛快活。別人叫伊拉是糊塗、拉天主門前味眞正是明白人。將來有一日、罪人要曉得自家个糊塗、曉得聖人个

明白、到底拉啥時候要曉得呢。拉公審判个時候。智識經上話。到之公審判个時候、犯罪人自家承認話。可憐伲糊塗、伲想好人是癡子、死之一眼無啥好處、勿覺咾伊拉是天主个大細、成功聖人、伲成功糊塗人。伊拉搭之天神聖人一淘升天堂、伲味搭之魔鬼咾惏人落地獄。伊拉常常享福、伲味常常吃苦。哎、伲差者、前頭勿曾走歇德行个路、也勿照天主个引導、單單照自家个私慾偏情、現在眞正是無福氣个人、可憐伲糊塗、爲得着世界上一眼體面、一點銅錢物事、一歇快活、失落脫天主个聖寵、實在勿使値。

一个做官个、爲得着皇帝个爵位咾俸祿、隨便啥苦全願意受。伲爲得着天主个寵愛、曾經受過歇啥苦耶。勿但勿曾受苦、還

專門犯罪、得罪天主。可憐人个糊塗、爲得着世界上一歇个快活、背逆無窮美好个天主、甩脫天堂、失脫平安、死之後來落地獄、受永遠个苦。

比方儂犯一个邪淫个罪、拿儂一隻手放拉火裡燒、儂肯呢勿肯。或者儂犯一个罪、拿儂關拉墳墓裡、登一年、儂要呢勿要。一定勿要。但是人犯之一个大罪、非但燒一隻手、是渾身拉地獄裡燒、也勿是一年二年、是永遠拉燒、儂看犯罪人糊塗呢勿糊塗。

二想　可憐伊拉犯罪人、吃苦哝出力、想法子得着世界上个福氣、靈魂个事體、看來無要緊。心鑽拉世俗當中、一眼勿顧永遠个事體。第个犯罪人、非但是糊塗、併且像中生。因爲伊拉尋

tsé-men vè-zu teh-zu T'ié-tsu, K'o-lié gnen-ke wou-dou; wei teh-zah se-ka-laong ih hiéh-ke h'a-**2**-wéh, pei-gneh wou-ghiong mei-h'ao-ke T'ié-tsu, goè-t'éh t'ié-daong, séh-t'éh bing-eu, si-tse heû-lai loh di-**3**-gnôh zeû yong-yeu-ke k'ou.

Pi-faong nong vè ih-ke zia-yen-ke zu, nao nong ih-tsah seû faong-la h'ou li sao, nong k'eng gni véh **5** k'eng? Woh-tsé nong vè ih-ke zu, nao nong koè-la wen-mou li teng ih gné, nong yao gni véh yao? Ih-**6**-ding véh yao. Tè-ze gnen vè-tse ih-ke dou zu, fi dè sao ih-tsah seû, ze wen-sen la di-gnôh **7** li sao, a véh ze ih gné gni gné, ze yong-yeu la sao: nong k'eu vè-zu gnen wou-dou gni véh wou-**8**-dou?

Gni siang. —K'o-lié i-la vè-zu gnen! K'ieh-k'ou lao ts'éh-lih, siang-fèh-tse teh-zah se-ka-laong-ke **10** foh-k'i, ling-wen-ke ze-t'i k'eu-lai m yao-kien: sin tseu-la se-zôh taong-tsong, ih-ngè véh kou yong-**11**-yeu-ke ze-t'i. Di-ke vè-zu-gnen fi dè ze wou-dou, ping-ts'ié ziang tsong-sang, yen-wei i-la zin

---

nous nous sommes appliqués uniquement à pécher et à offenser Dieu. Hélas! que les hommes sont insensés; pour un instant de plaisir ici-bas, **2** se révolter contre Dieu infiniment bon, renoncer au Paradis, perdre la paix, et aller après la mort en enfer **3** pour souffrir éternellement!

Si pour un péché d'impureté, vous deviez mettre votre main dans le feu et la laisser, le commettriez-vous? **5** Si pour un autre péché, vous deviez être enfermé pendant une année dans un tombeau, y consentiriez-vous? **6** Certainement non. Or, celui qui commet un péché mortel, non seulement aura une main brûlée, mais tout son corps sera **7** brûlé, et cela non seulement pendant une ou deux années, mais pendant toute l'éternité: voyez, les pécheurs, ne sont-ils pas des insensés?

IIe Point. L'homme se ravale au rang des brutes. —Infortunés pécheurs! Ils souffrent, ils se dépensent, ils songent au moyen d'obtenir le bonheur **10** d'ici-bas, et ils regardentl'affaire de leur âme comme de nulle importance: leur cœur est enfoncé dans les affaires de ce monde, ils ne s'occupent guère **11** des choses éternelles. Ces pécheurs non seulement sont insensés, mais ils sont comme des brutes, parce qu'ils recherchent

齷齪个快活、做勿照理个事體、順從肉身个偏情、做事體勿分好怵、單想肉身个快活、第个勿是人个樣式、實在像中生。聖基所話。人有靈魂哓明悟、做事體照理、第个算是人。若使做事體勿照理、單單貪肉身个快活、放肆哓作惡、就勿算人者、是像中生哩。

聖經上話。巴勿得伊拉明白懂得、將來有啥个落場。第个就是教訓伲想一想、人將來齊要死、死之後來要聽天主个審判、審判以後有天堂哓地獄、伲勿曉得到那裡去、所以要緊早點防備。聖經上又話。一个小囝、曉得防備後來个事體、第个果然是明白人、比之勿會防備个老皇帝、來得㑷儋。哎、我个天主、比方一个人爲得着一个小銅錢、失脫自家个房子哓田地、一家門

oh-tsoh-ke k'a-wéh, tsou véh tsao li-ke ze-t'i, zeng-zong gnôh-sen-ke p'ié-zing, tsou ze-t'i véh fen 2 h'ao k'ieû, tè siang gnôh-sen-ke k'a-wéh: di-ke véh ze gnen-ke yang-seh, zéh-zai ziang tsong-sang. Seng Ki-3-sou wo: "Gnen yeû ling-wen lao ming-ngou. Tsou ze-t'i tsao li, di-ke seu ze gnen; zah-se tsou ze-t'i 4 véh tsao li, tè-tè t'é gnôh-sen-ke k'a-wéh, faong-se lao tsoh-oh, zieû véh seu gnen tsé, ze ziang tsong-5-sang li."

Seng-kieng laong wo: "*Pouo-véh-teh i-ld ming-bah tong-teh tsiang-lai yeû sa-ke loh-zang.*" Di-ke zieû-ze 7 kiao-hiun gni siang-ih-siang, gnen tsiang-lai zi yao si, si-tse heû-lai yao t'ing T'ié-tsu-ke sen-p'é, sen-8-p'é i-heû yeû t'ié-daong lao di-gnôh, gni véh hiao-teh tao a-li k'i, sou-i yao-kien tsao-tié baong-9-bei. Seng-kieng laong i wo: "*Ih-ke siao-neu hiao-teh baong-bei heû-lai-ke ze-t'i, di-ke kou-zé ze* 10 *ming-bah gnen, pi-tse véh wei baong-bei-ke lao waong-ti, lai-teh hia-tsa.*" Ai, ngou-ke T'ié-tsu, pi-faong 11 ih-ke gnen wei teh-zah ih-ke siao dong-dié, séh-t'éh ze-ka-ke waong-tse lao dié-di, ih ka-men

---

les plaisirs impurs. agissent contre la raison, ne suivent que leurs passions, et dans leur conduite ne font pas de différence 2 entre le bien et le mal, ne songeant qu'aux plaisirs du corps: ce n'est pas l'acte d'un homme, mais bien la manière des brutes. S. Jean Chry-3-sostome dit: "L'homme a une âme et une intelligence. Agir selon la raison, c'est être homme; que si on agit 4 contre la raison, si on ne recherche que les plaisirs du corps, si on est dissolu, si on fait le mal, on n'est plus un homme, on est pareil 5 à un animal."

La sainte Écriture dit: "Oh! s'ils pouvaient comprendre quelle sera leur fin!" (Deut. 32. 29.) Ces paroles 7 nous avertissent de penser que nous devons mourir, qu'après la mort nous serons jugés par Dieu, 8 qu'après le jugement il y a un Paradis et un enfer, et que nous ne savons point où nous irons, et qu'ainsi l'on doit se préparer à l'avance. 9 La sainte Écriture dit encore: "*Melior est puer ... sapiens* 10 *rege sene et stulto qui nescit prævidere in posterum.*" (Eccli. 4. 13.) Combien 11 serait insensé celui qui, pour gagner une petite sapèque, perdrait sa maison, ses terres, et mettrait toute sa amille

吃苦、豈勿是糊塗否。乃人爲得着一點肉身个快活、失落自家个靈魂、永遠受火燒个苦、第个難道勿是頂糊塗个人否。有多少人落地獄、齊是因爲專門得着世界上个福氣、想勿着天堂上个福樂、單單怕眼前吃苦、勿怕永遠受苦、伊拉上自家肉身个擋、害殺自家。該當曉得天主造人、並勿是教人享世界上个福氣、勿是爲發財、得着體面、享受快活作樂。是教人拉世界上、熱心服事天主、死之後來、享天堂上眞个福氣。保祿宗徒話。天主造人个意思、是要人得着常生。但是犯罪人拿靈魂看來輕、到之死个時候、還勿曉得自家到那裡去。

聖奧斯定話。比方有一隻船、拉海裡向行風、儂問把舵个老大話。倷行到那裡去。自伊話。勿曉得。第个人豈勿是危險得極否。

k'ieh-k'ou, k'i-véh-ze wou-dou va? Nai gnen wei teh-zah ih-tié gnôh-sen-ke k'a-wéh, séh-loh ze-ka-**2**-ke ling-wen, yong-yeu zeû h'ou sao-ke k'ou, di-ke nè-dao véh ze ting wou-dou-ke gnen va?

Yeû tou-sao gnen loh di-gnôh, zi ze yen-wei tsé-men teh-zah se-ka-laong-ke foh-k'i, siang-véh-zah **4** t'ié-daong-laong-ke foh-loh: tè-tè p'ouo ngè-zié k'ieh-k'ou, véh p'ouo yong-yeu zeû-k'ou; i-la zaong ze-ka **5** gnôh-sen-ke taong, hai-sèh ze-ka. Kai-taong hiao-teh T'ié-tsu zao gnen, bing véh ze kao gnen hiang se-ka-**6**-laong-ke foh-k'i, véh ze wei fèh zai, téh-zah t'i-mié, hiang-zeû k'a-wéh tsoh-loh; ze kao gnen la se-**7**-ka-laong gnéh-sin woh-ze T'ié-tsu, si-tse heû-lai hiang t'ié-daong laong tsen-ke foh-k'i. Pao-lôh tsong-dou **8** wo: "*T'ié-tsu zao gnen-ke i-se, ze yao gnen teh-zah zang-seng.*" Tè-ze vè-zu-gnen nao ling-wen k'eu-**9**-lai k'ieng, tao-tse si-ke ze-heû, è véh hiao-teh ze-ka tao a-li k'i.

Seng Ao-se-ding wo: "Pi-faong yeû ih-tsah zé, la h'ai li-hiang hang-fong, nong men pouo dou-ke lao-da **11** wo: "Nong hang-tao a-li k'i?", ze-i wo: "Véh hiao-teh", di-ke gnen k'i-véh-ze ngoei-hié teh-ghieh va?

---

dans la souffrance! Mais celui qui, pour obtenir un petit plaisir des sens, perd son **2** âme et veut brûler dans un feu éternel, n'est-il pas le plus insensé des hommes?

Bien des hommes tombent en enfer parce qu'ils s'appliquent uniquement à obtenir le bonheur d'ici-bas et ne songent pas **4** aux joies du ciel: ils craignent seulement la souffrance actuelle et n'ont pas peur de souffrir éternellement; ils tombent dans les pièges **5** de leur sensualité et se nuisent à eux-mêmes. On doit se rappeler que Dieu nous a créés non certes pour jouir du bonheur **6** de ce monde, ni pour nous enrichir, ni pour obtenir des honneurs, ni pour vivre dans les plaisirs; mais pour **7** le servir et pour jouir après la mort du vrai bonheur du ciel. S. Paul **8** nous dit: "*Finem verò vitam æternam.*" (Rom. 6. 22.) Mais les pécheurs méprisent l'âme, **9** et arrivés au moment de mourir ne savent pas encore où ils vont.

S. Augustin dit: "Si vous demandiez à celui qui tient le gouvernail d'un bateau qui marche à la voile sur mer: **11** "Où allez-vous?", et qu'il vous répondît: "Je n'en sais rien", n'est-ce pas que cet homme est en grand danger?

想起來第隻船勿能彀到岸。第个恰好相像勿走正路咾、想勿着救靈魂个人、單單打算發財、求大个爵位、貪眼前个快活作樂、到末脚來救勿着靈魂。

從前英國皇帝恩利格第八位、順從自家个偏情、反背聖教、幾年工夫得着做皇帝个福氣、到之死个時候、自家承認話。我拿靈魂甩脫者。現在有無數个人、明白世俗个事體、拉地獄裡歎氣咾話。伲个驕傲、快活、光榮、體面、爲伲有啥好處。完全過去拉者、現在齊是苦頭者。

聖經上話。活咾死、齊排拉眼睛門前、隨便人揀選、人願意啥、就撥伊啥。第个就是天主撥拉人自主之權、做好做惈、隨便人揀選、天堂咾地獄、隨便自家去得。教友、儂要好好能揀選、要照良

Siang-k'i-lai di-tsah zé véh neng-keû tao ngeu." Di-ke héh-h'ao siang-ziang véh-tseû tseng lou lao, siang-véh-**2**-zah kieû ling-wen-ke gnen, tè-tè tang-seu fèh-zai, ghieû dou-ke tsiah-wei, t'é ngè-zié-ke k'a-wéh tsoh-**3**-loh, tao méh-kiah kieû-véh-zah ling-wen.

Zong-zié Yng-kôh waong-ti En-li-keh di-pèh-wei, zeng-zong ze-ka-ke p'ié-zing, fè-pei seng kiao, ki **5** gné kong-fou teh-zah tsou-waong-ti-ke foh-k'i; tao-tse si-ke ze-heû, ze-ka zeng-gnen wo: "Ngou nao **6** ling-wen goè-t'éh-tsé." Yé-zai yeû m-sou-ke gnen, ming-bah se-zôh-ke ze-t'i, la di-gnôh li t'è**7**-k'i lao wo: "Gni-ke kiao-ngao, k'a-wéh, koang-yong, t'i-mié, wei gni yeû sa h'ao-ts'u? Wé-zié kou-k'i-la-**8**-tsé, yè-zai zi-ze k'ou-deû tsé."

Seng-kieng laong wo: "*Wéh lao si, zi pa-la ngè-tsing men-zié, zu-bié gnen kè-sié; gnen gneu-i sa, zieû* **10** *péh i sa*". Di-ke zieû-ze T'ié-tsu péh-la gnen ze-tsu-tse ghieu, tsou h'ao tsou k'ieû zu-bié gnen kè-**11**-sié, t'ié-daong lao di-gnôh zu-bié ze-ka k'i-teh. Kiao-yeû, nong yao h'ao-h'ao-neng kè-sié, yao tsao liang-

---

Vous penseriez que ce bateau n'arrivera pas au rivage." Ceci représente exactement ceux qui ne marchent pas dans la vraie voie, et qui ne pensent pas **2** au salut, qui ne songent qu'à s'enrichir, qui recherchent les hautes dignités, qui désirent les plaisirs actuels, **3** et qui à la fin ne sauvent pas leur âme.

Autrefois Henri VIII, roi d'Angleterre, en suivant ses passions, apostasia **5** et pendant quelques années obtint le bonheur d'être roi ; mais au moment de mourir, il laissa échapper cet aveu : "J'ai **6** perdu mon âme." À présent, des hommes sans nombre, experts dans les choses du siècle, gémissent dans l'enfer **7** et s'écrient : "De quoi nous ont servi notre orgueil, notre joie, notre gloire, notre grandeur ? Tout a passé, **8** et désormais tout est douleur."

La sainte Écriture dit : "*Ante hominem vita et mors…, quod placuerit ei,* **10** *dabitur illi.*" (Eccli. 15. 18.) C'est-à-dire que Dieu donna à l'homme le libre arbitre, à chacun de choisir le bien ou le mal, **11** à chacun d'obtenir le ciel ou l'enfer. Chrétien, choisissez bien ; choisissez selon

14

心咾揀選、勿要照肉身个偏情咾揀選。該當常常記得吾主耶穌个說話、人雖然得着普天下萬樣福氣、失脫自家个靈魂味有啥好處。

三想　眞个明白人、是保守天主个聖寵咾、得着天堂上永遠个福氣。伲該當求天主、賞賜伲眞个明白、使得伲曉得愛慕天主、曉得救自家个靈魂、走天堂个道路。第个明白、眞正好个、眞正大个、得着之第个明白、實在有福氣。

聖奧斯定對天主話。天主、若使人認得儂、雖然勿曉得別樣事體、也是有福氣个。聖方濟各會裡向修道人、名頭叫齊肋、有一回問聖文多辣話。儂眞正有福氣、因爲儂曉得許多个事體、比之我糊塗人來得好。我一眼也勿曉得啥、儂更加容易成功大

sin lao kè-sié, véh yao tsao gnôh-sen-ke p'ié-zing lao kè-sié. Kai-taong zang-zang ki-teh ngou tsu Ya-**2**-sou-ke seh-wo: "*Gnen su-zé teh-zah p'ou-t'ié-ya vè yang foh-k'i, séh-t'éh ze-ka-ke ling-wen méh* **3** *yeû sa h'ao-ts'u ?*"

Sè siang.—Tsen-ke ming-bah-gnen ze pao-seû T'ié-tsu-ke seng-ts'ong lao, teh-zah t'ié-daong laong yong-yeu-**5**-ke foh-k'i. Gni kai-taong ghieû T'ié-tsu saong-se gni tsen-ke ming-bah, se-teh gni hiao-teh ai-mou T'ié-**6**-tsu, hiao-teh kieû ze-ka-ke ling-wen, tseû t'ié-daong-ke dao-lou. Di-ke ming-bah tsen-tseng h'ao-ke, tsen-**7**-tseng dou-ke, teh-zah-tse di-ke ming-bah zéh-zai yeû foh-k'i.

Seng Ao-se-ding tei T'ié-tsu wo: "T'ié-tsu, zah-se gnen gnen-teh nong, su-zé véh hiao-teh biéh-yang ze-**9**-t'i, a ze yeû foh-k'i-ke." Seng Faong-tsi-koh wei li-hiang sieû-dao-gnen, ming-deû kiao Zi-leh, yeû ih **10** wei men seng Wen-tou-lèh wo: "Nong tsen-tseng yeû foh-k'i, yen-wei nong hiao-teh hiu-tou-ke ze-t'i, pi-**11**-tse ngou wou-dou-gnen lai-teh h'ao; ngou ih-ngè a véh hiao-teh sa; nong keng-ka yong-i zeng-kong dou

---

la conscience et non pas selon vos passions; rappelez-vous toujours les paroles de Notre-**2**-Seigneur: "*Quid prodest homini, si mundum universum lucretur, animæ vero suæ detrimentum patiatur ?*" (Matth. 16. 26.)

IIIe Point. La science des saints. — Les vrais savants sont ceux qui savent conserver la grâce de Dieu et s'asurer le bonheur éternel **5** du ciel. Nous devons demander à Dieu de nous accorder la vraie science, de façon que nous aimions Dieu, **6** que nous sauvions notre âme et que nous marchions par la voie du ciel. Cette science est vraiment belle et **7** grande; celui qui la possède, vraiment heureux.

S. Augustin disait à Dieu: "Heureux, Seigneur, celui qui vous connaît, dût-il ignorer **9** tout le reste." Le frère Gilles, Franciscain, disait un jour **10** à S. Bonaventure: "Vous êtes vraiment heureux de savoir tant de choses, **11** vous valez bien mieux que moi pauvre sot qui ne sait rien; vous pouvez plus facilement devenir un grand

聖人。聖文多辣答應話。愛慕天主多少、勿講明白勿明白。比方一个愚怵个老太婆、比我更加愛慕天主、自伊个德行、比我个來得大。齊肋聽得之第句說話、快活得極、就高聲喊咾話。倗老太婆聽好拉、文多辣話。若使倗愛慕天主、能彀比之文多辣還要好、自倗也能彀成功聖人。

聖奧斯定話。勿識字个人、拿天堂奪去者。果然有多化怵人、勿通世務、勿會讀書、勿會寫字、到底會愛慕天主、救自家个靈魂、伊拉升天堂去。有多化讀書人、明白文理、懂各樣个事體、到底勿曉得愛慕天主、勿曉得救靈魂、落拉地獄裡向。哎、聖福利斯聖若望德德阿伊拉雖然勿懂世界頭上个事體、到底實在是明白非凡、因爲伊拉曉得愛慕天主咾救靈魂、現在成功聖人

seng-gnen. Seng Wen-tou-lèh tèh-yeng wo: "Ai-mou T'ié-tsu tou-sao, véh kaong ming-bah véh ming-bah: pi-faong **2** ih-ke gnu-ben-ke lao-t'a-bou pi ngou keng-ka ai-mou T'ié-tsu, ze-i-ke teh-yeng' pi ngou-ke **3** lai-teh dou." Zi-leh t'ing-teh-tse di-kiu seh-wo, k'a-wéh-teh-ghieh, zieû kao seng h'è lao wo: "Na lao-**4**-t'a-bou t'ing-h'ao-la, Wen-tou-lèh wo: "Zah-se na ai-mou T'ié-tsu, neng-keû pi-tse Wen-"tou-lèh è **5** yao h'ao, ze-na a neng-keû zeng-kong seng-"gnen."

Seng Ao-se-ding wo: "Véh seh-ze-ke gnen nao t'ié-daong deuh-k'i-tsé." Kou-zé yeû tou-h'ouo ben-gnen, véh **7** t'ong se-wou, véh wei dôh-su, véh wei sia-ze, tao-ti wei ai-mou T'ié-tsu, kieû ze-ka-ke ling-wen, **8** i-la seng t'ié-daong k'i. Yeû-ke tou-h'ouo dôh-su-gnen, ming-bah wen-li, tong koh-yang-ke ze-ti, tao-ti **9** véh hiao-teh ai-mou T'ié-tsu, véh hiao-teh kieû ling-wen, loh-la di-gnôh li-hiang. Ai, seng Foh-li-se **10** seng Zah-waong Teh-teh-wou, i-la su-zé véh tong se-ka-deû-laong-ke ze-t'i, tao-ti zéh-zai ze **11** ming-bah fi-vè; yen-wei i-la hiao-teh ai-mou T'ié-tsu lao kieû ling-wen, yé-zai zen-kong seng-gnen

---

saint." S. Bonaventure lui répondit: "Aimer plus ou moins Dieu ne dépend pas d'être savant ou ignorant: si donc **2** une vieille ignorante aime Dieu plus que je ne fais, ses vertus dépasseront **3** les miennes." Frère Gilles, à cette réponse, tout joyeux se mit à crier d'une voix forte: "Eh! pauvres **4** vieilles, écoutez donc, Bonaventure dit que, si vous aimez Dieu, vous pouvez être meilleures **5** que lui et que vous pouvez aussi arriver à la sainteté."

S. Augustin dit: "Voilà que les ignorants s'emparent du ciel." De fait, bien des ignorants **7** qui n'entendent rien en belles-lettres, incapables d'étudier et que ne savent pas écrire, savent pourtant aimer Dieu, savent sauver leur âme **8** et vont au ciel. Tandis que bien des lettrés, très versés en littérature et habiles en toutes sortes de choses, **9** ne savent pas aimer Dieu, ne savent pas sauver leur âme et tombent en enfer. S. Félix, **10** S. Jean de Dieu, quoique ignorants des choses de ce monde, étaient **11** de vrais sages, parce qu'ils ont su aimer Dieu et sauver leur âme, et maintenant ils sont saints.

者。也有幾化大明白人、伊拉離開世俗、到荒野地方去隱修、或者進苦修院、如同聖本篤聖五傷方濟各咾啥。有幾个做皇帝个棄絕自家尊貴个位置咾去修道、如同聖類思多羅撒。又有爲天主致命个、又有爲天主守貞个、伊拉因爲愛慕天主咾、情願甩脫世界上个福氣。第个多少、齊是眞个明白人。

教友、儂願意搭之啥人做淘、若使要搭之聖人拉做淘、該當看輕世俗、愛慕天主、用心救靈魂。聖基所話。要曉得世俗个虛假、請儂到墳墓裡去看一看。前頭去做皇帝个、做將軍个、有銅錢个、貪快活个、齊變成功之坭墶塵、伊拉个光榮咾富貴、完全過去者。教友、儂有意思救靈魂、該當想法子來救、若使勿用好法子、救勿着靈魂。話到好法子、就是躲避犯罪个機會、勤謹領聖

tsé. A yeû ki-h'ouo dou ming-bah gnen, i-la li-k'ai se-zôh, tao faong-ya di-faong k'i yen-sieû, woh-**2**-tsé tsin k'ou-sieû-yeu, zu-dong seng Pen-toh, seng n saong Faong-tsi-koh lao-sa. Yeû ki-ke tsou waong-ti-**3**-ke k'i-ziéh ze-ka tsen-koei-ke wei-tse lao k'i sieû-dao, zu-dong seng Lei-se Tou-lou-sèh. I yeû **4** wei T'ié-tsu tse-ming-ke, i yeû wei T'ié-tsu seû tseng-ke; i-la yen-wei ai-mou T'ié-tsu lao zing-**5**-gneu goè-t'éh se-ka-laong-ke foh-k'i: di-ke tou-sao zi ze tsen-ke ming-bah-gnen.

Kiao-yeû, nong gneu-i tèh-tse sa-gnen tsou dao? Zah-se yao tèh-tse seng-gnen-la tsou-dao, kai-taong k'eu-**7**-k'ieng se-zôh, ai-mou T'ié-tsu, yong-sin kieû ling-wen. Seng Ki-sou wo: "Yao hiao-teh se-zôh-ke hiu-ka, **8** ts'ing nong tao wen-mou li k'i k'eu-ih-k'eu. Zié-deû-k'i tsou-waong-ti-ke, tsou-tsiang-kiun-ke, yeû dong-dié-**9**-ke, t'é k'a-wéh-ke, zi pié-zeng-kong-tse gni-bong-zen, i-la-ke koang-yong lao fou-koei wé-zié kou-**10**-k'i-tsé." Kiao-yeû, nong yeû i-se kieû ling-wen, kai-taong siang fèh-tse lai kieû; zah-se véh yong h'ao fèh-**11**-tse, kieû véh-zah ling-wen. Wo-tao h'ao fèh-tse, zieû-ze tou-bi vè-zu-ke ki-wei, ghien-kieng ling seng-

---

Il y a encore de grands sages, qui quittèrent le monde et allèrent dans les déserts vivre en ermites, **2** ou bien s'enfermèrent dans un cloître, comme S. Benoît, S. François d'Assise et d'autres. Il y a des princes **3** qui abandonnèrent leur grande dignité pour se faire religieux, comme S. Louis de Toulouse; d'autres **4** pour Dieu souffrirent le martyre ou gardèrent la chasteté; tous ceux-là, parce qu'ils aimaient Dieu, **5** préférèrent abandonner le bonheur de ce monde: aussi sont-ils tous de vrais sages.

Chrétien, de qui voulez-vous être le compagnon? Si vous voulez être le compagnon des saints, il faut **7** mépriser le monde, aimer Dieu et vous appliquer à sauver votre âme. S. Jean Chrysostome dit: "Pour comprendre la fausseté de ce monde, **8** je vous invite à aller voir les tombeaux. Ceux qui étaient rois, capitaines, riches **9** et dans les plaisirs, tous sont changés en poussière; leur gloire et leur grandeur sont entièrement **10** passées." Chrétien, si vous voulez sauver votre âme, il faut prendre les moyens de la sauver; et si vous ne prenez pas de bons moyens, **11** vous ne la sauverez pas. Voici les bons moyens: éviter les occasions de péché, fréquenter les sacrements,

事、熱心念經咾求天主、喜歡爲天主吃苦、常常照天主个聖意。

第二十一日　想非人活的沒福

一想　聖經上話。怵人得勿着平安、愛慕天主咾守伊誡命个人、乃味能殼得着平安。人得勿着平安、做生意个、當兵个、做官个、男男女女、齊要平安、齊拉想得着平安、打算發財、得着大个位置。但是用盡之法子、總得勿着啥平安、因爲世俗裡向、尋勿出眞个平安、但不過天主能殼賞賜人眞个平安。

世界上个福氣是虛假个、勿能殼滿人个心。天主造人、勿是爲享世界上个福氣、是爲享天主無限量个福氣。所以除脫之天主、隨便啥物事、總勿能殼滿人个心。天主造拉个飛禽走獸、伊拉無沒靈魂、單單有覺魂、伊拉一享受覺着个福氣、就心滿意

ze, gnéh-sin gnè-kieng lao ghieû T'ié-tsu, hi-hoé wei T'ié-tsu k'ieh-k'ou, zang-zang tsao T'ié-tsu-ke seng-i.

Di-gnè-ih gnéh. Siang zu-gnen wéh-la m-méh foh-k'i.

IH SIANG. — Seng-kieng laong wo: "*K'ieû-gnen teh-véh-zah bing-eu.*" "*Ai-mou T'ié-tsu lao seû i-ke kia-ming-ke* **4** *gnen, nai-méh neng-keû teh-zah bing-eu.*" Gnen zi la siang teh-zah bing-eu, tsou-sang-i-ke, taong ping-ke, **5** tsou-koé-ke, né-né-gnu-gnu, zi yao bing-eu, zi siang wéh h'ao sing-ming, tang-seu fèh-zai, teh-zah dou-**6**-ke wei-tse; tè-ze yong-zin-tse fèh-tse, tsong teh-véh-zah sa bing-eu, yen-wei se-zôh li-hiang zin-**7**-véh-ts'éh tsen-ke bing-eu: tè-péh-kou T'ié-tsu neng-keû saong-se tsen-ke bing-eu.

Se-ka-laong-ke foh-k'i ze hiu-ka-ke, véh neng-keû mé gnen-ke sin. T'ié-tsu zao gnen véh ze wei **9** hiang se-ka-laong-ke foh-k'i, ze wei hiang T'ié-tsu wou-yè-liang-ke foh-k'i; sou-i zu-t'éh-tse T'ié-**10**-tsu, zu-bié sa méh-ze, tsong véh neng-keû mé gnen-ke sin. T'ié-tsu zao-la-ke fi-ghien-tseû-seû, i-**11**-la m-méh ling-wen, tè-tè yeû kiah-wen, i-la ih hiang-zeû koh-zah-ke foh-k'i, zieû sin-mé-i-

---

prier Dieu avec ferveur, aimer à souffrir pour Dieu et se conformer toujours à sa sainte volonté.

21ème Jour. Vie malheureuse du pécheur et vie heureuse de celui qui aime Dieu.

Ier POINT. LE MONDE NE PEUT NOUS RENDRE HEUREUX. — La Ste Écriture dit "*Non est pax impiis.*" (Is. 48. 22.) "*Pax multa diligentibus* **4** *legem tuam.*" (Ps. 118. 165.) Tout le monde pense à obtenir la paix: les marchands, les soldats, **5** les mandarins, tous, hommes, femmes, veulent la paix, tous désirent mener une vie heureuse; ils songent à s'enrichir et à obtenir de hautes **6** dignités; mais, après avoir épuisé toutes sortes de moyens, ils n'ont pas la paix, parce qu'on ne peut pas trouver **7** la vraie paix dans le monde: Dieu seul peut la donner.

Le bonheur de ce monde est faux, il ne peut remplir le cœur de l'homme. Dieu a créé l'homme non pas pour **9** jouir de la félicité d'ici-bas, mais pour jouir du bonheur infini de Dieu; ainsi, à part Dieu, **10** rien ne peut remplir le cœur de l'homme. Les animaux créés par Dieu **11** n'ont pas d'âme spirituelle, mais seulement une âme sensible, et dès qu'ils goûtent les jouissances sensuelles, ils sont complètement

足者。如同中牲吃草个、吃飽之、勿想別樣者。到底人勿是什介、人有靈魂、天主造拉單單爲愛慕天主、搭之天主結合、乃味能彀滿人个願意者。

聖路加記載一个財主人、有一年收成好、收拉个糧食充滿倉間、快活咾話。我个靈魂、儂有得吃者、歇歇罷、漫漫之吃味、能彀多年工夫享用拉。聖經上話伊是糊塗人。聖巴西畧歎氣咾話。可憐第等人、難道伊拉無沒靈魂咾、是像一隻猪玀否。單單想歇歇咾睏睏、就滿伊个意思否。

聖伯爾納多話。世界上个福氣、能彀動人个心、勿能彀滿人个願意。世界頭上个糊塗人、勿罷一樣拉、有个愛銅錢咾物事个、有个愛體面个、有个愛快活咾作樂个、伊拉貪个更加多、受个

tsôh-tsé : zu-dong tsong-sang k'ieh ts'ao-ke, k'ieh-pao-tse véh siang biéh-yang tsé. Tao-ti gnen véh ze zéh-ka : **2** gnen yeû ling-wen, T'ié-tsu zao-la tè-tè wei ai-mou T'ié-tsu, tèh-tse T'ié-tsu kiéh-héh, nai-méh neng-**3**-keû mé gnen-ke gneu-i tsé.

Seng Lou-kia ki-tsai ih-ke zai-tsu-gnen, yeû ih gné seû-zeng h'ao, seû-la-ke liang-zeh ts'ong-mé ts'aong-**5**-kè, k'a-wéh lao wo : "Ngou-ke ling-wen, nong yeû-teh k'ieh-tsé, hiéh-hiéh ba, mè-mè-tse k'ieh méh, neng-keû **6** ta gné kong-fou hiang-yong la." Seng-kieng-laong wo i ze wou-dou-gnen. Seng Pouo-si-liah t'è-k'i lao wo : **7** "K'o-lié di-teng gnen, nè-dào i-la m-méh ling-wen lao, ze ziang ih-tsah tse-lou va, tè-tè siang **8** hiéh-hiéh lao k'oen-k'oen, zieû mé i-ke i-se va ?"

Seng Péh-eul-néh-tou wo : "Se-ka-laong ke foh-k'i neng-keû dong gnen-ke sin, véh neng-keû mé gnen-ke **10** gneu-i". Se-ka-deû-laong-ke wou-dou-gnen véh ba ih yang la : yeû-ke ai dong-dié lao méh-ze-ke, **11** yeû-ke ai t'i-mié-ke, yeû-ke ai k'a-wéh lao tsoh-loh-ke ; i-la t'é-ke keng-ka tou, zeû-ke

---

satisfaits : ainsi, lorsqu'un herbivore a mangé à satiété, il ne veut plus rien. Mais il n'en est pas de même de l'homme : **2** l'homme a une âme spirituelle, créée par Dieu pour l'aimer et pour s'unir à lui, alors, elle sera **3** entièrement contente.

S. Luc rapporte d'un homme riche, qu'ayant une année obtenu une belle récolte, de manière que ses greniers regorgeaient, **5** il s'écria tout content : "Mon âme, tu as bien de quoi manger, repose-toi, mange tranquillement, tu en as **6** pour beaucoup d'années." (Luc. 12. 19.) L'Écriture sainte dit que cet homme était un insensé. S. Basile observe en gémissant : **7** "Ô hommes malheureux, êtes-vous sans âme comme des pourceaux qui se contentent **8** de se reposer et de dormir ?"

S. Bernard affirme que le bonheur de ce monde peut exciter notre cœur, mais ne peut pas le **10** remplir. Les insensés d'ici-bas ne sont pas tous de la même espèce : il y en a qui aiment l'argent et les biens, **11** il y en a qui aiment le luxe, il y en a qui aiment les plaisirs ; mais plus ils convoitent, plus ils

苦也更加大。如同生水痼脹个病人、嘴裡越渴、越要吃水、越吃水、越覺着渴、總無得勿渴个時候。

世界頭上个福氣、外面看來、像殺蠻好、到底裏面完全是苦、所以勿能彀滿人个心。比方貪銅錢个人、得着之一千、也要想一萬、得着之一萬、也要想十萬、得着來更加多、覺着更加勿滿自家个心。聖奧斯定話。愛銅錢个人、銅錢越多、貪心越大。還有伊拉犯邪淫个人、貪齷齪个快活、昏迷拉臭坑缸裡、總勿能彀滿伊个心。話到驕傲个人、相信體面、貪大个爵位、雖然得着之、也勿能彀稱心足意、得着之一个小位置、還要想一个大點个。如同亞立山皇帝得着之多化國度、還厭少、因爲別个幾化國度、還勿曾得着咾、心上十分難過、有常時氣來哭。

k'ou a keng-ka dou; zu-dong sang se-kou-tsang-ke bing-gnen, tse li yeuh k'euh, yeuh yao k'ieh se, yeuh k'ieh **2** se, yeuh koh-zah k'euh, tsong m-teh véh k'euh-ke ze-heû.

Se-ka-deû-laong-ke foh-k'i nga-mié k'eu-lai ziang-sèh mè h'ao, tao-ti li-mié wé-zié ze k'ou, sou-**4**-i véh neng-keû mé gnen-ke sin. Pi-faong t'é dong-dié-ke gnen, teh-zah-tse ih ts'ié, a yao siang ih **5** mè, teh-zah-tse ih mè, a yao siang zéh mé, teh-zah-lai keng-ka tou, koh-zah keng-ka véh mé ze-**6**-ka-ke sin. Seng Ao-se-ding wo: "Ai dong-dié-ke gnen, dong-dié yeuh tou t'é-sin yeuh dou." È yeû i-**7**-la vè zia-yen-ke gnen, t'é oh-tsoh-ke k'a-wéh, hoen-mi la ts'eû k'ang-kaong li, tsong véh neng-keû mé **8** i-la(拉)-ke sin. Wo-tao kiao-ngao-ke gnen, siang-sin t'i-mié, t'é dou-ke tsiah-wei, su-zé teh-zah-tse, a **9** véh neng-keû ts'eng-sin-tsôh-i; teh-zah-tse ih-ke siao wei-tse, è yao siang ih-ke dou tié-ke; zu-**10**-dong Ya-lih-sè waong-ti teh-zah-tse tou-h'ouo kôh-dou, è yé sao, yen-wei biéh-ke ki-h'ouo kôh-dou **11** è vé zeng teh-zah lao, sin laong zéh-fen nè-kou, yeû-zang-ze k'i-lai kôh.

---

souffrent, comme un hydropique qui plus il a soif, plus il boit, et plus il boit, **2** plus il a soif, il a toujours soif.

Le bonheur de ce monde a une belle apparence, de fait ce n'est qu'amertume, **4** aussi ne peut-il pas remplir le cœur de l'homme. Par exemple, l'homme avide d'argent, ayant gagné mille, pense à gagner **5** dix mille, et dès qu'il a obtenu dix mille, il pense à avoir cent mille; plus il a obtenu, plus il sent que son cœur n'est pas **6** satisfait. C'est pour cela que S. Augustin dit: "Quant à ceux qui aiment l'argent, plus ils en ont, plus leur cupidité s'accroît." Pour les **7** impudiques, qui convoitent les plus viles jouissances, et qui aveuglés demeurent dans leur abject bourbier, ils ne peuvent certainement pas avoir **8** le cœur satisfait. Et les orgueilleux, qui aiment le faste, qui ambitionnent les dignités, même après les avoir obtenues **9** ils ne peuvent pas avoir le cœur content; ayant obtenu une petite dignité, ils soupirent après une plus haute, **10** comme Alexandre le Grand, qui, après avoir soumis tant d'états, regrettait que ce fût encore trop peu, et parce qu'il n'était pas maître **11** des autres contrées, sentait au cœur une peine si grande, que parfois il en pleurait.

若使世界上个福氣能彀滿人个心、介味財主人、做大官府个人、確然是有福氣哩、到底伊拉總勿能彀心滿意足。雖然發之財、做之大官、心裡原是勿足相咾難過、日常日逐有勿稱心个事體。所以世界上个福氣、是虛空个。撒落滿皇帝、是從古以來頭一个世界上有福氣个、到底還勿會滿伊个願意、自伊親口話。我个眼睛相信咾要个、齊照拉者、到底萬百樣物事、虛而又虛、空而又空。

二想　撒落滿皇帝勿但話、萬樣物事齊是假个、還話齊使得人心上難過个。可憐犯罪人、願意拉世界上享福、到底尋勿着眞个福氣、所有拉个齊是苦、艮心裡常常勿平安。聖經上話。伊拉勿認得平安个路、伊拉走个、是苦腦咾無沒福氣个路、那得

Zah-se se-ka-laong-ke foh-k'i neng-keû mé gnen-ke sin, kå-méh zai-tsu-gnen, tsou dou koé-fou-ke 2 gnen, k'iah-zé ze yeû foh-k'i li: tao-ti i-la tsong véh neng-keû sin-mé-i-tsôh; su-zé fèh-tse 3 zai, tsou-tse dou koé-fou, sin li gneu ze véh tsôh-siang lao nè-kou, gnéh-zang-gnéh-zôh yeû véh ts'eng sin-ke 4 ze-t'i; sou-i se-ka-laong-ke foh-k'i ze hiu-k'ong-ke. Sèh-loh-mé waong-ti ze zong-kou-i-lai 5 deû-ih-ke se-ka-laong yeû foh-k'i-ke, tao-ti è véh zeng mé i-ke gneu-i, ze-i tsin k'eû 6 wo: "*Ngou-ke ngè-tsing siang-sin lao yao-ke, zi tsao-la-tsé, tao-ti vè-pah-yang méh-ze hiu eul i* 7 *hiu, k'ong eul i k'ong.*"

GNI SIANG. — Sèh-loh-mé waong-ti véh dè wo: vè yang méh-ze zi ze ka-ke, è wo: "*Zi se-teh* 9 *gnen sin laong nè-kou-ke.*" K'o-lié vè-zu-gnen gneu-i la se-ka-laong hiang-foh, tao-ti zin-véh-zah 10 tsen-ke foh-k'i, sou-i yeû-la-ke zi ze k'ou, liang-sin li zang-zang véh bing-eu. Seng-kieng laong wo: "*I-*11*-la véh gnen-teh bing-eu-ke lou, i-la tseû-ke ze k'ou-nao lao m-méh foh-k'i-ke lou*". Na-teh

---

Si le bonheur d'ici-bas pouvait contenter le cœur de l'homme, ces richards, ces grands mandarins 2 seraient, bien sûr, des heureux: mais leur cœur ne peut pas être pleinement satisfait, et quoiqu'ils se soient 3 enrichis et qu'ils soient grands mandarins, leur cœur n'est pas content et souffre, chaque jour ils ont des motifs 4 de mécontentement. Donc le bonheur de ce monde est faux. Depuis les temps les plus reculés, le roi Salomon fut 5 le plus heureux en ce monde, mais ses désirs ne furent pas rassasiés, lui-même 6 dit: "*Omnia quae desideraverunt oculi mei, non negavi eis.*" (Eccli. 2. 10.) "*Et ecce universa* 7 *vanitas.*" (Eccli. 1. 14.)

IIe POINT. TOURMENTS INTÉRIEURS DU PÉCHEUR. — Le roi Salomon ne dit pas seulement que toutes ces choses sont vanité, mais il ajoute: "*et* 9 *afflictio spiritus.*" (Eccli. 1. 14.) Pauvres pécheurs, ils désirent jouir dans ce monde, mais ils ne peuvent pas trouver 10 le vrai bonheur; ce qu'ils ont n'est qu'amertume et remords continuels de conscience. La sainte Écriture dit: 11 "*Contritio et infelicitas in viis eorum, et viam pacis non cognoverunt.*" (Ps. 13. 3.) Comment

能彀得着平安呢。
天主話。犯罪人得勿着平安。因爲有罪个人、心上常常拉怕、怕天主要罰伊。比方一个人、得罪之有大勢脈个人、一定怕伊報仇、就是睏拉个時候、也勿放心、儂想人得罪之天主、做天主个對頭、倒能彀平安否。我看見有罪个人、地動起來也怕、雷響也怕、好像怕个聲氣、常常拉耳朶邊頭、時時刻刻怕、常常小心咾迷攏拉。就是無啥人追伊、伊也怕、爲啥咾什介能呢。因爲伊个罪、日裡夜裡跟伊拉。如同加音殺脫之亞伯爾、良心就勿平安。自家話。勿論啥人看見之我、一定要殺脫我。雖然天主告訴伊話。勿許別人殺儂。到底伊總勿放心、垃拉荒野地方瞎跑、勿論走到那裡、心上總勿平安。儂想啥人拉追伊、豈勿是伊个罪、惹

neng-keû teh-zah bing-eu gni?
T'ié-tsu wo: "*Vè-zu-gnen teh-vèh-zah binq-eu.*" Yen-
wei yeû zu-ke gnen sin laong zang-zang la p'ouo, p'ouo **3**
T'ié-tsu yao vèh i. Pi-faong ih-ke gnen teh-zu-tse yeû dou se-
mah-ke gnen, ih-ding p'ouo i pao-**4**-zeû, zieû-ze k'oen-la-ke
ze-heû a véh faong-sin; nong siang gnen teh-zu tse T'ié-tsu,
tsou T'ié-tsu-ke **5** tei-deû, tao neng-keû bing-eu va? Ngou
k'eu-kié yeû zu-ke gnen di-dong k'i-lai a p'ouo, lei-hiang a
6 p'ouo, h'ao-ziang p'ouo-ke sang-k'i zang-zang la gni-tou
pié-deû, ze-ze-k'eh-k'eh p'ouo, zang-zang siao-sin lao **7** bé-
long-la; zieû-ze m sa gnen tsu i, i a p'ouo; wei-sa-lao zéh-
ka-neng gni? Yen-wei i-ke **8** zu gnéh li ya li ken i-la. Zu-
dong Kia-yen sèh-t'éh-tse Ya-béh-euh, liang-sin zieû véh
bing-eu, **9** ze-ka wo: "Véh len sa-gnen k'eu-kié-tse ngou,
ih-ding yao sèh-t'éh ngou." Su-zé T'ié-tsu kao-sou i **10** wo:
"Véh hiu biéh-gnen sèh nong"; tao-ti i tsong véh faong-sin,
léh-la faong-ya di-faong hèh bao; véh len **11** tseû tao a-li,
sin laong tsong véh bing-eu. Nong siang sa-gnen la tsu i?
K'i-véh-ze i-ke zu za

---

pourraient ils donc avoir la paix?
Dieu dit: "*Non est pax impiis.*" (Is. 48. 22.) Parce que
le pécheur craint toujours, il craint **3** d'être puni par Dieu.
Si par exemple, quelqu'un a offensé un homme puissant, il
craint sa vengeance, **4** de manière qu'il ne peut pas dormir
tranquille; comment donc celui qui a outragé Dieu et qui est
l'ennemi **5** de Dieu, pourrait-il jouir de la paix? Je vois le
pécheur saisi de crainte lorsque la terre vient à trembler, ou
lorsque gronde le tonnerre, **6** comme si une voix terrible
retentissait toujours à ses oreilles; à chaque instant, il fré-
mit, il est toujours sur ses gardes et **7** se cache, et même si
personne ne le poursuit, il a peur. Pourquoi cela? Parce
que son **8** péché le suit le jour et la nuit. Comme Caïn après
avoir tué Abel n'avait pas la conscience en paix **9** et disait:
"Quiconque me rencontrera, m'ôtera la vie." Et quoique
Dieu lui affirmât **10** que personne ne le tuerait, il n'était pas
tranquille et courait follement par le désert; dans n'importe
11 quel lieu qu'il arrivât, son cœur n'était jamais en paix.
Qui, pensez-vous donc, le poursuivait ainsi? N'est-ce pas
son péché qui

伊勿平安否。

再有罪惡教良心着急咾難過、像蟲咬一樣、無得一歇能殼活好性命。一个有罪个人、聽憑伊尋安逸咾作樂、總得勿着平安、隨便伊看戲鬧熱、遊山玩景、勿論做啥、勿論到那裡、良心上覺着大勿平安。

該當曉得良心裡勿平安、勿是小个苦、實在是大个苦。有个人因爲靈魂上勿平安咾、尋死路。如同茹達斯犯之賣脫耶穌个罪、良心上難過得極、就自家吊殺。史鑑上記載有一个人、弄殺之一个小囝、雖然別人勿曉得、自伊个良心、大勿平安。逃到東、跑到西、總勿放心。末脚來自家到官府門前去、認殺人个罪、求官府罰伊抵命。後來果然什介能。

i véh bing-eu va ?

Tsai yeû zu-oh kao liang-sin zah-kiéh lao nè-kou, ziang zong ngao ih-yang ; m-teh ih hiéh neng-keû wéh **3** h'ao sing-ming. Ih-ke yeû zu-ke gnen t'ing-bing i zin eu-yeh lao tsoh-loh, tsong teh-véh-zah bing-eu, **4** zu-bié i k'eu hi nao-gnéh, yeû-sè-wè-kieng, véh len tsou sa, véh len tao 'a-li, liang-sin laong koh-**5**-zah dou véh bing-eu.

Kai-taong hiao-teh liang-sin li véh bing-eu, véh ze siao-ke k'ou, zéh-zai ze dou-ke k'ou ; yeû-ke gnen **7** yen-wei ling-wen laong véh bing-eu lao, zin-si-lou. Zu-dong Zu-tèh-se vè-tse ma-t'éh Ya-sou-ke **8** zu, liang-sin laong nè-kou-teh-ghieh, zieû ze-ka tiao-sèh. Se-kè laong ki-tsai yeû ih-ke gnen, long-sèh-**9**-tse ih-ke siao-neu, su-zé biéh-gnen véh hiao-teh, ze-i-ke liang-sin dou véh bing-eu ; dao tao tong, **10** bao tao si, tsong véh faong-sin. Méh-kiah-lai ze-ka tao koé-fou men-zié k'i, gnen sèh gnen-ke zu, ghieû **11** koé-fou vèh i ti-ming : heû-lai kou-zé zéh-ka-neng.

---

provoquait ce trouble ?

En outre, le péché fait naître dans la conscience des angoisses et des peines qui la mordent comme des serpents ; il n'y a plus un instant **3** de vie heureuse. Le pécheur a beau chercher des joies et des plaisirs à son gré, jamais il ne goûtera la paix : **4** il a beau aller à la comédie, au milieu des joies bruyantes, se promener, quoi qu'il fasse, où qu'il aille, son cœur **5** n'est jamais en paix.

Il faut savoir que le remords de conscience n'est pas un petit tourment, mais un grand ; d'aucuns, **7** à cause de ces remords, se sont suicidés. Tel Judas qui ayant vendu N.-S., **8** en ressentit une peine si poignante, qu'il se pendit. L'histoire raconte d'un homme, qu'ayant tué **9** un enfant, quoique la chose fût ignorée des autres, il fut poursuivi d'un remords si cuisant qu'il fuyait à droite **10** et à gauche sans trouver de repos. Enfin il alla de lui-même devant le magistrat avouer son meurtre et demander **11** d'être condamné à mort : ce qui arriva dans la suite.

儂想人个靈魂、無沒之天主个聖寵、是那能苦呢。聖經上話。犯罪人个心、像海裡个風浪、一歇勿停个翻咾滾、總無得停个時候。比方儂拿一个人綑綁之、放拉一个鬧熱个地方、脚味朝上、頭味朝下吊起來、雖然第个地方有人唱歌、吹打作樂、鬧熱得極、自伊个心能彀快活否。第个事體、可以比無得聖寵个靈魂。雖然世界上有福氣、活个好性命、心裡總勿能彀平安、因爲眞个平安、單單好人、就是愛天主个人、能彀得着个。

聖味增爵彿剌話。現在世界上个福氣、不過拉外面、勿拉心裡、所以有罪个人、雖然著一身翠衣裳、手上帶金戒指、吃咾啥豐厚、齊不過外面个好、伊个心裡齊是苦。偶然碰着之一眼勿稱心个事體、就要歎火、咬牙切齒、像癡子一樣。第个豈勿是伊个

Nong siang gnen-ke ling-wen, m-méh-tse T'ié-tsu-ke-seng-ts'ong, ze na-neng k'ou gni? Seng-kieng laong wo: "*Vè-***2***-zu-gnen-ke sin, ziang h'ai li-ke fong laong, ih hiéh véh ding-ke fè lao koen, tsong m-teh ding-ke ze-***3***-heû.*" Pi-faong nong nao ih-ke gnen k'oen-paong-tse, faong-la ih-ke nao-gnéh-ke di-faong, kiah méh zao zaong, **4** deû méh zao hao tiao-k'i-lai; su-zé di-ke di-faong yeû gnen ts'aong kou ts'e-tang tsoh-yah, nao-gnéh-teh-**5**-ghieh, ze-i-ke sin neng-keû k'a-wéh va? Di-ke ze-t'i k'o-i pi m-teh seng-ts'ong-ke ling-wen: **6** su-zé se-ka-laong yeû foh-k'i, wéh-ke h'ao sing-ming, sin li tsong véh neng-keû bing-eu, yen-wei tsen-**7**-ke bing-eu tè-tè h'ao gnen, zieû-ze ai T'ié-tsu-ke gnen, neng-keû teh-zah-ke.

Seng Vi-tseng-tsiah Féh-li wo: "Yé-zai se-ka-laong-ke foh-k'i, péh-kou la nga-mié, véh tao sin li: **9** sou-i yeû zu-ke gnen, su-zé tsah ih-sen ts'u-ke i-zaong, seû laong ta kien ka-tse, k'ieh lao sa fong-**10**-heû, zi péh-kou nga-mié-ke h'ao, i-ke sin li zi ze k'ou; ngeû-zé bang-zah-tse ih-ngè véh ts'eng-**11**-sin-ke ze-t'i, zieû yao koang-h'ou, ngao-nga-ts'ih-tse, ziang ts'e-tse ih-yang; di-ke k'i-véh-ze i-ke

---

Réfléchissez donc quelle peine éprouve l'âme de celui qui n'a pas la grâce de Dieu? La sainte Écriture dit: **2** "*Impii autem quasi mare fervens, quod quiescere non potest.*" (Is. 57. 20.) **3** Si on liait quelqu'un, et qu'on le suspendît les pieds en haut, **4** la tête en bas, dans un endroit où la joie est bruyante; quoique dans cet endroit on chantât et on fît de la musique retentissante, **5** son cœur serait-il content? Cela est l'image d'un homme qui n'a pas la grâce: **6** quoiqu'il ait le bonheur d'ici-bas et qu'il vive à l'aise, son cœur n'est pas en paix, parce qu'il **7** n'y a que les bons, c'est-à-dire ceux qui aiment Dieu, à posséder la vraie paix.

Le bonheur de ce monde, disait S. Vincent Ferrier, n'est qu'extérieur, il n'arrive pas au cœur. **9** Ainsi, quoique les pécheurs portent de beaux habits et des bagues en or, et que pour la nourriture et autres choses ils soient dans l'abondance, **10** ces biens n'étant qu'extérieurs, leur cœur est plein d'amertume; et à la moindre **11** contrariété, ils se fâchent et grincent des dents comme des insensés; n'est-ce pas pour eux

苦處否。

若使論到愛天主个人、就完全兩樣、伊拉雖然有點苦頭、心上到底平安非凡。因爲伊拉常常照天主个意思、勿照自家个意思、伊拉拿天主个意思、當自家个快活。所以外面雖然苦、心裡常常作樂、伊拉个苦處、變成功快活个事體。

人服事魔鬼味、如同服事一个暴虐个皇帝、一歇勿停咒咾罵咾打、無得出頭个日子。聖經上話。因爲儂勿肯服事天主、要服事儂个對頭、該當受肚裡餓、嘴裡渴、受冷咾凍、受樣樣患難。哎、多少人爲犯罪咾吃苦頭、若使爲愛天主咾吃之、老早成功聖人裡。

三想　旣然世界上福氣、勿能穀滿人个心、還有啥能穀滿人

k'ou-ts'u va?"

Zah-se len-tao ai T'ié-tsu-ke gnen, zieû wé-zié liang-yang, i-la su-zé yeû tié k'ou-deû, sin laong 3 tao-ti bing-eu-fi-vè; yen-wei i-la zang-zang tsao T'ié-tsu-ke i-se, véh tsao ze-ka-ke i-4-se; i-la nao T'ié-tsu-ke i-se taong ze-ka-ke k'a-wéh, sou-i nga-mié su-zé k'ou, sin li 5 zang-zang tsoh-loh, i-la-ke k'ou-ts'u pié-zeng-kong k'a-wéh-ke ze-t'i.

Gnen woh-ze mô-kiu méh, zu-dong woh-ze ih-ke bao-gnah-ke waong-ti, ih-hiéh-véh-ding tseû lao mô 7 lao tang, m-teh ts'éh-deû-ke gnéh-tse. Seng-kieng laong wo: "*Yen-wei nong véh k'eng woh-ze T'ié-tsu, yao woh-*8-*ze nong-ke tei-deû, kai-taong zeû dou-li-ngou tse-li-k'euh, zeû lang-lao-tong, zeû yang-yang wè-nè.*" Ai, 9 tou-sao gnen wei vè-zu lao k'ieh k'ou-deû, zah-se wei T'ié-tsu lao k'ieh-tse, lao-tsao zeng-kong seng-10-gnen li!

SÈ SIANG.—Ki-zé se-ka laong foh-k'i véh neng-keû mé gnen-ke sin, è yeû sa neng-keû mé gnen-

---

un tourment?"

Quant à ceux qui aiment Dieu, c'est tout le contraire: quoiqu'ils souffrent un peu, leur cœur 3 est dans une grande paix; ils suivent toujours la volonté de Dieu et non pas la leur; 4 ils regardent la volonté de Dieu comme leur propre joie; aussi, quoique à l'extérieur ils souffrent, leur cœur 5 est toujours content; leurs souffrances sont changées en sujets de joie.

Le pécheur sert le démon, il sert un tyran qui sans cesse maudit 7 et frappe, sans pouvoir y échapper un seul jour. L'Écriture dit: "*Eo quod non servieris Domino Deo... servies* 8 *inimico tuo... in fame et siti et nuditate et omni penuria.*" (Deut. 28. 47.) Oh! 9 que de gens seraient déjà des saints, s'ils avaient enduré pour Dieu ce qu'ils ont enduré pour pécher!

IIIe POINT. BONHEUR DU JUSTE SUR LA TERRE.—Puisque le bonheur de ce monde ne peut pas contenter le cœur de l'homme, quelle chose pourra donc le

个心呢。無啥別樣、單單天主能彀滿人个心。聖經上話。儂个快活歸向天主、天主要滿儂个願意。天主造人、付一个永遠勿死个靈魂、除脫之永遠个福氣、無啥可以滿人个心者。天主是永遠咾、無窮美好个、除之天主外頭、無得啥可以足相人个願意。人幾時得着天主、搭之天主結合、就心滿意足、勿想別樣者。

聖奧斯定勿會歸正个時候、伊个行事齊照肉身个偏情、貪五官个快活、到底總勿平安、心上常常勿好過。後來改過之、完全歸向之天主、就平安者。自伊自家承認話。我个天主、我个心勿會歸向儂咾、總着急咾勿平安、我現在承認世界上福樂、齊是假个、齊是苦个、單單儂天主、是我靈魂个平安。因爲聖人曉得世界上个福氣、齊是哄騙人个、伊著拉个書上話。儂卑賤个人

ke sin gni? M sa biéh-yang, tè-tè T'ié-tsu neng-keû mé gnen-ke sin. Seng-kieng laong wo: "*Nong-ke k'a-***2***-wéh koei-hiang T'ié-tsu, T'ié-tsu yao mé nong-ke gneu-i.*" T'ié-tsu zao gnen, fou ih-ke yong-yeu véh si-**3**-ke ling-wen; zu-t'éh-tse yong-yeu-ke foh-k'i, m sa k'o-i mé gnen-ke sin tsé: T'ié-tsu ze yong-**4**-yeu lao wou-ghiong mei-h'ao-ke, zu-t'éh-tse T'ié-tsu nga-deû, m-teh sa k'o-i tsôh-siang gnen-ke gneu-i. **5** Gnen ki-ze teh-zah T'ié-tsu, tèh-tse T'ié-tsu kiéh-héh, zieû sin-mé-i-tsôh, véh siang biéh-yang tsé.

Seng Ao-se-ding véh zeng koei-tseng-ke ze-heû, i-ke hang-ze zi tsao gnôh-sen-ke p'ié-zing, t'é n-**7**-koé-ke k'a-wéh, tao-ti tsong véh bing-eu, sin laong zang-zang véh h'ao kou. Heû-lai kai-kou-tse, wé-zié **8** koei-hiang-tse T'ié-tsu, zieû bing-eu tsé. Ze-i-ze-ka zeng-gnen wo: "Ngou-ke T'ié-tsu, ngou-ke sin véh **9** zeng koei-hiang nong méh, tsong zah-kiéh lao véh bing-eu; ngou yé-zai zeng-gnen se-ka-laong-ke foh-loh zi ze **10** ka-ke, zi ze k'ou-ke; tè-tè nong T'ié-tsu ze ngou ling-wen-ke bing-eu." Yen-wei seng-gnen hiao-teh **11** se-ka-laong-ke foh-k'i, zi ze h'ong-p'ié gnen-ke, i tsu-la-ke su laong wo: "Nong pei-zié-ke gnen

---

contenter? Il n'y en a pas d'autre, Dieu seul le peut. L'Écriture dit: "*Delectare* **2** *in Domino, et dabit tibi petitiones cordis tui.*" (Ps. 36. 4.) Dieu, en créant l'homme, lui donna une âme **3** immortelle; ainsi, hors un bonheur éternel, rien ne peut satisfaire le cœur de l'homme: or Dieu étant un bien **4** éternel et infini, à part lui, rien ne peut combler les désirs de l'homme. **5** Dès que l'homme a obtenu Dieu et s'est uni à lui, il est complètement satisfait et ne désire plus rien.

S. Augustin, avant sa conversion, agissait selon ses passions et cherchait **7** les plaisirs des sens, mais il n'avait pas la paix, son cœur n'était jamais à l'aise; après sa conversion, **8** lorsqu'il se donna à Dieu, il trouva la paix. Lui même avoua cela et dit: "Mon Dieu, lorsque mon cœur **9** ne s'était pas donné à vous, il était toujours inquiet et n'avait pas la paix; à présent j'avoue que le bonheur du monde est **10** faux et amer. Vous seul êtes la paix de mon âme." Parce que le saint avait compris **11** que la félicité d'ici-bas n'est qu'un mensonge, il dit dans ses commentaires: "Toi, pauvre petit homme,

15

尋啥、豈勿是尋福氣否。儂單單要尋一个眞个福氣、就是天主、因爲尋着之天主、一總个福氣完全有者。

達味犯之邪淫个罪、勿論走到那裡、終勿平安、自伊看鬧熱遊花園、吃酒水、常常覺着勿得意。勿論啥鬧熱个事體裡向、總怕咾勿放心、因爲自伊个罪、時時刻刻拉伊眼睛門前、責備伊離開天主。爲第个緣故、達味聖王話。我吃个勿是別樣、就是日裡夜裡哭个眼淚、樣樣物事像煞埋怨我話、儂个天主拉那裡。

若使要問那能愛天主个人、是有福氣个、只要看伊拉个行事、就曉得者。聖五傷方濟各爲愛天主咾棄絕世俗、赤之脚走路、身上著破衣裳、受着寒冷、受着饑餓、雖然什介能窮苦、到底靈魂上个快活、勿是平常个、自伊對天主話。我个天主、儂是我一

zin sa? K'i-véh-ze zin foh-k'i va? Nong tè-tè yao zin ih-ke tsen-ke foh-k'i, zieû-ze T'ié-tsu, **2** yen-wei zin-zah-tse T'ié-tsu, ih-tsong-ke foh-k'i wé-zié yeû-ke."

Dèh-vi vè-tse zia-yen-ke zu, véh len tseû-tao a-li, tsong véh bing-eu; ze-i k'eu nao-gnéh, yeû **4** h'ouo-yeu, k'ieh tsieû-se, zang-zang koh-zah véh teh-i. Véh len sa nao-gnéh-ke ze-t'i li-hiang, tsong p'ouo **5** lao véh faong-sin, yen-wei ze-i-ke zu ze-ze-k'eh-k'eh la i ngè-tsing men-zié, tsah-bei i li-**6**-k'ai T'ié-tsu. Wei di-ke yeu kou Dèh-vi seng-waong wo: "Ngou k'ieh-ke véh ze biéh-yang, zieû-ze gnéh li **7** ya li k'ôh-ke ngè-li; yang-yang méh-ze ziang-sèh ma-yeu ngou wo: Nong-ke T'ié-tsu la a-li?"

Zah-se yao men na-neng ai T'ié-tsu-ke gnen ze yeû foh-k'i-ke, tséh yao k'eu i-la-ke hang-ze, **9** zieû hiao-teh-tsé. Seng n saong Faong-tsi-koh wei ai T'ié-tsu lao k'i-zié se-zôh, tsah-tse kiah tseû-lou, **10** sen laong tsah-tse p'ou i-zaong, zeû-zah h'eu-lang, zeû-zah ki-ngou; su-zé zéh-ka-neng ghiong-k'ou, tao-ti ling-**11**-wen laong-ke k'a-wéh véh ze bing-zang-ke, ze-i tei T'ié-tsu wo: "Ngou-ke T'ié-tsu, nong ze ngou ih-

---

que cherches-tu? N'est-ce pas que tu cherches le bonheur? Tu ne dois chercher que le vrai bonheur, c'est-à-dire Dieu: **2** parce que, ayant trouvé Dieu, tu auras trouvé tous les biens."

David ayant commis un péché d'impureté, n'importe où il allait, était sans la paix: allait-il aux fêtes bruyantes, se promenait-il **4** dans les jardins, assistait-il à un festin, il ne se sentait jamais à l'aise. Dans n'importe quel plaisir, il craignait, **5** et n'était pas tranquille, parce que son péché était toujours devant ses yeux et lui reprochait d'avoir **6** quitté Dieu. À cause de cela, le roi David disait lui-même: "Le jour **7** et la nuit, mes larmes ont été ma nourriture, il me semblait que toutes choses me reprenaient en disant: Où est ton Dieu?"

Si on demande comment ceux qui aiment Dieu sont heureux, il n'y a qu'à considérer leurs actions **9** et on le saura. S. François d'Assise avait quitté le monde pour l'amour de Dieu, il marchait pieds nus, **10** il était couvert de haillons, il souffrait du froid et de la faim; et quoique si pauvre, **11** son âme goûtait une joie extraordinaire, et il disait à Dieu: "Mon Dieu, vous êtes

總个福氣、得着之儂、齊得着拉者。

聖方濟各波爾日亞勿要做官、情願修道。有一回行路無得客寓、就睏拉一个麥柴堆裡。到底伊个心裡、覺着非凡快活、一夜到天亮睏勿去。聖斐理伯納利爲天主咾棄絕世俗、心當中有大个作樂、有一回快活來勿停、夜裡也睏勿去、就對耶穌話。許我睏罷、乃足相者。有一个耶穌會神父、名頭叫洛肋納、是富貴人家个子孫、自伊爲愛慕天主咾、棄家修道、登拉一間窮苦个房間裡、覺着十分安慰、有个時候快活來跳老塹。

聖方濟各沙勿略拉印度國傳教、爲天主吃無數个苦頭、有常時愛慕天主、覺着心裡熱來像火燒、就解開之衣裳、凉一凉自家个胸膛、嘴裡味話。我个天主、我足相者、勿要再賞賜我快

tsong-ke foh-k'i, teh-zah-tse nong, zi teh-zah-la-tsé."

Seng Faong-tsi-koh Pou-eul-zéh-ya véh yao tsou koé, zing-gneu sieû-dao. Yeû ih wei hang-lou m-teh k'ah-**3**-gnu, zieû k'oen-la ih-ke mah-zah tei li; tao-ti i-ke sin li koh-zah fi-vè-ke k'a-wéh, ih-ya **4** tao t'ié-liang k'oen-véh-k'i. — Seng Fi-li-péh Néh-li wei T'ié-tsu lao k'i-ziéh se-zôh, sin taong-tsong yeû **5** dou-ke tsoh-loh. Yeû ih wei k'a-wéh-lai véh-ding, ya li a k'oen-véh-k'i, zieû tei Ya-sou wo: Hiu **6** ngou k'oen ba, nai tsôh-siang-tsé." — Yeû ih-ke Ya-sou-wei zen-vou, ming-deû kiao Loh-leh-néh, ze fou-koei **7** gnen-ka-ke tse-sen, ze-i wei ai-mou T'ié-tsu lao k'i kia sieû-dao; teng-la ih-kè ghiong-k'ou-ke **8** waong-kè li, koh-zah zéh-fen eu-wei, yeû-ke ze-heû k'a-wéh-lai t'iao lao zè.

Seng Faong-tsi-koh Souo-véh-liah léh-la Yen-dou-kôh zé-kiao, wei T'ié-tsu k'ieh m-sou-ke k'ou-deû, yeû-**10**-zang-ze ai mou T'ié-tsu koh-zah sin li gnéh-lai ziang h'ou sao; zieû ka-k'ai-tse i-zaong, liang-ih-liang **11** ze-ka-ke hiong-daong, tse li méh wo: "Ngou-ke T'ié-tsu, ngou tsôh-siang-tsé, véh yao tsai saong-se ngou k'a-

---

tout mon bonheur, avec vous j'ai tout."

S. François de Borgia quitta toute charge et préféra être religieux. Une fois, en voyage, ne trouvant pas d'hôtellerie, **3** il coucha sur un tas de paille, mais son cœur débordait tellement de joie que pendant toute **4** la nuit il ne put dormir. — S. Philippe de Néri, après avoir abandonné le monde pour Dieu, se sentait une grande joie **5** au cœur. Une fois, l'allégresse ne cessant pas et l'empêchant de dormir, il dit à N.-S.: "Laissez-**6**-moi dormir, à présent je suis satisfait." — Le P. Charles de Lorraine, de la Compagnie de Jésus, était d'une noble **7** naissance; pour aimer Dieu, il abandonna sa famille et se fit religieux; habitant dans une misérable **8** chambre, il était si rempli de consolation qu'il sautait de joie.

S. François-Xavier, pendant qu'il évangélisait les Indes, eut immensément à souffrir; mais, **10** parfois en faisant des actes d'amour de Dieu, il sentait son cœur aussi chaud que si un feu l'eût brûlé; il ouvrait alors ses habits pour refroidir **11** sa poitrine et s'écriait: "Assez, Seigneur, ne m'accordez pas davantage

活者、因爲我吃勿消者。聖女德肋撒話。從天堂上來个一點安慰、超過世界頭上一總个安逸咾快活。

耶穌拉聖經上話。啥人爲我个名頭咾、離開伊个屋裡、或者離開伊个兄弟姊妹、或者甩脫伊个女人咾小囝、或者棄脫伊个爺娘咾田地、現在拉世界上、得着一百倍个賞賜咾報答、後來得着常生。既然什介能、伲該當尋啥呢。該當尋吾主耶穌、尋着之耶穌、伲个心就足相者。

耶穌又話。㑚衰瘏个、㑚挑重擔子个、齊到我蕩來、我要補一補㑚个氣力。一个愛天主个人、拉世界上免勿來吃苦、因爲世界上是立功勞个地方、勿吃苦、勿能彀立功勞。但是聖文多辣話。愛天主个人、拉苦當中有安慰、因爲伊勿論碰着啥苦處、想着

wéh tsé, yen-wei ngou k'ieh-véh-siao-tsé." Seng-gnu Teh-leh-sèh wo: "Zong t'ié-daong laong lai-ke ih-tié eu-**2**-wei, ts'ao-kou se-ka-d'eû-laong ih-tsong-ke eu-yeh lao k'a-wéh."

Ya-sou la seng-kieng laong wo: "*Sa-gnen wei ngou-ke ming-deû lao li-k'ai i-ke ôh-li, woh-tsé li-***4***-k'ai i-ke hiong-di tse-mei, woh-tsé goè-t'éh i-ke gnu-gnen lao siao-neu, woh-tsé k'i-t'éh i-ke* **5** *ya-gnang lao dié-di, yé-zai la se-ka-laong teh-zah ih pah bei-ke saong-se lao pao-tèh, heû-lai* **6** *teh-zah zang-seng.*" Ki-zé zéh-ka-neng, gni kai-taong zin sa gni? Kai-taong zin ngou tsu Ya-sou, zin-zah-**7**-tse Ya-sou, gni-ke sin zieû tsôh-siang tsé.

Ya-sou i wo: "*Na sa-dou-ke, na t'iao zong tè-tse-ke, zi tao ngou daong lai, ngou yao pou-ih-pou* **9** *na-ke k'i-lih.*" Ih-ke ai T'ié-tsu-ke gnen la se-ka-laong mié-véh-lai k'ieh-k'ou, yen-wei se-ka-**10**-laong ze lih kong-lao-ke di-faong, véh k'ieh-k'ou véh neng-keû lih kong-lao. Tè-ze seng Wen-tou-lèh wo: **11** "Ai T'ié-tsu-ke gnen, la k'ou taong-tsong yeû eu-wei, yen-wei i véh len bang-zah sa k'ou-ts'u, siang-zah

---

de joie, parce que je suis incapable de la supporter." Ste Thérèse disait: "Un petit brin de consolation céleste **2** surpasse toutes les consolations et joies de ce monde."

N.-S. dit dans l'Évangile: "*Qui reliquerit domum, vel* **4** *fratres, aut sorores, aut patrem, aut matrem, aut uxorem, aut filios,* **5** *aut agros propter nomen meum, centuplum accipiet, et* **6** *vitam æternam possidebit.* (Matth. 19.29.) Puisqu'il en est ainsi, que devons-nous chercher? Nous devons chercher Jésus-Christ, et une fois que nous l'aurons **7** trouvé, notre cœur sera satisfait.

N.-S. dit encore: "*Venite ad me omnes qui laboratis et onerati estis, et ego reficiam* **9** *vos.*" (Matth. 11. 28.) Celui qui aime Dieu, ne peut pas ne pas souffrir en ce monde, parce que cette **10** terre est un lieu de mérites, et que sans la souffrance il n'y a pas de mérite. Mais S. Bonaventûre nous dit que: **11** "Ceux qui aiment Dieu, même au milieu de la souffrance, goûtent la consolation, parce que la pensée

是天主个意思、心上就安慰、如同蜜糖赶脫苦个滋味。人得着之第个安慰、雖然拉苦當中、覺勿着苦者。愛慕世俗个人、單單看見好人、拉克苦自家个肉身、做補贖、無沒世界上个福氣。到底勿看見好人个心上、天主賞賜拉个作樂、是那能大个、故所以伊拉勿愛慕天主。若使伊拉嘗着之愛天主个快活、一定也勿愛世俗者。達味聖王話。儂來嘗一嘗、看一看天主是那能好个。

教友、儂愛慕天主哝、克苦自家罷、每一日默想天主个美好、勤謹領聖事、熱心恭敬聖體、棄絶世俗上假个福氣、搭之天主來往。倘然什介能做事體、勿常遠就要得着天主个安慰者。

第二十二日　想習慣的毛病

ze T'ié-tsu-ke i-se, sin laong zieû eu-wei; zu-dong mih-daong keu-t'éh k'ou-ke tse-mi." Gnen teh-zah-**2**-tse di-ke eu-wei,su-zé la k'ou taong-tsong, koh-véh-zah k'ou tsé.

Ai-mou se-zôh-ke gnen tè-tè k'eu-kié h'ao-gnen-la k'eh-k'ou ze-ka-ke gnôh-sen, tsou pou-zôh, m-**4**-méh se-ka-laong-ke foh-k'i; tao-ti véh k'eu-kié hao-gnen-ke sin laong, T'ié-tsu saong-se-la-ke tsoh-**5**-loh ze na-neng dou-ke, kou-sou-i i-la véh ai-mou T'ié-tsu; zah-se i-la zaong-zah-tse ai **6** T'ié-tsu-ke k'a-wéh, ih-ding a véh ai se-zôh tsé. Dèh-vi seng-waong wo: "*Na lai zaong-ih-zaong k'eu-***7***-ih-k'eu T'ié-tsu ze na-neng h'ao-ke.*"

Kiao-yeû, nong ai-mou T'ié-tsu lao k'eh-k'ou ze-ka ba; mei ih gnéh meh-siáng T'ié-tsu-ke mei-h'ao, ghien-**9**-kieng ling seng-ze,gnéh-sin kong-kieng seng-t'i, k'i-ziéh se-zôh-laong ka-ke foh-k'i, tèh-tse T'ié-tsu lai-**10**-waong: t'aong-ze zéh-ka-neng tsou ze-t'i, véh zang-yeu yao teh-zah T'ié-tsu-ke eu-wei tsé.

Di-gnè-gni gnéh. Siang zih-koè-ke mao-bing.

---

que c'est la volonté de Dieu adoucit n'importe quelle souffrance, comme le miel chasse l'amertume." Celui qui obtient **2** cette consolation, quoiqu'il soit dans la douleur, n'en sent pas l'amertume.

Les mondains ne voient dans les justes que la mortification, la pénitence **4** et le manque du bonheur de ce monde; mais ils ne voient pas la grande **5** joie du cœur que Dieu leur donne. Ainsi ils n'aiment pas Dieu; s'ils goûtaient la joie d'aimer **6** Dieu, ils n'aimeraient certainement pas le monde. Le saint roi David disait: "*Gustate et* **7** *videte quoniam suavis est Dominus.*" (Ps. 33. 9.)

Chrétien, aimez donc Dieu et mortifiez-vous; méditez chaque jour sur la bonté de Dieu, **9** fréquentez les sacrements, adorez avec ferveur la sainte Eucharistie, rejetez la fausse joie du monde, entretenez-vous avec Dieu: **10** si vous faites cela, bientôt vous trouverez les consolations divines.

22ème Jour. De la mauvaise habitude.

一想　原罪是一總患難个根子、從第个根子、生出無數个偏情來、引誘伲犯罪。聖保祿宗徒嘆氣咾話。我覺着肉身裡、有別个一條法律、好像勉強我犯罪。所話別个一條法律、就是人个私慾偏情。除出私慾偏情。還有魔鬼咾世俗、也逼伲犯罪。爲第个緣故、救靈魂實然勿容易。又加之伲本性个軟弱、那能可以得勝三仇个誘感呢。

比方行海路个人、登拉一隻破船上、碰着之大風、船上裝拉个物事、又是重、儂想伊平平安安過海否。就是無得風浪、也怕要沉拉海底裡。第隻破船、比如習慣犯罪个人、一條海、好比第个世界、風浪好比三仇、因爲人有原罪、靈魂本來軟弱、又加之罪惡个重咾、習慣拉个毛病、那能可以修德行咾立功勞。所以救

IH SIANG.—Gneu-zu ze ih-tsong wè-nè-ke ken-tse : zong di-ke ken-tse sang-ts'éh m-sou-ke p'ié-**2**-zing lai, yen-yeû gni vè-zu. Seng Pao-loh tsong-dou t'è-k'i lao wo : "*Ngou koh-zah gnôh-sen li, yeû biéh-**3**-ke ih-diao fèh-lih, h'ao-ziang mié-k'iang ngou vè-zu.*" Sou wo biéh-ke ih-diao fèh-lih, zieû-ze gnen-ke **4** se-yôh-p'ié-zing. Zu-t'séh se-yôh-p'ié-zing, è yeû mô-kiu lao se-zôh, a pieh gni vè-zu. Wei di-**5**-ke yeu-kou kieû ling-wen zé-zai véh yong-i ; i ka-tse gni pen-sing-ke gneu-zah, na-neng k'o-i **6** teh-seng sè zeû-ke yeû-ké gni?

Pi-faong hang hai lou-ke gnen, teng-la ih-tsah p'ou zé laong, bang-zah-tse dou fong, zé laong tsaong-la-ke **8** méh-ze i ze zong, nong siang i bing-bing-eu-eu kou h'ai va? Zieû-ze m-teh fong laong, a p'ouo yao **9** zen-la h'ai ti li. Di-tsah p'ou zé pi-zu zih-koè vè-zu-ke gnen, ih-diao h'ai h'ao pi di-ke **10** se-ka, fong laong h'ao pi sè zeû. Yen-wei gnen yeû gneu-zu, ling-wen pen-lai gneu-zah, i ka-tse zu-**11**-oh-ke zong lao zih-koè-la-ke mao-bing, na-neng k'o-i sieû teh-yen lao lih kong-lao? Sou-i kieû

Ier POINT. LA MAUVAISE HABITUDE AVEUGLE L'ESPRIT.— Le péché originel est la racine de toutes les calamités: de cette racine naissent des mauvaises passions **2** sans nombre qui nous portent au péché. L'apôtre S. Paul disait en gémissant: "*Video aliam legem* **3** *in membris meis... captivantem me in lege peccati.*" (Rom. 7. 23.) L'autre loi dont il parle, ce sont nos **4** passions. Outre les passions, il y a le démon et le monde qui nous poussent au péché. Ainsi **5** il n'est pas du tout facile de sauver son âme ; que si on y ajoute notre faiblesse naturelle, comment pourra-t-on **6** vaincre les tentations de ces trois ennemis?

Si un voyageur en mer était sur une vieille barque **8** lourdement chargée et qu'il rencontrât un fort vent, pensez-vous qu'il pût tranquillement passer la mer? Même sans vent, il serait à craindre **9** qu'il ne sombrât. La vieille barque figure le pécheur d'habitude, la mer figure **10** le monde, le vent et les vagues figurent nos trois ennemis. À cause du péché originel, l'âme est faible de soi-même; si on y ajoute **11** le fardeau des péchés et l'habitude du vice, comment peut-elle pratiquer la vertu et acquérir des mérites? Ainsi il

靈魂實在煩難。

大概習慣犯罪个人、伊个明悟昏迷、心昧硬者、常常犯罪、直到死勿改過。聖若伯話。犯罪人个毛病、充滿伊个骨裡。比方一隻玻璃家生、擺滿之泥、日光就照勿進、人个靈魂上、毛病越大、天主个光照、越照勿進。爲此緣故、放肆作惡个人、失脫天主个光照、日多加增罪惡、總勿想改過。

聖經上話。犯罪人行路、如同推磨一樣。轉過來、轉過去、犯之又犯、總一歇勿停。可憐伊拉跌倒拉罪个坑裡咾、登拉暗洞裡。除脫之犯罪、勿想啥別樣事體、除出話犯罪个說話、勿曉得別樣說話、差勿多勿懂罪个勿好。聖奧斯定話。習慣拉个罪、阻擋犯罪人看見罪个勿好、良心漫漫之惛迷者。

ling-wen zéh-zai vè-nè.

Da-kai zih-koè vè-zu-ke gnen, i-ke ming-ngou hoen-mi, sin méh ngang tsé, zang-zang vè-zu, zeh-tao **3** si véh kai-kou. Seng Zah-péh wo: "*Vè-zu-gnen-ke mao-bing ts'ong-mé i-ke koéh-deû.*" Pi-faong ih-tsah **4** pou-li-ke ka-sang pa-mé-tse gni, gnéh koang zieû tsao-véh-tsin; gnen-ke ling-wen laong mao-bing yeuh dou, T'ié-**5**-tsu-ke koang-tsao yeuh tsao-véh-tsin; wei-ts'e-yeu-kou faong-se-tsoh-oh-ke gnen séh-t'éh T'ié-tsu-ke koang-**6**-tsao, gnéh-tou ka-tseng zu-oh, tsong véh siang kai-kou.

Seng-kieng laong wo: "Vè-zu-gnen hang-lou zu-dong t'ei mô ih-yang": tsé-kou-lai tsé-kou-k'i, vè-tse i **8** vè, tsong ih-hiéh véh ding. K'o-lié i-la tih-tao-la zu-ke k'ang li lao, teng-la é-dong-li! Zu-**9**-t'éh-tse vè-zu, véh siang sa biéh-yang ze-t'i, zu-ts'éh wo vè-zu-ke seh-wo, véh hiao-teh biéh-yang **10** seh-wo, ts'ouo-véh-tou véh tong zu-ke véh h'ao. Seng Ao-se-ding wo: "Zih-koè-la-ke zu tsou-taong vè-**11**-zu-gnen k'eu-kié zu-ke véh h'ao, liang-sin mè-mè-tse hoen-mi tsé."

---

est bien difficile de la sauver.

L'esprit de tout pécheur d'habitude est troublé, son cœur est endurci, il pèche toujours, et jusqu'à **3** la mort ne se convertit pas. S. Job disait: "*Ossa ejus implebuntur vitiis.*" (Job 20.11.) Comme **4** la lumière du soleil ne peut pas entrer dans un vase en verre rempli de terre; ainsi, plus il y a de vices dans une âme, **5** moins la lumière divine y peut pénétrer; en sorte que les hommes dissolus et qui font le mal perdent la lumière divine; **6** chaque jour ils ajoutent de nouveaux péchés et ne pensent jamais à se convertir.

L'Écriture dit: "*In circuitu impii ambulant.*" (Ps.11.9.) Ils marchent comme ceux qui tournent une meule: ils tournent et retournent, après avoir péché **8** ils pèchent de nouveau, sans jamais cesser un instant. Malheureux ceux qui sont tombés dans la fosse du péché et qui demeurent dans l'obscurité; **9** qui hors le péché ne pensent à rien, qui à part des paroles de péché ne savent parler **10** d'autre chose, qui ne comprennent presque plus la malice du péché. S. Augustin dit: "L'habitude du mal empêche **11** le pécheur de voir que c'est mal: peu à peu sa conscience est aveuglée."

人起頭犯罪、心上覺着勿平安、歇之勿多幾時習慣之、乃味勿怕者。聖額我略話。倗看有啥物事、比之麥殼更加輕个。麥殼碰着之風、就要吹散。一个人頭一回犯罪、還出力退脫誘惑、勿敢立刻就犯。後來犯慣之、有之一眼誘惑、就順從者、一碰着犯罪个機會、立刻就犯、如同麥殼趁之風、吹來吹去、爲啥緣故呢。因爲習慣个毛病、阻擋靈魂上个亮光、使得人糊裡糊塗、勿懂好咾怵。

聖安瑟爾莫話。魔鬼弄犯罪个人、如同人捉着之一隻鷂、用一根細繩縛住之、弄孛相、有常時教伊飛、有常時拖伊下來、隨便人弄花巧。習慣犯罪个人、也是什介。習慣拉个罪、是像一根繩、魔鬼拿伊拉縛住之、教伊拉犯罪、伊拉就犯罪、一眼勿强。

Gnen k'i-deû vè-zu, sin laong koh-zah véh bing-eu, hiéh-tse véh tou ki-ze zih-koè-tse, nai-méh véh **2** p'ouo tsé. Seng Ngeh-ngou-liah wo:" Na k'eu yeû sa méh-ze pi-tse mah k'oh keng-ka k'ieng-ke? Mah k'oh bang-**3**-zah-tse fong, zieû yao ts'e sè. Ih-ke gnen deû ih wei vè-zu, è ts'éh-lih t'ei-t'éh yeû-ké, véh ké **4** lih-k'eh zieû vè; heû-lai vè koè-tse, yeû-tse ih-ngè yeû-ké, zieû zeng-zong tsé; ih bang-zah vè-zu-**5**-ke ki-wei, lih-k'eh zieû vè, zu-dong mah k'oh ts'en-tse fong ts'e-lai-t'se-k'i. Wei-sa-yeu-kou gni? Yen-**6**-wei zih-koè-ke mao-bing tsou-taong ling-wen-laong-ke liang-koang, se-teh gnen wou-li-wou-dou, véh tong h'ao **7** lao k'ieû."

Seng Eu-seh-eul-moh wo: "Mô-kiu long vè-zu-ke gnen, zu-dong gnen tsoh-zah-tse ih-tsah tiao, yong ih-**9**-ken si-zeng woh-zu-tse long-béh-siang: yeû-zang-ze kao i fi, yeû-zang-ze t'ou i hao-lai, zu-bié **10** gnen long-h'ouo-k'iao. Zih-koè vè-zu-ke gnen a ze zéh-ka: zih-koè-la-ke zu ze ziang ih-ken zeng, **11** mô-kiu nao i-la woh-zu-tse, kao i-la vè-zu, i-la zieû vè-zu, ih-ngè véh ghiang."

Lorsqu'on commence à pécher, on sent que la conscience n'est pas tranquille, mais bientôt l'habitude faite, on ne **2** craint plus. S. Grégoire dit: "Voyez, y a-t-il quelque chose de plus léger que la balle de blé? La balle de blé au premier coup **3** de vent, est emportée. Lorsque l'homme pèche pour la première fois, il s'efforce de repousser la tentation, il n'ose pas **4** pécher immédiatement; mais ensuite une fois habitué il cède à la plus petite tentation et il pèche **5** à la première occasion; comme la balle de blé qui, en suivant le vent, vole par ci par là. Pourquoi cela? Parce **6** que l'habitude vicieuse empêche la lumière de l'âme, obscureit l'intelligence, on ne comprend plus le bien **7** et le mal."

S. Anselme dit: "Le démon traite les pécheurs comme celui qui, ayant pris un oiseau, s'amuse **9** avec lui après l'avoir attaché avec un fil: parfois il le fait voler, d'autres fois il le tire en bas, **10** il s'amuse à son gré. Il en est de même du pécheur d'habitude: la mauvaise habitude est comme une corde **11** avec laquelle le démon lie les pécheurs, il les pousse ensuite à pécher et ils pèchent sans la moindre résistance."

聖伯爾納多話。習慣犯罪个人、就是無得犯罪个機會、也要犯罪、如同轉管球一樣、風一吹、自家就拉轉、勿要人弄得个。儂看習慣犯罪个人、心上想个、總無得好事體、因爲習慣成功者、無緣無故、自家勿知勿覺就犯者。

聖經上話。犯罪人、罪犯來重極之、就看來輕易者。金口若望解說第句話、就是指點習慣毛病个人、伊拉登拉暗洞裡、樣樣輕慢个、隨便啥勿怕个、雖然有人提醒伊拉、勸伊拉、齊勿動伊拉个心、地獄也勿怕、天主也勿怕、一總个勸化、齊無啥用頭。前頭有一个習慣罵天主个人、犯之國法、定當殺罪、自伊拉絞殺个時候、仍舊勿改過、還拉罵天主。

聖伯爾納多話。爲伊拉習慣犯罪个人、單單求天主勿彀是、爲

一百七十六

Seng Péh-eul-néh-ding(定) wo: "Zih-koè vè-zu-ke gnen, zieû-ze m-teh vè-zu-ke ki-wei, a yao vè-**2**-zu, zu-dong tsé-koé-ghieû ih-yang, fong ih ts'e, ze-ka zieû la tsé, véh yao gnen long-teh-ke". Nong k'eu **3** zih-koè vè-zu-ke gnen: sin laong siang-ke tsong m-teh h'ao ze-t'i, yen-wei zih-koè zeng-kong-tsé, m-**4**-yeu-m-kou ze-ka véh-tse-véh-koh zieû vè tsé.

Seng-kieng laong wo: "*Vè-zu-gnen zu vè-lai zong-ghieh-tse, zieû k'eu-lai k'ieng-i tsé*". Kien k'eû Zah-waong ka-**6**-seh di-kiu wo, zieû-ze tse-tié zih-koè mao-bing-ke gnen, i-la teng-la é-dong-li, yang-yang k'ieng-**7**-mè-ke, zu-bié sa véh p'ouo-ke, su-zé yeû gnen di-sing i-la, k'ieu i-la, zi véh dong i-la-**8**-ke sin, di-gnôh a véh p'ouo, T'ié-tsu a véh p'ouo, ih-tsong-ke k'ieu-h'ouo, zi m sa yong-deû. Zié-deû **9** yeû ih-ke zih-koè mô T'ié-tsu-ke gnen, vè-tse kôh fèh, ding taong sèh zu, ze-i la kao-sèh-ke **10** ze-heû, zeng-ghieû véh kai-kou, è la mô T'iè-tsu.

Seng Péh-eul-néh-tou wo: "Wei i-la zih-koè vè-zu-ke gnen, tè-tè ghieû T'ié-tsu véh keû-ze, wei

---

S. Bernardin dit: "Le pécheur d'habitude pèche sans même attendre l'occasion; **2** comme une girouette qui, dès que le vent souffle, tourne d'elle-même, pas nécessaire qu'on y touche." Voyez **3** le pécheur d'habitude: son cœur ne pense jamais à quelque chose de bien, parce que, l'habitude étant faite, **4** il pèche sans aucune raison et sans s'en apercevoir.

L'Écriture sainte dit: "*Impius, cum in profundum venerit peccatorum, contemnit.*" (Prov. 18. 3.) S. Jean Chrysostome, en **6** expliquant ce texte, dit: "Il s'applique aux pécheurs d'habitude; ceux-ci sont dans les ténèbres, ils méprisent **7** tout, ils ne craignent rien; on a beau les exhorter et les exciter, on n'arrive pas à toucher leur **8** cœur. Ils n'ont pas peur de l'enfer, ils ne craignent pas Dieu, toute exhortation est inutile." Autrefois, **9** il y avait un blasphémateur d'habitude qui, étant condamné à mort parce qu'il violait les lois de l'empire, même au moment **10** d'être étranglé, ne se convertit pas et maudissait Dieu.

S. Bernard dit: "Il ne sert plus de rien de prier pour les pécheurs d'habitude,

伊拉哭更加好。伊拉像瞎眼一樣、看勿出那能危險、落之地獄、乃味看得出者、到底太晚者、永遠要哭自家个糊塗哩。

二想　高爾納理話。犯慣之罪、心就硬者。天主个公義、讓伊拉勿聽得天主个聲氣、叫伊拉改過。聖保祿宗徒話。天主要可憐啥人、就可憐啥人、天主要啥人个心硬、伊就硬者。聖奧斯定解說話。天主使得人个心硬、是勿可憐个意思、勿是堅固伊个毛病、單單是漫漫之收伊个聖寵、勿感動伊个心、犯罪人个心就硬裡。

若伯聖人話。犯罪人个心、硬來如同石頭、堅固來如同鐵墩子。勿曾習慣犯罪个人、伊个心是軟个、聽見之講天主審判个威嚴、地獄个刑罰、耶穌个苦難、就容易動心、有時候怕、有時候懊

i-la k'ôh keng-ka h'ao." I-la ziang hèh-ngè ih-yang, k'eu-véh-ts'éh na-neng ngoei-hié: loh-tse di-gnôh, 2 nai-méh k'eu-teh-ts'éh-tsé, tao-ti t'ai è tsé, yong-yeu yao k'ôh ze-ka-ke wou-dou-li.

GNI SIANG.— Kao-eul-néh-li wo: "Vè koè-tse zu,sin zieû ngang tsé." T'ié-tsu-ke kong-gni gnang i-la 4 véh t'ing T'ié-tsu-ke sang-k'i, kiao i-la kai-kou. Seng Pao-lôh tsong-dou wo: "*T'ié-tsu yao k'o-lié* 5 *sa-gnen, zieû k'o-lié sa-gnen, T'ié-tsu yao sa-gnen-ke sin ngang, i zieû ngang tsé.*" Seng Ao-se-ding ka-6-seh wo: "T'ié-tsu se-teh gnen-ke sin ngang, ze véh k'o-lié-ke i-se, véh ze kié-kou i-ke mao-7-bing, tè-tè ze mè-mè-tse seû i-ke seng-ts'ong, véh ké-dong i-ke sin, vè-zu-gnen-ke sin zieû 8 ngang li."

Zah-péh seng-gnen wo: "*Vè-zu-gnen-ke sin, ngang-lai zu-dong zah-deû, kié-kou-lai zu-dong t'ih-ten-tse.*" 10 Véh zeng zih-koè vè-zu-ke gnen, i-ke sin ze gneu-ke, t'ing-kié-tse kaong T'ié-tsu sen-p'é-ke wei-11-gné, di-gnôh-ke yeng-vèh, Ya-sou-ke k'ou-nè, zieû yong-i dong-sin, yeû-ze-heû p'ouo, yeû-ze-heû ao-

---

il est mieux de les pleurer (comme déjà dammés)." Il sont comme des aveugles qui ne voient pas le danger: il ouvriront les yeux 2 en enfer, mais ce sera trop tard, ils pleureront éternellement leur folie.

IIe POINT. LA MAUVAISE HABITUDE ENDURCIT LE CŒUR. — Le P. Cornelius dit: "Lorsqu'on est habitué au péché, le cœur s'endurcit." La justice divine permet que le pécheur d'habitude 4 n'écoute pas la voix de Dieu qui l'appelle à se corriger. S. Paul dit: "*Cujus vult* 5 *miseretur, et quem vult indurat.*" (Rom. 9 18.) S. Augustin l'explique 6 ainsi: "Dieu endurcit le cœur de l'homme, c'est-à-dire qu'il n'a plus pitié de lui; ce n'est pas qu'il le fortifie dans ses vices, 7 mais peu à peu il lui retire ses grâces, il ne touche plus son cœur, et ainsi, ce cœur 8 s'endurcit.

S. Job disait: "*Cor ejus indurabitur tanquam lapis, et stringetur quasi malleatoris incus.*" (Job 41. 15.) 10 Celui qui n'a pas l'habitude du péché, a le cœur tendre; en écoutant prêcher sur la rigueur du jugement de Dieu, 11 les peines de l'enfer, la passion de Jésus, il s'attendrit facilement, parfois il a peur, parfois il est

憦咾哭。但是習慣犯罪个人、聽見之第个道理、一眼勿動心、如同第个道理、爲伊拉無關係个。伊拉个心像打鐵个墩子、越打越硬、看見之旁邊人忽然悶死、或者聽見之雷響咾地動、齊勿怕个。

聖奧斯定話。習慣犯罪个人、做之頂怵个事體、也覺勿着是大事體、看來如同勿會做一樣。聖熱羅尼莫話。習慣犯罪个人、坍抗个心也失落脫。聖伯多祿比習慣犯罪个人、如同猪玀、猪玀睏拉猪躪裡慣者。覺勿着齷齪咾臭氣。習慣犯罪个人、也是什介、拉罪裡活性命慣者、別人覺着伊拉是臭个、伊拉自家勿覺着。所以聖伯爾納定話。人惛迷拉罪裡、像猪玀睏拉猪躪裡、就是天主罰伊拉、想勿着天主審判个刑罰。

lao lao k'ôh. Tè-ze zih-koè vè-zu-ke gnen, t'ing-kié-tse di-ke dao-li, ih-ngè véh dong-sin, zu-**2**-dong di-ke dao-li wei i-la m koè-i-ke. I-la-ke sin ziang tang-t'ih-ke ten-tse, yeuh tang **3** yeuh ngang, k'eu-kié-tse baong-pié gnen féh-zé-kè si, woh-tsé t'ing-kié-tse lei-hiang lao di-dong, zi véh **4** p'ouo-ke.

Seng Ao-se-ding wo: "Zih-koè vè-zu-ke gnen, tsou-tse ting-k'ieû-ke ze-t'i, a koh-véh-zah ze dou **6** ze-t'i, k'eu-lai zu-dong véh zeng tsou ih-yang." Seng Zéh-lou-gni-moh wo: "Zih-koè vè-zu-ke gnen t'è-**7**-ts'ong-ke sin a séh-loh-t'éh." Seng Péh-tou-lôh pi zih-koè vè-zu-ke gnen zu-dong tse-lou: tse-lou **8** k'oen-la tse-zia li koè-tsé, koh-véh-zah oh-tsoh lao ts'eû-k'i; zih-koè vè-zu-ke gnen a ze zéh-**9**-ka, la zu li wéh sing-ming koè-tsé, biéh-gnen koh-zah i-la ze ts'eû-ke, i-la ze-ka véh koh-**10**-zah. Sou-i seng Pèh-eul-néh-ding wo: "Gnen hoen-mi la zu li, ziang tse-lou k'oen-la tse-zia li, zieû-**11**-ze T'ié-tsu vèh i-la, siang-véh-zah T'ié-tsu sen-p'é-ke yeng-vèh."

---

contrit et pleure. Seuls, les pécheurs d'habitude, en écoutant ces vérités, ne sont nullement touchés, **2** comme si elles leur étaient étrangères. Leur cœur est pareil à une enclume qui s'endurcit d'autant plus **3** qu'on frappe davantage. Ni la vue des autres morts subitement, ni les roulements du tonnerre, ni les tremblements de terre ne **4** les effraient.

S. Augustin dit: "Le pécheur d'habitude, après avoir commis les plus énormes péchés, n'en sent nullement la **6** gravité, il les considère comme s'il n'avait rien fait." S. Jérôme dit: "Le pécheur d'habitude perd **7** la honte du péché." S. Pierre compare ces pécheurs au porc: cet animal, **8** habitué à se coucher sur le fumier, ne sent plus la saleté et l'infection (II Petr.2.22.); de même, les pécheurs d'habitude **9** s'accoutument à vivre dans le péché, les autres en sentent la puanteur, eux non. **10** C'est pour cela que S. Bernardin dit: "Ceux qui sont aveuglés dans le péché, sont comme le porc étendu sur le fumier; **11** même si Dieu les punit, ils ne pensent pas aux peines du jugement."

人犯之罪、本來該當哭、伊拉還是喜歡、像做之好事體一樣。哎、第个是啥憑據呢。聖多瑪斯味辣諾瓦話。第个是一定落地獄个預兆。教友、儂小心呵、勿要到第个地步。若使儂有習慣个毛病、趁天主拉叫儂个時候、快點改過。幾時覺着心上勿平安、該當喜歡、因爲第个是天主勿曾棄絕儂个憑據、但是要馬上改過、勿什介、亙心一日硬一日、恐怕到末脚救勿着靈魂。

三想　依撒意亞先知話。好人走个路、是正直个。所以一直走到天堂上。講到習慣犯罪咾、勿肯改毛病个人、伊拉走路、如同兜圈子、刻刻定當主意勿犯罪、勿常遠就犯者。聖伯爾納多儆戒習慣犯罪个人話。可怕得極哉、勿肯改毛病个人、將來一定要受兇个罰。

Gnen vè-tse zu pen-lai kai-taong kôh ; i-la wè ze hi-hoé, ziang tsou-tse h'ao ze-t'i ih-yang. Ai, **2** di-ke ze sa-ke bing-kiu gni ? Seng Tou-mô-se Vi-leh-noh-wa wo : "Di-ke ze ih-ding loh di-gnôh-**3**-ke yu-zao". Kiao-yeû, nong siao-sin a, véh yao tao di-ke di-bou : zah-se nong yeû zih-koè-ke mao-**4**-bing, ts'en T'ié-tsu la kiao nong-ke ze-heû, k'oa-tié kai-kou. Ki-ze koh-zah sin laong véh-bing-eu, kai-**5**-taong hi-hoé, yen-wei di-ke ze T'ié-tsu véh zeng k'i-ziéh nong-ke bing-kiu : tè-ze yao mô-zaong kai-**6**-kou, véh zéh-ka, liang-sin ih gnéh ngang ih gnéh, k'ong-p'ouo tao-méh-kiah kieû-véh-zah ling-wen.

SÈ SIANG.—I-sèh-i-ya sié-tse wo : "*H'ao-gnen tseû-ke lou ze tseng-zeh-ke*" : sou-i ih-zeh tseû-**8**-tao t'ié-daong laong. Kaong-tao zih-koè vè-zu lao véh k'eng kai mao-bing-ke gnen, i-la tseû-lou zu-dong **9** teû k'ieu-tse ; k'èh-k'èh ding-taong tsu-i véh vè-zu, véh zang-yeu zieû vè tsé. Seng Péh-eul-néh-tou kieng-**10**-kia zih-koè vè-zu-ke gnen wo : "K'o-p'ouo-teh-ghieh tsé ! Véh k'eng kai mao-bing-ke gnen,tsiang-lai ih-ding **11** yao zeû hiong-ke vèh".

L'homme après le péché devrait pleurer ; eux, ils s'en réjouissent, comme s'ils avaient fait une bonne action. Hélas, **2** qu'est-ce que ceci prouve ? "C'est un signe de réprobation", répond S. Thomas de Villeneuve. **3** Chrétien, faites attention à ne pas arriver jusqu'à ce point : si vous avez une mauvaise habitude, **4** profitez de l'appel de Dieu et hâtez-vous de vous convertir. Lorsque vous sentez des remords, **5** il faut vous en réjouir, car c'est une preuve que Dieu ne vous a pas encore abandonné : mais corrigez-vous tout de suite, **6** autrement votre conscience s'endurcira de jour en jour, et peut-être qu'à la fin vous manquerez votre salut.

IIIe POINT. LA MAUVAISE HABITUDE CONDUIT À L'IMPÉNITENCE FINALE.—Le prophète Isaïe dit : "*Rectus callis justi ad ambulandum*" (Is. 26. 7.) : aussi les justes marchent tout droit **8** au ciel. Pour ceux qui sont habitués au péché et refusent de se corriger, ils marchent comme **9** dans un cercle ; ils ont tout à l'heure fait le propos de ne plus pécher, mais ils retombent bien vite. S. Bernard effraie **10** les pécheurs d'habitude et leur dit : "Affreux malheur ! Ceux qui ne veulent pas se corriger, subiront, **11** bien sûr, des peines terribles !"

恐怕有人要話、我現在雖然犯罪、到底後來一定要改過。哎、儂勿曉得習慣犯罪个人、到之死个時候、改過是那能煩難个。聖經上天主聖神話。年輕个時候、走啥个路、到老也是什介。聖多瑪斯味辣諾•瓦解說話。實在是什介能、因爲箇个時候、伲个力量十分軟弱、靈魂咾無得天主个聖寵、免勿來要犯罪。就是如同賭銅錢个人、一向輸、到末脚賣盡自家个家當去賭一賭、盼望贏轉來、第个人是那能糊塗个。現在犯罪个人、單管犯罪、勿想改過、盼望死个時候改過、救着靈魂、豈勿是更加糊塗否。

聖經上聖日勒米亞向勿改過个人話。若使黑人个皮、能彀變成功白个、或者一隻豹个毛、能彀變顏色个、乃味伽作惡个人、可以改過咾做好。第个就是話煩難改過个意思。况且習慣犯

K'ong-p'ouo yeû gnen yao wo: "Ngou yé-zai su-zé vè-zu, tao-ti heû-lai ih-ding yao kai-k'ou." Ai, nong **2** véh hiao-teh zih-koè vè-zu-ke gnen, tao-tse si-ke ze-heû, kai-kou ze na-neng vè-nè-ke! Seng-**3**-kieng laong T'ié-tsu seng Zeng wo: "*Gné-k'ieng-ke ze-heû tseû sa-ke lou,tao lao a ze zèh-ka.*" Seng Tou-**4**-mô-se Vi-leh-noh-ka-wa seh wo: "Zéh-zai zéh-ka-neng, yen-wei kou-ke ze-heû gni-ke lih-**5**-liang zéh-fen gneu-zah, ling-wen laong (上) m-teh T'ié-tsu-ke seng-ts'ong, mié-véh-lai yao vè-zu." Zieû-ze zu-**6**-dong tou dong-dié-ke gnen: ih-hiang su,tao méh-kiah ma zin ze-ka-ke ka-taong k'i tou-ih-tou, p'è-**7**-maong yeng-tse-lai, di-ke ze na-neng wou-dou-ke! Yé-zai vè-zu-ke gnen, tè koé vè-zu, véh **8** siang kai-kou, p'è-maong si-ke ze-heû kai-kou, kieû-zah ling-wen, ki-véh-ze keng-ka wou-dou va?

Seng-kieng laong seng Zéh-leh-mi-ya hiang véh kai-kou-ke gnen wo: "*Zah-se h'eh gnen-ke bi neng-keû pié-***10***-zeng-kong bah-ke, woh-tsé ih-tsah pao-ke mao neng-keû pié ngè-seh-ke, nai-méh na tsoh oh-ke gnen* **11** *k'o-i kai-kou lao tsou h'ao.*" Di-ke zieû-ze wo vè-nè kai-kou-ke i-se. Faong-ts'ia zih-koè vè-

---

Peut-être quelqu'un dira: "Si je pèche à présent, je me convertirai certainement dans la suite." Hélas! vous **2** ignorez combien il est difficile qu'un pécheur d'habitude se convertisse à la mort! **3** L'Esprit-Saint nous dit dans l'Écriture: "*Adolescens juxta viam suam, etiam cum senuerit, non recedet ab ea.*" (Prov. 22. 6.) **4** S. Thomas de Villeneuve l'explique et dit: "C'est vraiment ainsi, parce que dans ce temps-là ayant peu **5** de forces et l'âme étant privée de la grâce de Dieu, il péchera inévitablement." C'est comme **6** le cas d'un joueur: combien serait insensé le joueur qui n'a fait que perdre, et qui à la fin, vendant tout son patrimoine, jouerait encore dans **7** l'espoir de le regagner? Mais ceux qui maintenant ne pensent qu'à pécher et ne **8** veulent pas se corriger, dans l'espoir de se convertir à la mort, et de sauver leur âme, ne sont-ils pas encore plus insensés?

Le prophète Jérémie dit aux pécheurs incorrigibles: "*Si mutare potest Æthiops* **10** *pellem suam, aut pardus varietates suas,et vos* **11** *poteritis benefacere cum didiceritis malum.*" (Jer. 13. 23.) C'est-à-dire que leur conversion est difficile. En outre, les pécheurs

罪个人、到臨終个時候、往往失望咾死个。

聖若伯對朋友話。我个身體、傷上加傷、像有一个塊頭大个人、壓住我一樣。聖額我略解說話。比方一个人、撥拉對頭人捉住之、單不過受一回傷、還可以抵敵咾、盼望勿死。假使傷受得越多、力量越少、末腳來撥拉對頭人要弄殺者。犯罪人也是什介、頭上兩回犯罪、也有點力量、若使勿改過、單管犯罪、像煞罪壓住伊拉、力量就少者。犯罪人个力量、既然軟弱、又受多少罪个重傷、那能可以盼望勿死呢。

恐怕有習慣毛病个人話。我無啥用頭者、救勿着靈魂者。我答應伊話。只要儂願意、就能彀救靈魂。古時間人有一句說話。生重病、必須要用好藥。有大毛病个人、也該當用相對个法子。比

zu-ke gnen, tao lin-tsong-ke ze-heû, waong-waong séh-maong lao si-ke.

Seng Zah-péh tei bang-yeû wo: "*Ngou-ke sen-t'i saong laong ka saong, ziang yeû ih-ke k'oei-deû dou-ke gnen* **3** *k'èh-zu ngou ih-yang.*" Seng Ngeh-ngou-liah ka-seh wo: "Pi-faong ih-ke gnen péh-la tei-deû-gnen tsoh-zu-**4**-tse, tè-péh-kou zeû ih wei saong, è k'o-i ti-dieh lao p'è-maong véh si; kia-se saong zeû-teh yeuh **5** tou, lih-liang yeuh sao, méh-kiah-lai péh-la tei-deû-gnen yao long-sèh-tsé. Vè-zu-gnen a ze zéh-ka; **6** deû-laong liang wei vè-zu, a yeû tié lih-liang; zah-se véh kai-kou, tè koé vè-zu, ziang-sèh zu k'èh-**7**-zu i-la, lih-liang zieû sao-tsé: vè-zu-gnen-ke lih-liang ki-zé gneu-zah,i zeû tou-sao zu-ke **8** zong saong,na-neng k'o-i p'è-maong véh si gni?."

K'ong-p'ouo yeû zih-koè mao-bing-ke gnen wo: "Ngou m sa yong-deû tsé, kieû-véh-zah ling-wen tsé." Ngou tèh-**10**-yeng i wo:"Tséh-yao nong gneu-i, zieû neng-keû kieû ling-wen." Kou-ze-kè gnen yeû ih-kiu seh-wo: "Sang **11** zong bing, pih-su yao yong h'ao yah." Yeû dou mao-bing-ke gnen, a kai-taong yong siang-tei-ke fèh-tse. Pi-

---

d'habitude arrivés à la mort s'abandonnent souvent au désespoir et y meurent.

S. Job disait à ses amis : "*Concidit me vulnere super vulnus, irruit in me* **3** *quasi gigas.*" (Job 16. 15.) S. Grégoire explique ainsi ces mots : "Si on est pris par un ennemi, **4** après une première blessure, on peut encore résister et on a l'espoir de ne pas mourir; mais plus on reçoit de blessures, **5** moins on a de forces, et l'on finit par être tué. Ainsi en est-il du pécheur : **6** au début après un ou deux péchés, il lui reste encore quelque force; mais s'il ne se convertit pas et s'il ne pense qu'à pécher, le péché **7** l'écrase pour ainsi dire et il n'a plus de force; or, le pécheur étant déjà faible et ayant reçu tant de graves blessures **8** par le péché, comment donc peut-il espérer d'échapper à la mort?"

Peut-être quelque pécheur d'habitude dira : "C'est donc fini pour moi, je ne puis plus sauver mon âme." Je lui **10** réponds : "Il n'y a qu'à vouloir, et vous pouvez la sauver." Les anciens disaient : "Lorsque la maladie est **11** grave, il faut employer un remède énergique." Ceux qui ont de graves défauts, doivent employer des remèdes proportionnés. Sup-

方一个生病人要死者、還勿肯吃藥、郎中對伊話。朋友、儂若使勿肯吃藥、一定要死。儂想第个病人那能回答。一定要話、若使能彀救我勿死、隨便啥个藥、齊願意吃个。教友、儂習慣犯大罪、我也什介能對儂話。儂實在危險、儂个病煩難看得好。儂習慣个毛病、一日重一日、勿常遠就要死、死之就受罰。儂若使願意看好、我有一个好法子、就是發奮離開犯罪个機會、躲避怵个朋友、求天主相帮儂、得勝魔鬼个誘惑。拿儂獻拉天主、多辦神工、勤謹領聖體、日逐看點聖書、熱心恭敬聖母、求聖母相帮。勿、什介味、煩難避脫天主个罰、總要死拉罪裡向。若使現在勿改過、後來一定煩難改過。天主喊儂、如同喊辣匝祿个樣子、天主喊儂話。可憐个犯罪人、浩燥點從罪裡跳出來。儂就該當答應

faong ih-ke sang-bing-gnen yao si-tsé, è véh k'eng k'ieh yah, laong-tsong tei i wo: "Bang-yeû, nong zah-se **2** véh k'eng k'ieh yah, ih-ding yao si." Nong siang di-ke bing-gnen na-neng wei-tèh? Ih-ding wo: "Zah-se **3** neng-keû kieû ngou véh si, zu-bié sa-ke yah, zi gneu-i k'ieh-ke." Kiao-yeû, nong zih-koè vè dou zu, **4** ngou a zéh-ka-neng tei nong wo: Nong zéh-zai ngoei-hié, nong-ke bing vè-nè k'eu-teh-h'ao; nong zih-koè-**5**-ke mao-bing ih gnéh zong ih gnéh, véh zang-yeu zieû yao si, si-tse zieû zeû-vèh. Nong zah-se gneu-i **6** k'eu-h'ao, ngou yeû ih-ke h'ao fèh-tse, zieû-ze fèh-fen li-k'ai vè-zu-ke ki-wei, tou-bi k'ieû-ke **7** bang-yeû, ghieû T'ié-tsu siang-paong nong teh-seng mô-kiu-ke yeû-ké, nao nong hié la T'ié-tsu, tou bè-zen-**8**-kong, ghien-kieng ling-seng-t'i, gnéh-zôh k'eu tié seng su, gnéh-sin kong-kieng seng Mou, ghieû seng Mou siang-paong; véh **9** zéh-ka méh, vè-nè bi-t'éh T'ié-tsu-ke vèh, tsong yao si-la zu li-hiang. Zah-se yé-zai véh kai-**10**-kou, heû-lai ih-ding vè-nè kai-kou. T'ié-tsu h'è nong, zu-dong h'è Lèh-tsèh-lôh-ke yang-tse, T'ié-tsu **11** h'è nong wo: "K'o-lié-ke vè-zu-gnen, h'ao-sao-tié zong zu li t'iao-ts'éh-lai." Nong zieû kai-taong tèh-yeng

---

posé qu'un malade en danger de mort refusât les remèdes et que le médecin lui dît: "Mon ami, si **2** vous ne prenez pas ce remède, vous mourrez certainement." Comment pensez vous que réponde ce malade? "Si **3** vous pouvez me sauver, dira-t-il, je suis prêt à avaler n'importe quelle drogue." Chrétien,si vous êtes habitué à pécher mortellement,**4** je vous parlerai ainsi: Vous êtes bien en danger, votre maladie est difficile à guérir, l'habitude **5** du vice grandit de jour en jour, sous peu vous allez mourir et, après la mort, vous serez puni. Si vous voulez **6** guérir, j'ai un bon moyen, c'est de vous faire violence pour quitter les occasions de péché, éviter les mauvais **7** compagnons, prier Dieu de vous aider à vaincre les tentations, vous offrir à Dieu, vous confesser **8** et communier souvent, faire chaque jour une courte lecture spirituelle, honorer et prier avec ferveur la Ste Vierge; **9** autrement, vous éviterez difficilement les châtiments de Dieu et vous mourrez dans le péché. Si vous ne vous convertissez pas **10** maintenant, il vous sera certainement difficile de vous convertir dans la suite. Dieu vous appelle, comme il appela Lazare, il vous **11** crie: "Malheureux pécheur, sortez vite du péché." Hâtez-vous de répondre

天主。拿自家獻拉天主、還該當怕天主、現在是末脚一回喊儂者。

第二十三日　想魔鬼的哄騙

一想　比方有一个年輕人、犯之罪後來、已經辦神工、從新得着天主个聖寵。後來魔鬼又來誘惑伊犯罪、自伊也用力退脫。但是魔鬼用法子哄騙伊、擾亂伊个心。請問第个年輕人碰着第个誘惑个時候、願意做啥呢。還願意再犯罪咾失脫聖寵否。該當曉得天主个聖寵、是無價錢个寶貝、雖然普天下个金銀寶貝、也勿能殼比。况且犯罪該當落地獄、儂情願爲一歇个快活、拉地獄裡永遠燒否、儂一定話。我勿肯落地獄、雖然現在犯罪、到底後來要辦神工。

T'ié-tsu, nao ze-ka hié la T'ié-tsu ; è kai-taong p'ouo T'ié-tsu yé-zai ze méh-kiah ih wei h'è nong 2 tsé.

Di-gnè-sè gnéh. Siang mô-kiu-ke h'ong-p'ié.

IH SIANG.—Pi-faong yeû ih-ke gné-k'ieng gnen, vè-tse zu heû-lai, i-kieng bé-zen-kong, zong-sin teh-5-zah T'ié-tsu-ke seng-ts'ong; heû-lai mô-kiu i lai yeû-ké i vè-zu, ze-i a yong lih t'ei-t'éh. 6 Tè-ze mô-kiu yong fèh-tse h'ong-p'ié i, zao-leu i-ke sin. Ts'ing men di-ke gné-k'ieng gnen, bang-zah 7 di-ke yeû-ké-ke ze-heû, gneu-i tsou sa gni? È gneu-i tsai vè-zu lao séh-t'éh seng-ts'ong va? 8 Kai-taong hiao-teh T'iè-tsu-ke seng-ts'ong ze m ka-dié-ke pao-pei, su-zé p'ou-t'ié-ya-ke kien gnen 9 pao-pei a véh neng-keû pi. Faong-ts'ia vè-zu kai-taong loh di-gnôh, nong zing-gneu wei ih hiéh-ke k'a-10-wéh, la di-gnôh li yong-yeu sao va? —Nong ih-ding wo: "Ngou véh k'eng loh di-gnôh; su-zé yé-zai vè-11-zu, tao-ti heû-lai yao bè-zen-kong."

---

et de vous donner à Dieu; et craignez que ce ne soit le dernier appel qu'il vous fasse.

23ème Jour. Illusions que le démon suggère aux pécheurs.

Ier POINT. "JE M'EN CONFESSERAI, JE NE SAURAIS RÉSISTER." — Supposé un jeune homme qui, ayant péché, s'en confesse et recouvre 5 la grâce de Dieu; si le démon vient le solliciter au péché, il fait des efforts pour le repousser. 6 Mais le démon emploie des moyens pour le tromper et pour troubler son cœur. Je demande à ce jeune homme qui subit 7 cette tentation: Que pensez-vous faire? Est-ce que vous voulez pécher de nouveau et perdre la grâce de Dieu? 8 Vous devez savoir que la grâce de Dieu est si précieuse qu'elle n'a pas de prix, on ne peut pas lui comparer l'or, l'argent 9 et toutes les choses précieuses de ce monde. En outre, si vous péchez, vous irez en enfer; est-ce que vous voulez pour un plaisir d'un instant 10 brûler éternellement dans l'enfer? —Vous me répondez sans doute: "Je ne veux pas me damner; si je commets 11 ce péché, après je m'en confesserai."

第个是魔鬼頭一个哄騙、儂話後來要辦神工、但是現在犯之罪、靈魂已經失脫者。比方儂手裡拿一塊寶石、值一千兩金子、儂肯甩拉深个河裡、話我後來要用心去尋、盼望尋得着、第个豈勿是糊塗否。儂靈魂个尊貴、無啥可以比个、是耶穌寶血救贖拉个、儂情願甩伊拉地獄裡、還話我後來辦神工、再尋得着伊。比方尋勿着味、後來那能呢。

要得着天主个饒赦、要緊眞心痛悔。但是眞心痛悔、是天主个恩典。若使天主勿賞賜儂第个恩典、勿等儂辦神工、就叫儂死、儂那能呢。儂又話。勿過一个主日、我就要辦神工。請問啥人許儂還有七日工夫呢。儂又話。明朝就去辦神工。第个明朝啥人許儂呢。聖奧斯定話。天主勿許儂明朝、因爲第个明朝、天主能

Di-ke ze mô-kiu deû-ih-ke h'ong-p'ié. Nong wo heû-lai yao bè-zen-kong, tè-ze yé-zai vè-tse 2 zu, ling-wen i-kieng séh-t'éh-tsé. Pi-faong nong seû li nao ih k'oei pao zah, zeh ih ts'ié liang gnen-tse, 3 nong k'eng goè-la sen-ke wou-li, wo ngou heû-lai yao yong-sin k'i zin, p'è-maong zin-teh-zah, di-ke 4 k'i-véh-ze wou-dou-va? Nong ling-wen-ke tsen-koei, m sa k'o-i pi-ke,ze Ya-sou pao hieuh kieû-5-zôh-la-ke, nong zing-gneu goè i la di-gnôh li, wè wo ngou heû-lai bè-zen-kong, tsai zin-teh-zah 6 i. Pi-faong zin-véh-zah méh,heû lai na-neng gni?

Yao teh-zah T'ié-tsu-ke gnao-souo, yao-kien tsen-sin t'ong-hoei; tè-ze tsen-sin t'ong-hoei ze T'ié-tsu-ke 8 en-tiè: zah-se T'ié-tsu véh saong-se nong di-ke en-tié, véh teng nong bè-zen-kong, zieû kao nong si, 9 nong na-neng gni? Nong i wo: "Véh kou ih-ke tsu-gnéh, ngou zieû yao bè-zen-kong." Ts'ing men sa-gnen hiu 10 nong wè yeû ts'ih gnéh kong-fou gni?— Nong i wo: "Ming-tsao zieû k'i bè-zen-kong." Di-ke ming-tsao sa-gnen 11 hiu nong gni? Seng Ao-se-ding wo: "T'ié-tsu véh hiu nong ming-tsao, yen-wei di-ke ming-tsao T'ié-tsu neng-

---

Tel est le premier piège du démon. Vous dites qu'après vous vous en confesserez; mais, maintenant, par le péché 2 vous perdez votre âme. Si vous aviez entre les mains une pierre précieuse valant un millier de taëls d'or, 3 la jetteriez-vous dans une profonde rivière en disant: après, je la rechercherai avec soin et j'espère la retrouver? 4 Ne serait-ce pas une folie? Votre âme est si précieuse qu'il n'y a rien de comparable; N.-S. l'a rachetée 5 avec son sang, et vous voulez la jeter dans l'enfer en disant: Je la recouvrerai en me confessant! 6 Mais si vous ne la recouvrez pas, qu'en sera-t-il de vous?

Pour obtenir le pardon de Dieu, il vous faut une vraie contrition, qui est un don 8 de Dieu: et si Dieu ne vous accorde pas ce don, s'il n'attend pas votre confession et vous fait mourir à l'instant, 9 qu'en sera-t-il de vous? Vous répliquez: "La semaine ne passera pas sans que je me sois confessé." Mais je vous le demande: qui vous promet 10 une semaine de vie? — Vous dites encore: "Je m'en confesserai demain." Mais ce demain, qui 11 vous l'a promis? S. Augustin dit: "Ce demain, Dieu ne vous l'a pas promis, il peut

彀賞賜儂、也能彀勿賞賜儂。有許多个人夜裡睏下去、明朝勿踈起來、已經死拉床上者。還有多少人、貼正拉犯罪个時候死者、落拉地獄裡。比方天主也什介能罰儂、今夜頭就死、豈勿是永遠受罰否。

該當曉得魔鬼哄騙人、呌人想後來要辦神工、第个法子已經害之無數人个靈魂、拖無數个教友到地獄裡去者。犯罪人失望咾願意落地獄个十分少、大概齊想後來辦神工、可憐什介能彀人、往往落地獄、現在無法子救者。

儂話我現在無沒力量、退脫誘惑。第个是魔鬼第二个哄騙。因爲天主勿許魔鬼誘惑、超過人个力量。我再問儂。現在無得力量退脫誘惑、難道後來就有力量否。魔鬼後來也勿停个誘惑

keû saong-se nong a neng-ke véh saong-se nong." Yeû hiu-tou-ke gnen ya li k'oen-hao-k'i, ming-tsao véh 2 lôh-k'i-lai, i-kieng si-la zaong laong tsé! È yeû tou-sao-gnen, t'ih-tseng la vè-zu-ke ze-heû si 3 tsé, loh-la di-gnôh li! Pi-faong T'ié-tsu a zéh-ka-neng vèh nong, kien ya-deû zieû si, k'i-véh-ze 4 yong-yeu zeû-vèh va?

Kai-taong hiao-teh mô-kiu h'ong-p'ié gnen, kao gnen siang heû-lai yao bè-zen-kong, di-ke fèh-tse i-kieng 6 hai-tse m-sou gnen-ke ling-wen, t'ou m-sou-ke kiao-yeû tao di-gnôh li k'i tsé. Vè-zu-gnen séh-7-maong lao gneu-i loh di-gnôh-ke zéh-fen sao; da-kai zi siang heû-lai bè-zen-kong. K'o-lié zéh-ka-8-neng-ke gnen, waong-waong loh di-gnôh, yé-zai m fèh-tse kieû tsé!

Nong wo: "Ngou yé-zai m-méh lih-liang t'ei-t'éh yeû-ké." Di-ke ze mô-kiu di-gni-ke h'ong-p'ié, yen-10-wei T'ié-tsu véh hiu mô-kiu yeû-ké ts'ao-kou gnen-ke lih-liang. Ngou tsai men nong: yé-zai m-teh lih-11-liang t'ei-t'éh yeû-ké, nè-dao heû-lai zieû yeû lih-liang va? Mô-kiu heû-lai a véh ding-ke yeû-ké

---

vous le donner ou vous le refuser." Combien de gens qui se sont couchés le soir, et qui ne se sont pas 2 levés le matin, étant morts sur leur lit! Combien aussi qui sont morts dans l'acte même du péché, 3 et qui sont tombés en enfer! Si Dieu vous châtie de la même manière, si vous mourez cette nuit, vous serez 4 tourmenté pendant toute l'éternité.

Sachez donc que le démon, en trompant ainsi les gens, leur persuadant qu'ils se confesseront, a déjà par ce moyen 6 nui à l'âme d'hommes sans nombre, entraîné en enfer des chrétiens sans nombre. Les pécheurs 7 désespérés au point de vouloir se damner, sont très peu nombreux; presque tous comptent se confesser dans la suite. Pauvres 8 gens qui si fréquemment se damnent, sans moyen de se sauver!

Mais vous répliquez : "En ce moment, je n'ai pas la force de repousser la tentation." Deuxième ruse du démon, 10 parce que Dieu ne permet pas au démon de nous tenter au-dessus de nos forces. En outre, je vous le demande, si vous n'avez pas la force 11 de résister maintenant, l'aurez-vous plus tard? Dans la suite, le démon ne cessera de vous tenter,

儂、第个時候伊个力量更加大、儂更加軟弱。如同火燵來勿曾旺个時候、儂還隱勿脫、後來火燵來旺之、那能可以隱脫呢。儂話、天主後來要相帮我、就要得勝者。到底現在天主也相帮儂、爲啥咾勿靠託天主个相帮呢。難道儂想罪犯來多、天主多相帮點、多賞賜聖寵、加儂个力量否。若使儂要天主多相帮、多加點力量、爲啥咾勿求天主呢。難道儂疑惑天主許拉人个、勿肯賞賜否。天主許拉个、啥人求、就可以得着、儂爲啥咾勿求呢。聖教會拉脫利登公會議話。天主勿命人做勿來个事體、命人做得來个事體、天主味一頭命、一頭教訓人照自家个力量咾做。假使得有人想做勿到、只要求天主相帮、就能彀做者。所以人覺着煩難得勝个誘感、求天主相帮、就能彀得勝者。

nong, di-ke ze-heû i-ke lih-liang keng-ka dou, nong keng-ka gneu-zah. Zu-dong h'ou zah-lai véh zeng **2** yaong-ke ze-heû, nong è yen-véh-t'éh, heû-lai h'ou zah-lai yaong-tse, na-neng k'o-i yen-t'éh gni? Nong **3** wo: "T'ié-tsu heû-lai yao siang-paong ngou, zieû yao teh-seng tsé." Tao-ti yé-zai T'ié-tsu a siang-paong nong, **4** wei-sa-lao véh k'ao-t'oh T'ié-tsu-ke siang-paong gni? Nè-dao nong siang zu vè-lai tou, T'ié-tsu tou siang-**5**-paong tié, tou saong-se seng-ts'ong, ka nong-ke lih-liang va? Zah-se nong yao T'ié-tsu siang-paong, tou ka **6** tié lih-liang, wei-sa-lao véh ghieû T'ié-tsu gni? Nè-dao nong gni-woh T'ié-tsu hiu-la gnen-ke, véh-k'eng **7** saong-se va? T'ié-tsu hiu-la-ke: "Sa-gnen ghieû, zieû k'o-i teh-zah." Nong wei-sa-lao véh ghieû gni?

Seng-kiao-wei la T'éh-li-deng kong wei-gni wo: "T'ié-tsu véh ming gnen tsou-véh-lai-ke ze-t'i, ming gnen **9** tsou-teh-lai-ke ze-t'i; T'ié-tsu méh ih-deû ming, ih-deû kiao-hiun gnen tsao ze-ka-ke lih-liang lao **10** tsou: kia-se-teh yeû gnen siang tsou-véh-tao, tséh yao ghieû T'ié-tsu siang-paong, zieû neng-keû tsou-tsé." Sou-i **11** gnen koh-zah vè-nè teh-seng-ke yeû-ké, ghieû T'ié-tsu siang-paong, zieû neng-keû teh-seng-tsé.

---

alors ses forces seront augmentées de beaucoup, et vous serez encore plus affaibli. Si, à présent que le feu n'est pas **2** ardent, vous ne pouvez pas l'éteindre, comment le pourrez-vous, lorsqu'il sera en pleine ardeur? Vous **3** dites: "Dieu me donnera son secours, et alors je vaincrai." Mais ce secours, Dieu vous le donne à présent, **4** pourquoi ne vous confiez-vous pas en l'aide de Dieu? Espérez-vous donc que Dieu multipliera ses secours **5** et ses grâces et augmentera vos forces, quand vous aurez multiplié vos péchés? Si vous souhaitez plus d'assistance et **6** de force, pourquoi n'en pas demander à Dieu? Douteriez-vous que Dieu veuille donner ce qu'il a promis? **7** Dieu a promis: "Demandez, et vous recevrez." Pourquoi ne priez-vous pas?

L'Église, par le Concile de Trente, dit: "Dieu n'ordonne pas l'impossible, tout **9** ce qu'il commande est possible; et tout en nous intimant ses ordres, il nous avertit d'employer nos forces pour les **10** exécuter: que si nos forces ne nous paraissent pas suffire, demandons son aide et l'exécution deviendra possible." Ainsi **11** celui qui sent de la difficulté à vaincre une tentation, qu'il demande l'aide de Dieu, et il vaincra.

二想　有人話。天主仁慈、勿肯輕易罰人个。第个是魔鬼第三个哄騙。犯罪人靠託天主个仁慈咾、故意犯罪、并且靠託第个仁慈咾、落地獄。有一个博學士話。天主个仁慈、使得人落地獄个多、天主个公義、使得人落地獄个少。因爲犯罪人瞎靠託天主个仁慈咾犯罪。

可憐伊拉犯罪人、瞎靠託天主个仁慈、只管犯罪、勿肯改過、所以落地獄。天主果然是仁慈个、到底也是公義个、日逐罰無數个人落地獄。話到天主个公義、該當罰得罪伊个人、天主用仁慈味待啥人呢、是待怕伊个人。犯罪人瞎用天主个仁慈、罪犯來更加多、天主个公義、罰伊拉更加重。聖奧斯定話。人拉犯罪个時候、話後來要痛悔、第个勿是痛悔、是戲笑天主。聖保祿話。

GNI SIANG. — Yeû gnen wo : "T'ié-tsu zen-ze véh k'eng k'ieng-i vèh gnen-ke." Di-ke ze mô-kiu di-sè-2-ke h'ong-p'ié. Vè-zu-gnen k'ao-t'oh T'ié-tsu-ke zen-ze lao kou-i vè-zu, ping-ts'ié k'ao-t'oh di-ke 3 zen-ze lao loh di-gnôh. Yeû ih-ke pôh-yah-ze wo : "T'ié-tsu-ke zen-ze se-teh gnen loh di-gnôh-4-ke tou, T'ié-tsu-ke kong-gni se-teh gnen loh di-gnôh-ke sao : yen-wei vè-zu-gnen hèh k'ao-t'oh T'ié-5-tsu-ke zen-ze lao vè-zu."

K'o-lié i-la vè-zu-gnen hèh k'ao-t'oh T'ié-tsu-ke zen-ze, tséh-koè vè-zu, véh k'eng kai-kou, sou-7-i loh di-gnôh ! T'ié-tsu kou-zé ze zen-ze-ke, tao-ti a ze kong-dao-ke, gnéh-zôh vèh m-sou-8-ke gnen loh di-gnôh. Wo tao T'ié-tsu-ke kong-gni, kai-taong vèh teh-zu i-ke gnen. T'ié-tsu yong zen-9-ze méh dai sa-gnen gni ? Ze dai p'ouo i-ke gnen. Vè-zu-gnen hèh yong T'ié-tsu-ke zen-ze, zu vè-10-lai keng-ka tou, T'ié-tsu-ke kong-gni vèh i-la keng-ka zong. Seng Ao-se-ding wo : "Gnen la vè-zu-11-ke ze-heû, wo heû-lai yao t'ong-hoei, di-ke véh ze t'ong-hoei, ze hi-siao T'ié-tsu." Seng Pao-lôh wo :

IIe POINT. "DIEU EST MISÉRICORDIEUX." — D'aucuns disent : "La miséricorde de Dieu ne veut pas punir à la légère." C'est la troisième 2 ruse du démon. Tous les pécheurs confiants dans la divine miséricorde, pèchent délibérément et, appuyés sur cette 3 confiance, s'en vont en enfer. Un savant auteur dit : "La miséricorde de Dieu envoie beaucoup d'âmes en enfer, 4 et sa justice, peu, parce que les pécheurs pèchent, comptant témérairement 5 sur la miséricorde."

Pauvres pécheurs qui, aveuglés par une confiance téméraire en la divine miséricorde, pèchent sans cesse, refusent de se convertir 7 et ainsi tombent en enfer! Dieu est bien sûrement miséricordieux, mais il est aussi juste, et il envoie chaque jour des âmes 8 sans nombre en enfer. Pour ce qui regarde la justice divine,elle est obligée de punir qui l'offense. Dieu use 9 aussi de miséricorde, mais envers qui? Envers ceux qui le craignent. (Ps. 102. 11.) Les pécheurs qui, abusant de la divine miséricorde, auront péché 10 davantage, seront punis plus sévèrement par la justice de Dieu. S. Augustin dit : "Celui qui pèche 11 en disant qu'il se repentira, se moque de Dieu et n'est nullement pénitent." Or, l'Apôtre nous avertit :

伽勿要想差、天主勿能彀戲笑个。

恐怕儂要話。我前頭犯過多少罪、天主勿會罰我、我想現在犯罪、天主也用仁慈來待我、勿罰我个。第个是魔鬼第四个哄騙。照儂話、天主前頭可憐儂、難道就常常仁慈來待儂、終勿罰儂否。天主待儂仁慈越大、更加要怕後來勿寛免儂、罰儂更加利害。像現在天主勿會罰儂、是暫時等儂回頭改過。聖額我畧話。天主等儂改過个時候更加常遠、到之罰个時候、要罰來更加利害。所以教友、儂無數回得罪天主、天主味勿會罰儂、儂該當話。我勿會死咾落地獄、是天主个仁慈。有多少人、罪犯來比我少、已經落地獄者。什介能一想、儂該當一心痛悔咾、補贖儂个罪。天主待儂實在忍耐、現在朝後勿單單勿要得

"*Na véh yao siang ts'ouo, T'ié-tsu véh neng-keû hi-siao-ke.*"

K'ong-p'ouo nong-yao wo: "Ngou zié-deû vè-kou tou-sao zu, T'ié-tsu véh zeng vèh ngou; ngou siang yé-zai vè-3-zu, T'ié-tsu a yong zen-ze lai dai ngou, véh vèh ngou-ke." Di-ke ze mô-kiu di-se-ke h'ong-p'ié. 4 Tsao nong wo, T'ié-tsu zié-deû k'o-lié nong, nè-dao zieû zang-zang zen-ze lai dai nong, tsong véh vèh nong 5 va? T'ié-tsu dai nong zen-ze yeuh dou, keng-ka yao p'ouo heû-lai véh k'oé-mié nong, vèh nong keng-ka li-6-hai. Ziang yé-zai T'ié-tsu véh zeng vèh nong, ze-zè-ze teng nong wei-deû-kai-kou.

Seng Ngeh-ngou-liah wo: "T'ié-tsu teng nong kai-kou-ke ze-heû keng-ka zang-yeu, tao-tse vèh-ke ze-heû 8 yao vèh-lai keng-ka li-hai." Sou-i kiao-yeû, nong m-sou wei teh-zu T'ié-tsu, T'ié-tsu méh véh zeng 9 vèh nong, nong kai-taong wo: "Ngou véh zeng si lao loh di-gnôh, ze T'ié-tsu ke zen-ze: yeû tou-sao gnen 10 zu vèh-lai pi ngou sao, i-kieng loh di-gnôh tsé." Zéh-ka-neng ih siang, nong kai-taong ih-sin t'ong-hoei 11 lao pou-zôh nong-ke zu. T'ié-tsu dai nong zéh-zai zen-nai, yé-zai-zao-heû véh tè-tè véh yao teh-

---

"*Nolite errare, Deus non irridetur.*" (Gal. 6. 7.)

Peut-être vous direz: J'ai commis autrefois bien des péchés, et Dieu ne m'a jamais puni; je pense que, si je pèche 3 maintenant, Dieu me traitera avec miséricorde et ne me punira pas." C'est la quatrième ruse du démon. 4 À ce que vous dites, Dieu auparavant a eu pitié de vous; mais, est-ce qu'il usera toujours envers vous de sa miséricorde et qu'il ne vous punira jamais? 5 Plus Dieu vous a traité avec miséricorde, plus vous devez craindre que dans la suite il ne vous pardonne pas et qu'il vous punisse plus rigoureusement. 6 Si jusqu'à présent, Dieu ne vous a pas puni, c'est qu'il attend pendant quelque temps votre conversion.

S. Grégoire dit: "Plus longtemps Dieu a attendu votre conversion, plus il vous punira sévèrement 8 lorsque le temps du châtiment sera arrivé." Chrétien, vous avez offensé Dieu d'innombrables fois, et Dieu ne vous a pas encore 9 puni, vous devez donc dire: "Si je ne suis pas mort et si je ne suis pas en enfer, c'est par la miséricorde de Dieu: bien des gens 10 qui ont moins péché que moi, sont déjà en enfer." En réfléchissant ainsi, vous devez vous repentir de tout cœur 11 et faire pénitence pour vos péchés. Puisque Dieu a été si patient envers vous, non seulement désormais vous ne devez plus

罪天主，還該當盡自家个力量，服事天主，愛慕天主咾，報答天主个恩典。

三想　儂話。我還年紀輕，天主可憐我年紀輕，我後來改過，歸向天主，也勿算晚。第个是魔鬼第五个哄騙。儂記好拉，天主對儂貿賑，勿講年紀，單講罪个多咾少。儂雖然年紀輕，到底罪惡多得極。有多化老人家，伊拉犯个罪，勿滿儂十分當中一分，天主等儂滿之罪个數目，就要罰者。

聖經上話。天主忍耐犯罪人，等伊拉个罪滿之咾罰伊拉。就是天主寛免人有一定个時候，勿是常常寛免，滿之寛免个時候，就勿寛免者。或者忽然間罰伊死，就落地獄。或者現在棄絶伊，讓伊後來死拉罪裡向。聖經上又話。我拿伊个籬笆拆脫，讓强

zu T'ié-tsu, wè kai-taong zin ze-ka-ke lih-liang woh-ze T'ié-tsu, ai-mou T'ié-tsu lao pao-tèh T'ié-**2**-tsu-ke en-tié.

Sè siang. — Nong wo: "Ngou è gné-ki-k'ieng, T'ié-tsu k'o-lié ngou gné-ki-k'ieng, ngou heû-lai kai-kou, koei-**4**-hiang T'ié-tsu, a véh seu è." Di-ke ze mô-kiu di-n-ke h'ong-p'ié. Nong ki-h'ao-la, T'ié-tsu tei **5** nong seu-tsang véh kaong gné-ki, tè-tè kaong zu-ke tou lao sao. Nong su-zé gné-ki-k'ieng, tao-ti zu-oh **6** tou-teh-ghieh: yeû tou-sao lao-gnen-ka, i-la vè-ke zu, véh mé nong zéh fen taong-tsong ih fen. T'ié-**7**-tsu teng nong mé-tse zu-ke sou-moh, zieû yao vèh-tsé.

Seng-kieng laong wo: "*T'ié-tsu zen-nai vè-zu-gnen, teng i-la-ke zu mé-tse lao vèh i-la.*" Zieû-ze **9** T'ié-tsu k'oé-mié gnen yeû ih-ding-ke ze-heû, véh ze zang-zang k'oé-mié: mé-tse k'oé-mié-ke ze-heû, **10** zieû véh k'oé-mié tsé; woh-tsé féh-zé-kè vèh i si, zieû loh di-gnôh; woh-tsé yé-zai k'i-ziéh i, **11** gnang i heû-lai si-la zu li-hiang. Seng-kieng laong i wo: "*Ngou nao i-ke li-pouo ts'ah-t'éh, gnang ghiang-*

---

l'offenser, mais vous devez employer toutes vos forces à son service, vous devez l'aimer et lui montrer **2** votre reconnaissance.

IIIe Point. "Je suis jeune. — Peut-être..." — Vous dites: "Je suis encore jeune, Dieu a compassion de ma jeunesse; si après je me convertis et me **4** donne à Dieu, ce ne sera pas trop tard." Voilà la cinquième ruse du démon. Retenez bien ceci, que quand Dieu **5** règlera vos comptes, il ne sera pas question d'années, mais du nombre de péchés. Quoique vous soyez jeune, vos péchés **6** sont très nombreux: bien des vieillards n'en ont pas commis la dixième partie. **7** Dieu attend que vous ayez comblé la mesure de vos péchés, et alors il vous punira.

La sainte Écriture dit: "*Dominus patienter expectat ut eas (nationes)... in plenitudine peccatorum puniat.*" (II Mach. 6. 14.) C'est-à-dire que **9** Dieu a fixé un temps pour le pardon, et qu'il ne pardonne pas toujours: le temps arrivé, **10** plus de grâce; et alors ou bien il frappe l'homme de mort subite et le précipite en enfer; ou bien il l'abandonne **11** et le laisse ensuite mourir dans le péché. La sainte Écriture dit aussi: "*Auferam sepem ejus, et erit*

盜來搶。比方儂種菓子樹、四面打之籬笆、用心種之多年工夫、
第个樹勿曾生菓子、儂白白裡吃苦。儂必定拿籬笆拆脫。讓中
牲來踐踏咾、棄絶伊。天主待儂也是什介、若使儂常常犯罪、勿
想永遠个事體、漫漫之儂覺勿着天主个光照、就無得怕懼个
心。第个就是天主拿保護靈魂个籬笆拆脫之咾、棄絶儂者。
再看末脚來一个哄騙。就是話。我現在犯第个罪、失脫天主个
聖寵、該當落地獄。到底還勿是一定个、我能彀受罰、也能彀勿
受罰、因爲我後來還能彀救靈魂咾。儂話第句說話、我也勿敢
話、天主一定罰儂落地獄。但是儂受着天主什介能多个恩典。
還要得罪天主、十分容易甩脫儂个靈魂。
聖經上話。心硬个人、一定無得好死个。又話。犯罪作惡个人、到

dao lai ts'iang." Pi-faong nong tsong kou-tse zu, se-mié tang-tse li-pouo, yong-sin tsong-tse ta gné kong-fou ; **2** di-ke zu véh zeng sang kou-tse, nong bah-bah-li k'ieh-k'ou: nong pih-ding nao li-pouo ts'ah-t'éh,gnang tsong-**3**-sang lai zié-dèh lao k'i-ziéh i. T'ié-tsu dai nong a ze zéh-ka : zah-se nong zang-zang vè-zu, véh **4** siang yong-yeu-ke ze-t'i, mè-mè-tse nong koh-véh-zah T'ié-tsu-ke koang-tsao, zieû m-teh p'ouo-ghiu-ke **5** sin; di-ke zieû-ze T'ié-tsu nao pao-wou ling-wen-ke li-pouo ts'ah-t'éh-tse lao k'i-ziéh nong tsé.

Tsai k'eu méh-kiah-lai ih-ke h'ong-p'ié, zieû-ze wo : "Ngou yé-zai vè di-ke zu, séh-t'éh T'ié-tsu-ke **7** seng-ts'ong, kai-taong loh di-gnôh ; tao-ti wè véh ze ih-ding-ke ; ngou neng-keû zeû-vèh, a neng-keû véh **8** zeû-vèh, yen-wei ngou heû-lai è neng-keû kieû ling-wen lao." Nong wo di-kiu seh-wo, ngou a véh ké **9** wo, T'ié-tsu ih-ding vèh nong loh di-gnôh ; tè-ze nong zeû-zah T'ié-tsu zéh-ka-neng tou-ke en-tié, **10** è yao teh-zu T'ié-tsu, zéh-fen yong-i goè-t'éh nong-ke ling-wen.

Seng-kieng laong wo : "*Sin ngang-ke gnen ih-ding m-teh h'ao si-ke.*" I wo : "*Vè-zu tsoh-oh ke gnen, tao-*

---

in direptionem." (Is. 5. 5.) Vous avez planté des arbres fruitiers, vous les avez entourés d'une haie, vous les avez cultivés avec soin pendant plusieurs années; **2** mais ces arbres n'ont pas donné de fruits et vous vous êtes fatigué inutilement: alors, vous détruirez sans doute la haie et vous laisserez **3** les animaux fouler aux pieds cet endroit, et vous l'abandonnerez. Dieu vous traitera de la même manière : si vous continuez à pécher et ne **4** pensez pas aux choses éternelles, peu à peu vous deviendrez insensible aux lumières divines et vous ne craindrez plus rien ; **5** c'est-à-dire que Dieu détruira la haie qui protégeait votre âme et vous abandonnera.

Voyons la dernière illusion : "Par ce péché, dites-vous, je perds la grâce **7** de Dieu et je dois aller en enfer, mais ce n'est pas sûr ; je puis être puni et **8** ne pas l'être, ainsi après je puis encore sauver mon âme." Vous dites cela, et moi je n'ose pas vous **9** dire que Dieu vous damnera certainement; mais vous qui avez recu de Dieu tant de bienfaits, **10** si vous péchez encore, vous perdrez votre âme très facilement.

La sainte Écriture dit : "*Cor durum habebit male in novissimo.*" (Eccli. 3. 27.) Et encore : "*Qui malignantur*

末脚要受罰。聖經上天主也話。我叫儂、儂勿聽、到之儂死个時候、我戲笑儂。又話。到之時候、我就要報儂仇。第个齊是聖經上个說話。就是話犯罪咾勿肯改過个人、將來要受天主公義个刑罰。儂還對我話。我也能殼救靈魂。我對儂話。第箇能殼兩个字、是勿一定个說話。救靈魂是永遠个大事體、靠託第个勿一定个說話、有啥用頭呢。假使無沒用頭、將來那能呢。

第二十四日 想私審判的威嚴

一想 聖保祿宗徒話。伲一總人、齊要到基利斯督衙門裡去。就是話、伲齊要聽耶穌个審判。論到第个審判有四樣可怕个。一樣是見面、一樣是告狀、一樣是查考、一樣是定案。話到見面、就是靈魂看見審判个天主。超性學士話。私審判就是垃拉靈

méh-kiah yao zeû-vèh." Seng-kieng laong T'ié-tsu a wo : "*Ngou kiao na, na véh t'ing, tao-tse na si-ke ze*-**2**-*heû, ngou hi-siao na.*" I wo : "*Tao-tse ze-heû, ngou zieû yao pao-zeû na.*" Di-ke zi ze seng-kieng laong-**3**-ke seh-wo : zieû-ze wo vè-zu lao véh k'eng kai-kou-ke gnen, tsiang-lai yao zeû T'ié-tsu kong-gni-ke **4** yeng-vèh. Nong è tei ngou wo : "Ngou a neng-keû kieû ling-wen." Ngou tei nong wo : Di-kou "neng-keû" liang-ke**5** ze, ze véh ih-ding-ke seh-wo. Kieû ling-wen ze yong-yeu-ke dou ze-t'i, k'ao-t'oh di-ke véh ih-**6**-ding-ke seh-wo, yeû sa yong-deû gni ? Kia-se m-méh yong-deû, tsiang-lai na-neng gni ?

Di-gnè-se gnéh. Siang se sen-p'é-ke wei-gné.

Ih siang. — Seng Pao-lôh tsong-dou wo : "*Gni ih-tsong gnen, zi yao tao Ki-li-se-tôh nga-men li k'i.*" **9** Zieû-ze wo gni zi yao t'ing Ya-sou-ke sen-p'é. Len-tao di-ke sen-p'é yeû se yang k'o-p'ouo-ke : **10** ih yang ze kié-mié, ih yang ze kao-zaong, ih yang ze zouo-k'ao, ih yang ze ding-eu. Wo-tao kié-mié, **11** zieû-ze ling-wen k'eu-kié sen-p'é-ke T'ié-tsu. Tsao-ing-yah-ze wo : Se sen-p'é zieû-ze léh-la ling-

---

exterminabuntur." (Ps. 36. 9.) Dieu dit aussi : "*Vocavi et renuistis, ego quoque in interitu vestro* **2** *ridebo, et subsannabo.*" (Prov. 1. 24.) Dieu dit encore : "*Mea est ultio, et ego retribuam in tempore.*" (Deuter. 32. 35.) Ainsi parlent **3** les Écritures : elles annoncent que le pécheur qui ne veut pas se convertir, subira le châtiment **4** de la justice divine. Vous me répliquez encore : "Je puis aussi me sauver." Je vous réponds : ces paroles "je puis", **5** indiquent que la chose n'est pas sûre. Le salut de l'âme est une affaire éternelle, à quoi vous servira-t-il de vous appuyer pour cela **6** sur une parole qui n'est pas sûre ? Si cela ne vous sert de rien, qu'adviendra-t-il de vous ?

24e Jour. Du jugement particulier.

Ier Point. L'âme coupable devant son juge.—L'Apôtre S. Paul dit : "*Omnes enim nos manifestari oportet ante tribunal Christi.*" (II Cor. 5. 10). **9** C'est-à-dire que tous nous serons jugés par Jésus-Christ. Quant à ce jugement, il y a quatre circonstances terribles : **10** la comparution, l'accusation, l'examen et la sentence. La comparution, **11** c'est-à-dire que l'âme se présente devant Dieu qui doit la juger. Les théologiens disent que le jugement particulier aura lieu dans l'endroit

魂離開肉身个地方、靈魂刻刻出肉身、立刻就聽耶穌个審判。但是審判个日子、無得一定个、因爲聖經上話。儂想勿着个時候、我要來者。聖奥斯定話。耶穌來審判个時候、好人看見之是可愛个、怺人看見之是可怕个。

哎、罪人頭一回看見耶穌个面孔、看見救世主動氣發怒个面孔、那能怕呢。第个時候、垃拉耶穌門前、啥人能彀立得住呢。可敬類思代邦德想着第个審判个威嚴、怕來利害、渾身發抖、連伊登拉个房間、一齊搖動。有一位神父名頭叫安齊納、聽見別人唱追思經、十分怕、好像自家到天主門前去聽審判一樣。就立定主意、棄絶世俗咾修道。

聖經上話。皇帝發怒、是定當死案个預兆。聖伯爾納多話。拉審

wen li-k'ai gnôh-sen-ke di-faong". Ling-wen k'èh-k'èh ts'éh gnôh-sen, li-k'eh zieû t'ing Ya-sou-ke sen-p'é. **2** Tè-ze sen-p'é-ke gnéh-tse, m-teh ih-ding-ke, yen-wei seng-kieng laong wo: "*Nong siang-véh-tao-ke ze-***3***-heû, ngou yao lai-tsé.*" Seng Ao-se-ding wo: "Ya-sou lai sen-p'é-ke ze-heû, h'ao-gnen k'eu-k'ié-tse ze **4** k'o-ai-ke, k'ieû-gnen k'eu-kié-tse ze k'o-p'ouo-ke".

Ai, zu-gnen deû-ih wei k'eu-kié Ya-sou-ke mié-k'ong, k'eu-kié kieû-se-tsu dong-k'i lao fèh-nou-ke mié-**6**-k'ong, na-neng p'ouo gni! Di-ke ze-heû, léh-la Ya-sou men-zié, sa-gnen neng-keû lih-teh-zu gni? K'o-**7**-kieng Lei-se dai Paong-teh siang-zah di-ke sen-p'é-ke wei-gné, p'ouo-lai li-hai, wen-sen fèh-teû, lié **8** i teng-la-ke waong-kè, ih-zi yao-dong. Yeû ih-wei zen-vou ming-deû kiao Eu-zi-néh, t'ing-kié biéh-**9**-gnen ts'aong tsu-se kieng, zéh-fen p'ouo, h'ao-ziang ze-ka tao T'ié-tsu men-zié k'i t'ing seng-p'é ih-yang; zieû **10** lih-ding tsu-i k'i-ziéh se-zôh lao sieû-dao.

Seng-kieng laong wo: "*Waong-ti fèh-nou, ze ding-taong si eu-ke yu-zao.*" Seng Péh-eul-néh-tou wo: "La sen-

---

où l'âme quitte le corps. Dès que l'âme aura quitté le corps, immédiatement elle subira le jugement de N.-Seigneur. **2** Mais le jour du jugement n'est pas certain, parce que l'Écriture dit: "*Qua hora non putatis,* **3** *Filius hominis veniet.*". (Luc. 12. 40.) S. Augustin dit: "Quand Jésus viendra nous juger, les justes le verront **4** aimable et les méchants terrible."

Oh! les pécheurs, en voyant pour la première fois la face de Jésus, en voyant le visage du Rédempteur courroucé, **6** combien seront-ils épouvantés! Qui pourra, en ce moment-là, soutenir la présence de Jésus-Christ? **7** Le vénérable Louis du Pont, à la pensée de la sévérité de ce jugement, craignait tellement qu'il tremblait de tous ses membres et **8** faisait trembler avec lui sa cellule. Le P. Ancina, entendant **9** chanter le "Dies irae", fut pris d'une grande crainte, comme s'il allait lui-même devant Dieu entendre le jugement; à l'instant il **10** résolut de quitter le monde pour la vie religieuse.

La sainte Écriture dit: "*Indignatio regis, nuntii mortis.*" (Prov. 16.14.) S. Bernard dit que les pécheurs

17

判个時候、罪人情願受地獄裡个苦、勿情願看見耶穌个面孔。儂看犯人拉堂上聽審个時候、看見官府兇个面孔、嚇來身上出冷汗。古時間有一个名頭叫比宋、勿是平常人、後來犯之法、着之犯人个衣裳、到刑部法堂上聽審、自伊坍抗得極、就尋死路。比方一个小囝、看見伊个父親⿰黃尤火咾恨、或者一个官府看見皇帝發怒、是難當个、况且靈魂看見耶穌、就是伊活拉个時候所輕慢个、拉第个時候、大大裡威嚴咾發怒、是那能怕呢。犯罪人想着耶穌爲救伊个靈魂、受苦受難咾死、自家味辜負第个恩典、現在該當受審判、是何等樣坍抗。古聖若瑟撥阿哥拉賣脫、後來拉厄日多國做官、箇个時候、伊个阿哥到箇搭去買糧食。若瑟對伊拉話。我就是儂个兄弟。伊拉聽見之第句說

p'é-ke ze-heû, zu-gnen zing-gneu zeû di-gnôh li-ke k'ou, véh zing-gneu k'eu-kié Ya-sou-ke mié-k'ong." **2** Nong k'eu vè-gnen la daong laong t'ing-sen-ke ze-heû, k'eu-kié koé-fou hiong-ke mié-k'ong, hah-lai sen laong **3** ts'éh lang eu! Kou-ze-kè yeû ih-ke ming-deû kiao Pi-song, véh ze bing-zang-gnen, heû-lai vè-tse fèh, **4** tsah-tse vè-gnen-ke i-zaong, tao yeng-bou-fèh-daong laong t'ing sen; ze-i t'è-ts'ong teh-ghieh, zieû zin-si-**5**-lou. Pi-faong ih-ke siao-neu k'eu-kié i-ke vou-ts'in koang-h'ou lao hen, woh-tsé ih-ke koé-fou k'eu-**6**-kié waong-ti fèh-nou, ze nè-taong-ke: faong-ts'ia ling-wen k'eu-kié Ya-sou, zieû-ze i wéh-la-ke ze-**7**-heû sou k'ieng-mè-ke, la di-ke ze-heû dou-dou-li wei-gné lao fèh-nou, ze na-neng p'ouo gni?

Vè-zu-gnen siang-zah Ya-sou wei kieû i-ke ling-wen, zeû-k'ou-zeû-nè lao si, ze-ka méh kou-wou **9** di-ke en-tié, yé-zai kai-taong zeû sen-p'é, ze wou-teng-yang t'è-ts'ong! Kou seng Zah-seh péh ah-kou-**10**-la ma-t'éh, heû-lai la Ngeh-zéh-tou kôh tsou-koé, kou-ke ze-heû, i-ke ah-kou tao kou-tèh k'i **11** ma liang-zeh. Zah-seh tei i-la wo: "Ngou zieû-ze na-ke hiong-di." I-la t'ing-kié-tse di-kiu seh-

---

au moment du jugement aimeraient mieux subir les peines de l'enfer, que de voir le visage de Jésus. **2** Voyez comment les criminels au prétoire pendant leur jugement tremblent et comment leur corps se couvre d'une sueur froide **3** à la vue du visage sévère du juge! Jadis Pison, qui n'était pas un homme du peuple, ayant violé les lois, **4** allait vêtu en criminel dans la salle du tribunal des crimes pour entendre sa sentence, quand il fut saisi d'une telle honte qu'il se tua. **5** Pour un fils la vue de son père en colère, pour un mandarin la **6** vue de l'empereur irrité, c'est chose difficile à soutenir: à plus forte raison, l'âme en voyant Jésus qu'elle a méprisé **7** pendant sa vie, et qui à présent se montre plein de majesté et irrité, combien ne doit-elle pas craindre?

Combien seront honteux les pécheurs à la pensée qu'ils devront subir le jugement de Jésus, qui a souffert la Passion et est mort pour sauver leur âme, bienfait pour lequel **9** ils se sont montrés ingrats! Pendant que l'ancien Joseph vendu **10** par ses frères administrait l'Égypte, ceux-ci vinrent **11** acheter du blé. Joseph leur dit: "Je suis votre frère." D'entendre cela,

話、嚇來伏倒拉地上、一句響勿出。因爲伊拉前頭得罪若瑟、怕伊要報仇咾。儂看伊拉得罪若瑟已經什介能怕。犯罪人得罪耶穌基利斯督無數回、乃到耶穌門前去聽審判、看見耶穌威嚴發怒、更加要那能怕呢。難道還有面孔求伊可憐否。聖奧斯定話。罪人拉審判个時候、上頭有威嚴个天主、下頭有張開拉个地獄、右面有罪拉告狀、左面有魔鬼要拖伊落地獄、裏面有良心个責備、四面圍住拉、能彀逃走到那裏去呢。

二想 聖經上話。拉審判个時候、要拷開賬部來。一本是聖經、一本是良心。聖經上寫拉罪人該當做个事體、拉良心上紀拉自伊做拉个事體。聖熱羅尼莫話。拉箇个時候、各人个良心發顯出來、各人看見自家做拉个事體、看來明明白白。拉天主公

一百九十四

wo, hah-lai woh-tao-la di-laong, ih-kiu hiang-véh-ts'éh: yen-wei i-la zié-deû teh-zu Zah-séh, p'ouo **2** i yao pao-zeû lao. Nong k'eu i-la teh-zu Zah-séh i-kieng zéh-ka-neng p'ouo, vè-zu-gnen teh-zu **3** Ya-sou Ki-li-se-tôh m-sou wei, nai tao Ya-sou men-zié k'i t'ing-sen-p'é, k'eu-kié Ya-sou wei-**4**-gné fèh-nou, keng-ka yao na-neng p'ouo gni! Nè-dao è yeû sa mié-k'ong ghieû i k'o-lié va?

Seng Ao-se-ding wo: "Zu-gnen la sen-p'é-ke ze-heû, zaong-deû yeû wei-gné-ke T'ié-tsu, hao-deû yeû **6** tsang-k'ai-la-ke di-gnôh, yeû-mié yeû zu la kao-zaong, tsi-mié yeû mô-kiu yao t'ou i loh di-gnôh, **7** li-mié yeû liang-sin-ke tsah-bei: se mié k'ieu-zu-la, neng-keû dao-tseû tao a-li k'i gni?"

Gni siang. — Seng-kieng laong wo: "*La sen-p'é-ke ze-heû, yao hiao-k'ai tsang-bou lai.*" Ih-pen ze seng-kieng, **9** ih-pen ze liang-sin; seng-kieng laong sia-la zu-gnen kai-taong tsou sa-ke ze-t'i, la liang-sin laong ki-la **10** ze-i tsou-la-ke ze-t'i. Seng Zéh-lou-gni-moh wo: "La kou-ke ze-heû, koh-gnen-ke liang-sin fèh-**11**-hié-ts'éh-lai, koh-gnen k'eu-kié ze-ka tsou-la-ke ze-t'i, k'eu-lai ming-ming-bah-bah." La T'ié-tsu kong-

---

ils furent si terrifiés qu'ils se prosternèrent à terre et ne purent proférer un mot: parce qu'auparavant ils l'avaient offensé et craignaient **2** sa vengeance. Considérez que, si les frères de Joseph, pour l'avoir offensé, craignaient ainsi, les pécheurs qui ont offensé **3** Jésus-Christ tant de fois, qui maintenant doivent se présenter à lui pour entendre son jugement, qui le voient majestueux **4** et en colère, combien ne doivent-ils pas craindre! Comment auraient-ils le front d'en appeler à sa miséricorde?

S. Augustin dit: "Le pécheur, pendant le jugement, a au-dessus de lui Dieu irrité, au-dessous **6** l'enfer ouvert, à droite les péchés qui l'accusent, à gauche les démons qui le veulent entraîner en enfer, **7** à l'intérieur la conscience qui le gronde: il est entouré de tous côtés, où pourrait-il donc fuir?

IIe Point. Rien ne restera caché. — La sainte Écriture dit: "*Judicium sedit et libri aperti sunt.*" (Dan. 7. 10.) Un livre sera la Bible, **9** l'autre la conscience; dans la Bible est écrit ce que le pécheur devait faire, dans la conscience est noté **10** ce qu'il aura fait. S. Jérôme dit qu'alors la conscience de chacun se **11** montrera, chacun y verra ce qu'il a fait, et le verra très clairement. Dans la balance

義个天平上、勿秤銅錢哰物事、勿秤人地位个尊貴哰卑賤、單單秤人个行事。達尼厄爾先知對巴爾大撒皇帝話。儂拉天主公道个天平秤上秤起來、勿滿分兩。就是話。無得好工夫、天主要罰儂。

論到告狀。魔鬼是原告。聖奧斯定話。拉基利斯督審判个門前、魔鬼當面告儂、儂拉領聖洗个辰光、許拉个事體、搭之後來做拉个、齊要指點出來。就是魔鬼拿伲一總人个罪過、拉啥日脚、啥時辰、啥地方、搭之啥人犯拉个罪、齊要話出來。魔鬼要對天主話。天主、我爲第个靈魂、勿曾打過歇把掌、勿曾受着歇鞭子、也勿曾吃歇啥苦頭、自伊到甘心做我个奴才。儂爲救伊个靈魂、受苦受難、釘殺拉十字架上、伊偏生勿愛儂、棄絕儂、倒相信

gni-ke t'ié-bing laong, véh ts'eng dong-dié lao méh-ze, véh ts'eng gnen di-wei-ke tsen-koei lao pei-zié,tè-**2**-tè ts'eng gnen-ke hang-ze. Dèh-gni-ngeh-eul sié-tse tei Pouo-eul-da-sèh waong-ti wo : "*Nong la T'ié-tsu* **3** *kong-dao-ke t'ié-bing-ts'eng laong ts'eng-k'i-lai, véh mé ven-liang.*" Zieû-ze wo : m-teh h'ao kong-fou, T'ié-tsu **4** yao vèh nong.

Len-tao kao-zaong, mô-kiu ze gneu-kao. Seng Ao-se-ding wo : "La Ki-li-se-tôh sen-p'é-ke men-zié, **6** mô-kiu taong-mié kao nong : nong la ling seng-si-ke zen-koang hiu-la-ke ze-t'i, tèh-tse heû-lai tsou-**7**-la-ke, zi yao tse-tié-ts'éh-lai." Zieû-ze mô-kiu nao gni ih-tsong-gnen-ke zu-kou, la sa gnéh-kiah, **8** sa ze-zen, sa di-faong, tèh-tse sa-gnen vè-la-ke zu, zi yao wo-ts'éh-lai. Mô-kiu yao tei T'ié-**9**-tsu wo : "T'ié-tsu, ngou wei di-ke ling-wen, véh zeng tang-kou-hiéh pouo-tsaong, véh zeng zeû-kou-hiéh pié-tse, **10** a véh zeng k'ieh-hiéh sa k'ou-deû, ze-i tao ké-sin tsou ngou-ke nou-zai : nong wei kieû i-ke ling-**11**wen, zeû-k'ou-zeû-nè ting-sèh la zéh-ze-ka laong, i p'ié-sang véh ai nong, k'i-ziéh nong, tao siang-sin

---

de la divine justice ne sera pesé ni l'argent, ni les objets, ni la condition, mais **2** seulement les œuvres de chacun. Le prophète Daniel disait au roi Balthazar: "*Appensus es* **3** *in statera, et inventus es minus habens.*" (Dan. 5. 27.) Vous n'atteignez pas le poids, c'est-à-dire il vous manque les bonnes œuvres, et Dieu **4** vous punira.

Quant à l'accusation, le démon est l'accusateur. S. Augustin dit : "Devant le tribunal du Christ, **6** le démon vous accusera en face : il montrera les promesses faites au baptême et ce que vous avez **7** fait ensuite." C'est-à-dire que le démon dira tous nos péchés, comme aussi quel jour, **8** à quel moment, dans quel endroit et avec qui nous les avons commis. Le démon dira **9** à Dieu : "Seigneur, pour cette âme, je n'ai pas été frappé de soufflets, je n'ai pas été flagellé, **10** je n'ai rien souffert, c'est elle qui a voulu être mon esclave : pour sauver cette âme, **11** vous avez souffert la Passion et vous avez été crucifié, mais elle s'est obstinée à ne pas vous aimer, elle vous a rejeté et elle m'a

我。所以第个人是我个人、該當落地獄。博學士阿理日納話。拉箇个時候、各人个護守天神也要話。我多年工夫費心、保護伊、伊味勿聽我个引導。聖經上話。一板牆也要告伊。就是話、犯罪个地方、也要作証各人个罪。還有各人个良心要做見証。聖保祿宗徒話。天主審判个一日、各人个良心就是見証。聖伯爾納多話。各人犯拉个罪、審判个時候、如同有嘴拉話个一樣、對犯罪人話。伲是儂做拉个事體、勿能彀離開儂、跟儂一淘去聽審判。基所聖人話。吾主耶穌受拉个傷、搭之釘伊个鐵釘咾十字架、齊要責備儂、話儂个勿是。

聖經上話。我要點之燈火、查考日路撒冷。博學士孟道石話。點燈咾查察、就是拿人暗底裡做拉个事體、齊要查察出來、像拉

ngou; sou-i di-ke gnen ze ngou-ke gnen, kai-taong loh di-gnôh.

Pôh-yah-ze Ouh-li-zéh-néh wo : "La kou-ke ze-heû, koh-gnen-ke wou-seû t'ié-zen a yao wo : Ngou **3** ta gné kong-fou fi-sin pao-wou i, i méh véh t'ing ngou-ke yen-dao." Seng-kieng laong wo : "Ih pè ziang **4** a yao kao i." Zieû-ze wo vè-zu-ke di-faong a yao tsoh-tseng koh-gnen-ke zu. Wè yeû koh-gnen-**5**-ke liang-sin yao tsou kié-tseng. Seng Pao-lôh tsong-dou wo: "*T'ié-tsu sen-p'é-ke ih gnéh, koh-gnen-ke liang-***6**-*sin zieû-ze kié-tseng.*" Seng Péh-eul-néh-tou wo : "Koh-gnen vè-la-ke zu, sen-p'é-ke ze-heû, zu-dong **7** yeû tse la wo-ke ih-yang, tei vè-zu-gnen wo : "Gni ze nong tsou-la-ke ze-t'i, véh neng-keû li-**8**-k'ai nong, ken nong ih-dao k'i t'ing sen-p'é." Ki-sou seng-gnen wo : "Ngou tsu Ya-sou zeû-la-ke saong, tèh-**9**-tse ting i-ke t'ih ting lao zéh-ze-ka, zi yao tsah-bei nong, wo nong-ke véh ze."

Seng-kieng laong wo : "*Ngou yao tié-tse teng h'ou, zouo-k'ao Zéh-lou-sèh-leng.*" Pôh-ya-ze Men-dao-zah wo : "Tié **11** teng lao zouo-ts'èh, zieû-ze nao gnen é-ti-li tsou-la-ke ze-t'i, zi yao zouo-ts'èh-ts'éh-lai ; ziang la

---

aimé ; ainsi cette âme est à moi, elle doit aller en enfer."

Le savant Origène dit : "À ce moment-là, les anges gardiens de chacun diront **3** pendant combien d'années ils se sont dépensés à protéger cet homme, et comment il a été rebelle à leur conduite." La sainte Ecriture dit : "*Lapis de pariete* **4** *clamabit.*" (Habac.2.11.) C'est-à-dire que les endroits où on a péché témoigneront aussi des péchés de chacun. En outre la propre **5** conscience portera son témoignage. S. Paul le dit : "*Testimonium reddente illis conscientia ipsorum* **6** *in die cum judicabit Deus.*" (Rom. 2. 15.) Au jour du jugement, dit S. Bernard, les péchés eux-mêmes, comme **7** s'ils avaient une bouche, diront au pécheur : "C'est toi qui nous a faits, nous ne te **8** quitterons pas, nous te suivrons et irons ensemble écouter le jugement." Les plaies de Notre-Seigneur, dit S. Jean Chrysostome, **9** les clous qui l'ont cloué et la croix vous blâmeront et diront votre faute.

La sainte Écriture dit : "*In tempore illo, scrutabor Jerusalem in lucernis.*" (Soph. 1. 12.) Le savant Mendoza explique : "Allumer **11** une lampe pour rechercher, c'est examiner les actions qu'on aura faites en cachette, comme

暗洞裡用火來尋物事一樣。高爾納理解說點燈个一句說話咾話。就是天主要拿聖人个好表樣、默啓拉个好念頭、一總个聖寵、搭之各人得着拉个恩典、齊要擺拉受審判人个眼睛門前、搭伊算賬、伊垃拉世界上个時候、用來好呢勿好、一條一條齊要查察。

照聖經上个說話、天主要查考人个工夫、如同用火來煉金子一樣。就是話要查考伊拉做拉个好工夫、要看伊拉是完全好否。如同告解、領聖體、做哀矜、做苦工、齊要審判个。看一看伊做拉个好工夫、做來那能、預備來安當呢勿安當、做來是爲天主否。人修拉个德行、也要判斷。

聖伯多祿話。審判个時候、好人還煩難救自家、況且犯罪人否。

é-dong-li yong h'ou-lai zin méh-ze ih-yang." Kao-eul-néh-li ka-seh tié teng-ke ih-kiu seh-wo **2** lao wo : "Zieû-ze T'iè-tsu yao nao seng-gnen-ke h'ao piao-yang, meh-k'i-la-ke h'ao gnè-deû, ih-tsong-ke **3** seng-ts'ong, tèh-tse koh-gnen teh-zah-la-ke en-tié, zi yao pa-la zeû sen-p'é-ke ngè-tsing men-**4**-zié, tèh i seu tsang ; i-la la se-ka-laong-ke ze-heû, yong-lai h'ao gni véh h'ao, ih-diao-ih-diao **5** zi yao zouo-ts'èh."

Tsao seng-kieng laong-ke seh-wo, T'ié-tsu yao zouo-k'ao gnen-ke kong-fou, zu-dong yong h'ou lié kien-tse **7** ih-yang : zieû-ze wo yao zouo-k'ao i-la tsou-la-ke h'ao kong-fou, yao k'eu i-la ze wé-zié h'ao **8** va ; zu-dong kao-ka, ling-seng-t'i, tsou ai-kieng, tsou k'ou-kong, zi yao sen-p'é-ke ; k'eu-ih-k'eu i tsou-**9**-la-ke h'ao kong-fou tsou-lai na-neng, yu-bei-lai t'ou-taong gni véh t'ou-taong, tsou-lai ze wei T'ié-tsu **10** va. Gnen sieû-la-ke teh-yeng a yao p'é-teu.

Seng Péh-tou-lôh wo : "*Sen-p'é-ke ze-heû, h'ao-gnen è vè-nè kieû ze-ka, faong-ts'ia vè-zu-gnen va ?*"

---

dans l'obscurité on se sert d'une lumière pour chercher un objet." Cornelius a Lapide, sur le mot "in lucernis", **2** observe que "Dieu remettra sous les yeux de celui qui subit le jugement les exemples des saints, toutes les pensées qu'il lui aura inspirées, la **3** grâce et les bienfaits que chacun aura reçus, **4** pour lui en demander compte, et sur chaque article on examinera l'usage bon ou mauvais **5** fait en ce monde."

D'après l'Écriture Sainte, Dieu examinera nos œuvres comme on emploie lè feu pour purifier **7** l'or. C'est-à-dire que Dieu étudiera les bonnes œuvres de chacun pour voir si elles sont entièrement bonnes ; **8** ainsi les confessions, les communions, les aumônes, les pénitences seront également jugées, pour voir comment **9** on aura fait ces bonnes œuvres, si on s'y est bien préparé, si on les a faites pour Dieu. **10** Les vertus que chacun aura pratiquées seront pareillement jugées.

S. Pierre dit : "*Si justus vix salvabitur, impius et peccator ubi parebunt ?*" (I Petr. 4. 18.)

聖額我畧話。一句閒話也要審判个、乃儂話無數个醜話、更加那能聽審呢。越是有一等立壞表樣个人、引誘別人犯罪、更加免勿來要受天主兇个審判。

三想　人拉審判个時候要放心、活拉个時候做个行事、該當像吾主耶穌。因爲保祿宗徒話。天主揀選升天堂个人、相像伊个聖子耶穌。但是第个審判、眞正可怕个。古聖若伯默想天主个審判、怕咾話。天主審判我起來、我那能做頭呢、天主問我、我答應啥呢。

西洋地方有一个皇帝、叫斐理伯第二位、自伊用拉个相帮人、話一句虛話、哄騙皇帝。皇帝曉得之、單單對伊話。儂哄騙我否、第个相帮人回到自家屋裡、難過咾死者。乃犯罪人拉審判个

Seng Ngeh-ngou-liah wo: "Ih-kiu hè-wo a yao sen-p'é-ke, nai nong wo m-sou-ke ts'eû-wo, keng-ka 2 na-neng t'ing-sen gni?" Yeuh-ze yeû ih-teng lih wa piao-yang-ke gnen, yen-yeû biéh-gnen vè-zu, keng-ka 3 mié-véh-lai yao zeû T'ié-tsu hiong-ke sen-p'é.

Sė siang. — Gnen la sen-p'é-ke ze-heû yao faong-sin, wéh-la-ke ze-heû tsou-ke hang-ze, kai-taong 5 ziang ngou tsu Ya-sou. Yen-wei Pao-lôh tsong-dou wo: "*T'ié-tsu kè-sié seng t'ié daong-ke gnen, siang-ziang i-*6*ke seng tse Ya-sou.*" Tè-ze di-ke seng-p'é tsen-tseng k'o-p'ouo-ke! Kou seng Zah-péh meh-siang T'ié-tsu-7-ke sen-p'é, p'ouo lao wo: "*T'ié-tsu sen-p'é ngou k'i-lai, ngou na-neng tsou-deû gni? T'ié-tsu men ngou, ngou* 8 *tèh-yeng sa gni?*"

Si-yang di-faong yeû ih-ke waong-ti, kiao Fi-li-péh di-gni-wei, ze-i yong-la-ke siang-paong-gnen 10 wo ih-kiu hiu-wo, h'ong-p'ié waong-ti. Waong-ti hiao-teh-tse, tè-tè tei i wo: "Nong h'ong-p'ié ngou va?" 11 Di-ke siang-paong-gnen wei-tao ze-ka ôh-li, nè-kou lao si-tsé. Nai vè-zu-gnen la sen-p'é-ke

---

Et S. Grégoire: "S'il faut rendre compte de toute parole inutile, 2 comment serez-vous jugé, vous qui proférez tant de paroles déshonnêtes?" À plus forte raison, les hommes scandaleux qui ont entraîné les autres dans le péché, 3 ne peuvent éviter de subir un jugement bien sévère.

IIIe Point. La sentence. — Ceux qui au jour du jugement désirent avoir le cœur à l'aise, doivent poser en cette vie des actions 5 conformes à celles de Jésus-Christ. Car l'apôtre S. Paul dit: "*Quos præscivit et prædestinavit conformes fieri imaginis* 6 *Filii sui.*" (Rom. 8. 29.) Mais ce jugement est vraiment terrible! S. Job tremblait en le méditant 7 et disait: "*Quid faciam, cum surrexerit ad judicandum Deus? Et cum quæsierit,* 8 *quid respondebo illi?*" (Job 31.14.)

Il y avait autrefois en Occident le roi Philippe II. Un de ses valets 10 ayant dit un mensonge, le roi qui s'en aperçut observa seulement: "C'est ainsi que tu me trompes?" 11 Ce valet retourna chez lui et mourut de chagrin. Or, au jugement, que

時候、那能樣式答應耶穌呢。聖經上記載一个吃喜酒个人、勿著禮服、皇帝問伊話。那能儂來吃酒勿著禮服呢。自伊坍抗來一句也話勿出。犯罪人也是什介。拉天主審判个時候、一句答應勿出。達味聖王話。罪惡塞住伊拉个嘴。聖巴西略話。到審判个時候、罪人坍抗个苦、比地獄个苦更加大。

查考之人个良心、耶穌就定當案件話。可以咒罵个人、儂離開我、到地獄永遠火裡去燒罷。哎、可怕个定案、眞正像大个雷響、直鑽到罪人个耳朵裡。安撒皮話。天主審判人落地獄、一句說話、頂是可怕个、若使靈魂能殼死、一定嚇來要死。聖多默味辣諾瓦話。第个時候無啥人相幫、朋友勿能殼相幫、爺娘也勿可憐、去求啥人呢。

ze-heû, na-neng yang-seh tèh-yeng Ya-sou gni? Seng-kieng laong ki-tsai ih-ke k'ieh-hi-tsieû-ke gnen, véh **2** tsah li-woh, waong-ti men i wo: "Na-neng nong lai k'ieh-tsieû véh tsah li-woh gni?" Ze-i t'è-ts'ong lai **3** ih-kiu a wo-véh-ts'éh. Vè-zu-gnen a ze zéh-ka; la T'ié-tsu sen-p'é-ke ze-heû, ih-kiu tèh-**4**-yeng-véh-ts'éh. Dèh-vi seng-waong wo: *Zu-oh seh-zu i-la-ke tse.*" Seng Pouo-si-liah wo: "Tao sen-p'é-**5**-ke ze-heû, zu-gnen t'è-ts'ong-ke k'ou, pi di-gnôh-ke k'ou keng-ka dou."

Zouo-k'ao-tse gnen-ke liang-sin, Ya-sou zieû ding-taong eu-ghié wo: "*K'o-i tseû-mô-ke gnen, nong li-k'ai* **7** *ngou, tao di-gnôh yong-yeu h'ou li k'i sao ba.*" Ai, k'o-p'ouo-ke ding-eu! Tsen-tseng ziang dou-ke lei-hiang **8** zeh tseu-tao zu-gnen-ke gni-tou li. Eu-sèh-bi wo: "T'ié-tsu sen-p'é gnen loh di-gnôh ih-kiu seh-**9**-wo, ting ze k'o-p'ouo-ke, zah-se ling-wen neng-keû si, ih-ding hah-lai yao si." Seng Tou-meh Vi-leh-**10**-noh-wa wo: "Di-ke ze-heû m sa gnen siang-paong, bang-yeû véh neng-keû siang-paong, ya-gnang a véh k'o-**11**-lié; k'i ghieû sa gni?"

---

répondra le pécheur à Jésus-Christ? L'Écriture Sainte raconte qu'un convive **2** n'ayant pas la robe nuptiale et le roi lui ayant dit: "Comment es-tu venu au banquet sans la robe nuptiale?", il eut tellement honte **3** qu'il ne put pas dire un mot. Il en sera de même pour le pécheur; lorsque Dieu le jugera, il ne pourra **4** répondre un seul mot. David disait: "*Iniquitas oppilabit os suum.*" (Ps. 106. 42.) Et suivant S. Basile, "la honte sera **5** pour le pécheur, au jugement, un tourment plus grand que le tourment de l'enfer."

Après l'examen de la conscience, Notre-Seigneur fixera la sentence et dira: "*Discedite a me, maledicti,* **7** *in ignem æternum.*" (Matth. 25. 41.) O sentence terrible! Elle sera vraiment comme un grand coup de tonnerre **8** qui percera les oreilles du pécheur. Eusèbe dit "qu'il n'y a rien de plus épouvantable que les **9** paroles de Dieu condamnant l'homme à l'enfer, et, si l'âme pouvait mourir, elle mourrait d'effroi." "Alors, remarque S. Thomas **10** de Villeneuve, personne ne viendra à notre secours, les amis ne nous aideront pas, et nos parents n'auront pas compassion de nous; **11** à qui donc recourir?"

犯罪人想勿着審判、好像後來無得審判个一樣、好像審判个日子、總勿到个、第个是啥等樣个糊塗。聖奧斯定儆醒人咾話。教友、儂勿要話、難道天主眞个要罰人落地獄否。因爲前頭如德亞國人、也想天主勿罰伊拉、到底天主罰伊拉拉者。現在無數个人、拉拉地獄裡、齊想天主勿罰伊拉、但是天主个刑罰到拉者、落拉地獄裡者。將來天主要對犯罪人話。現在要盡我个義怒罰儂、定當儂落地獄。

聖厄傑話。定當咾判斷个權柄、拉伲手裡、隨便伲自家安排。假使儂怕審判个危險、現在要做好工夫立功勞、後來實在可以放心者。聖奧斯定話。審判个前頭、能彀平息判官个怒氣。到之審判个時候、就勿能彀者。所以伲要平息天主个義怒、現在伲

Vè-zu-gnen siang-véh-zah sen-p'é, h'ao-ziang heû-lai m-teh sen-p'é-ke ih-yang, h'ao-ziang sen-p'é-ke **2** gnéh-tse tsong véh tao-ke: di-ke ze sa-teng-yang-ke wou-dou! Seng Ao-se-ding kieng-sing gnen lao wo: **3** "Kiao-yeû, nong véh yao wo: Nè-dao T'ié-tsu tseng-ke yao vèh gnen loh di-gnôh va? Yen-wei zié-deû Zu-**4**-teh-ya kôh gnen a siang T'ié-tsu véh vèh i-la, tao-ti T'ié-tsu vèh i-la la-tsé; yé-zai m-**5**-sou-ke gnen léh-la di-gnôh li,zi siang T'ié-tsu véh vèh i-la,tè-ze T'ié-tsu-ke yeng-vèh tao-**6**-la-tsé, loh-la di-gnôh li tsé. Tsiang-lai T'ié-tsu yao tei vè-zu-gnen wo: Yé-zai yao zin ngou-ke **7** gni-nou vèh nong, ding-taong nong loh di-gnôh."

Seng Ngeh-kiéh wo: "Ding-taong lao p'é-teu-ke ghieu-ping la gni seû li: zu-bié gni ze-ka eu-ba." Kia-**9**-se nong p'ouo sen-p'é-ke ngoei-hié, yé-zai yao tsou h'ao kong-fou lih kong-lao, heû-lai zéh-zai k'o-i **10** faong-sin tsé. Seng Ao-se-ding wo: "Sen-p'é-ke zié-deû, neng-keû bing-sieh p'é-koé-ke nou-k'i, tao-tse **11** sen-p'é-ke ze-heû, zieû véh neng-keû tsé." Sou-i gni yao bing-sieh T'ié-tsu-ke gni-nou, yé-zai gni

---

Mais les pécheurs ne pensent pas au jugement, comme s'ils ne devaient pas être jugés, comme si le jour **2** du jugement ne devait jamais arriver: quelle démence! S. Augustin nous excite par ces mots: **3** "Chrétien, ne dites pas: Est-ce que Dieu vraiment nous condamnera à l'enfer? Car autrefois **4** les Juifs ne pensaient pas que Dieu les punirait, mais Dieu les a punis cependant; à présent, **5** des hommes sans nombre sont en enfer, et tous pensaient que Dieu ne les punirait pas : le châtiment de Dieu **6** vint et ils tombèrent en enfer. Un jour viendra où Dieu dira au pécheur : À présent, j'exercerai ma **7** fureur sur toi et je te condamnerai à l'enfer. (Ez. 7. 6)."

S. Éloi dit: "Le pouvoir de fixer notre sort et de prononcer la sentence est entre nos mains: nous pouvons l'arranger à notre gré." **9** Si vous craignez le danger du jugement, faites maintenant des œuvres méritoires, et ensuite vous pourrez vraiment **10** être tranquille. "Avant le jugement, dit S. Augustin, on peut fléchir le courroux du juge, mais **11** on ne le peut plus lorsqu'il va juger." Si donc nous voulons apaiser la divine colère, il faut

要求天主咾、補贖自家个罪。如同聖伯爾納多求天主話。我求儂現在判斷我、因爲儂現在是仁慈个、求之就肯寬免、死之後來求儂、儂勿肯寬免者。

第二十五日　想公審判的威嚴

一想　人看輕天主實在利害、比之看一个愚怵个百姓還來得輕。因爲愚怵个百姓、也怕惹伊動氣咾、所以勿敢得罪伊。講到天主、人確然勿怕、隨便自家犯罪、凌辱天主、得罪天主、看伊如同無啥用頭、如同勿能彀報仇个一樣。若伯聖人話。犯罪人想全能天主、像殺一眼勿能彀做啥个。

爲此緣故、天主定當公審判。呌是天主个日子。到之第个一日、耶穌從天上降下來、自伊个光榮咾威嚴再大無得、使得人曉

yao ghieû T'ié-tsu lao pou-zôh ze-ka-ke zu; zu-dong seng Péh-eul-néh-tou ghieû T'ié-tsu wo: "Ngou ghieû 2 nong yé-zai p'é-teu ngou, yen-wei nong yé-zai ze zen-ze-ke, ghieû-tse zieû k'eng k'oé-mié; si tse heû-3-lai ghieû nong, nong véh k'eng k'oé-mié tsé."

Di-gnè-n gnéh. Siang kong sen-p'é-ke wei-gné.

IH SIANG. — Gnen k'eu-k'ieng T'ié-tsu zéh-zai li-hai, pi-tse k'eu ih-ke gnu-ben-ke pah-sing è lai-6-teh k'ieng; yen-wei gnu-ben-ke pah-sing, a p'ouo za i dong-k'i lao sou-i véh ké teh-zu i. Kaong-7-tao T'ié-tsu gnen k'iah-zé véh p'ouo, zu-bié ze-ka vè-zu, ling-zôh T'ié-tsu, k'eu i 8 zu-dong m sa yong-deû, zu-dong véh neng-keû pao-zeû-ke ih-yang. Zah-péh seng-gnen wo: "*Vè-zu-gnen 9 siang zié-neng T'ié-tsu, ziang-sèh ih-ngè véh neng-keû tsou sa-ke.*"

Wei-ts'e-yeu-kou T'ié-tsu ding-taong kong sen-p'é; kiao ze T'ié-tsu-ke gnéh-tse. Tao-tse di-ke ih gnéh, 11 Ya-sou zong t'ié laong kaong-hao-lai, ze-i-ke koang-yong lao wei-gné tsai dou m-teh, se-teh gnen hiao-

---

dès à présent prier Dieu et faire pénitence pour nos péchés; comme S. Bernard priait Dieu et disait: "Je vous 2 prie de me juger maintenant, parce que à présent vous êtes miséricordieux, et, si on vous prie, vous consentez à pardonner; mais si 3 on vous prie après la mort, vous ne voulez plus pardonner."

25ème Jour. Du jugement universel.

Ier POINT. LA RÉSURRECTION GÉNÉRALE. — Les hommes méprisent Dieu au dernier point, l'estiment moins qu'ils ne font un homme 6 ignorant; on n'outrage pas l'homme ignorant, car, tout ignorant soit-il, on craint sa colère. Mais pour 7 Dieu, sûrement on ne le craint pas, on pèche et on outrage Dieu à son gré, on le regarde 8 comme une quantité insignifiante, comme s'il ne pouvait pas se venger. S. Job dit: "*Et 9 quasi nihil posset facere Omnipotens aestimabant eum.*" (Job. 22. 17.)

C'est pourquoi Dieu a décrété le jugement universel, qu'on appelle le jour du Seigneur. Dans ce jour, 11 Notre-Seigneur descendra du ciel avec une gloire et une majesté on ne peut plus grandes, afin qu'on reconnaisse

得伊是審判一總人个大主。從此可以懂得第个一日、是無得仁慈个日子、勿是寬免个日子、是發怒个日子、是加患難个日子、憂悶咾苦惱个日子、因爲第个一日上、吾主耶穌降下來公審判、要補滿天主个光榮。

先從天上降火下來、燒脫世界上萬百樣物事。皇宮咾聖堂、村庄咾城池、搭之國度一起燒成功一堆灰。因爲第个世界、撥拉犯罪人弄來齷齪之咾、天主用火來燒一燒乾淨。儂看一看世界上个銅錢銀子物事、光榮咾快活、啥个落塲、齊要燒來一眼無沒。

死過拉个人、一聽見號筒个聲氣、齊復活起來。聖熱羅尼莫話。我幾時想着公審判个日脚、嚇來渾身發抖、像耳朶裡聽得天

teh i ze sen-p'é ih-tsong-gnen-ke da-tsu. Zong-ts'e k'o-i tong-teh di-ke ih gnéh, ze m-teh 2 zen-ze-ke gnéh-tse, véh ze k'oé-mié-ke gnéh-tse, ze fèh-nou-ke gnéh-tse, ze ka wè-nè-ke gnéh-3-tse, yeû-men lao k'ou-nao-ke gnéh-tse. Yen-wei di-ke ih gnéh laong, ngou tsu Ya-sou kaong-hao-lai kong 4 sen-p'é, yao pou-mé T'ié-tsu-ke koang-yong.

Sié zong t'ié laong kaong h'ou hao-lai, sao-t'éh se-ka laong vè-pah-yang méh-ze, waong-kong lao seng-daong, ts'en-6-tsaong lao zeng-ze, tèh-tse kôh-dou ih-k'i sao zeng-kong ih tei h'oei: yen-wei di-ke se-ka péh-la 7 vè-zu-gnen long-lai oh-tsoh-tse lao, T'ié-tsu yong h'ou lai sao-ih-sao keu-zing. Nong k'eu-ih-k'eu se-8-ka-laong-ke dong-dié gnen-tse méh-ze, koang-yong lao k'a-wéh, sa-ke loh-zang! Zi yao sao-lai ih-ngè 9 m-méh.

Si-kou-la-ke gnen ih t'ing-kié hao-dong-ke sang-k'i, zi woh-wéh-k'i-lai. Seng Zéh-lou-gni-moh wo: 11 "Ngou ki-ze siang-zah kong sen-p'é-ke gnéh-kiah, hah-lai wen-sen fèh-teû, ziang gni-tou li t'ing-teh t'ié-

---

qu'il est le suprême Seigneur, juge de tous les hommes. D'où on peut comprendre que ce jour n'est pas 2 un jour de miséricorde; ce n'est pas un jour de pardon, mais un jour de colère, un jour de calamité, 3 de tristesse et de misère. En effet, ce jour-là, Notre-Seigneur descendant pour 4 juger, rendra pleinement à Dieu sa gloire.

D'abord tombera du ciel un feu qui embrasera toutes les choses de la terre, les palais et les temples, 6 les bourgs et les villes, les royaumes, tout sera brûlé, réduit à un amas de cendres: les pécheurs ayant 7 souillé ce monde, Dieu le purifiera par le feu. Voyez donc 8 où viendront aboutir l'argent, les meubles, la gloire, les délices de ce monde! Tout sera brûlé, il n'en 9 restera rien.

Dès que les morts entendront le son de la trompette, ils ressusciteront tous. S. Jérôme dit: 11 "Lorsque je pense au jour du jugement dernier, je tremble de tous mes membres, comme si j'entendais de mes oreilles

神吹號筒哋話。死過拉个人、起來聽審判。好人个靈魂、一聽得號筒个聲氣、就搭之自家个肉身結合。登時立刻肉身發光明哋好看、亮來像日頭能。哎、有福氣个人、伊拉拉拉世界上个時候、克苦自家个肉身、勿照肉身个偏情、到之第个時候、肉身美麗哋好看、心滿意足。從前聖伯多祿亞爾剛大辣死之後來、發顯拉聖女德肋撒話。有福氣个苦工、拉天堂上得着最大个光榮。

但是惡人个肉身、復活起來、勿什介能。伊拉醜陋不堪、惡形惡狀、墨赤黑、十分可怕。哎、箇个時候、惡人个靈魂、搭之伊个肉身結合、是啥等樣个苦呢。靈魂勿情願搭伊个肉身結合、恨來非凡、罵肉身哋話。可恨个肉身、因爲前頭照儂个意思、現在跟儂

sen ts'e hao-dong lao wo: "Si-kou-la-ke gnen, k'i-lai t'ing sen-"p'é."

H'ao-gnen-ke ling-wen, ih t'ing-teh hao-dong-ke sang-k'i, zieû tèh-tse ze-ka-ke gnôh-sen kiéh-héh, teng-**3**-ze-lih-k'eh gnôh-sen fèh-koang-ming lao h'ao k'eu, liang-lai ziang gnéh-deû neng. Ai, yeû foh-k'i-ke gnen! I-**4**-la léh-la se-ka-laong-ke ze-heû, k'eh-k'ou ze-ka-ke gnôh-sen, véh tsao gnôh-sen-ke p'ié-zing; tao-**5**-tse di-ke ze-heû, gnôh-sen mei-li lao h'ao-k'eu, sin-mé-i-tsôh. Zong-zié seng Péh-tou-lôh Ya-eul-**6**-kang-da-lèh si-tse heû-lai, fèh-hié la seng-gnu Teh-leh-sèh wo: "Yeû foh-k'i-ke k'ou-kong, la t'ié-**7**-daong laong teh-zah tsu dou-ke koang-yong!"

Tè-ze oh-gnen-ke gnôh-sen woh-wéh-k'i-lai véh zéh-ka-neng: i-la ts'eû-leû-péh k'é, oh-yen-oh-**9**-zaong, meh-ts'éh-h'eh, zéh-fen k'o-p'ouo. Ai, kou-ke ze-heû oh-gnen-ke ling-wen, tèh-tse i-ke gnôh-sen **10** kiéh-héh, ze sa-teng-yang-ke k'ou gni! Ling-wen véh zing-gneu tèh-tse i-ke gnôh-sen kiéh-héh, hen-lai-fi-**11**-vè, tseû gnôh-sen lao wo: "K'o-hen-ke gnôh-sen, yen-wei zié-deû tsao nong-ke i-se, yé-zai ken nong

---

les Anges sonner de la trompette et dire: "Levez-vous, morts, "venez au jugement."

Au son de la trompette, les âmes des justes s'uniront à leurs corps, **3** ces corps deviendront tout à coup lumineux et beaux à voir, ils resplendiront autant que le soleil. Ô hommes fortunés! **4** Pendant leur vie, ils ont mortifié leur corps, ils n'ont pas agi selon ses passions; aussi à **5** ce moment, leur corps est de toute beauté, ils sont complètement satisfaits." Autrefois S. Pierre **6** d'Alcantara apparut après sa mort à Ste Thérèse et lui dit: "Heureuse pénitence, **7** qui m'a obtenu une si grande gloire!"

Mais les corps des pécheurs, en ressuscitant, ne seront pas ainsi: ils seront très difformes, hi-**9**-deux, noirs, horribles. Oh! quel supplice ce sera à ce moment-là, pour l'âme du pécheur, de s'unir **10** avec son corps! L'âme ne voudra pas s'unir à son corps, elle haïra, **11** elle maudira ce corps et lui ira: "Ô corps détestable, parce qu'auparavant j'ai suivi tes caprices, à présent il faut que je te suive

受罰。肉身對靈魂話。可恨个靈魂、儂話啥說話。儂是懂道理个、儂能殼管我、到底勿管、偏生聽我勿曉得啥个肉身咾犯罪、儂害我、現在跟儂永遠受苦、儂倒還怨我、實在可恨。

二想　一總人復活起來之、天神聽天主个號令、叫伊拉到若撒法山谷裡、等候聽審判。到之箇搭、天神就分開好人咾恘人。好人等拉右面、恘人等拉左面。比方一个人、別人齊棄絕伊、勿搭之伊來往、或者趕出聖教會、是啥等樣个苦。公審判个時候、恘人拉拉聖人當中趕出來、第个苦苦來是那能呢。聖基所話。儂想想看、恘人搭之好人分開、是那能坍㨂个。比方犯罪人勿受別樣个苦、單單受坍㨂个苦、已經足相咾、煩難當得起。第个時候兒子搭爺要分開、本家搭之相幫人要分開。一个揀選去、

zeû-vèh." Gnôh-sen tei ling-wen wo: "K'o-hen-ke ling-wen, nong wo sa seh-wo? Nong ze tong dao-li-ke, **2** nong neng-keû koé ngou, tao-ti véh koé, p'ié-sang t'ing ngou véh hiao-teh sa-ke gnôh-sen lao vè-zu, nong **3** hai ngou, yé-zai ken nong yong-yeu zeû-k'ou, nong tao è yeu ngou, zéh-zai k'o-hen."

Gni siang. — Ih-tsong gnen woh-wéh-k'i-lai-tse, t'ié-zen t'ing T'ié-tsu-ke hao-ling, kao i-la tao Zah-**5**-sèh-fèh sè-koh li, teng-heû t'ing sen-p'é. Tao-tse kou-tèh, t'ié-zen zieû fen-k'ai h'ao-gnen lao k'ieû-gnen: **6** h'ao-gnen teng-la yeû-mié, k'ieû-gnen teng-la tsi-mié. Pi-faong ih-ke gnen, biéh-gnen zi k'i-zié i, véh **7** tèh-tse i lai-waong; woh-tsé keu-ts'éh seng-kiao-wei, ze sa-teng-yang-ke k'ou! Kong sen-p'é-ke ze-heû, **8** k'ieû-gnen léh-la seng-gnen taong-tsong keu-ts'éh-lai, di-ke k'ou k'ou-lai ze na-neng gni! Seng Ki-sou wo: **9** "Nong siang-siang-k'eu, k'ieû-gnen tèh-tse h'ao-gnen fen-k'ai, ze na-neng t'è-ts'ong-ke! Pi-faong vè-zu-gnen véh **10** zeû biéh-yang-ke k'ou, tè-tè zeû t'è-ts'ong-ke k'ou, i-kieng tsôh-siang lao, vè-nè taong-teh-k'i." Di-ke **11** ze-heû gni-tse tèh-tse ya yao fen-k'ai, pen-ka tèh-tse siang-paong-gnen yao fen-k'ai, ih-ke kè-sié k'i,

---

dans la peine." Le corps dira à l'âme: "Ô âme haïssable, qu'est-ce que tu dis? Tu étais raisonnable, **2** tu devais me gouverner, mais tu ne l'as pas fait, tu t'es obstinée à m'écouter moi corps qui ne savais rien, et à pécher. C'est toi **3** qui m'as nui; maintenant, je vais subir avec toi un supplice éternel, et tu te plains de moi, tu es vraiment détestable."

IIe Point. La vallée de Josaphat. — Dès que les hommes seront ressuscités, les Anges, selon les ordres de Dieu, leur enjoindront d'aller tous à **5** la vallée de Josaphat pour y attendre le jugement. Arrivés là, les Anges sépareront les justes des méchants: **6** les justes resteront à droite, les mauvais, à gauche. Si quelqu'un était rejeté de tout le monde, **7** et que personne n'eût de relations avec lui; ou bien s'il était banni de la sainte Église, quel chagrin pour lui! Mais quelle douleur pour les **8** pécheurs au jour du jugement, de se voir chassés du milieu des saints! S. Jean Chrysostome dit: **9** "Pensez un peu quelle honte auront les pécheurs d'être séparés des justes! Si les pécheurs ne devaient **10** subir que ce tourment de la honte, il suffirait à leur peine et leur serait insupportable." **11** Alors le père sera séparé de son fils, le maître de son serviteur, on prendra l'un,

18

一个留拉。教友、儂將來拉那裡一面。若是願意垃拉右面、搭之好人一淘、介味該當棄絕怵人个路、就是勿要作惡咾犯罪。現在拉世界上、看伊拉有大爵位、有銅錢个人、像是大造化。聖人味活拉个時候、窮苦卑賤、像殺勿造化。忠心服事天主咾、愛慕天主个人、常常有患難、人齊看勿起伊拉。到之公審判个時候、眞正造化、是耶穌基利斯督个人、眞正有福氣。聖伯多祿亞爾剛大辣拉世界上个時候、別人勿看重伊、第个時候人人要看重伊。聖若望德德阿活拉个辰光、人輕慢伊、當伊是一个癡子。到之公審判个時候、齊曉得伊是一个大明白个人。第个時候一總致命聖人、是啥等樣个體面、天主親自讚美伊拉。

講到罪人个景況、十分可怕。如同黑落德比辣多、納隆搭之別

ih-ke lieû-la. Kiao-yeû, nong tsiang-lai la a-li ih-mié? Zah-se gneu-i léh-la yeû-mié, tèh-tse 2 hao-gnen ih-dao, ka-méh kai-taong k'i-ziéh k'ieû-gnen-ke lou, zieû-ze véh yao tsoh-oh lao vè-zu.

Yé-zai la se-ka laong, k'eu i-la yeû dou tsiah-wei, yeû dong-dié-ke gnen, ziang ze dou zao-h'ouo; seng-4-gnen méh wéh-la-ke ze-heû, ghiong-k'ou pei-zié, ziang-sèh véh zao-h'ouo. Tsong-sin woh-ze T'ié-tsu lao, ai-5-mou T'ié-tsu-ke gnen, zang-zang yeû wè-nè, gnen zi k'eu-véh-k'i i-la. Tao-tse kong seng-p'é-ke ze-6-heû, tsen-tseng zao-h'ouo, ze Ya-sou Ki-li-se-tôh-ke gnen, tsen-tseng yeû-foh-k'i. Seng Peh-tou-lôh Ya-7-eul-kang-da-lèh la se-ka laong-ke ze-heû, biéh-gnen véh k'eu-zong i; di-ke ze-heû gnen-gnen yao 8 k'eu-zong i. Seng Zah-waong Teh-teh-ouh wéh-la-ke zen-koang, gnen k'ieng-mè i, taong i ze ih-ke ts'e-9-tse; tao-tse kong sen-p'é-ke ze-heû, zi hiao-teh i ze ih-ke dou ming-bah-ke gnen. Di-ke ze-10-heû ih-tsong tse-ming seng-gnen ze sa-teng-yang-ke t'i-mié! T'ié-tsu ts'in-ze tsè-mei i-la.

Kaong-tao zu-gnen-ke kieng-faong, zéh-fen k'o-p'ouo. Zu-dong Héh-loh-teh, Pi-lèh-tou, Néh-long tèh-tse biéh-

---

et on laissera l'autre. Chrétien, de quel côté serez-vous alors? Si vous désirez être à droite avec 2 les bons, il faut alors abandonner le mauvais chemin, c'est-à-dire le péché.

À présent ici-bas, en voyant ceux qui ont de grandes dignités ou des richesses, on dirait: ils ont une bonne fortune; les 4 saints, pendant leur vie, sont pauvres et méprisés, ils semblent n'avoir pas de chance. Ceux qui aiment Dieu et le 5 servent fidèlement, ont toujours des tribulations et sont méprisés de tout le monde. Mais, au jugement, 6 ils auront vraiment de la chance, ils seront avec Notre-Seigneur: quel bonheur! S. Pierre d'Al-7-cantara, durant sa vie, n'était pas estimé des autres hommes; à ce moment tout le monde 8 l'estimera. S. Jean de Dieu, durant sa vie, fut méprisé comme un fou; 9 au jugement dernier, tout le monde reconnaîtra qu'il fut un grand sage. Combien 10 alors les martyrs seront beaux! Notre-Seigneur lui-même fera leur éloge.

Quant aux circonstances, pour les pécheurs elles seront bien terribles. Par exemple, Hérode, Pilate, Néron, avec tant d'autres

个有大爵位个人、難爲聖教會、伊拉垃拉世界上光榮體面、因爲伊拉个行事勿好、所以復活起來醜陋難看。哎、愛慕世俗个人、伲到若撒法山谷裡去等拉、到之箇搭、伲一定要坍抗。伲貪光榮咾體面个、我要看伲、拉公審判个時候、有啥面孔。到之箇个辰光、伲必定要哭自家个糊塗。可憐現在伲爲世界上暫時个光榮、後來要到受罰个一面去。

話到天主揀選拉个好人、拉右面、得着大个光榮。照聖保祿个說話、公審判个時候、好人登拉上頭五彩个雲裡、搭之天神一淘迎接吾主耶穌。恘人咊如同一淘中牲、定當拉要殺脫个、登拉左面、等耶穌下來開刀。

忽然間天上个門開者、天神就下來、手裡捻耶穌受難个刑具。

ke yeû dou tsiah-wei-ke gnen, nè-wei seng-kiao-wei, i-la léh-la se-ka-laong koang-yong t'i-mié, yen-**2**-wei i-la-ke hang-ze véh h'ao, sou-i woh-wéh-k'i-lai ts'eû-leu nè-k'eu. Ai, ai-mou se-zôh-ke **3** gnen, na tao Zah-sèh-fèh sè-koh li k'i teng-la, tao-tse kou-tèh, na ih-ding yao t'è-ts'ong! Na t'é **4** koang-yong lao t'i-mié-ke, ngou yao k'eu na, la kong sen-p'é-ke ze-heû, yeû sa mié-k'ong! Tao-tse kou-**5**-ke zen-koang, na pih-ding yao k'ôh ze-ka-ke wou-dou. K'o-lié yé-zai na wei se-ka-laong zè-ze-**6**-ke koang-yong, heû-lai yao tao zeû vèh-ke ih-mié k'i!

Wo-tao Ti'é-tsu kè-sié-la-ke h'ao-gnen, la yeû-mié, teh-zah dou-ke koang-yong. Tsao seng Pao-lôh-ke **8** seh-wo, kong sen-p'é-ke ze-heû, h'ao-gnen teng-la zaong-deû n-ts'ai-ke yun li, tèh-tse t'ié-zen ih-**9**-dao gnen-ts'ih ngou tsu Ya-sou; k'ieû-gnen méh zu-dong ih-dac tsong-sang, ding-taong-la yao sèh-t'éh-ke, teng-**10**-la tsi-mié, teng Ya-sou hao-lai k'ai tao.

Féh-zé-kè t'ié laong-ke men k'ai-tsé, t'ié-zen zieû hao-lai, seû li gnèh Ya-sou zeû-nè-ke yeng-ghiu.

---

grands de la terre, qui ont persécuté la sainte Église, dans ce monde ils ont eu la gloire et les honneurs; mais parce **2** que leurs actions n'ont pas été bonnes, ils ressusciteront difformes et affreux à voir. Ô mondains, **3** allez attendre dans la vallée de Josaphat, là vous serez couverts de honte! Oh! **4** Que je désire voir quelle face vous aurez au jugement dernier, vous qui convoitez la gloire et les honneurs! Alors **5** sans doute, vous déplorerez votre folie. Malheureux qui, pour la gloire passagère **6** de ce monde, irez du côté des condamnés!

Quant aux élus placés à la droite, ils obtiendront une gloire immense. Selon S. Paul, **8** les justes seront en haut, au milieu des nuages aux cinq couleurs, et avec les Anges **9** ils iront au-devant de Jésus-Christ; tandis que les pécheurs, comme des animaux destinés à la boucherie, resteront **10** à gauche et attendront que Jésus vienne les immoler.

Tout à coup les portes du ciel s'ouvrent et les Anges descendent, portant dans leurs mains les instruments de la Passion du Sauveur.

聖多瑪斯話。吾主耶穌來審判个時候、伊受苦受難个刑具、如同十字架、釘咾鎗、齊要露出來。聖經上耶穌話。第个時候、拉天上要發顯我个聖號、就是第个意思。高爾納略話。簡个時候、罪人看見之十字架、要那能痛哭。伊拉垃拉世界上、看輕自家个靈魂、辜負耶穌个愛情。耶穌爲伊拉受苦受難、伊拉倒勿肯救靈魂、現在認得自家个糊塗咾哭。

到之箇个時候、宗徒們搭效法伊拉个聖人、同耶穌一淘來審判。聖母瑪利亞跟之耶穌、登拉五彩雲裡、也來審判。耶穌坐拉光榮个實座上、天神四面圍繞拉。好人看見之吾主耶穌、有大个安慰。罪人看見之吾主耶穌、眞正是大苦頭、比之地獄个苦更加難當。聖熱羅尼莫話。拉第个時候、罪人情願受地獄个苦、

Seng Tou-mô-se wo: "Ngou tsu Ya-sou lai sen-p'é-ke ze-heû, i zeû-k'ou-zeû-nè-ke yeng-ghiu, zu-**2**-dong zéh-ze-ka ting lao ts'iang, zi yao lou-ts'éh-lai." Seng-kieng laong Ya-sou wo: "*Di-ke ze-heû la t'ié* **3** *laong yao fèh-hié ngou-ke seng-hao*", zieû-ze di-ke i-se. Kao-eul-néh-liah wo: "Kou-ke ze-heû, zu-**4**-gnen k'eu-kié-tse zéh-ze-ka, yao na-neng t'ong-k'ôh! I-la léh-la se-ka-laong k'eu-k'ieng ze-ka-ke **5** ling-wen, kou-wou Ya-sou-ke ai-zing; Ya-sou wei i-la zeû-k'ou-zeû-nè, i-la tao véh k'eng kieû **6** ling-wen, yé-zai gnen-teh ze-ka-ke wou-dou lao k'ôh."

Tao-tse kou-ke ze-heû, tsong-dou-men tèh-tse yao-fèh i-la-ke seng-gnen, dong Ya-sou ih-dao lai sen-**8**-p'é. Seng Mou Mô-li-ya ken-tse Ya-sou, teng-la n-ts'ai-yun li, a lai sen-p'é. Ya-sou zou-la **9** koang-yong-ke pao (寶)-zou laong, t'ié-zen se mié wei-zao-la. H'ao-gnen k'eu-kié-tse ngou-tsu Ya-sou, yeû dou-**10**-ke eu-wei; zu-gnen k'eu-kié-tse ngou-tsu Ya-sou tsen-tseng ze dou k'ou-deû, pi-tse di-gnôh-ke k'ou **11** keng-ka nè-taong. Seng Zéh-lou-gni-moh wo: "La di-ke ze-heû, zu-gnen zing-gneu zeû di-gnôh-ke k'ou,

---

S. Thomas dit : "Lorsque Notre-Seigneur viendra nous juger, apparaîtront les instruments de sa Passion, **2** comme la croix, les clous, la lance." Notre-Seigneur lui-même dit dans l'Évangile : "*Et tunc* **3** *parebit signum Filii hominis.*" (Matth. 24. 30.), c'est la même idée. Cornelius a Lapide dit: "Quels seront, **4** à la vue de la croix, les pleurs des pécheurs, qui pendant leur vie auront fait nul cas de leur **5** âme et se seront montrés ingrats envers l'amour de Jésus! Jésus a souffert pour eux la Passion, et eux n'ont pas voulu sauver **6** leur âme. Maintenant ils voient leur folie et ils pleurent."

Alors les Apôtres et les saints leurs imitateurs viendront avec Notre-Seigneur assister au **8** jugement. La Ste Vierge, à la suite de Jésus, placée sur de brillantes nuées, présidera aussi au jugement. Notre-Seigneur siégera **9** sur un trône de gloire environné d'Anges. Les justes, en voyant Jésus, éprouveront une grande **10** consolation; tandis que sa vue sera pour les pécheurs un tourment plus insupportable **11** que l'enfer. "Les pécheurs préféreraient, dit S. Jérôme, endurer les peines de l'enfer,

勿情願看見吾主耶穌个面孔。聖女德肋撒向耶穌話。吾主耶穌、求儂賞賜我一總个苦頭、到底勿要許我看見儂、審判个時候、威嚴个面孔。聖巴西畧話。坍㨪个苦頭、超過隨便啥个苦頭。第个時候、罪人要對山㖸話。儜坍下來、壓殺伲罷。因爲伲怕看見寶座上个天主、發怒个容貌。

三想　耶穌到之、就起頭審判。拿良心个賬簿㧗開來。先有魔鬼做見証。聖奥斯定話。箇个時候魔鬼對天主話。天主、儂是最公道个、第个人勿情願跟儂、就判斷伊跟我罷。又有各人个良心做見証。就是人犯罪个地方、也要作証人犯拉个罪。末脚來是審判个天主、作証人犯拉个罪、因爲人犯罪、是拉天主門前犯个。所以天主拉聖經㖸話。我是判官、我也是見証。

véh zing-gneu k'eu-kié ngou-tsu Ya-sou-ke mié-k'ong." Seng-gnu Teh-leh-sèh hiang Ya-sou wo: "Ngou-tsu Ya-**2**-sou, ghieû nong saong-se ngou ih-tsong-ke k'ou-deû, tao-ti véh yao hiu ngou k'eu-kié nong sen-p'é-ke ze-**3**-heû wei-gné-ke mié-k'ong." Seng Pouo-si-liah wo: "T'è-ts'ong-ke k'ou-deû ts'ao-kou zu-bié sa-ke k'ou-deû." **4** Di-ke ze-heû, zu-gnen yao tei sè lao wo: "Na t'è-hao-lai k'èh-sèh gni ba, yen-wei gni p'ouo k'eu-**5**-kié pao-zou laong-ke T'ié-tsu, fèh-nou-ke mié-k'ong."

Sè siang. — Ya-sou tao-tse zieû k'i-deû sen-p'é: nao liang-sin-ke tsang-bou hiao-k'ai lai. Sié yeû mô-**7**-kiu tsou kié-tseng. Seng Ao-se-ding wo: "Kou-ke ze-heû mô-kiu tei T'ié-tsu wo: T'ié-tsu, nong ze tsu **8** kong-dao-ke; di-ke gnen véh zing-gneu ken nong, zieû p'é-teu i ken ngou ba." I yeû koh-gnen-ke liang-**9**-sin tsou kié-tseng. Zieû-ze gnen vè-zu-ke di-faong, a yao tsoh-tseng gnen vè-la-ke zu. Méh-kiah-lai **10** ze sen-p'é-ke T'ié-tsu tsoh-tseng gnen vè-la-ke zu; yen-wei gnen vè-zu ze la T'ié-tsu men-zié **11** vè-ke, sou-i T'ié-tsu la seng-kieng laong (上) wo: "*Ngou ze p'é-koé, ngou a ze kié-tseng.*"

---

que supporter la seule vue du visage de Jésus. Ste Thérèse disait à Notre-Seigneur: "Mon Jésus, **2** infligez-moi toutes les peines, je vous en prie, mais ne me faites pas voir, au jour du jugement, **3** votre face indignée." S. Basile affirme que "cette confusion surpassera toute peine." **4** Alors, les pécheurs diront aux montagnes: "Croulez donc et écrasez-nous, parce que nous craignons de **5** voir la face irritée de Dieu qui siége sur le trône."

IIIe Point. La sentence éternelle. — Avec l'arrivée de Jésus, commencera le jugement: le livre des consciences sera ouvert. Comme premier à témoigner, **7** viendra le démon. D'après S. Augustin, le démon dira alors à Dieu: "Seigneur, vous êtes très **8** juste; cet homme n'a pas voulu vous suivre, décrétez donc qu'il vienne avec moi." En second lieu, témoignera la conscience **9** de chacun, puis les lieux témoins de la manière dont nous avons offensé Dieu, enfin **10** Dieu à la fois témoin et juge suprême du mal de chacun, puisque c'est devant Dieu **11** qu'on pèche. Aussi Dieu dit-il dans la sainte Écriture: "*Ego sum judex et testis.*" (Jer. 29. 23.)

聖保祿宗徒話。拉第个時候、天主要亮一亮、一總暗底裡个事體。就是天主要露出一總人个差處。一總人看見第个犯罪人做拉个坍抗咾、見人勿起个事體。伊拉一向隱瞞拉、神工裡勿肯話出來个罪、完全要露出來、想一想是啥等樣个坍抗呢。好人味勿是什介能、因爲伊拉个罪、已經做補贖拉者、所以天主遮蓋伊拉。照達味聖王話。眞正有福氣个人、伊拉个罪寬免拉者、伊拉个罪也遮蓋住拉者。

聖多瑪斯話。吾主耶穌垃拉山園裡、單單對惡人話是我兩个字、惡人就嚇來跌倒。到公審判个時候、吾主耶穌對犯罪人話、我就是鄉輕慢拉个耶穌、罪人聽見之、那能要嚇呢。

吾主耶穌定當案件、先從好人一面起頭。耶穌亘善咾快活个

Seng Pao-loh tsong-dou wo: "*La di-ke ze-heû, T'ié-tsu yao liang-ih-liang ih-tsong é-ti-li-ke ze-***2**-*t'i.*" Zieû-ze T'ié-tsu yao lou-ts'éh-lai ih-tsong-gnen-ke ts'ouo-ts'u. Ih-tsong gnen k'eu-kié di-ke vè-zu-gnen **3** tsou-la-ke t'è-ts'ong lao kié gnen véh k'i-ke ze-t'i; i-la ih-hiang yen-mé-la, zen-kong li véh **4** k'eng wo-ts'éh-lai-ke zu, wé-zié yao lou-ts'éh-lai, siang-ih-siang ze sa-teng-yang-ke t'è-ts'ong gni! H'ao-**5**-gnen méh véh ze zéh-ka-neng: yen-wei i-la ke zu i-kieng tsou pou-zôh-la-tsé, sou-i T'ié-tsu **6** tsouo-kai i-la, tsao Dèh-vi seng waong wo: "*Tsen-tseng yeû foh-k'i-ke gnen, i-la-ke zu k'oé-mié-la*-**7**-*tsé, i-la-ke zu a tsouo-kai-zu-la-tsé.*"

Seng Tou-mô-se wo: "Ngou-tsu Ya-sou léh-la sè-yeu li, tè-tè tei oh-gnen wo "*Ze ngou*" liang-ke **9** ze, oh-gnen zieû hah-lai tih-tao: tao kong sen-p'é-ke ze-heû, ngou-tsu Ya-sou tei vè-zu-gnen wo: **10** "Ngou zieû-ze na k'ieng-mé-la-ke Ya-sou", zu-gnen t'ing-kié-tse, na-neng yao hah gni"?

Ngou-tsu Ya-sou ding-taong eu-ghié, sié zong h'ao-gnen ih-mié k'i-deû. Ya-sou liang-zé lao k'a-wéh-ke

---

L'Apôtre S. Paul dit que Dieu "*Illuminabit abscondita tenebrarum.*" (I Cor. 4. 5.), **2** c'est-à-dire, mettra à nu les fautes de tous les hommes. Alors, tout le monde verra **3** les actions honteuses qui ne pouvaient pas affronter les regards des hommes; tous les péchés qu'on a cachés jusqu'à présent, et qu'on n'a pas **4** voulu confesser, seront aussi dévoilés. Quelle honte, pensez-y! **5** Mais, il n'en sera pas ainsi des justes: leurs péchés étant déjà expiés, seront cachés **6** par Dieu, selon les paroles du roi David: "*Beati quorum remissæ sunt iniquitates,* **7** *et quorum tecta sunt peccata.*" (Ps. 31. 1.)

S. Thomas dit: "Notre-Seigneur, au jardin, ne profère que ce mot "*Ego sum*", **9** et à ce mot la crainte saisit les méchants et les jette tous à la renverse: lorsqu'au jugement dernier, Notre-Seigneur dira aux pécheurs: **10** "C'est moi le "Jésus que vous avez outragé", de quel effroi ce mot ne les glacera-t-il pas?"

Jésus prononcera d'abord la sentence des justes. Avec un visage doux et joyeux, il

樣式、對好人話。我个父親降福拉个人、儂到天堂上來。第个福氣拉造天地个時候、就替儂預備拉个。聖五傷方濟各活拉个時候、有一回得着天主个默啟、曉得天主定當伊升天堂、伊聽見之第句說話、快活來世界頭上个事體、一眼覺勿着。儂想審判个時候、好人聽見耶穌叫伊拉升天堂、更加是啥等樣个快活。拉箇个時候耶穌對伊拉話。眞正有福氣个人、儂來登拉天堂上、乃朝後總無啥苦頭、永遠平安哩。儂爲哭儂个罪流拉个眼淚、眞正可以讚美个、儂到天堂上、永遠享福去罷。第个時候、聖母瑪利亞也讚美服事伊个人、請伊拉一淘升天堂、永遠看見天主、愛慕天主。

罪人對耶穌話。可憐伲勿造化个人、該當那能呢。耶穌話。儂用

yang-seh, tei h'ao-gnen wo: "Ngou-ke vou-ts'in kiang-foh-la-ke gnen, na tao t'ié-daong laong lai; di-ke foh-**2**-k'i la zao t'ié di-ke ze-heû, zieû t'i na yu-bei-la-ke." Seng n saong Faong-tsi-koh wéh-la-ke **3** ze-heû, yeû ih wei teh-zah T'ié-tsu-ke meh-k'i, hiao-teh T'ié-tsu ding-taong i seng t'ié-daong, i t'ing-**4**-kié-tse di-kiu seh-wo, k'a-wéh-lai se-ka-deû-laong-ke ze-t'i ih-ngè koh-véh-zah. Ngou siang sen-**5**-p'é-ke ze-heû, h'ao-gnen t'ing-kié Ya-sou kiao i-la seng t'ié-daong, keng-ka ze sa-teng-yang-ke k'a-**6**-wéh! La kou-ke ze-heû Ya-sou tei i-la wo: "Tsen-tseng yeû foh-k'i-ke gnen, na lai teng-la t'ié-**7**-daong laong; nai-zao-heû tsong m sa k'ou-deû, yong-yeu bing-eu li. Na wei k'ôh na-ke zu lieû-la-ke **8** ngè-li, tsen-tseng k'o-i tsè-mei-ke; na tao t'ié-daong laong, yong-yeu hiang-foh ki ba." Di-ke ze-heû **9** seng Mou Mô-li-ya a tsè-mei woh-ze i-ke gnen, ts'ing i-la ih-dao seng t'ié-daong, yong-yeu k'eu-**10**-kié T'ié-tsu, ai-mou T'ié-tsu.

Zu-gnen tei Ya-sou wo : "K'o-lié gni véh zao-h'ouo-ke gnen, kai-taong na-neng gni?" Ya-sou wo : "Na goè-

---

leur dira : "Venez les bénis de mon Père, venez au ciel; ce bonheur **2** a été préparé pour vous depuis la création du monde." (Matth. 25. 34.) S. François d'Assise, pendant sa vie, **3** apprit par révélation que Dieu avait décrété qu'il irait au paradis; le saint, en **4** apprenant cela, fut pénétré d'une telle joie qu'il était insensible aux choses de ce monde. Pensez un peu **5** quelle joie éprouveront les justes le jour du jugement, en entendant Jésus les inviter à monter au ciel! **6** Notre-Seigneur leur dira alors : "Ô vous vraiment heureux, venez habiter le **7** ciel; pour vous désormais plus de peines; vous serez éternellement en paix. Les larmes que vous avez versées pour pleurer vos péchés, **8** sont maintenant dignes de louanges; montez donc au ciel pour jouir du bonheur éternel." Alors **9** la Ste Vierge louera ses dévots serviteurs et les invitera à monter ensemble au ciel pour voir **10** et aimer Dieu éternellement.

Les pécheurs diront alors à Notre-Seigneur : "Hélas! et nous malheureux, qu'allons-nous devenir?" Jésus répondra : "Vous qui

脫我个聖寵、看勿起我个愛情、儂是可以咒罵个、離開我、到地獄永遠个火裡吃苦頭去、靈魂搭之肉身一淘去燒、總無得出頭日、永永遠遠拉拉燒。吾主耶穌話罷之、若撒法山谷就崩開來、魔鬼搭之惡人、一淘落下去、地獄个門口就封沒者、永遠勿能彀出來。可怕个罪、害脫什介能無數个靈魂、拉伊拉落地獄。哎、無沒福氣个靈魂、落拉第个永遠苦腦个地方。

第二十六日　想地獄永苦

一想　罪人犯个罪、有兩樣缺處、一樣是離開最美好个天主、一樣是偏愛世界上个物事。如同聖經上天主話。我个百姓做兩樣惏事體、一樣是離開我活水个泉眼、一樣是掘一隻旱井、井漏咾無不水。罪人偏愛世界上个物事咾得罪天主、照天主

t'éh ngou-ke seng-ts'ong, k'eu-véh-k'i ngou-ke ai-zing, na ze k'o-i tseû-mô-ke, li-k'ai ngou, tao di-**2**-gnôh yong-yeu-ke h'ou li k'ieh k'ou-deû k'i; ling-wen tèh-tse gnôh-sen ih-dao k'i sao, tsong m-teh ts'éh-**3**-deû gnéh, yong-yong-yeu-yeu léh-la sao." Ngou tsu Ya-sou wo-ba-tse,Zah-sèh-fèh sè-koh zieû pang-k'ai-**4**-lai, mô-kiu tèh-tse oh-gnen ih-dao loh-hao-k'i, di-gnôh-ke men-k'eû zieû fong-méh-tsé, yong-yeu véh **5** neng-keû ts'éh-lai. K'o-p'ouo-ke zu, hai-t'éh zéh-ka-neng m-sou-ke ling-wen, la i-la loh di-gnôh! **6** Ai, m-méh foh-k'i-ke ling-wen, loh-la di-ke yong-yeu k'ou-nao-ke di-faong!

Di-gnè-sè gnéh. Siang di-gnôh-ke yong-k'ou.

Ih siang. — Zu-gnen vè-ke zu, yeû liang-yang k'ieuh-ts'u: ih-yang ze li-k'ai tsu mei-h'ao-ke T'ié-tsu, **9** ih-yang ze p'ié ai se-ka-laong-ke méh-ze : zu-dong seng-kieng laong T'ié-tsu wo : "*Ngou-ke pah-sing tsou* **10** *liang-yang k'ieû ze-t'i, ih-yang ze li-k'ai ngou wéh se-ke zié-ngè,ih-yang ze ghieuh ih-tsah heu tsing,* **11** *tsing leu lao m-péh se.*" Zu-gnen p'ié ai se-ka-laong-ke méh ze lao teh-zu T'ié-tsu, tsao T'ié-tsu-

---

avez rejeté ma grâce, qui avez méprisé mon amitié, maudits, retirez-vous de moi, allez **2** en enfer souffrir dans un feu éternel; que votre âme et votre corps y brûlent ensemble, jamais vous ne sortirez **3** de là, vous y brûlerez pendant toute l'éternité." Notre-Seigneur ayant dit, la vallée de Josaphat s'entr'ouvrira, **4** les démons et les méchants tomberont ensemble dans l'abîme; les portes de l'enfer seront immédiatement scellées, de toute l'éternité ils n'en **5** pourront sortir. Ô terrible péché! Tu as nui à des âmes innombrables et les as entraînées en enfer. **6** Ô malheureuses âmes, qui êtes tombées dans ce séjour de misère éternelle!

26ème Jour. Des peines de l'enfer.

Ier Point. La peine du sens. — Le pécheur, par le péché, commet une double faute : la première est qu'il abandonne Dieu,le bien suprême; **9** la seconde est qu'il aime d'une affection déréglée les choses de ce monde. C'est ce que Dieu lui-même dit dans l'Écriture Sainte: "*Duo enim mala* **10** *fecit populus meus : me dereliquerunt fontem aquæ vivæ, et foderunt sibi cisternas,* **11** *cisternas dissipatas, quæ continere non valent aquas.*" (Jer. 2. 13.) Comme le pécheur s'est attaché d'une manière déréglée aux créatures et qu'il a offensé Dieu, la justice

个公道、罰伊拉落地獄。拉地獄裡有兩樣苦、一樣是覺苦、一樣是失苦。覺苦就是覺着火燒个苦、搭之撥拉魔鬼擺排个苦。失苦味就是勿看見天主个苦。第个失苦、比之覺苦更加大。現在先想覺苦。照信德个道理、有一个地獄拉地球當中。是天主罰罪人个監牢、有一總苦頭个地方。落拉地獄裡个人、三司五官齊受着相稱个刑罰。那裡一官罪犯來更加多、受个苦也更加大。人用啥來犯罪、就用相稱个苦來罰伊。默照經上話。人享受作樂來得多、受个苦也來得多。

眼睛看勿端正个事體、拉地獄裡受着黑暗个苦。比方一个人、登拉暗洞裡、要登四五十年、乃味能殼出來、儂想那裡一个人、曉得之勿可憐伊呢。地獄是一个黑暗个地方、四面無得洞、日

ke kong-dao, vèh i-la loh di-gnôh. La di-gnôh li yeû liang-yang k'ou,ih-yang ze kiah-k'ou, ih-yang **2** ze séh-k'ou; kiah-k'ou zieû-ze koh-zah h'ou sao-ke k'ou, tèh-tse péh-la mô-kiu ts'ié-ba-ke k'ou; séh-**3**-k'ou méh zieû-ze véh k'eu-kié T'ié-tsu-ke k'ou, di-ke séh-k'ou pi-tse kiah-k'ou keng-ka dou.

Yé-zai sié siang kiah-k'ou. Tsao sin-teh-ke dao-li, yeû ih-ke di-gnôh la di-ghieû taong-tsong: ze T'ié-**5**-tsu vèh zu-gnen-ke kè-lao, yeû ih-tsong k'ou-deû-ke di-faong. Loh-la di-gnôh li-ke gnen, sè se **6** n koé zi zeû siang-ts'eng-ke yeng-vèh; a-li ih-koé zu vè-lai keng-ka tou, zeû-ke k'ou a **7** keng-ka dou; gnen yong sa lai vè-zu, zieû yong siang-ts'eng-ke k'ou lai vèh i. Meh-tsao-kieng laong wo : "*Gnen* **8** *hiang-zeû tsoh-loh lai-teh tou, zeû-ke k'ou a lai-teh tou.*"

Ngè-tsing k'eu véh teu-tseng-ke ze-t'i, la di-gnôh li zeû-zah h'eh-é-ke k'ou. Pi-faong ih-ke gnen **10** teng-la é-dong-li, yao teng se n-séh gné, nai-méh neng-keû ts'éh-lai,nong siang a-li ih-ke gnen, **11** hiao-teh-tse véh k'o-lié i gni? Di-gnôh ze ih-ke h'eh-é-ke di-faong, se mié m-teh dong, gnéh-

---

divine le condamne à l'enfer. Dans l'enfer, il y a deux peines, celle du sens, celle **2** du dam; la peine du sens consiste dans le feu et les vexations des démons; la peine **3** du dam est le regret de ne pas voir Dieu, peine bien plus grave que celle du sens.

Considérons d'abord la peine du sens. Au centre de la terre, il y a un enfer, c'est un point de foi. **5** C'est la prison où Dieu punit les pécheurs, elle renferme tous les tourments. Les trois facultés **6** et les cinq sens de l'homme damné ont leur châtiment proportionné : le sens qui aura commis plus de péchés sera tourmenté **7** davantage; ce avec quoi l'homme aura péché, aura sa peine propre. L'Apocalypse dit : **8** "*Quantum... in deliciis fuit, tantum date illi tormentum.*" (18. 7.)

Les yeux qui auront regardé des choses indécentes, seront dans l'enfer tourmentés par les ténèbres. Qui n'aurait pitié d'un homme, **10** en apprenant qu'il doit demeurer dans l'obscurité pendant quarante ou cinquante ans **11** avant d'en sortir? Or l'enfer est un lieu obscur, d'aucun côté il n'y a d'ouverture, la lumière

頭个亮光總照勿進。世界上个火有亮光、地獄裡个火無沒亮光、齊是墨赤黑个。聖咏上話。天主个聲氣、分開火舌頭。聖巴西畧解說話。天主拿火、搭之伊个亮光分開來、所以地獄个火但不過燒、無得亮光。聖亞爾伯爾話。天主分開火个熱氣、搭之火个亮光、地獄个火有熱氣、無得亮光。什介能話起來、地獄个火、燸味拉燸、到底是暗个。

罪人个眼睛糊塗咾看勿出。因爲伊拉个眼睛、擬拉烟吞瞎拉者、故所以張勿開。聖多瑪斯話。地獄裡有常時有點亮光、到底勿是犯罪人个福氣、是爲加增伊拉个苦。教伊拉看見惡人可怕个樣式、看見魔鬼奇怪咾醜陋个樣式、看見之味、十分怕咾嚇。

deû-ke liang-koang tsong tsao-véh-tsin. Se-ka-laong-ke h'ou yeû liang-koang; di-gnôh-li-ke h'ou m-méh liang-**2**-koang, zi ze meh-ts'éh-h'eh-ke. Seng-yong laong wo: "*T'ié-tsu-ke sang-k'i fen-k'ai h'ou zéh-deû.*" Seng Pouo-si-**3**-liah ka-seh wo: "T'ié-tsu nao h'ou, tèh-tse i-ke liang-koang fen-k'ai-lai, sou-i di-gnôh-ke h'ou tè-**4**-péh-kou sao, m-teh liang-koang." Seng Ya-eul-péh-eul wo: "T'ié-tsu fen-k'ai h'ou-ke gnéh-k'i tèh-tse h'ou-**5**-ke liang-koang, di-gnôh-ke h'ou yeû gnéh-k'i, m-teh liang-koang." Zéh-ka-neng wo-k'i-lai di-gnôh-ke h'ou **6** zah méh la zah, tao-ti ze é-ke.

Zu-gnen-ke ngè-tsing wou-dou lao k'eu-véh-ts'éh; yen-wei i-la-ke ngè-tsing péh-la yé t'eng-hèh-la-**8**-tsé, kou-sou-i tsang-véh-k'ai. Seng Tou-mô-se wo: "Di-gnôh li yeû-zang-ze yeû tié liang-koang, tao-ti **9** véh-ze vè-zu-gnen-ke foh-k'i, ze wei ka-tseng i-la-ke k'ou: kao i-la k'eu-kié oh-gnen k'o-**10**-p'ouo-ke yang-seh, k'eu-kié mô-kiu ghi-koa lao ts'eû-leû-ke yang-seh, k'eu-kié-tse méh zéh fen p'ouo lao **11** hah."

---

du soleil n'y pénétrera jamais. Sur cette terre, le feu éclaire; mais le feu de l'enfer n'éclaire pas, **2** il est absolument obscur. On lit dans le livre des Psaumes: "*Vox Domini intercidentis flammam ignis.*" (28. 7.) S. Basi-**3**-le explique ainsi: "Dieu séparera la lumière d'avec le feu, de sorte que le feu de l'enfer **4** brûlera sans éclairer." S. Albert le Grand dit: "Dieu sépa-rera la chaleur de **5** la lumière, ainsi le feu de l'enfer aura la chaleur sans la lumière." De sorte que ce feu **6** brûle vrai-ment, mais est obscur.

Les yeux des pécheurs seront obscurcis et n'y verront pas; leurs yeux seront aveuglés par la fumée, **8** de manière à ne pouvoir s'ouvrir. S. Thomas dit que "si dans l'enfer il y a parfois un peu de lumière, **9** ce ne sera pas un bonheur pour les pécheurs, mais cela augmentera leurs tourments: ils pourront alors voir les figures **10** épouvantables des damnés et les formes étranges et horribles des démons, dont l'aspect les remplira de frayeur."

鼻頭裡聞着个也是苦。比方現在一个人、搭之臭咾爛个死屍、登拉一淘、那能當得起呢。依撒意亞先知話。從惡人个死屍、出來个臭氣、惡極不堪。犯罪人落之地獄、垃拉無數个人當中、一个壓一个、臭來了不得。聖文多辣話、比方地獄裡一个怺人出來、伊帶拉个臭氣、可以臭殺普天下一總人。

有个糊塗人話。落地獄个勿是我一个子、怕啥呢。可憐落地獄个人越多、苦越重。聖多瑪斯話。地獄裡吃苦个淘伴、非但勿能殼減輕別人个苦、并且加增伊拉个苦。該當曉得地獄裡个人越多、出來个臭氣越重、更加難當。所以拉地獄裡个人齊哭咾喊、咬牙切齒、實在吃勿消个。要想聞勿着第个臭氣、也勿能殼。并且跌拉那裡、就拉那裡、一眼動勿動。

Bieh-deû li wen-zah-ke a ze k'ou. Pi-faong yé-zai ih-ke gnen, tèh-tse ts'eû lao lè-ke si-se **2** teng-la ih-dao, na-neng taong-teh-k'i gni? I-sèh-i-ya sié-tse wo: "*Zong oh-gnen-ke si-se ts'èh-***3***-lai-ke ts'eû-k'i, oh-ghich-péh-k'é.*" Vè-zu-gnen loh-tse di-gnôh, léh-la m-sou-ke gnen taong-tsong, ih-**4**-ke k'èh ih-ke, ts'eû-lai liao-péh-teh. Seng Wen-tou-lèh wo: "Pi-faong di-gnôh li ih-ke k'ieû-gnen ts'éh-**5**-lai, i ta-la-ke ts'eû-k'i k'o-i ts'eû-sèh p'ou-t'ié-ya ih-tsong gnen."

Yeû-ke wou-dou-gnen wo: "Loh di-gnôh-ke véh ze ngou ih-ke-tse, p'ouo sa gni?" K'o-lié loh di-gnôh-**7**-ke gnen yeuh tou, k'ou yeuh zong. Seng Tou-mô-se wo: "Di-gnôh li k'ieh-k'ou-ke dao-bé, fi dè véh neng-**8**-keû kè-k'ieng biéh-gnen-ke k'ou, ping-ts'ié ka-tseng i-la-ke k'ou." Kai-taong hiao-teh di-gnôh-li-ke gnen **9** yeuh tou, ts'éh-lai-ke ts'eû-k'i yeuh zong, keng-ka nè-taong. Sou-i la di-gnôh-li-ke gnen zi k'ôh lao **10** h'è, ngao-nga-ts'ih-ts'e, zéh-zé k'ieh-véh-siao-ke. Yao siang wen-véh-zah di-ke ts'eû-k'i, a véh neng-keû. **11** Ping-ts'ié tih-la a-li, zieû la a-li, ih-ngè dong-véh-dong.

Ce que l'odorat sentira, sera aussi un tourment. Comment quelqu'un pourrait-il supporter d' **2** habiter avec un cadavre en putréfaction ? Le prophète Isaïe dit : "*De cadaveribus eorum* **3** *ascendet fœtor.*" (Is. 36. 3.) Le pécheur en enfer est au milieu d'hommes sans nombre **4** entassés l'un contre l'autre, et chaçun exhalant une odeur insupportable. S. Bonaventure dit que "si un pécheur sortait de l'enfer, **5** son infection suffirait pour asphyxier tous les hommes de l'univers."

Il y a des insensés qui disent: "Je ne serai pas seul en enfer, qu'y a-t-il à craindre ?" Hélas ! plus on **7** sera nombreux, plus on souffrira. S. Thomas affirme: "Les compagnons de misère en enfer non seulement **8** ne diminueront pas les tourments des autres, mais les augmenteront." Plus on sera nombreux en enfer, **9** plus l'infection sera forte, insupportable. Ainsi tous les damnés pleurent, **10** crient, hurlent, grincent des dents, c'est vraiment intolérable. Ils voudraient éviter cette odeur fétide et ne le peuvent. **11** En outre, où ils sont tombés, là ils resteront sans pouvoir bouger.

耳朵裡聽見个也是苦。時時刻刻勿停个、聽見哭咾喊个聲氣。又有魔鬼、一歇勿停个鬧咾罵伊拉。儂想一个生病人痛咾哭、或者一隻狗拉吽、或者一个小囝鬧咾哭、人聽見之就睏勿去者。况且聽見伊拉罪人、永遠垃拉哭咾喊、那能當得來呢。嘴裡向覺着渴咾肚裡餓、如同一隻餓極个狗、實在難過。要想吃一眼物事、止一止肚裡餓、要想噓一點水、解一解嘴裡渴、也勿能彀。論到地獄裡个人、嘴裡渴个利害、比方拿海裡个水、一起撥伊拉吃、也勿殺渴。况且一點水也無得。儂看伊拉个苦、大呢勿大。聖經上記拉有一个財主人、拉地獄裡、嘴裏渴極、盼望辣匝祿拿一隻指頭、攢一點水、濕一濕伊个舌頭、也得勿着。

二想　覺苦當中最是難當个是火燒。聖經上話。惡人个肉身

Gni-tou li t'ing-kié-ke a ze k'ou; ze-ze-k'eh-k'eh véh ding-ke, t'ing-kié k'ôh lao h'è-ke sang-k'i, **2** i yeû mô-kiu ih-hiéh véh ding-ke nao lao mô i-la. Nong siang ih-ke sang-bing-gnen t'ong lao k'ôh, **3** woh-tsé ih-tsah keû la kiao, woh-tsé ih-ke siao-neu nao lao k'ôh, gnen t'ing-kié-tse zieû k'oen-véh-k'i-**4**-tsé: faong-ts'ia t'ing-kié i-la zu-gnen, yong-yeu léh-la k'ôh lao h'è, na-neng taong-teh-lai gni?

Tse li-hiang koh-zah k'euh lao dou-li-ngou, zu-dong ih-tsah ngou-ghieh-ke keû, zé-zai nè-kou! Yao siang **6** k'ieh ih-ngè méh-ze, tse-ih-tse dou-li-ngou, yao siang hèh ih tié se, ka-ih-ka tse-li-k'euh, a **7** véh neng-keû. Len-tao di-gnô-li-ke gnen tse-li-k'euh-ke li-hai, pi-faong nao h'ai li-ke se, ih-**8**-k'i péh-la i-la k'ieh, a véh sèh k'euh: faong-ts'ia ih tié se a m-teh. Nong k'eu i-la-ke k'ou dou **9** gni véh dou? Seng-kieng laong ki-la yeû ih-ke zai-tsu-gnen, la di-gnôh li tse-li-k'euh ghieh, p'è-maong **10** Lèh-tsèh-lôh nao ih-tsah tsih-deû,ts'èh ih tié se, sah-ih-sah i-ke zéh-deû: a teh-véh-zah.

Gni siang. — Kiah-k'ou taong-tsong tsu ze nè-taong-ke ze h'ou sao. Seng-kieng laong wo: "*Oh-gnen-ke gnôh-sen*

Tout ce que l'ouïe entendra, leur sera tourment; à chaque instant, c'est le bruit incessant des sanglots et des hurlements, **2** c'est les démons qui crient sur eux et les maudissent sans repos. Les plaintes d'un malade, **3** les aboiements d'un chien, les pleurs et les cris d'un enfant suffisent à empêcher le sommeil des voisins: **4** comment supporter donc les éternels pleurs et hurlements des pécheurs?

On souffrira encore de la soif et de la faim, comme le chien le plus affamé. Ô quel tourment! On voudrait **6** manger quelque chose pour apaiser sa faim, on voudrait boire un peu d'eau pour calmer sa soif, mais **7** on ne le pourra faire. Telle est la soif des damnés que, leur donneriez-vous toutes **8** les eaux de la mer, elles ne l'étancheraient pas: or ils n'ont pas même une goutte d'eau. Pensez combien leur souffrance doit **9** être grande. L'Écriture Sainte raconte qu'un homme riche étant tombé en enfer, souffrait extrêmement de la soif, et il espérait **10** que Lazare, après avoir trempé son doigt, lui humecterait la langue d'une goutte d'eau: il ne put même l'obtenir.

IIe Point. Le feu de l'enfer.— Le peine du sens la plus insupportable sera d'être brûlé. L'Écriture dit: "*Vindicta*

受个報答、就是蛇蟲咾火燒。世界上最重个刑罰是火。到底世界上个火、比之地獄裡个火、還差得遠拉裡。聖奧斯定話。世界頭上个火、比之地獄裡个火、好像畫拉个火、比眞个火一樣。聖味增爵拂來利話。世界上个火、比之地獄裡个火、像是凉咾勿熱个。因爲世界上个火、天主造拉、是爲伲用个、地獄裡个火、天主造拉、爲罰罪人个。

犯罪人落之地獄、就拉第个火裡燒。四週圍上頭下頭齊是火。像一塊木頭甩拉火裡、上頭下頭、裏面外面齊是火。手碰着个、眼睛看見个、嘴裡𬊈个氣、齊是火。勿單單外面火燒、連帶連心肝五臟齊是火、燒來斐紅、如同燒拉个炭團一樣。儂想想看、那能當得起呢。一个火星、落拉身上、就痛來吃勿消、地獄裡兇个

zeû-ke pao-tèh, zieû-ze zouo lao h'ou-sao. Se-ka laong tsu zong-ke yeng-vèh ze h'ou; tao-ti se-**2**-ka-laong-ke h'ou, pi-tse di-gnôh-li-ke h'ou, è ts'ouo-teh yeu la-li. Seng Ao-se-ding wo : "Se-ka-**3**-deû-laong-ke h'ou, pi-tse di-gnôh-li-ke h'ou, h'ao-ziang wo-la-ke h'ou, pi tsen-ke h'ou ih-yang." Seng **4** Vi-tseng-tsiah Féh-lai-li wo : "Se-ka-laong-ke h'ou, pi-tse di-gnôh-li-ke h'ou, ziang ze liang lao véh **5** gnéh-ke; yen-wei se-ka-laong-ke h'ou, T'ié-tsu zao-la, ze wei gni yong-ke; di-gnôh-li-ke h'ou, T'ié-**6**-tsu zao-la, wei vèh zu-gnen-ke."

Vè-zu-gnen loh-tse di-gnôh, zieû la di-ke h'ou li sao: se-tseû-wei zaong-deû hao-deû zi-ze h'ou; **8** ziang ih-k'oei moh-deû goè-la h'ou li, zaong-deû hao-deû, li-mié nga-mié zi ze h'ou. Seû bang-zah-ke, **9** ngè-tsing k'eu-kié-ke, tse li t'eû-ke k'i, zi ze h'ou. Véh tè-tè nga-mié sao-ke, lié-ta-lié sin **10** keu n-zaong zi ze h'ou, sao-lai fi-hong, zu-dong sao-la-ke t'è-deu ih-yang. Nong siang-siang-k'eu, na-**11**-neng taong-teh-k'i gni? Ih-ke h'ou-sing, loh-la sen laong, zieû t'ong-lai k'ieh-véh-siao, di-gnôh li hiong-ke

---

carnis impii, ignis et vermis." (Eccli. 7. 19.) Dans ce monde, la peine la plus atroce est celle du feu; mais **2** il y a loin du feu d'ici-bas à celui de l'enfer. S. Augustin assure que **3** "le feu de ce monde, en comparaison de celui de l'enfer, est comme un feu en peinture en comparaison d'un vrai feu." Et S. **4** Vincent Ferrier dit : "Le feu terrestre, auprès de celui de l'enfer, semble frais et nullement **5** chaud ; la raison en est que Dieu a créé le feu d'ici-bas pour notre utilité, tandis qu'il a créé **6** le feu de l'enfer pour punir les hommes."

Les pécheurs en enfer brûlent au milieu de ce feu; tout autour, en haut, en bas, c'est du feu; **8** comme une pièce de bois jetée dans le feu, en haut, en bas, à l'intérieur, à l'extérieur, tout est feu. Ce que les mains touchent, **9** ce que les yeux voient, ce que la bouche respire, c'est du feu. Ce feu ne brûlera pas seulement à l'extérieur, mais bien le cœur, **10** le foie, les viscères seront embrasés par le feu, comme un charbon ardent. Pensez-y, **11** comment supporter cela? Que la moindre étincelle tombe sur vous, vous sentez une douleur intolérable, et vous ne craindriez pas

火、倒可以勿怕否。

依撒意亞先知話。啥人能彀搭之吃人个火、登拉一淴。地獄裡个火是吃罪人个、如同野獸吃小羊。到底吃味吃、死味總勿死。聖伯多祿達米盎勸咾驚戒邪淫个人話。若使伽勿改過、將來有一日天主罰伽落地獄。箇个時候、儂个邪情咾作樂、變成功硫磺咾松香、燒成功旺火、永遠拉儂心肝五臟裡燒、箇个時候、看儂个邪淫咾作樂、好受呢勿好受。

聖熱羅尼莫話。犯罪人拉地獄裡受个火、是一樣个、到底一樣个火、有各樣个苦頭、各樣个刑罰。若伯聖人話。地獄裡有冷有熱、犯罪人貼正垃拉氷空裡、覺着冷个時候、忽然間甩拉頂熱个戶蕩。聖基所話。世界上快个刀、兇个火、雖然利害、到底比之

h'ou, tao k'o-i véh p'ouo va?

I-sèh-i-ya sié-tse wo : "*Sa-gnen neng-keû tèh-tse k'ieh gnen-ke h'ou teng-la ih-dao?*" Di-gnôh-li-**3**-ke h'ou ze k'ieh zu-gnen-ke, zu-dong ya-seû k'ieh siao yang; tao-ti k'ieh méh k'ieh, si méh tsong véh si. **4** Seng Péh-tou-lôh Dèh-mi-haong k'ieu lao kieng-kia zia-yen-ke gnen wo : "Zah-se na véh kai-kou, tsiang-lai **5** yeû ih gnéh T'ié-tsu vèh na loh di-gnôh; kou-ke ze-heû, nong-ke zia-zing lao tsoh-loh, pié-zeng-kong **6** lieû-waong lao song-hiang, sao zeng-kong yaong h'ou,yong-yeu la nong sin keu n-zaong li sao. Kou-ke ze-heû, **7** k'eu nong-ke zia-yen lao tsoh-loh, h'ao zeû gni véh h'ao zeû?"

Seng Zéh-lou-gni-moh wo : "Vè-zu-gnen la di-gnôh li zeû-ke h'ou, ze ih yang-ke; tao-ti ih yang-**9**-ke h'ou yeû koh yang-ke k'ou-deû, koh yang-ke yeng-vèh." Zah-péh seng-gnen wo: "Di-gnôh li yeû lang yeû **10** gnéh : vè-zu-gnen t'ih-tseng léh-la ping-k'ong li, koh-zah lang-ke ze-heû, féh-zé-kè goè-la ting gnéh-**11**-ke wou-daong." Seng Ki-sou wo: "Se-ka-laong k'oa-ke tao, hiong-ke h'ou, su-zé li-hai, tao-ti pi-tse

---

le feu terrible de l'enfer?

Le prophète Isaïe dit : *Quis poterit habitare... cum igne devorante?* (Is.33.14.) Le feu **3** de l'enfer dévore les pécheurs comme une bête féroce dévore une brebis; mais quoiqu'il les dévore, ils ne mourront jamais. **4** S. Pierre Damien, pour exhorter et épouvanter les voluptueux, leur dit : "Si vous ne vous corrigez pas, **5** un jour viendra où Dieu vous condamnera à l'enfer; alors, vos impuretés et vos plaisirs seront changés **6** en soufre et en poix, qui formeront un feu ardent, lequel éternellement brûlera votre cœur, votre foie et vos intestins. Oh! que **7** je voudrais voir combien alors vous seront agréables les plaisirs impurs!"

S. Jérôme dit : "Les pécheurs en enfer souffrent tous du même feu; mais dans un même **9** feu il y a toute espèce de tourments et toute espèce de peines." S. Job disait : "Dans l'enfer, il y a le froid et **10** la chaleur : juste au moment où le pécheur sera dans la glace et souffrira du froid, il sera tout à coup jeté dans l'endroit **11** le plus chaud." (Job. 24. 19.) Quoique ici bas,dit S.Jean Chrysostome,les glaives tranchants et le feu soient terribles, cependant en comparaison

地獄裡个火、如同影子一樣。
除脫之肉身个五官受个苦、靈魂个三司也受苦。記含記得垃拉世界上个時候、甩脫救靈魂个工夫、瞎用時候、犯罪咾害自家、記得自家受過天主無數个聖寵、齊勿曾好好能用、完全甩脫。
明悟裡想起自家、有多化救靈魂个好法子、可以用咾勿曾用。失脫天堂、失脫天主、第个頂大个福氣、總無法子得着者。
愛欲也覺着苦腦、因爲地獄裡向、常常相反人个願意。要个得勿着、勿要个味、齊拉身上。願意出來咾、得着平安、到底永遠勿能彀出來。只好自家恨自家。人實在糊塗、爲世界上暫時个福氣、受着永遠个刑罰、永遠恨咾難過、總勿能彀停一歇。

di-gnôh-li-ke h'ou, zu-dong yeng-tse ih-yang."

Zu-t'éh-tse gnôh-sen-ke n-koé zeû-ke k'ou, ling-wen-ke sè-se a zeû-k'ou. Ki-hé ki-teh léh-3-la se-ka-laong-ke ze-heû goè-t'éh kieû ling-wen-ke kong-fou, hèh-yong ze-heû vè-zu lao hai ze-4-ka; ki-teh ze-ka zeû-kou T'ié-tsu m-sou-ke seng-ts'ong, zi véh zeng h'ao-h'ao-neng yong, wé-zié goè-5-t'éh.

Ming-ngou li siang-k'i ze-ka, yeû tou-h'ouo kieû ling-wen-ke h'ao fèh-tse, k'o-i yong lao véh zeng yong; 7 séh-t'éh t'ié-daong, séh-t'éh T'ié-tsu, di-ke ting-dou-ke foh-k'i, tsong m fèh-tse teh-zah-tsé.

Ai-yôh a koh-zah k'ou-nao, yen-wei di-gnôh li-hiang zang-zang siang-fè gnen-ke gneu-i: yao-ke teh-9-véh-zah,véh yao-ke méh zi la sen-laong. Gneu-i ts'éh-lai lao teh-zah bing-eu, tao-ti yong-yeu véh 10 neng-keû ts'éh-lai; tséh h'ao ze-ka hen ze-ka. Gnen zéh-zai wou-dou! Wei se-ka-laong zè-ze-ke foh-11-k'i, zeû-zah yong-yeu-ke yeng-vèh, yong-yeu hen lao nè-kou, tsong véh neng-keû ding ih hiéh!

---

du feu de l'enfer, ce ne sont que des ombres."

Hors les tourments des sens du corps, les facultés de l'âme auront aussi leur souffrance. La mémoire lui rappellera qu'étant 3 en ce monde le pécheur a rejeté les œuvres du salut, qu'il a abusé du temps pour pécher et se nuire ; 4 qu'il a reçu de Dieu des grâces sans nombre, dont il n'a pas bien profité, ou qu'il a 5 rejetées.

L'entendement pensera que le pécheur avait bien des moyens de sauver son âme et dont il ne s'est pas servi; 7 il pensera à la perte du ciel et de Dieu, ce bien le plus grand de tous, et à l'impossibilité d'y remédier.

La volonté souffrira aussi, parce qu'en enfer il faut toujours agir contre sa volonté : le pécheur n'obtiendra jamais 9 ce qu'il souhaite, et on lui imposera tout ce qu'il ne voudrait pas. Il voudrait sortir et trouver la paix, mais pendant toute l'éternité il ne 10 sortira pas; il ne lui reste qu'à se haïr. Que les hommes sont insensés! Pour un bonheur passager d'ici-bas, 11 souffrir des peines éternelles, haïr et souffrir éternellement sans un moment de repos!

三想　覺苦雖在利害、到底比之失苦、如同無啥苦。失苦是失落脫天主个苦、第个苦、比之地獄个臭氣、喊咾呌、搭之火燒个苦、更加大咾勿好比。聖伯路諾話。地獄裡个人、情願加增幾倍个刑罰、勿情願失落天主。金口若望話。一千个地獄个苦、比勿得失落天主个苦。聖奧斯定話。若使地獄裡个人、能彀看見天主、伊拉就覺勿着地獄个苦、地獄變成功天堂者。

要懂得失苦那能利害、該當想失落脫拉个是啥。比方一塊寶石、值一百兩銀子、失脫之覺着難過。若使失脫拉个值二百兩銀子、更加難過。若使值四百兩銀子、失脫之難過更加大者。總而言之、失脫拉个物事、越值銅錢、心上个苦越大。人落之地獄、勿是失脫一樣物事、是失脫無窮美好个天主。聖多瑪斯話。失

Sè siang. — Kiah-k'ou su-zé li-hai, tao-ti pi-tse séh-k'ou, zu-dong m-sa k'ou. Séh-k'ou ze séh-**2**-loh-t'éh T'ié-tsu-ke k'ou; di-ke k'ou, pi-tse di-gnôh-ke ts'eû-k'i, h'è lao kiao, tèh-tse h'ou-sao-ke **3** k'ou, keng-ka dou lao véh h'ao pi. Seng Peh-lou-noh wo : "Di-gnôh-li ke gnen zing-gneu ka-tseng ki bei-**4**-ke yeng-vèh, véh zing-gneu séh-loh T'ié-tsu." Kien k'eû Zah-waong wo : "Ih ts'ié-ke di-gnôh-ke k'ou, pi-véh-**5**-teh séh-loh T'ié-tsu-ke k'ou." Seng Ao-se-ding wo : "Zah-se di-gnôh-li-ke gnen neng-keû k'eu-kié T'ié-**6**-tsu, i-la zieû koh-véh-zah di-gnôh-ke k'ou, di-gnôh pié-zeng-kong t'ié-daong tsé."

Yao tong-teh séh-k'ou na-neng li-hai, kai-taong siang séh-loh-t'éh-la-ke ze sa. Pi-faong ih-k'oei pao-**8**-zah, zeh ih-pah liang gnen-tse, séh-t'éh-tse koh-zah nè-kou; zah-se séh-t'éh-la-ke zeh gni-pah liang **9** gnen-tse, keng-ka nè-kou; zah-se zeh se-pah liang gnen-tse, séh-t'éh-tse nè-kou keng-ka dou tsé : tsong-**10**-eul-yé-tse, séh-t'éh-la-ke méh-ze, yeuh zeh dong-dié, sin laong-ke k'ou yeuh dou. Gnen loh-tse di-gnôh, **11** véh ze séh-t'éh ih yang méh-ze, ze séh-t'éh wou-ghiong mei-h'ao-ke T'ié-tsu. Seng Tou-mô-se wo : "Séh-

---

IIIe Point. La peine du dam. — Quoique la peine du sens soit terrible, cependant en comparaison de la peine du dam, c'est comme si ce n'était rien. La peine du dam, c'est **2** la douleur d'avoir perdu Dieu ; et cette douleur dépasse, au-delà de toute comparaison, le tourment de la puanteur, des hurlements **3** et du feu. S. Bruno disait : "Les damnés voudraient qu'on redoublât **4** leurs châtiments plutôt que d'être privés de Dieu." Et S. Jean Chrysostome : "Mille enfers ne sont pas comparables **5** à la peine d'avoir perdu Dieu." Et S. Augustin : "Si les damnés pouvaient voir la face de Dieu, **6** ils ne sentiraient plus les tourments de l'enfer, leur enfer se changerait en paradis."

Si vous voulez comprendre combien grande est la peine du dam, il faut réfléchir à ce qu'ils ont perdu. Si vous perdiez, par exemple, un joyau **8** de la valeur de cent taëls d'argent, vous en seriez triste; mais, s'il valait deux cents taëls, **9** vous le seriez davantage; et encore plus, s'il valait quatre cents: en **10** un mot, plus grande est la valeur de l'objet perdu, plus votre cœur est affligé. Or les damnés **11** n'ont pas perdu un objet quelconque, ils ont perdu Dieu qui est le bien infini. Aussi S. Thomas affirme-t-il que

落天主个苦、是無窮盡个、因爲天主个美好、是無限量个。罪人垃拉世界上、勿怕失落脫天主、因爲勿懂天主个美好、看天主勿知啥物事。聖人拉勿是什介。聖依納爵默想第个失苦、對天主話。我主、隨便啥个苦頭、我齊願意受个、到底勿願意受勿看見儂个苦。聖安多尼話。靈魂一離開之肉身、立刻就懂得天主最來得美好个、天主造伊拉爲愛慕自伊、所以靈魂一離開之肉身、就要看見天主、搭伊一淘結合。到底有罪个靈魂、天主勿要伊、厭伊个齷齪、赶伊到地獄裡去、永遠勿能彀看見天主、第个是頂大个苦頭。

達味聖王罰伊个兒子亞伯撒隆勿許見面。亞伯撒隆聽見之第个罰、非凡痛苦、託人對伊个父親話。或者許我見面、或者拿

loh T'ié-tsu-ke k'ou ze m-ghiong-zin-ke, yen-wei T'ié-tsu-ke mei-h'ao ze wou-yè-liang-ke."

Zu-gnen léh-la se-ka-laong, véh p'ouo séh-loh-t'éh T'ié-tsu, yen-wei véh tong T'ié-tsu-ke mei-h'ao, k'eu 3 T'ié-tsu véh tse sa méh-ze. Seng-gnen-la véh ze zéh-ka. Seng I-néh-tsiah meh-siang di-ke séh-k'ou, 4 tei T'ié-tsu wo : "Ngou tsu, zu-bié sa-ke k'ou-deû ngou zi gneu-i zeû-ke, tao-ti véh gneu-i zeû 5 véh k'eu-kié nong-ke k'ou." Seng Eu-tou-gni wo : "Ling-wen ih li-k'ai-tse gnôh-sen, lih-k'eh zieû tong-teh 6 T'ié-tsu tsu lai-teh mei-h'ao-ke; T'ié-tsu zao i wei ai-mou ze-i, sou-i ling-wen ih li-7-k'ai-tse gnôh-sen, zieû yao k'eu-kié T'ié-tsu, tèh i ih-dao kiéh-héh. Tao-ti yeû zu-ke ling-wen, T'ié-8-tsu véh yao i, yé i-ke oh-tsoh, keu i tao di-gnôh li k'i, yong-yeu véh neng-keû k'eu-kié T'ié-9-tsu; di-ke ze ting dou-ke k'ou-deû."

Dèh-vi seng-waong vèh i-ke gni-tse Ya-péh-sèh-long véh hiu kié mié. Ya-péh-sèh-long t'ing-kié-tse 11 di-ke vèh, fi-vè t'ong-k'ou; t'oh gnen tei i-ke vou-ts'in wo : "Woh tsé hiu ngou kié mié, woh-tsé nao

---

"la peine d'avoir perdu Dieu est une peine infinie, parce que Dieu est un bien infini."

Les pécheurs, ici-bas, ne craignent pas la perte de Dieu, parce qu'ils ne comprennent pas la beauté de Dieu, qu'ils 3 regardent comme n'importe quoi. Mais il n'en est pas ainsi des saints. S. Ignace, en méditant la peine du dam, 4 disait: "Seigneur, je suis prêt à subir n'importe quelle peine, pourvu que je ne sois pas 5 privé de vous voir." "Au sortir de cette vie, remarque S. Antonin, l'âme comprend tout à coup 6 que Dieu est ce qu'il y a de plus beau et que Dieu l'a créée pour l'aimer; ainsi, dès qu'elle a 7 quitté le corps, elle veut aussitôt voir Dieu et s'unir à lui. Mais si l'âme est en état de péché, Dieu 8 ne veut pas d'elle, car il hait sa souillure, et il la pousse en enfer où elle ne le verra jamais; 9 voilà le tourment le plus terrible."

David punit son fils Absalon en lui défendant de paraître en sa présence. Absalon, apprenant 11 cette peine, fut très affligé et fit dire à son père : "Ou qu'il me permette de le voir, ou qu'il

我殺脫。依西巴尼亞國皇帝斐理伯第二位、有一个大官府、拉聖堂裡勿恭敬、皇帝責備伊話。乃朝後勿要儂來見我个面。自伊聽見之第句說話、就歸去、憂悶來就死者。儂看伊拉勿看見皇帝个面孔、什介能憂愁咾痛苦、乃儂勿看見天主个面孔、那能要苦呢、

現在拉地獄裡个靈魂、哭咾難過。若使我問伊拉、爲啥咾什介能哭。伊拉一定答應話。伲勿是哭啥別樣、單單因爲失落脫天主、勿能彀看見伊个面孔咾。若使伊拉苦腦个靈魂、拉地獄裡能彀愛慕天主咾、照天主个意思、倒也罷者。到底第个也勿能彀、因爲伊拉無福氣个靈魂、勿能彀順從天主个意思。既然伊拉是天主个對頭、非但勿能彀愛天主、還常常恨天主、第个就

ngou sèh-t'éh." I-si-pouo-gni-ya kôh waong-ti Fi-li-péh di-gni-wei, yeû ih-ke dou koé-fou la **2** seng-daong li véh kong-kieng; waong-ti tsah-bei i wo : "Nai-zao-heû véh yao nong lai kié ngou-ke mié." Ze-**3**-i t'ing-kié-tse di-kiu seh-wo, zieû kiu-k'i, yeû-men-lai zieû si-tsé. Nong k'eu i-la véh k'eu-kié **4** waong-ti-ke mié-k'ong, zéh-ka-neng yeû-zeû lao t'ong-k'ou: nai nong véh k'eu-kié T'ié-tsu-ke mié-k'ong, na-**5**-neng yao k'ou gni!

Yé-zai la di-gnôh li-ke ling-wen k'ôh lao nè-kou; zah-se ngou men i-la, wei-sa-lao zeh-ka-**7**-neng k'ôh, i-la ih-ding tèh-yeng wo : "Gni véh ze k'ôh sa biéh-yang, tè-tè yen-wei séh-loh-t'éh T'ié-**8**-tsu, véh neng-keû k'eu-kié i-ke mié-k'ong lao." Zah-se i-la k'ou-nao-ke ling-wen, la di-gnôh li **9** neng-keû ai-mou T'ié-tsu lao, tsao T'ié-tsu-ke i-se, tao a ba tsé : tao-ti di-ke a véh neng-**10**-keû, yen-wei i-la m foh-k'i-ke ling-wen, véh neng-keû zeng-zong T'ié-tsu-ke i-se. Ki-zé i-**11**-la ze T'ié-tsu-ke tei-deû, fi dè véh neng-keû ai T'ié-tsu, wè zang-zang hen T'ié-tsu, di-ke zieû-

---

me fasse mourir." Le roi d'Espagne Philippe II gronda un gentilhomme **2** parce qu'il se comportait avec peu de respect dans l'église : "Je vous défends, lui dit-il, de paraître à l'avenir devant moi." Le **3** gentilhomme, à peine eut-il entendu, retourna à sa maison et mourut de chagrin. Voyez, de ne pouvoir être admis **4** en présence du roi, ces gens étaient si tristes et si affectés : quelle douleur ne sera-ce pas pour vous de ne pas pouvoir **5** contempler la face de Dieu!

Les âmes qui sont maintenant en enfer, gémissent et sont affligées; si vous leur demandiez : "Pourquoi pleurez-vous donc **7** ainsi?", elles vous répondraient sans nul doute : "Nous ne pleurons pas pour autre chose, sinon d'avoir perdu Dieu **8** et de ne pouvoir pas voir sa face." Si ces âmes malheureuses restant dans l'enfer **9** pouvaient aimer Dieu et se conformer à sa volonté, ce serait encore bien: mais non, il est impossible **10** à ces malheureuses de suivre la volonté divine; puisqu'elles **11** sont les ennemies de Dieu, non seulement elles ne peuvent pas l'aimer, mais encore elles le haïssent : voilà

是伊拉个地獄。

聖女加大利納有一回問魔鬼話。儂是啥。魔鬼答應話。我是勿能彀愛天主个惡天神。落拉地獄裡个人、恨毒天主、罵天主賞賜伊拉恩典、罵天主造伊拉咾、救贖伊拉。罵天主賞賜伊拉聖洗、告解咾聖體个恩典。又恨毒聖人聖女、護守天神、主保聖人、聖母瑪利亞、更加恨吾主耶穌、爲救伊拉个靈魂、受苦受難、死拉十字架上。自伲要謝謝天主、因爲勿曾罰伲落地獄、快點定當志向、離開地獄个路。

第二十七日　想地獄永遠

一想大概个苦頭、時候勿常遠、勿算大苦頭。比方郎中開一个瘡、第个人受个痛、實在勿小、到底時候勿多一歇、勿是大苦

ze i-la-ke di-gnôh.

Seng-gnu Kia-da-li-néh yeû ih-wei men mô-kiu wo: "Nong ze sa?" Mô-kiu tèh-yen wo: "Ngou ze véh 3 neng-keû ai T'ié-tsu-ke oh t'ié-zen." Loh-la di-gnôh li-ke gnen hen-dôh T'ié-tsu, mô T'ié-tsu saong-4-se i-la en-tié, mô T'ié-tsu zao i-la lao kieû-zôh i-la, mô T'ié-tsu saong-se i-la seng-5-si kao-kia lao seng-t'i-ke en-tié; i hen-dôh seng-gnen seng-gnu, wou-seû t'ié-zen, tsu-pao seng-gnen, 6 seng-mou Mô-li-ya, keng-ka hen ngou-tsu Ya-sou, wei kieû-zôh i-la-ke ling-wen zeû-k'ou-zeû-nè, si-7-la zéh-ze-ka laong. Ze-gni yao zia T'ié-tsu, yen-wei véh zeng vèh gni loh di-gnôh, k'oa-tié ding-8-taong tse-hiang li-k'ai di-gnôh-ke lou.

Di-gnè-ts'ih gnéh. Siang di-gnôh-ke yong-yeu.

IH SIANG. — Da-kai-ke k'ou-deû, ze-heû véh zang-yeu, véh seu dou k'ou-deû. Pi-faong laong-tsong k'ai ih-11-ke ts'aong, di-ke gnen zeû-ke t'ong zéh-zai véh siao, tao-ti ze-heû véh tou ih hiéh, véh ze dou k'ou-

---

leur enfer.

Ste Catherine de Gênes demanda une fois au démon qui il était. Le démon lui répondit: "Je suis 3 le mauvais ange qui ne peut pas aimer Dieu." Les damnés haïront Dieu, le maudiront pour 4 les bienfaits qu'il leur a accordés; ils maudiront Dieu de les avoir créés, rachetés, gratifiés des dons 5 du baptême, de la confession et de l'Eucharistie; ils haïront encore les saints et les saintes, les Anges gardiens, leur saints protecteurs 6 et la sainte Vierge; surtout, ils haïront Notre-Seigneur qui pour sauver leurs âmes a enduré la Passion et la mort 7 sur la croix. Nous devons remercier Dieu de ne pas nous avoir déjà condamnés à l'enfer, et faire le 8 propos de quitter la voie qui y mène.

27ème Jour. De l'éternité de l'enfer.

Ier POINT. L'ENFER EST ÉTERNEL.—Toute peine qui dure peu, n'est pas une grande peine. Quand le médecin ouvre une 11 tumeur, quoique la souffrance ne soit pas légère, comme elle ne dure pas plus d'un instant, ce n'est pas une grande

頭。若使痛个時候常遠、比方要痛一个主日、或者一个月、就當勿起者。什介能眼睛痛、牙齒痛、本來是小毛病、假使痛个時候多之、就吃勿消者。

勿要話痛來常遠之吃勿消、就是快活个事體、時候常遠之、也吃勿住。比方唱戲作樂、一日到夜吹打、就覺着厭氣。若使吹打滿之一个月、或者一年工夫、豈勿是更加厭氣否、有啥人吃得消呢。拉地獄裡味勿是看戲、勿是牙齒痛、也勿是開瘡、是受一總个刑罰、各樣个痛苦。要受幾好時候呢。永遠勿爲得滿工。默照經上話。惡人拉地獄裡、日裡夜裡受刑罰、永遠勿停个。

第个永遠是信德个道理。聖經上記載公審判末脚來、天主對犯罪人話。可以咒罵个人離開我、到永遠个火裡去燒。別个地

deû; zah-se t'ong-ke ze-heû zang-yeu,pi-faong t'ong ih-ke tsu-gnéh, woh-tsé ih-ke gneuh, zieû taong-2-véh-k'i-tsé. Zéh-ka-neng ngè-tsing t'ong, nga-tse t'ong, pen-lai ze siao mao-bing, kia-se t'ong-ke ze-heû 3 tou tse, zieû k'ieh-véh-siao-tsé.

Véh yao wo t'ong-lai zang-yeu-ke k'ieh-véh-siao, zieû-ze k'a-wéh-ke ze-t'i, ze-heû zang-yeu tsé, a 5 k'ieh-véh-zu. Pi-faong ts'aong-hi tsoh-yah, ih-gnéh-tao-ya ts'e-tang, zieû koh-zah yé-k'i; zah-se ts'e-tang 6 mé-tse ih-ke gneuh, woh-tsé ih gné kong-fou, k'i-véh-ze keng-ka yé-k'i va? Yeû sa-gnen k'ieh-teh-7-siao gni? La di-gnôh li méh véh ze k'eu-hi, véh ze nga-ts'e t'ong, a véh ze k'ai ts'aong: ze zeû ih-8-tsong-ke yeng-vèh,koh-yang-ke t'ong-k'ou: yao zeû ki-h'ao ze-heû gni? Yong-yeu véh wei-teh mé-kong. Meh-9-tsao-kieng wo: "*Oh-gnen la di-gnôh li, gnéh-li ya-li zeû yeng-vèh, yong-yeu véh ding-ke.*"

Di-ke yong-yeu ze sin-teh-ke dao-li. Seng-kieng laong ki-tsai kong sen-p'é méh-kiah-lai, T'ié-tsu tei 11 vè-zu-gnen wo: "K'o-i tseû-mô-ke gnen, li-k'ai ngou, tao yong-yeu-ke h'ou li k'i sao." Biéh-ke di-

---

douleur; si la souffrance durait longtemps, par exemple si elle devait se prolonger une semaine ou un mois, alors elle deviendrait 2 insupportable. Ainsi, un mal d'yeux, un mal de dents sont en soi de petites infirmités, mais prolongés 3 ils deviennent intolérables.

Et c'est non seulement la souffrance qui à la longue devient intolérable, mais le plaisir lui-même l'est aussi 5 s'il dure longtemps. Par exemple, jouer la comédie ou faire de la musique du matin au soir, finit par ennuyer; et si cela devait durer 6 tout un mois ou toute une année, ce serait autrement ennuyeux encore, évidemment. Qui pourrait y 7 tenir? Mais, en enfer, il ne s'agit pas d'une comédie où on assiste, ni d'un mal de dents à supporter, ni d'une tumeur à ouvrir: il s'agit de subir 8 toutes les peines, toute espèce de douleurs. Et cela, combien de temps? Pendant l'éternité, sans fin. 9 L'Apocalypse dit: "*Cruciabuntur die ac nocte in saecula saeculorum.*" (20. 10.)

Cette éternité est un article de foi: la sainte Écriture rapporte qu'à la fin du jugement universel, Notre-Seigneur dira aux 11 pécheurs: "Retirez-vous de moi, maudits, allez au feu éternel." (Matth. 25. 46.) Ailleurs,

方又話。一總罪人用火來鹽起來。就是如同鹹拉个物事、勿會得壞个、地獄裡向个火、燒犯罪人咾勿放伊拉死。比方一个人爲一日个快活、垃拉火窰裡、要受廿年或者三十年个苦頭、第个人豈勿是糊塗否。乃現在地獄裡个苦頭、勿是一百年、也勿是一千年一萬年、是無得末脚个苦頭、也勿會得減少一眼个。所以聖人垃拉世界上、齊怕咾哭、常常怕自家救勿着靈魂。

眞福依撒依亞垃拉荒野地方苦修、日逐守大齋咾做補贖、日裡夜裡哭自家个罪、尙且怕咾話。哎、可憐呀、我勿放心、十分怕落地獄。儂補贖一眼勿做、倒可以勿怕否。

二想 人落之地獄、永遠勿能彀出來。達味聖王默想第个事

faong i wo: "*Ih tsong zu-gnen yong h'ou lai yé-k'i-lai.*" Zieû-ze zu-dong yé-la-ke méh-ze, véh wei-**2**-teh wa-ke, di-gnôh-li-hiang-ke h'ou, sao vè-zu-gnen lao véh faong i-la si.

Pi-faong ih-ke gnen wei ih-gnéh-ke k'a-wéh, léh-la h'ou-yao li, yao zeû gnè gné woh-tsé sè-se **4** gné-ke k'ou-deû, di-ke gnen k'i-véh-ze wou-dou va? Nai yé-zai di-gnôh-li-ke k'ou-deû véh ze **5** ih-pah gné, a véh ze ih-ts'ié gné ih-mè gné, ze m-teh méh-kiah-ke k'ou-deû, a véh wei-teh **6** kè-sao ih ngè-ke: sou-i seng-gnen léh-la se-ka-laong, zi p'ouo lao k'ôh, zang-zang p'ouo ze-ka kieû-**7**-véh-zah ling-wen.

Tsen-foh I-sèh-i-ya léh-la faong-ya-di-faong k'ou-sieû, gnéh-zôh seû-dou-tsa lao tsou pou-zôh, gnéh-**9**-li ya-li k'ôh ze-ka-ke zu, zaong-ts'ié p'ouo lao wo: "Ai, k'o-lié a, ngou véh faong-sin, zéh-fen p'ouo **10** loh di-gnôh." Nong pou-zôh ih-ngè véh tsou, tao k'o-i véh p'ouo va?

Gni siang. — Gnen loh-tse di-gnôh, yong-yeu véh neng-keû ts'éh-lai. Dèh-vi seng-waong meh-siang di-ke ze-

---

l'Écriture Sainte dit : "*Omnis igne salietur.*" (Marc. 9. 48.) C'est-à-dire que, comme les choses salées ne se **2** corrompent pas, ainsi le feu de l'enfer en brûlant les damnés les empêche de mourir.

Ne serait-il pas fou, celui qui pour avoir une journée de divertissement,consentirait à souffrir dans une fournaise pendant vingt ou trente **4** années ? Or, les souffrances de l'enfer ne sont pas **5** de cent ans ni de mille ou dix mille ans, mais ce sont des souffrances sans fin et sans le **6** moindre adoucissement; c'est pour cela que les saints ici-bas craignaient et pleuraient, ils craignaient toujours de ne pas **7** sauver leur âme.

Le bienheureux Isaïe qui vivait en ermite dans un désert, qui jeûnait et faisait pénitence chaque jour, **9** pleurant jour et nuit ses péchés, craignait pourtant et s'écriait : "Hélas! je ne suis pas tranquille, j'ai une grande peur **10** de tomber en enfer." Et vous, qui ne faites aucune pénitence, pouvez-vous être sans frayeur?

IIe Point. Le poids de l'éternité. — Une fois tombé en enfer, on n'en sort pas de toute l'éternité. Le saint roi David, en méditant cette vérité,

體、怕咾話。我个天主、勿要拿我甩拉頂深个井裡、也勿要封住井口。第兩句是話聖王怕落之地獄、總勿能彀出來。因爲人落地獄、是跌拉一个頂深个地方。話封住井口、就是地獄門、總勿能彀開个咾。

地獄裡單單有進去个門、無得出來个門。安色比阿話。拉地獄裡有下去个人、無得上來个人。犯罪人活拉个時候、也盼望救靈魂、但是一生之急病、死拉罪裡、還有啥盼望呢。聖經上話。罪人死之、一眼無啥盼望、永永遠遠吃苦、總勿能彀救。

地獄裡个人、假使能彀有點盼望、騙騙自家、也有點安慰。比方一个人、受之重傷、睏拉床上、雖然郎中話、看勿好个者、自伊仍舊自家騙自家話。倘使尋得着一个好郎中、啥人話、我个傷是

t'i, p'ouo lai wo: "Ngou-ke T'ié-tsu, véh yao nao ngou goè-la ting sen-ke tsing li, a véh yao fong-zu **2** tsing k'eû." Di-ke liang kiu ze wo seng waong p'ouo loh-tse di-gnôh, tsong véh neng-keû ts'éh-lai, yen-wei gnen loh **3** di-gnôh, ze tih-la ih-ke ting sen-ke di-faong. Wo "fong-zu tsing k'eû", zieû-ze di-gnôh men tsong véh **4** neng-keû k'ai-ke lao.

Di-gnôh li tè-tè yeû tsin-k'i-ke men, m-teh ts'éh-lai-ke men. Eu-seh-pi-ouh wo: "La di-gnôh **6** li yeû hao-k'i-ke gnen, m-teh zang-lai-ke gnen." Vè-zu-gnen wéh-la-ke ze-heû, a p'è-maong kieû **7** ling-wen; tè-ze ih-sang-tse kiéh bing, si-la zu li, wè yeû sa p'è-maong gni? Seng-kieng laong wo: "*Zu-***8***-gnen si-tse, ih-ngè m sa p'è-maong.*" Yong-yong-yeu-yeu k'ieh-k'ou, tsong véh neng-keû kieû.

Di-gnôh li-ke gnen kia-se neng-keû yeû tié p'è-maong, p'ié-p'ié ze-ka, a yeû tié eu-wei. Pi-faong **10** ih-ke gnen zeû-tse zong saong, k'oen-la zaong laong, su-zé laong-tsong wo k'eu-véh-h'ao-ke tsé, ze-i zeng-**11**-ghieû ze-ka p'ié ze-ka wo: "T'aong-se zin-teh-zah ih-ke h'ao laong-tsong, sa-gnen wo ngou-ke saong ze

---

tremblait et criait à Dieu: "Mon Dieu, ne me jetez pas dans la profondeur du puits, et n'en scellez pas sur moi **2** l'ouverture." (Ps. 68. 16.) C'est que le saint roi craignait l'enfer dont on ne peut jamais sortir, parce que ceux qui tombent **3** en enfer, tombent dans le gouffre le plus profond. Il dit "que l'ouverture du puits ne soit pas scellée sur moi", en effet les portes de l'enfer **4** ne s'ouvriront jamais.

L'enfer a une porte d'entrée, aucune porte de sortie. Eusèbe dit: "Il y a **6** des gens qui descendent en enfer, il n'y en a pas à remonter." Les pécheurs, pendant leur vie, espèrent encore **7** se sauver; mais si, atteints d'une maladie subite, ils sont morts dans le péché, quel espoir peuvent-ils avoir encore? La sainte Écriture dit: **8** "*Mortuo homine impio, non erit ultra spes.*" (Prov. 11. 7.) Ils souffriront pendant toute l'éternité, et jamais ils ne pourront être sauvés.

Si les damnés pouvaient avoir un peu d'espoir pour se tromper eux-mêmes, ce serait quelque soulagement. Ainsi, **10** un homme qu'une blessure grave retient au lit, le médecin a beau lui dire qu'il ne pourra pas guérir, il **11** s'abuse lui-même et dit: "Si on peut trouver un habile médecin, qui oserait encore affirmer ma blessure

看勿好个呢。又比方一个吃官司个、直到死要登拉監牢裡、伊也安慰自家話。若使碰着之皇恩大赦、爲啥咾我無得出來呢。落拉地獄裡个人、第个假望頭也無得个、因爲到之地獄裡、總勿能彀出來。第个事體常常拉伊拉眼睛門前、伊拉該當那能要哭呢。

聖奧斯定求天主話。天主、現在燒我个身體咾、割脫我个肉、勿要寬免我。倒底求儂、我死之後來、勿要永遠罰我。現在世界上个罰、是暫時个、勿常遠就過去者。地獄个罰、是永遠个。聖咏上話。儂射箭、箭一歇就過去、到底儂雷響个聲氣、拉兜圈子。箭一歇就過去、表明世界上、天主加拉个苦頭、是勿常遠个。雷響个聲氣咾、就是拉公審判个時候、定當惡人落地獄个聲氣、從天

k'eu-véh-h'ao-ke gni?" I pi-faong ih-ke k'ieh-koé-se-ke, zeh-
tao si yao teng-la kè-lao li, i 2 a eu-wei ze-ka wo: "Zah-se
bang-zah-tse waong-en-da-souo, wei-sa-lao ngou m-teh ts'éh-
lai gni?" 3 Loh-la di-gnôh-li-ke gnen, di-ke ka maong-deû a
m-teh-ke: yen-wei tao-tse di-gnôh li tsong 4 véh neng-keû
ts'éh-lai: di-ke ze-t'i zang-zang léh-la i-la ngè-tsing men-zié,
i-la kai-taong na-neng 5 yao k'ôh gni!

Seng Ao-se-ding ghieû T'ié-tsu wo: "T'ié-tsu, yé-zai sao
ngou-ke sen-t'i lao, keuh-t'éh ngou-ke gnôh, véh 7 yao k'oé-
mié ngou; tao-ti ghieû nong, ngou si-tse heû-lai, véh yao
yong-yeu vèh ngou." Yé-zai se-ka-laong-8-ke vèh, ze zè-ze-
ke, véh zang-yeu zieû kou-k'i tsé; di-gnôh-ke vèh, ze yong-
yeu-ke. Seng-yong laong 9 wo: "*Nong zoh tsié, tsié ih hiéh
zieû kou-k'i; tao-ti nong lei-hiang-ke sang-k'i,la teû k'ieu-tse.*"
"Tsié ih 10 hiéh zieû kou-k'i," piao-ming se-ka laong T'ié-tsu
ka-la-ke k'ou-deû, ze véh zang-yeu-ke; "lei-hiang-ke 11 sang-
k'i" méh, zieû-ze la kong seng-p'é-ke ze-heû, ding-taong oh-
gnen loh di-gnôh-ke sang-k'i, zong T'ié-

---

inguérissable?" Ou bien, quelqu'un qui, à cause d'un procès,
doit rester en prison jusqu'à sa mort, 2 se console en disant:
"Mais, s'il y a une amnistie, pourquoi n'en sortirais-je pas?"
3 Les damnés n'ont pas même cette trompeuse espérance: car
le fait qu'une fois tombé en enfer 4 on n'en sort jamais, ce
fait reste sans cesse devant leurs yeux; combien ils doivent
5 pleurer!

S. Augustin priait Dieu ainsi: "Seigneur,brûlez ce corps,
tranchez, ne 7 m'épargnez pas à présent; mais de grâce, ne
me punissez pas éternellement après ma mort." Les peines
d'ici-bas 8 sont temporaires, elles passent vite; les peines de
l'enfer sont éternelles. On lit dans les Psaumes: 9 "*Sagittae
tuae transeunt, vox tonitrui tui in rota.*" (Ps. 76. 19.) "Vos
flèches 10 passent", c'est-à-dire que les peines de ce monde
ne durent pas; "la voix 11 de votre tonnerre", c'est la voix
qui, au moment du jugement, sortant de la bouche de Dieu,
condamnera

主嘴裡出來。拉兒圈子、是表明永遠个意思、因爲圈子轉過來轉過去、總無得斷鏈。地獄裡永遠个苦頭。也是什介。聖經上天主話。我个刀、從殼子裡拔出來、總勿放拉去者。就是天主永遠罰罪人拉拉地獄裡、斷斷乎勿肯寬免。地獄裡个刑罰、最是可怕个、就是無得末脚个日子。

有一等無沒信德个人話。爲啥咾天主罰人什介能利害第个是啥个公道呵。人犯罪个時候、勿多一歇、就要永遠罰人吃苦否。我答應話。犯罪人爲一歇歇快活、那能就敢得罪無限無量威嚴个天主呢。聖多瑪斯話。世界頭上定當刑罰、勿照犯罪个時候長咾短、單單照犯个罪輕咾重。比方殺脫一个人、不過一歇工夫、皇帝罰伊勿是一歇工夫个苦頭、就算數者。人犯之大

tsu tse li ts'éh-lai; "la teû k'ieu-tse", ze piao-ming yong-yeu-ke i-se, yen-wei k'ieu-tse tsé-kou-lai **2** tsé-kou-k'i, tsong m-teh deu lié: di-gnôh li yong-yeu-ke k'ou-deû a ze zéh-ka. Seng-kieng laong T'ié-**3**-tsu wo: "*Ngou-ke tao zong k'oh-tse li bèh-ts'éh-lai, tsong vèh faong-la-k'i-tsé.*" Zieû-ze T'ié-tsu yong-yeu **4** vèh zu-gnen léh-la di-gnôh li, teu-teu-wou véh k'eng k'oé-mié. Di-gnôh li-ke yeng-vèh tsu ze k'o-**5**-p'ouo-ke, zieû-ze m-teh méh-kiah-ke gnéh-tse.

Yeû ih-teng m-méh sin-teh-ke gnen wo: "Wei-sa-lao T'ié-tsu vèh gnen zéh-ka-neng li-hai? Di-ke **7** ze sa-ke kong-dao a? Gnen vè-zu-ke ze-heû véh tou ih hiéh, zieû yao yong-yeu vèh gnen k'ieh-k'ou **8** va?" Ngou tèh-yeng wo: "Vè-zu-gnen wei ih hiéh-hiéh k'a-wéh, na-neng zieû kè teh-zu wou-yé-wou-liang **9** wei-gné-ke T'ié-tsu gni?" Seng Tou-mô-se wo: "Se-ka-deû-laong ding-taong yeng-vèh, véh tsao vè-zu-ke **10** ze-heû zang lao teu, tè-tè tsao vè-zu-ke k'ieng lao zong: pi-faong sèh-t'éh ih-ke gnen, péh-kou ih **11** hiéh kong-fou, waong-ti vèh i véh ze ih hiéh kong-fou-ke k'ou-deû, zieû seu-sou tsé." Gnen vè-tse dou

---

les pécheurs à l'enfer; "fait un cercle", ceci indique l'idée de l'éternité, car un cercle, qu'on le tourne, **2** qu'on le retourne, n'a pas d'interruption. Les peines éternelles de l'enfer sont de la sorte. Dieu dit dans **3** la sainte Écriture: "*Eduxi gladium meum de vagina sua irrevocabilem.*" (Ez. 21. 5.) C'est-à-dire que Dieu punira éternellement **4** les pécheurs dans l'enfer, jamais il ne leur pardonnera. Ce qu'il y a de plus terrible **5** dans les peines de l'enfer, c'est qu'elles sont sans fin.

Il y a des incrédules qui disent: "Pourquoi Dieu punit-il si terriblement? **7** La justice, où est-elle? Le péché n'a duré qu'un instant, et Dieu punira l'homme d'une peine éternelle?" **8** Je réponds: "Le pécheur, pour le plaisir d'un moment, comment a-t-il osé outrager Dieu **9** d'une majesté infinie?" S. Thomas dit: "Dans ce monde, on fixe la peine non pas selon la durée **10** du crime, mais selon sa gravité; ainsi, un meurtre se commet dans un **11** instant, mais l'empereur ne se contente pas de le punir de la peine d'un instant." Si l'homme qui a commis un péché

罪、假使勿罰伊地獄裡永遠吃苦、實在勿相對个。聖伯爾納定話。得罪之無窮个天主、該當受無窮个罰。聖多瑪斯又話。人个力量、勿能殼受無窮个罰、所以天主个公義分開伊个罰、就成功無窮个時候者。

再有第个罰、勿得勿然是永遠个。因爲人落之地獄、總勿能殼補贖伊个罪。既然勿能殼做補贖、就永遠是犯罪人、該當受永遠个罰。聖厄上話。人勿平息天主个義怒、就永遠吃苦。博學士味增爵飽衛話。地獄裡向、人个罪常常受罰、總勿能殼補贖。因爲照聖奧斯定个說話、落拉地獄裡个人、勿會得發痛悔、所以天主常常責罰伊拉。就是天主要寬免伊拉、伊拉也勿來求寬免、勿要天主寬免。因爲拉地獄裡个人、專門愛慕罪咾、常常恨

zu, kia-se véh vèh i di-gnôh li yong-yeu k'ieh-k'ou, zéh-zai véh siang-tei-ke. Seng Péh-eul-néh-ding **2** wo: "Teh-zu-tse wou-ghlong-ke T'ié-tsu, kai-taong zeû wou-ghiong-ke vèh." Seng Tou-mô-se i wo: "Gnen-ke **3** lih-liang véh neng-keû zeû wou-ghiong-ke vèh, sou i T'ié-tsu-ke kong-gni fen-k'ai i-ke vèh, zieû zeng-**4**-kong wou-ghiong-ke ze-heû-tsé."

Tsai yeû di-ke vèh véh-teh-véh-zé ze yong-yeu-ke; yen-wei gnen loh-tse di-gnôh, tsong véh neng-keû **6** pou-zôh i-ke zu: ki-zé véh-neng-keû tsou pou-zôh, zieû yong-yeu ze vè-zu-gnen, kai-taong zeû yong-**7**-yeu-ke vèh. Seng-yong laong wo: "*Gnen vèh bing-sich T'ié-tsu-ke gni-nou, zieû yong-yeu k'ieh-k'ou.*" Pôh-yah-ze **8** Vi-tseng-tsiah Pao-wei wo: "Di-gnôh li-hiang, gnen-ke zu zang-zang zeû-vèh, tsong véh neng-keû pou-zôh"; yen-**9**-wei tsao Seng Ao-se-ding ke seh-wo: "Loh-la di-gnôh-li-ke gnen véh wei-teh fèh t'ong-hoei, sou-i **10** T'ié-tsu zang-zang tsah-vèh i-la." Zieû-ze T'ié-tsu yao k'oé-mié i-la, i-la a véh lai ghieû k'oé-**11**-mié, véh yao T'ie-tsu k'oé-mié; yen-wei la di-gnôh-li-ke gnen tsé-men ai-mou zu lao, zang-zang hen-

---

mortel n'était pas puni éternellement en enfer, la peine ne serait nullement proportionnée. S. Bernardin **2** dit: "L'offense d'un Dieu infini mérite une peine infinie." Mais, ajoute S. Thomas: "Les forces **3** de l'homme sont incapables de supporter une peine infinie; aussi la justice divine a divisé la peine et il en est **4** résulté une peine infinie en durée."

En outre, cette peine doit être nécessairement éternelle, parce que le damné ne peut plus **6** satisfaire pour son péché; ne pouvant plus satisfaire, il est éternellement pécheur et sa peine doit être **7** éternelle. Les Psaumes disent: "*Non dabit Deo placationem suam.... laborabit in æternum.*" (Ps. 48. 8.) Le savant **8** Vincent de Beauvais dit: "Le péché des damnés peut être toujours puni, mais ne sera jamais expié"; **9** parce que, selon S. Augustin, "les damnés sont incapables de se repentir, et ainsi **10** Dieu les punit toujours." Quand même Dieu voudrait leur pardonner, ils ne viendraient pas demander **11** pardon, ils ne veulent pas du pardon de Dieu; parce que les hommes qui sont en enfer aiment uniquement le péché, et haïssent toujours

20

毒天主、總勿更改、勿單單勿肯謙遜、還驕傲个樣子。聖熱羅尼莫話。地獄裡个人、願意犯罪个心、勿會得滿个。如同聖經上話。伊个痛是永遠个、伊个傷無盼望好个、自伊也勿要看好。

三想　犯罪人拉世界上、最怕个是死、到之地獄裡十分願意死。默照經上話。拉地獄裡个人、尋死路尋勿着、要想死、勿會得死。所以聖熱羅尼莫話。哎、犯罪人拉世界上、看死是苦頭、拉地獄裡看死是造化个。

達味聖王話。死吃地獄裡个人。聖伯爾納多解說話。比方中牲吃草、吃脫之頭、根留拉、草仍舊要長起來。犯罪人拉地獄裡、時時刻刻覺着死个苦、到底勿會死、性命个根子仍舊拉拉。聖額我畧話。落拉地獄裡个人、時時刻刻覺着燒殺个苦頭、但是總

dôh T'ié-tsu, tsong véh kang-kai; véh tè-tè véh k'eng k'ié-sen, è kiao-ngao-ke yang-tse. Seng Zéh-lou-gni-**2**-moh wo: "Di-gnôh-li-ke gnen gneu-i vè-zu-ke sin véh wei-teh mé-ke." Zu-dong seng-kieng laong wo: **3** "*I-ke t'ong ze yong-yeu-ke, i-ke saong m p'è-maong h'ao-ke, ze-i a véh yao k'eu-h'ao.*"

Sè siang. — Vè-zu-gnen la se-ka-laong tsu p'ouo-ke ze si, tao-tse di-gnôh li zéh-fen gneu-i **5** si. Meh-tsao-kieng laong wo: "*La di-gnôh li-ke gnen, zin si lou zin-véh-zah, yao siang si, véh wei-teh* **6** *si.*" Sou-i seng Zéh-lou-gni-moh wo: "Ai, vè-zu-gnen la se-ka-laong k'eu si ze k'ou-deû, la di-**7**-gnôh li k'eu si zao-h'ouo-ke."

Dèh-vi seng-waong wo: "*Si k'ieh di-gnôh-li-ke gnen.*" Seng Péh-eul-nèh-tou ka-seh wo: "Pi-faong tsong-sang **9** k'ieh ts'ao, k'ieh-t'éh-tse deû, ken lieû-la, ts'ao zeng-ghieû yao tsang-k'i-lai. Vè-zu-gnen la di-gnôh li, ze-**10**-ze-k'eh-k'eh koh-zah si-ke k'ou, tao-ti véh wei si, sing-ming-ke ken-tse zeng-ghieû léh-la." Seng Ngeh-**11**-ngou-liah wo: "Loh-la di-gnôh-li-ke gnen, ze-ze-k'eh-k'eh koh-zah sao-sèh-ke k'ou-deû, tè-ze tsong

---

Dieu, sans jamais changer; non seulement ils ne veulent pas s'humilier, mais ils s'enorgueillissent. S. Jérôme **2** dit: "Le désir de pécher des damnés est insatiable", selon les paroles de l'Écriture Sainte: **3** "*Factus est dolor perpetuus et plaga desperabilis, renuit curari.*" (Jer. 15. 18.)

IIIe Point. L'immobile éternité. — Les pécheurs ici-bas ne craignent rien tant que la mort, mais en enfer ils la désireront ardemment. **5** On lit dans l'Apocalypse: "*Quærent mortem, et non invenient eam, et desiderabunt mori, et fugiet mors ab eis.*" (Ap. 9. 6.) **6** Sur quoi S. Jérôme s'écrie: "Oh! les pécheurs ici-bas regardaient la mort comme un malheur, et en **7** enfer ils l'envisagent comme un bonheur.

Le roi David disait: "*Mors depascet eos.*" (Ps. 48. 15.) Ce que S. Bernard explique ainsi: "Les animaux **9** qui broutent l'herbe, en mangent la tête et laissent la racine, ainsi l'herbe repoussera. Les pécheurs, en enfer, **10** à chaque instant éprouvent les douleurs de la mort, mais ils ne meurent pas, parce que la racine de la vie leur reste encore." Et S. Gré-**11**-goire observe: "Les damnés souffrent à chaque moment le tourment de mourir par le feu, mais ils

勿死。世界頭上个人、撥拉別人殺脫之、別人可憐伊咾、心裡難過。地獄裡个人吃苦頭、總無啥人可憐伊、無啥人爲伊難過。從前有一个皇帝叫日農、撥拉別人關拉空櫥裡、自伊喊救命咾話。倻可憐我、放我出來罷。到底無人救伊、就死拉空櫥裡。後來有人去開開來、看見伊臂膊上个肉、齊咬脫完。拉地獄裡受罰个人、也喊別人救伊拉、到底無啥人救伊拉。聖濟利祿話。地獄裡个人、苦惱个聲氣、一歇勿停喊救命、總無人去救、伊拉痛咾哭、無人去可憐。

伊拉受个苦、要到幾時呢。常常受永遠个苦。瑟熱理記載、拉羅瑪府有一个附魔鬼个人、神父替伊趕魔鬼个時候、問魔鬼話。

véh si."

Se-ka-deû-laong-ke gnen péh-la biéh-gnen sèh-t'éh-tse, biéh-gnen k'o-lié i-la lao, sin li nè-kou; di-3-gnôh-li-ke gnen k'ieh k'ou-deû, tsong m sa-gnen k'o-lié i, m sa-gnen wei i nè-kou. Zong-zié yeû 4 ih-ke waong-ti kiao Zéh-nong, péh-la biéh-gnen koè-la k'ong kouoh li, ze-i h'è kieû ming lao wo: "Na 5 k'o-lié ngou, faong ngou t'séh-lai ba!" Tao-ti m gnen kieû i, zieû si-la k'ong kouoh li. Heû-lai yeû gnen 6 k'i k'ai-k'ai-lai, k'eu-kié i pi-pôh laong-ke gnôh, zi ngao-t'éh wé. La di-gnôh li zeû-vèh-ke gnen 7 a h'è biéh-gnen kieû i-la, tao-ti m sa-gnen kieû i-la. Seng Tsi-li-lôh wo: "Di-gnôh-li-ke 8 gnen k'ou-nao-ke sang-k'i ih-hiéh-véh-ding h'è kieû-ming, tsong m gnen k'i kieû, i-la t'ong lao k'ôh m 9 gnen k'i k'o-lié."

I-la zeû-ke k'ou yao tao ki-ze gni? Zang-zang zeû yong-yeu-ke k'ou. Seh-gnéh-li ki-tsai la Lou-11-mô fou yeû ih-ke wou-mô-kiu-ke gnen, zen-vou t'i i keu mô-kiu-ke ze-heû, men mô-kiu wo:

---

ne mourront jamais."

Si dans ce monde quelqu'un est tué, on a compassion de lui et on sent de la peine; 3 mais il n'y aura jamais personne à avoir pitié et affliction pour les souffrances du damné. Autrefois, 4 l'empereur Zénon, enfermé dans un tombeau vide, criait au secours et disait: "Ayez 5 pitié de moi, laissez-moi sortir!" Mais personne ne le sauva et il mourut dans le tombeau. Dans la suite, on 6 ouvrit le tombeau et on trouva qu'il avait déchiré avec ses dents la chair de ses bras. Les damnés 7 crient aux autres de les délivrer, mais personne ne les délivrera. S. Cyrille dit: "La malheureuse 8 voix des damnés crie sans cesse: au secours! mais personne ne les sauvera, personne ne compatit à leurs souffrances 9 et à leurs pleurs."

Mais pendant combien de temps souffriront-ils ainsi? Ils souffriront toujours une peine éternelle. Le Père Segneri raconte qu'il y avait à Ro-11-me un possédé; pendant l'exorcisme, le Père demanda au démon:

儂拉地獄裡要登幾化時候。自伊如同癡子一樣、怕來無招架、大个聲氣喊咾話。常常、常常。看伊話第句說話个樣子、旁邊人看見之嚇來交關、有幾个學生子嚇來動心、就去辦總神工、起頭改過。

可憐茹答斯拉地獄裡、一千九百多年者、還是起頭拉裡。加音垃拉地獄裡、五千多年者、還是起頭拉裡。有人問一个魔鬼、儂幾時到地獄裡个、魔鬼答應話、昨日。又問伊話。儂已經落拉地獄裡幾千年者、那能話是昨日耶。魔鬼歎一聲氣咾話。若使㑚曉得永遠个光景、就懂得一千年、像一歇工夫。比方有一个天神、到地獄裡、對犯罪人話。㑚拉地獄裡、要登个年數、如同海裡向有幾滴水个數目。又如同世界上樹葉子个

"Nong la di-gnôh li yao teng ki-h'ouo ze-heû?" Ze-i zu-dong ts'e-tse ih-yang, p'ouo-lai-m-tsao-ka, **2** dou-ke sang-k'i h'è lao wo : "Zang-zang, zang-zang!" K'eu i wo di-kiu seh-wo-ke yang-tse, baong-pié-gnen **3** k'eu-kié-tse hah-lai kiao-koè; yeû ki-ke hoh-sang-tse hah-lai dong-sin, zieû k'i bè tsong zen-kong, k'i-**4**-deû kai-kou.

K'o-lié Zu-tèh-se la di-gnôh li ih-ts'ié-kieû-pah tou gné, wè ze k'i-deû la-li. Ka-yen **6** léh-la di-gnôh li n-ts'ié tou gné, wè ze k'i-deû la-li. Yeû gnen men ih-ke mô-kiu: "Nong **7** ki-ze tao di-gnôh li-ke?" Mô-kiu tèh-yeng wo : "Zôh-gnéh." I men i wo : "Nong i-kieng loh-la di-**8**-gnôh li ki ts'ié gné tsé, na-neng wo ze zôh-gnéh a!" Mô-kiu t'è ih sang k'i lao wo : "Zah-se na **9** hiao-teh yong-yeu-ke koang-kieng, zieû tong-teh ih ts'ié gné ziang ih hiéh kong-fou."

Pi-faong yeû ih-ke t'ié-zen, tao di-gnôh li, tei vè-zu-gnen wo : "Na la di-gnôh li yao teng-ke **11** gné sou, zu-dong h'ai li-hiang yeû ki tieh se-ke sou-moh, i zu-dong se-ka-laong zu yeh-tse-ke

---

"Combien de temps demeureras-tu en enfer?" Alors, comme un fou très horrible à voir, **2** celui-ci se mit à crier d'une voix forte: "Toujours, toujours!" Au ton dont il prononça ces mots, les voisins **3** furent épouvantés; et la crainte toucha plusieurs élèves qui s'empressèrent de faire une confession générale et **4** se convertirent.

Malheureux Judas! Il est en enfer depuis près de 1900 ans, et son enfer ne fait que commencer! Caïn **6** est en enfer depuis plus de 5000 ans, et il en est au commencement. On demanda à un démon quand **7** il était entré en enfer; il répondit: "Hier. — Comment? Hier? lui dit-on; mais tu es damné **8** depuis plusieurs milliers d'années!" Le démon répondit en poussant un soupir: "Si vous **9** saviez ce que c'est que l'éternité, vous comprendriez que mille ans sont comme un instant."

Si un Ange allait en enfer dire aux réprouvés: "Vous resterez en enfer **11** autant d'années qu'il y a de gouttes d'eau dans la mer, qu'il y a de feuilles sur les

數目。又如同海灘上沙泥个數目、乃味可以出來。犯罪人聽見之第个說話、快活來像一个討飯人、聽見一个信息、教伊做皇帝去一樣。到底地獄裡向無得第个盼望。因爲地獄个苦、過之一千年一萬年、還是起頭。過之萬萬年、總是起頭。登拉地獄裡个人、巴勿得能彀搭天主商量咾、對天主話、天主、隨便儂加增地獄裡个苦、隨便儂要伲登到幾時、只要求儂撥拉伲一个出來个日腳、伲就心滿意足者。到底第个盼望、也無得个、無啥商量、永遠要吃苦。比方犯罪人拉拉地獄裡、問魔鬼話、第个苦腦个聲氣、第个呌咾喊、第个臭氣、第个刑罰咾苦頭、幾時味有盡頭者。魔鬼一定答應話。總無得盡頭日腳、永遠是什介。

sou-môh, i zu-dong h'ai t'è laong souo-gni-ke sou-môh; naiméh k'o-i ts'éh-lai", vè-zu-gnen t'ing-kié-**2**-tse di-ke seh-wo, k'a-wéh-lai ziang ih-ke t'ao-vè-gnen, t'ing-kié ih-ke sin-sieh, kao i tsou waong-**3**-ti k'i ih-yang. Tao-ti di-gnôh li-hiang m-teh di-ke p'è-maong, yen-wei di-gnôh-ke k'ou, kou-tse **4** ih ts'ié gné ih mè gné, è ze k'i-deû; kou-tse mè-mè gné, tsong ze k'i-deû.

Teng-la di-gnôh li-ke gnen pouo-véh-teh neng-keû tèh T'ié-tsu saong-liang lao, tei T'ié-tsu wo : "T'ié-tsu, **6** zu-bié nong ka-tseng di-gnôh li-ke k'ou,zu-bié nong yao gni teng-tao ki-ze, tséh-yao ghieû nong péh-**7**-la gni ih-ke ts'éh-lai-ke gnéh-kiah, gni zieû sin-mé-i-tsôh tsé." Tao-ti di-ke p'è-maong a m-**8**-teh-ke, m sa saong-liang, yong-yeu yao k'ieh-k'ou. Pi-faong vè-zu-gnen léh-la di-gnôh li men mô-kiu **9** wo : "Di-ke k'ou-nao-ke sang-k'i, di-ke kiao lao h'è, di-ke ts'eû-k'i, di-ke yeng-vèh lao k'ou-deû, **10** ki-ze méh yeû zin-deû tsé?" Mô-kiu ih-ding tèh-yeng wo : "Tsong m-teh zin-deû gnéh-kiah, yong-yeu ze **11** zéh-ka."

---

arbres, et qu'il y a de grains de sable sur les bords de la mer; ensuite, vous en sortirez", les réprouvés **2** tressailleraient de joie à ces paroles, comme un mendiant à la nouvelle qu'il est fait **3** roi. Mais, en enfer, il n'y a pas cet espoir; parce que les tourments de l'enfer, après **4** mille et mille ans, ne font que de commencer; après des millions d'années, ils en sont encore à leur commencement.

Les réprouvés voudraient bien entrer en pourparlers avec Dieu, et lui dire: "Seigneur, **6** augmentez, autant que vous voulez, nos tourments, laissez-nous ici autant qu'il vous plaira, nous vous demandons seulement de **7** nous fixer un jour où nous sortirons, et nous serons satisfaits." Mais cet espoir n'existe **8** pas, il n'y a pas de pourparlers, ils doivent éternellement souffrir. Si les pécheurs en enfer demandaient aux démons; **9** "Ces cris de détresse, ces clameurs, cette infection, ces peines, ces tourments, **10** quand finiront-ils?", les démons répondraient: "Il n'y aura pas de jour où ils finissent, ce sera ainsi pendant toute l'éternité."

哎、天主、求儂多賞賜伲靈魂上个光照、叫罪人改過。伊拉固執拉罪裡、像垃拉暗洞裡一樣、勿懂好咾怵。有人提醒伊拉、伊拉還話。落地獄怕啥呀、忍耐點就好者。哎、我个天主、伊拉現在碰着之天冷、就忍耐勿來、碰着之熱个地方、就登勿住、打伊拉幾記、就當勿起、罵伊拉幾句、就勿肯忍耐。垃拉地獄裡旺火裡燒、魔鬼暴虐伊拉、永遠吃苦、勿能殼出來、倒吃得消否。

第二十八日　想地獄內良心咬的苦

一想　聖經上話。伊拉个蟲勿死。聖多瑪斯解說話。第个蟲是話落地獄拉个人、良心上常常勿平安、像蟲咬一樣。第个苦有多化樣子、最利害个味有三樣。頭一、想着爲勿多一歇快活作樂、現在罰拉地獄裡。第二、想着能殼做一點好工夫救靈魂、到

Ai, T'ié-tsu, ghieû nong tou saong-se gni ling-wen-laong-ke koang-tsao, kao zu-gnen kai-kou; i-la kou-tséh **2** la zu li, ziang léh-la é-dong li ih-yang, véh tong h'ao lao k'ieû : yeû gnen di-sing i-la, i-la **3** è wo : "Loh di-gnôh p'ouo sa ya? Zen-nai tié zieû h'ao tsé." Ai, ngou-ke T'ié-tsu, i-la yé-zai bang-**4**-zah-tse tié lang, zieû zen-naî-véh-lai, bang-zah-tse gnéh-ke di-faong, zieû teng-véh zu, tang i-la ki **5** ki, zieû taong-véh-k'i, mô i-la ki kiu, zieû véh k'eng zen-nai : léh-la di-gnôh li yaong h'ou li sao, **6** mô-kiu bao-gnah i-la, yong-yeu k'ieh-k'ou, véh neng-keû ts'éh-lai, tao k'ieh-teh-siao va?

Di-gnè-pèh gnéh. Siang di-gnôh li liang-sin ngao k'ou.

Ih siang. — Seng-kieng laong wo : "*I-la-ke zong véh si.*" Seng Tou-mô-se ka-seh wo : "Di-ke zong ze **9** wo, loh di-gnôh li-ke gnen liang-sin laong zang-zang véh bing-eu, ziang zong ngao ih-yang." Di-ke k'ou yeû **10** tou-h'ouo yang-tse, tsu li-hai-ke méh yeû sè yang; deû-ih, siang-zah wei véh tou ih-hiéh k'a-wéh-tsoh-**11**-loh, yé-zai vèh-la di-gnôh li; di-gni, siang-zah neng-keû tsou ih tié h'ao kong-fou kieû ling-wen, tao-

---

Ah! Seigneur, accordez à nos âmes un peu plus de lumière, afin que les pécheurs se convertissent; ces pécheurs obstinés **2** dans le péché, sont comme dans l'obscurité et ne discernent plus le bien et le mal; si on les exhorte, ils **3** répondent : "Si je vais en enfer, qu'ai-je à craindre? Un peu de patience et voilà tout." Ah! mon Seigneur, à présent ils ne peuvent **4** supporter un peu de froid, ils ne peuvent demeurer dans un lieu un peu chaud, ils ne peuvent tolérer **5** quelques coups; si on les maudit, ils s'impatientent: comment pourront-ils donc supporter le feu ardent de l'enfer, **6** la cruauté des démons, des souffrances éternelles, sans jamais en sortir?

25ème Jour. Remords du damné.

Ier Point. Le néant des choses pour lesquelles on s'est perdu. — L'Écriture Sainte dit : "*Vermis eorum non moritur.*" (Marc. 9. 7.) S. Thomas l'explique ainsi : "Par ce ver on **9** entend le remords de la conscience qui tourmente les damnés, et qui les rongera comme un ver." Ce tourment en contient **10** plusieurs à la fois dont les plus cruels sont ces trois : d'abord, la pensée qu'on est condamné à l'enfer **11** pour le plaisir de quelques instants; puis, la pensée du si petit peu de bien qu'on avait à faire pour se sauver, mais

底勿曾做。第三、想着失脫拉个福氣是最大个。頭一、犯罪人拉地獄裡、想着自家拉世界上、爲一歇工夫个快活、用脫自家个靈魂、實在勿使値。厄撒伍吃之一頓荳、讓脫自家長子个地位、後來懊憹、氣來大哭。伊拉落地獄个人、想着自家拉拉世界上、爲一刻工夫个快活、爲一歇个邪情、用脫有一總福氣个天堂。罰拉地獄裡、吃永遠个苦頭、實在勿使値。懊憹得極、哭來比之前頭个若那大還要苦哩。

古經上記載若那大是皇帝个兒子、自伊吃之一眼蜜糖咾、犯之軍令、伊个爺要殺伊、自伊哭來利害、嘴內話。我但不過吃之一點點蜜糖、可惜呀、我現在要死者。哎、伊拉落地獄拉个人、看見自家受罰个緣故、爲一眼勿値銅錢个事體、是啥等樣个苦

ti véh zeng tsou; di-sè, siang-zah séh-t'éh-la-ke foh-k'i ze tsu-dou-ke.

Deû-ih, vè-zu-gnen la di-gnôh li siang-zah ze-ka la se-ka-laong, wei ih-hiéh kong-fou-ke k'a-**3**-wéh, goè-t'éh ze-ka-ke ling-wen, zéh-zai véh se zeh. Ngeh-sèh-ou k'ieh-tse ih-teng deû, gnang-téh ze-**4**-ka tsang-tse-ke di-wei; heû-lai ao-lao, k'i-lai dou kôh. I-la loh-la di-gnôh-li-ke gnen, siang-zah ze-**5**-ka léh-la se-ka-laong wei ih k'eh kong-fou-ke k'a-wéh, wei ih-hiéh-ke zia-zing, goè-t'éh yeû ih-**6**-tsong foh-k'i-ke t'ié-daong, vèh-la di-gnôh li, k'ieh yong-yeu-ke k'ou-deû, zéh-zai véh se-zeh; ao-lao **7** teh-ghieh, k'ôh-lai pi-tse zié-deû-ke Zah-na-da è yao k'ou li.

Kou-kieng laong ki-tsai Zah-na-da ze waong-ti-ke gni-tse, ze-i k'ieh-tse ih-ngè mih-daong lao, vè-**9**-tse kiun-ling, i-ke ya yao sèh i, ze-i kôh-lai li-hai, tse li (𥚃) wo: "Ngou tè-péh-kou k'ieh-tse **10** ih-tié-tié mih-daong, k'o-sieh a, ngou yé-zai yao si tsé!" Ai, i-la loh-di-gnôh-la-ke gnen, k'eu-**11**-kié ze-ka zeû vèh-ke yeu-kou, wei ih-ngè véh zeh dong-dié-ke ze-ti, ze sa-teng-yang k'ou

---

qu'on n'a pas fait; troisièmement, la pensée du bien immense qu'on a perdu.

Premièrement, le pécheur en enfer songera que perdre son âme **3** pour le plaisir d'un instant, cela n'en valait vraiment pas la peine. Ésaü, après avoir mangé le plat de lentilles échangé contre **4** son droit d'aînesse, conçut un vif regret, se désolait et pleurait amèrement. À présent, les damnés, à la pensée **5** que pour le plaisir d'un moment en ce monde, pour la satisfaction d'un instant, ils ont perdu **6** le paradis, séjour de tout bonheur, et sont condamnés aux souffrances éternelles de l'enfer, sentent leur perte, éprouvent un regret **7** très vif, et pleurent bien plus amèrement que Jonathas.

L'Écriture Sainte dit que Jonathas, fils d'un roi, ayant violé **9** les règlements militaires en mangeant un peu de miel, son père voulait le faire mourir. Jonathas gémissait et disait: "Je n'ai fait que goûter **10** un peu de miel, et voilà que je meurs!" (I Reg. 14. 43.) Les damnés, voyant **11** que la cause de leur châtiment a été une bagatelle, combien ne doivent-ils pas être

呢。
現在伲看見年紀過去、勿是像殺飛過个能否。拉地獄裡个人、看見自家垃拉世界上、活之五六十年、比起永遠來、是算啥呢。況且第个五六十年裡、豈是啥常常享福个。犯罪人失落脫天主、活拉个時候、常常勿平安、犯罪个快活、一歇工夫就過去。別个時候總是苦、憂悶咾勿好過、像現在拉地獄裡、想起箇个犯罪个時候、眞正是一瞬眼工夫。竟然甩脫自家个靈魂、所以懊憦咾話。可憐伲爲一眼个邪情、爲一分二分工夫个快活、落拉地獄裡、受火燒个苦。一總世界上个好處齊無得、現在拉地獄裡、永遠吃苦、實在勿使値。

二想　聖多瑪斯話。落拉地獄裡个人、最大个苦、是因得一眼

gni!

Yé-zai gni k'eu-kié gné-ki kou-k'i, véh ze ziang-sèh fi-kou-ke-neng va? La di-gnôh-li-ke gnen **3** k'eu-kié ze-ka léh-la se-ka-laong, wéh-tse n lôh-séh gné, pi-k'i yong-yeu lai, ze seu sa gni? **4** Faong-ts'ia di-ke n lôh-séh gné li, ki-ze sa zang-zang hiang-foh-ke? Vè-zu-gnen séh-loh-t'éh T'ié-**5**-tsu, wéh-la-ke ze-heû zang-zang véh bing-eu; vè-zu-ke k'a-wéh, ih-hiéh kong-fou zieû kou-k'i; biéh-**6**-ke ze-heû tsong ze k'ou, yeû-men lao véh h'ao kou. Ziang yé-zai la di-gnôh li siang-k'i kou-ke vè-**7**-zu-ke ze-heû, tsen-tseng ze ih-sèh-ngè kong-fou: kieng-zé goè-t'éh ze-ka-ke ling-wen,sou-i ao-**8**-lao lao wo: "K'o-lié gni wei ih-ngè-ke zia-zing, wei ih fen gni fen kong-fou-ke k'a-wéh, loh-la **9** di-gnôh li, zeû h'ou-sao-ke k'ou! Ih tsong se-ka-laong-ke h'ao-ts'u zi m-teh, yé-zai la di-gnôh **10** li, yong-yeu k'ieh-k'ou, zéh-zai véh se zeh."

Gni siang.— Seng Tou-mô-se wo: "Loh-la di-gnôh-li-ke gnen, tsu dou-ke k'ou, ze yen-teh ih-ngè-

---

affligés!

Est-ce que nous ne voyons pas à présent les années passer comme si elles volaient? Que paraîtront donc **3** aux damnés les cinquante ou soixante années passées en ce monde, en comparaison de l'éternité? **4** En outre, pendant ces cinquante ou soixante années, ont-ils toujours été heureux? Les pécheurs, ayant perdu Dieu, **5** pendant leur vie n'ont jamais eu de paix; le plaisir du péché est passé en un instant, et tout le reste **6** du temps s'est écoulé dans la douleur, la tristesse, le malaise. À présent qu'ils sont en enfer, songeant au temps où **7** ils ont péché, ce temps leur paraîtra la durée d'un clin d'œil: or, c'est ce pour quoi cependant ils ont perdu leur âme. Aussi s'écrieront-ils **8** dans leur regret: "Malheureux que nous sommes; pour une petite volupté, pour quelques instants de joie,nous sommes tombés **9** en enfer, destinés au tourment du feu; nous n'avons plus aucun des avantages du monde, et à présent **10** nous souffrirons éternellement. Vraiment, il n'y avait pas de proportion!"

IIe Point. Le peu qu'on avait à faire pour se sauver. — S. Thomas dit: "La principale peine des damnés sera de voir

眼个福氣、落拉地獄裡、假使拉世界上个時候、要救靈魂、是十分容易个。伊拉想到什介能、良心裏向苦來非凡。前頭有一个落拉地獄裡个人、發顯出來拉聖翁伯爾門前話。我拉地獄裡、頂大个苦頭、是想着爲一眼眼个快活、落拉地獄裡、又想着垃拉世界上、只要做無啥大煩難个工夫、就能殼救靈魂、第个兩个想頭、是我心上个大苦頭。

什介能看起來、伊拉無福氣个人、一定自家懊憦咾話。若使我垃拉世界上、勿看第个物事、勿看箇个人个面上、假使避脫第个犯罪个機會、躲避第个勿好个朋友、我也勿落地獄者。若使我每一个主日、辦神工領聖體、日逐看聖書、祈求咾靠託耶穌瑪利亞、我也勿死拉罪裡。但是好多回定當之好志向、或者勿

ngè-ke foh-k'i, loh-la di-gnôh li; kia-se la se-ka-laong-ke ze-heû, yao kieû ling-wen, ze zéh-**2**-fen yong-i-ke." I-la siang-tao zéh-ka-neng, liang-sin li-hiang k'ou-lai-fi-vè. Zié-deû yeû ih-ke **3** loh-la di-gnôh li-ke gnen, fèh-hié-ts'éh-lai la seng Hong-péh-eul men-zié wo: "Ngou la di-gnôh li **4** ting-dou-ke k'ou-deû, ze siang-zah wei ih-ngè-ngè-ke k'a-wéh, loh-la di-gnôh li, i siang-zah léh-**5**-la se-ka laong, tséh-yao tsou m sa dou vè-nè-ke kong-fou, zieû neng-keû kieû ling-wen. Di-ke liang-**6**-ke siang-deû ze ngou sin laong-ke dou k'ou-deû."

Zéh-ka-neng k'eu-k'i-lai i-la m foh-k'i-ke gnen, ih-ding ze-ka ao-lao lao wo: "Zah-se ngou **8** léh-la se-ka laong, véh k'eu di-ke méh-ze, véh k'eu kou-ke gnen-ke mié laong, kia-se bi-t'éh di-**9**-ke vè-zu-ke ki-wei, bi-t'éh di-ke véh h'ao-ke bang-yeû, ngou a véh loh di-gnôh tsé. Zah-se **10** ngou mei-ih-ke tsu-gnéh bè-zen-kong ling-seng-t'i, gnéh-zôh k'eu seng-su, ghi-ghieû lao k'ao-t'oh Ya-sou **11** Mô-li-ya, ngou a véh si-la zu li. Tè-ze h'ao-ta-wei ding-taong-tse h'ao tse-hiang, woh-tsé véh

---

qu'ils sont en enfer pour un petit bonheur, et que, vivant en ce monde, ils pouvaient se sauver très **2** facilement." En réfléchissant à cela, leur conscience est très malheureuse. Autrefois un **3** damné apparut à S. Humbert et lui dit: "Ma plus grande peine **4** en enfer est de penser que je me suis damné pour un tout petit plaisir, et **5** qu'il suffisait pendant ma vie de faire des choses faciles pour me sauver: ces deux **6** pensées sont le grand tourment de mon cœur."

D'où on peut conclure que ces malheureux se repentiront certainement et diront: "Si **8** étant dans ce monde je n'avais pas regardé cet objet,si je n'avais pas voulu faire plaisir à cette personne, si j'avais fui cette **9** occasion de péché, si j'avais évité ce mauvais compagnon, je ne serais pas en enfer. Si **10** je m'étais confessé et avais communié chaque semaine, si j'avais fait tous les jours la lecture spirituelle, si j'avais prié avec confiance Jésus **11** et Marie, je ne serais pas mort dans le péché. Mais j'ai fait souvent de bons propos, que je n'ai pas

曾做、或者做來無常心、半途而廢、所以失落脫自家个靈魂。又想着許多个好表樣、搭之熱心个朋友、自家勿去效法伊拉。伊拉升天堂、自家落地獄、心上實在難過。又記得天主加拉个恩典、爲相帮伊救靈魂。本性个恩典、如同身體强健、有銅錢咾物事、有本事咾啥。超性个恩典、如同聖寵、靈魂上个光照、天主个默啟。天主賞賜什介能多少年紀、能彀改過、修德行。因爲自家勿要咾、現在到第个地步。現在想改過、也無得時候者。想來想去、心上實在苦腦。

第个多少聖寵咾恩典、像一把刀、割伊拉个心。所以對地獄裡个淘伴話。立功勞个時候、過去拉者、伲無法子救自家者。哎、伲爲犯罪咾吃苦、假使得爲天主咾、吃什介能个苦、豈勿是成功

zeng tsou, woh-tsé tsou-la m zang-sin, pé dou eul fi, sou-i seh-loh-t'eh ze-ka-ke ling-wen.

I siang-zah hiu-tou-ke h'ao piao-yang, tèh-tse gnéh-sin-ke bang-yeû, ze-ka véh k'i yao-fèh i-la; **3** i-la seng t'ié-daong, ze-ka loh di-gnôh: sin laong zéh-zai nè-kou! I ki-teh T'ié-tsu ka-la-ke **4** en-tié, wei siang-paong i kieû ling-wen: pen-sing-ke en-tié, zu-dong sen-t'i ghia-ghié, yeû dong-dié lao **5** méh-ze, yeû pen-ze lao-sa; ts'ao-sing-ke en-tié, zu-dong seng-ts'ong, ling-wen-laong-ke koang-tsao, T'ié-tsu-**6**-ke meh-k'i, T'ié-tsu saong-se zéh-ka-neng tou-sao gné-ki, neng-keû kai-kou sieû teh-yeng, yen-wei ze-**7**-ka véh yao lao, yé-zai tao di-ke di-bou: yé-zai siang kai-kou, a m-teh ze-heû tsé. Siang-lai-**8**-siang-k'i sin laong zéh-zai k'ou-nao.

Di-ke tou-sao seng-ts'ong lao en-tié, ziang ih-pouo tao keuh i-la-ke sin; sou-i tei di-gnôh li-**10**-ke dao-bé wo: "Lih kong-lao-ke ze-heû kou-k'i la-tsé; gni m fèh-tse kieû ze-ka tsé. Ai, gni **11** wei vè-zu lao k'ieh-k'ou, kia-se-teh wei T'iè-tsu lao, k'ieh zéh-ka-neng-ke k'ou, k'i-véh-ze zeng-kong

---

gardés, ou que j'ai gardés sans persévérance, ainsi, je me suis arrêté à mi-chemin et j'ai perdu mon âme.

Il pensera aussi à tant de bons exemples et à tant d'amis fervents, qu'il n'a pas imités; **3** eux sont allés au ciel et lui est tombé en enfer: quel crève-cœur! Il se rappellera encore les bienfaits **4** qu'il avait reçus de Dieu pour l'aimer et sauver son âme: bienfaits naturels, comme la santé, la fortune, **5** les talents et le reste; dons surnaturels, comme la grâce, les lumières, les inspirations **6** divines, tant d'années accordées pour se convertir et pratiquer la vertu: mais, parce qu'il **7** n'a pas voulu en profiter, il est réduit maintenant à cet état: à présent, il voudrait se convertir, mais il n'a plus le temps. En pensant **8** à tout cela, son cœur est vraiment malheureux.

Toutes ces grâces et ces bienfaits sont comme un glaive qui perce son cœur; et ainsi, il dira **10** à ses compagnons dans l'enfer: "Le temps de mériter est passé; il n'y a plus de moyen de nous sauver. Hélas! nous **11** avons bien souffert pour pécher; si nous avions souffert cela pour Dieu, n'est-ce pas que nous serions

聖人咾、勿落地獄否。落地獄拉个人、想着第个意思、比之受火燒个苦、更加利害。箇个時候嘆氣咾話。哎、伲活拉个時候、能彀救靈魂咾、得着永遠个福氣、到底現在落拉地獄裡、永遠要吃苦。

三想　地獄裡个人、良心上第三个苦頭、就是曉得失脫拉个福氣。是極大咾無啥可以比个。聖基所話。落之地獄、最大个苦、是落脫天堂、第个落脫天堂个苦、比之地獄裡隨便啥刑罰、更加利害。英國背教皇后依撒伯爾、活拉个時候話。若使天主賞賜我四十年工夫坐龍廷、我情願失脫天堂。天主准許伊个意思、賞賜伊四十年做皇后、可惜伊四十年後來、靈魂到地獄裡去、就是伊个福氣、已經過去拉者。現在拉地獄裡受苦、想着四

seng-gnen lao véh loh di-gnôh va?" Loh-di-gnôh-la-ke gnen siang-zah di-ke i-se, pi-tse zeû h'ou-**2**-sao-ke k'ou, keng-ka li-hai. Kou-ke ze-heû t'è-k'i lao wo: "Ai, gni wéh-la-ke ze-heû, neng-keû **3** kieû ling-weng lao, teh-zah yong-yeu-ke foh-k'i, tao-ti yé-zai loh-la di-gnôh li, yong-yeu yao k'ieh-**4**-k'ou."

Sè siang. — Di-gnôh li-ke gnen liang-sin laong di-sè-ke k'ou-deû, zieû-ze hiao-teh séh-t'éh-la-ke **6** foh-k'i ze ghieh dou lao m sa k'o-i pi-ke. Seng Ki-sou wo: "Loh-tse di-gnôh tsu-dou-ke k'ou, **7** ze loh-t'éh t'ié-daong: di-ke loh-t'éh t'ié-daong-ke k'ou, pi-tse di-gnôh li zu-bié sa yeng-vèh, keng-**8**-ka li-hai." Yeng kôh pei-kiao waong-heû I-sèh-péh-eul, wéh-la-ke ze-heû wo: "Zah-se T'ié-tsu saong-**9**-se ngou se-séh gné kong-fou zou long-ding, ngou zing-gneu séh-t'éh t'ié-daong." T'ié-tsu ts'en-hiu i-ke i-**10**-se, saong-se i se-séh gné tsou waong-heû. K'o-sieh i se-séh gné heû-lai, ling-wen tao di-gnôh li **11** k'i, zieû-ze i-ke foh-k'i i-kieng kou-k'i-la-tsé. Yé-zai la di-gnôh li zeû-k'ou, siang-zah se-

---

des saints et que nous ne serions jamais tombés en enfer?" Bien plus cruelle que le tourment du feu **2** sera cette réflexion pour les damnés. Alors, ils pousseront des soupirs et s'écrieront: "Hélas! Pendant notre vie, nous pouvions **3** nous sauver et obtenir un bonheur éternel; tandis qu'à présent, nous sommes tombés en enfer pour souffrir éternellement."

IIIe Point. Le grand bien qu'on a perdu.—Le troisième tourment de la conscience des damnés, c'est de savoir qu'ils ont perdu un bonheur **6** immense et qui n'a rien de comparable. S. Jean Chrysostome dit: "Le plus grand tourment en enfer, **7** c'est d'avoir perdu le paradis: ce tourment est plus terrible que n'importe **8** quelle peine de l'enfer." La reine apostate Élisabeth d' Angleterre disait pendant sa vie: "Que Dieu m'accorde **9** quarante années de règne, et je renonce au paradis." Dieu accéda à son désir **10** et lui accorda de régner quarante ans. Malheureuse! Après quarante ans, son âme alla en enfer **11** et son bonheur était fini. À présent qu'elle souffre en enfer, à la pensée que pendant ces quarante

十年當中、驚嚇咾難過、也有勿少、到末脚失脫永遠个天堂、豈勿是傷心否。

更加苦腦个、失脫之天堂、又失脫無窮美好个天主。人拉地獄裡懂得天主造人、爲得着天堂、也懂得天主撥拉人有自主之權、就是自家能彀做主掌、或者升天堂、或者落地獄、隨便自家揀選。如同聖經上話。或者活、或者死、拉人門前、隨便人揀選。到底人勿肯自家做好、所以落地獄。垃拉地獄裡个人、看見有多少朋友、伊拉活拉世界上个時候、也犯過歇罪、因爲伊拉曉得自家糊塗咾、靠託天主个保佑、犯罪後來、眞心改過、所以救自家个靈魂。現在拉天堂上、但是我犯之罪勿肯改過、所以落地獄、受無出頭日个苦。

séh gné taong-tsong kieng-hah lao nè-kou a yeû véh sao, tao-méh-kiah séh-t'éh yong-yeu-ke t'ié-daong, k'i-**2**-véh-ze saong-sin va?

Keng-ka k'ou-nao-ke, séh-t'éh-tse t'ié-daong, i séh-t'éh wou-ghiong mei-h'ao-ke T'ié-tsu. Gnen la di-gnôh **4** li tong-teh T'ié-tsu zao gnen, wei teh-zah t'ié-daong, i tong-teh T'ié-tsu péh-la gnen ze-tsu-tse-**5**-ghieu, zieû-ze ze-ka neng-keû tsou tsu-tsang, woh-tsé seng t'ié-daong, woh-tsé loh di-gnôh, zu-bié ze-ka **6** kè-sié; zu-dong seng-king laong wo: "*Woh-tsé wéh, woh-tsé si, la gnen men-zié, zu-bié gnen kè-sié.*" Tao-**7**-ti gnen véh k'eng ze-ka tsou h'ao, sou-i loh di-gnôh. Léh-la di-gnôh li-ke gnen k'eu-kié yeû tou-**8**-sao bang-yeû, i-la wéh-la se-ka-laong-ke ze-heû a vè-kou-hiéh zu; yen-wei i-la hiao-teh **9** ze-ka wou-dou lao, k'ao-t'oh T'ié-tsu-ke pao-yeû, vè-zu heû-lai, tsen-sin kai-kou, sou-i kieû ze-**10**-ka-ke ling-wen, yé-zai la t'ié-daong laong; tè-ze ngou vè-tse zu véh k'eng kai-kou, sou-i loh di-**11**-gnôh, zeû m ts'éh-deû gnéh-ke k'ou.

---

ans, elle a eu pas mal de craintes et de peines, et qu'à la fin elle a perdu un paradis éternel, quel **2** crève-cœur ne doit-elle pas sentir!

Ce qui est plus pénible, c'est qu'en perdant le ciel, on a perdu Dieu, beauté infinie. Les damnés **4** voient que Dieu les avait créés pour le paradis, ils comprennent que Dieu leur avait donné le libre **5** arbitre, qu'ils étaient maîtres d'eux-mêmes, et qu'ils pouvaient choisir à leur gré entre le ciel et l'enfer; **6** comme le dit la sainte Écriture: "*Ante hominem vita et mors... quod placuerit ei, dabitur illi.*" (Eccli. 15. 18.) **7** Mais ils n'ont pas voulu faire le bien, aussi sont-ils tombés en enfer. Le damné verra bon nombre **8** de ses amis, qui pendant leur vie avaient péché, mais qui ayant reconnu **9** leur erreur, avec l'aide de Dieu, après le péché se sont entièrement convertis, ont sauvé **10** leur âme et maintenant sont en paradis; tandis que lui, après le péché, il n'a pas voulu se convertir, et ainsi il est tombé en **11** enfer pour souffrir des tourments dont il ne sera jamais délivré.

教友、若使儂也糊塗咾犯罪、現在還有時候、快點改過、勿要等到落地獄、永遠哭儂个糊塗。啥人曉得儂念第張道理、勿是天主末脚一回提醒儂呢。啥人曉得儂現在勿肯改過、再犯之大罪、天主勿棄絶儂呢。爲此緣故、幾時魔鬼誘感儂、就該當求天主、求聖母。又要想着地獄个苦。聖經上話。儂記得後來个事體、就永遠勿犯罪者。若使儂常常想着地獄、一定怕咾、可以盼望勿落地獄。

第二十九日　想天堂永樂

一想　聖經上話。儞个憂悶變之快活。現在伲拉世界上、忍耐點苦處、將來有一日、世界上个憂悶咾痛苦、受別人欺侮凌辱、驚嚇咾啥、齊要無没者。若使伲爲愛天主咾吃苦、一定救自家

Kiao-yeû, zah-se nong a wou-dou lao vè-zu, yé-zai è yeû ze-heû, k'oa-tié kai-kou, véh yao teng **2** tao loh di-gnôh, yong-yeu k'ôh nong-ke wou-dou. Sa-gnen hiao-teh nong gnè di-tsang dao-li, véh ze T'ié-**3**-tsu méh-kiah ih wei di-sing nong va? Sa-gnen hiao-teh nong yé-zai véh k'eng kai-kou, tsai vè-tse dou **4** zu, T'ié-tsu véh k'i-ziéh nong gni? Wei-ts'e-yeu-kou ki-ze mô-kiu yeû-ké nong, zieû kai-taong ghieû T'ié-**5**-tsu, ghieû seng Mou, i yao siang-zah di-gnôh-ke k'ou. Seng-kieng laong wo: "*Nong ki-teh heû-lai-ke ze-t'i,* **6** *zieû yong-yeu véh vè-zu tsé.*" Zah-se nong zang-zang siang-zah di-gnôh, ih-ding p'ouo lao, k'o-i p'è-maong **7** véh loh di-gnôh.

Di-gnè-kieû gnéh. Siang t'ié-daong yong foh.

Ih siang. — Seng-kieng laong wo: "*Na-ke yeû-men pié-tse k'a-wéh.*" Yé-zai gni la se-ka laong, zen-nai **10** tié k'ou-ts'u, tsiang-lai yeû ih gnéh, se-ka-laong-ke yeû-men lao t'ong-k'ou, zeû biéh-gnen k'i-wou ling-zôh, **11** kieng-hah lao-sa, zi yao m-méh-tsé. Zah-se gni wei ai T'ié-tsu lao k'ieh-k'ou, ih-ding kieû ze-ka-

---

Chrétien, si vous avez été assez insensé pour pécher, à présent que vous en avez encore le temps, hâtez-vous de vous convertir, de peur qu'une fois **2** tombé en enfer vous n'ayez à pleurer éternellement votre folie. Qui sait si cette page que vous lisez, n'est pas **3** le dernier appel de Dieu? Si vous ne changez pas de vie maintenant, qui sait si, au premier péché **4** mortel, Dieu ne vous abandonnera pas? Pour cette raison, quand le démon vous tente, recourez à Dieu **5** et à la Ste Vierge, et souvenez-vous encore de l'enfer. La sainte Écriture dit: "*Memorare novissima tua,* **6** *et in æternum non peccabis.*" (Eccli. 7. 40.) Si vous vous souvenez toujours de l'enfer, vous le craindrez sans doute et vous pouvez espérer **7** de ne pas y tomber.

29ème Jour. Du paradis.

Ier Point. Entrée d'une âme en paradis. —L'Écriture sainte dit: "*Tristitia vestra vertetur in gaudium.*" (Jo. 15. 20.) Supportons avec patience les afflictions **10** de la vie présente, un jour viendra où finiront les tristesses, les douleurs, les outrages, les mépris **11** et les craintes d'ici-bas. Si nous souffrons pour Dieu, nous sauverons sans doute notre

个靈魂、第个苦頭、就變成功天堂上个快活。
現在伲要默想天堂个快活。但是那能默想得來呢。聖人拉得着之天主格外个光照、還話勿來天堂是那能个好、伲那能話得來呢。達味聖王懂天堂个好、單單話、天堂是最可以相信咾盼望个、自伊對天主話。全能个天主、儂个皇宮那能好咾可愛个。聖保祿到過第三重天、看見過天堂也話。我果然看見過天堂、到底我話勿來天堂个福樂、是那能好。單單可以話、天堂个福樂奇妙得極、人个耳朵勿曾聽得歇、眼睛勿曾看見歇、天主爲愛伊个人、預備拉个福氣那能大、人个心思也想勿到。
伲夏天裡看見天上个星、亮咾好看。春場上看見河裡向穩風静浪、照拉个花草搭之魚咾啥、格外來得好看。到之一个大花

ke ling-wen, di-ke k'ou-deû zieû pié-zeng-kong t'ié-daong laong-ke k'a-wéh.

Yé-zai gni yao meh-siang t'ié-daong-ke k'a-wéh: tè-ze na-neng meh-siang-teh-lai gni? Seng-gnen-la teh-3-zah-tse T'ié-tsu keh-wai-ke koang-tsao, è wo-véh-lai t'ié-daong ze na-neng-ke h'ao, gni na-neng wo-4-teh-lai gni? Dèh-vi seng-waong tong t'ié-daong-ke h'ao, tè-tè wo, t'ié-daong ze tsu k'o-i siang-sin lao 5 p'è-maong-ke. Ze-i tei T'ié-tsu wo: "*Zié-neng-ke T'ié-tsu, nong-ke waong-kong na-neng h'ao lao k'o-ai-6-ke!*" Seng Pao-lôh tao-kou di-sè-zong t'ié, k'eu-kié-kou t'ié-daong a wo: "Ngou kou-zé k'eu-kié-kou t'ié-7-daong, tao-ti ngou wo-véh-lai t'ié-dang-ke foh-loh ze na-neng h'ao; tè-tè k'o-i wo: t'ié-daong-ke 8 foh-loh ghi-miao-teh-ghieh, *gnen-ke gni-tou véh zeng t'ing-teh-hiéh, ngè-tsing véh zeng k'eu-kié-hiéh, T'ié-tsu 9 wei ai i-ke gnen, yu-bei-la-ke foh-k'i na-neng dou, gnen-ke sin-se a siang-véh-tao.*"

Gni hao-t'ié li k'eu-kié t'ié laong-ke sing liang lao h'ao-k'eu; ts'en-zang laong k'eu-kié wou li-hiang wen-fong-11-zing-laong tsao-la-ke h'ouo-ts'ao tèh-tse n lao-sa, keh-wai lai-teh h'ao-k'eu; tao-tse ih-ke dou h'ouo-

---

âme, et ces douleurs se transformeront en joies du ciel.

Nous méditerons à présent sur les joies du ciel: mais, comment les méditer? Si les saints, éclairés 3 par Dieu d'une manière particulière, ne savaient pas parler sur la beauté du paradis, comment le pourrons-4-nous donc? Le saint roi David, qui avait compris la beauté du paradis, disait seulement qu'il n'y a rien de plus digne de notre amour 5 et de notre espoir que le paradis. Il disait à Dieu : "*Quam dilecta tabernacula tua, Domine virtutum.*" (Ps. 83. 2.) 6 S. Paul qui était monté jusqu'au troisième ciel, et qui avait vu le paradis, disait: "J'ai vu vraiment le paradis, 7 mais je ne puis exprimer combien est beau le bonheur du ciel: je puis seulement dire que les délices 8 du paradis sont très mystérieuses: *Oculus non vidit nec auris audivit,* 9 *nec in cor hominis ascendit, quae praeparavit Deus iis qui diligunt illum.*" (I Cor. 2. 9.)

Nous voyons pendant l'été les étoiles du firmament brillantes et belles; au printemps, nous voyons dans les lacs, lorsqu'il n'y a pas de vent 11 ni de vagues, les fleurs et les herbes réfléchies dans les eaux, avec les poissons et les autres choses, c'est d'une beauté extraordinaire; si nous entrons dans un grand

園裡、看見花草菓子樹、開花結菓、四面流个水、各式各樣个鴬鳥飛咾叫、青枝綠葉實在好看。有个人看見之、就要話。像天堂者。到底天堂勿是什介能。要曉得一眼天堂个福樂、該當想天堂、是全能天主登个地方、是愛天主个人享福个戶蕩。聖伯爾納多話。啣曉得否天堂是啥。天堂是一總福氣个地方、勿稱心个事體、一眼無沒、稱心个事體、樣樣有个。哎、我个天主、靈魂進到永遠个國度裡、話啥呢。一个好人个靈魂、到天主門前聽審判、天主定當伊升天堂、護守天神就迎接伊、慶賀伊、對伊話。美麗个靈魂、升天堂去罷、去見天主个面孔。話罷之一淘上去、漫漫之走過雲、走過星天、一進天堂門、張開眼睛來一看、嗅嗐、好呀、有福氣个地方。

yeu li, k'eu-kié h'ouo-ts'ao kou-tse zu k'ai-h'ouo kiéh-kou, se mié lieû-ke se, koh-seh-koh-yang-ke tiao-**2**-gnao fi lao kiao, ts'ing tse lôh yé, zé-zai h'ao-k'eu; yeû-ke gnen k'eu-kié-tse zieû yao wo: "Ziang t'ié-daong **3** tsé." Tao-ti t'ié-daong véh ze zéh-ka-neng; yao hiao-teh ih-ngè t'ié-daong-ke foh-loh, kai-taong siang t'ié-**4**-daong ze zié-neng T'ié-tsu teng-ke di-faong, ze ai T'ié-tsu-ke gnen hiang-foh-ke wou-daong. Seng Péh-eul-**5**-néh-tou wo: "Na hiao-teh va t'ié-daong ze sa? T'ié-daong ze ih-tsong foh-k'i-ke di-faong, véh ts'eng-sin-**6**-ke ze-t'i ih-ngè m-méh, ts'eng-sin-ke ze-t'i yang-yang yeû-ke."

Ai, ngou-ke T'ié-tsu, ling-wen tsin-tao yong-yeu-ke kôh-dou li wo sa gni? Ih-ke h'ao-gnen-ke ling-**8**-wen tao T'ié-tsu men-zié t'ing-sen-p'é, T'ié-tsu ding-taong i seng t'ié-daong, wou-seû t'ié-zen zieû gnen-tsih **9** i, k'ieng-wou i, tei i wo: "Mei-li-ke ling-wen, seng t'ié-daong k'i ba, k'i kié T'ié-tsu-ke mié-k'ong." **10** Wo-ba-tse ih-dao zaong-k'i, mè-mè-tse tseû-kou yun, tseû-kou sing t'ié, ih tsin t'ié-daong men, tsang-k'ai **11** ngè-tsing lai ih k'eu: "Oh-yô, h'ao a! yeû foh-k'i-ke di-faong!"

---

jardin, nous y voyons les plantes et les arbres fruitiers qui donnent des fleurs et des fruits, l'eau coule partout, les oiseaux de toute **2** espèce voltigent et chantent, les branches et les feuilles sont vertes, c'est vraiment ravissant; des gens voyant cela s'écrient: "C'est comme le paradis." **3** Mais le paradis est bien différent; pour comprendre un peu le bonheur du paradis, on doit considérer que **4** le paradis est un lieu habité par un Dieu tout puissant, et où jouiront ceux qui aiment Dieu. S. Bernard **5** dit: "Savez-vous ce que c'est que le paradis? Le paradis est un lieu où il y a tout bonheur, **6** on y trouve tout ce qui peut plaire et rien de ce qui peut déplaire."

Mon Dieu, que dira l'âme en entrant dans ce royaume éternel? L'âme d'un juste **8** s'étant présentée devant Dieu pour être jugée, et Dieu l'ayant jugée digne du paradis, l'Ange gardien ira au-devant **9** d'elle pour la féliciter et lui dire: "O âme si belle, allons en paradis contempler la face de Dieu". **10** Après ces paroles, ils montent ensemble, peu à peu ils dépassent les nues, ils traversent le ciel étoilé, ils arrivent à la porte du paradis; l'âme, ouvrant alors **11** les yeux, dès le premier regard s'écriera: "Oh! que c'est beau! oh! lieu de bonheur!"

天神咾聖人齊來迎接伊。又看見升天堂拉个爺娘、親眷朋友、搭之主保聖人一淘來碰頭、是啥等樣个快活呢。第个多少个聖人、領第个靈魂到聖母門前、謝謝聖母一總个大恩典、承認自家救靈魂、是靠聖母个相帮、得着拉个聖寵咾恩典、也是從聖母來个。聖母看見之伊、親自領到耶穌門前去。耶穌一看見之、就收留伊、如同好朋友一樣、對伊話。我个好朋友、儂來享受光榮、拉此地享福味者。患難个時候過去拉者、乃朝後苦頭無沒者。第个一个花冠、是我拿寶血換拉个、撥拉儂戴。後來耶穌自家領第个靈魂、到天主聖父臺前。聖父味降福伊、對伊話。好个相帮人、走進來、登拉儂本家屋裏享福罷。

二想　靈魂到之天堂上、總無得啥苦頭者。默照經上話。好人

T'ié-zen lao seng-gnen zi lai gnen-tsih i; i k'eu-kié seng-t'ié-daong-la-ke ya-gnang ts'in-kieu bang-yeû, **2** tèh-tse tsu-pao seng-gnen, ih-dao lai bang-deû, ze sa-teng-yang-ke k'a-wéh gni! Di-ke tou-sao-ke **3** seng-gnen ling di-ke ling-wen tao seng Mou men-zié, zia-zia seng Mou ih-tsong-ke dou en-tié, zeng-gnen **4** ze-ka kieû ling-wen, ze k'ao seng Mou-ke siang-paong, teh-zah-la-ke seng-ts'ong lao en-tié a ze zong **5** seng Mou lai-ke. Seng Mou k'eu-kié-tse i, ts'in-ze ling-tao Ya-sou men-zié k'i. Ya-sou ih k'eu-kié-**6**-tse, zieû seû-lieû i, zu-dong h'ao bang-yeû ih-yang, tei i wo: "Ngou-ke h'ao bang-yeû, nong lai hiang-zeû **7** koang-yong, la ts'e-di hiang-foh méh-tsé; wè-nè-ke ze-heû kou-k'i-la-tsé, nai-zao-heû k'ou-deû m-**8**-méh-tsé. Di-ke ih-ke h'ouo-koé, ze ngou nao pao hieuh wé-la-ke, péh-la nong ta." Heû-lai Ya-sou **9** ze-ka ling di-ke ling-wen tao T'ié-tsu seng Vou dai-zié. Seng Vou méh kiang-foh i, tei i wo: "H'ao-**10**-ke siang-paong-gnen, tseû-tsin-lai, teng-la nong pen-ka ôh-li hiang-foh ba!"

Gni siang. — Ling-wen tao-tse t'ié-daong laong, tsong m-teh sa k'ou-deû tsé. Meh-tsao-kieng laong wo: "*H'ao-gnen-*

Alors, les Anges et les saints viendront à sa rencontre; quelle joie ne sera-ce pas pour elle de voir son père et sa mère, avec les parents et amis, qui seront déjà au ciel, **2** venir à sa rencontre avec ses saints patrons! Tous ces **3** saints conduiront cette âme devant la Sainte Vierge, pour la remercier de tous ses bienfaits, et pour reconnaître que, **4** si elle s'est sauvée, c'est grâce à l'aide de Marie, et que toutes les grâces et les bienfaits lui sont **5** venus aussi par Marie. Après cette réception, la Sainte Vierge conduira elle-même cette âme à Jésus. Dès que Jésus l'aura vue, **6** il la gardera près de lui comme un ami et lui dira: "Mon ami, venez recevoir **7** la gloire, jouissez ici du bonheur; le temps des peines est passé, désormais il n'y aura plus **8** de souffrances. Portez cette couronne pour laquelle j'ai donné mon sang." Enfin Jésus **9** présente cette âme au Père éternel, qui la bénit et lui dit: "Ô fidèle **10** serviteur, entrez donc, demeurez dans la maison de votre maître pour y jouir du bonheur!"

IIe Point. Bonheur du ciel. — Entrée dans le paradis, l'âme n'aura jamais rien à souffrir. L'Apocalypse dit: "Quand les âmes

个靈魂到之天堂上、天主親自揩乾伊个眼淚、總勿死、勿哭、勿叫喊、也無沒啥病痛者、因為前頭个事體、完全過去拉者。天主拉寶座上對伊話。儂看我為儂做一總稀奇个事體。因為拉天堂上無啥痛痒、無得窮苦、無啥勿便當个事體。勿分日裡夜裡、常常是好天、温煖和平。拉第个裡受勿着別人个難為、無得嫉妒、大家齊相親相愛、各人享各人个福氣。儂看見之我、就喜歡、我看見之儂、也喜歡、總無得啥怕个事體。靈魂也堅固咾、定當拉好事體裡、總勿能彀犯罪、所以放心咾、勿怕失落脫天主。天堂上一總个福氣、齊是新樣咾稀奇个、一總个事體、齊是快活咾足相个。看見之第个奧妙个城池、就是天堂、人那能快活呢。比方看見一个城池、街路是水晶鋪拉个、兩半爿个房子、用

ke ling-wen tao-tse t'ié-daong, T'ié-tsu ts'in-ze k'a-keu i-ke ngè-li, tsong véh si, véh k'ôh, véh **2** *kiao-h'è, a m-méh sa bing-t'ong tsé, yen-wei zié-deû-ke ze-t'i wé-zié kou-k'i-la-tsé. T'ié-tsu* **3** *la pao-zou laong tei i wo : Nong k'eu ngou wei nong tsou ih-tsong hi-ghi-ke ze-t'i.*" Yen-wei la t'ié-**4**-daong laong m sa t'ong-yang, m-teh ghiong-k'ou, m sa véh bié-taong-ke ze-t'i; véh fen gnéh-li ya-li, **5** zang-zang ze h'ao t'ié, wen-neu-wou-bing; la di-ke li zeû-véh-zah biéh-gnen-ke nè-wei, m-teh zieh-**6**-tou; da-ka zi siang-ts'in-siang-ai, koh-gnen hiang koh-gnen-ke foh-k'i; nong k'eu-kié-tse ngou zieû hi-hoé, **7** ngou k'eu-kié-tse nong a hi-hoé. Tsong m-teh sa p'ouo-ke ze-t'i. Ling-wen a kié-kou lao ding-taong **8** la h'ao ze-t'i li, tsong véh neng-keû vè-zu; sou-i faong-sin lao véh p'ouo séh-loh-t'éh T'ié-tsu.

T'ié-daong laong ih-tsong-ke foh-k'i zi ze sin-yang lao hi-ghi-ke; ih-tsong-ke ze-t'i zi ze k'a-**10**-wéh lao tsôh-siang-ke. K'eu-kié-tse di-ke ao miao-ke zeng-ze, zieû-ze t'ié-daong, gnen na-neng k'a-wéh **11** gni! Pi-faong k'eu-kié ih-ke zeng-ze, ka-lou ze se-tsing p'ou-la-ke, liang-pé-bè-ke waong-tse yong

---

des justes arriveront au ciel, *absterget Deus omnem lacrymam ab oculis eorum, et mors ultra non erit, neque luctus, neque* **2** *clamor, neque dolor erit ultra, quia prima abierunt. Et* **3** *dixit qui sedebat in throno: Ecce nova facio omnia.*" (Apoc. 21. 4.) En paradis donc, **4** plus de maladies, plus de pauvreté, plus de difficulté, plus de vicissitude de jours et de nuits, **5** un ciel toujours serein et un air tempéré. Dans ce lieu, plus de persécutions ni de **6** jalousies; tous s'entr'aiment tendrement, chacun jouit du bonheur des autres; ils sont heureux **7** de se voir mutuellement. Il n'y a plus de craintes. L'âme confirmée **8** dans le bien ne peut plus pécher; ainsi elle est tranquille et ne craint pas de perdre Dieu.

Toutes les joies du paradis sont nouvelles et merveilleuses; chaque chose produit **10** le contentement et la satisfaction. Oh! quelle joie produira la vue de cette merveilleuse cité du paradis! **11** Quel charme ce serait de voir une ville dont les rues seraient pavées de cristal, dont les maisons des deux côtés

銀子造拉个、屋面是金子包拉个、裏向个裝修用寶玉做拉个、各式各樣个花樣、美麗得極、人人看見之齊稀奇。到底天堂个城池、還要體面哩、人看見之、何等樣喜歡。

再看天堂个城池、登拉起个人、蓄个衣裳、齊像皇帝个衣裳。聖奧斯定話。人升之天堂、體面像皇帝。也要看聖母瑪利亞那能个美麗。又看見天主羔羊、吾主耶穌、更加那能个美好。聖女德肋撒活拉个時候、有一回看見吾主耶穌个一隻手、實在好看、就快活來、像惛迷个能。

升之天堂、鼻頭裡聞着奇妙个香氣、耳朶裡聽得奧妙个聲音。聖五傷方濟各有一日聽見天神扯和琴、就快活來勿停。儂想到之天堂、聽見一總天神聖人、作樂唱歌咾讚美天主、是何等

gnen-tse zao-la-ke, ôh-mié ze kien-tse pao-la-ke, li-hiang-ke tsaong-sieû yong pao gnôh tsou-la-ke, 2 koh-seh-koh-yang-kẹ h'ouo-yang mei-li-teh-ghieh, gnen-gnen k'eu-kié-tse zi hi-ghi! Tao-ti t'ié-daong-ke 3 zeng-ze è yao t'i-mié li, gnen k'eu-kié-tse wou-teng-yang hi-hoé !

Tsai k'eu t'ié-daong-ke zeng-ze teng-la-k'i-ke gnen, tsah-ke i-zaong, zi ziang waong-ti-ke i-zaong. Seng 5 Ao-se-ding wo: "Gnen seng-tse t'ié-daong t'i-mié ziang waong-ti." A yao k'eu seng mou Mô-li-ya na-neng-6-ke mei-li. I k'eu-kié T'ié-tsu kao-yang ngou tsu Ya-sou, keng-ka na-neng-ke mei-hao. Seng-gnu Teh-7-leh-sèh wéh-la-ke ze-heû, yeû ih-wei k'eu-kié ngou tsu Ya-sou-ke ih-tsah seû, zéh-zai h'ao-k'eu, 8 zieû k'a-wéh-lai ziang hoen-mi ke-neng.

Seng-tse t'ié-daong, biéh-deû li wen-zah ghi-miao-ke hiang-k'i, gni-tou li t'ing-teh ao-miao-ke seng-yen. 10 Seng n saong Faong-tsi-koh yeû ih gnéh t'ing-kié t'ié-zen ts'a wou-ghien, zieû k'a-wéh-lai véh ding. Nong siang 11 tao-tse t'ié-daong, t'ing-kié ih-tsong t'ié-zen seng-gnen tsoh-yah ts'aong-kou lao tsé-mei T'ié-tsu, ze wou-teng-

---

seraient bâties en argent avec les toits couverts d'or, et tous les ornements à l'intérieur faits de pierres précieuses, 2 d'un style varié et merveilleux ! Mais quelle ne sera donc pas 3 la joie à la vue de la cité encore plus belle du paradis !

Voyez encore les habitants de cette cité du paradis, ils sont habillés comme des rois. S. 5 Augustin disait : "Ceux qui sont au ciel sont aussi beaux que des rois." On verra la beauté 6 de la mère de Dieu, comme aussi celle encore plus grande de l'Agneau de Dieu, Jésus-Christ. Sainte 7 Thérèse ayant un jour entrevu une main de Notre-Seigneur, qui était vraiment belle, 8 en fut comme folle de joie.

En paradis, l'odorat sentira de merveilleux parfums, et les oreilles entendront des harmonies exquises. 10 S.François d'Assise, en entendant un jour un Ange jouer du violon, fut transporté de joie. Oh ! qu'il sera beau 11 d'entendre au ciel tous les Anges et les saints faire de la musique, chanter des cantiques et

樣好聽耶。聖母瑪利亞讚美天主个聲音、更加是那能好聽个。

聖方濟各撒肋爵話。聖母瑪利亞个聲音、拉天堂上、像山林當中一隻鶯皇个聲氣、超過一總鶯个聲氣。總而言之、天堂上樣个福氣齊有个。

但是上頭話拉个、還勿是天堂上頂大个福氣。天堂个大福氣、是看見無窮美好个天主。聖奧斯定話。天堂上完全个福氣、垃拉看見天主。天主自家許拉伲頭等个賞賜咾報答、是看見天主咾愛慕天主。聖奧斯定又話。比方天主准許地獄裡个人、看見伊个面孔、地獄就變成功天堂者。若使一个靈魂、離開肉身个時候、天主許兩樣當中揀一樣、或者看見天主咾、受地獄个苦、或者勿看見天主咾、勿受地獄个苦、第个靈魂一定揀選看

yang h'ao-t'ing a! Seng Mou Mô-li-ya tsè-mei T'ié-tsu-ke seng-yen, keng-ka ze na-neng h'ao-t'ing-ke! **2** Seng Faong-tsi-koh Sèh-leuh-tsiah wo: "Seng mou Mô-li-ya-ke seng-yen la t'ié-daong laong, ziang sè-ling taong-**3**-tsong ih-tsah tiao waong-ke sang-k'i, ts'ao-kou ih-tsong tiao-ke sang-k'i." Tsong-eul-yé-tse, t'ié-daong laong yang-**4**-yang-ke foh-k'i zi yeû-ke.

Tè-ze zaong-deû wo-la-ke, è véh ze t'ié-daong laong ting-dou-ke foh-k'i. T'ié-daong-ke dou foh-k'i, **6** ze k'eu-kié wou-ghiong mei-h'ao-ke T'ié-tsu. Seng Ao-se-ding wo: "T'ié-daong laong wé-zié-ke foh-k'i, léh-**7**-la k'eu-kié T'ié-tsu." T'ié-tsu ze-ka hiu-la gni deû-teng-ke saong-se lao pao-tèh, ze k'eu-kié T'ié-**8**-tsu lao ai-mou T'ié-tsu. Seng Ao-se-ding i wo: "Pi-faong T'ié-tsu tsen-hiu di-gnôh-li-ke gnen, k'eu-**9**-kié i-ke mié-k'ong, di-gnôh zieû pié-zeng-kong t'ié-daong tsé; zah-se ih-ke ling-wen, li-k'ai gnôh-sen-**10**-ke ze-heû, T'ié-tsu hiu liang yang taong-tsong kè ih yang, woh-tsé k'eu-kié T'ié-tsu lao zeû di-gnôh-ke **11** k'ou, woh-tsé véh k'eu-kié T'ié-tsu lao véh zeû di-gnôh-ke k'ou, di-ke ling-wen ih-ding kè-sié k'eu-

---

louer Dieu! Combien sera encore plus belle à entendre la voix de Marie célébrant les louanges de Dieu! **2** S. François de Sales dit: "La voix de Marie est dans le ciel ce qu'est dans un bois **3** le chant du rossignol, qui surpasse celui de tous les autres oiseaux." En résumé, en paradis **4** il y a toutes les jouissances.

Mais ce qui a été dit jusqu'à présent, n'est pas le plus grand bonheur du paradis. La grande joie du paradis, **6** c'est de voir l'immense beauté de Dieu. S. Augustin dit: "Tout le bonheur du ciel **7** consiste dans la vue de Dieu." La récompense principale promise par Dieu est de le voir **8** et de l'aimer. S. Augustin dit encore: "Si Dieu permettait aux damnés de **9** voir sa face, l'enfer se changerait à l'instant en paradis; et si Dieu permettait à une âme qui vient de quitter **10** son corps, de choisir entre ces deux choses, ou de voir Dieu au milieu des tourments **11** de l'enfer, ou de ne pas le voir mais sans souffrir les peines de l'enfer, elle choisirait **sans doute de voir**

見天主咾、受地獄个苦、因爲看見天主咾、愛慕天主、是頂大个福氣咾。

伲平常人、現在勿懂天主个美好、不過照理想起來、曉得天主是可愛个。聖人拉一心愛慕天主、勿單單靈魂覺着大快活、有常時肉身也覺着个。如同聖斐理伯納理有一回發愛天主个心、利害勿過、忽然間伊个身體、離地朝上到空中、連伊跽个一條凳、也帶上去。聖伯多祿亞爾剛大辣有歇一輪、默想天主个美好、愛到極頭地步、忽然肉身朝上、垃拉空中、抱住之一顆樹、連樹根拔去。

再看致命聖人、曉得天主个好、因爲愛天主个緣故、雖然垃拉苦難當中、也能彀作樂。聖味增爵受刑罰个時候、一頭話咾笑、

kié T'ié-tsu lao zeû di-gnôh-ke k'ou; yen-wei k'eu-kié T'ie-tsu lao ai-mou T'ié-tsu ze ting-dou-ke **2** foh-k'i lao."

Gni bing-zang gnen, yé-zai véh tong T'ié-tsu-ke mei-h'ao, péh-kou tsao li siang-k'i-lai, hiao-teh T'ié-tsu **4** ze k'o-ai-ke. Seng-gnen-la ih-sin ai-mou T'ié-tsu, véh tè-tè ling-wen koh-zah dou k'a-wéh, yeû-**5**-zang-ze gnôh-sen a koh-zah-ke. Zu-dong seng Fi-li-péh Néh-li yeû ih wei fèh ai-mou T'ié-tsu-ke **6** sin li-hai-véh-kou, féh-zé-kè i-ke sen-t'i, li di zao-zaong tao k'ong-tsong, lié i ghiu-ke ih-**7**-diao teng, a ta-zaong-k'i. Seng Péh-tou-lôh Ya-eul-kang-da-lèh yeû-hiéh ih t'aong, meh-siang T'ié-tsu-ke **8** mei-h'ao, ai tao ghieh-deû di-bou, féh-zé gnôh-sen zao-zaong léh-la k'ong-tsong, bao-zu-tse ih-kou zu **9** lié zu-ken bèh-k'i.

Tsai k'eu tse-ming seng-gnen, hiao-teh T'ié-tsu-ke h'ao, yen-wei ai T'ié-tsu-ke yeu-kou, su-zé léh-la **11** k'ou-nè taong-tsong, a neng-keû tsoh-loh. Seng Vi-tseng-tsiah zeû-yeng-vèh-ke ze-heû, ih-deû wo lao siao,

---

Dieu en souffrant les peines de l'enfer; parce que la vue et l'amour de Dieu sont pour elle le plus grand **2** bonheur."

Nous autres, hommes vulgaires, nous ne comprenons pas maintenant la beauté de Dieu, c'est seulement en raisonnant que nous savons que Dieu **4** est aimable; les saints, qui aimaient Dieu de tout cœur, non seulement éprouvaient dans l'âme une grande joie, **5** mais parfois leur corps la sentait aussi, comme S. Philippe Néri qui un jour fit un acte d'amour de Dieu **6** si intense que son corps fut enlevé dans l'air en emportant le prie-Dieu **7** sur lequel il était agenouillé. S.Pierre d'Alcantara, en méditant une fois sur la beauté **8** de Dieu, l'aima jusqu'à l'extrême et tout à coup son corps s'éleva dans les airs, serrant dans ses bras un arbre **9** qu'il avait déraciné.

Voyez encore les saints Martyrs : ils comprenaient, eux, la beauté divine, et parce qu'ils aimaient Dieu, même au **11** milieu des tourments, ils étaient joyeux! S. Vincent, au milieu des supplices, parlait et souriait,

好像第个利害个苦、勿是伊受个、是別人受个一樣。聖老楞佐拉火床上燒个時候、還對皇帝話。第个一面燒熟拉者、儂來吃罷。聖奧斯定話。聖老楞佐心裡向愛天主个火、比之外面个火來得大、所以像覺勿着苦。

勿要話聖人拉、就是罪人也能彀覺着愛天主个滋味。儂看罪人回頭改過之、覺着那能喜歡呢。箇个犯罪人改過咾、哭之伊个罪、就覺着非凡个安慰。人拉世界上、勿懂天主本性个奧妙、還能彀覺着靈魂上个作樂、況且升之天堂、當面看見天主、該當那能喜歡呢。聖保祿宗徒對高林多教友話。伲現在看見天主、如同照鏡子一樣、勿大清楚、幾時親眼看見天主个聖面、就認得清爽者。現在伲个眼睛、像遮一塊布頭、天主勿要伲看見

h'ao-ziang di-ke li-hai-ke k'ou, véh ze i zeû-ke, ze biéh-gnen zeû-ke ih-yang. Seng Lao-leng-tsou **2** la h'ou zaong laong sao-ke ze-heû, wè tei waong-ti wo: "Di-ke ih-mié sao-zôh-la-tsé, nong lai k'ieh **3** ba!" Seng Ao-se-ding wo: "Lao-leng-tsou sin li-hiang ai T'ié-tsu-ke h'ou,pi-tse nga-mié-ke h'ou **4** lai-teh dou, sou-i ziang koh-véh-zah k'ou."

Véh yao wo seng-gnen-la, zieû-ze zu-gnen a neng-keû koh-zah ai T'ié-tsu-ke tse-mi. Nong k'eu zu-**6**-gnen wei-deû-kai-kou-tse koh-zah na-neng hi-hoé gni! Kou-ke vè-zu-gnen kai-kou-tse lao, k'ôh-tse i-**7**-ke zu, zieû koh-zah fi-vè-ke eu-wei. Gnen la se-ka laong, véh tong T'ié-tsu pen-sing-ke ao-miao, **8** wè neng-keû koh-zah ling-wen laong-ke tsoh-loh: faong-ts'ia seng-tse t'ié-daong, taong-mié k'eu-kié T'ié-tsu, kai-**9**-taong na-neng hi-hoé gni! Seng Pao-lôh tsong-dou tei Kao-lin-tou kiao-yeû wo: "*Gni yé-zai k'eu-kié T'ié-***10***-tsu, zu-dong tsao kieng-tse ih-yang, véh da ts'ing-ts'ou; ki-ze ts'in ngè-tsing k'eu-kié T'ié-tsu-ke seng mié, zieû* **11** *gnen-teh ts'ing-saong tsé.*" Yé-zai gni-ke ngè-tsing ziang tsouo ih-k'oei pou-deû, T'ié-tsu véh yao gni k'eu-kié

---

comme si ce n'était pas lui, mais un autre qui souffrît ces tourments. S. Laurent, **2** sur son gril embrasé, disait à l'empereur: "Ce côté est déjà cuit, viens donc le manger!" **3** S. Augustin dit: "Le feu de l'amour divin dans le cœur de S. Laurent était plus grand que **4** le feu extérieur, aussi il semblait ne pas sentir la souffrance."

Mais, sans parler des saints, les pécheurs peuvent aussi goûter la douceur de l'amour divin. Voyez **6** quelle joie éprouve le pécheur, lorsqu'il revient à Dieu! Ce pécheur, après avoir pleuré ses péchés et s'être corrigé, **7** goûte une consolation extraordinaire. Quoique l'homme ici-bas ne comprenne pas la beauté de la nature divine, **8** il peut cependant ressentir des joies dans l'âme: combien ne sera-t-il donc pas ravi de joie, lorsque au ciel **9** il verra Dieu face à face! S. Paul disait aux Corinthiens: "*Videmus nunc* **10** *per speculum in ænigmate, tunc autem facie ad faciem.*" (I Cor. 13. 12.) **11** À présent, nous avons comme un bandeau sur les yeux,Dieu ne veut pas que nous le voyions:

伊。幾時拿脫一塊布頭、親眼看見之、就認得天主那能大、那能美好、那能可愛个。

三想　現在世界上、愛慕天主个人、最大个苦頭、就是心焦咾難過、怕自家勿愛慕天主、怕天主勿愛慕自家、因爲聖經上話。人勿曉得自家是天主愛拉个呢、還是天主恨拉个。後來到之天堂上、靈魂愛慕天主、天主也愛慕伊、如同爺咾兒子大家相愛。又看見第个愛情、永遠勿失脫个、第个時候、伊拉享个福氣、是那能大呢。

靈魂明白懂得各樣奧妙个事體、是加增伊拉个福氣。靈魂懂得天主爲愛慕自伊、降生下來做人、受苦受難咾死。又立定聖體聖事、是何等樣愛慕人。又懂得天主个聖寵、救伊咾使得伊

i: ki-ze nao-t'éh ih-k'oei pou-deû, ts'in ngè-tsing k'eu-kié-tse, zieû gnen-teh T'ié-tsu na-neng dou, na-neng **2** mei-h'ao, na-neng k'o-ai-ke.

Sè-siang. — Yé-zai se-ka laong, ai-mou T'ié-tsu-ke gnen tsu-dou-ke k'ou-deû, zieû-ze sin-tsiao lao **4** nè-kou, p'ouo ze-ka véh ai-mou T'ié-tsu, p'ouo T'ié-tsu véh ai-mou ze-ka, yen-wei seng-kieng laong wo: **5** "*Gnen véh hiao-teh ze-ka ze T'ié-tsu ai-la-ke gni, è ze T'ié-tsu hen-la-ke.*" Heû-lai tao-tse **6** t'ié-daong laong ling-wen ai-mou T'ié-tsu, T'ié-tsu a ai-mou i, zu-dong ya lao gni-tse da-ka siang-**7**-ai; i k'eu-kié di-ke ai-zing yong-yeu véh séh-teh-ke: di-ke ze-heû, i-la hiang-ke foh-k'i **8** ze na-neng dou gni!

Ling-wen ming-bah tong-teh koh-yang ao-miao-ke ze-t'i, ze ka-tseng i-la-ke foh-k'i. Ling-wen tong-**10**-teh T'ié-tsu, wei ai-mou ze-gni, kiang-seng-hao-lai tsou gnen, zeû-k'ou-zeû-nè lao si; i lih-ding seng-**11**-t'i seng-ze, ze wou-teng-yang ai-mou gnen. I tong-teh T'ié-tsu-ke seng-ts'ong kieû i lao, se-teh i

---

mais quand le bandeau nous sera enlevé et que nous verrons Dieu de nos propres yeux, alors nous comprendrons comment Dieu est grand, **2** beau et aimable.

IIIe Point. Le paradis est éternel. — Ici-bas, le tourment le plus grand pour ceux qui aiment Dieu, est l'agitation et la peine **4** de cœur causées par la crainte de ne pas aimer Dieu et de ne pas être aimé de lui,car l'Écriture sainte dit : **5** "*Nescit homo utrum amore an odio dignus sit.*" (Eccl. 9. 1.) Mais, en **6** paradis, l'âme aime Dieu et est aimée de lui, comme un père et un fils s'entr'**7** aiment; en outre, l'âme voit que cet amour est tout à fait indissoluble: quel bonheur ne goûtera-**8**-t-elle pas alors!

La parfaite connaissance que l'âme aura de tous les mystères augmentera sa joie. L'âme comprendra **10** comment Dieu par amour pour elle s'est fait homme, a souffert et est mort; et combien **11** il l'a aimée en instituant le très saint Sacrement. Elle comprendra comment la grâce de Dieu l'a sauvée en empêchant

勿受誘感个害處。拉各樣个危險當中、天主救伊出來。靈魂又明白天主个愛情、用患難咾病苦、搭之各式各樣勿稱心个事體、領伊到天堂上去。格外懂得天主那能忍耐伊、自伊犯之無數个罪、天主用仁慈來待伊、叫伊回頭改過、賞賜伊多化光照。靈魂也看見拉拉地獄裡、有幾化人、伊拉犯拉个罪、比之自家犯來少、那能耶穌勿寬免伊拉、倒寬免自家。靈魂也懂明白自家得着看見天主个奧妙、總勿會得失落脫、所以天堂上个人、永遠放心、永遠享福。享受个福氣、又是新樣咾奇妙、如同頭一回享福一樣、實在覺着稀奇得極。

總而言之、人升之天堂、勿論啥个福氣、齊是充滿咾足相个。眞正如同達味聖王對天主話。揀選拉升天堂个人、拉儂个宮裡、

véh zeû yeû-ké-ke hai-ts'u; la koh-yang-ke ngoei-hié taong-tsong, T'ié-tsu kieû i ts'éh-lai. Ling-wen i **2** ming-bah T'ié-tsu-ke ai-zing, yong wè-nè lao bing-k'ou, tèh-tse koh-seh-koh-yang véh-ts'eng-sin-ke ze-**3**-t'i, ling i tao t'ié-daong laong k'i. Keh-wai tong-teh T'ié-tsu na-neng zen-nai i, ze-i vè-tse m-**4**-sou-ke zu, T'ié-tsu yong zen-ze lai dai i, kiao i wei-deû-kai-kou, saong-se i tou-h'ouo koang-tsao. **5** Ling-wen i k'eu-kié léh-la di-gnôh li yeû ki-h'ouo gnen, i-la vè-la-ke zu, pi-tse ze-ka **6** vè-lai sao, na-neng Ya-sou véh k'oé-mié i-la, tao k'oé-mié ze-ka. Ling-wen a tong ming-bah ze-**7**-ka teh-zah k'eu-kié T'ié-tsu-ke ao-miao, tsong véh wei-teh séh-loh-t'éh, sou-i t'ié-daong-laong-ke gnen **8** yong-yeu faong-sin, yong-yeu hiang-foh; hiang-zeû-ke foh-k'i, i ze sin-yang lao ghi-miao, zu-dong deû-ih **9** wei hiang-foh ih-yang, zéh-zai koh-zah hi-ghi-teh-ghieh.

Tsong-eul-yé-tse, gnen seng-tse t'ié-daong, véh len sa-ke foh-k'i, zi ze ts'ong-mé lao tsôh-siang-ke; tsen-**11**-tseng zu-dong Dèh-vi seng-waong tei T'ié-tsu wo: "*Kè-sié-la seng t'ié-daong-ke gnen, la nong-ke kong li,*

---

la tentation de lui nuire; et comment Dieu l'a délivrée de toute sorte de dangers. Elle **2** comprendra encore comment l'amour de Dieu, en se servant des revers, des maladies et de toute espèce de désagréments, **3** l'a conduite au ciel. Spécialement, elle connaîtra la patience de Dieu à son égard; comment, après qu'elle a commis **4** des péchés sans nombre, Dieu l'a traitée avec miséricorde, excitée à se corriger et gratifiée de beaucoup de lumières. **5** Elle verra en enfer des hommes dont les péchés sont moins nombreux **6** que les siens, et à qui Jésus, tandis qu'il lui pardonnait, n'a pas voulu pardonner. L'âme comprendra clairement aussi, **7** qu'étant admise à voir la beauté divine, elle ne pourra jamais la perdre. De la sorte, les élus **8** auront éternellement le cœur à l'allégresse et jouiront éternellement; le bonheur dont ils jouiront sera pour eux nouveau et merveilleux, comme s'ils en jouissaient **9** pour la première fois, ainsi ils seront dans une grande admiration.

En résumé, les élus dans le paradis, en goûtant n'importe quelle joie, seront rassasiés et complètement satisfaits; **11** juste comme le disait le saint roi David à Dieu: "*Inebriabuntur*

享受頂大个福氣、享受得來如同吃醉个一樣。第个時候靈魂明白看見天主本性本體个美好、搭伊結合、愛慕天主咾、忘記脫自家、單單曉得愛慕天主、讚美天主、永遠享天主个福氣。天堂个福氣、既然什介能大个、伲垃拉世界上、碰着之患難、該當喜歡咾受、盼望得着天堂个福氣。聖女瑪利亞厄日多國人、垃拉荒野地方、多年工夫做補贖。院長邵西默問伊。儂吃第个苦、那能忍耐得來呢。聖女話。因爲我盼望天堂咾。聖斐理伯納理有人回頭伊、要陞紅衣主教。伊答應話。我要天堂、勿要第个爵位。聖方濟各會裡个修士、叫厄濟德、聽見人家話天堂、快活來、身體朝上升起去。伲也該當想咾盼望天堂。幾時覺着憂悶咾苦腦、就擡起頭來

hiang-zeû ting-dou-ke foh-k'i, hiang-zeû-teh-lai zu-dong k'ieh-tsu-ke ih-yang." Di-ke ze-heû ling-wen **2** ming-bah k'eu-kié T'ié-tsu pen-sing-pen-t'i-ke mei-h'ao, tèh i kiéh-héh, ai-mou T'ié-tsu lao maong-ki-**3**-t'éh ze-ka; tè-tè hiao-teh ai-mou T'ié-tsu, tsè-mei T'ié-tsu, yong-yeu hiang T'ié-tsu-ke foh-k'i.

T'ié-tsu-ke foh-k'i ki-zé zéh-ka-neng dou-ke, gni léh-la se-ka laong, bang-zah-tse wè-nè, kai-**5**-taong hi-foé lao zeû, p'è-maong teh-zah t'ié-daong-ke foh-k'i. Seng-gnu Mô-li-ya Ngeh-zéh-tou kôh gnen **6** léh-la faong-ya-di-faong, ta gné kong-fou tsou pou-zôh, yeu-tsang Zao-si-meh men i: "Nong k'ieh di-ke **7** k'ou, na-neng zen-nai-teh-lai gni?" Seng-gnu wo: "Yen-wei ngou p'è-maong t'iè-daong lao." Seng Fi-li-péh Néh-**8**-li yeû gnen wei-deû i yao seng hong-i-tsu-kiao; i tèh-yeng wo: "Ngou yao t'ié-daong, véh yao di-ke **9** tsiah-wei." Seng Faong-tsi-koh wei li-ke sieû-ze kiao Ngeh-tsi-teh, t'ing-kié gnen-ka wo t'ié-daong, k'a-wéh-**10**-lai, sen-t'i zao zaong seng-k'i k'i.

Gni a kai-taong siang lao p'è-maong t'ié-daong; ki-ze koh-zah yeû-men lao k'ou-nao, zieû dai-k'i deû lai

---

ab ubertate domus tuae." (Ps. 35. 9.) Alors l'âme **2** verra clairement la beauté de la nature divine; elle s'unira à Dieu, elle l'aimera et s'oubliera **3** elle-même,elle pensera seulement à aimer Dieu, à le louer et à jouir éternellement du bonheur de Dieu.

Puisque la félicité du paradis est si grande, lorsqu'ici-bas nous rencontrons des tribulations, nous **5** devons les endurer avec joie dans l'espoir d'obtenir le bonheur du ciel. Ste Marie d'Égypte **6** ayant pendant beaucoup d'années mené une vie pénitente dans un désert, l'abbé Zozime lui demanda comment elle pouvait souffrir **7** patiemment ces douleurs. La sainte répondit: "Dans l'espérance du paradis." S. Philippe de Néri **8** étant averti qu'on voulait le faire cardinal, répondit: "Je veux le ciel, je ne veux pas de cette **9** dignité." Lorsque Frère Égide capucin entendait parler du ciel, il était ravi de joie **10** et son corps s'élevait de terre.

Nous devons penser au paradis et le désirer; lorsque nous nous sentons tristes et malheureux, levons la tête

朝上看一看、自家安慰自家話。哎、天堂、天堂、儂是伲个盼望。若使伲忠心服事天主、將來一總个苦難咾憂悶、全要無沒者。現在聖人垃拉天堂上等伲去、聖母也等伲去、吾主耶穌手裡拿之花冠、也等伲去、叫伲到天堂上享福。

第三十日　想祈禱妙功

一想　路加聖史記載耶穌个說話。㑚祈求、就賞賜拉㑚。勿論啥人求之味、就可以得着。勿單單什介、耶穌教伲求天主、并且允許伲、自家要聽伲个祈求。聖經上別个地方教人祈禱个說話、還要多裡。如同日勒米亞先知提起天主个說話咾話。儂大个聲氣求我、我就允許儂。聖咏上話。儂喊我、我就救儂出患難。聖若望經上耶穌話。㑚靠託我个名頭咾求我、我允許自㑚。又

zao zaong k'eu-ih-k'eu,ze-ka eu-wei ze-ka wo: "Ai, t'ié-daong, t'ié-daong, nong ze gni-ke p'è-maong; zah-**2**-se gni tsong-sin woh-ze T'ié-tsu, tsiang-lai ih-tsong-ke k'ou-nè lao yeû-men, zié yao m-méh-tsé." Yé-**3**-zai seng-gnen léh-la t'ié-daong laong teng gni k'i, seng Mou a teng gni k'i, ngou tsu Ya-sou seû li nao-**4**-tse h'ouo-koé a teng gni k'i, kao gni tao t'iè-daong laong hiang-foh.

Di-sè-séh gnéh. Siang ghi-tao miao kong.

Ih siang. — Lou-kia seng-se ki-tsai Ya-sou-ke seh-wo: "*Na ghi-ghieû, zieû saong-se la na, véh len* **7** *sa-gnen ghieû-tse méh, zieû k'o-i teh-zah.*" Véh tè-tè zéh-ka Ya-sou kao gni ghieû T'ié-tsu, ping-ts'ié **8** yun-hiu gni ze-ka yao t'ing gni-ke ghi-ghieû. Seng-kieng laong biéh-ke di-faong kao gnen ghi-tao-ke seh-**9**-wo, è yao tou li. Zu-dong Zéh-lèh-mi-ya sié-tse di-k'i T'ié-tsu-ke seh-wo lao wo: "*Nong dou-***10***-ke sang-k'i ghieû ngou, ngou zieû yun-hiu nong.*" Seng-yong laong wo: "*Nong h'è ngou, ngou zieû kieû nong ts'éh wè-nè.*" **11** Seng Zah-waong kieng laong Ya-sou wo: "*Na k'ao-t'oh ngou-ke ming-deû lao ghieû ngou, ngou yun-hiu ze-na.*" I

---

et regardons en haut, et consolons-nous nous-mêmes en disant: "Oh! paradis! paradis! tu es notre espoir; si **2** nous servons Dieu fidèlement,nous verrons un jour finir toutes ces peines et ces tristesses." À **3** présent les saints sont au ciel et nous attendent,Marie nous attend,et Jésus tenant en main **4** la couronne nous attend aussi et nous invite à aller en paradis jouir du bonheur.

30ème Jour. De la prière.

Ier Point. Efficacité de la prière. — L'Évangéliste S. Luc rapporte les paroles de Notre-Seigneur: "*Petite et dabitur vobis... omnis* **7** *enim qui petit, accipit.*" (Luc 11. 9.) Non seulement Notre-Seigneur nous exhorte ainsi à prier, mais **8** il promet de nous exaucer. Ailleurs dans l'Écriture Sainte, les passages qui nous enseignent la prière **9** sont bien nombreux. Ainsi le prophète Jérémie rappelle les paroles de Dieu et dit: **10** "*Clama ad me et exaudiam te.*" (Jer. 33. 3.) On lit dans les Psaumes: "*Invoca me..., eruam te.*" (Ps. 49. 15.) **11** D'après l'Évangile de S. Jean, Notre-Seigneur dit: "*Si quid petieritis me in nomine meo, hoc faciam.*" (Jo. 14. 14.) Il y a

有別个多化說話、現在勿必話完。
聖德阿多祿話、祈禱不過是一个、能彀得着一總个恩典。聖伯爾納多話。每一回伲求天主、天主賞賜伲求拉个恩典、或者賞賜伲別个恩典、爲伲更加有好處个。達味聖王向天主話。儂是和氣咾頂善个、爲一總求儂个人、十分仁慈个。聖雅各伯話。儕當中有啥人要緊智德、就是明白道理个德行、可以求天主、因爲天主賞賜一總人、富足有餘、並勿責備人。自伊話富足有餘、就是天主勿單單允許求拉个恩典、就是勿求拉个、也賞賜个。自伊話、並勿責備人、就是人求天主、天主非但勿厭氣、還更加喜歡、像忘記人个罪。
聖若望格利瑪谷話。熱心人个祈禱、是勉强天主。伲用祈禱求

yeû biéh-ke tou-h'ouo seh-wo, yé-zai véh pih wo wé.

Pôh-yah-ke Teh-ouh-tou-lôh wo: "Ghi-tao péh-kou ze ih-ke, neng-keû teh-zah ih-tsong-ke en-tié." Seng Péh-**3**-eul-nèh-tou wo: "Mei ih wei gni ghieû T'ié-tsu, T'ié-tsu saong-se gni ghieû-la-ke en-tié, woh-tsé saong-**4**-se gni biéh-ke en-tié, wei gni keng-ka yeû h'ao-ts'u-ke." Dèh-vi seng waong hiang T'ié-tsu wo: *"Nong ze* **5** *wou-k'i lao liang-zé-ke, wei ih-tsong ghieû nong-ke gnen zéh-fen zen-ze-ke."* Seng Ya-koh-péh wo: *"Na* **6** *taong-tsong yeû sa-gnen yao-kien tse-teh, zieû-ze ming-bah dao-li-ke teh-yeng, k'o-i ghieû T'ié-tsu, yen-***7***-wei T'ié-tsu saong-se ih-tsong-gnen fou-tsôh-yeû-yu, bing véh tsah-bei gnen."* Ze-i wo fou-tsôh-yeû-yu, **8** zieû-ze T'iè-tsu véh tè-tè yun-hiu ghieû-la-ke en-tié, zieû-ze véh ghieû-la-ke, a saong-se-ke. **9** Ze-i wo: bing véh tsah-bei gnen, zieû-ze gnen ghieû T'ié-tsu, T'ié-tsu fi dè véh yé-k'i, è keng-ka **10** hi-hoé, ziang maong-ki gnen-ke zu.

Seng Zah-waong Keh-li-mô-koh wo: "Gnéh-sin gnen-ke ghi-tao ze mié-k'iang T'ié-tsu." Gni yong ghi-ghieû ghieû-

---

bien d'autres passages qu'il n'est pas nécessaire de rapporter.

Selon le savant Théodoret, "la prière est une, mais elle peut obtenir toutes les faveurs." **3** "Chaque fois que nous prions, dit S. Bernard, le Seigneur nous donne ou la grâce que nous sollicitons, ou **4** une autre plus utile." Le saint roi David disait à Dieu: *"Tu, Domine,* **5** *suavis et mitis et multæ misericordiæ omnibus invocantibus te."* (Ps. 85. 5.) Et S. Jacques dit: **6** *Si quis vestrum indiget sapientia, postulet a Deo,* **7** *qui dat omnibus affluenter et non improperat."* (Jac. 1. 5.) Il dit que "Dieu donne largement", **8** parce que non seulement Dieu donne ce qu'on lui a demandé, mais il donne même ce qu'on ne lui a pas demandé; **9** il dit: "et sans faire de reproches", c'est-à-dire que lorsqu'on prie Dieu, non seulement Dieu n'est pas ennuyé, mais il est très **10** content, comme s'il avait oublié nos péchés.

S. Jean Climaque dit: "Celui qui prie avec ferveur, fait violence à Dieu." Cependant lorsque par la prière

來勉強天主、賞賜伲恩典、非但勿惹天主厭氣、還使得天主快活。所以德爾多亘話。天主喜歡人勉强自伊。聖奧斯定也話。天主願意賞賜恩典个心、比之伲要得着恩典个心、更加來得懇切。爲第个緣故、聖亘話。天主个本性、是仁慈嘵好个、一心願意賞賜恩典、聖女瑪達肋納巴齊話。一个靈魂求天主、是撥拉天主一个賞賜恩典个機會、恰好快活天主个心、什介能人求天主、如同爲天主做一件好事體。

聖伯爾納多話。有幾化人怪天主勿賞賜聖寵、其實天主更加怪人勿祈求。耶穌責備宗徒們話。到現在㑚勿曾用我个名頭來、求點啥、㑚求罷、一定得着个、乃味㑚个快活完全足相者。耶穌个意思就是話、㑚無沒福氣勿要怪我、該當怪㑚勿求、㑚求

lai mié-k'iang T'ié-tsu, saong-se gni en-tié, fi-dè véh za T'ié-tsu yé-k'i, è se-teh T'ié-tsu k'a-**2**-wéh. Sou-i Teh-eul-tou-liang wo: "T'ié-tsu hi-hoé gnen mié-k'iang ze-i." Seng Ao-se-ding a wo: "T'ié-**3**-tsu gneu-i saong-se en-tié-ke sin, pi-tse gni yao teh-zah en-tié-ke sin, keng-ka lai-teh k'en-**4**-ts'ih." Wei di-ke yeu-kou, seng Liang wo: "T'ié-tsu-ke pen-sing ze zen-ze lao h'ao-ke, ih-sin gneu-i **5** saong-se en-tié." Seng-gnu Mô-dèh-leh-nèh Pouo-zi wo: "Ih-ke ling-wen ghieû T'ié-tsu, ze péh-la T'ié-**6**-tsu ih-ke saong-se en-tié-ke ki-wei, hèh-h'ao k'a-wéh T'ié-tsu-ke sin: zéh-ka-neng gnen ghieû T'ié-**7**-tsu, zu-dong wei T'ié-tsu tsou ih-ghié h'ao ze-t'i."

Seng Péh-eul-nèh-tou wo: "Yeû ki-h'ouo gnen koa T'ié-tsu véh saong-se seng-ts'ong, ghi-zé T'ié-tsu keng-ka **9** koa gnen véh ghi-ghieû." Ya-sou tsah-bei tsong-dou-men wo: "*Tao yé-zai na véh zeng yong ngou-ke ming-deû* **10** *lai ghieû tié sa: na ghieû ba, ih-ding teh-za-ke, nai-méh na-ke k'a-wéh wei-zié tsôh-siang tsé.*" Ya-**11**-sou-ke i-se zieû-ze wo: Na m-méh foh-k'i véh yao koa ngou, kai-taong koa na véh ghieû; na ghieû

---

nous forçons Dieu à nous accorder des faveurs, non seulement nous ne l'importunons pas, mais nous le réjouissons. **2** Ainsi Tertullien dit: "Dieu est content qu'on lui fasse violence." S. Augustin dit aussi: **3** "Dieu a un désir plus intense de nous acccorder ses grâces que nous de les recevoir." **4** "La raison en est, dit S. Léon, que Dieu est par nature miséricordieux et bon, et partant il désire ardemment **5** donner ses bienfaits." D'où Ste Marie-Magdeleine de Pazzi concluait: "L'âme qui prie Dieu, lui donne **6** l'occasion de faire du bien, et justement elle réjouit le cœur de Dieu: ainsi celui qui prie **7** semble faire du bien à Dieu." Il fait comme une bonne œuvre envers Dieu.

S. Bernard dit: "Il y a des gens qui accusent Dieu de ne pas leur accorder sa grâce, c'est bien plutôt Dieu **9** qui pourrait se plaindre qu'on ne le prie pas." Notre-Seigneur blâma les Apôtres et leur dit: "*Usque modo non petistis quidquam* **10** *in nomine meo: petite, et accipietis, ut gaudium vestrum sit plenum.*" (Jo. 16. 24.) **11** La pensée de Jésus est celle-ci: Ne vous en prenez pas à moi si vous n'avez pas été heureux, prenez-vous-en à vous-mêmes qui n'avez rien demandé; demandez

味者、我一定允許伽。

前頭有多少修道人、聚攏來會議、齊話。救靈魂頂好个法子、就是求天主、常常對天主話、天主救自伲。色熱理神父用大一半默想个工夫、祈求天主。伲可以效法自伊。聖基所話。皇帝一定勿肯聽隨便啥人个說話、到底天主勿論啥人對伊話、齊肯聽个。

二想　想祈禱个要緊。聖基所話。肉身一離開之靈魂、就是死人、靈魂無得祈禱、也是死拉个。又話。人要緊祈禱、如同樹木要緊雨水。樹木無得雨水、就要乾殺、靈魂無得祈禱、也免勿來要死。

天主要一總人升天堂、第个是一定个道理。到底天主要人祈

méh-tsé, ngou ih-ding yun-hiu na.

Zié-deû yeû tou-sao sieû-dao-gnen zu-long-lai wei-gni, zi wo: "Kieû ling-wen ting h'ao-ke fèh-tse, zieû-3-ze ghieû T'ié-tsu, zang-zang tei T'ié-tsu wo: "T'ié-tsu kieû ze-gni." Seh-gnéh-li zen-vou yong dou ih péh 4 meh-siang-ke kong-fou, ghi-ghieû T'ié-tsu: gni k'o-i yao-fèh ze-i. Seng Ki-sou wo: "Waong-ti ih-ding 5 véh k'eng t'ing zu-bié sa-gnen-ke seh-wo, tao-ti T'ié-tsu véh len sa-gnen tei i wo, zi k'eng t'ing-6-ke."

Gni siang. — Siang ghi-tao-ke yao-kieng. Seng Ki-sou wo: "Gnôh-sen ih li-k'ai-tse ling-wen, zieû-ze si-8-gnen; ling-wen m-teh ghi-tao, a ze si-la-ke." I wo: "Gnen yao-kien ghi-tao, zu-dong zu-moh yao-9-kien yu-se: zu-moh m-teh yu-se, zieû yao keu-sèh, ling-wen m-teh ghi-tao, a mié-véh-lai yao 10 si."

T'ié-tsu yao ih-tsong-gnen seng t'ié-daong, di-ke ze ih-ding-ke dao-li; tao-ti T'ié-tsu yao gnen ghi-

---

donc et je vous exaucerai certainement.

Autrefois plusieurs religieux se réunirent en consulte, et conclurent que le meilleur moyen pour sauver son âme 3 est de prier Dieu et de lui dire sans cesse: "Mon Dieu, secourez-nous." Le Père Segneri employait plus de la moitié 4 de sa méditation à prier Dieu : nous pouvons bien l'imiter. S. Jean Chrysostome disait: "Les rois de la terre n'écoutent 5 certainement pas n'importe qui; mais Dieu écoute quiconque veut lui parler."

IIe Point. Nécessité de la prière. — Considérons combien la prière est nécessaire. Selon S. Chrysostome, "le corps séparé de l'âme est mort, 8 l'âme sans la prière est aussi morte." Et: "la prière nous est autant nécessaire que l'eau de pluie 9 aux arbres: les arbres sans eau se dessèchent et meurent, l'âme sans prière périra inévitablement."

C'est une vérité certaine que Dieu veut le salut de tous; mais Dieu veut aussi que nous priions

二百五十六

求、乃味能彀得着要緊个聖寵。有之聖寵、就能彀完全守好天主个誡命。所以勿求天主、勿能彀救靈魂。德利騰公會議話。人做勿到个、天主勿命人做个、凡於命拉个、或者能彀做个就做、或者勿能彀做个、求天主相幇、就做得來者。

聖奧斯定話。除脫之幾樣恩典、如同感動人進教、或者叫人改過、別樣个恩典、往往求之咾得着个。另外爲常心做好个恩典、必須求之咾得着。爲此緣故聖巴西畧聖奧斯定聖基所搭之別个博學士齊話。爲開明悟拉个人、祈求是勿得勿然个、假使得勿祈禱咾、就救勿着靈魂。什介能人開之明悟、有重个本分、該當求天主。雖然勿求天主、有常時天主也賞賜恩典、到底是難班有个事體。

ghieû, nai-méh neng-keû teh-zah yao-kien-ke seng-ts'ong: yeû-tse seng-ts'ong, zieû neng-keû wé-zié seû-h'ao T'ié-**2**-tsu-ke kia-ming. Sou-i véh ghieû T'ié-tsu, véh neng-keû kieû ling-wen. Teh-li-deng kong-wei-gni wo: "Gnen **3** tsou-véh-tao-ke, T'ié-tsu véh ming gnen tsou-ke; vè-yu ming-la-ke, woh-tsé neng-keû tsou-ke zieû-tsou, **4** woh-tsé véh neng-keû tsou-ke, ghieû T'ié-tsu siang-paong, zieu tsou-teh-lai-tsé."

Seng Ao-se-ding wo: "Zu-t'éh-tse ki yang en-tié, zu-dong ké-dong gnen tsin-kiao, woh-tsé kiao gnen kai-**6**-kou, biéh-yang-ke en-tié, waong-waong ghieû-tse lao teh-zah-ke; ling-nga wei zang-sin tsou h'ao-ke en-tié, **7** pih-su ghieû-tse lao teh-zah." Wei-ts'e-yeu-kou, seng Pouo-si-liah, seng Ao-se-ding, seng Ki-sou tèh-tse **8** biéh-ke pôh-yah-ze zi wo: "Wei k'ai ming-ngou la-ke gnen, ghi-ghieû ze véh-teh-véh-zé-ke; kia-se-**9**-teh véh ghi-ghieû méh, zieû kieû-véh-zah ling-wen. Zéh-ka-neng gnen k'ai-tse ming-ngou, yeû zong-ke pen-ven, **10** kai-taong ghieû T'ié-tsu. Su-zé véh ghieû T'ié-tsu, yeû-zang-ze T'ié-tsu a saong-se en-tié, tao-ti ze **11** nè-pè yeû-ke ze-t'i.

---

afin d'obtenir les grâces nécessaires : avec le secours de la grâce, nous pouvons observer entièrement **2** les commandements de Dieu; et ainsi sans la prière, on ne sauvera pas son âme. Le concile de Trente dit : **3** "Dieu n'ordonne pas des choses impossibles : quelle que soit la chose commandée, la pouvez-vous, faites-la; **4** ne la pouvez-vous pas, priez Dieu de vous aider et vous la pourrez."

S. Augustin dit : "Sauf quelques grâces, comme l'appel à la foi ou à la pénitence, **6** toutes les autres grâces, on ne les obtient ordinairement que par la prière; et spécialement pour obtenir la grâce de la persévérance dans le bien, **7** il est nécessaire de prier." À cause de cela, S. Basile, S. Augustin, S. Jean Chrysostome et **8** d'autres savants disent : "Que la prière est indispensable à ceux qui ont l'usage de la raison, et s'ils **9** ne prient pas, ils ne sauveront pas leur âme." Ainsi, l'homme arrivé à l'âge de raison,a une obligation grave **10** de prier. De fait, sans que nous l'ayons prié, Dieu nous accorde parfois ses dons, mais ceci **11** n'arrive que rarement.

一个有名聲个人、叫類西伍斯話。開明悟拉个人、爲救自家个靈魂、要緊求天主。第个是信德个道理。聖經上話。該當常常祈求、倗祈求味、勿落拉誘感裡。又話、求之、乃味得着、該當勿停个求。照聖多瑪斯搭之別个博學士話。第个聖經个說話、包含命个意思、另外垃拉三樣光景裡。頭一、人有大罪个時候、第二、碰着之死个危險、第三、垃拉犯大罪个機會裡。博學士又話。一个教友過之一兩个月、勿求天主、犯一个勿祈禱个大罪、

聖女德肋撒話。耶穌話、倗求之、就得着。可以曉得勿求就得勿着。聖雅各伯話。倗得勿着、因爲勿求咾。更加爲保守靈魂、勿犯邪淫个罪、要緊祈禱。聖經上撒落滿話。我曉得無沒天主賞賜、我勿能彀勿犯邪淫个罪、所以我到天主門前去、求伊保佑。

Ih-ke yeû ming-sang-ke gnen kiao Lei-si-ou-se wo: "K'ai ming-ngou la-ke gnen wei kieû ze-ka-ke 2 ling-wen, yao-kien ghieû T'ié-tsu, di-ke ze sin-teh-ke dao-li." Seng-kieng laong wo: "*Kai-taong zang-zang ghi-3-ghieû.*" "*Na ghi-ghieû méh, véh loh-la yeû-ké li.*" I wo: "*Ghieû-tse nai-méh teh-zah. Kai-taong véh ding-ke 4 ghieû.*" Seng Tou-mô-se tèh-tse biéh-ke pôh-yah-ze wo: "Di-ke seng-kieng-ke seh-wo pao-héh ming-5-ke i-se; ling-nga léh-la sè yang koang-kieng li: deû ih, gnen yeû dou zu-ke ze-heû; di gni, bang-6-zah-tse si-ke ngoei-hié; di sè, léh-la vè dou zu-ke ki-wei li." Pôh-yah-ze i wo: "Ih-ke 7 kiao-yeû kou-tse ih liang-ke gneuh, véh ghieû T'ié-tsu, vè ih-ke véh ghi-tao-ke dou zu."

Seng-gnu Teh-leh-sèh wo: "Ya-sou wo: Na ghieû-tse zieû teh-zah; k'o-i hiao-teh véh ghieû zieû teh-véh 9 zah." Seng Ya-koh-péh wo: "*Na teh-véh-zah, yen-wei véh ghieû lao.*" Keng-ka wei pao-seû ling-wen, véh vè 10 zia-yen-ke zu, yao-kien ghi-tao. Seng-kieng laong Sèh-loh-mé wo: "*Ngou hiao-teh m-méh T'ié-tsu-ke saong-se,* 11 *ngou véh neng-keû véh vè zia-yen-ke zu; sou-i ngou tao T'ié-tsu men-zié k'i, ghieû i pao-yeû.*"

Le célèbre Lessius dit: "C'est une vérité de foi que la prière est nécessaire aux adultes pour 2 se sauver. En effet, l'Écriture dit: "*Oportet semper* 3 *orare.*" (Luc. 18. 1.) "*Orate ut non intretis in tentationem.*" (Marc. 14. 38.) Elle dit encore: "*Petite et accipietis.*" (Jo. 16. 24.) et "*Sine intermissione* 4 *orate.*" (I Thess. 5. 17.) D'après S. Thomas et autres savants, ces paroles de l'Écriture Sainte renferment l'idée 5 d'un commandement, surtout dans trois circonstances: 1°, quand on est en état de péché; 2°, quand 6 on est en danger de mort; 3°, quand on est dans l'occasion de pécher mortellement. Ces savants disent aussi: 7 "Celui qui passe un ou deux mois sans prier Dieu, commet un péché grave pour n'avoir pas prié."

Ste Thérèse disait: "Notre-Seigneur dit: Demandez et vous recevrez: donc, on peut savoir par là que celui qui ne demande pas n'obtient pas." 9 S. Jacques dit: "*Non habetis, propter quod non postulatis.*" La prière est particulièrement nécessaire pour préserver l'âme 10 du péché d'impureté. Salomon disait: "*Et ut scivi quoniam aliter* 11 *non possum esse continens, nisi Deus det.... adii Dominum et deprecatus sum.*" (Sap. 8. 21.)

現在許多个人、拉地獄裡、因爲拉世界上、勿曾好好能求天主咾。若然用心求之、一定勿到地獄裡去。還有無數个人、垃拉天堂上、齊是靠託祈求咾、得着个。從此看起來、一个人升天堂落地獄、齊垃拉祈求咾、搭之勿祈求。

三想　想祈禱个光景、多化人求天主得勿着、因爲求來勿好。聖雅各伯話。㑚求咾得勿着、就是因爲求來勿好个緣故。

求天主頭一、要緊謙遜。聖經上話。天主棄絕驕傲个人、拿聖寵撥拉謙遜个人。又話。人謙遜咾祈求、自伊个祈求、直到九霄雲裡、等天主看之、乃味離開。犯大罪个人、如果謙遜咾痛悔、天主也喜歡聽伊个祈求。如同達味聖王話。天主、儂勿輕慢痛悔謙遜个心。

Yé-zai hiu-tou-ke gnen la di-gnôh li, yen-wei la se-ka-laong véh zeng h'ao-h'ao-neng ghieû T'ié-tsu 2 lao: zah-se yong-sin ghieû-tse, ih-ding véh tao di-gnôh li k'i. È yeû m-sou-ke gnen léh-la t'ié-3-daong laong, zi ze k'ao-t'oh ghi-ghieû lao teh-zah-ke. Zong-ts'e k'eu-k'i-lai, ih-ke gnen seng t'ié-daong loh 4 di-gnôh, zi léh-la ghi-ghieû lao tèh-tse véh ghi-ghieû.

Sè siang. — Siang ghi-tao-ke koang-kieng. Tou-h'ouo gnen ghieû T'ié-tsu teh-véh-zah, yen-wei ghieû-lai véh h'ao. 6 Seng Ya-koh-péh wo: *"Na ghieû lao teh-véh-zah, zieû-ze yen-wei ghieû-lai véh h'ao-ke yeu-kou."*

Ghieû T'ié-tsu deû ih,yao-kien k'ié-sen. Seng-kieng laong wo: *"T'ié-tsu k'i-ziéh kiao-ngao-ke gnen, nao seng-ts'ong* 8 *péh-la k'ié-sen-ke gnen."* I wo: *"Gnen k'ié-sen lao ghi-ghieû, ze-i-ke ghi-ghieû zeh tao kieû-siao-yun* 9 *li, teng T'ié-tsu k'eu-tse, nai-méh li-k'ai."* Vè dou zu-ke gnen, zu-kou k'ié-sen lao t'ong-hoei, T'ié-tsu 10 a hi-hoé t'ing i-ke ghi-ghieû: zu-dong Dèh-vi seng-waong wo: *"T'ié-tsu, nong véh k'ieng-mé t'ong-h'oei k'ié-*11*-sen-ke sin."*

À présent, bien des gens sont en enfer, parce que pendant leur vie ils n'ont pas bien prié: 2 s'ils avaient été diligents à prier, ils ne seraient pas tombés en enfer. Il y a aussi des hommes sans nombre au 3 ciel, et tous l'ont obtenu par la prière. D'où on peut conclure qu'aller au ciel ou tomber 4 en enfer, dépend de ce que l'on a prié ou pas prié.

IIIᵉ Point. Conditions de la prière. — Considérons les conditions de la prière. Beaucoup de personnes prient et n'obtiennent pas, parce qu'elles prient mal. 6 S. Jacques dit: *"Petitis et non accipitis, eo quod male petatis."* (Jac. 4. 3.)

La prière doit d'abord être humble. La sainte Écriture dit: *"Deus superbis resistit, humilibus autem* 8 *dat gratiam."* (Jac. 4. 6.) Elle dit aussi: *"Oratio humiliantis se nubes penetrabit* 9 *...; et non discedet donec Altissimus aspiciat."* (Eccli. 35. 21.) Dieu écoute 10 même avec plaisir la prière de celui qui a péché mortellement, pourvu qu'il s'humilie et qu'il soit repentant: selon les paroles du roi David: *"Cor contritum et humiliatum, Deus, non despicies."* (Ps. 50. 19.)

求天主第二、要緊有靠託天主个心。聖經上話。無得一个人白白裡盼望天主个。耶穌教訓人求天主、先要稱天主是父親。第个教訓伲靠託天主、像兒子靠託自家个父親一樣。一个人眞眞實實靠託天主、勿論求啥、齊可以得着。聖奧斯定話。眞實个天主、許拉伲个、還怕啥上擋呢。世界上个人、許拉一樣事體、好多回勿做。天主勿能殼什介、所以自伊既然命伲祈求、一定肯賞賜伲。聖奧斯定又話。若使天主勿肯撥拉伲、一定勿教伲求伊。

有个人話。我是罪人、那能可以盼望天主允許呢。聖多瑪斯話。祈求天主賞賜恩典、勿靠託伲个功勞、是靠託天主个仁慈。吾主耶穌話。我老實告訴倗、若使倗靠託我个名頭、祈求聖父、自

Ghieû T'ié-tsu di gni, yao-kien yeû k'ao-t'oh T'ié-tsu-ke sin. Seng-kieng laong wo: "*M-teh ih-ke gnen bah-***2***-bah-li p'è-maong T'ié-tsu-ke.*" Ya-sou kiao-hiun gnen ghieû T'ié-tsu, sié yao ts'eng T'ié-tsu ze Vou-ts'in. Di-**3**-ke kiao-hiun gni k'ao-t'oh T'ié-tsu, ziang gni-tse k'ao-t'oh ze-ka-ke vou-ts'in ih-yang. Ih-ke gnen tsen-**4**-tsen-zéh-zéh k'ao-t'oh T'ié-tsu, véh len ghieû sa, zi k'o-i teh-zah. Seng Ao-se-ding wo: "Tsen-zéh-ke **5** T'ié-tsu, hiu-la gni-ke, è p'ouo sa zaong-taong gni?" Se-ka-laong-ke gnen hiu-la ih-yang ze-t'i, h'ao-**6**-ta-wei véh tsou; T'ié-tsu véh neng-keû zéh-ka: sou-i ze-i ki-zé ming gni ghi-ghieû, ih-ding k'eng **7** saong-se gni. Seng Ao-se-ding i wo: "Zah-se T'ié-tsu vèh k'eng péh-la gni, ih-ding véh kao gni ghieû **8** i."

Yeû-ke gnen wo: Ngou ze zu-gnen, na-neng k'o-i p'è-maong T'ié-tsu yun-hiu gni? Seng Tou-mô-se wo: **10** "Ghi-ghieû T'ié-tsu saong-se en-tié, véh k'ao-t'oh gni-ke kong-lao, ze k'ao-t'oh T'ié-tsu-ke zen-ze." Ngou **11** tsu Ya-sou wo: "*Ngou lao-zéh kao-sou na, zah-se na k'ao-t'oh ngou-ke ming-deû ghi-ghieû seng Vou, ze-*

En second lieu, la prière doit avoir la confiance en Dieu. L'Écriture Sainte dit: "*Nullus* **2** *speravit in Domino et confusus est.*" (Eccli. 2. 11.) Notre-Seigneur Jésus-Christ, en nous enseignant à prier, veut que d'abord nous appelions Dieu "notre Père": **3** ceci nous avertit d'avoir confiance en Dieu comme un enfant fait envers son père. Celui qui, **4** vraiment confiant en Dieu, demande quoi que ce soit, l'obtiendra. S. Augustin dit: "Si Dieu, **5** la vérité même, nous l'a promis, comment peut-on craindre de tomber dans un piège?" Souvent, les hommes ici-bas ne font pas **6** ce qu'ils ont promis; mais Dieu ne peut pas agir de la sorte: et par conséquent lorsque Dieu nous ordonne de prier, il veut certainement **7** nous exaucer. S. Augustin dit encore: "Si Dieu ne voulait pas nous donner ses grâces, il ne nous ordonnerait certes pas de les lui demander."

Mais, dira quelqu'un, je suis pécheur, comment donc puis-je espérer que Dieu m'exaucera? S. Thomas dit: **10** "La prière qu'on fait à Dieu pour obtenir des grâces, ne s'appuie pas sur nos mérites, mais sur la divine miséricorde." Notre-**11**-Seigneur dit: "*Amen, amen dico vobis, si quid petieritis Patrem in nomine meo,*

伊一定要賞賜儂。耶穌个意思話。儂是罪人無得功勞、到底我拉天主聖父門前、有無窮个功勞、儂靠託我个功勞、隨便啥可以求聖父、聖父一定要賞賜拉儂。

但是耶穌許拉、求天主一定得着、勿是話肉身上个恩典、因爲肉身上个恩典、有常時能彀害靈魂、故所以天主勿會許个。并且天主好幾回勿賞賜肉身个好處、是天主个大恩典、若使允許之、爲人个靈魂有害處咾。爲此緣故、伲求肉身上个福氣、該當向天主話。天主、假使第个福氣、勿相反儂个光榮、也勿害我个靈魂、求儂允許我、勿什介味、勿要允許。

講到求靈魂上个恩典、如同求赦罪、求聖寵、求愛天主、求常心做好、求之一定得着个、無啥疑惑。耶穌對如德亞國人話。儂是

i ih-ding yao saong-se na:" Ya-sou-ke i-se wo : Na ze zu-gnen m-teh kong-lao, tao-ti ngou **2** la T'ié-tsu seng Vou men-zié, yeû wou-ghiong-ke kong-lao, na k'ao-t'oh ngou-ke kong-lao, zu-bié sa k'o-**3**-i ghieû seng Vou, seng Vou ih-ding yao saong-se la na.

Tè-ze Ya-sou hiu-la ghieû T'ié-tsu ih-ding teh-zah, véh ze wo gnôh-sen laong-ke en-tié ; yen-wei **5** gnôh-sen laong-ke en-tié yeû-zang-ze neng-keû hai ling-wen, kou-sou-i T'ié-tsu véh zeng hiu-ke. Ping-**6**-ts'ié T'ié-tsu h'ao-ki-wei véh saong-se gnôh-sen-ke h'ao-ts'u, ze T'ié-tsu-ke dou en-tié, zah-se yun-**7**-hiu-tse, wei gnen-ke ling-wen yeû hai-ts'u lao. Wei-ts'e-yeu-kou gni ghieû gnôh-sen laong-ke foh-k'i, kai-**8**-taong hiang T'ié-tsu wo : T'ié-tsu, kia-se di-ke foh-k'i, véh siang-fè nong-ke koang-yong, a véh hai ngou-**9**-ke ling-wen, ghieû nong yun-hiu ngou; véh zéh-ka méh, véh yao yun-hiu.

Kaong-tao ghieû ling-wen laong-ke en-tié, zu-dong ghieû souo-zu, ghieû seng-ts'ong, ghieû ai T'ié-tsu, ghieû zang-sin **11** tsou h'ao, ghieû-tse ih-ding teh-zah-ke, m sa gni-woh. Ya-sou tei Zu-teh-ya kôh gnen wo : "*Na ze*

---

dabit vobis." (Jo. 16. 23.) Voici la pensée de Notre-Seigneur: Vous êtes pécheurs, sans mérites, mais moi **2** j'ai devant le Père éternel des mérites infinis ; si vous vous appuyez sur mes mérites pour demander **3** n'importe quoi à Dieu le Père, il vous exaucera certainement.

Mais la promesse de Jésus qu'on obtiendra ce qu'on aura demandé, ne concerne pas les avantages du corps ; parce que **5** les biens du corps peuvent parfois nuire à l'âme,c'est pourquoi Dieu ne nous les a point promis. En **6** outre, c'est souvent un grand bienfait de Dieu de ne pas concéder les avantages corporels, parce que, s'il les **7** accordait, il y aurait du dommage pour votre âme. Pour cette raison, lorsqu'on demande à Dieu le bonheur du corps, il **8** faut dire à Dieu : Mon Dieu, si ce bonheur ne s'oppose pas à votre gloire, s'il ne nuit pas à mon **9** âme, je vous demande de me l'accorder ; autrement, ne me l'accordez pas."

Quant à la demande des biens spirituels, comme le pardon des péchés, la grâce, l'amour de Dieu, la persévérance, **11** il n'y a pas de doute, on les obtiendra par la prière. Notre-Seigneur disait aux Juifs : "*Si ergo vos, cum sitis mali,*

㤥人、尙且曉得拿好个物事㧅拉大細、難道拉天堂上个聖父、人求自伊、勿肯㧅天主聖神个恩典否。祈禱最要緊个就是常心。高爾納畧話。天主要人常心祈禱、如同囉唆伊个能。聖經上話、求天主像敲開門、勿停个敲、等到門開之、乃味罷休。另外善終个大恩典、勿是人个功勞可以得着个、要緊常常求天主。聖奧斯定話。善終个恩典、求之乃味得着。求天主外頭、該當求聖母。聖伯爾納多話。靠託聖母瑪利亞求聖寵、一定得着。

第三十一日　想做好要常心

一想　聖經上話。凡於人常心做好直到死、乃味能彀救着靈魂。聖熱羅尼莫話。起頭做好个人多、常心做好个人少。皇帝撒

k'ieû-gnen, zaong-ts'ié hiao-teh nao h'ao-ke méh-ze péh-la dou-si: nè-dao la t'ié-daong-laong-ke seng Vou, **2** *gnen ghieû ze-i, véh k'eng péh T'ié-tsu seng Zen-ke en-tié va ?"*

Ghi-tao tsu-yao-kien-ke zieû-ze zang-sin. Kao-eul-néh-liah wo: "T'ié-tsu yao gnen zang-sin ghi-tao, zu-**4**-dong lou-sou i-ke neng." Seng-kieng laong wo ghieû T'ié-tsu ziang k'ao k'ai men; véh ding-ke k'ao, teng-tao men **5** k'ai-tse, nai-méh ba-hieû. Ling-nga zé-tsong-ke dou en-tié, véh ze gnen-ke kong-lao k'o-i teh-zah-**6**-ke: yao-kien zang-zang ghieû T'ié-tsu. Seng Ao-se-ding wo: "Zé-tsong-ke en-tié ghieû-tse nai-méh teh-zah." **7** Ghieû T'ié-tsu nga-deû kai-taong ghieû seng Mou. Seng Péh-eul-nèh-tou wo: "K'ao-t'oh seng-Mou Mô-li-ya ghieû **8** seng-ts'ong, ih-ding teh-zah."

Di-sè-zéh-ih-gnéh. Siang tsou h'ao yao zang-sin.

Ih siang. — Seng-kieng laong wo: "*Vè-yu gnen zang-sin tsou h'ao zeh-tao si, nai-méh neng-keû kieû-zah ling-***11***-wen.*" Seng Zéh-lou-gni-moh wo: "K'i-deû tsou h'ao-ke gnen tou, zang-sin tsou h'ao-ke gnen sao." Waong-ti Sèh-

---

nostis bona data dare filiis vestris : quanto magis Pater vester de cælo **2** *dabit Spiritum bonum petentibus se?"* (Luc. 11. 13.)

Il importe surtout de prier avec persévérance. Le P. Cornélius dit: "Dieu veut que nous persévérions dans la prière **4** jusqu à l'importuner." La sainte Écriture dit qu'on doit prier Dieu comme on frappe à la porte pour faire ouvrir; on frappe toujours, on ne cesse qu'on ne l'ait **5** ouverte. La grâce d'une bonne mort est spécialement une grâce que nous ne pouvons obtenir par nos mérites: **6** il faut la demander toujours à Dieu. S. Augustin dit: "La grâce d'une bonne mort, on ne l'obtient que par la prière." **7** Outre qu'on doit prier Dieu, on doit aussi prier la Sainte Vierge. S. Bernard dit: "Si on cherche la grâce en s'appuyant sur Marie, **8** on l'obtiendra certainement."

31ème Jour. De la persévérance.

Ier Point. Nécessité de persévérer : moyen de défense contre le démon. — La sainte Écriture dit : "*Qui perseveraverit usque in finem, hic salvus erit.*" (Matth. 24.13.) **11** S. Jérôme dit: "Il est beaucoup de personnes qui commencent bien, mais peu qui persévèrent." Les commencements de Saül,

伍爾、宗徒茹答斯、起頭齊是好个、因爲無得常心、末脚來勿好。聖文多辣話。天主預備拉个花冠、單單撥拉常心做好个人。聖老楞佐如斯定話。常心是天堂个門口。人有之常心、乃味能彀升天堂、無沒常心味、勿能彀升天堂。

教友、儂現在痛悔改過、勿犯罪、有天主个聖寵、是天主愛拉个人、到底還勿曾救着靈魂。若使儂要問、那能救得着靈魂。我答應儂話。儂常心直到死、就救得着靈魂者。聖伯爾納多話。起頭做好个人、天主許拉个報答、勿撥拉伊。等伊常心做完之工夫、乃味賞賜撥伊。如同叫一个人做生活、生活勿曾做完、工錢勿撥、等伊滿工之、乃味撥工錢。所以聖保祿話。倻朝前跑、可以得着賞賜。

ou-eul, tsong-dou Zu-tèh-se, k'i-deû zi ze h'ao-ke; yen-wei m-teh zang-sin, méh-kiah-lai véh h'ao. **2** Seng Wen-tou-lèh wo: "T'ié-tsu yu-bei-la-ke h'ouo-koé, tè-tè péh-la zang-sin tsou h'ao-ke gnen." Seng **3** Lao-leng-tsou Zu-se-ding wo: "Zang-sin ze t'ié-daong-ke men-k'eû." Gnen yeû-tse zang-sin, nai-méh neng-keû **4** seng t'iè-daong, m-méh zang-sin méh, véh neng-keû seng t'ié-daong.

Kiao-yeû, nong yé-zai t'ong-hoei kai-kou, véh vè-zu, yeû T'ié-tsu-ke seng-ts'ong, ze T'ié-tsu ai-la-ke **6** gnen: tao-ti è véh zeng kieû-zah ling-wen. Zah-se nong yao men, na-neng kieû-teh-zah ling-wen, ngou tèh-**7**-yeng nong wo: Nong zang-sin zeh-tao si, zieû kieû-teh-zah ling-wen tsè. Seng Péh-eul-nèh-tou wo: "K'i-deû **8** tsou h'ao-ke gnen, T'ié-tsu hiu-la-ke pao-tèh, véh péh-la i; teng i zang-sin tsou-wé-tse kong-fou, **9** nai-méh saong-se péh i." Zu-dong kao ih-ke gnen tsou sang-wéh, sang-wéh véh zeng tsou wé, kong-dié véh **10** péh; teng i mé-kong-tse, nai-méh péh kong-dié. Sou-i seng Pao-lôh wo: "*Na zao-zié bao, k'o-i teh-***11***-zah saong-se.*"

---

de l'apôtre Judas, furent bons; mais faute de persévérance ils finirent mal. **2** S. Bonaventure dit: "Il n'y a que les persévérants à recevoir la couronne préparée par Dieu." Et S. **3** Laurent Justinien dit que "la persévérance est la porte du ciel." Si on persévère, on **4** ira en paradis; si on ne persévère pas, on n'ira point.

Chrétien, maintenant vous êtes converti, vous ne péchez plus, vous avez la grâce de Dieu, vous êtes aimé de Dieu: **6** mais vous n'avez pas encore sauvé votre âme. Si vous me demandez comment vous pouvez la sauver, je **7** vous répondrai: Persévérez jusqu'à votre mort, et vous la sauverez. S. Bernard dit: **8** "Dieu ne donne pas la récompense promise à celui qui commence bien, mais il attend: qu'il persévère dans les bonnes œuvers, **9** et alors seulement Dieu la lui donne." Conme, lorsqu'on appelle un ouvrier, on ne lui donne pas son salaire avant qu'il ait fini l'ouvrage; **10** on attend qu'il ait fini, et alors on lui donne son salaire. À cause de cela, S. Paul dit: "*Sic currite, ut* **11** *comprehendatis.*" (I Cor. 9. 24.)

假使得儂像一个種田人、用犁來鋏田、單單朝後望、得勿着天堂。第个是耶穌个說話、教訓人朝前走、勿要朝後退、就是起頭做好、後來勿要從新犯罪。人該當一頭怕一頭抖咾、謹愼小心、救自家个靈魂、躲避犯罪个機會、勤謹領聖事、每日默想。人常心做第个事體、死起來一定可以平安、照聖經上話。本家來个時候、看見相帮人做來好、第个是有福氣个相帮人。

但是該當曉得、雖然伲定當主意服事天主、到底勿能殼平平安安無啥事體、因爲聖經上天主聖神話。我个小囝、儂要服事天主、該當預備儂个靈魂、抵敵誘惑。魔鬼常常恨人咾、引誘人犯罪、假使勿小心防備、就要上伊个擋。加爾多西會裡第伍尼削!話。人更加熱心奉事天主、魔鬼个誘惑更加利害。有常時一

"*Kia-se-teh na ziang ih-ke tsong-dié-gnen, yong li lai se dié, tè-tè zao-heû maong, teh-véh-zah t'ié-***2***-daong.*" Di-ke ze Ya-sou-ke seh-wo, kiao-hiun gnen zao-zié tseû, véh yao zao-heû t'ei, zieû-ze k'i-deû **3** tsou h'ao, heû-lai véh yao zong-sin vè zu. Gnen kai-taong ih-deû p'ouo ih-deû teû lao, kien-zen siao-sin **4** kieû ze-ka-ke ling-wen, tou-bi vè-zu-ke ki-wei, ghieng-kieng ling seng-ze, mei gnéh meh-siang; gnen zang-**5**-sin tsou di-ke ze-t'i, si-k'i-lai ih-ding k'o-i bing-eu, tsao seng-kieng laong wo: "*Pen-ka lai-ke* **6** *ze-heû, k'eu-kié siang-paong-gnen tsou-lai h'ao, di-ke ze yeû foh-k'i-ke siang-paong-gnen.*"

Tè-ze kai-taong hiao-teh, su-zé gni ding-taong tsu-i woh-ze T'ié-tsu, tao-ti véh neng-keû bing-bing-**8**-eu-eu m sa ze-t'i; yen-wei seng-kieng laong T'ié-tsu seng Zen wo: "*Ngou-ke siao-neu, nong yao woh-ze* **9** *T'ié-tsu, kai-taong yu-bei nong-ke ling-wen ti-diéh yeû-ké.*" Mô-kiu zang-zang hen gnen lao, yen-yeû gnen **10** vè-zu, kia-se véh siao-sin baong-bei, zieû yao zaong i-ke taong. Kia-eul-tou-si wei li Di-ou-gni-**11**-siah wo: "Gnen keng-ka gnéh-sin wong-ze T'ié-tsu, mô-kiu-ke yeû-ké keng-ka li-hai." Yeû-zang-ze ih-

---

"*Nemo mittens manum suam ad aratrum, et respiciens retro,aptus est regno* **2** *Dei.*" (Luc.9.62.) Ces paroles de Jésus-Christ nous enseignent à marcher toujours en avant et à ne pas reculer, c'est-à-dire qu'après avoir commencé **3** à faire le bien, on ne doit pas pécher de nouveau. Il faut avec crainte et tremblement être attentif **4** à sauver son âme, à éviter les occasions de péché, à fréquenter les sacrements, à méditer chaque jour; si on a de la **5** persévérance en ces choses, au moment de la mort on sera tranquille, selon les paroles de l'Évangile : "*Beatus ille servus,* **6** *quem cum venerit Dominus ejus, invenerit sic facientem.*" (Matth. 24. 46.)

Mais il faut savoir qu'ayant fait le propos de servir Dieu, nous ne pouvons pas compter sur la tranquillité, **8** le calme, le repos; car le Saint Esprit dit dans l'Écriture sainte : "*Fili, accedens ad servitutem* **9** *Dei,... præpara animam tuam ad tentationem.*" (Eccli. 2. 1.) Le démon ne cesse de haïr l'homme et de le pousser **10** au péché, et à moins de se prémunir avec attention, on tombe dans ses pièges. Denis le Chartreux **11** dit : "Plus un homme sert Dieu avec ferveur, plus les tentations des démons sont terribles." Parfois

个魔鬼誘感勿到、別个魔鬼就來相帮、千方百計誘感人、偏生要害人个靈魂。儂想想看、魔鬼什介能用心引誘人、伲那能可以得勝伊呢。

人要得勝魔鬼、無得別个法子、不過有祈禱个法子。聖保祿宗徒話。伲要打仗、勿是搭之有肉身个人打仗、是搭之地獄裡兇个魔鬼打仗。第个勿是小事體、罷勿得要求天主相帮、乃味可以得勝。聖保祿又話。我靠託天主、天主堅固我个心、勿論啥齊能殼做、隨便啥勿怕、伲要效法聖人、一心靠託天主、勿要話。我已經定當志向勿犯罪者、還怕啥呢。雖然儂定當志向、到底無得天主个相帮、第个志向守勿住。所以頂安當个法子、是靠託天主咾聖母。

ke mô-kiu yeû-ké véh tao, biéh-ke mô-kiu zieû lai siang-paong, ts'ié-faong-pah-ki yeû-ké gnen, p'ié-sang **2** yao hai gnen-ke ling-wen. Nong siang-siang-k'eu, mô-kiu zéh-ka-neng yong-sin yen-yeû gnen, gni na-neng k'o-**3**-i teh-seng i gni?

Gnen yao teh-seng mô-kiu, m-teh biéh-ke fèh-tse, péh-kou yeû ghi-tao-ke fèh-tse. Seng Pao-lôh tsong-**5**-dou wo: "*Gni yao tang-tsang, véh ze tèh-tse yeû gnôh-sen-ke gnen tang-tsang, ze tèh-tse di-gnôh li hiang*-**6**-*ke mô-kiu tang-tsang.*" Di-ke véh ze siao ze-t'i: ba-véh-teh yao ghieû T'ié-tsu siang-paong, nai-méh k'o-**7**-i teh-seng. Seng Pao-lôh i wo: "Ngou k'ao-t'oh T'ié-tsu, T'ié-tsu kié-kou ngou ke sin, véh len sa zi **8** neng-keû tsou, zu-bié sa véh p'ouo." Gni yao yao-fèh seng-gnen, ih-sin k'ao-t'oh T'ié-tsu, véh yao wo: "Ngou **9** i-kieng ding-taong tse-hiang véh vè-zu tsé, è p'ouo sa gni?" Su-zé nong ding-taong tse-hiang, tao-ti m-**10**-teh T'ié-tsu-ke siang-paong, di-ke tse-hiang seû-véh-zu; sou-i ting t'ou-taong-ke fèh-tse ze k'ao-t'oh **11** T'ié-tsu lao seng Mou.

---

les tentations d'un seul démon n'aboutissant pas, d'autres démons viennent à son aide, ils tentent l'homme avec mille ruses, voulant **2** obstinément la perte de cette âme. Pensez un peu, si le démon nous tente avec une telle diligence, pouvons-nous **3** le vaincre facilement?

Pour vaincre le démon, il n'y a pas d'autre moyen que la prière. L'apôtre S. Paul **5** dit: "*Non est nobis colluctatio adversus carnem et sanguinem, sed adversus principes* **6** *et potestates.*" (Ephes. 6. 12.) La prière n'est pas une bagatelle: il est indispensable d'invoquer le secours de Dieu, pour **7** être vainqueur. S. Paul dit encore: "J'ai mis ma confiance en Dieu, et Dieu fortifiant mon cœur, je puis **8** tout, je ne crains rien." (Phil. 4. 13.) Imitons ce saint, confions-nous entièrement à Dieu et ne disons pas: "J'**9** ai fait le propos de ne plus pécher, qu'ai-je à craindre?" Quoique vous ayez fait un bon propos, sans **10** l'aide de Dieu, vous ne pourrez pas le garder; ainsi le moyen le plus sûr est de s'appuyer **11** sur Dieu et sur la Sainte Vierge.

另外碰着邪淫个誘惑、該當熱心求天主求聖母。因爲第个誘惑、最是煩難退脫个。魔鬼用第个誘惑、害脫無數人个靈魂。教友、儂一碰着誘惑、就喊耶穌瑪利亞个聖名、第个是退脫誘惑頂好个法子。

二想　除脫之魔鬼个誘惑、還有世俗个誘惑。魔鬼雖然兇咾奸刁、假使勿用世俗、慣常做勿到。爲第个緣故、聖經上勸伲小心防備怵人。怵人个誘惑、是有形像个、比之魔鬼个誘惑、更加煩難退脫。魔鬼來誘惑个時候、只要祈求、或者畫十字、或者洒聖水、或者念耶穌瑪利亞聖名、魔鬼就退者。世俗上个壞表樣、勿好个朋友、引誘人犯罪、雖然念經畫十字勿彀是。雖然對伊話道理、也無啥用頭。三不時還戲笑儂咾話。儂是假野頭做好

Ling-nga bang-zah zia-yen-ke yeû-ké, kai-taong gnéh-sin ghieû T'ié-tsu ghieû seng Mou, yen-wei di-ke yeû-**2**-ké tsu ze vè-nè t'ei-t'éh-ke. Mô-kiu yong di-ke yeû-ké, hai-t'éh m-sou gnen-ke ling-wen. Kiao-**3**-yeû, nong ih bang-zah yeû-ké, zieû h'è Ya-sou Mô-li-ya-ke seng ming: di-ke ze t'ei-t'éh yeû-ké **4** ting h'ao-ke fèh-tse.

Gni Siang. — Zu-t'éh-tse mô-kiu-ke yeû-ké, è yeû se-zôh-ke yeû-ké. Mô-kiu su-zé hiong lao **6** kiè-tiao, kia-se-teh véh yong se-zôh, koè-zang tsou-véh-tao; wei di-ke yeu-kou seng-kieng laong k'ieu gni siao-**7**-sin baong-bei k'ieû-gnen. K'ieû-gnen-ke yeû-ké ze yeû yeng-ziang-ke, pi-tse mô-kiu-ke yeû-ké, keng-ka **8** vè-nè t'ei-t'éh. Mô-kiu lai yeû-ké-ke ze-heû, tséh yao ghi-ghieû, woh-tsé wah zéh-ze, woh-tsé sa **9** seng-se, woh-tsé gnè Ya-sou Mô-li-ya-ke seng-ming, mô-kiu zieû t'ei-tsé. Se-zôh laong-ke wa piao-yang, **10** véh h'ao-ke bang-yeû, yen-yeû gnen vè-zu, su-zé gnè-kieng wah zéh-ze véh keû-ze; su-zé tei i-la **11** wo dao-li, a m sa yong-deû: sè-péh-ze è hi-siao nong lao wo : "Nong ze ka-ya-deû ts'ou h'ao

---

Surtout dans les tentations d'impureté, il faut prier avec ferveur Dieu et la Sainte Vierge, parce que **2** ces tentations sont les plus difficiles à repousser. Le démon, avec ces tentations-là, a perdu un nombre incalculable d'âmes. **3** Chrétien, dès l'apparition de la tentation, invoquez les saints noms de Jésus et de Marie: voilà un des meilleurs moyens **4** pour repousser la tentation.

IIe Point. Il faut résister au monde. — Outre les tentations du démon, il y a encore les tentations du monde. Quoique le démon soit terrible et **6** rusé, s'il ne se servait pas du monde, il n'arriverait pas à ses fins; c'est pour cela que la sainte Écriture nous exhorte **7** à nous tenir en garde contre les hommes mauvais. Les tentations des méchants frappent les sens, aussi sont-elles plus difficiles à vaincre **8** que celles du démon. Si le démon nous tente, il suffit de prier, de faire un signe de croix, de s'asperger **9** d'eau bénite, d'invoquer les saints noms de Jésus et de Marie, et le démon s'en va. Mais contre les scandales du monde, **10** ou bien si un ami mauvais vous tente, la prière ou un signe de croix ne suffisent pas; même si vous les **11** prêchez, c'est inutile: souvent ils se moqueront encore de vous et vous diront: "Vous êtes un hypocrite,

人、勿識人擡敬个、儂怕啥耶。魔鬼用什介个人、勿曉得害脫幾化靈魂。

凡於人做好事體、惏人看見之、就嗷勿得、恨咾毀謗、阻擋人做好、因爲伊拉看見別人做好、怕露出自家个勿好來。所以用法子引誘別人、巴勿得搭伊拉一樣犯罪。有常時好人怕犯罪咾、勿肯照伊拉个惏意思、伊拉就瞎話、毀謗凌辱欺負好人。爲此緣故、聖保祿話。熱心愛慕耶穌个人、免勿來受別人个害處。耶穌个心思、搭之世俗个意思、完全相反个。世俗上愛个、是尊貴咾體面、光榮咾富貴、銅錢咾物事、安逸咾快活。耶穌愛个是窮苦咾患難、謙遜咾忍耐、看輕世俗、卑賤自家、愛慕對頭、歡喜受凌辱、搭之世俗大大能相反。所以惏人勿要看見。到底伲勿

gnen, véh seh gnen dai kieng-ke, nong p'ouo sa ya?" Mô-kiu yong zéh-ka-ke gnen véh hiao-teh hai-t'éh ki **2** h'ouo ling-wen.

Vè-yu gnen tsou h'ao ze-t'i, k'ieû-gnen k'eu-kié-tse, zieû ngao-véh-teh,hen lao hoei-paong, tsou-taong gnen tsou **4** h'ao; yen-wei i-la k'eu-kié biéh-gnen tsou h'ao, p'ouo lou-ts'éh ze-ka-ke véh h'ao lai; sou-i yong fèh-**5**-tse yen-yeû biéh-gnen, pouo-véh-teh tèh i-la ih-yang vè-zu. Yeû zang-ze h'ao-gnen p'ouo vè-zu lao, **6** véh k'eng tsao i-la-ke k'ieû i-se; i-la zieû hèh wo, hoei-paong, ling-zôh k'i-wou h'ao-gnen. Wei-ts'e-**7**-yeu-kou seng Pao-lôh wo : "*Gnéh-sin ai-mou Ya-sou-ke gnen, mié-véh-lai zeû biéh-gnen-ke hai-ts'u.*"

Ya-sou-ke sin-se tèh-tse se-zôh-ke i-se wé-zié siang-fè-ke. Se-zôh laong ai-ke, ze tsen-**9**-koei lao t'i-mié, koang-yong lao fou-koei, dong-dié lao méh-ze, eu-yeh lao k'a-wéh; Ya-sou ai-ke ze **10** ghiong-k'ou lao wè-nè, k'ié-sen lao zen-nai, k'eu-k'ieng se-zôh pei-zié ze-ka, ai-mou tei-deû, hoé-hi **11** zeû ling-zôh, tèh-tse se-zôh dou-dou-neng siang-fè : sou-i k'ieû-gnen véh yao k'eu-kié. Tao-ti gni véh

---

vous ne comprenez pas les façons d'agir, de quoi avez-vous peur?" Je ne sais pas à combien d'hommes le démon a fait du mal **2** par ces hommes.

Les méchants, en voyant quelqu'un pratiquer le bien, en sont jaloux, le haïssent, le calomnient et l'empêchent de faire **4** le bien; car ils craignent que ses bonnes actions ne soulignent leurs vices. Aussi emploient-ils des moyens **5** pour tenter ces hommes, dans l'espoir qu'ils pècheront comme eux. Souvent les bons, craignant le péché, **6** ne veulent pas accéder à ces mauvaises propositions; alors, les méchants déblatèrent contre eux, les calomnient, les injurient, les méprisent. C'est pour **7** cela que S. Paul dit : "*Omnes qui pie volunt vivere in Christo Jesu, persecutionem patientur.*" (II Tim. 3. 12.)

L'esprit de Jésus-Christ est tout à fait opposé à celui du monde : le monde aime la noblesse **9** du sang, le faste, la gloire, les richesses, les contentements et les plaisirs; Jésus aime **10** la pauvreté, les adversités, l'humilité, la patience, le mépris du monde, l'abaissement de soi-même, l'amour des ennemis, la joie **11** dans les injures, c'est tout au rebours du monde: aussi les méchants ne veulent-ils pas supporter cette vue. Mais nous ne devons pas

要怕伊拉、只要有天主聖母聖人聖女愛慕伲是者。伲既然是耶穌个徒弟、就勿要怕別人个戲笑、勿要怕坍抗做好工夫。人要救靈魂、總該當吃點苦、天堂个路、是狹窄个、第个狹窄个路、領人得着常生。

人願意升天堂、總要出力朝前走、壓服自家个私慾偏情、改脫習慣个毛病、修德行、立功勞、忍耐吃苦。第个事體、雖然起頭覺着煩難做、到底後來容易者。有一日耶穌發顯拉聖婦彼利日大話。修德行做好、起頭覺着有點觸心、如同荊棘刺一樣、起頭之後來味、就勿苦者、好像刺冠變之花冠者、只要有常心、就能彀成功。

所以伲該當勉力走天堂个路、躲避犯罪个機會。聖經上記載

yao p'ouo i-la: tséh-yao yeû T'ié-tsu seng-Mou seng-gnen seng-gnu ai-mou gni ze tsé. Gni ki-zé ze **2** Ya-sou-ke dou-di, zieû véh yao p'ouo biéh-gnen-ke hi-siao, véh yao p'ouo t'è-ts'ong tsou h'ao kong-fou: gnen **3** yao kieû ling-wen, tsong kai-taong k'ieh tié k'ou; t'ié-daong-ke lou ze èh-ts'èh-ke, di-ke èh-ts'èh-ke lou **4** ling gnen teh-zah zang-seng.

Gnen gneu-i seng t'ié-daong, tsong-yao ts'éh-lih zao-zié tseû, èh-woh ze-ka-ke se-yôh-p'ié-zing, kai-t'éh **6** zih-koè-ke mao-bing, sieû teh-yeng, lih kong-lao, zen-nai k'ieh-k'ou. Di-ke ze-t'i,su-zé k'i-deû koh-**7**-zah vè-nè tsou, tao-ti heû-lai yong-i tsé. Yeû ih gnéh Ya-sou fèh-hié la seng wou Pei-li-zéh-**8**-da wo: "Sieû teh-yeng tsou h'ao, k'i-deû koh-zah yeû tié ts'oh sin, zu-dong kieng-kieh-ts'e ih-yang; k'i-deû-**9**-tse heû-lai méh, zieû véh k'ou tsé, h'ao-ziang ts'e-koé pié-tse h'ouo-koé tsé; tséh-yao yeû zang-sin, zieû neng-**10**-keû zeng-kong."

Sou-i gni kai-taong mié-lih tseû t'ié-daong-ke lou, tou-bi vè-zu-ke ki-wei. Seng-kieng laong ki-tsai

---

avoir peur d'eux : il faut seulement que Dieu, Marie, les saints et les saintes nous aiment, et voilà tout. Puisque nous sommes **2** les disciples de Jésus, nous ne devons pas craindre les moqueries des autres, ni rougir en faisant le bien : celui qui **3** veut sauver son âme, doit bien souffrir un peu; la voie du ciel est étroite, mais cette voie étroite **4** mène les hommes à la vie éternelle.

Celui qui désire aller en paradis, doit faire des efforts pour avancer, doit dompter ses passions, corriger ses mauvaises **6** habitudes, pratiquer la vertu, acquérir des mérites et souffrir patiemment. Bien qu'au commencement, on sente **7** de la difficulté à faire tout cela, après, c'est facile. Un jour, Notre-Seigneur apparut à Ste Brigitte **8** et lui dit : "Dans la pratique de la vertu, on sent au début quelques piqûres au cœur, semblables à celles des épines; mais dans la **9** suite, on ne sent aucune douleur, comme si la couronne d'épines s'était changée en une couronne de fleurs; il ne faut que de la persévérance pour **10** obtenir cela."

Donc, efforçons-nous de marcher dans la voie du ciel et évitons les occasions de péché. L'Écriture sainte rapporte

耶穌看好一个癱子、對伊話。現在儂个病好拉者、小心勿要再犯罪、假使勿什介能、後來受个害處更加大。聖伯爾納多話。儂聽見否、從新跌拉罪裡、比之頭一回犯罪、更加有關係。因爲勿單單失脫前頭个功勞、還有冒用天主恩典个罪、實在危險非凡、客易死拉罪裡向。

三想　第三个對頭、就是伲个肉身。第个對頭、比之魔鬼咾世俗、又來得兇咾利害、更加便當害靈魂。伲勿小心壓服伊、就煩難救靈魂者。到底那能壓服第个對頭呢。頭一熱心求天主加力量、使得能彀壓住肉情。

第二躲避犯罪个機會。聖伯爾納定話。避脫犯罪个機會、是頂好个法子、人能彀守好第个法子、就勿犯罪者。前頭有一个負

Ya-sou k'eu-h'ao ih-ke t'è-tse, tei i wo: "*Yé-zai nong-ke bing h'ao-la-tsé, siao-sin véh yao tsai* **2** *vè-zu; kia-se véh zéh-ka-neng heû-lai zeû-ke k'ou-ts'u keng-ka dou.*" Seng Péh-eul-nèh-tou wo: "Nong **3** t'ing-kié va? Zong-sin tih-la zu li, pi-tse deû-ih wei vè-zu, keng-ka yeû koè-i." Yen-wei véh **4** tè-tè séh-t'éh zié deû-ke kong-lao, è yeû mao-yong T'ié-tsu en-tié-ke zu; zéh-zai ngoei-hié fi-**5**-vè, yong-i si-la zu li-hiang.

Sè siang. — Di-sè-ke tei-deû, zieû-ze gni-ke gnôh-sen. Di-ke tei-deû, pi-tse mô-kiu lao se-**7**-zôh, i lai-teh hiong lao li-hai, keng-ka bié-taong hai ling-wen; gni véh siao-sin èh-woh i, zieû vè-**8**-nè kieû ling-wen tsé. Tao-ti na-neng èh-woh di-ke tei-deû gni? Deû-ih gnéh-sin ghieû T'ié-tsu ka **9** lih-liang, se-teh neng-keû èh-zu gnôh-zing.

Di-gni tou-bi vè-zu-ke ki-wei. Seng Péh-eul-nèh-ding wo: "Bi-t'éh vè-zu-ke ki-wei, ze ting-**11**-h'ao-ke fèh-tse, gnen neng-keû seû-h'ao di-ke fèh-tse, zieû véh vè-zu tsé." Zié-deû yeû ih-ke wou-

---

que Notre-Seigneur ayant guéri un paralytique, lui dit: "*Ecce sanus factus es, jam noli* **2** *peccare, ne deterius aliquid tibi contingat.*" (Jo. 5. 14.) S. Bernard s'écrie: "Avez-vous **3** entendu? La rechute dans le péché aura pour vous des conséquences plus graves que la première chute." Et cela non seulement **4** à cause de la perte des mérites acquis, mais parce que vous abusez des grâces de Dieu; c'est vraiment très dangereux, **5** et facilement vous mourrez dans le péché.

IIIe Point. Il faut combattre la chair. Résumé. — Notre troisième ennemi est notre corps. Cet ennemi est encore plus terrible et plus cruel **7** que le démon et le monde, il nuit bien plus facilement à notre âme; si nous ne veillons à le dompter, ce nous sera **8** malaisé de faire notre salut. Mais comment dompter cet ennemi? D'abord, on doit prier Dieu avce ferveur afin qu'il augmente **9** nos forces pour pouvoir dompter nos passions.

Le second moyen est la fuite des occasions. S. Bernardin dit: "La fuite des occasions est le meilleur **11** moyen, celui qui le pratique ne pèchera pas." Autrefois un Père étant allé chasser

魔鬼个人、神父去趕脫魔鬼、對魔鬼話。儂怕神父講啥个道理。魔鬼答應話。我最怕个講避脫犯罪个機會、因爲人聽得之第个道理、守好拉、我就無法子誘惑伊者。

一个人痛悔改過之、定當志向總勿犯罪、假使得勿用心避脫犯罪个機會、必定再要犯罪。另外邪淫个機會、更加要小心躱避、勿要搭之犯過罪拉个人來往咾白話、勿什介能、一定要再犯罪。如同伲个老祖宗、天主禁止伊拉勿許吃一顆樹上个菓子。伊拉勿避脫犯罪个機會、起頭看見菓子好看、就着眼去看、後來用手探下來、探之後來就吃。

聖經上話。愛危險个人、要死拉危險裡。聖伯多祿話。魔鬼兜轉𨂁轉尋人吃、尋着之一个洞、就攢進去吃脫伊。聖西彼理話。尋

mô-kiu-ke gnen, zen-vou k'i keu-t'éh mô-kiu, tei mô-kiu wo: "Nong p'ouo zen-vou kaong sa-ke dao-li?" **2** Mô-kiu tèh-yeng wo: "Ngou tsu p'ouo-ke kaong bi-t'éh vè-zu-ke ki-wei, yen-wei gnen t'ing-teh-tse di-**3**-ke dao-li seû-h'ao-la, ngou zieû m fèh-tse yeû-ké i tsé."

Ih-ke gnen t'ong-hoei kai-kou-tse, ding-taong tse-hiang tsong véh vè-zu, kia-se-teh véh yong-sin bi-t'éh **5** vè-zu-ke ki-wei, pih-ding tsai yao vè-zu. Ling-nga zia-yen-ke ki-wei keng-ka yao siao-sin tou-**6**-bi, véh yao tèh-tse vè-kou zu la-ke gnen lai-waong lao bah-wo: véh zéh-ka-neng, ih-ding yao tsai **7** vè-zu. Zu-dong gni-ke lao tsou-tsong, T'ié-tsu kien-tse i-la véh hiu k'ieh ih-k'ou zu laong-ke kou-**8**-tse, i-la véh bi-t'éh vè-zu-ke ki-wei, k'i-deû k'eu-kié kōu-tse h'ao-k'eu, zieû zah-ngè k'i k'eu, **9** heû-lai yong seû ts'ai-hao-lai, ts'ai-tse heû-lai zieû k'ieh.

Seng-kieng laong wo: "*Ai ngoei-hié-ke gnen yao si-la ngoei-hié li.*" Seng Péh-tou-lôh wo: Mô-kiu teû-tsé-**11**-lôh-tsé zin gnen k'ieh; zin-zah-tse ih-ke dong, zieû tseu-tsin-k'i k'ieh-t'éh i. Seng Si-pei-li wo: "Zin-

---

le démon d'un possédé, demanda au démon: "Quel sermon crains-tu?" **2** Le démon répondit: "Je crains surtout qu'on parle de la fuite des occasions, parce que, si l'auditeur **3** met cela en pratique, je n'ai plus aucun moyen de le tenter."

Si celui qui s'est converti et a fait propos de ne plus pécher, n'évite pas avec soin **5** les mauvaises occasions, il pèchera certainement. Il est surtout nécessaire d'éviter soigneusement les occasions d'impureté, **6** on ne doit pas avoir de relations ni d'entretiens avec la personne avec qui on a péché: autrement on retombera **7** dans le péché. Comme nos premiers parents, auxquels Dieu avait défendu de manger du fruit d'un arbre, **8** n'ayant pas évité l'occasion et ayant observé d'abord que le fruit était beau, y arrêtèrent les yeux, **9** puis le cueillirent, enfin le mangèrent.

La sainte Écriture dit: "*Qui amat periculum, in illo peribit.*" (Eccl. 3. 27.) S. Pierre dit que le démon rôde **11** autour, cherchant quelqu'un à dévorer; que s'il trouve une entrée, il pénètre et dévore sa proie. S. Cyprien dit: "Trouver

儂着洞、就是尋着機會、尋着之犯罪个機會、就害脫人个靈魂。儂勿要話。我一定改過拉者、搭之某人白話、無啥怺个意思、也勿覺着啥誘惑、怕啥呢。儂話勿碍啥、我話危險得極。因爲魔鬼看見儂辦神工、定當好志向、要改脫毛病、自伊假野頭勿曉得咾、勿來誘惑儂。單單等儂有犯罪个機會、立刻就來引誘儂、害儂个靈魂。

哎、可憐有幾化人念經祈禱、常常辦神工、領聖體、修德行、立功勞、差勿多到聖人个地步、到底因爲勿避脫犯罪个機會、末脚來跌拉罪裡、落地獄。史鑑上記載一个大德行个女眷、常常做愛人个好工夫、埋葬致命聖人个死屍。有一回到死屍場上去、看見一个致命拉个、還拉㪣氣、勿曾死者、就擡伊到自家屋裡、

zah dong, zieû-ze zin-zah ki-wei; zin-zah-tse vè-zu-ke ki zieû hai-t'éh gnen-ke ling-wen." Nong **2** véh yao wo : I ih-ding kai-kou-la-tsé, tèh-tse meû-gnen bah-wo, m sa l ke i-se, a véh **3** koh-zah sa yeû-ké, p'ouo sa gni? Non véh ngai sa, ngou wo ngoei-hié teh-ghieh; yen-wei m k'eu-**4**-kié nong bè-zen-kong, ding-taong h'ao tse-hiang kai-t'éh mao-bing, ze-i ka-ya-deû véh hiao-teh lao, **5** vé yeû-ké nong; tè-tè teng nong yeû vè-zu-ke ki-wei, lih-k'eh lai yen-yeû nong, hai nong-**6**-ke ling-wen.

Ai, k'o-lié yeû ki-h'ouo gnen gnè-kieng ghi-tao, zang-bè-zen-kong ling-seng-t'i, sieû teh-yeng, lih kong-**8**-lao, ts véh-tou tao seng-gnen-ke di-bou; tao-ti yen-wei véh bi-t'é zu-ke ki-wei, méh-kiah-**9**-lai tih-la zu li loh di-gnôh! Se-kè l ki-tsai ih-ke dou teh-yeng-ke gnu-kieu, zang-zang tsou **1** gnen-ke h'ao kong-fou, ma-tsaong tse-ming seng-gnen-ke Yeû ih wei tao si-se zang laong k'i, **11** k'eu-kié ih-ke tse-n la-ke è la t'eû-k'i, véh zeng si-tsé: zieû dai i tao ze-ka ôh

---

une entrée, c'est trouver une occasion; le démon ayant tr une occasion de péché, perd l'âme de cet homme." dites pas: Je suis déjà converti; si je parle avec un t n'ai aucune mauvaise idée, je ne **3** sens aucune tenta qu'ai-je donc a craindre? Vous dites que cela n'est rien, moi je dis que c'est très dangereux; car le démon **4** ayant vu vous confesser et faire le propos de corrige défauts, feint à présent de ne pas le savoir, **5** et ne vous pas; il attend seulement que vous soyez dans une mau occasion, et alors il vous excitera au péché et perdra **6** âme.

Hélas! Combien d'hommes qui fréquentaient la p et les sacrements, qui avaient pratiqué la vertu **8** et pre atteint la sainteté, ont fini, faute d'éviter les mauv occasions, **9** par tomber dans le péché et dans l'enfer! L toire raconte d'une femme de grande vertu, adonnée cons ment **10** aux œuvres de charité et à l'ensevelissemen corps des martyrs, qu'un jour étant allée à l'endroit supplices, **11** elle y vit un martyr qui respirait enco gardait un reste de vie: elle le porta chez elle

養傷咾看病。等到看好之、因爲勿躱避犯罪个機會、兩家頭就犯罪、失落聖寵、立壞表樣、到末脚背教。儂想想看、可怕呢勿可怕。

古經上記載天主命依撒意亞先知、大个聲氣喊咾話。世界上个人如同乾草。聖基所話。乾草碰着之火、就要燒。聖西彼理話。人登拉火當中、總勿能彀勿燒、人登拉犯罪个機會裡、也勿能彀勿犯罪。犯邪淫罪个人、更加要躱避个、非但勿要搭伊來往、看也勿要看見、總勿要到伊个屋裡去。又小心管好自家偏愛个心、總勿偏愛別人、因爲偏愛个力量十分大、一有犯罪機會、就要犯罪者。

聖經上話、若使儂个右眼睛引誘儂犯罪、就挖脫伊、若使儂个

yang saong lao k'eu-bing. Teng-tao k'eu-h'ao-tse, yen-wei véh tou-bi vè-zu-ke ki-wei, liang-ka-deû zieû 2 vè-zu, séh-loh seng-ts'ong, lih wa piao-yang, tao-méh-kiah pei-kiao. Nong siang-siang-k'eu, k'o-p'ouo gni véh k'o-3-p'ouo?

Kou-kieng laong ki-tsai T'ié-tsu ming I-sèh-i-ya sié-tse, dou-ke sang-k'i h'è lao wo: "*Se-ka laong-5-ke gnen zu-dong keu-ts'ao.*" Seng Ki-sou wo: "Keu-ts'ao bang-zah-tse h'ou, zieû yao zah." Seng Si-pei-li wo: 6 "Gnen teng-la h'ou taong-tsong, tsong véh neng-keû véh sao; gnen teng la vè-zu-ke ki-wei li, a véh neng-7-keû véh vè-zu." Vè zia-yen zu-ke gnen, keng-ka yao-kien tou-bi-ke; fi dè véh yao tèh i lai-waong, 8 k'eu a véh yao k'eu-kié; tsong véh yao tao i-ke ôh-li k'i. I siao-sin koé-h'ao ze-ka p'ié ai-9-ke sin, tsong véh p'ié ai biéh-gnen; yen-wei p'ié ai-ke lih-liang zéh-fen dou, ih yeû vè-zu-ke ki-wei, 10 zieû yao vè-zu tsé.

Seng-kieng laong wo: "*Zah-se nong-ke yeû ngè-tsing yen-yeû nong vè-zu, zieû wèh-t'éh i; zah-se nong-ke*

---

pour soigner ses blessures et le guérir. Après la guérison, n'ayant pas évité l'occasion, ils péchèrent 2 ensemble, perdirent la grâce, donnèrent du scandale et finalement apostasièrent. Voyez, n'est-ce pas 3 épouvantable?

L'Ancien Testament raconte que Dieu ordonna au prophète Isaïe de crier: "*Omnis* 5 *caro foenum.*" (Is. 40. 6.) S. Jean Chrysostome dit: "Le foin brûle à l'approche du feu." S. Cyprien dit: 6 "Comme il est impossible de rester au milieu du feu sans brûler; ainsi, il est impossible 7 de ne pas pécher, lorsqu'on reste dans la mauvaise occasion." Quant à l'impudique, il faut l'éviter encore davantage : non seulement on ne doit pas avoir de relations avec lui, 8 mais on ne doit pas même le regarder, on ne doit jamais aller chez lui. Il faut encore surveiller les mauvaises inclinations 9 du cœur, on ne doit jamais affectionner particulièrement quelqu'un ; car la force d'une amitié particulière est très grande, et à la moindre occasion 10 on pèche.

L'Écriture Sainte dit: "*Si oculus tuus dexter scandalizat te, erue eum.*" (Matth. 5. 29.) "*Si... pes tuus*

脚引誘儂犯罪、就斬脫伊、有一隻眼睛一隻脚咾升天堂、比之有兩隻眼睛兩隻脚咾落地獄、來得好。第个就是話。勿要看引誘儂犯罪个人、也勿要到犯罪个地方去。

人要救靈魂、總該當有堅固个主意、寗願失脫一總个福氣、斷斷乎勿肯失落天主。但是單單有第个好志向、勿彀是、也要用好法子。除脫之避脫犯罪个機會、該當勤謹辦神工咾領聖體。

人勤謹辦神工、能彀認得自家个罪、痛悔咾改過、潔淨靈魂、勿但得着饒赦罪个恩典、還得着聖寵、能彀得勝誘感。

聖體味是天上个糧食、養活人个靈魂、能彀得着常生。耶穌話。人勿領我个身體、勿吃我个血、得勿着常生。聖教會裡話。聖體是靈魂上个好藥、能彀看好靈魂个毛病、能彀保護靈魂勿犯

kiah yen-yeû nong vè-zu, zieû tsè-t'éh i; yeû ih-tsah ngè-tsing ih-tsah kiah lao seng t'ié-daong, pi-tse 2 *yeû liang-tsah ngè-tsing liang-tsah kiah lao loh di-gnôh, lai-teh h'ao."* Di-ke zieû-ze wo, véh yao k'eu yen-3-yeû nong vè-zu-ke gnen, a véh yao tao vè-zu-ke di-faong k'i.

Gnen yao kieû ling-wen, tsong kai-taong yeû kié-kou-ke tsu-i, gnen-gneu séh-t'éh ih-tsong-ke foh-k'i, teu-5-teu-wou véh k'eng séh-loh T'ié-tsu. Tè-ze tè-tè yeû di-ke h'ao tse-hiang, véh keû-ze, a yao yong 6 fèh-tse. Zu-t'éh-tse bi-t'éh vè-zu-ke ki-wei, kai-taong ghien-kieng bè-zen-kong lao ling-seng-t'i. 7 Gnen ghien-kieng bè-zen-kong neng-keû gnen-teh ze-ka-ke zu, t'ong-hoei lao kai-kou, kiéh-zing ling-wen: véh 8 tè teh-zah gnao-souo zu-ke en-tié, è teh-zah seng-ts'ong,neng-keû teh-sen yeû-ké.

Seng-t'i méh ze t'ié laong-ke liang-zeh, yang-wéh gnen-ke ling-wen, neng-keû teh-zah zang-seng. Ya-sou wo : 10 "Gnen véh ling ngou-ke seng-t'i, véh k'ieh ngou-ke hieuh, teh-véh-zah zang-seng." Seng-kiao wei li wo: Seng-t'i 11 ze ling-wen-laong-ke h'ao yah, neng-keû k'eu-h'ao ling-wen-ke mao-bing, neng-keû pao-wou ling-wen véh vè-

---

scandalizat te, abscide eum...; bonum tibi est cum uno oculo (ou avec un seul pied) *in vitam intrare, quam* 2 *duos oculos...* vel duos pedes habentem.... *mitti in gehennam ignis..."* (Matth. 18. 8,9.) C'est-à-dire qu'il ne faut pas regarder ceux qui 3 nous tentent, ni aller dans les endroits où on pèche.

Celui qui veut sauver son âme, doit avoir le ferme propos de perdre tout bonheur, 5 plutôt que de perdre jamais Dieu. Mais ce propos ne suffit pas, il est nécessaire d'employer 6 des moyens. Outre la fuite des occasions, on doit fréquenter les sacrements de Pénitence et d'Eucharistie. 7 Celui qui se confesse souvent, connaît ses péchés, il s'en repent, s'en corrige et purifie son âme : non 8 seulement il reçoit le bienfait du pardon, mais il obtient aussi la grâce pour vaincre les tentations.

L'Eucharistie est un aliment céleste, qui nourrit l'âme et lui fait obtenir la vie éternelle. Jésus dit: 10 "Celui qui ne mange pas ma chair, et ne boit pas mon sang, n'aura pas la vie éternelle." La sainte Église dit que l'Eucharistie 11 est la médecine de l' qui la guérit des maladies, la défend du

罪、加增靈魂个力量、能彀好好能守規矩。
再有好法子、是日逐默想、想死之後來審判天堂地獄咾啥。或者默想耶穌个苦難。人默想第个道理、能彀加增愛天主个心。
如同達味聖王話。我拉默想个時候、覺着愛情个火燒我心。
還有一个好法子、是定當日逐做个事體、按排次序。比方早晨頭踈起來、先要感謝天主。然後定當志向、第个一日上做个事體、齊爲光榮天主、愛慕天主、情願死勿肯得罪天主。早晨頭默想滿工之、就望彌撒。又定當一个看聖書个時候。日日拜聖體、拜聖母。到之夜頭、至少念一分玫瑰經、省察一日个行事、搭之說話咾念頭。假使有差處味、懊憦咾定當志向改過。
也要格外熱心恭敬聖母、進聖母會、念恭敬聖母个經、爲聖母

zu, ka-tseng ling-wen-ke lih-liang, neng-keû h'ao-h'ao-neng seû koei-kiu.

Tsai yeû h'ao fèh-tse, gnéh-zôh meh-siang: siang si-tse heû-lai sen-p'é, t'ié-daong, di-gnôh lao-sa, woh-**3**-tsé meh-siang Ya-sou-ke k'ou-nè. Gnen meh-siang di-ke dao-li, neng-keû ka-tseng ai T'ié-tsu-ke sin; **4** zu-dong Dèh-vi seng-waong wo: "*Ngou la meh-siang-ke ze-heû, koh-zah ai-zing-ke h'ou sao ngou-ke sin.*"

È yeû ih-ke h'ao fèh-tse, ze ding-taong gnéh-zôh tsou-ke ze-t'i, eu-ba ts'e-zu. Pi-faong tsao-zen-**6**-deû lôh-k'i-lai, sié yao ké-zia T'ié-tsu, zé-heû ding-taong tse-hiang, di-ke ih gnéh laong tsou-ke ze-**7**-t'i, zi wei koang-yong T'ié-tsu, ai-mou T'ié-tsu, zing-gneu si véh k'eng teh-zu T'ié-tsu. Tsao-zen-deû meh-**8**-siang mé-kong-tse, zieû maong mi-sèh; i ding-taong ih-ke k'eu seng-su-ke ze-heû; gnéh-gnéh pa seng-t'i, **9** pa seng Mou. Tao-tse ya-deû tse-sao gnè ih ven mei-koei-kieng; sing-t'sèh ih-gnéh-ke bang-ze, tèh-tse **10** seh-wo lao gnè-deû; kia-se yeû ts'ouo-ts'u méh, ao-lao lao ding-taong tse-hiang kai-kou.

A yao keh-wai gnéh-sin kong-kieng seng Mou, tsin seng Mou wei, gnè kong-kieng seng Mou-ke kieng, wei seng Mou

---

péché et augmente ses forces pour qu'elle garde fidèlement les préceptes.

Un autre moyen est encore la méditation quotidienne: on médite sur la mort, le jugement, le ciel, l'enfer et autres vérités, ou **3** bien sur la Passion. Celui qui médite sur ces vérités, augmentera son amour envers Dieu; **4** selon les paroles du roi David: "*In meditatione mea exardescet ignis.*" (Ps. 38. 4.)

Un moyen aussi est de fixer un ordre certain dans les actions de la journée. Par exemple, le matin **6** dès le lever, remercier d'abord Dieu, ensuite faire le propos que tout ce qu'on fera pendant la journée **7** sera pour la gloire et l'amour de Dieu, et de plutôt mourir qu'offenser Dieu. Le matin, **8** après la méditation, entendre la messe; fixer un temps pour la lecture spirituelle; visiter chaque jour le Saint-Sacrement **9** et la Sainte Vierge. Dans la soirée, réciter au moins le chapelet; examiner les actions, **10** les paroles et les pensées de la journée; et si on trouve des fautes, s'en repentir et faire le propos de s'en corriger.

Surtout, honorez avec ferveur la Sainte Vierge, entrez dans ses congrégations, récitez des prières en son honneur, faites l'aumône

面上做哀矜、瞻禮七上守大齋、或者做別樣好工夫。更加要緊个是每日熱熱心心求聖母、轉求天主、賞賜儂常心做好个工夫。碰着誘感个時候、就熱心求聖母相帮、得勝三仇个誘感、什介能一定救得着靈魂。

第三十二日　想倚靠聖母

一想　伲該當感謝天主、定當聖母瑪利亞做伲个主保、許伲靠託聖母个轉求、能彀得着天主个聖寵。有一日聖文多辣默想聖母做世界上人个主保、伊大个聲氣喊咾話。哎、聖母、天主定當儂做罪人个靠託、一總人个主保。儂要啥恩典、就能彀得着、第个眞正是天主大个仁慈、奧妙得來話勿來个。聖母旣然是罪人个靠託、伲犯之罪、勿要失望、快點到聖母門前去、擔自

mié laong tsou ai-kieng; tsé-li ts'ih laong seû dou tsa, woh-tsé tsou biéh-yang h'ao kong-fou. Keng-ka yao-kien-**2**-ke ze mei gnéh gnéh-gnéh-sin-sin ghieû seng Mou tsé ghieû T'ié-tsu, saong-se nong zang-sin tsou h'ao-ke kong-**3**-fou. Bang-zah yeû-ké-ke ze-heû, zieû gnéh-sin ghieû seng Mou siang-paong, teh-seng sè zeû-ke yeû-ké. Zéh-**4**-ka-neng ih-ding kieû-teh-zah ling-wen.

Di-sè-zéh-gni gnéh. Siang i-k'ao seng Mou.

IH SIANG. — Gni kai-taong zia-zia T'iè-tsu, ding-taong seng mou Mô-li-ya tsou gni-ke tsu-pao, hiu gni **7** k'ao-t'oh seng Mou-ke tsé-ghieû, neng-keû teh-zah T'ié-tsu-ke seng ts'ong. Yeû ih gnéh seng Weng-tou-lèh meh-**8**-siang seng Mou tsou se-ka-laong gnen-ke tsu-pao, i dou-ke sang-k'i h'è lao wo: "Ai, seng Mou, T'ié-tsu **9** ding-taong nong tsou zu-gnen-ke k'ao-t'oh, ih-tsong-gnen-ke tsu-pao; nong yao sa en-tié, zieû neng-keû teh-**10**-zah: di-ke tsen-tseng ze T'ié-tsu dou-ke zen-ze, ao-miao-teh-lai wo-véh-lai-ke." Seng Mou ki-zé **11** ze zu-gnen-ke k'ao-t'oh, gni vè-tse zu, véh-yao séh-maong, k'oa-tié tao seng Mou men-zié k'i, tè ze-

---

par amour pour elle, jeûnez le samedi ou bien faites d'autres bonnes œuvres. Par dessus tout, il est nécessaire **2** de prier chaque jour avec ferveur Marie d'intercéder auprès de Dieu pour qu'il vous accorde la grâce de la persévérance dans le bien. **3** Dans les tentations, demandez avec ferveur le secours de Marie, pour vaincre les tentations des trois ennemis. **4** Si vous faites ainsi, il est certain que vous sauverez votre âme.

32ème jour. De la confiance en la protection de Marie.

Ier POINT. PUISSANCE DE MARIE. — Nous devons remercier Dieu d'avoir décrété que la Sainte Vierge fût notre avocate, et de nous permettre **7** de nous appuyer sur l'intercession de Marie pour obtenir la grâce de Dieu. Un jour, S. Bonaventure, en **8** méditant sur le patronage de Marie, s'écria d'une voix forte : "Ô Marie, Dieu **9** a voulu que vous soyez l'appui des pécheurs et la patronne de tous; n'importe quelle grâce, vous pouvez l'obtenir : **10** c'est vraiment une grande miséricorde de Dieu, si merveilleuse que je ne puis m'exprimer." Puisque Marie **11** est le refuge des pécheurs, lorsque nous avons péché, nous ne devons pas désespérer, allons vite à Marie, mettons-nous

家托拉聖母、求聖母救救。伲只要有改過个心、聖母一定肯救伲、因爲聖母是大能咾仁慈个主保、實在願意一總人、齊救得着靈魂。

現在想聖母是大能个主保。聖母拉天主門前、爲熱心服事伊个人、一定能彀得着各樣个恩典、第个是天主賞賜拉聖母格外个恩典。聖文多辣話。聖母拉伊聖子門前、有最大个能力、第个是格外个大恩典。博學士若望日爾宋話。聖母求天主、要啥恩典、就得着啥恩典。聖母又是天地个皇后、差天神照應咾保護、相幫服事伊个人。聖教會求聖母話。大能个童貞女、爲伲求天主。

爲啥咾聖母是大能个主保呢。因爲聖母是天主个母親。所以

ka t'oh la seng Mou, ghieû seng Mou kieû-kieû. Gni tséh-yao yeû kai-kou-ke sin, seng Mou ih-ding k'eng kieû 2 gni, yen-wei seng Mou ze da neng lao zen-ze-ke tsu-pao, zéh-zai gneu-i ih-tsong-gnen, zi kieû-teh-3-zah ling-wen.

Yé-zai siang seng Mou ze da neng-keu (幹) tsu-pao. Seng Mou la T'ié-tsu men-zié, wei gnéh-sin woh-ze i-5-ke gnen, ih-ding neng-keû teh-zah koh-yang-ke en-tié; di-ke ze T'ié-tsu saong-se la seng Mou keh-6-wai-ke en-tié. Seng Wen-tou-lèh wo: "Seng Mou la i seng tse men-zié, yeû tsu-dou-ke neng-lih, di-7-ke ze keh-wai-ke dou en-tié." Pôh-yah-ze Zah-waong Zéh-eul-song wo: "Seng Mou ghieû T'ié-tsu, yao sa 8 en-tié, zieû teh-za sa en-tié; seng Mou i ze t'ié-di-ke waong-heû, ts'a t'ié-zen tsao-yeng lao pao-9-wou, siang-paong woh-ze i-ke gnen." Seng-kiao-wei ghieû seng Mou wo: "Da neng-keu dong-tseng gnu, wei gni ghieû 10 T'ié-tsu."

Wei-sa-lao seng Mou ze da neng-keu tsu-pao gni? Yen-wei seng Mou ze T'ié-tsu-ke mou-ts'in. Sou-i

---

entre ses mains, et demandons-lui de nous sauver. Dès lors que nous avons la volonté de nous convertir, la Ste Vierge nous 2 sauvera, parce que Marie est une patronne puissante et miséricordieuse, et qui vraiment désire le salut de tous.

Considérons d'abord la puissance de Marie. La Sainte Vierge peut obtenir auprès de Dieu toutes sortes de grâces pour ses 5 dévots. C'est une prérogative unique octroyée par Dieu 6 à Marie. S. Bonaventure dit: "Marie est toute-puissante sur son divin Fils, 7 voilà un privilège unique". Le savant Jean Gerson dit: "Lorsque Marie prie Dieu, elle obtient 8 la grâce qu'elle veut; Marie étant reine de l'univers, envoie les Anges pour protéger 9 et secourir ses dévots". L'Église prie la Sainte Vierge en disant: "Virgo potens, ora pro nobis."

Mais pourquoi le patronage de Marie est-il si puissant? Parce que Marie est la Mère de Dieu. Ainsi

聖安多尼話。聖母个祈求、拉天主跟前、如同命个一樣、故所以天主一定准許个。聖額我畧話。吾主耶穌照伊个人性、拉聖母門前眞正是兒子、兒子、聖母求啥、勿能彀勿允許。聖德阿斐樂主教話。母親求兒子、兒子想着自家受過歇母親个恩典、勿能彀勿聽伊。

葛斯默主教對聖母話。哎、瑪利亞儂个相帮是全能个。聖老楞佐利加爾杜話。聖母搭之聖子个權柄、是一樣个、因爲聖子个全能、使得聖母也是全能。但是聖子个全能、是本性有拉个、聖母个全能、是天主賞賜拉个、天主个全能、一命就成功、聖母个全能、一求就得着。

有一回聖婦彼利日大聽得耶穌對聖母話。我个母親、儂可以

seng Eu-tou-gni-noh wo: "Seng Mou-ke ghi-ghieû la T'ié-tsu ken-zié, zu-dong ming-ke ih-yang: kou-sou-i 2 T'ié-tsu ih-ding tsen-hiu-ke." Seng Ngeh-ngou-liah wo: "Ngou tsu Ya-sou tsao i-ke gnen sing, la seng Mou 3 men-zié tsen-tseng ze gni-tse; seng Mou ghieû sa, véh neng-keû véh yun-hiu." Seng Teh-ouh-fi-loh tsu-kiao 4 wo: "Mou-ts'in ghieû gni-tse, gni-tse siang-zah ze-ka zeû-kou-hiéh mou-ts'in-ke en-tié, véh neng-keû véh 5 t'ing i."

Keuh-se-meh tsu-kiao tei seng Mou wo: "Ai, Mô-li-ya, nong-ke siang-paong ze zié-neng-ke." Seng Lao-leng-7-tsou Li-ka-eul-dou wo: "Seng Mou tèh-tse seng-tse-ke ghieû-ping ze ih-yang-ke; yen-wei seng-tse-ke 8 zié-neng se-teh seng Mou a ze zié-neng." Tè-ze seng tse-ke zié-neng ze pen-sing yeû-la-ke, seng 9 Mou-ke zié-neng ze T'ié-tsu saong-se-la-ke; T'ié-tsu-ke zié-neng ih ming zieû zeng-kong, seng Mou-ke 10 zié-neng ih ghieû zieû teh-zah.

Yeû ih wei seng wou Pei-li-zéh-da t'ing-teh Ya-sou tei seng Mou wo: "Ngou-ke mou-ts'in, nong k'o-i

---

S. Antonin dit: "Les prières de Marie sont une sorte de commandement auprès de Dieu: aussi 2 Dieu les exauce certainement." S. Grégoire dit: "Jésus selon sa nature humaine, est 3 vraiment fils de Marie; ainsi il ne peut pas ne pas exaucer ses requêtes." S. Théophile, évêque, 4 dit: "Si la Mère prie son Fils, le Fils, à la pensée des bienfaits qu'il a reçus d'elle, ne peut pas ne pas 5 l'écouter."

Côme de Jérusalem dit que "le secours de Marie est tout puissant." Et Richard 7 de Saint-Laurent dit: "La puissance de Marie et de son Fils est égale; car la toute-puissance 8 du Fils a rendu sa Mère toute-puissante." Mais le Fils est tout-puissant par nature, 9 Marie est toute-puissante pas grâce; que la toute-puissance de Dieu commande, et tout s'accomplit, que la toute-puissance 10 de Marie prie, et elle obtient tout.

Un jour, Ste Brigitte entendit Notre-Seigneur dire à la Sainte Vierge: "Ma Mère,

求我隨便啥、儂要啥、我就許儂啥、總勿能彀虛負儂个祈求。我
垃拉世界上个時候、求儂啥、儂總照我个意思。現在拉天堂上、
儂求啥、我也勿能彀勿照儂个意思。伲聽得耶穌對聖母話什
介能个說話、心裡該當那能喜歡、要那能恭敬聖母呢。
聖母眞正是大能个童貞女、勿論啥人罪犯來多做多、只要眞
心求聖母、聖母必定肯救伊。聖額我畧尼各梅第話。聖母个能
力、勿能彀有啥事體可以超過个。人个罪、雖然多咾大、總超勿
過聖母个仁慈。聖人又對聖母話。聖母、儂个權柄大來勿過頭
个、無得啥可以相反儂个、天主看儂个光榮、就是自家个光榮、
所以儂無得做勿到个事體。聖伯多祿達米盎話。聖母个能幹
是頂大个、無得一樣做勿到个、就是失望拉个人、求之聖母、也

ghieû ngou zu-bié sa: nong yao sa, ngou zieû hiu nong sa; tsong véh neng-keû hiu-wou nong-ke ghi-ghieû. Ngou 2 léh-la se-ka-laong-ke ze-heû ghieû nong sa, nong tsong tsao ngou-ke i-se; yé-zai la t'ié-daong laong 3 nong ghieû sa, ngou a véh neng-keû véh tsao nong-ke i-se." Gni t'ing-teh Ya-sou tei seng Mou wo zéh-4-ka-neng-ke seh-wo, sin li kai-taong na-neng hi-hoé, yao na-neng kong-kieng seng Mou gni!

Seng Mou tsen-tseng ze da neng-ke dong-tseng gnu, véh len sa-gnen zu vè-lai tou-tsou-tou, tséh-yao tsen-6-sin ghieû seng Mou, seng Mou pih-ding k'eng kieû i. Seng Zéh-ouh-eul-zéh Gni-koh-mei-di wo: "Seng Mou-ke neng-7-lih véh neng-keû yeû sa ze-t'i k'o-i ts'ao-kou-ke; gnen-ke zu, su-zé tou lao dou, tsong tsao-véh-8-kou seng Mou-ke zen-ze." Seng-gnen i tei seng Mou wo: "Seng Mou, nong-ke ghieu-ping dou-lai véh kou-deû-9-ke, m-teh sa k'o-i siang-fè nong-ke. T'ié-tsu k'eu nong-ke koang-yong, zieû-ze ze-ka-ke koang-yong; 10 sou-i nong m-teh tsou-véh-tao-ke ze-t'i." Seng Péh-tou-lôh Dèh-mi-haong wo: "Seng Mou-ke neng-keu 11 ze ting-dou-ke, m-teh ih-yang tsou-véh-tao-ke; zieû-ze séh-maong-la-ke gnen, ghieû seng Mou, a

---

demandez-moi n'importe quoi: je vous accorderai tout ce que vous désirez; votre prière ne peut jamais être vaine. Quand je 2 vivais sur la terre et que je vous demandais quelque chose, vous avez toujours fait selon ma volonté; maintenant dans le ciel, 3 si vous me demandez quelque chose, je ne puis pas ne pas me conformer à votre désir." En entendant ces paroles de Jésus 4 à Marie, combien ne devons-nous pas nous en réjouir, combien ne devons-nous pas honorer Marie!

Marie est vraiment la Vierge puissante; quiconque a commis des péchés, peu importe leur nombre, si 6 de cœur il prie Marie, Marie le sauvera certainement. S. Georges de Nicomédie dit: "On ne peut 7 surpasser le pouvoir de Marie; nos péchés, pour nombreux et graves qu'ils soient, ne dépasseront 8 jamais la clémence de Marie." Le saint dit aussi à Marie: "Ô Mère de Dieu, votre pouvoir est si grand qu'il dépasse tout, 9 rien ne peut vous résister. Dieu regarde votre gloire comme la sienne propre; 10 ainsi, rien ne vous est impossible." Et S. Pierre Damien dit: "La puissance de Marie 11 est la plus grande, il n'y a rien qu'elle ne puisse; même les désespérés qui ont recours à Marie,

能彀盼望救靈魂。

二想　聖母勿但是大能个主保、又是仁慈个主保。凡於人到伊門前去祈求、自伊就肯收留。達味聖王話。天主个眼睛、常常看好个人。老楞佐利加爾杜話。聖母是仁慈个母親、勿單單照顧好人、也照顧犯罪人。聖母个眼睛、看世界上个人、像母親看自家个兒子。母親怕兒子跌倒、時時刻刻照應伊、假使偶然跌倒之、立刻就拖伊起來。聖母什介能照應伲勿犯罪、犯之罪味、就相帮伲從罪裡出來。

聖文多辣對聖母話。我看儂無得啥別樣、完全是仁慈。聖伯爾納多勸伲靠託聖母咾話。勿論有啥要緊个事體、齊靠託聖母罷、聖母一定肯救伲、聖母是和氣个、也是良善个、一眼勿兒、一

neng-keû p'è-maong kieû ling-wen."

GNI SIANG. — Seng Mou véh dè ze da neng-ke tsu-pao, i ze zen-ze-ke tsu-pao. Vè-yu gnen tao **3** i men-zié k'i ghi-ghieû, ze-i zieû k'eng seû-lieû. Dèh-vi seng waong wo: "*T'ié-tsu-ke ngè-tsing zang-zang* **4** *k'eu h'ao-ke gnen.*" Lao-leng-tsou Li-ka-eul-dou wo: "Seng Mou ze zen-ze-ke mou-ts'in, véh tè-tè tsao-**5**-kou h'ao-gnen, a tsao-kou vè-zu-gnen: seng Mou-ke ngè-tsing k'eu se-ka-laong-ke gnen, ziang mou-ts'in k'eu **6** ze-ka-ke gni-tse: mou-ts'in p'ouo gni-tse tih-tao, ze-ze-k'eh-k'eh tsao-yeng i, kia-se-teh ngeû-zé tih-**7**-tao-tse, lih-k'eh zieû t'ou i k'i-lai. Seng Mou zéh-ka-neng tsao-yeng gni véh vè-zu, vè-tse zu méh, **8** zieû siang-paong gni zong zu li ts'éh-lai."

Seng Wen-tou-lèh tei seng Mou wo: "Ngou k'eu nong m-teh sa biéh-yang, wé-zié ze zen-ze." Seng Péh-eul-**10**-nèh-tou k'ieu gni k'ao-t'oh seng Mou lao wo: "Véh len yeû sa yao-kien-ke ze-t'i, zi k'ao-t'oh seng Mou **11** ba, seng Mou ih-ding k'eng kieû gni; seng Mou ze wou-k'i-ke, a ze liang-zé-ke, ih-ngè véh hiong, ih-

---

peuvent aussi espérer le salut de leur âme."

IIe POINT. MISÉRICORDE DE MARIE. — Non seulement le patronage de Marie est puissant, mais il est aussi miséricordieux. Quiconque **3** se présente à Marie et la prie de le sauver, sera reçu par elle. Le saint roi David disait: "*Oculi Domini* **4** *super justos.*" (Ps. 33. 16.) Richard de Saint-Laurent dit: "Marie est la mère de miséricorde, non seulement elle prend **5** soin des justes, mais encore des pécheurs: les yeux de Marie sont fixés sur les hommes, comme les yeux d'une mère sur **6** ses enfants: une mère craint que son enfant ne tombe, à chaque instant elle prend soin de lui, et si par hasard il **7** tombe, elle se hâte de le relever. De même, Marie prend soin de nous, afin que nous ne péchions pas; et, après le péché, **8** elle nous aide à en sortir."

S. Bonaventure dit à Marie: "Je ne vois rien en vous, sinon que vous êtes toute miséricorde." Et S. Bernard **10** nous exhortant à avoir confiance en Marie dit: "En quelque besoin que vous soyez, ayez confiance en Marie, **11** elle vous sauvera sans doute; Marie est bonne et douce, elle n'a rien d'austère,

眼勿怕、完全美好个、那怕啥人到聖母門前去、聖母就肯可憐个。

聖母眞正是犯罪人个靠託、十分仁慈个。聖母手裡齊是聖寵、勿論啥人靠託伊、奉伊做主保、齊得着恩典。第伍尼削話。聖母是一總罪人个主保。哎、天主、儂定當聖母做犯罪人个主保、啥人靠託聖母、就能彀救靈魂、若使一个教友落地獄、想着活拉个時候、勿求聖母、所以現在吃永遠个苦、那能要懊憦呢。

有一回聖母對聖婦彼利日大話。一總人齊叫我仁慈个母親、我實在是仁慈个母親、天主个仁慈、定當我做一總人个母親、假使得一个人、能彀求我个仁慈救伊、自伊勿肯求、眞正是無福氣个人。聖文多辣話。聖母勿會得勿可憐人个、人有患難、聖

ngè véh p'ouo, wé-zié mei-h'ao-ke; na-p'ouo-sa-gnen tao seng Mou men-zié k'i, seng Mou zieû k'eng k'o-lié-**2**-ke."

Seng Mou tsen-tseng ze vè-zu-gnen-ke k'ao-t'oh, zéh-fen zen-ze-ke; seng Mou seû li zi ze seng-ts'ong: **4** véh-len-sa-gnen k'ao-t'oh i, wong i tsou tsu-pao, zi teh-zah en-tié. Di-ou-gni-siah wo: "Seng Mou **5** ze ih-tsong zu-gnen-ke tsu-pao." Ai, T'ié-tsu, nong ding-taong seng Mou tsou vè-zu-gnen-ke tsu-pao, sa-**6**-gnen k'ao-t'oh seng Mou, zieû neng-keû kieû ling-wen. Zah-se ih-ke kiao-yeû loh di-gnôh, siang-zah wéh-la-**7**-ke ze-heû véh ghieû seng Mou, sou-i yé-zai k'ieh yong-yeu-ke k'ou, na-neng yao ao-lao gni!

Yeû ih wei seng Mou tei seng wou Pei-li-zeh-da wo: "Ih-tsong-gnen zi kiao ngou zen-ze-ke mou-ts'in, **9** ngou zéh-zai ze zen-ze-ke mou-ts'in; T'ié-tsu-ke zen-ze ding-taong ngou tsou ih-tsong gnen-ke mou-ts'in. **10** Kia-se-teh ih-ke gnen neng-keû ghieû ngou-ke zen-ze kieû i, za-i véh k'eng ghieû, tsen-tseng ze m **11** foh-k'i-ke gnen." Seng Wen-tou-lèh wo: "Seng Mou véh wei-teh véh k'o-lié gnen-ke; gnen yeû vè-nè, seng

---

rien de redoutable, elle est toute douceur; quiconque se présente à Marie, Marie a pitié de lui."

Marie est certainement l'appui des pécheurs, elle est très miséricordieuse; ses mains sont pleines de grâces: **4** quiconque a confiance en elle et la reconnaît pour patronne, recevra ses bienfaits. Denis le Chartreux dit: "Marie **5** est l'avocate de tous les pécheurs." Mon Dieu, vous avez chargé Marie d'être l'avocate des pécheurs, **6** de manière que quiconque a confiance en elle pourra se sauver. Quel sera le regret d'un chrétien damné, à la pensée que pendant **7** sa vie il n'a pas prié Marie et à cause de cela souffrira éternellement!

La sainte Vierge dit une fois à Ste Brigitte: "Tous m'appellent la Mère de la miséricorde, **9** et je suis telle en effet; la divine miséricorde a voulu que je sois la mère de tous. **10** Bien malheureux est celui qui pouvant recourir à ma miséricorde pour que je le sauve, n'y a pas recours." **11** S. Bonaventure disait: "Marie ne sait pas ne pas avoir pitié des hommes; celui qui est dans l'embarras

母就相幫伊。聖伯爾納多求聖母咾話。聖母儂是仁慈个皇后、我是最卑賤个罪人、求儂可憐我、管好我。聖巴西畧話。人犯之罪、求聖母可憐、聖母就收留伊、聖母像一个公个病院、隨便啥个犯罪人、到聖母蕩去、聖母一定看好伊个毛病。所以勿要疑惑聖母个仁慈。有一日聖婦彼利日大聽得耶穌對聖母話。假使魔鬼謙遜咾求儂、儂也要仁慈來待伊者。路濟弗爾是驕傲个、總勿肯謙遜咾改過、假使得自伊謙遜求聖母、聖母也肯救伊。看一看聖母个仁慈、那能大个。聖母對聖婦彼利日大也話。勿論啥等樣个罪人、到我門前來求我、我勿看伊罪个多咾大、單單看伊有啥意思。若使是眞心痛悔咾願意改過、雖然犯頂大个罪、我也收留伊。因爲我仁慈个母親、勿肯棄

Mou zieû siang-paong i." Seng Péh-eul-nèh-tou ghieû seng Mou lao wo: "Seng Mou, nong ze zen-ze-ke waong-heû, 2 ngou ze tsu pei-zié-ke zu-gnen, ghieû nong k'o-lié ngou, koé-h'ao ngou." Seng Pouo-si-liah wo: "Gnen vè-tse 3 zu, ghieû seng Mou k'o-lié, seng Mou zieû seû-lieû i. Seng Mou ziang ih-ke kong-ke bing-yeu: zu-bié sa-4-ke vè-zu-gnen tao seng Mou daong k'i, seng Mou ih-ding k'eu-h'ao i-ke mao-bing."

Sou-i véh yao gni-woh seng Mou-ke zen-ze. Yeû ih gnéh seng wou Pei-li-zéh-da t'ing-teh Ya-sou 6 tei seng Mou wo: "Kia-se mô-kiu k'ié-sen lao ghieû nong, nong a yao zen-ze lai dai i tsé." Lou-tsi-7-féh-eul ze kiao-ngao-ke, tsong véh k'eng k'ié-sen lao kai-kou; kia-se-teh ze-i k'ié-sen ghieû seng Mou, 8 seng Mou a k'eng kieû i. K'eu-ih-k'eu seng Mou-ke zen-ze na-neng dou-ke! Seng Mou tei seng wou Pei-9-li-zéh-da a wo: "Véh len sa-teng-yang-ke zu-gnen, tao ngou men-zié lai ghieû ngou, ngou véh k'eu i 10 zu-ke tou lao dou, tè-tè k'eu i yeû sa-ke i-se. Zah-se ze tsen-sin t'ong-hoei lao gneu-i kai-11-kou, su-zé vè ting-dou-ke zu, ngou a seû-lieû i, yen-wei ngou zen-ze-ke mou-ts'in, véh k'eng k'i-

---

sera aidé par Marie." S. Bernard priait ainsi la Sainte Vierge: "Marie, vous êtes la Reine de la miséricorde, 2 moi je suis le plus vil pécheur, je vous prie d'avoir pitié et soin de moi." S. Basile disait: "Celui qui après 3 le péché a recours à la pitié de Marie, sera reçu par elle. C'est comme un hôpital public: n'importe quel 4 pécheur se présente à Marie, sera guéri par elle."

Ainsi ne doutons jamais de la miséricorde de Marie. Un jour, Ste Brigitte entendit Jésus 6 dire à sa mère: "Si le démon vous priait humblement, vous le traiteriez avec miséricorde." Lucifer 7 est orgueilleux, il ne voudra jamais s'humilier ni se convertir; mais, s'il priait humblement Marie, 8 Marie le sauverait. Voyez combien grande est la miséricorde de Marie! La Sainte Vierge dit encore à S[te] 9 Brigitte: "N'importe quel pécheur vient à moi et me prie, je ne regarde pas 10 le nombre et la gravité de ses péchés, mais seulement l'intention qu'il a. S'il est vraiment repenti et veut se 11 corriger, eût-il commis les péchés les plus graves, je l'accueille; parce que étant la mère de la miséricorde, je ne veux pas

絶犯罪人个。
聖文多辣話。鄉犯罪人勿要失望、該當擡起頭來朝上看、求聖母救鄉、聖母是仁慈个、肯領鄉到天堂上。聖伯爾納多話。伲大家求聖母罷、求之聖母、可以得着失脫拉个聖寵。老楞佐利加爾杜話。伲要得着聖寵、該當去尋聖母、尋着之聖母、就尋着聖寵者。因爲聖母是聖寵个母親、聖母手裡齊是聖寵咾恩典、也願意賞賜拉伲、只要伲求伊味就是者。
天神嘉俾阨爾慶賀聖母咾話。瑪利亞勿要怕、因爲儂尋着聖寵。紅衣主教伍高話。聖母尋着拉个聖寵、就是伲甩脫拉个、因爲自伊是滿被聖寵咾、勿曾失落歇个、伲味犯罪咾失落聖寵。儂犯罪人失落脫之聖寵、快點到聖母門前去、對伊話。聖母儂

ziéh vè-zu-gnen-ke."

Seng Wen-tou-lèh wo: "Na vè-zu-gnen véh yao séh-maong, kai-taong dai-k'i deû lai zao-zaong k'eu, ghieû seng **3** Mou kieû na; seng Mou ze zen-ze-ke, k'eng ling na tao t'ié-daong laong." Seng Péh-eul-nèh-tou wo: "Gni da-**4**-ka ghieû seng Mou ba, ghieû-tse seng Mou, k'o-i teh-zah séh-t'éh-la-ke seng-ts'ong." Lao-leng-tsou Li-ka-**5**-eul-dou wo: "Gni yao teh-zah seng-ts'ong, kai-taong k'i zin seng Mou; zin-zah-tse seng Mou,zieû zin-zah seng-**6**-ts'ong tsé." Yen-wei seng Mou ze seng-ts'ong-ke mou-ts'in, seng Mou seû li zi ze seng-ts'ong lao en-tié, a **7** gneu-i saong-se la gni; tséh-yao gni ghieû i méh zieû-ze tsé.

T'ié-zen Kia-pi-ngeh-eul k'ieng-wou seng Mou lao wo: "*Mô-li-ya véh yao p'ouo, yen-wei nong zin-zah seng-***9***-ts'ong.*" Hong-i-tsu-kiao Ou-kao wo: "Seng Mou zin-zah-la-ke seng-ts'ong, zieû-ze gni goè-t'éh-la-ke." Yen-**10**-wei ze-i ze mé-bi seng-ts'ong lao véh zeng séh-loh-hiéh-ke; gni méh vè-zu lao séh-loh seng-ts'ong. **11** Nong vè-zu-gnen séh-loh-t'éh-tse seng-ts'ong, k'oa-tié tao seng Mou men-zié k'i, tei i wo: "Seng Mou nong

---

rejeter les pécheurs."

"Pécheurs, disait S. Bonaventure, ne vous livrez pas au désespoir, mais levez la tête et regardez en haut, priez **3** Marie de vous sauver; sa miséricorde vous conduira au ciel." S. Bernard dit: "Prions **4** ensemble Marie, si nous prions Marie, nous pouvons obtenir la grâce perdue." Richard de Saint-Laurent **5** dit: "Si nous voulons obtenir la grâce, cherchons d'abord Marie; en trouvant Marie, nous retrouverons la **6** grâce." De fait, Marie est la mère de la grâce, ses mains sont pleines de grâces et de faveurs **7** qu'elle désire nous donner; nous n'avons qu'à la prier.

L'archange Gabriel félicita Marie en lui disant: "*Ne timeas Maria, invenisti enim gratiam.*" (Luc. 1. 30.) **9** Le cardinal Hugues dit: "La grâce que Marie a retrouvée, c'est celle que nous avons perdue." En **10** effet Marie est pleine de grâce, n'a jamais perdu la grâce; tandis que nous, nous avons perdu la grâce par le péché. **11** Pécheur qui avez perdu la grâce, allez donc vite à Marie, et dites-lui: "Ô Mère,

尋着拉个聖寵、還拉我罷、因爲我失脫拉个、儂替我尋着拉者。

三想　聖母是仁慈个主保、非但肯救求伊个人、就是勿求伊个也肯保護。聖母如同用聖經个說話來話。㑚一總个人齊到我門前來、我是㑚个性命、㑚个能力、啥人靠託我、一定能彀得着常生。有一个熱心神師、叫伯爾巴爾多話。聖母叫一總人、勿論是好人是怵人、到伊門前來。

聖伯爾納多話。魔鬼常常尋人、爲害伊、聖母味常常尋人、爲救伊。因爲聖母是仁慈个母親、看見之自家个小囝、有危險、有患難、勿能彀勿救、勿肯讓伊受害處。聖日爾瑪諾話。除脫之耶穌、聖母頭一个用心救人个靈魂。聖文多辣話。聖母、我看儂無得啥別樣事體做、不過是忙殺个救人咾保護人。

zin-zah-la-ke seng-ts'ong, wè-la ngou ba; yen-wei ngou séh-t'éh-la-ke, nong t'i ngou zin-zah-la-tsé."

Sè siang. — Seng Mou ze zen-ze-ke tsu-pao; fi dè k'eng kieû ghieû i-ke gnen, zieû-ze véh ghieû i-**3**-ke a k'eng pao-wou. Seng Mou zu-dong yong seng-kieng-ke seh-wo lai wo : "Na ih-tsong-ke gnen zi tao **4** ngou men-zié lai, ngou ze na-ke sing-ming, na-ke neng-lih; sa-gnen k'ao-t'oh ngou, ih-ding neng-keû teh-**5**-zah zang-seng." Yeû ih-ke gnéh-sin zen-se, kiao Péh-eul-pouo-eul-tou wo : "Seng Mou kiao ih-tsong gnen, véh **6** len ze h'ao-gnen ze k'ieû-gnen, tao i men-zié lai."

Seng Péh-eul-nèh-tou wo : "Mô-kiu zang-zang zin gnen wei hai i ; seng Mou méh zang-zang zin gnen wei kieû **8** i." Yen-wei seng Mou ze zen-ze-ke mou-ts'in, k'eu-kié-tse ze-ka-ke siao-neu yeû ngoei-hié, yeû wè-**9**-nè, véh neng-keû véh kieû, véh k'eng gnang i zeû hai-ts'u. Seng Zéh-eul-mô-noh wo : "Zu-t'éh-tse Ya-sou, **10** seng Mou deû-ih-ke yong-sin kieû gnen-ke ling-wen." Seng Wen-tou-lèh wo : "Seng Mou, ngou k'eu nong m-teh **11** sa biéh-yang ze-t'i tsou, péh-kou ze maong-sèh-ke kieû gnen lao pao-wou gnen."

---

rendez-moi la grâce que vous avez retrouvée; c'est moi qui l'ai perdue, vous l'avez retrouvée pour moi."

IIIe Point. Charité de Marie. — Marie est une avocate miséricordieuse; non seulement elle sauve ceux qui l'invoquent, mais elle protège **3** aussi ceux qui ne l'implorent pas. Marie se servant des paroles de l'Écriture Sainte nous dit : "Venez tous **4** à moi, je suis votre vie, votre force; celui qui a confiance en moi, obtiendra **5** certainement la vie éternelle." Le pieux père spirituel Pelbart dit : "Marie appelle tous les hommes, **6** qu'ils soient justes ou pécheurs."

S. Bernard dit : "Le démon cherche toujours l'homme pour le perdre; Marie cherche toujours l'homme pour le **8** sauver." Car Marie, mère de la miséricorde, voyant son enfant dans les dangers et les **9** calamités, ne peut pas ne pas le sauver, elle ne veut pas le laisser souffrir des dommages. S. Germain s'écrie : "Après Jésus, **10** Marie est la première à prendre soin du salut de nos âmes." S. Bonaventure disait à Marie : "Ô Mère, je vois que vous n'avez pas **11** autre chose à faire, vous êtes seulement très occupée à sauver et à protéger les hommes."

凡於人有患難嘵、或者生病、勿論啥時候、啥地方、求聖母、聖母就肯救伊拉。聖母个仁慈、實在大个、總勿肯棄絶人。利加爾杜話。聖母个心、那能樣式愛伲、勿能彀話明白、自伊勿等伲求、先想着救伲、伲一開口求伊、自伊就來相帮、看見伲遭着患難、伊个心就感動者、就想來救。

聖母拉拉世界上个時候、加利肋亞地方、有人家好日、酒吃到場中、勿彀是者。聖母勿等伊拉求、代替伊拉、求耶穌就發顯一个聖跡、變水做酒。聖文多辣話。聖母活拉世界上、爲肉身个事體、什介能用心救人、現在拉天堂上、更加仁慈、更加肯用心救伲、看見人有患難、就可憐。那瓦利話。聖母个仁慈、實在大極、勿求伊、還什介能肯相帮、假使求之伊、豈勿是更加快點來相帮

Vè-yu gnen yeû wè-nè lao, woh-tsé sang-bing, véh len sa ze-heû, sa di-faong, ghieû seng Mou, seng Mou 2 zieû k'eng kieû i-la. Seng Mou-ke zen-ze zéh-zai dou-ke, tsong véh k'eng k'i-ziéh gnen. Li-ka-eul-dou 3 wo : "Seng Mou-ke sin na-neng yang-seh ai gni, véh neng-keû wo ming-bah : ze-i véh teng gni ghieû, sié 4 siang-zah kieû gni; gni ih k'ai k'eû ghieû i, ze-i zieû lai siang-paong; k'eu-kié gni tsao-zah wè-nè, i-5-ke sin zieû ké-dong tsé, zieû siang lai kieû."

Seng Mou léh-la se-ka-laong-ke ze-heû, Kia-li-leh-ya di-faong yeû gnen-ka h'ao-gnéh, tsieû k'ieh tao 7 zang-tsong, véh keû-ze tsé; seng Mou véh teng i-la ghieû, dai-t'i i-la ghieû Ya-sou zieû fèh-hié ih-8-ke seng-tsih, pié se tsou tsieû. Seng Wen-tou-lèh wo : "Seng Mou wéh-la se-ka-laong, wei gnôh-sen-ke ze-9-t'i zéh-ka-neng yong-sin kieû gnen, yé-zai la t'ié-daong laong, keng-ka zen-ze, keng-ka k'eng yong-sin kieû 10 gni : k'eu-kié gnen yeû wè-nè, zieû k'o-lié." Na-ngô-li wo : "Seng Mou-ke zen-ze zéh-zai dou-ghieh; véh 11 ghieû i, è zéh-ka-neng k'eng siang-paong, kia-se-teh ghieû-tse i, k'i-véh-ze keng-ka k'oa-tié lai siang-paong

---

Quiconque a des difficultés ou est malade, peu importe le temps et le lieu, qu'il prie Marie, Marie 2 le sauvera. La miséricorde de Marie est vraiment grande, elle ne rejette personne. Richard de Saint-Victor 3 dit : "On ne peut pas dire combien Marie nous aime : elle n'attend pas nos supplications 4 pour s'occuper de notre salut; à peine avons-nous ouvert la bouche pour l'invoquer, qu'elle vient à notre secours; nous voyant subir des calamités, son 5 cœur est attendri et elle pense à nous aider."

Pendant que Marie était en ce monde, on célébrait les noces dans une famille de Galilée, on avait bu jusqu'au 7 milieu du repas, quand le vin vint à manquer. Marie n'attendit pas d'être priée, pour les autres elle demanda à Jésus de faire un 8 miracle en changeant l'eau en vin. S. Bonaventure dit : "Si Marie pendant sa vie était si empressée à secourir les hommes dans les affaires corporelles, 9 à présent qu'elle est au ciel elle est encore plus miséricordieuse et plus diligente à nous 10 secourir : dès qu'elle nous voit dans le malheur, elle est touchée de compassion." Navarin dit : "La miséricorde de Marie est vraiment très grande ; 11 si lorsqu'on ne la prie pas, elle aide ainsi, si on la prie, n'est-ce pas qu'elle se hâtera encore plus de nous

伲否。

聖母既然什介能愛人咾仁慈、伲該當一心靠託聖母、有啥要緊、求聖母相帮、總勿要離開聖母、因爲聖母是伲个主保。聖伯爾納定話。聖母願意賞賜儂恩典个心、比之儂要得着个心、更加來得大。聖文多辣勸伲日常日逐熱心恭敬聖母、要緊啥恩典、就到聖母門前去求、聖母手裡有交關恩典咾聖寵、願意撥拉伲。

有一日聖文多辣對聖母話。我个主保、人犯罪是得罪儂、人勿求儂、也得罪儂。因爲人勿求儂、得勿着平安、十分傷儂愛人个心。哎、聖母、我个主保、儂願意救人个靈魂、啥人求儂、就能彀得着平安、就可以救靈魂。我个母親、我盼望儂、靠託儂、我就穩當

gni va?"

Seng Mou ki-zé zéh-ka-neng ai gnen lao zen-ze, gni kai-taong ih-sin k'ao-t'oh seng Mou, yeû sa yao-3-kien, ghieû seng Mou siang-paong, tsong véh yao li-k'ai seng Mou, yen-wei seng Mou ze gni-ke tsu-pao. Seng Péh-4-eul-nèh-ding wo: "Seng Mou gneu-i saong-se en-tié-ke sin, pi-tse nong yao teh-zah-ke sin, keng-5-ka lai-teh dou." Seng Wen-tou-lèh k'ieu gni gnéh-zang-gnéh-zôh gnéh-sin kong-kieng seng Mou: yao-kien sa en-6-tié, zieû tao seng Mou men-zié k'i ghieû; seng Mou seû li yeû kiao-koè en-tié lao sèng-ts'ong, gneu-i péh-7-la gni.

Yeû ih gnéh seng Wen-tou-lèh tei seng Mou wo: "Ngou-ke tsu-pao, gnen vè-zu ze teh-zu nong, gnen véh 9 ghieû nong a teh-zu nong; yen-wei gnen véh ghieû nong, teh-véh-zah bing-eu, zéh-fen saong nong ai-gnen-ke 10 sin." Ai, seng Mou, ngou-ke tsu-pao, nong gneu-i kieû gnen-ke ling-wen, sa-gnen ghieû nong, zieû neng-keû teh-11-zah bing-eu, zieû k'o-i kieû ling-wen. Ngou-ke mou-ts'in, ngou p'è-maong nong, k'ao-t'oh nong, ngou zieû wen-taong

---

aider?"

Puisque Marie nous aime ainsi et est si miséricordieuse, nous devons nous confier à elle de tout cœur; dans les 3 besoins, invoquons-la et ne la quittons jamais, parce qu'elle est notre patronne. S. 4 Bernardin dit que "Marie est plus désireuse de nous accorder ses faveurs que nous 5 de les recevoir." Et S. Bonaventure nous exhorte à honorer chaque jour Marie avec ferveur: si une grâce est nécessaire, 6 allons la demander à Marie; Marie a dans ses mains beaucoup de bienfaits et de grâces, qu'elle désire nous 7 donner.

Un jour, S. Bonaventure dit à Marie: "Ma patronne, celui qui pèche vous offense, et celui qui ne vous 9 demande rien vous offense aussi; parce que celui qui ne vous prie pas ne peut pas avoir la paix et ainsi blesse gravement votre cœur qui aime tant les hommes." 10 Ô Marie, ma patronne, vous désirez sauver nos âmes, celui qui vous prie obtient 11 la paix et peut se sauver. Ma Mère, j'espère en vous, je mets ma confiance en vous, ainsi le salut de mon âme

救靈魂者。聖安多尼話。熱心恭敬聖母个人、勿落地獄。勿恭敬聖母个人、勿能彀升天堂。所以人要救靈魂、總該當恭敬聖母、效法聖母个德行、念恭敬聖母个經文、爲聖母做愛人个事體、碰着之危險咾患難、勿停个求聖母保佑、拿自家獻拉聖母、一心靠託聖母咾、求聖母照應。

第三十三日　想愛慕天主

一想　人該當愛慕天主、因爲天主先愛人咾、天主拉聖經上話。我永遠愛儂。聖若望宗徒話。伲完全愛天主罷、因爲天主先愛自伲、伲該當愛自伊、以愛還愛。

論到世界上个愛情、爺娘愛大細、愛情最大个。到底萬萬勿能彀比天主愛人个心。爺娘愛小囝、養出來之、乃味愛伊拉、勿曾

kieû ling-wen tsé. Seng Eu-tou-gni-noh (諾) wo: "Gnéh-sin kong-kieng seng Mou-ke gnen, véh loh di-gnôh; véh kong-kieng **2** seng Mou-ke gnen, véh neng-keû seng t'ié-daong." Sou-i gnen yao kieû ling-wen, tsong kai-taong kong-kieng seng Mou, **3** yao-fèh seng Mou-ke teh-yeng, gnè kong-kieng seng Mou-ke kieng-wen, wei seng Mou tsou ai gnen-ke ze-t'i, **4** bang-zah-tse ngoei-hié lao wè-nè, véh ding-ke ghieû seng Mou pao-yeû, nao ze-ka hié-la seng Mou, ih-**5**-sin k'ao-t'oh seng Mou lao, ghieû seng Mou tsao-yeng.

Di-sè-zéh-sè gnéh. Siang ai-mou T'ié-tsu.

IH SIANG. — Gnen kai-taong ai-mou T'ié-tsu, yen-wei T'ié-tsu sié ai gnen lao. T'ié-tsu la seng-kieng laong **8** wo: "*Ngou yong-yeu ai-mou nong.*" Seng Zah-waong tsong-dou wo: "*Gni wé-zié ai T'ié-tsu ba, yen-wei T'ié-tsu sié* **9** *ai ze-gni.*" Gni kai-taong ai ze-i, i ai wè ai.

Len-tao se-ka-laong-ke ai-zing, ya-gnang ai dou-si ai-zing tsu dou-ke; tao-ti vè-vè véh neng-**11**-keû pi T'ié-tsu ai gnen-ke sin. Ya-gnang ai siao-neu, yang-ts'éh-lai-tse nai-méh ai i-la; véh zeng

---

est en sûreté. S. Antonin dit: "Le dévot à Marie ne se damnera pas; qui n'est pas dévot **2** à Marie n'ira pas au ciel." Ainsi celui qui veut se sauver doit absolument honorer Marie, **3** imiter ses vertus, réciter des prières en son honneur, par amour envers Marie pratiquer des œuvres de charité, **4** lorsqu'il rencontre des dangers ou des malheurs implorer sans cesse la protection de Marie, s'offrir soi-même à la Sainte Vierge, **5** se confier entièrement en elle, et la prier d'avoir soin de lui.

33ème Jour. De l'amour de Dieu.

Ier POINT. AMOUR ET BONTÉ DE DIEU ENVERS LES HOMMES. — Nous devons aimer Dieu parce que Dieu nous aime le premier. Dieu dit dans l'Écriture Sainte: **8** "*In caritate perpetua dilexi te.*" (Jer. 31. 3.) Et l'Apôtre S. Jean dit: "*Nos ergo diligamus Deum, quoniam Deus prior* **9** *dilexit nos.*" (IV Jo.4.19.) Aimons donc Dieu et répondons à l'amour par l'amour.

Quant à l'amour d'ici-bas, l'amour des parents pour les enfants est le plus grand; mais il ne peut nullement **11** être comparé à l'amour de Dieu pour l'homme. Les parents aiment leurs enfants après les avoir mis au monde; avant,

養出來、一定勿愛伊拉。天主愛人、勿曾生个時候、勿曾有爺娘个時候、勿曾造世界个前頭、就愛个。因爲天主是永遠个、從永遠就愛人。聖女依搦斯話得有理、自伊話。世界上一總个物事、我齊勿愛、單單愛一个先愛我个天主。我服事伊、恭敬伊、一心愛慕伊。教友、天主從無得个起頭愛儂、造儂、保存咾養儂、爲愛儂个緣故、造無數个物事、隨便儂用、儂該當那能愛天主耶。聖奧斯定看日頭咾月、星咾河、像有嘴拉話。奧斯定儂愛天主罷、天主爲儂个緣故造自伲。聖人就向天主話。天主、天咾地萬百樣物事、齊教我愛儂。聖女德肋撒話。天咾地搭之樣樣物事、齊像殺有良心个、歸向天主、獨是人無良心。勿曉得愛慕天主、眞正可憐。聖女瑪大肋納巴齊有常時手裡拿一朶花、或者拿

yang-ts'éh-lai, ih-ding véh ai i-la. T'ié-tsu ai-gnen véh zeng sang-ke ze-heû, véh zeng yeû ya-gnang-**2**-ke ze-heû; véh zeng zao se-ka-ke zié-deû, zieû ai-ke: yen-wei T'ié-tsu ze yong-yeu-ke, zong yong-**3**-yeu zieû ai gnen. Seng-gnu I-gnéh-se wo-teh yeû li, ze-i wo: "Se-ka-laong ih-tsong-ke méh-ze **4** ngou zi véh ai, tè-tè ai ih-ke sié ai ngou-ke T'ié-tsu: ngou woh-ze i, kong-kieng i, ih-sin **5** ai-mou i." Kiao-yeû, T'ié-tsu zong m-teh-ke k'i-deû ai nong; zao nong, pao-zen lao yang nong; wei ai **6** nong-ke yeu-kou zao m-sou-ke méh-ze, zu-bié nong yong: nong kai-taong na-neng ai T'ié-tsu a!

Seng Ao-se-ding k'eu gnéh-deû lao gneuh, sing lao wou, ziang yeû tse la wo: "Ao-se-ding nong ai T'ié-tsu **8** ba; T'ié-tsu wei nong-ke yeu-kou zao ze-gni." Seng-gnen zieû hiang T'ié-tsu wo: "T'ié-tsu, t'ié lao di vè-**9**-pah-yang méh-ze, zi kao ngou ai nong". Seng-gnu Teh-leh-sèh wo: "T'ié lao di tèh-tse yang-yang méh-ze, **10** zi ziang-sèh yeû liang-sin-ke, koei-hiang T'ié-tsu; dôh-ze gnen m liang-sin, véh hiao-teh ai-mou T'ié-tsu, **11** tsen-tseng k'o-lié!" Seng-gnu Mô-da-leh-nèh Pouo-zi yeû-zang-ze seû li nao ih-tou h'ouo, woh-tsé nao

---

ils ne les aiment certainement pas. Dieu nous a aimés avant notre naissance, avant que nous ayons **2** des parents; avant la création du monde, il nous aimait déja: parce que Dieu est éternel, et de toute éternité **3** il nous aima. Ste Agnès raisonna bien quand elle dit: "Je n'aime pas les choses **4** de ce monde, je n'aime que celui qui m'aima le premier, mon Dieu: je le sers, je l'honore, et je l'aime **5** de tout cœur." Chrétien, l'amour de Dieu pour vous n'a pas de commencement; il vous a créé, il vous conserve et vous nourrit; par amour **6** pour vous, il a créé et mis à votre disposition des choses sans nombre: comment ne devez-vous donc pas aimer Dieu!

S. Augustin regardait le soleil, la lune, les étoiles, les fleuves comme s'ils avaient une bouche et lui disaient: "Augustin, aime Dieu; **8** Dieu nous a créés pour toi." Le Saint criait alors vers Dieu: "Mon Dieu, le ciel, la terre et toutes **9** les créatures m'invitent à vous aimer." Ste Thérèse disait: "Le ciel, la terre et toutes choses **10** comme consciemment se rapportent à Dieu; l'homme seul est sans conscience, il ne sait pas aimer Dieu, **11** que c'est pitoyable!" Parfois, lorsque Ste Marie-Magdeleine de Pazzi tenait à la main une fleur

一樣菓子就動心咾、發愛天主个心、自伊嘴裡話。我想起第个物事、心裡想天主從無得起頭、定當造第个物事、爲教我愛自伊。

教友、天主愛儂、非但造儂、還生儂拉進教人家、做聖教會个兒子、得着信德个大恩典、領聖教會聖事、眼睛看見無數个好表樣、耳朵聽得無數个好說話。又有許多个好法子、相幫儂救靈魂、第个多少恩典、有無數个人得勿着、儂倒完全得着个、豈勿是天主格外愛儂否。儂看世界上多少人、生拉外教人家、恭敬邪神、伊拉勿認得正路、齊勿能彀升天堂。儂味認得正路咾、能彀升天堂、第个勿是天主另外愛儂否。

天主賞賜儂什介能多化恩典、並勿是因爲儂比之別人好、也

ih-yang kou-tse zieû dong sin lao, fèh ai T'ié-tsu-ke sin, ze-i tse li wo: "Ngou siang-k'i di-ke **2** méh-ze, sin li siang T'ié-tsu zong m-teh k'i-deû, ding-taong zao di-ke méh-ze, wei kao ngou ai ze-**3**-i."

Kiao-yeû, T'ié-tsu ai nong, fi dè zao nong, è sang nong la tsin-kiao gnen-ka, tsou seng-kiao-wei-ke gni-**5**-tse: teh-zah sin-teh-ke dou en-tié, ling seng-kiao-wei-ke seng-ze, ngè-tsing k'eu-kié m-sou-ke h'ao piao-**6**-yang, gni-tou t'ing-teh m-sou-ke h'ao seh-wo; i yeû hiu-tou-ke h'ao fèh-tse, siang-paong nong kieû ling-**7**-wen. Di-ke tou-sao en-tié yeû m-sou-ke gnen teh-véh-zah, nong tao wé-zié teh-zah-ke: k'i-véh-**8**-ze T'ié-tsu keh-wai ai nong va? Nong k'eu se-ka-laong tou-sao gnen, sang-la nga-kiao gnen-ka, kong-kieng **9** zia-zen, i-la véh gnen-teh tseng lou, zi véh neng-keû seng t'ié-daong; nong méh gnen-teh tseng lou lao neng-**10**-keû seng t'ié-daong: di-ke véh ze T'ié-tsu ling-nga ai nong va?

T'ié-tsu saong-se nong zéh-ka-neng tou-h'ouo en-t'ié, bing véh ze yen-wei nong pi-tse biéh-gnen h'ao, a

---

ou quelque fruit, son cœur était touché, elle faisait des actes d'amour de Dieu et disait: "En réfléchissant à cette **2** chose, je pense que Dieu dès l'éternité a décrété de la créer pour m'exciter à l'aimer."

Chrétien, Dieu vous a aimé, et non seulement il vous a créé, mais il vous a fait naître dans une famille chrétienne, fils de la sainte Église: **5** vous avez obtenu la grâce de la foi, vous avez reçu les sacrements, vous avez sous les yeux beaucoup de bons exemples, **6** vos oreilles entendent de bonnes paroles sans nombre; et vous avez bien des moyens pour vous aider à sauver votre âme. **7** Des hommes sans nombre n'ont pas reçu tous ces bienfaits, tandis que vous, vous les avez obtenus: est-ce **8** que Dieu ne vous a pas aimé d'une manière spéciale? Voyez combien d'hommes naissent dans une famille païenne, ils honorent **9** les mauvais esprits, ignorent la vraie voie et ne peuvent aller au ciel; tandis que vous, vous connaissez la vraie voie et vous **10** pouvez aller au ciel: n'est-ce pas que Dieu vous a aimé particulièrement?

Dieu vous a accordé des bienfaits en si grand nombre, non pas que vous fussiez meilleur que les autres,

勿是因爲儂有啥功勞咾好處。完全因得天主个仁慈。儂勿單單無得功勞、并且犯無數个罪、得罪天主。天主從無得起頭、就曉得儂是無良心个、從無得起頭、就曉得儂要犯罪、得罪伊、輕慢伊个、到底天主仍舊愛儂、還要賞賜儂恩典、儂該當那能愛天主咾、報答天主呢。哎、最尊貴咾無限量个天主、儂竟然什介能愛我、我倒還勿愛儂、實在坍抗咾懊憹。

二想　天主愛儂、造一總个物事、賞賜儂用、還勿曾滿伊个心。又拿自家撥拉儂。如同聖保祿話。天主愛伲咾、爲伲祭獻自家。儂想想看、還有啥愛情、比之第个更加大个。人个罪是可恨个、教人失落聖寵、失落天堂、拉人落地獄、吃永遠个苦。啥人想着天主聖子、降生做人、受苦受難救贖伲、使得

véh-ze yen-wei nong yeû sa kong-lao lao h'ao-ts'u: wé-zié yen-teh T'ié-tsu-ke zen-ze; nong véh tè-**2**-tè m-teh kong-lao, ping-ts'ié vè m-sou-ke zu teh-zu T'ié-tsu. T'ié-tsu zong m-teh k'i-deû, zieû **3** hiao-teh nong ze m liang-sin-ke; zong m-teh k'i-deû, zieû hiao-teh nong yao vè-zu, teh-zu-i, k'ieng-**4**-mè i-ke: tao-ti T'ié-tsu zeng-ghieû ai nong, è yao saong-se nong en-tié: nong kai-taong na-neng ai **5** T'ié-tsu lao pao-tèh T'ié-tsu gni? Ai, tsu tsen-koei lao wou-yè-liang-ke T'ié-tsu, nong kieng-zé zéh-ka-**6**-neng ai ngou, ngou tao véh ai nong, zéh-zai t'è-ts'ong lao ao-lao.

Gni siang. — T'ié-tsu ai nong, zao ih tsong méh-ze saong-se nong yong, è véh zeng mé i-ke sin; **8** i nao ze-ka péh-la nong; zu-dong seng Pao-lôh wo: "*T'ié-tsu ai gni lao, wei gni tsi-hié ze-ka.*" **9** Nong siang-siang-k'eu, è yeû sa ai-zing, pi-tse di-ke keng-ka dou-ke?

Gnen-ke zu ze k'o-hen-ke, kao gnen séh-loh seng-ts'ong, séh-loh t'ié-daong, la gnen loh di-gnôh, k'ieh yong-**11**-yeu-ke k'ou. Sa-gnen siang-zah T'ié-tsu seng-tse kiang-seng tsou gnen, zeû-k'ou-zeû-nè kieû-zôh gni, se-teh

---

ou bien parce que vous eussiez quelque mérite ou quelque avantage: tout cela vient de la divine miséricorde; non seulement vous **2** n'aviez pas de mérites, mais vous avez péché et offensé Dieu bien des fois. Dieu de toute éternité **3** savait que vous seriez un homme sans conscience, de toute éternité il savait que vous pècheriez, que vous l'offenseriez, et **4** l'outrageriez: cependant il vous aima quand même et il veut encore vous combler de bienfaits: comment ne devez-vous donc pas aimer **5** Dieu et lui montrer votre reconnaissance? Ô Dieu plein de majesté et infini, vraiment vous m'avez **6** aimé ainsi: je suis honteux et regrette de ne vous avoir pas aimé.

IIe Point. Dieu s'est donné lui-même à nous.— Dieu vous aima, créa toutes choses et vous les donna à votre usage, mais son cœur n'a pas encore été satisfait pour cela; **8** il s'est en outre donné lui-même, comme le dit S. Paul: "*Dilexit nos et tradidit semetipsum pro nobis.*" (Ephes. 5. 2.) **9** Pensez donc, y a-t-il un amour plus grand que celui-là?

Le péché est détestable, il fait perdre à l'homme la grâce de Dieu et le paradis, et le traîne en enfer pour souffrir **11** éternellement. Celui qui réfléchit que le Fils de Dieu s'est fait homme et a souffert la Passion pour nous sauver, afin

伲勿落地獄、眞正是稀奇个事體。比方一个皇帝、爲愛慕希小个螞蟻咾、自家變成功一个螞蟻、第个是稀奇得極个事體。但是天主爲愛人个緣故、降生下來成功人、比之皇帝變一个螞蟻、更加萬倍个稀奇。

天主勿單單降生咾做人、還爲伲受苦受難、釘拉十字架上死。論到天主聖子尊貴个位置、爲救贖人、流一滴聖血、一滴眼淚、祈求一次、嘆氣一聲、也足相有餘者。到底自伊愛人至極、情願受一總个苦難、直到釘殺。哎、天主个愛情那能大、啥人懂得來呢。一總个天神咾世界上个人、齊勿能彀懂得。

聖保祿話。耶穌爲愛人个緣故、謙遜咾卑賤自家、聽命到死、死拉十字架上。聖文多辣話。勿要話是天主、就是一个朋友、或者

gni véh loh di-gnôh, tsen-tseng ze hi-ghi-ke ze-t'i. Pi-faong ih-ke waong-ti, wei ai-mou hi-siao-**2**-ke mô-gni lao, ze-ka pié-zeng-kong ih-ke mô-gni, di-ke ze hi-ghi teh-ghieh-ke ze-t'i. Tè-**3**-ze T'ié-tsu wei ai gnen-ke yeu-kou, kiang-seng-hao-lai zeng-kong gnen, pi-tse waong-ti pié-zeng-kong ih-ke mô-**4**-gni, keng-ka mè bei-ke hi-ghi.

T'ié-tsu véh tè-tè kiang-seng lao tsou gnen, è wei gni zeû-k'ou-zeû-nè, ting-la zéh-ze-ka laong si. **6** Len-tao T'ié-tsu seng-tse tsen-koei-ke wei-tse, wei kieû-zôh gnen lieû ih tieh seng hieuh, ih tieh ngè-li, **7** ghi-ghieû ih ts'e, t'è-k'i ih-sang, a tsôh-siang yeû yu tsé. Tao-ti ze-i ai gnen tse-ghieh, zing-gneu **8** zeû ih tsong-ke k'ou-nè, zeh-tao ting-sèh. Ai, T'ié-tsu-ke ai-zing na-neng dou, sa-gnen tong-teh-lai **9** gni? ih-tsong-ke t'ié-zen lao se-ka-laong-ke gnen, zi véh neng-keû tong-teh.

Seng Pao-lôh wo : "*Ya-sou wei ai gnen-ke yeu-kou, k'ié-sen lao pei-zié ze-ka, t'ing-ming tao si, si*-**11**-*la zéh-ze-ka laong.*" Seng Wen-tou-lèh wo: "Véh yao wo ze T'ié-tsu, zieû-ze ih-ke bang-yeû, woh-tsé

---

que nous ne tombions pas en enfer, trouvera que c'est une chose vraiment étonnante. Si un empereur, par amour d'une petite **2** fourmi, se changeait en fourmi, ce serait une chose très étonnante. Mais **3** qu'un Dieu, par amour pour nous, s'incarne et se fasse homme, en comparaison avec un empereur changé en fourmi, **4** la chose est infiniment plus merveilleuse.

Non seulement Dieu s'est fait homme, mais encore il a souffert la Passion et est mort sur la croix pour nous. **6** La dignité de Fils de Dieu est si noble, que si pour nous sauver il avait versé une goutte de sang ou une larme,**7** s'il avait prié une fois ou poussé un soupir, cela aurait suffi abondamment. Mais il a aimé l'homme à l'excès,et il a désiré **8** souffrir toute la Passion jusqu'à mourir crucifié. Oh! qui peut comprendre combien grand est l'amour de Dieu! **9** Ni les anges ni les hommes ne le peuvent.

S. Paul dit: "*Humiliavit semetipsum, factus obediens usque ad mortem, mortem* **11** *autem crucis.*" (Philip. 2. 8.) S. Bonaventure dit: "Sans parler de Dieu, si un ami ou

佢个爺娘、爲佢甩脫性命、是無比个愛情、佢一定感恩不盡、心上常常記念伊拉。況且眞天主爲救佢个靈魂、勿單單死、又吃樣樣个苦頭。聖經上話。若使一个人爲朋友咾死、無啥愛情、比第个更加大个。天主愛佢到極頭地步、爲啥咾佢勿愛天主呢。教友、儂相信天主第二位降生咾、受苦受難否。假使相信个、爲啥咾勿愛伊呢。儂想還有啥愛情、比之天主愛儂更加大否。聖奧斯定話。儂勿要疑惑、天主降生下來做人、來到世界上、勿爲別个緣故、不過爲愛儂咾來个、所以儂愛天主罷。哎、我个天主、儂看我个心、啥等樣个硬。儂爲我吃苦咾死、我爲愛儂、一眼苦頭也勿肯吃。非但不愛儂、還日逐犯罪得罪儂。儂看我那能無良心、眞正是辜負恩典个人。哎、我个天主、求儂饒赦我个罪、

gni-ke ya-gnang, wei gni goè-t'éh sing-ming, ze wou pi-ke ai-
zing, gni ih-ding ké-en péh zin, sin **2** laong zang-zang ki-gnè
i-la ; faong-ts'ia tsen T'ié-tsu wei kieû gni-ke ling-wen, véh
tè-tè si, i k'ieh **3** yang-yang-ke k'ou-deû ! Seng-kieng laong
wo : "*Zah-se ih-ke gnen wei bang-yeû lao si, m sa ai-zing, pi*
4 *di-ke keng-ka dou-ke.*" T'ié-tsu ai gni tao ghieh-deû di-bou,
wei-sa-lao gni véh ai T'ié-tsu gni ? **5** Kiao-yeû, nong siang-
sin T'ié-tsu di-gni wei kiang-seng lao, zeû-k'ou-zeû-nè va ?
Kia-se-teh siang-sin-ke, wei-**6**-sa-lao véh ai i gni ? Nong
siang è yeû sa ai-zing, pi-tse T'ié-tsu ai nong keng-ka dou va?

Seng Ao-se-ding wo : "Nong véh yao gni-woh, T'ié-tsu
kiang-seng-hao-lai tsou gnen, lai-tao se-ka laong, véh **8** wei
biéh-ke yeu-kou, péh-kou wei ai nong lao lai-ke : sou-i nong
ai T'ié-tsu ba." Ai, ngou-ke T'ié-**9**-tsu, nong k'eu ngou-ke sin
sa-teng-yang-ke ngang ! Nong wei ngou k'ieh-k'ou lao si,
ngou wei ai nong, ih-ngè **10** k'ou-deû a véh k'eng k'ieh. Fi
dè véh ai nong, è gnéh-zôh vè-zu teh-zu nong : nong k'eu
ngou na-neng **11** m liang-sin. Tsen-tseng ze kou-wou en-tié-
ke gnen. Ai, ngou-ke T'ié-tsu, ghieû nong gnao-sou ngou-ke zu,

---

nos parents donnaient leur vie pour nous, ce serait un amour
incomparable, nous devrions les remercier sans fin et **2** nous
souvenir toujours d'eux ; bien plus certes, quand Dieu non
seulement est mort pour sauver nos âmes, mais a encore
souffert **3** toute sorte de douleurs." La sainte Écriture dit :
"*Majorem hac dilectionem nemo habet, ut animam suam ponat*
4 *quis pro amicis suis.*" (Jo. 15. 13.) Dieu nous a aimés jus-
qu'à l'excès, pourquoi ne l'aimons-nous pas, nous? **5** Croyez-
vous, chrétien, que la seconde personne s'est incarnée et
a souffert la Passion ? Si vous croyez cela, pourquoi **6** ne
l'aimez-vous pas ? Quel amour, pensez-vous, est plus grand
que l'amour de Dieu envers vous ?

S. Augustin disait : "N'en doutez pas, Dieu s'est incarné,
il est venu sur cette terre, non **8** pour une autre raison, mais
uniquement pour vous aimer : ainsi aimez donc Dieu." Eh !
mon Dieu, **9** voyez comme mon cœur est dur ! Vous avez
souffert et vous êtes mort pour moi, et moi je ne veux rien
10 souffrir pour vous. Non seulement je ne vous aime pas,
mais encore je vous offense tous les jours : voyez comme je
11 n'ai pas de cœur ! Je suis vraiment un ingrat. Oh ! mon
Dieu, je vous demande pardon de mes péchés,

賞賜我聖寵、使得我常常愛慕儂、眞心愛儂、拉拉一總物事个上頭。

三想　耶穌基利斯督非但爲伲吃苦、還喜歡爲伲吃苦。建定聖體个一日、耶穌對宗徒話。我早已願意搭儂吃第个巴斯卦夜飯。就是話早已爲人受苦受難。聖巴西畧話。耶穌爲人个心、頂懇切無得比个、勿能彀滿足个。哎、吾主耶穌、人勿愛儂、是因爲勿想儂个愛情咾、假使細細能想一想、就勿能彀勿愛儂者。我个天主、儂什介能愛人、喜歡爲人咾吃苦、啥人勿愛儂呢。聖老楞佐如斯定、有一回默想天主愛人至極、稀奇咾話。明白咾有見識个天主、愛人太過、像愛得來糊塗者。造天咾地个天主、爲造拉个人吃苦到死、若使勿是信德个道理、啥人相信有

saong-se ngou seng-ts'ong, se-teh ngou zang-zang ai-mou nong, tsen-sin ai nong léh-la ih-tsong méh-ze-ke 2 zaong-deû.

Sè siang. — Ya-sou Ki-li-se-tôh fi dè wei gni k'ieh-k'ou, è hi-hoé wei gni k'ieh-k'ou. Kié-ding 4 seng-t'i-ke ih gnéh, Ya-sou tei tsong-dou wo: "*Ngou tsao-i gneu-i tèh na k'ieh di-ke Pouo-se-kouo* 5 *ya-vè.*" Zieû-ze wo tsao-i gneu-i wei gnen zeû-k'ou-zeû-nè. Seng Pouo-si-liah wo: "Ya-sou ai (爱) gnen-ke sin, 6 ting k'én-ts'ih m-teh pi-ke, véh neng-keû mé-tsôh-ke." Ai, ngou tsu Ya-sou, gnen véh ai nong, ze yen-7-wei véh siang nong-ke ai-zing lao; kia-se-teh si-si-neng siang-ih-siang, zieû véh neng-keû véh ai nong tsé. 8 Ngou-ke T'ié-tsu, nong zéh-ka-neng ai gnen, hi-hoé wei ai gnen lao k'ieh-k'ou, sa-gnen véh ai nong gni?

Seng Lao-leng-tsou Zu-se-ding yeû ih wei meh-siang T'ié-tsu ai gnen tse-ghieh, hi-ghi lao wo: "Ming-bah 10 lao yeû kié-seh-ke T'ié-tsu, ai gnen t'ai kou, ziang ai-teh-lai wou-dou tsé." Zao t'ié lao di-ke T'ié-11-tsu, wei zao-la-ke gnen k'ieh-k'ou tao si, zah-se véh ze sin-teh-ke dao-li, sa-gnen siang-sin yeû

---

accordez-moi la grâce afin de vous aimer toujours et de vous aimer sincèrement par dessus tout.

IIIe Point. Amour que Jésus nous a témoigné dans sa Passion. — Non seulement Jésus-Christ a souffert pour nous, mais en outre il était content de souffrir. Le jour de l'institution 4 du Saint Sacrement, Jésus dit aux Apôtres: "*Desiderio desideravi hoc pascha manducare vobiscum.*" (Luc. 22. 15.) 5 C'est-à-dire qu'il désirait depuis longtemps souffrir la Passion. S. Basile dit: "L'amour de Jésus pour les hommes 6 est sans comparaison le plus ardent, il ne peut pas être complètement satisfait." Eh! mon Jésus, les hommes ne vous aiment pas, parce 7 qu'ils ne pensent pas à votre amour: s'ils y pensaient sérieusement, ils ne pourraient pas ne pas vous aimer. 8 Mon Dieu, vous avez aimé ainsi les hommes, vous avez désiré souffrir pour eux, qui donc ne vous aimera pas?

S. Laurent Justinien en méditant une fois l'excès de l'amour de Dieu pour les hommes, s'écria tout étonné: "Un Dieu 10 plein de sagesse aima trop les hommes, il les aima jusqu'à paraître insensé." Un Dieu créateur du ciel et de la terre 11 souffre jusqu'à mourir pour les hommes qu'il a créés: si cela n'était pas une vérité de foi, qui pourrait

第个事體呢。聖女瑪大肋納巴齊有一日手裡捧之苦像、默想耶穌个苦難、稀奇咾話。吾主耶穌、爲愛人、愛得來糊塗者、儂爲啥咾要吃什介能个苦呢。聖保祿宗徒話。伲講吾主耶穌受難个道理、外教人勿相信、伊拉話、是癡子个事體。一个無窮美好个天主、豈是啥肯爲人吃苦呢。倒底事體是眞个、所以天主愛人實在過分、愛到眞正像糊塗个地步。

有多少个聖人、默想耶穌个苦難、大大能發愛慕天主个心。願意甩脫自家个性命、爲報答耶穌个愛情。有許多个皇帝咾大官府、默想天主个愛人、就動心、離開屋裡咾去修道、甩脫光榮富貴、一門心思愛慕天主。還有無數个致命聖人、爲報答天主个愛情、吃頂利害个苦頭。教友、儂爲愛慕耶穌、吃過歇啥苦頭

di-ke ze-t'i gni? Seng-gnu Mô-da-leh-nèh Pouo-zi yeû ih gnéh seû li fong-tse k'ou-ziang, meh-siang **2** Ya-sou-ke k'ou-nè, hi-ghi lao wo: "Ngou-tsu Ya-sou, nong(儂)ai gnen, ai-teh-lai wou-dou tsé: nong wei-**3**-sa-lao yao k'ieh zéh-ka-neng-ke k'ou gni?" Seng Pao-lôh tsong-dou wo: "Gni kaong ngou tsu Ya-sou zeû-nè-**4**-ke dao-li, nga-kiao-gnen véh siang-sin, i-la wo, ze ts'e-tse-ke ze-t'i: ih-ke wou-ghiong mei-h'ao-**5**-ke T'ié-tsu, k'i-ze sa k'eng wei gnen k'ieh-k'ou gni? Tao-ti ze-t'i ze tsen-ke: sou-i T'ié-tsu ai **6** gnen zéh-zai kou-ven, ai tao tsen-tseng ziang wou-dou-ke di-bou.

Yeû tou-sao-ke seng-gnen, meh-siang Ya-sou-ke k'ou-nè, dou-dou-neng fèh ai-mou T'ié-tsu-ke sin; gneu-**8**-i goè-t'éh ze-ka-ke sing-ming, wei pao-tèh Ya-sou-ke ai-zing. Yeû hiu-tou-ke waong-ti lao dou **9** koé-fou, meh-siang T'ié-tsu-ke ai gnen, zieû dong sin, li-k'ai ôh-li lao k'i sieû-dao, goè-t'éh koang-yong **10** fou-koei, ih-men-sin-se ai-mou T'ié-tsu. È yeû m-sou-ke tse-ming seng-gnen, wei pao-tèh T'ié-tsu-**11**-ke ai-zing, k'ieh ting li-hai-ke k'ou-deû. Kiao-yeû, nong wei ai-mou Ya-sou, k'ieh-kou-hiéh sa k'ou-deû

---

le croire? Ste Marie-Magdeleine de Pazzi, tenant un jour entre ses mains un crucifix pendant qu'elle méditait **2** la Passion de Jésus, s'écria pleine d'admiration: "Mon Jésus, vous avez aimé les hommes jusqu'à la folie: pourquoi **3** avez-vous voulu souffrir tant de douleurs?" S. Paul disait: "Si nous prêchons la Passion **4** de Jésus-Christ, les païens ne veulent pas y croire et disent que cela est une folie: un Dieu infiniment **5** parfait, quand aurait-il jamais voulu souffrir pour nous?" Mais cela est bien vrai: ainsi Dieu aima **6** par trop les hommes, vraiment il les aima jusqu'à paraître insensé.

Beaucoup de saints, en méditant la Passion de Jésus, faisaient de grands actes d'amour de Dieu; ils **8** désiraient donner leur vie pour témoigner leur reconnaissance envers l'amour de Jésus. Bien des rois et des grands **9** personnages, en méditant l'amour de Dieu pour les hommes, en furent touchés, abandonnèrent leur maison et se firent religieux; ils abandonnèrent la gloire, **10** les richesses, et aimèrent Dieu uniquement. Des martyrs sans nombre, par reconnaissance envers l'amour **11** de Dieu, endurèrent les tourments les plus atroces. Chrétien, qu'avez-vous donc souffert par amour pour

呢。聖老楞佐聖女路濟亞依搦斯咾啥、爲愛慕天主、甩脫自家个性命。儂爲愛慕天主、肯甩脫啥。勿要話爲天主致命、恐怕一眼眼小苦頭、也勿肯吃。儂愛天主个心、拉拉那裡呢。難道耶穌受苦受難咾死、單單爲聖人拉、勿是爲儂否。聖人拉應該愛慕天主、難道儂勿應該愛慕否。

儂細細能想一想、勿要無良心、辜負天主个愛情。前頭勿愛慕天主、至少現在起頭愛慕天主、拿儂犯罪个事體、完全棄絕、一心愛慕天主、爲天主咾盡本分、守規矩、做愛人个事體。儂自家獻拉天主、爲天主咾吃苦、日多默想耶穌个苦難、求天主加儂力量、使得儂常心做好、總勿要半途而廢。

第三十四日　想善領聖體

gni? Seng Lao-leng-tsou, seng-gnu Lou-tsi-ya I-gneh-se lao-sa, wei ai-mou T'ié-tsu, goè-t'éh ze-ka-**2**-ke sing-ming: nong wei ai-mou T'ié-tsu, k'eng goè-t'éh sa? Véh yao wo wei T'ié-tsu tse-ming, k'ong-p'ouo ih-**3**-ngè-ngè siao k'ou-deû a véh k'eng k'ieh: nong ai T'ié-tsu-ke sin léh-la a-li gni? Nè-dao Ya-sou **4** zeû-k'ou-zeû-nè lao si, tè-tè wei seng-gnen-la, véh ze wei nong va? Seng-gnen-la yeng-kai ai-mou **5** T'ié-tsu, nè-dao nong véh yeng-kai ai-mou va?

Nong si-si-neng siang-ih-siang, véh yao m-méh liang-sin, kou-wou T'ié-tsu-ke ai-zing. Zié-deû véh ai-**7**-mou T'ié-tsu, tse-sao yé-zai k'i-deû ai-mou T'ié-tsu. Nao nong vè-zu-ke ze-t'i wé-zié k'i-ziéh, **8** ih-sin ai-mou T'ié-tsu, wei T'ié-tsu lao zin pen-ven, seû koei-kiu, tsou ai gnen-ke ze-t'i; nong ze-**9**-ka hié-la T'ié-tsu, wei T'ié-tsu lao k'ieh-k'ou; gnéh-tou meh-siang Ya-sou-ke k'ou-nè, ghieû T'ié-tsu ka **10** nong lih-liang, se-teh nong zang-sin tsou h'ao, tsong véh yao pé dou eul fi.

Di-sè-zéh-se gnéh. Siang zé ling seng-t'i.

Dieu? S. Laurent, Ste Lucie, Ste Agnès et autres, donnèrent leur vie par amour pour Dieu: **2** et vous, par amour pour Dieu, que voulez-vous abandonner? Je ne parle pas de souffrir pour Dieu le martyre, peut-être que **3** vous ne voulez pas souffrir la plus petite douleur: où est-il donc votre amour pour Dieu? Est-ce que Jésus **4** a souffert et est mort seulement pour les saints, et non pas pour vous? Les saints devaient aimer **5** Dieu, et vous, vous ne le devez pas?

Réfléchissez donc sérieusement, afin de n'être pas sans cœur et de ne pas vous montrer ingrat envers l'amour de Dieu. Par le passé, vous n'avez pas **7** aimé Dieu, au moins commencez à l'aimer maintenant. Rejetez tout péché, **8** aimez Dieu de tout cœur, remplissez pour Dieu votre devoir, observez les règles et exercez la charité envers le prochain; offrez-**9**-vous à Dieu, souffrez pour Dieu, méditez chaque jour sur la Passion, demandez à Dieu d'augmenter **10** vos forces afin de persévérer dans le bien et de ne pas vous arrêter à mi-chemin.

34ème Jour. De la sainte communion.

一想　耶穌對宗徒話。俤受之曉吃罷、第个是我个身體。耶穌話之第句說話、立刻麵餅變成功聖體。從第个時候起頭、直到天地終窮、聖教會裡常常有聖體、教友常常能彀領聖體。第个恩典十分大、耶穌个愛情眞正懇切、耶穌願意人領聖體、伊个心也熱來勿過頭。

伲現在先想領聖體个恩典那能大个。聖奧斯定話。天主雖然全能、要賞賜一个恩典、比之聖體更加大个、勿能彀者。聖伯爾納定話。世界當中有啥寶貝、可以比得聖體个好呢。依撒意亞先知話。天主拿新樣咾稀奇个事體、告訴人曉得。第个聖體聖事、眞正是新樣咾稀奇个事體。

比方耶穌勿立定聖體聖事、啥人敢對耶穌話。假使要發顯儂

IH SIANG. — Ya-sou tei tsong-dou wou : "*Na zeû-tse lao k'ieh ba, di-ke ze ngou-ke seng-t'i.*" Ya-sou 2 wo-tse di-kiu seh-wo, lih-k'eh mié-ping pié-zeng-kong seng-t'i. Zong di-ke ze-heû k'i-deû, zeh-tao 3 t'ié-di tsong-ghiong, seng-kiao-wei li zang-zang yeû seng-t'i, kiao-yeû zang-zang neng-keû ling-seng-t'i. Di-ke 4 en-tié zéh-fen dou, Ya-sou-ke ai-zing tsen-tseng k'en-t'sih, Ya-sou gneu-i gnen ling seng-t'i i-ke 5 sin a gnéh-lai véh kou-deû.

Gni yé-zai sié siang ling seng-t'i-ke en-tié na-neng dou-ke. Seng Ao-se-ding wo : "T'ié-tsu su-zé 7 zié-neng, yao saong-se ih-ke en-tié, pi-tse seng-t'i keng-ka dou-ke, véh neng-keû-tsé." Seng Péh-eul-8-nèh-ding wo : "Se-ka taong-tsong yeû sa pao-pei, k'o-i pi-teh seng-t'i-ke h'ao gni ?" I-sèh-i-ya 9 sié-tse wo : "T'ié-tsu nao sin-yang lao hi-ghi-ke ze-t'i, kao-sou gnen hiao-teh." Di-ke seng-t'i seng-10-ze tsen-tseng ze sin-yang lao hi-ghi-ke ze-t'i.

Pi-faong Ya-sou véh lih-ding seng-t'i seng-ze, sa-gnen ké tei Ya-sou wo : Kia-se yao féh-hié nong-

---

Ier POINT. L'EUCHARISTIE EST UN DON PRÉCIEUX. — Jésus dit aux Apôtres : "*Accipite et comedite : hoc est corpus meum.*" (Matth. 26. 26.) Lorsque Jésus 2 prononça ces paroles, à l'instant le pain se changea en son sacré corps. Depuis ce moment jusqu'à 3 la fin du monde, le Saint Sacrement sera toujours dans la sainte Église, et les chrétiens pourront toujours communier. Ce 4 bienfait est immense, l'amour de Jésus y est très ardent, et le cœur de Jésus, qui désire que nous le recevions, 5 est on ne peut plus brûlant.

Considérons d'abord la grandeur du bienfait de la communion. S. Augustin dit : "Bien que Dieu 7 soit tout-puissant il ne saurait nous faire un don plus grand que l'Eucharistie." S. 8 Bernardin dit : Ya-t-il ici-bas un trésor comparable au Saint Sacrement ?" Le prophète 9 Isaïe disait que Dieu a fait connaître ses nouvelles et merveilleuses inventions (Is. 12. 4.) Ce sacrement du corps sacré de Jésus-Christ 10 est vraiment une chose nouvelle et étonnante.

Si par exemple, Notre-Seigneur n'avait pas institué le Saint Sacrement, qui oserait lui dire : Si vous voulez montrer votre

个愛情、請儂隱藏拉麵餅形像裡、撥拉伲吃。聖奥斯定話。耶穌
垃拉聖經上話、㑚吃我个肉、嗑我个血、勿是像癡子否。耶穌受
難个前頭、講將來要立定聖體聖事、拿自家撥拉人吃咾用、門
徒拉勿肯相信、稀奇咾話。第个說話觸痛人耳朵管个、啥人能
殼相信呢。就大家分散、勿願意聽耶穌个說話。到底人心裡想
勿到个、聽也勿要聽个、耶穌个愛情倒做得來个。
聖伯爾納定話。聖體聖事、是耶穌愛情个記號。耶穌爲救伲、甩
脫自家个性命、勿殼是、還拿自家个身體撥拉伲、做伲个糧食、
第个是從古以來、無得个大恩典。有一个院長叫蓋連話。耶穌
垃拉第件聖事裡、發顯自伊个愛情、到至極地步。德利滕地方、
一總主教公會議話。耶穌愛情个寶藏、完全交代拉伲人者。

ke ai-zing, ts'ing nong yen-zaong-la mié-ping yeng-ziang li, péh-la gni k'ieh? Seng Ao-se-ding wo: "Ya-sou **2** léh-la seng-kieng laong wo: Na k'ieh ngou-ke gnôh-sen, hèh ngou-ke hieuh, véh ze ziang ts'e-tse va?" Ya-sou zeû-**3**-nè-ke zié-deû, kaong tsiang-lai yao lih-ding seng-t'i seng-ze, nao ze-ka péh-la gnen k'ieh lao yong, men-**4**-dou-la véh k'eng siang-sin, hi-ghi lao wo: "Di-ke seh-wo ts'ôh-t'ong gnen gni-tou koé-ke, sa-gnen neng-**5**-keû siang-sin gni?" Zieû da-ka fen-k'ai, véh gneu-i t'ing Ya-sou-ke seh-wo. Tao-ti gnen sin li siang-**6**-véh-tao-ke, t'ing a véh yao t'ing-ke, Ya-sou-ke ai-zing tao tsou-teh-lai-ke.

Seng Péh-eul-nèh-ding wo: "Seng-t'i seng-ze ze Ya-sou ai-zing-ke ki-hao." Ya-sou wei kieû gni, goè-**8**-t'éh ze-ka-ke sing-ming véh keû-ze, è nao ze-ka-ke sen-t'i péh-la gni, tsou gni-ke liang-zeh, **9** di-ke ze zong-kou-i-lai m-teh-ke dou en-tié. Yeû ih-ke yeu-tsang kiao Ké-lié wo: "Ya-sou **10** léh-la di-ghié seng-ze li, fèh-hié ze-i-ke ai-zing tao tse-ghieh-ke di-bou." Teh-li-deng di-faong, **11** ih-tsong tsu-kiao kong-wei-gni wo: "Ya-sou ai-zing-ke pao-zaong wé-zié kao-dai la gni-gnen tsé."

---

amour, cachez-vous sous les espèces du pain et donnez-vous à manger? S. Augustin dit: "Jésus **2** d'après l'Évangile dit: Mangez ma chair et buvez mon sang. Ne semble-t-il pas que ce soit une folie? Notre-Seigneur avant **3** sa Passion, lorsqu'il expliqua que dans la suite il instituerait le Saint Sacrement et qu'il se donnerait à nous pour être mangé et pour notre usage, **4** des disciples ne voulaient pas y croire et tout étonnés s'écrièrent: "Ce discours blesse les oreilles, qui peut **5** y croire?" Et ils se séparèrent, ne voulant pas écouter la parole de Jésus. Mais ce que l'homme ne pouvait pas **6** penser et ne voulait pas entendre, l'amour de Jésus l'a fait.

S. Bernardin dit que "le Saint Sacrement est le souvenir de l'amour de Jésus." Il n'a pas suffi à Jésus, pour nous sauver, **8** de donner sa vie, il nous a encore donné son corps, pour être notre nourriture; **9** depuis l'antiquité, jamais il n'y a eu un bienfait si grand. L'abbé Guerric dit: "Jésus-Christ **10** a montré dans ce sacrement son amour jusqu'à l'extrême." Au concile de Trente, **11** tous les évêques déclarèrent que "Jésus nous a entièrement donné le trésor de son amour."

聖方濟各撒肋爵話。比方一个皇帝坐席、吃个時候、命近邊个官府、拿臺子上好个小菜、賞賜拉窮苦人吃。或者命拿一桌酒水、齊撥拉一个討飯人吃。或者更加稀奇、自家臂膊上割一塊肉、命燒熟之撥拉窮人吃。請問什介能个愛情、啥人勿稀奇呢。但是耶穌撥拉伲、勿是一碗肉、勿是一桌酒水、也勿是一塊臂膊上个肉。到底是自伊完全个身體、搭之伊个聖靈魂咾天主性。儂看耶穌个愛情那能大。

聖基所話。耶穌有拉个、齊撥拉儂者、伊自家勿留啥。聖多瑪斯話。天主拉拉聖體聖事裡、拿自家賞賜拉伲、又拿伊完全有拉个、也賞賜撥拉伲。聖文多辣想第个道理、稀奇咾話。哎、儂看第个天咾地、蓄勿落个天主、拉伲當中、像撥拉別人擄拉个一樣。

Seng Faong-tsi-koh Sèh-leh-tsiah wo: "Pi-faong ih-ke waong-ti zou-zieh, k'ieh-ke ze-heû ming ghien-pié-ke 2 koé-fou, nao dai-tse laong h'ao-ke siao-ts'ai, saong-se la ghiong-k'ou-gnen k'ieh; woh-tsé ming nao ih-tsoh tsieû-3-se, zi péh-la ih-ke t'ao-vè-gnen k'ieh; woh-tsé keng-ka hi-ghi, ze-ka pi-pôh laong keuh ih-k'oei 4 gnôh, ming sao-zôh-tse péh-la ghiong-gnen k'ieh: ts'ing men zéh-ka-neng-ke ai-zing, sa-gnen véh hi-ghi gni? 5 Tè-ze Ya-sou péh-la gni véh ze ih wé gnôh, véh ze ih tsoh tsieû-se, a véh-ze ih k'oei pi-6-pôh laong-ke gnôh: tao-ti ze ze-i wé-zié-ke sen-t'i, tèh-tse i-ke seng ling-wen lao T'ié-tsu 7 sing. Nong k'eu Ya-sou-ke ai-zing na-neng dou!"

Seng Ki-sou wo: "Ya-sou yeû-la-ke zi péh-la nong tsé, i-ze-ka véh lieû sa." Seng Tou-mô-se 9 wo: "T'ié-tsu léh-la seng-t'i seng-ze li, nao ze-ka saong-se la gni; i nao i wé-zié yeû-la-10-ke, a saong-se péh-la gni." Seng Wen-tou-lèh siang di-ke dao-li, hi-ghi lao wo: "Ai, nong k'eu di-11-ke t'ié lao di tsah-véh-loh-ke T'iè-tsu, la gni taong-tsong, ziang péh-la biéh-gnen lou-la-ke ih-yang."

S. François de Sales dit: "Si un empereur, pendant un festin, ordonnait aux officiers 2 qui sont à côté de lui, de prendre des mets de sa table et de les donner à un pauvre; ou bien de prendre tout un 3 repas et de le porter à un mendiant; ou bien, chose encore plus étonnante, s'il coupait sur son bras un morceau 4 de chair et commandait qu'après l'avoir cuit on le donnât à un pauvre à manger: je vous demande, qui ne serait pas étonné de cette affection? 5 Or, ce que Jésus nous donne, ce n'est pas un plat de viande, ni tout un repas, ni un morceau 6 de son bras: mais son sacré corps tout entier, avec son âme et sa divinité. 7 Voyez comment l'amour de Jésus est grand!"

S. Jean Chrysostome dit que "Jésus nous a donné tout ce qu'il avait et ne s'est rien réservé." Et S. Thomas: 9 "Dans l'Eucharistie, Dieu s'est donné lui-même à nous, avec tout ce qu'il possède." 10 S. Bonaventure, plein d'admiration en pensant à cette vérité, s'écrie: "Eh! voyez ce Dieu 11 que le ciel et la terre ne peuvent contenir, il est en nous, comme s'il avait été réduit en esclavage."

耶穌既然完全撥拉伲、還有啥个恩典、自伊勿肯撥伲耶。如同聖保祿話。隨便啥別樣恩典、還有啥勿肯連耶穌一淘撥拉伲耶。

二想　耶穌賞賜伲聖體、自伊个愛情實在大極。照天主聖父个意思、耶穌爲救贖人、勿能彀勿受苦難、勿可以勿死拉十字架上。但是有啥要緊、賞賜伲聖體呢。不過因爲耶穌愛伲、所以拿自家完全个身體、賞賜拉伲。聖如斯定話。爲啥耶穌立定聖體、豈勿是要伲懂得伊个愛情否。聖若望宗徒記載耶穌个苦難話。耶穌曉得時候到者、要離開世界咾、到聖父蕩去、自伊向來愛跟從伊个人、到末脚愛伊拉。聖基所搭之別个明白人、解釋到末脚三个字、話是至極个意思、因爲耶穌立定聖體聖事、

Ya-sou ki-zé wé-zié péh-la gni, è yeû sa-ke en-tié, ze-i véh k'eng péh gni a? Zu-dong **2** seng Pao-lôh wo: "*Zu-bié sa biéh-yang en-tié, è yeû sa véh k'eng lié Ya-sou ih-dao péh-la gni* **3** *a ?*"

Gni siang. — Ya-sou saong-se gni seng-t'i, ze-i-ke ai-zing zéh-zai dou-ghieh. Tsao T'ié-tsu seng Vou-**5**-ke i-se, Ya-sou wei kieû-zôh gnen, véh neng-keû véh zeû k'ou-nè, véh k'o-i véh si-la zéh-ze-**6**-ka laong: tè-ze yeû sa yao-kien saong-se gni seng-t'i gni? Péh-kou yen-wei Ya-sou ai gni, sou-i **7** nao ze-ka wé-zié-ke sen-t'i, saong-se la gni. Seng Zu-se-ding wo : "Wei-sa Ya-sou lih-ding seng-**8**-t'i? K'i-véh-ze yao gni tong-teh i-ke ai-zing va?" Seng Zah-waong tsong-dou ki-tsai Ya-sou-ke k'ou-**9**-nè wo: "*Ya-sou hiao-teh ze-heû tao-tsé, yao li-k'ai se-ka lao, tao seng Vou daong k'i, ze-i hiang*-**10**-*lai ai ken-zong i-ke gnen, tao-méh-kiah ai i-la.*" Seng Ki-sou tèh-tse biéh-ke ming-bah-gnen, ka-**11**-seh tao-méh-kiah sè-ke ze, wo ze tse-ghieh-ke i-se, yen-wei Ya-sou lih-ding seng-t'i seng-ze,

---

Puisque Jésus s'est donné entièrement à nous, quelle grâce peut-il nous refuser? Selon **2** les paroles de S. Paul: "*Quomodo non etiam cum illo omnia nobis donavit ?*" (Rom. 8. 32.)

IIe Point. L'Eucharistie est un don de l'amour. — Jésus, en nous donnant son corps, a montré un amour vraiment immense. Selon la volonté **5** du Père Éternel, Jésus pour nous sauver ne pouvait pas ne pas endurer sa Passion et ne pas mourir sur la **6** croix: mais, quelle nécessité exigeait qu'il nous donnât son sacré corps? C'est seulement parce qu'il nous aimait, qu'il **7** nous le donna tout entier. S. Laurent Justinien dit: "Pourquoi Jésus institua-t-il le Saint **8** Sacrement? N'est-ce pas afin de nous faire comprendre son amour?" L'apôtre S. Jean, en rapportant la Passion de Jésus, **9** dit: "*Sciens Jesus quia venit hora ejus, ut transeat de hoc mundo ad Patrem, cum* **10** *dilexisset suos...in finem dilexit eos.*" (Jo. 13. 1.) S. Chrysostome et autres savants, en expliquant **11** les paroles "in finem", disent qu'elles signifient "à l'extrême", parce que Jésus en instituant la sainte Eucharistie,

愛人到至極地步咾。
又想耶穌立定第件聖事、勿拉拉前、勿拉拉後、偏生拉拉受難个一夜、是爲啥緣故呢。聖伯爾納定話。朋友拉臨終个時候、送一樣物事做記念、爲更加發顯自家个愛情。所以人格外看重、常常記拉心上。耶穌受難个前夜、賞賜伲聖體、也發顯伊頂大个愛情。耶穌活拉个時候、做伲个同伴、做伲个先生、做伲个父親。做伲个亮光、做伲个表樣。到之死个前頭、竟然隱藏拉麵咾酒个形像裡向、做伲个糧食、搭之伲結合、如同人吃个物事、搭之人併成功一个一樣。
聖方濟各撒肋爵話。救世主愛慕人、拉拉聖體聖事裡、最是親近、伊像消滅脫自家、變成功糧食、進到伲心裡、搭之伲个靈魂

ai gnen tao tse-ghieh di-bou lao.

I siang Ya-sou lih-ding di-ghié seng-ze, véh léh-la zié, véh léh-la heû, p'ié-sang léh-la zeû-nè-**3**-ke ih ya, ze wei-sa yeu-kou gni? Seng Péh-eul-nèh-ding wo: "Bang-yeû la lin-tsong-ke ze-heû, song **4** ih-yang méh-ze tsou ki-gnè, wei keng-ka fèh-hié ze-ka-ke ai-zing; sou-i gnen k'eh-wai k'eu-zong, **5** zang-zang ki-la sin laong." Ya-sou zeû-nè-ke zié ya saong-se gni seng-t'i, a fèh-hié i ting dou-**6**-ke ai-zing. Ya-sou wéh-la-ke ze-heû tsou gni-ke dong-bé, tsou gni-ke sié-sang, tsou gni-ke vou-**7**-ts'in, tsou gni-ke liang-koang, tsou gni-ke piao-yang; tao-tse si-ke zié-deû, kieng-zé yen-zaong la mié lao **8** tsieû-ke yeng-ziang li-hiang, tsou gni-ke liang-zeh, tèh-tse gni kiéh-héh, zu-dong gnen k'iéh-ke méh-ze, tèh-**9**-tse gnen ping-zeng-kong ih-ke ih-yang.

Seng Faong-tsi-koh Sèh-leh-tsiah wo: "Kieû-se-tsu ai-mou gnen, léh-la seng-t'i seng-ze li, tsu ze ts'in-**11**-ghien, i ziang siao-miéh-t'éh ze-ka, pié-zeng-kong liang-zeh, tsin-tao gni sin li, tèh-tse gni-ke ling-wen

---

nous aime d'un amour extrême.

Réfléchissez encore que Jésus institua le Saint Sacrement non avant ni après, mais juste la veille **3** de sa Passion: pourquoi cela? S. Bernardin dit: "Les amis au moment de mourir, donnent **4** quelque objet en souvenir pour montrer leur affection; aussi cet objet est-il estimé particulièrement **5** et on ne l'oublie jamais. Notre-Seigneur, en nous donnant la veille de sa Passion son sacré corps, manifesta le plus grand **6** amour." Jésus pendant sa vie a été notre compagnon, notre maître, notre père, **7** notre lumière, notre modèle; et au moment de mourir, en se cachant vraiment sous les apparences du pain **8** et du vin, il s'est fait notre aliment, pour s'unir à nous, comme ce que nous mangeons **9** fait une chose avec nous.

S. François de Sales dit: "L'amour du Sauveur pour nous dans le Saint Sacrement est celui qui nous rapproche le plus **11** de lui, il semble s'anéantir, il se réduit en aliment, afin d'entrer dans notre cœur et de s'unir à notre

結合。如同聖基所話个。最尊貴个天主、天神勿敢看个天主、搭伲結合做一个、成功一个身體。天底下那裡一个看羊人、拿自家个血、撥拉羊吃个呢。母親雖然愛兒子、也有人叫奶娘代替自家養兒子个。單單吾主耶穌拿自家个身體咾血、賞賜拉伲吃。耶穌爲啥咾要做伲个糧食。聖基所答應話。因爲耶穌愛慕伲咾、要搭伲併成功一个。聖老楞佐如斯定嘆氣咾話。哎、吾主耶穌、儂个愛情、眞正是奇妙个、竟然拿儂个心咾靈魂、搭伲結合、好像伲搭儂單單有一个心一个靈魂。

可敬高隆卞話。假使我疑惑聖體聖事、一定勿疑惑天主个全能、能殼做第个奧妙个事體。到底疑惑天主个愛情、那能到第个地步。儂話、一个耶穌拉拉無數个地方、我答應儂話。天主是

kiéh-héh." Zu-dong seng Ki-sou wo-ke : "Tsu tsen-koei-ke T'ié-tsu, t'ié-zen véh ké k'eu-ke T'ié-tsu, tèh 2 gni kiéh-héh tsou ih-ke, zeng-kong ih-ke sen-t'i : t'ié-ti-hao a-li ih-ke k'eu-yang-gnen nao ze-3-ka-ke hieuh péh-la yang k'ieh-ke gni? Mou-ts'in su-zé ai gni-tse, a yeû gnen kao na-gnang dai-t'i 4 ze-ka yang gni-tse-ke ; tè-tè ngou tsu Ya-sou nao ze-ka-ke sen-t'i lao hieuh, saong-se la gni 5 k'ieh." Ya-sou wei-sa-lao yao tsou gni-ke liang-zeh? Seng Ki-sou tèh-yeng wo : "Yen-wei Ya-sou ai-mou 6 gni lao, yao tèh gni ping-zeng-kong ih-ke." Seng Lao-leng-tsou Zu-se-ding t'è-k'i lao wo : "Ai, ngou tsu 7 Ya-sou, nong-ke ai-zing tsen-tseng ze ghi-miao-ke ! kieng-zé nao nong-ke sin lao ling-wen, tèh gni kiéh-8-héh, h'ao-ziang gni tèh nong tè-tè yeû ih-ke sin ih-ke ling-wen."

K'o-kieng Kao-long-bié wo : "Kia-se ngou gni-woh seng-t'i seng-ze, ih-ding véh gni-woh T'ié-tsu-ke zié-10-neng, neng-keû tsou di-ke ao-miao-ke ze-t'i; tao-ti gni-woh T'ié-tsu-ke ai-zing, na-neng tao di-11-ke di-bou. Nong wo : ih-ke Ya-sou léh-la m-sou-ke di-faong ? Ngou tèh-yeng nong wo : T'ié-tsu ze

---

âme." Comme le dit S. Jean Chrysostome : "Un Dieu de si grande majesté, que les Anges n'osent pas regarder, 2 s'unit et fait un seul corps avec nous : quel pasteur ici-bas nourrit ses brebis de son 3 propre sang ? Quoique les mères aiment leurs enfants, il y en a qui appellent une nourrice, pour 4 nourrir l'enfant à leur place ; il n'y a que Jésus à nous donner son corps et son sang 5 en nourriture." Mais pourquoi Jésus veut-il être notre nourriture ? S. Jean Chrysostome répond : "Parce que nous 6 aimant, il veut devenir une même chose avec nous." S. Laurent Justinien dit en soupirant : "Mon 7 Jésus, votre amour est vraiment admirable ! certainement vous unissez votre cœur et votre âme 8 avec nous, de manière qu'il semble que nous ne fassions avec vous qu'un cœur et qu'une âme."

Le Vénérable Père de la Colombière disait : "Si je pouvais avoir des doutes sur le Saint Sacrement, je ne douterais nullement de la puissance de Dieu 10 qui a fait cette merveille, mais je douterais que l'amour de Dieu ait pu arriver 11 à un tel point. Vous dites : un seul Jésus est donc en beaucoup d'endroits ? Je vous réponds : Dieu est

全能、樣樣做得來个、耶穌有啥勿能彀一个時辰、登拉無數个地方耶。若使儂話、那能最尊貴个天主、做伲个糧食、箇个勿好答應儂者。單單話、耶穌个愛情大、所以做什介能个事體、到底我懂勿來那能耶穌个愛情、大到第个地步。

儂話、最尊貴个天主、做人个吃局、豈勿是大大能失脫體統否。聖伯爾納多答應儂話。愛情大嘮、體統也勿去管者。聖基所也話、愛情要發出來个時候、勿管相對勿相對、愛情領到那裡、就到那裡、勿問該當到咾勿該當到。爲此緣故、聖多瑪斯稱聖體是愛情个聖事、愛情个表記、聖伯爾納多稱聖體是愛當中頂大个愛。聖女瑪大肋納巴齊稱立定聖體一日、叫愛个日子。

三想　耶穌十分願意伲領聖體、第个是一定个事體。若望宗

zié-neng, yang-yang tsou-teh-lai-ke, Ya-sou yeû sa véh neng-keû ih-ke ze-zen, teng-la m-sou-ke **2** di-faong ya? Zah-se nong wo: Na-neng tsu tsen-koei-ke T'ié-tsu tsou gni-ke liang-zeh? Kou-ke véh h'ao **3** tèh-yeng nong tsé; tè-tè wo Ya-sou-ke ai-zing dou, sou-i tsou zéh-ka-neng-ke ze-t'i, tao-ti **4** ngou tong-véh-lai na-neng Ya-sou-ke ai-zing, dou tao di-ke di-bou."

Nong wo: Tsu tsen-koei-ke T'ié-tsu tsou gnen-ke k'ieh-ghiôh, k'i-véh-ze dou-dou-neng séh-t'éh t'i-t'ong va? **6** Seng Péh-eul-nèh-tou tèh-yeng nong wo: "Ai-zing dou lao, t'i-t'ong a véh k'i koé tsé." Seng Ki-sou a **7** wo: "Ai-zing yao fèh-ts'éh-lai-ke ze-heû, véh koé siang-tei véh siang-tei, ai-zing ling-tao a-li, zieû **8** tao a-li, véh men kai-taong tao lao véh kai-taong tao." Wei-ts'e-yeu-kou seng Tou-mô-se ts'eng seng-t'i **9** ze ai-zing-ke seng-ze, ai-zing-ke piao-ki. Seng Péh-eul-nèh-tou ts'eng seng-t'i ze ai taong-tsong ting **10** dou-ke ai. Seng-gnu Mô-da-léh-nèh Pouo-zi ts'eng lih-ding seng-t'i ih gnéh, kiao ai-ke gnéh-tse.

Sè siang. — Ya-sou zéh-fen gneu-i gni ling seng-t'i, di-ke ze ih-ding-ke ze-t'i. Zah-waong tsong-

---

tout-puissant, il peut tout faire, pourquoi donc Jésus ne pourrait-il pas être présent en même temps en beaucoup **2** d'endroits? Mais si vous demandez : Comment un Dieu si grand se fait-il notre aliment? Il n'est pas commode **3** de vous répondre; je vous réponds seulement que le grand amour de Jésus a fait cela, mais **4** je ne puis pas comprendre comment l'amour de Jésus a pu arriver à un tel point."

Vous direz : Un Dieu d'une si grande majesté se faire la nourriture de l'homme, n'est-ce pas se déshonorer? **6** S. Bernard répond: "Le grand amour ne s'occupe pas de sa dignité." S. Jean Chrysostome **7** dit aussi: "Lorsque l'amour agit, on ne regarde pas si cela est convenable ou non, on va où l'amour **8** conduit, on ne discute pas s'il faut y aller ou non." Pour cette raison, S. Thomas appelle la sainte Eucharistie **9** "le Sacrement d'amour et gage d'amour"; et S. Bernard l'appelle "l'amour **10** des amours"; et Ste Marie-Magdeleine de Pazzi appelait le jour où il fut institué, "le jour de l'amour."

IIIe Point. Combien Jésus désire nous unir à lui. — **C'est une chose certaine que Jésus désire ardemment que nous communiions. L'apôtre S. Jean,**

26

徒記載耶穌个苦難咾話。耶穌曉得伊个時候到者。爲啥起頭受難个一夜、另外叫耶穌个時候呢。因爲第个一夜、撥聖體拉伲咾、第个是耶穌老早願意咾、老早盼望个。所以告訴宗徒話。我一向十分願意搭儕吃第个巴斯卦夜飯。就是願意立定聖體个大禮節、搭之伲一淘結合。聖老楞佐如斯定話。第个願意个說話、是熱愛个說話。

耶穌定當聖體聖事、可以勿用麪餅、用別个値銅錢个物事、或者用勿値銅錢个物事。但是用之値銅錢个物事、苦腦人就勿能彀領聖體者、耶穌个心上那能過得過去呢。假使用之勿値銅錢个物事、恐怕有个地方、無得第樣物事、教友也勿能彀領聖體者。耶穌願意普天下一總人、齊得着聖體个大恩典、所以

dou ki-tsai Ya-sou-ke k'ou-nè lao wo: "*Ya-sou hiao-teh i-ke ze-heû tao-tsé.*" Wei-sa k'i-deû **2** zeû-nè-ke ih ya, ling-nga kiao "Ya-sou-ke ze-heû" gni? Yen-wei di-ke ih ya, péh seng-t'i la **3** gni lao; di-ke ze Ya-sou lao-tsao gneu-i lao, lao-tsao p'è-maong-ke; sou-i kao-sou tsong-dou wo: **4** "*Ngou ih-hiang zéh-fen gneu-i tèh na k'ieh di-ke Pouo-se-kouo ya-vè*", zieû-ze gneu-i lih-ding seng-**5**-t'i-ke dou li-tsih, tèh-tse gni ih-dao kiéh-héh. Seng Lao-leng-tsou Zu-se-ding wo: "Di-ke gneu-i-**6**-ke seh-wo ze gnéh ai-ke seh-wo."

Ya-sou ding-taong seng-t'i seng-ze, k'o-i véh yong mié-ping, yong biéh-ke zeh dong-dié-ke méh-ze, woh-**8**-tsé véh zeh dong-dié-ke méh-ze. Tè-ze yong-tse zeh dong-dié-ke méh-ze, k'ou-nao-gnen zieû véh **9** neng-keû ling seng-t'i tsé, Ya-sou-ke sin laong na-neng kou-teh-kou-k'i gni? Kia-se yong-tse véh zeh **10** dong-dié-ke méh-ze, k'ong-p'ouo yeû-ke di-faong m-teh di-yang méh-ze, kiao-yeû a véh neng-keû ling **11** seng-t'i tsé. Ya-sou gneu-i p'ou-t'ié-ya ih-tsong gnen, zi teh-zah seng-t'i-ke dou en-tié, sou-i

---

en racontant la Passion, dit: "*Sciens Jesus quia venit hora ejus.*" (Jo. 13. 1.) Pourquoi la nuit **2** dans laquelle Jésus commença sa Passion, s'appelle-t-elle spécialement "l'heure de Jésus"? Parce que dans cette nuit-là, il nous donna son corps, **3** ce qu'il désirait et espérait depuis longtemps; ainsi il en avertit les Apôtres et leur dit: **4** "*Desiderio desideravi hoc pascha manducare vobiscum*" (Luc. 22. 15.), c'est-à-dire qu'il désirait instituer **5** le grand rite de l'Eucharistie pour s'unir à nous. S. Laurent Justinien dit: "Ces paroles **6** de désir sont des paroles d'un amour brûlant."

Notre-Seigneur, en instituant le Sacrement de son corps, pouvait ne pas se servir de pain; il pouvait se servir d'une chose de prix ou **8** bien d'une chose sans prix. Mais s'il s'était servi d'une chose de prix, les pauvres n'auraient pas **9** pu communier, comment Jésus aurait-il pu supporter cela? S'il s'était servi d'une chose **10** sans valeur,peut-être qu'elle ne se serait pas trouvée dans quelques endroits,et ainsi les chrétiens n'auraient pas pu **11** communier. Jésus désirant que les hommes par toute la terre puissent obtenir le bienfait de son corps,

揀頂平常个、又是各處有个麵餅。耶穌願意人領聖體、心裡十分熱切、自伊足慣命人咾話。倗受之咾吃、第个是我个聖體。又話。啥人吃第个餅、永遠活拉。又驚醒人話、倘使倗勿吃我个身體、就勿能彀活性命。什介能幾化說話、齊是從愛情當中發出來个、齊發顯吾主耶穌願意人領伊个聖體。

聖方濟各撒肋爵話。愛情个效驗、要搭之愛拉个人、大家聚會。耶穌愛人至極、搭之人併成功一个、像伊自家話。凡於人吃我个身體、嗑我个血、自伊登拉我蕩、我也登拉伊蕩。勿論啥人願意領聖體、實在使得耶穌聖心快活。有一日吾主耶穌對聖女默底達話。蜜蜂看見花、快快飛上去就摘花。我願意到人个靈魂上、比之蜜蜂還要快。

kè ting-bing-zang-ke, i ze koh ts'u yeû-ke mié-ping. Ya-sou gneu-i gnen ling seng-t'i, sin li zéh-**2**-fen gnéh-ts'ih, ze-i tsôh-koé ming gnen lao wo: "*Na zeû-tse lao k'ieh: di-ke ze ngou-ke seng-t'i.*" I **3** wo: "*Sa-gnen k'ieh di-ke ping, yong-yeu wéh-la.*" I kien-sing gnen wo: "*T'aong-se na véh k'ieh ngou-ke seng-***4***-t'i, zieû véh neng-keû wéh sing-ming.*" Zéh-ka-neng ki-h'ouo seh-wo, zi ze zong ai-zing taong-tsong fèh-ts'éh-**5**-lai-ke, zi fèh-hié ngou tsu Ya-sou gneu-i gnen ling i-ke seng-t'i.

Seng Faong-tsi-koh Sèh-leh-tsiah wo: "Ai-zing-ke yao-gné, yao tèh-tse ai-la-ke gnen da-ka zu-wei: **7** Ya-sou ai gnen tse-ghieh, tèh-tse gnen ping-zeng-kong ih-ke, ziang i ze-ka wo: "*Vè-yu gnen k'ieh ngou-***8***-ke seng-t'i, hèh ngou-ke hieuh,* "*ze-i teng-la ngou daong, ngou a teng-la i daong.*" Véh len sa-gnen gneu-**9**-i ling seng-t'i, zéh-zai se-teh Ya-sou seng sin k'a-wéh." Yeû ih gnéh ngou tsu Ya-sou tei seng-gnu **10** Meh-ti-tèh wo: "Mih-fong k'eu-kié h'ouo, k'oa-k'oa fi-zaong-k'i zieû tsah h'ouo; ngou gneu-i tao gnen-ke ling-**11**-wen laong, pi-tse mih-fong è yao k'oa."

---

choisit le pain qui est très ordinaire et se trouve partout. Le désir que Jésus a que nous le recevions est très **2** ardent, souvent il nous l'ordonne en disant: "*Accipite et comedite: hoc est corpus meum.*" (Matth. 26. 26.) Et **3** encore: "*Qui manducat hunc panem, vivet in aeternum.*" (Jo. 6.59.) Ensuite, il nous menace en disant: "*Nisi manducaveritis carnem Filii hominis,...* **4** *non habebitis vitam in vobis.*" (Jo. 6. 54.) Toutes ces paroles proviennent de l'amour, **5** elles montrent toutes que Jésus désire qu'on communie.

S. François de Sales dit: "L'effet de l'amour est de rester ensemble avec celui qu'on aime: **7** or, Jésus aime l'homme à l'extrême et veut faire un avec lui, comme lui-même l'a dit: "*Qui manducat meam* **8** *carnem, et bibit meum* "*sanguinem, in me manet, et ego in illo.*" (Jo. 6. 57.) Celui donc qui désire **9** communier, réjouit vraiment le cœur de Jésus." Un jour, Notre-Seignenr dit à S[te] **10** Mechtilde: "Les abeilles, à la vue des fleurs, s'empressent d'y voler pour en prendre le miel; mon désir fait que **11** je me hâte encore plus d'entrer dans les âmes."

巴勿得教友拉齊曉得領聖體个好處。照聖經个說話、天上地上个權柄、完全拉耶穌手裡、什介能人領聖體个時候、耶穌帶一總恩典咾好處降下來、撥拉第个靈魂。聖弟阿尼削話。聖體有最大个力量、使得靈魂得着聖德。聖味增爵咈來利話。領聖體个好處、比之守一个主日大齋更加好。德利滕地方一總主教公會議話。領聖體赦脫小罪咾、阻擋大罪。致命聖依納爵叫聖體、是常生勿死个妙藥。教皇音諾增爵第三位話。耶穌用十字架、救伲從犯拉个罪裡、用聖體聖事、保佑伲勿犯罪。

領聖體還有一樣好處、就是使得伲熱心愛天主。聖額我畧尼瑟話。人領聖體、吃飽天主个愛情、單單曉得愛天主、忘記脫世界上个物事、如同一个人吃醉之酒、勿懂啥別樣事體。阿林伯

Pouo-véh-teh kiao-yeû-la zi hiao-teh ling seng-t'i-ke h'ao-ts'u! Tsao seng-kieng-ke seh-wo, t'ié laong di **2** laong-ke ghieu-ping, wé-zié la Ya-sou seû-li: zéh-ka-neng gnen ling-seng-t'i-ke ze-heû, Ya-sou ta **3** ih-tsong en-tié lao h'ao-ts'u kaong-hao-lai, péh-la di-ke ling-wen. Seng Di-ouh-gni-siah wo : "Seng-t'i **4** yeû tsu dou-ke lih-liang, se-teh ling-wen teh-zah seng-teh." Seng Vi-tseng-tsiah Féh-lai-li wo: "Ling seng-**5**-t'i-ke h'ao-ts'u, pi-tse seû ih-ke tsu-gnéh dou-tsa keng-ka h'ao." Teh-li-deng di-faong ih-tsong tsu-**6**-kiao kong-wei-gni wo : "Ling seng-t'i souo-teh siao zu lao tsou-taong dou zu." Tse-ming seng I-nèh-tsiah kiao **7** seng-t'i ze zang-seng véh si-ke miao yah. Kiao-waong Yen-noh-tseng-tsiah di-sè wei wo: "Ya-sou yong zéh-**8**-ze-ka, kieû gni zong vè-la-ke zu li; yong seng-t'i seng-ze, pao-yeû gni véh vè-zu."

Ling seng-t'i è yeû ih-yang h'ao-ts'u, zieû-ze se-teh gni gnéh-sin ai T'ié-tsu. Seng Ngeh-ngou-liah Gni-**10**-seh wo: "Gnen ling-seng-t'i k'ieh-pao T'ié-tsu-ke ai-zing, tè-tè hiao-teh ai T'ié-tsu, maong-ki-t'éh se-**11**-ka-laong-ke méh-ze, zu-dong ih-ke gnen k'ieh-tsu-tse tsieû, véh tong sa biéh-yang ze-t'i." Ou-ling-péh

---

Plût au ciel que les chrétiens comprissent les avantages de la communion ! Selon les paroles de l'Évangile, tout pouvoir au ciel et sur **2** la terre est entre les mains de Jésus: ainsi au moment où l'on communie, Jésus **3** descend avec toutes les grâces et tous les biens pour les donner à cette âme. S. Denis dit que "le Saint Sacrement **4** possède au plus haut degré la force de sanctifier l'âme." S. Vincent Ferrier dit **5** qu'"on retire plus de fruit d'une communion, que d'une semaine de jeûne." Et le concile **6** de Trente dit: "La communion nous remet les péchés véniels et nous préserve des mortels." S. Ignace, martyr, appelle **7** l'Eucharistie "un remède merveilleux d'immortalité." Innocent III dit que "Jésus, par sa **8** croix, nous a rachetés des péchés commis; et par l'Eucharistie, nous aide à ne plus pécher."

Un autre avantage de la communion, c'est qu'elle nous fait aimer ardemment Dieu. S. Grégoire de Nysse **10** dit: "Celui qui communie est rassasié de l'amour de Dieu, il ne sait qu'aimer Dieu et il oublie **11** les choses d'ici-bas, comme un homme enivré ne comprend plus les affaires." Le Père Olympio

神父話。要人愛慕天主、無得啥別个法子、比之聖體更加好。聖經上話。天主是愛情、天主是燒个火。天主降生下來拿第个火放拉世界上、一个人好好能領聖體、第个愛天主个火、就漫漫之旺起來。聖女加大利納看見神父手裏捧之聖體、如同手裡捧拉一團旺火、熱得利害。聖女稀奇第个旺火、勿燒脫人个心、變成功灰。聖女羅撒是利瑪地方个人、伊拉拉領聖體个時候、好像吃一个日頭、亮光大極。聖女个面孔、也發出大个亮光、教別人个眼睛張勿開。領聖體後來、旁邊人拿水撥拉聖女吃、覺着伊嘴裡噴出个氣、熱來像火燒个能。

有一个聖皇叫文悉斯辣、常常到聖堂裡去拜聖體、伊个愛情發顯拉身上、雖然冷天、落雪論尺、聖人走過个脚跡印、也是煖

zen-vou wo: "Yao gnen ai-mou T'ié-tsu, m-teh sa biéh-ke fèh-tse, pi-tse seng-t'i keng-ka h'ao."

Seng-kieng laong wo: "*T'ié-tsu ze ai-zing; T'ié-tsu ze sao-ke h'ou; T'ié-tsu kiang-seng-hao-lai nao di-ke* **3** *h'ou faong-la se-ka laong.*" Ih-ke gnen h'ao-h'ao-neng ling-seng-t'i, di-ke ai T'ié-tsu-ke h'ou, zieû mè-**4**-mè-tse yaong-k'i-lai. Seng-gnu Kia-da-li-nèh k'eu-kié zen-vou seû li fong-tse seng-t'i, zu-dong seû **5** li fong-la ih-deu yaong h'ou, gnéh-teh li-hai: seng-gnu hi-ghi di-ke yaong h'ou, véh sao-t'éh gnen-ke **6** sin, pié-zeng-kong hoei. Seng-gnu Lou-sèh ze Li-mô di-faong-ke gnen, i léh-la ling-seng-ti-ke ze-**7**-heû, h'ao-ziang k'ieh ih-ke gnéh-deû, liang-koang dou ghieh; seng-gnu-ke mié-k'ong a fèh-ts'éh dou-ke liang-koang, **8** kao biéh-gnen-ke ngè-tsing tsang-véh-k'ai; ling-seng-t'i heû-lai, baong-pié-gnen nao se péh-la seng-gnu k'ieh, **9** koh-zah i tse li p'en-ts'éh-ke k'i, gnéh-lai ziang h'ou sao-ke neng.

Yeû ih-ke seng waong kiao Wen-seh-se-lèh, zang-zang tao seng-daong li k'i pa seng-t'i, i-ke ai-zing **11** fèh-hié-la sen laong; su-zé lang tié loh-sih len ts'ah, seng-gnen tseû-kou-ke kiah-tsieh-yen, a ze neu-

---

disait qu' "il n'y a pas de meilleur moyen pour acquérir l'amour de Dieu, que la communion."

L'Écriture dit: "*Deus charitas est.*" (I Jo. 4. 8.) "*Ignis consumens est.*" (Deut. 4.24.) "*Ignem veni* **3** *mittere in terram.*" (Luc. 12. 49.) Lorsqu'on communie dignement, ce feu de l'amour de Dieu peu **4** à peu s'enflamme. Ste Catherine de Sienne vit entre les mains d'un prêtre, qui tenait le Saint Sacrement, comme **5** un globe de feu extrêmement chaud: la Sainte était étonnée qu'un feu si ardent ne brûlât pas les cœurs **6** des hommes et ne les réduisît pas en cendres. Lorsque Ste Rose de Lima communiait, **7** il lui semblait avaler un soleil d'une très grande clarté; aussi le visage de la sainte devenait rayonnant, **8** au point d'éblouir les autres; et si après la communion, les voisins donnaient à boire à la sainte, **9** ils sentaient que l'air qui sortait de sa bouche était brûlant comme si elle eût été embrasée.

Le saint roi Wenceslas allait toujours à l'église visiter le Saint Sacrement, son amour **11** se montrait alors dans son corps; quoique pendant l'hiver il y eût quelques pieds de neige, les traces de ses pas étaient

熱个。所以小官府跟之伊走、踏着之聖人个脚跡、就勿覺着冷者。聖基所話。聖體像火炭燒自伲、人領之聖體後來、魔鬼看見之怕極。

有人話。我冷淡、勿敢領聖體。日爾宋答應伊拉話。儂冷淡咾勿領聖體、如同一个人、覺着冷咾勿肯烘火、豈勿是糊塗否。儂越是冷淡、越是該當領聖體、不過要儂願意愛慕天主、就是者。聖方濟各撒肋爵話。有兩等人該當足慣領聖體、一等是德行修成功拉个、伊拉既然預備好拉、爲啥勿領聖體。一等味是有毛病个、因爲伊拉有毛病、所以要緊領聖體、相帮自家改過。

聖文多辣話。雖然儂冷淡、到底靠託天主个仁慈、也可以去領聖體、因爲病更加重、更加要緊請郎中看。吾主耶穌對聖女瑪

gnéh-ke; sou-i siao koé-fou ken-tse i tseû, dèh-zah-tse seng-gnen-ke kiah-tsieh, zieû véh koh-zah lang **2** tsé. Seng Ki-sou wo: "Seng-t'i ziang h'ou-t'è sao ze-gni; gnen ling-tse seng-t'i heû-lai, mô-kiu k'eu-kié-**3**-tse p'ouo-ghieh."

Yeû-gnen wo: "Ngou lang-dè véh ké ling-seng-t'i." Zéh-eul-song tèh-yeng i-la wo: "Nong lang-dè lao véh **5** ling-seng-t'i, zu-dong ih-ke gnen koh-zah lang lao, véh k'eng fong h'ou, k'i-véh-ze wou-dou va?" Nong yeuh-**6**-ze lang-dè, yeuh-ze kai-taong ling-seng-t'i, péh-kou yao nong gneu-i ai-mou T'ié-tsu, zieû-ze tsé. Seng **7** Faong-tsi-koh Sèh-leh-tsiah wo: "Yeû liang teng gnen kai-taong tsôh-koé ling-seng-t'i; ih teng ze teh-yeng sieû-**8**-zeng-kong-la-ke; i-la ki-zé yu-bei-h'ao-la, wei-sa véh ling-seng-t'i? Ih teng méh ze yeû mao-**9**-bing-ke; yen-wei i-la yeû mao-bing,sou-i yao-kien ling-seng-t'i,siang-paong ze-ka kai-kou."

Seng Wen-tou-lèh wo: "Su-zé nong lang-dè, tao-ti k'ao-t'oh T'ié-tsu-ke zen-ze, a k'o-i k'i ling-**11**-seng-t'i, yen-wei bing keng-ka zong, keng-ka yao-kien ts'ing laong-tsong k'eu." Ngou tsu Ya-sou tei seng-gnu Mô-

---

chaudes; et le dignitaire qui le suivait, en mettant les pieds sur les traces du saint,ne sentait pas le froid. **2** S. Chrysostome dit: "L'Eucharistie est comme un charbon qui nous enflamme; lorsque le démon nous voit après la communion, **3** il a une grande peur."

Il en est qui disent : "Je suis tiède, ainsi je n'ose pas communier." Gerson leur répond : "Si vous ne communiez pas parce que **5** vous êtes tièdes, vous faites comme celui qui ayant froid ne veut pas se réchauffer au feu, n'est-ce pas insensé?" Ainsi, plus **6** on est tiède, plus on doit communier, pourvu qu'on ait le désir d'aimer Dieu. S. **7** François de Sales dit: "Il y a deux sortes de gens qui doivent communier souvent; la première est celle **8** des parfaits; puisqu'ils sont bien disposés, pourquoi ne communieraient-ils pas? L'autre est celle des **9** imparfaits; puisqu'ils ont des défauts, ils doivent communier, pour aider à leur conversion.

S. Bonaventure disait: "Malgré votre tiédeur, vous pouvez communier en vous confiant en la miséricorde de Dieu : **11** parce que plus la maladie est grave, plus il est nécessaire d'appeler un médecin pour vous soigner." Notre-Seigneur dit à Ste Mech-

弟爾特話。儂拉領聖體个時候、願意有聖人能最大个愛情、我喜歡什介能个願意、如同儂眞正有第个愛情一樣。

第三十五日　想耶穌常在祭臺上

一想　耶穌受難个前頭、捨勿得離開自伲、願意常常登拉伲當中。所以立定聖體聖事、日裡夜裡勿停个拉拉祭臺上。耶穌有三个意思、頭一、叫人去親近伊。第二、來聽一總人个祈求。第三、來賞賜無數聖寵咾恩典。現在第个三端道理、分開之咾默想。

先想耶穌拉拉祭臺上、叫一總人親近伊。耶穌將要受難个一夜、宗徒拉曉得耶穌要離開世界者、難過得極。耶穌安慰伊拉話。我果然要爲伲死者、發顯我那能愛伲。到底我仍舊勿離開

di-eul-déh wo: "Nong la ling-seng-t'i-ke ze-heû, gneu-i yeû seng-gnen-neng tsu-dou-ke ai-zing, ngou 2 hi-hoé zéh-ka-neng-ke gneu-i, zu-dong nong tsen-tseng yeû di-ke ai-zing ih-yang."

Di-sè-song-n gnéh. Siang Ya-sou zang teng-la tsi-dai laong.

Ih siang. — Ya-sou zeû-nè-ke zié-deû, souo-véh-teh li-k'ai ze-gni, gneu-i zang-zang teng-la gni 5 taong-tsong; sou-i lih-ding seng-t'i seng-ze, gnéh-li ya-li véh ding-ke léh-la tsi-dai laong. Ya-sou 6 yeû sè-ke i-se: deû-ih, kiao gnen k'i ts'in-ghien i; di-gni, lai t'ing ih-tsong gnen-ke ghi-ghieû; di-7-sè, lai saong-se m-sou seng-ts'ong lao en-tié. Yé-zai di-ke sè teu dao-li fen-k'ai-tse lao meh-8-siang.

Sié siang Ya-sou léh-la tsi-dai laong, kiao ih-tsong gnen ts'in-ghien i. Ya-sou tsiang-yao zeû-nè-ke ih 10 ya, tsong-dou-la hiao-teh Ya-sou yao li-k'ai se-ka tsé, nè-kou teh-ghieh. Ya-sou eu-wei i-la 11 wo: "Ngou kou-zé yao wei na si-tsé, fèh-hié ngou na-neng ai na; tao-ti ngou zeng-ghieû véh li-k'ai

---

tilde: "Si en communiant vous souhaitez avoir un grand amour pareil à celui des saints, je 2 suis content d'un tel désir, comme si de fait vous aviez un tel amour."

35ème Jour. Du séjour de Jésus sur les autels.

Ier Point. Jésus se rend accessible à tout le monde. —Notre-Seigneur avant sa Passion, regrettant de nous quitter, et voulant demeurer toujours 5 avec nous, institua le Saint Sacrement, et ainsi jour et nuit sans discontinuer, il est sur l'autel. Jésus 6 avait pour cela trois motifs: le premier, pour nous inviter à l'approcher; le second, pour écouter nos prières; le 7 troïsième, pour nous accorder ses grâces et ses dons. À présent, nous méditerons séparément ces trois points.

Considérons d'abord comment Jésus sur l'autel nous invite à l'approcher. Dans la nuit pendant laquelle Jésus devait subir sa Passion, 10 les Apôtres sachant que Jésus allait quitter ce monde, étaient très affligés. Jésus les consola 11 par ces paroles: "Je vais sans doute mourir pour vous et pour vous montrer mon amour; mais, je ne vous quitterai point:

倻、挪我个靈魂肉身、天主性、齊撥拉倻、搭倻一淘登拉、日逐什介能、直到天地終窮个時候。第个時候耶穌好比一个父親、捨勿得離開自家个大細、所以勿肯遠出門。耶穌也什介能、捨勿得離開宗徒。哎、耶穌个心何等樣愛人呢。聖伯多祿亞爾剛大辣話。天底下無得一个舌頭、話得來耶穌那能樣式愛一總人个靈魂、自伊因爲愛慕人个緣故、留自家个聖體、做愛人个表記。

聖經上話。無得一个國都、有神道親近百姓、如同伲个天主親近自伲。天主親近伲、另外拉拉祭臺上、像關拉第个愛情个監牢裡。有常時神父供出聖體來、或者送拉教友領、歇之一歇、仍舊供拉聖體龕子裡、耶穌情願日裡夜裡登拉第个裏向。

na: nè ngou-ke ling-wen gnôh-sen T'ié-tsu sing zi péh-la na, tèh na ih-dao teng-la, gnéh-zôh zéh-**2**-ka-neng, zeh-tao t'ié-di tsong-ghiong-ke ze-heû." Di-ke ze-heû Ya-sou h'ao-pi ih-ke vou-ts'in, souo-**3**-véh-teh li-k'ai ze-ka-ke dou-si, sou-i véh k'eng yeu ts'éh-men. Ya-sou a zéh-ka-neng souo-véh-**4**-teh li-k'ai tsong-dou. Ai, Ya-sou-ke sin wou-teng-yang ai gnen gni! Seng Péh-tou-lôh Ya-eul-kang-da-**5**-lèh wo: "T'ié ti-hao m-teh ih-ke zéh-deû, wo-teh-lai Ya-sou na-neng-yang-seh ai ih-tsong gnen-**6**-ke ling-wen; ze-i yen-wei ai-mou gnen-ke yeu-kou, lieû ze-ka-ke seng-t'i, tsou ai gnen-ke piao-**7**-ki."

Seng-kieng laong wo: "*M-teh ih-ke kôh-dou, yeû zen-dao ts'in-ghien pah-sing, zu-dong gni-ke T'ié-tsu ts'in-***9***-ghien ze-gni.*" T'ié-tsu ts'in-ghien gni ling-nga léh-la tsi-dai laong, ziang koé-la di-ke ai-zing-ke kè-**10**-lao li. Yeû zang-ze zen-vou kong-ts'éh seng-t'i lai, woh-tsé song-la kiao-yeû ling, hiéh-tse ih-hiéh zeng-**11**-ghieû kong-la seng-t'i-k'é-tse li: Ya-sou zing-gneu gnéh-li ya-li teng-la di-ke li-hiang.

---

je vous donne mon âme, mon corps, ma divinité, pour demeurer avec vous, et cela **2** jusqu'à la fin du monde." (Matth. 28. 20.) À ce moment, Jésus était comme un père qui **3** regrette de quitter ses enfants et ne veut pas s'en aller au loin. Notre-Seigneur regrettait ainsi **4** d'abandonner les Apôtres. Oh! combien le cœur de Jésus aima les hommes! S. Pierre d'Alcantara **5** disait: "Ici-bas, il n'y a pas une langue capable de dire comment Jésus aima nos **6** âmes; parce qu'il nous aima, il nous laissa son corps, en souvenir de son amour."

La sainte Écriture dit: "*Non est alia natio ... quae habeat deos appropinquantes sibi, sicut Deus noster* **9** *adest nobis.*" (Deut. 4. 7.) Dieu est près de nous surtout sur l'autel, où il est comme enfermé dans cette prison **10** d'amour. Parfois, les prêtres l'en retirent pour l'exposer ou le donner en communion, et après quelques instants **11** ils le replacent dans le tabernacle: Jésus consent à rester là le jour et la nuit.

照伲看起來、日裡供聖體有者、夜裡無啥人去拜聖體、堂門也關拉、還做啥咾供聖體呢。但是耶穌愛人至極、夜裡也守拉堂裡、等到天一亮、人就可以去親近伊。聖曲經上話。我个靈魂愛慕拉个、儂看見否。又話。儂登拉那裡、儂拉拉那裡吃飯、請回頭我罷。第个是熱心个靈魂、願意看見天主咾、尋勿着个說話。前頭尋勿着天主、因爲無得聖體聖事咾。現在勿是什介、耶穌常常拉拉有聖體个堂裡、儂要去見伊、只消走幾步路、就尋着伊者。

好多回聖堂十分小、祭臺也舊者、一盞燈點拉个火、將要隱勿㥯隱、油味差勿多無沒者、堂裏向無得一个人、第个景况、實然苦惱。到底造一總物事个天主、一響勿響、登拉祭臺上。聖伯爾

Tsao gni k'eu-k'i-lai, gnéh-li kong seng-t'i yeû-tsé; ya-li m sa-gnen k'i pa seng-t'i, daong men a **2** koè-la, è tsou sa lao kong seng-t'i gni? Tè-ze Ya-sou ai gnen tse-ghieh: ya-li a seû-la daong **3** li, teng-tao t'ié ih-liang, gnen zieû k'o-i k'i ts'in-ghien i. Seng-kiôh-kieng laong wo: "*Ngou-ke ling-wen ai-***4***-mou-la-ke, na k'eu-kié va?*" I wo: "*Nong teng-la a-li, nong léh-la a-li k'ieh-vè, ts'ing wei-deû* **5** *ngou ba.*" Di-ke ze gnéh-sin-ke ling-wen gneu-i k'eu-kié T'ié-tsu lao, zin-véh-zah-ke seh-wo. Zié-**6**-deû zin-véh-zah T'ié-tsu, yen-wei m-teh seng-t'i seng-ze lao; yé-zai véh ze zéh-ka. Ya-sou zang-**7**-zang léh-la yeû seng-t'i-ke daong li; nong yao k'i kié i, tséh-siao tseû ki bou lou, zieû zin-zah i **8** tsé.

H'ao-ta-wei seng-daong zéh-fen siao, tsi-dai a ghieû tsé, ih-tsè teng tié-la-ke h'ou, tsiang-yao yen véh **10** zeng yen, yeû méh ts'ouo-véh-tou m-méh-tsé, daong li-hiang m-teh ih-ke gnen: di-ke kieng-faong zéh-zai **11** k'ou-nao: tao-ti zao ih-tsong méh-ze-ke T'ié-tsu, ih hiang véh hiang, teng-la tsi-dai laong. Seng Péh-eul-

---

Selon notre manière de voir, il suffirait de garder le Saint Sacrement pendant le jour; pendant la nuit, personne ne va le visiter, les portes de l'église sont même **2** fermées, à quoi bon le garder? Mais l'amour de Jésus pour nous est extrême: pendant la nuit, il reste dans l'église, **3** en attendant la première clarté du jour où les hommes pourront aller l'approcher. On dit dans le Cantique: "*Num quem diligit anima mea,* **4** *vidistis?*" (Cant. 3. 3.) "*Indica mihi... ubi pascas... ubi cubes.*" (Cant. 1. 6.) **5** Ces paroles sont de l'âme amoureuse, qui désire voir Dieu et ne le trouve pas. **6** Autrefois, on ne trouvait pas Dieu, parce qu'il n'y avait pas de Saint Sacrement; mais maintenant, il n'en est pas ainsi. Jésus **7** se trouve toujours dans les églises où l'on garde le Saint Sacrement; si vous voulez le visiter, vous n'avez qu'à faire quelques pas et vous le trouverez.

Souvent, l'église est très petite, l'autel délabré, la flamme de la lampe sur le point **10** de s'éteindre, il n'y a presque plus d'huile, personne dans l'église: ces circonstances sont bien **11** déplorables; mais Dieu créateur de l'univers ne dit rien et demeure sur l'autel. S. Ber-

納多對耶穌話。第个景况、勿相對儂个尊貴、耶穌要答應話。第个勿碍啥、雖然勿相對我个尊貴、到底相對我个愛情。大概有信德个教友、倘然能彀到西洋去、朝拜聖母个房子、朝拜耶穌降生咾受難个地方、心裡一定喜歡。因爲箇个地方、是耶穌登過拉个、或者是爲伲吃過歇苦拉个。像現在聖堂裡、非但耶穌登過歇、還日日夜夜住拉起、伲該當那能喜歡去朝拜呢。

眞福亞味辣話。一座供聖體拉个堂、爲我是大个安慰、一走到箇搭、就覺着熱心者。可敬亞爾伐來治看見王宮裡人淘多、十分鬧熱、看見一隻聖堂、雖然供聖體拉、無啥人進去、自伊難過咾哭。

nèh-tou tei Ya-sou wo : "Di-ke kieng-faong véh-siang-tei nong-ke tsen-koei." Ya-sou yao tèh-yeng wo : "Di-**2**-ke véh ngai sa, su-zé véh siang-tei ngou-ke tsen-koei, tao-ti siang-tei ngou-ke ai-zing."

Da-kai yeû sin-teh-ke kiao-yeû, taong-zé neng-keû tao si yang k'i, zao-pa seng Mou-ke waong-tse, zao-**4**-pa Ya-sou kiang-seng lao zeû-nè-ke di-faong, sin li ih-ding hi-hoé ; yen-wei kou-ke di-faong ze **5** Ya-sou teng-kou-la-ke, woh-tsé ze wei gni k'ieh-kou-hiéh k'ou la-ke. Ziang yé-zai seng-daong-li, fi **6** dè Ya-sou teng-kou-hiéh, è gnéh-gnéh ya-ya zu-la-k'i, gni kai-taong na-neng hi-hoé k'i zao-pa **7** gni ?

Tsen-foh Ya-vi-lèh wo: "Ih-zou kong seng-t'i la-ke daong, wei ngou ze dou-ke eu-wei ; ih tseû tao **9** kou-tèh, zieû koh-zah gnéh-sin tsé." K'o-kieng Ya-eul-vèh-lai-ze k'eu-kié waong-kong li gnen-dao tou, zéh-**10**-fen nao-gnéh, k'eu-kié ih-tsah seng-daong, su-zé kong seng-t'i la, m sa-gnen tsin-k'i, ze-i nè-kou **11** lao k'ôh.

---

nard disait à Jésus : "Ces circonstances ne conviennent pas à votre dignité." Mais Jésus répond : "Cela **2** ne fait rien ; quoiqu'elles ne conviennent pas à ma dignité, elles conviennent à mon amour."

Tout fidèle qui peut aller dans les pays d'Occident vénérer la maison de la Sainte Vierge, **4** ou bien les endroits où Notre-Seigneur s'est incarné et a souffert la Passion, est certainement content ; parce que **5** Jésus habita ou bien souffrit dans ces endroits. Mais à présent que Jésus **6** non seulement a passé dans le temple, mais y habite jour et nuit, combien ne devons-nous pas être contents d'aller l'y adorer ?

Le bienheureux Avila disait : "Une église dans laquelle on garde le Saint Sacrement, est une grande consolation pour moi ; dès que **9** j'y arrive, je me trouve fervent." Le vénérable Alvarez, en voyant les palais des rois remplis de monde **10** et bruyants, tandis que personne n'entrait dans l'église quoiqu'on y gardât le Saint Sacrement, était triste **11** et pleurait.

比方普天下、單單有一隻聖堂、能彀供聖體、一年工夫味不過供一日、各國有銅錢个教友、該當那能成淘合隊去朝拜呢。然而耶穌个愛情、願意登拉各處个聖堂裡、窮苦點也勿要緊个、只要一總教友、齊能彀親近伊、就是者。

比方耶穌升天堂个時候、有人對耶穌話。我个天主、儂升之天堂就下來、迭拉稀小个龕子裡、等㑚有事體就可以搭儂白話。什介能个祈求、那裡一个人勿話是過分个。現在耶穌真个垃拉聖體龕子裡、儂看過分呢勿過分。

又比方一个皇帝、出朝到鄉下來、去見一个鄉下人、第个鄉下人偏生勿肯去見伊、是那能荒唐呢。耶穌是一總皇帝个皇帝、常常拉祭臺上、願意親近㑚、㑚偏生勿去朝拜、儂看㑚良心上過

Pi-faong p'ou-t'ié-ya tè-tè yeû ih-tsah seng-daong neng-keû kong seng-t'i, ih gné kong-fou méh péh-kou **2** kong ih gnéh, koh kôh yeû dong-dié-ke kiao-yeû, kai-taong na-neng zeng-dao-héh-dai k'i zao-pa gni? Zé-**3**-eul Ya-sou-ke ai-zing, gneu-i teng-la koh-ts'u-ke seng-daong li; ghiong-k'ou tié a. véh yao-kien-ke, **4** tséh-yao ih-tsong kiao-yeû, zi neng-keû ts'in-ghien i, zieû-ze tsé.

Pi-faong Ya-sou seng t'ié-daong-ke ze-heû, yeû gnen tei Ya-sou wo: "Ngou-ke T'ié-tsu, nong seng-tse t'ié-**6**-daong zieû hao-lai, bé-la hi-siao-ke k'é-tse li, teng gni yeû ze-t'i zieû k'o-i tèh nong bah-wo", **7** zéh-ka-neng-ke ghi-ghieû, a-li ih-ke gnen véh wo ze kou-ven-ke? Yé-zai Ya-sou tsen-ke léh-**8**-la seng-t'i k'é-tse li, nong k'eu kou-ven gni véh kou-ven?

I pi-faong ih-ke waong-ti, ts'éh-zao lao tao hiang-hao lai, k'i kié ih-ke hiang-hao-gnen, di-ke hiang-hao-**10**-gnen p'ié-sang véh k'eng k'i kié i, ze na-neng faong-daong gni? Ya-sou ze ih-tsong waong-ti-ke waong-ti, **11** zang-zang la tsi-dai laong, gneu-i ts'in-ghien gni, gni p'ié-sang véh k'i zao-pa, nong k'eu liang-sin laong kou-

---

Si, par exemple, dans l'univers il n'y avait qu'une seule église où l'on pût garder le Saint Sacrement, et que pendant toute l'année on ne pût **2** le garder qu'un seul jour, comme tous les chrétiens riches iraient en foule l'adorer! **3** Mais l'amour de Jésus désire demeurer dans l'église de tout endroit; même si elle est pauvre, il n'en tient pas compte, **4** il lui suffit seulement que tous les chrétiens puissent s'approcher de lui.

Si au moment où Jésus montait au ciel, quelqu'un lui eût dit: "Mon Dieu, après être monté au ciel, **6** descendez-en immédiatement et cachez-vous dans une toute petite boîte afin que si nous avons des affaires, nous puissions vous en parler", **7** qui ne dirait pas cette demande exagérée? Maintenant que Jésus est réellement **8** dans le tabernacle, pensez-y, n'est-ce pas trop?

Supposons qu'un empereur sortît de son palais et s'en allât à la campagne visiter un paysan; si celui-ci **10** s'obstinait à ne pas le voir, ne serait-ce pas inconvenant? Jésus, roi des rois, **11** demeure toujours sur l'autel, désireux de s'approcher de nous, et nous, nous nous obstinons à ne pas aller l'adorer, réfléchissez-y, est-ce que la conscience

得過去否。
二想耶穌拉祭臺上、爲聽伲个祈求。聖女德肋撒話。要搭之
皇帝白話、勿是一總人能彀、要搭之天地个皇帝白話、勿論窮
苦咾財主、尊貴咾卑賤、个个人能彀。所以隨便啥人、隨便啥時
候、要搭之耶穌白話、就可以到聖體門前去話。
聖基所講耶穌聖誕咾話。世界上个皇帝、勿是常常朝見得着
个、好幾回官府上朝、因爲時候勿會到、就退下來。耶穌拉馬槽
裡、無得啥門、又無得啥護身兵、勿拘啥人、要見耶穌、就可以見。
現在耶穌拉聖體聖事裡、也是什介、堂門常常開拉、教友隨時
可以進去、耶穌十分願意聽伲个說話、所以自伊進拉麪形裏
向。若使耶穌拉祭臺上發亮光、如同拉公審判个時候、還有啥

teh-kou-k'i va?

GNI SIANG. — Ya-sou la tsi-dai laong wei t'ing gni-ke ghi-ghieû. Seng-gnu Teh-leh-sèh wo: "Yao tèh-tse **3** waong-ti bah-wo véh ze ih-tsong gnen neng-keû; yao tèh-tse t'ié-di-ke waong-ti bah-wo, véh len ghiong-**4**-k'ou lao zai-tsu, tsen-koei lao pei-zié, ke-ke gnen neng-keû. Sou-i zu-bié sa-gnen, zu-bié sa ze-**5**-heû, yao tèh-tse Ya-sou bah-wo, zieû k'o-i tao seng-t'i men-zié k'i wo."

Seng Ki-sou kaong Ya-sou seng-tè lao wo: "Se-ka-laong-ke waong-ti, véh ze zang-zang zao-kié-teh-zah-**7**-ke, h'ao-ki-wei koé-fou zaong zao, yen-wei ze-heû véh zeng tao, zieû t'ei-hao-lai. Ya-sou la mô-zao **8** li, m-teh sa men, i m-teh sa wou-sen-ping; véh-kiu sa-gnen yao kié Ya-sou, zieû k'o-i kié." **9** Yé-zai Ya-sou la seng-t'i seng-ze li a ze zéh-ka, daong men zang-zang k'ai la, kiao-yeû zu-ze **10** k'o-i tsin-k'i, Ya-sou zéh-fen gneu-i t'ing gni-ke seh-wo, sou-i ze-i bé-la mié-yeng li-**11**-hiang. Zah-se Ya-sou la tsi-dai laong fèh liang-koang, zu-dong la kong sen-p'é-ke ze-heû, è yeû sa-

---

peut laisser passer cela?

IIe POINT. JÉSUS DONNE AUDIENCE À TOUS ET EN TOUT TEMPS. — Jésus demeure sur l'autel pour écouter nos prières. Ste Thérèse disait: "Tout **3** le monde ne peut pas parler aux rois; mais pour parler au roi du ciel et de la terre, qu'on soit pauvre **4** ou riche, noble ou vil, chacun le peut. Ainsi n'importe qui désire, à n'importe quel **5** moment, parler à Jésus, peut aussitôt aller lui parler devant le Saint Sacrement."

S. Chrysostome, en expliquant la naissance de Jésus, dit: "On ne peut pas toujours avoir une audience des rois de la terre, **7** souvent les dignitaires vont à la cour, mais le moment n'étant pas venu, ils doivent en sortir. Jésus dans la crèche **8** n'a pas de porte, n'a pas de gardes; quiconque désire le visiter, peut le visiter." **9** Il en est de même pour Jésus dans le Saint Sacrement: les portes de l'église sont toujours ouvertes, les chrétiens **10** peuvent y entrer à tout instant, Jésus a un grand désir d'entendre leurs paroles, et c'est pour cela qu'il se cache sous les espèces du pain. **11** Si Jésus sur l'autel était resplendissant comme au jour du jugement, qui

人敢親近伊咾、搭伊白話呢。聖女德肋撒話。耶穌要人求伊、所以用麵餅个形像、遮瞞自家个威嚴。

多默根比話。耶穌要人站拉伊旁邊、如同朋友搭朋友白話一樣。聖曲經上有一句說話話。我个朋友、儂是美麗得極、快點起來到我蕩。第个是耶穌對靈魂話个說話。靈魂愛慕耶穌、眞正是耶穌个朋友、靈魂上有聖寵、是十分美麗、無得啥說話可以形容。所話靈魂快點起來、到耶穌門前去、就是去祈求、搭之耶穌白話。

哎、教友呀、若使皇帝對儂話。准許儂求勿論啥恩典、儂要那能喜歡呢。現在造天地个皇帝、拉祭臺上話。儕一總衰瘏咾挑重擔子个、齊到我蕩來、我要補一補儕个力量。教友、儂爲啥咾還

gnen ké ts'in-ghien i lao tèh i bah-wo gni? Seng-gnu Teh-leh-sèh wo: "Ya-sou yao gnen ghieû i, sou-**2**-i yong mié-ping-ke yeng-ziang tsouo-mé ze-ka-ke wei-gné."

Tou-meh Ken-pi wo: "Ya-sou yao gnen zè-la i baong-pié, zu-dong bang-yeû tèh bang-yeû bah-wo ih-**4**-yang." Seng-k'iôh-kieng laong yeû ih-kiu seh-wo wo: "Ngou-ke bang-yeû, nong ze mei-li teh-ghieh, k'oa-tié k'i-**5**-lai tao ngou daong." Di-ke ze Ya-sou tei ling-wen wo-ke seh-wo: ling-wen ai-mou Ya-sou, tsen-tseng **6** ze Ya-sou-ke bang-yeû; ling-wen laong yeû seng-ts'ong, ze zéh-fen mei-li, m-teh sa seh-wo k'o-i **7** yeng-yong. Sou wo ling-wen k'oa-tié k'i-lai, tao Ya-sou men-zié k'i, zieû-ze k'i ghi-ghieû, tèh-tse Ya-**8**-sou bah-wo.

Ai, kiao-yeû a, zah-se waong-ti tei nong wo: "Tsen-hiu nong ghieû véh len sa en-tié", nong yao na-neng **10** hi-hoé gni! Yè-zai zao t'ié di-ke waong-ti la tsi-dai laong wo: "*Na ih-tsong sa-dou lao t'iao zong* **11** *tè-tse-ke, zi tao ngou daong lai, ngou yao pou-ih-pou na-ke lih-liang.*" Kiao-yeû, nong wei-sa-lao è

---

oserait s'approcher de lui et lui parler? Ste Thérèse dit: "Comme Jésus désire que nous lui demandions ses grâces, **2** il a voilé sa majesté sous les espèces du pain."

Thomas a Kempis dit: "Jésus veut que les hommes restent près de lui, comme un ami qui s'entretient avec un ami." **4** Dans le Cantique, il y a ces paroles: "*Surge, propera, amica mea,... formosa mea, et* **5** *veni.*" (Cant. 2. 10.) Ces paroles, Jésus les dit à l'âme: si l'âme aime Jésus, elle est vraiment **6** l'amie de Jésus; l'âme qui a la grâce est si belle, qu'il n'y a pas de paroles pour **7** l'exprimer. On dit à l'âme de se lever vite et de s'avancer vers Jésus, c'est-à-dire pour le prier et lui **8** parler.

Oh! chrétien, si l'empereur vous disait: "Je vous permets de demander n'importe quelle faveur", quelle **10** joie serait la vôtre! Maintenant, le roi de l'univers vous dit de l'autel: "*Venite ad me omnes,* **11** *qui laboratis, et onerati estis, et ego reficiam vos.*" (Matth. 11. 28.) Chrétien, pourquoi

勿去呢、快點去罷、快點答應咾話。我个天主、我來者。
三想　吾主耶穌拉祭臺上、爲賞賜伲恩典。聖奧斯定話。天主要賞賜恩典个心、比之伲要得着恩典个心、更加來得懇切。爲啥緣故呢。因爲天主个本性、是完全好咾、願意分自家个好處拉別人。聖經上天主話。難道我如同荒地一樣否。爲啥我个百姓話。乃朝後去、勿來求我者。荒地是表明無得效驗个意思。就是話、自㑚求我、我要賞賜恩典拉㑚、勿是如同人種荒地、一眼無得收成个。
聖若望宗徒一日受着天主个默啟、看見吾主耶穌胸膛門前、禿是奶酪。奶酪是表明吾主耶穌个仁慈、就是話。勿論啥人求吾主耶穌、特地拉聖體聖事門前、吾主耶穌必定要賞賜恩典

véh k'i gni ? K'oa-tié k'i ba, k'oa-tié tèh-yeng lao wo : "Ngou-ke T'ié-tsu, ngou lai-tsé."

Sè siang.—Ngou tsu Ya-sou la tsi-dai laong wei saong-se gni en-tié. Seng Ao-se-ding wo : "T'ié-tsu **3** yao saong-se en-tié-ke sin, pi-tse gni yao teh-zah en-tié-ke sin, keng-ka lai-teh k'en-ts'ih." Wei-**4**-sa yeu-kou gni ? Yen-wei T'ié-tsu-ke pen-sing ze wé-zié h'ao-ke lao, gneu-i fen ze-ka-ke h'ao-ts'u **5** la biéh-gnen. Seng-kieng laong T'ié-tsu wo : "*Nè-dao ngou zu-dong faong-di ih-yang va ? Wei-sa-lao ngou-ke pah-***6***-sing wo: Nai-zao-heû-k'i véh lai ghieû ngou tsé ?*" Faong-di ze piao-ming m-teh yao-gné-ke i-se ; zieû-**7**-ze wo : Ze-na ghieû ngou, ngou yao saong-se en-tié la na, véh ze zu-dong gnen tsong faong-di, ih-ngè **8** m-teh seû-zeng-ke.

Seng Zah-waong tsong-dou ih gnéh zeû-zah T'ié-tsu-ke meh-k'i, k'eu-kié ngou tsu Ya-sou hiong-daong men-zié **10** t'ôh ze na-loh. Na-loh ze piao-ming ngou tsu Ya-sou-ke zen-ze ; zieû-ze wo : Véh len sa-gnen ghieû **11** ngou tsu Ya-sou, déh-di la seng-t'i seng-ze men-zié, ngou tsu Ya-sou pih-ding yao saong-se en-tié

---

n'y allez-vous pas? Allez-y vite, hâtez-vous de répondre : "Mon Dieu, me voici."

IIIe Point. Jésus ne demande qu'à répandre ses grâces. — Jésus est sur l'autel pour nous accorder ses grâces. S. Augustin dit : "Dieu **3** désire plus ardemment nous donner ses bienfaits, que nous de les recevoir." **4** Pourquoi cela ? Parce que Dieu par nature est parfaitement bon et désire communiquer ses biens **5** à autrui. Dieu dit dans l'Écriture Sainte : "*Numquid solitudo factus sum Israëli...? Quare ergo dixit populus* **6** *meus :.. Non veniemus ultra ad te?*" (Jer.2.31.) Une terre stérile, c'est-à-dire improductive, comme si **7** Dieu disait : Si vous me priez, je vous accorderai mes grâces, je ne serai par comme une terre stérile qui ne donne **8** aucune récolte.

L'apôtre S.Jean eut un jour une inspiration divine et vit de face la poitrine de Jésus **10** couverte de lait. Le lait est la figure de la miséricorde de Jésus ; cela veut dire que quiconque prie **11** Jésus, surtout devant le Saint Sacrement, Jésus lui accordera certainement ses grâces,

拉伊拉、如同一个娘與奶拉小囝吃。
前頭有一个做官人家个女眷、名頭叫福利亞進之修道院後來、凡於有孔、就到聖體跟前拜聖體。別人問伊、拉聖體門前做啥。自伊答應話。那怕永遠登拉聖體門前、我也願意个、總勿厭棄。比如一个生病人拉郎中門前、一个窮人拉財主人門前、話自家个苦腦、求伊咾謝謝自伊、我拉聖體門前、也是什介。
耶穌聖心發顯拉福女瑪加利大、十分怪人無得良心、大概人辜負恩典、凌辱聖心、特特裡拉聖體聖事裏向、所以定當聖心噡禮、爲報答聖心个愛情。
現在人勿拜聖體、因爲勿愛慕耶穌个緣故。若使儂話。愛德也要緊天主賞賜个、乃爲啥咾天主勿賞賜我大个愛德呢。我答

la i-la, zu-dong ih-ke gnang yu-na la siao-neu k'ieh.

Zié-deû yeû ih-ke tsou-koé gnen-ka-ke gnu-kieu, ming-deû kiao Foh-li-ya, tsin-tse sieû-dao-yeu heû-**3**-lai, vè-yu yeû k'ong, zieû tao seng-t'i ken-zié pa seng-t'i. Biéh-gnen men i, la seng-t'i men-zié tsou **4** sa. Ze-i tèh-yeng wo: "Na-p'ouo yong-yeu teng-la seng-t'i men-zié, ngou a gneu-i-ke, tsong véh yé-**5**-k'i: pi-zu ih-ke sang-bing-gnen la laong-tsong men-zié, ih-ke ghiong-gnen la zai-tsu-gnen men-zié, wo **6** ze-ka-ke k'ou-nao, ghieû i lao zia-zia ze-i, ngou la seng-t'i men-zié a ze zéh-ka."

Ya-sou seng sin fèh-hié la foh-gnu Mô-kia-li-da, zéh-fen koa gnen m-teh liang-sin, da-kai gnen **8** kou-wou en-tié, ling-zôh seng sin, déh-déh-li la seng-t'i seng-ze li-hiang; sou-i ding-taong seng sin **9** tsé-li, wei pao-tèh seng sin-ke ai-zing.

Yé-zai gnen véh pa seng-t'i, yen-wei véh ai-mou Ya-sou-ke yeu-kou. Zah-se nong wo: "Ai-teh a **11** yao-kien T'ié-tsu saong-se-ke, nai wei-sa-lao T'ié-tsu véh saong-se ngou dou-ke ai-teh gni?" Ngou tèh

---

comme une mère qui allaite son enfant.

Il y avait autrefois une femme d'une noble famille, appelée Feria, laquelle étant entrée en religion **3** allait, dès qu'elle avait du temps libre, visiter le Saint Sacrement. On lui demanda ce qu'elle faisait devant le Saint Sacrement. **4** Elle répondit: "Je resterais volontiers même toute l'éternité devant le Saint Sacrement sans jamais m'ennuyer: **5** comme un malade devant le médecin, comme un pauvre devant un riche exposent **6** leurs misères, le prient et le remercient, ainsi moi devant le Saint Sacrement."

Le Sacré Cœur de Jésus, en se montrant à la Bienheureuse Marguerite, se plaignit fortement du manque de reconnaissance des hommes,dont la plus grande partie **8** se montrent ingrats et offensent le Sacré-Cœur surtout dans le Saint Sacrement. À cause de cela, il institua la fête **9** du Sacré-Cœur, pour récompenser l'amour du Sacré-Cœur.

Maintenant, les homme ne visitent pas le Saint Sacrement, parce qu'ils n'aiment pas Jésus. Vous direz peut-être: "Mais l'amour **11** est une grâce de Dieu, pourquoi donc Dieu ne me donne-t-il pas un grand amour?" Je

儂話。假使得挪儂心裡个偏愛、完全拿脫之、天主就賞賜大个愛德拉儂、勿什介味、白白裡盼望得着大个愛德。

聖斐理伯呐利一門心思愛慕天主、所以一看見聖體、就嘆氣咾話。哎、我愛慕拉个天主、哎、我愛慕拉个天主。一个人有之愛慕天主个心、自然而然勿厭棄拜聖體者、就是拜聖體幾點鐘工夫、要看來如同幾分工夫一樣。

聖方濟各沙勿畧日裏向傳教咾辦事體、衰瘏非凡、夜裏向拉聖體門前祈禱。聖人用第个法子來養神咾歇力。聖方濟各類日斯日裡講道理、聽神工、夜頭到堂裡拜聖體。常時堂門已經關拉者、就拉堂門外頭拜聖體、一夜到天亮勿走、雖然落雪落雨、衣裳零來濕完、也勿怕个。

nong wo: Kia-se-teh nè nong sin li-ke p'ié ai, wé-zié nao-t'éh-tse, T'ié-tsu zieû saong-se dou-ke **2** ai-teh la nong; véh zéh-ka-neng, bah-bah-li p'è-maong teh-zah dou-ke ai-teh.

Seng Fi-li-péh Néh-li ih-men-sin-se ai-mou T'ié-tsu, sou-i ih k'eu-kié seng-t'i, zieû t'è k'i **4** lao wo: "Ai, ngou ai-mou-la-ke T'ié-tsu, ai, ngou ai-mou-la-ke T'ié-tsu." Ih-ke gnen yeû-tse ai-**5**-mou T'ié-tsu-ke sin, ze-zé-eul-zé véh yé-k'i pa seng-t'i tsé; zieû-ze pa seng-t'i ki tié-tsong **6** kong-fou,yao k'eu-lai zu-dong ki fen kong-fou ih-yang.

Seng Faong tsi-koh Souo-véh-liah gnéh li-hiang zé-kiao lao bè ze-t'i sa-dou fi-vè; ya li-biang la **8** seng-t'i men-zié ghi-tao. Seng-gnen yong di-ke fèh-tse lai yang-zen lao hiéh-lih. Seng Faong-tsi-koh Lei-**9**-zéh-se gnéh li kaong dao-li, t'ing zen-kong; ya-deû tao daong li pa seng-t'i. Zang-ze daong men i-kieng **10** koè-la-tsé; zieû la daong men nga-deû pa seng-t'i, ih-ya tao t'ié-liang véh tseû; su-zé loh-sih loh-**11**-yu, i-zaong ling-lai sah wé, a véh p'ouo-ke.

---

réponds: Si vous enlevez complètement de votre cœur toute affection déréglée, Dieu vous accordera une grande **2** charité; autrement, vous espérez inutilement l'obtenir.

S. Philippe de Néri aimait Dieu de tout cœur, et à la vue du Saint Sacrement il disait **4** en soupirant: "Voici le Dieu que j'aime, voici le Dieu de mon amour." Lorsqu'on **5** aime Dieu, naturellement on ne sent pas d'ennui à visiter le Saint Sacrement; et même qui resterait devant le Saint Sacrement des heures **6** entières, les regarderait comme de courts instants.

S. François-Xavier pendant la journée évangélisait le peuple et traitait les affaires, il était très fatigué; pendant la nuit **8** il priait devant le Saint Sacrement. Le saint employait ce moyen pour réparer ses forces et se reposer. S. François Régis **9** employait le jour à prêcher, à confesser, et allait la nuit adorer le Saint Sacrement. Parfois, la porte de l'église était déjà **10** fermée; il restait alors près de la porte en adoration et ne bougeait pas jusqu'à l'aube, ne craignant ni la neige ni **11** la pluie qui mouillait ses vêtements.

聖類思熱心愛慕聖體、願意常登拉聖體門前、因爲長遠勿許、所以勉强自家勿登拉堂裡。但是心裡覺着離勿開、三不時喊咾話。吾主離開我罷、吾主儂離開我罷。教友、儂無得什介能大个愛德、該當足慣拜聖體、求吾主耶穌拿儂个心燒燒熱、假使得吾主耶穌、用自家个愛情、燒熱儂个冷心、儂眞正有福氣、一心要愛慕天主咾、一眼勿想啥別樣物事者。

第三十六日　想仰合天主聖意

一想　聖若望宗徒話。人勿愛慕天主、勿能彀得着常生。聖保祿宗徒話。伊該當有愛德、因爲愛德是樣樣德行个總結頭。但是愛德个大功勞、完全拉拉照天主个聖意。人能彀常常照天

Seng Lei-se gnéh-sin ai-mou seng-t'i, gneu-i zang teng-la seng-t'i men-zié; yen-wei tsang-pei véh hiu, 2 sou-i mié-k'iang ze-ka véh teng-la daong li: tè-ze sin li koh-zah li-véh-k'ai, sè-péh-ze h'è 3 lao wo: "Ngou tsu li-k'ai ngou ba, ngou tsu li-k'ai ngou ba."

Kiao-yeû, nong m-teh zéh-ka-neng dou-ke ai-teh, kai-taong tsôh-koè pa seng-t'i, ghieû ngou tsu Ya-sou 5 nao nong-ke sin sao-sao-gnéh. Kia-se-teh ngou tsu Ya-sou yong ze-ka-ke ai-zing sao-gnéh nong-ke 6 lang sin, nong tsen-tseng yeû foh-k'i, ih-sin yao ai-mou T'ié-tsu lao, ih-ngè véh siang sa biéh-yang méh-7-ze tsé.

Di-sè-zéh-loh gnéh. Siang gnang-héh T'ié-tsu seng-i.

IH SIANG. — Seng Zah-waong tsong-dou wo: "*Gneu véh ai-mou Tié-tsu, véh neng-keû teh-zah zang-seng.*" Seng Pao-10-lôh tsong-dou wo: "*Na kai-taong yeû ai-teh, yen-wei ai-teh ze yang-yang teh yeng-ke tsong-kiéh-deû.*" Tè-11-ze ai-teh-ke dou kong-lao, wé-zié léh-la tsao T'ié-tsu-ke seng-i: gneu neng-keû zang-zang tsao T'ié-

---

S. Louis de Gonzague aimait ardemment la sainte Eucharistie, et aurait voulu demeurer toujours devant le Saint Sacrement; mais les supérieurs ne le lui permettant pas, 2 il faisait des efforts pour ne pas rester dans l'église: cependant son cœur sentait qu'il ne pouvait pas se séparer, aussi il s'écriait 3 souvent: "Retirez-vous de moi, Seigneur, retirez-vous."

Chrétien, si vous ne sentez pas un si grand amour, vous devez visiter souvent le Saint Sacrement et demander à Notre-Seigneur 5 de réchauffer votre cœur. Si Jésus enflamme de son amour votre 6 cœur si froid, vous êtes vraiment heureux, vous aimerez Dieu de tout cœur, et vous n'aimerez plus autre chose.

36ème Jour — De la conformité à la volonté de Dieu.

Ier POINT. EXCELLENCE DE CETTE VERTU. — L'apôtre S. Jean dit: "*Qui non diligit, manet in morte.*" (I Jo. 3. 14.) Et 10 l'apôtre S. Paul dit: "*Charitatem habete, quod est vinculum perfectionis.*" (Col. 3. 14.) Mais 11 la perfection de cet amour consiste entièrement dans la conformité à la volonté de Dieu: celui qui agit toujours selon

主个願意、就可以見得是愛慕天主个者。
聖弟阿尼削話。結合天主、就是拿天主个意思、搭之自家个意思、併成功一个。天主願意啥、伲也願意啥、什介能味、好算是完全愛慕天主。人要結合天主个聖意、該當盡力修第个德行、勿論做啥个功課、如同辦神工、領聖體、做哀矜、樣樣要照天主个意思、假使無得第个心、就勿好算德行。
救世主到世界上來、替伲立表樣、教訓伲跟從天主个願意。聖經上耶穌向天主聖父話。別樣个祭獻儂齊勿要、單不過要我降生成功人、來祭獻自儂、我現在拉儂門前、爲聽從儂个聖意。就是話、我个父親、儂勿要別人个祭獻、要我受苦受難、釘殺拉十字架上咾、爲祭獻儂、我个肉身是儂撥拉我个、我情願獻拉

tsu-ke gneu-i, zieû k'o-i kié-teh ze ai-mou T'ié-tsu-ke tsé.

Seng Di-oh-gni-siah wo: "Kiéh-héh T'ié-tsu, zieû ze nao T'ié-tsu-ke i-se, tẹh-tse ze-ka-ke i-**3**-se, ping-zeng-kong ih-ke; T'ié-tsu gneu-i sa, gni gneu-i sa; zéh-ka-neng méh, h'ao seu ze wé-**4**-zié ai-mou T'ié-tsu." Gnen yao kiéh-héh T'ié-tsu-ke seng-i, kai-taong zin-lih sieû di-ke teh-yeng; véh **5** len tsou sa-ke kong-k'ou, zu-dong bè zen-kong ling seng-t'i tsou ai-kieng, yang-yang yao tsao T'ié-tsu-ke **6** i-se: kia-se m-teh di-ke sin, zieû véh h'ao seu teh-yeng.

Kieû-se-tsu tao se-ka-laong lai, t'i gni lih piao-yang, kiao-hiun gni ken-zong T'ié-tsu-ke gneu-i. Seng-**8**-kieng laong Ya-sou hiang T'ié-tsu seng Vou wo: "Biéh yang-ke tsi hié nong zi véh yao, tè péh-kou yao ngou **9** kiang-seng zeng-kong gnen, lai tsi-hié ze-nong; ngou yé-zai la nong men-zié, wei t'ing-zong nong-ke i-se." **10** Zieû-ze wo: ngou-ke Vou-ts'in, nong véh yao biéh-gnen-ke tsi-hié, yao ngou zeû-k'ou-zeû-nè ting-sèh la **11** zéh-ze-ka laong lao, wei tsi-hié nong: ngou-ke gnôh-sen ze nong péh-la ngou-ke, ngou zing-gneu hié-la

---

le désir de Dieu, prouve qu'il aime Dieu.

S. Denis dit: "L'union avec Dieu consiste à unir notre volonté à celle **3** de Dieu, à vouloir ce que Dieu veut; de la sorte on **4** aime Dieu parfaitement." Pour s'unir avec Dieu, on doit s'efforcer de pratiquer cette vertu; **5** dans n'importe quelle bonne œuvre, comme dans la confession, la communion, l'aumône, on doit en tout se conformer à la volonté **6** divine: s'il n'y a pas cette intention, ce n'est plus une vertu.

Le Sauveur, en venant dans ce monde, nous donna l'exemple et nous enseigna à suivre la volonté divine. **8** Dans l'Écriture, Jésus dit au Père éternel: "Vous n'avez pas voulu d'autres sacrifices, vous avez seulement voulu que je me **9** fisse homme pour me sacrifier à vous: à présent, me voici devant vous pour faire votre volonté." (Hebr. 10. 5.) **10** C'est-à-dire: mon Père, vous ne voulez pas d'autres sacrifices, mais que je souffre la Passion et que je meure **11** sur la croix, pour me sacrifier à vous: ce corps, c'est vous qui me l'avez donné, je désire vous

儂。

聖若望宗徒記載耶穌話。我從天堂到世界上來、勿是爲照我个意思、實在爲照聖父个意思。又話。聖父打發我、叫世界上个人曉得、我是愛慕聖父个、自伊命拉个事體、我完全要做好个。有一回吾主耶穌拉講道理个時候、有人告訴伊話。儂个娘咾兄弟拉尋儂。耶穌指點一衆人咾話。啥人是我个娘咾兄弟。人咾遵守天堂上我父親个意思、第个就是我个娘、我个兄弟咾姊妹。

爲此緣故一總聖人、活拉世界上、做事體、齊照天主个願意。眞福恩理格蘇宋話。我情願照天主个意思、拉世界上、做一條頂卑賤个蛆蟲、勿願意照自家个意思、做一位上品天神。聖女德

nong.

Seng Zah-waong tsong-dou ki-tsai Ya-sou wo: "*Ngou zong t'ié-daong tao se-ka-laong lai, véh ze wei tsao ngou*-**3**-*ke i-se, zéh zai wei tsao seng Vou-ke i se.*" I wo: "*Seng Vou tang-féh ngou, kao se-ka-laong-ke* **4** *gnen hiao-teh, ngou ze ai-mou seng Vou-ke; ze-i ming-la-ke ze-t'i, ngou wé-zié yao tsou-h'ao-ke.*" **5** Yeû ih wei ngou tsu Ya-sou la kaong dao-li-ke ze-heû, yeû gnen kao-sou i wo: Nong-ke gnang lao **6** hiong-di la zin nong. Ya-sou tse-tié ih-tsong gnen lao wo: "*Sa-gnen ze ngou-ke gnang lao hiong-di? Gnen* **7** *lao tsen-seû t'ié-daong laong ngou Vou ts'in-ke i-se, di-ke zieû-ze ngou-ke gnang, ngou-ke hiong-di lao* **8** *tse mei.*"

Wei-ts'e-yeu-kou ih-tsong seng-gnen, wéh-la se-ka-laong tsou ze-t'i, zi tsao T'ié tsu-ke gneu-i. Tsen-**10**-féh En-li-keh Sou-song wo: "Ngou zing-gneu tsao T'ié-tsu ke i se, la se-ka-laong, tsou ih-diao ting **11** pei-zié-ke tsu-zong; véh gneu-i tsao ze-ka-ke i-se, tsou ih-wei zaong-p'ing t'ié-zen." Seng-gnu Teh-

---

l'offrir.

L'apôtre S. Jean rappelle que Jésus dit: "*Descendi de coelo, non ut faciam* **3** *voluntatem meam, sed voluntatem ejus qui misit me.*" (Jo.6.38.) Et encore : "*Ut cognoscat* **4** *mundus quia diligo Patrem, et sicut mandatum dedit mihi Pater, sic facio.*" (Jo. 14. 31.) **5** Une fois pendant que Jésus prêchait, on l'avertit que sa mère et **6** ses frères le cherchaient. Jésus en indiquant tout le monde, dit: "*Quae est mater mea et qui sunt fratres mei?* **7** *Quicumque enim fécerit voluntatem Patris mei, qui in coelis est, ipse meus frater et mater est.*" (Matth. 12. 48.)

A cause de cela, tous les saints pendant leur vie, dans leurs actions, se conformèrent à la volonté de Dieu. **10** Le bienheureux Henri Suson disait: "Je désire être le ver le plus méprisable de la terre par la volonté de Dieu, **11** plutôt que d'être un séraphin par ma propre volonté." Et Ste Thé-

肋撒話。專門照天主个聖意、是頂要緊个事體、勿論做啥个工夫、辦啥个事體、齊該當照天主个願意、第个是最安當个路道。人越是專門照天主个意思、越是容易修大德行咾、得着天主格外个恩典、垃拉德行个一條路上、大大裡有進境。一總个聖人、一心愛慕天主、故所以常常照天主个意思。吾主耶穌教伲求天主話。爾旨承行於地、如於天焉。就是盼望天主、賞賜世界上个人、順從伊个命令、如同天堂上个天神聖人一樣。啥人聽從天主个願意、是天主頂愛慕个。聖經上天主話。我尋着相對我心个人。第个人是達味聖王、勿是別人。因爲達味聖王、常常預備自家个心、照天主个願意、自伊對天主話。主、我个心已經預備拉者、我个心實然預備好拉者、儂教我做什介

leh-sèh wo: "Tsé-men tsao T'ié-tsu-ke seng-i, ze ting yao-
kien-ke ze-t'i; véh len tsou sa-ke kong-2-fou, bè sa-ke ze-t'i,
zi kai-taong tsao T'ié-tsu-ke gneu-i: di-ke ze tsu t'ou-taong-ke
lou-dao. 3 Gnen yeuh-ze tsé-men tsao T'ié-tsu-ke i-se, yeuh-
ze yong i sieû dou teh-yeng lao, teh-zah T'ié-tsu 4 keh-wai-ke
en-tié, léh-la teh-yeng-ke ih-diao lou laong dou-dou-li yeû tsin-
kieng."

Ih-tsong-ke seng-gnen ih-sin ai-mou T'ié-tsu, kou-sou-i
zang-zang tsao T'ié-tsu-ke i-se. Ngou-tsu 6 Ya-sou kiao-hiun
gni ghieû T'ié-tsu wo: "*Eul tse zeng-yeng yu di, zu yu t'ié yé.*"
Zieû-ze p'è-maong T'ié-tsu 7 saong-se se-ka-laong-ke gnen
zeng-zong i-ke ming-ling, zu-dong t'ié-daong laong-ke t'ié-zen
seng-gnen ih-S-yang. Sa-gnen t'ing-zong T'ié-tsu-ke gneu-i, ze
T'ié-tsu ting ai-mou-ke. Seng kieng laong T'ié-tsu wo: "*Ngou*
9 *zin-zah siang-tei ngou sin-ke gnen.*" Di-ke gnen ze Dèh-vi
seng waong, véh ze biéh-gnen; yen-wei Dèh-vi 10 seng waong
zang-zang yu-bei ze-ka-ke sin tsao T'ié-tsu-ke gneu-i; ze-i tei
T'ié-tsu wo: "*Tsu, ngou-*11*-ke sin i-kieng yu-bei-la-tsé, ngou-ke
sin zéh-zai yu-bei-h'ao-la-tsé.*" Nong kao ngou tsou zéh-ka-

---

rèse: "Faire uniquement la volonté de Dieu, c'est la chose la
plus nécessaire; qu'on fasse n'importe quoi, 2 qu'on traite
n'importe quelle affaire, il faut toujours agir selon la volonté
de Dieu: voilà le chemin le plus sûr. 3 Plus on se conformera
uniquement à la divine volonté, plus on trouvera de facilité
à pratiquer les grandes vertus, on obtiendra de Dieu 4 des
faveurs extraordinaires, et on progressera grandement dans
la voie de la vertu."

Les saints aimaient Dieu de tout cœur, et ainsi ils se
conformaient toujours à sa volonté. Notre-Seigneur 6 nous
enseigna à prier Dieu ainsi: "*Fiat voluntas tua, sicut in
coelo et in terra.*" C'est-à-dire: nous vous demandons, ô
Dieu, 7 d'accorder aux hommes la grâce de suivre votre
volonté comme les Anges et les saints du ciel. 8 Celui qui se
conforme à la volonté divine, est très aimé de Dieu. Dieu
dit dans l'Écriture Sainte: 9 "*Inveni... virum secundum cor
meum.*" (Act. 13. 22.) Cet homme n'est pas autre que le saint
roi David; parce que le 10 saint roi David préparait conti-
nuellement son cœur à se conformer à la volonté divine; il
disait à Dieu: 11 "*Paratum cor meum, Deus, paratum cor
meum.*" Vous voulez que j'agisse ainsi,

能、我就情願照儂个意思咾做。
人能彀棄絶自家个意思咾、照天主个意思、已經成功聖人大暢者。如同聖保祿回頭改過个時候、一聽得耶穌个說話、立刻答應話。吾主、儂要我做啥。因爲自伊棄絶自家个意思、要照天主个意思咾、所以吾主耶穌、拉亞納尼亞門前、讚美伊咾話。保祿是我揀選拉个好器具、後來要傳揚我个名頭、拉拉一總百姓。凡於人守齋、做哀矜、做苦工、克苦自家个肉身、算得擔自家一半獻拉天主。若使擔自家个意思、獻拉天主、乃味算得完全獻拉天主。天主要个就是第个。聖經上記載天主話。我个小囝、拿儂个心撥拉我罷。天主要伲个心、伲該當完全獻拉天主、爲結合天主聖意。又該當求天主、賞賜伲能彀時時刻刻照伊个

neng, ngou zieû zing-gneu tsao nong-ke i-se lao tsou.

Gnen neng-keû k'i-ziéh ze-ka-ke i-se lao, tsao T'ié-tsu-ke i-se, i-kieng zeng-kong seng-gnen da-**3**-tsang tsé. Zu-dong seng Pao-lôh wei-deû-kai-kou-ke ze-heû, ih t'ing-teh Ya-sou-ke seh-wo, lih-k'eh **4** tèh-yeng wo: "Ngou tsu, nong yao ngou tsou sa?" Yen-wei ze-i k'i-ziéh ze-ka-ke i-se, yao tsao T'ié-**5**-tsu-ke i-se lao. Sou-i ngou tsu Ya-sou la Ya-nèh-gni-ya men-zié tsè-mei i lao wo: "Pao-**6**-lôh ze ngou kè-sié-la-ke h'ao k'i-ghiu; heû-lai yao zé-yang ngou-ke ming-deû, léh-la ih-tsong pah-**7**-sing." Vè-yu gnen seû-tsa, tsou ai-kieng, tsou k'ou-kong, k'eh-k'ou ze-ka-ke gnôh-sen, seu-teh tè ze-ka **8** ih pé hié-la T'ié-tsu; zah-se tè ze-ka ke i-se hié-la T'ié-tsu, nai-méh seu-teh wé-zié **9** hié-la T'ié-tsu. T'ié-tsu yao-ke zieû-ze di-ke. Seng-kieng laong ki-tsai T'ié-tsu wo: "*Ngou-ke siao-neu,* **10** *nao nong-ke sin péh-la ngou ba.*" T'ié-tsu yao gni-ke sin, gni kai-taong wé-zié hié-la T'ié-tsu, wei **11** kiéh-héh T'ié-tsu seng-i. I kai-taong ghieû T'ié-tsu, saong-se gni neng-keû ze-ze-k'eh-k'eh tsao i-ke

---

et moi je désire agir selon votre volonté.

Celui qui renonce à sa propre volonté pour faire la volonté de Dieu, est déjà arrivé à une grande sainteté. **3** Comme S. Paul, au moment de sa conversion, en entendant les paroles de Jésus, répondit **4** immédiatement: "Seigneur, que voulez-vous que je fasse?" (Act. 9. 6.), parce qu'il avait renoncé à sa volonté propre et voulait se conformer à **5** celle de Dieu. À cause de cela, Notre-Seigneur le loua devant Ananie en lui disant: **6** "Paul est un vase choisi par moi, dans la suite il propagera mon nom parmi tous les peuples." (Act. 9. 15.) **7** Quiconque jeûne, fait l'aumône, pratique la pénitence et mortifie son corps, peut être censé **8** donner à Dieu la moitié de soi; mais celui qui offre sa volonté à Dieu, lui **9** donne tout. Voilà ce que Dieu veut. L'Écriture Sainte rapporte que Dieu dit: "*Praebe, fili mi,* **10** *cor tuum mihi.*" (Prov. 23, 26.) Dieu veut notre cœur, et nous devons l'offrir entièrement à Dieu, afin **11** de nous unir à sa volonté; en outre, nous devons demander à Dieu de nous accorder la grâce de faire à chaque instant sa

意思。求主保聖人、求至聖童貞瑪利亞轉求天主、賞賜伲拉各色各樣个事體裡、相對天主个聖意。

二想　人拉稱心个事體上、該當照天主个聖意、拉拉勿稱心个事體上、更加要緊照天主个聖意。比方生病、遭着患難、失落脫銅錢銀子、爺娘死者、或者心裡勿平安咾啥、齊是天主加拉个。應該安心咾忍受、照天主安排。也有多好勿稱心个事體、勿是從天主來个、到底也是天主許拉个、爲教訓伲要謙遜咾忍耐、比方有人戲笑伲、妄証伲、毀謗伲、輕慢咾淩辱伲。第个齊是勿稱心个事體、也該當照天主个意思、快活咾忍受。勿要記仇、勿要抱怨、想着是天主准許咾來个。伲好好能受之、爲天主味有光榮、爲伲味有好處。

i-se. Ghieû tsu-pao seng-gnen, ghieû tse-seng dong-tseng Mô-li-ya tsé-ghieû T'ié-tsu, saong-se gni la koh-**2**-seh-koh-yang-ke ze-t'i li,siang-tei T'ié-tsu-ke seng-i.

GNI SIANG.—Gnen la ts'eng-sin-ke ze-t'i laong, kai-taong tsao T'ié-tsu-ke seng-i, léh-la véh ts'eng-sin-**4**-ke ze-t'i laong, keng-ka yao-kien tsao T'ié-tsu-ke seng-i. Pi-faong sang-bing, tsao-zah wè-nè, séh-lôh-**5**-t'éh dong-dié gnen-tse, ya-gnang si-tsé, woh-tsé sin li véh bing-eu lao-sa, zi ze T'ié-tsu ka-la-**6**-ke, yeng-kai eu-sin lao zen zeû, tsao T'ié-tsu eu-ba. A yeû tou-h'ao véh ts'eng-sin-ke ze-t'i, véh **7** ze zong T'ié-tsu lai-ke, tao-ti a ze T'ié-tsu hiu-la-ke, wei kiao-hiun gni yao k'ié-sen lao zen-**8**-nai, pi-faong yeû gnen hi-siao gni, waong-tseng gni, hoei-paong gni, k'ieng-mè lao ling-zôh gni: di-ke zi ze **9** véh ts'eng-sin-ke ze-t'i,a kai-taong tsao T'ié-tsu-ke i-se, k'a-wéh lao zen zeû; véh yao ki-zeû, **10** véh yao bao-yeu, siang-zah ze T'ié-tsu tsen-hiu lao lai-ke. Gni h'ao-h'ao-neng zeû-tse, wei T'ié-tsu méh **11** yeû koang-yong, wei gni méh yeû h'ao-ts'u.

---

volonté. Prions nos saints patrons, prions la Ste Vierge Marie, afin qu'ils intercèdent auprès de Dieu, pour qu'il nous accorde **2** de nous conformer en toutes choses à sa divine volonté.

IIe POINT. EN QUOI NOUS DEVONS NOUS CONFORMER À LA VOLONTÉ DIVINE. — S'il est nécessaire de nous conformer à la volonté divine dans les choses agréables, **4** il est bien plus nécessaire de nous y conformer dans les choses désagréables. Ainsi les maladies, les adversités, les pertes **5** d'argent, la mort des parents, ou bien les peines d'esprit, tout cela vient de Dieu, **6** il faut les supporter avec calme et patience selon la divine disposition. Il y a encore beaucoup de choses désagréables, qui ne **7** viennent pas de Dieu, mais que Dieu permet, pour nous apprendre l'humilité et la **8** patience, comme les moqueries, les calomnies, les médisances, les mépris et les injures : toutes ces choses, **9** quoique désagréables, on doit selon la divine volonté les supporter avec joie, sans désirer la vengeance **10** et sans garder de rancune, en pensant qu'elles nous sont arrivées avec la permission de Dieu. Si nous les souffrons dignement, pour Dieu **11** il y aura de la gloire et pour nous des avantages.

聖經上記載天主話。我是大主宰、造亮光也造黑暗、造平安又造患難。聖經上又話。福氣咾禍患、死咾活、齊從天主來个。既然從天主來个、就該當快活咾受、乃味能殼拿苦處變成功快活、拿害處變成功好處。假使自伲爲愛慕天主咾忍耐、大大裡有功勞、能殼得着天主个報答、吃點小苦頭、得着天主个大賞賜。所以一總聖人拿自家个患難、當爲便宜、齊喜喜歡歡忍受个。撒伯依地方个人、搶若伯聖人个銅錢銀子、中牲咾啥、聖人勿話啥別樣、單單話。天主賞賜拉个、天主拿去、我仍舊可以讚美天主个聖名。

聖厄彼德多聖亞東致命个時候、外教人用鐵刷拉伊拉个身體上刷、用火燒伊拉个皮肉、伊拉勿話啥別樣、單單話。伲个天

Seng-kieng laong ki-tsai T‘ié-tsu wo: “*Ngou ze da tsu-tsé, zao liang-koang a zao h‘ch-é, zao bing-eu i* **2** *zao wè-nè.*” Seng-kieng laong i wo: “*Foh-k‘i lao wou-wè, si lao wéh, zi zong T‘ié-tsu lai-ke.*” Ki-zé **3** zong T‘ié-tsu lai-ke, zieû kai-taong k‘a-wéh lao zeû: nai-méh neng keû nao k‘ou-ts‘u pié-zeng-kong k‘a-wéh, **4** nao hai-ts‘u pié-zeng-kong h‘ao-ts‘u. Kia-se ze-gni wei ai-mou T‘ié-tsu lao zen-nai, dou-dou-li yeû **5** kong-lao, neng-keû teh-zah T‘ié-tsu-ke pao-tèh; k‘ieh tié siao k‘ou-deû, teh-zah T‘ié-tsu-ke dou saong-se. **6** Sou-i ih-tsong seng-gnen nao ze-ka-ke wè-nè, taong-wei bié-gni, zi hi-hi-hoé-hoé zen-zeû-ke. **7** Sèh-péh-i di-faong-ke gnen, ts‘iang Zah-péh seng-gnen-ke dong-dié-gnen-tse, tsong-sang lao-sa, seng-gnen véh **8** wo sa biéh-yang, tè-tè wo: “T‘ié-tsu saong-se-la-ke, T‘ié-tsu nao-k‘i, ngou zeng-ghieû k‘o-i tsè-mei **9** T‘ié-tsu-ke seng-ming.”

Seng Ngeh-pei-teh-tou seng Ya-tong tse-ming-ke ze-heû, nga-kiao-gnen yong t‘ih mao-séh la i-la-ke sen-**11**-t‘i laong séh, yong h‘ou sao i-la-ke bi-gnôh, i-la véh wo sa biéh-yang, tè-tè wo: “Gni-ke T‘ié-

---

Il est rapporté dans l’Écriture Sainte que Dieu dit: “*Ego Dominus... formans lucem et creans tenebras, faciens pacem et* **2** *creans malum.*” (Is. 45. 6.) Et ailleurs: “*Bona et mala, vita et mors, paupertas et honestas a Deo sunt.*” (Eccli. 11. 14.) Puisque **3** cela vient de Dieu, on doit le supporter gaiement: alors, la douleur se changera en joie **4** et les désavantages en avantages. Si nous l’endurons par amour pour Dieu, nous aurons de grands **5** mérites, nous en recevrons de Dieu la récompense; après un petit peu de souffrance, Dieu nous donnera une grande récompense. **6** À cause de cela, tous les saints regardaient les calamités comme des avantages et les supportaient avec joie. **7** Les Sabéens ayant enlevé au saint homme Job son argent, ses bestiaux et le reste, le saint ne **8** dit pas autre chose, il dit seulement: “Le Seigneur me l’avait donné, le Seigneur me l’a ôté, que le nom **9** du Seigneur soit béni.” (Job 1. 21.)

Pendant que S. Epictète et S. Astion souffraient le martyre, alors que les païens avec des brosses de fer **11** frottaient leur corps, et avec le feu brûlaient leur peau, ils ne disaient que ces paroles: “Seigneur,

主、完全照儂个願意味者、儂眞正是可以讚美个、巴勿得伲受拉个苦處、相對儂个意思。

博學士匝瑟呂記載、有一个修道人、拉修道院裡。外面看起來同別个修道人差勿多、勿做啥另外个苦功、到底常常發聖跡。院長稀奇第个事體、一日問伊咾話。儂有啥个德行超過別人咾、能彀行聖跡。伊話。我無啥好處、也勿如別人、不過我所專心致志个、就是完全照天主个意思。天主願意啥、我也願意啥。勿論苦惱咾快活、齊讓天主安排。院長神父話。前幾日對頭人害伲、燒脫伲个物事、儂快活呢勿快活。伊話。我無啥勿快活、我想着是天主許拉个、爲伲有好處个、所以還謝謝天主。院長聽得之什介能个說話、就曉得自伊个德行、齊拉拉結合天主个聖

tsu, wé-zié tsao nong-ke gneu-i méh-tsé, nong tsen-tseng ze k'o-i tsè-mei-ke; pouo-véh-teh gni zeû-**2**-la-ke k'ou-ts'u, siang-tei nong-ke i-se!"

Pôh-yah-ze Tsèh-seh-liah ki-tsai, yeû ih-ke sieû-dao-gnen la sieû-dao-yeu li, nga-mié k'eu-k'i-lai **4** dong biéh-ke sieû-dao-gnen ts'ouo-véh-tou, véh tsou sa ling-nga-ke k'ou-kong, tao-ti zang-zang fèh seng-tsih. **5** Yeu-tsang hi-ghi di-ke ze-t'i, ih gnéh men i lao wo: "Nong yeû sa teh-yeng ts'ao-kou biéh-gnen **6** lao, neng-keû hang seng-tsih?" I wo: "Ngou m sa h'ac-ts'u, a véh zu biéh-gnen; péh-kou ngou sou tsé-sin-**7**-tse-tse-ke, zieû-ze wé-zié tsao T'ié-tsu-ke i-se; T'ié-tsu gneu-i sa, ngou a gneu-i sa; véh **8** len k'ou-nao lao k'a-wéh, zi gnang T'ié-tsu eu-ba." Yeu-tsang zen-vou wo: "Zié ki gnéh tei-deû-gnen hai **9** gni, sao-t'éh gni-ke méh-ze, nong k'a-wéh gni véh k'a-wéh?" I wo: "Ngou m sa véh k'a-wéh: ngou siang-**10**-zah ze T'ié-tsu hiu-la-ke, wei gni yeû h'ao-ts'u-ke, sou-i è zia-zia T'ié-tsu." Yeu-tsang t'ing-teh-**11**-tse zéh-ka-neng-ke seh-wo, zieû hiao-teh ze-i-ke teh-yeng, zi léh-la kiéh-héh T'ié-tsu-ke seng-

---

que votre volonté s'accomplisse entièrement en nous, soyez loué; oh! si nos **2** souffrances étaient conformes à votre volonté!"

Le savant Césaire raconte d'un moine dans un monastère, qu'il paraissait à l'extérieur **4** à peu près comme les autres religieux, et ne faisait pas de pénitences extraordinaires, mais il opérait toujours des miracles. **5** Le père abbé, étonné de cela, lui dit un jour: "En quelle vertu surpassez-vous les autres, **6** pour pouvoir faire des miracles?" Il répondit: "Je n'ai aucun avantage sur les autres, je ne suis pas même comme eux: ce à quoi je m'applique **7** de tout mon cœur, c'est à me conformer entièrement à la volonté de Dieu; ce que Dieu veut, je le veux aussi; **8** je laisse Dieu disposer de la souffrance et de la joie." L'abbé lui dit: "Il y a quelques jours, nos ennemis nous ont causé du dommage, **9** ils ont brûlé nos effets, en avez-vous été content ou mécontent?" Il répondit: "Je ne fus nullement mécontent: je pensais **10** que Dieu permettait cela, que pour nous il y avait de l'avantage, aussi j'en ai même remercié Dieu." L'abbé, en entendant **11** cela, comprit que toute sa vertu consistait à s'unir à la volonté divine,

意、同天主一心。
倗也該當什介。幾時有勿稱心个事體、想着是天主加拉个、勿但要忍耐、並且還要快活。從前宗徒拉傳教个時候、惡人輕慢咾淩辱極其利害。到底宗徒拉十分喜歡、因爲爲耶穌个聖名咾、受人个淩辱。一个人碰着之苦惱个光景、想着是從天主來个、快活咾去受、使得天主个心喜歡。天主味就賞賜伊大个安慰者。假使倗常常同天主一心、心裡就時時刻刻平安咾無得苦惱者、因爲苦惱味、恰好相對倗个願意、什介能還有啥苦惱呢。
聖女德肋撒每日五十回、拿自家个心獻拉天主、望天主安排伊、相對天主个聖意。日逐預備自家吃苦。有一日無得苦吃、就

i, dong T'ié-tsu ih sin.

Gni a kai-taong zéh-ka-neng: ki-ze yeû véh ts'eng-sin-ke ze-t'i, siang-zah ze T'ié-tsu ka-la-ke, véh **3** dè yao zen-nai, ping-ts'ié è yao k'a-wéh. Zong-zié tsong-dou-la zé-kiao-ke ze-heû, oh-gnen k'ieng-mè **4** lao ling-zôh ghieh-ghi li-hai; tao-ti tsong-dou-la zéh-fen hi-h'oé,yen-wei wei Ya-sou-ke seng-ming **5** lao zeû gnen-ke ling-zôh. Ih-ke gnen bang-zah-tse k'ou-nao-ke koang-kieng, siang-zah ze zong T'ié-tsu lai-**6**-ke, k'a-wéh lao k'i zeû, se-teh T'ié-tsu-ke sin hi-hoé; T'ié-tsu méh zieû saong-se i dou-ke eu-**7**-wei tsé. Kia-se gni zang-zang dong T'ié-tsu ih sin, sin li zieû ze-ze-k'eh-k'eh bing-eu lao m-teh **8** k'ou-nao tsé; yen-wei k'ou-nao méh hèh-h'ao siang-tei gni-ke gneu-i, zéh-ka-neng è yeû sa k'ou-nao **9** gni?

Seng-gnu Teh-leh-sèh mei gnéh n-séh wei, nao ze-ka-ke sin hié-la T'ié-tsu, maong T'ié-tsu eu-ba **11** i, siang-tei T'ié-tsu-ke seng-i; gnéh-zôh yu-bei ze-ka k'ieh-k'ou: yeû ih gnéh m-teh k'ou k'ieh, zieû

---

et à ne faire qu'un cœur avec Dieu.

Ainsi devons-nous faire nous-mêmes: lorsqu'une contrariété se présente, penser que Dieu nous l'impose, **3** non seulement il faut patienter, mais encore se réjouir. Autrefois, lorsque les Apôtres propageaient la religion, les méchants les méprisaient **4** et les injuriaient très cruellement; mais les Apôtres étaient très joyeux d'être maltraités **5** pour le nom de Dieu. Celui qui, à la rencontre de circonstances fâcheuses, pense qu'elles viennent de Dieu **6** et les accepte avec joie, réjouit le cœur de Dieu, et Dieu lui accorde une grande consolation. **7** Si nous n'avons qu'une même volonté avec Dieu, notre cœur sera à chaque moment en paix et jamais **8** malheureux: parce que dès que le malheur arrive, il répond juste à notre désir, et ainsi, comment pourrait-on être malheureux?

Ste Thérèse offrait son cœur à Dieu cinquante fois par jour, et espérait que Dieu disposerait **11** d'elle selon sa sainte volonté; chaque jour elle se préparait à souffrir: et si un jour se passait sans souffrir, alors

28

求天主、或者收伊个靈魂、或者賞賜伊吃苦。

三想　人咾同天主一條心、常常照天主个聖意、垃拉世界上、得着平安。聖經上話。有義德个人、拉世界上一眼無得憂悶个事體。勿論碰着啥个苦、想着是天主个意思、就稱心者。因爲伊勿要啥別樣、只要相對天主个願意。

撒爾味諾話。謙遜个人、件件聽天主安排、天主要伊做苦惱人、就願意做苦惱人、天主要伊那能、就願意那能。第等人眞正有福氣。自伊个意思、搭之天主个意思、成功一个。或者冷、或者熱、發風落雨、天主要个、伊也要个、豈勿是稱心如意否。落脫銅錢銀子、遭着患難、或者生病、或者死、也無啥勿如意、也無啥勿稱心。因爲自伊只要相對天主个意思咾、要天主喜歡、總勿肯照

ghieû T'ié-tsu, woh-tsé seû i-ke ling-wen, woh-tsé saong-se i k'ieh-k'ou.

SÈ SIANG. — Gnen lao dong T'ié-tsu ih-diao sin, zang-zang tsao T'ié-tsu-ke seng-i, léh-la se-ka-laong **3** teh-zah bing-eu. Seng-kieng laong wo: "*Yeû gni-teh-ke gnen la se-ka-laong ih-ngè m-teh yeû-men-ke* **4** *ze-t'i.*" Véh len bang-zah sa-ke k'ou, siang-zah ze T'ié-tsu-ke i-se, zieû ts'eng-sin tsé; yen-wei i **5** véh yao sa biéh-yang, tséh yao siang-tei T'ié-tsu-ke gneu-i.

Sèh-eul-vi-noh wo: "K'ié-sen-ke gnen ghié-ghié t'ing T'ié-tsu eu-ba; T'ié-tsu yao i tsou k'ou-nao gnen, **7** zieû gneu-i tsou k'ou-nao gnen, T'ié-tsu yao i na-neng, zieû gneu-i na-neng: di-teng gnen tsen-tseng yeû **8** foh-k'i." Ze-i-ke i-se tèh-tse T'ié-tsu-ke i-se zeng-kong ih-ke; woh-tsé lang woh-tsé gnéh, **9** fèh-fong loh-yu, T'ié-tsu yao-ke, i a yao-ke; k'i-véh-ze ts'eng-sin-zu-i va? Loh-t'éh dong-dié-**10**-gnen-tse, tsao-zah wè-nè, woh-tsé sang-bing woh-tsé si, a m sa véh zu-i, a m sa véh ts'eng-**11**-sin, yen-wei ze-i tséh yao siang-tei T'ié-tsu-ke i-se lao, yao T'ié-tsu hi-hoé; tsong véh k'eng tsao

---

elle demandait à Dieu, ou bien de la faire mourir, ou bien de lui accorder la souffrance.

IIIe POINT. BONHEUR QUE PROCURE LA CONFORMITÉ À LA VOLONTÉ DE DIEU. — Celui qui n'a qu'un cœur avec Dieu et qui se conforme toujours à sa sainte volonté, jouit **3** ici-bas de la paix. La sainte Écriture dit: "*Non contristabit justum, quidquid ei acciderit.*" (Prov. 12. 21.) **4** Lorsqu'il rencontre quelque peine, le juste pense que c'est la volonté de Dieu, et ainsi il est content; car il **5** ne veut pas autre chose que se conformer à la divine volonté.

Salvien dit: "L'humble se conforme en tout à la disposition divine; si Dieu veut qu'il soit malheureux, **7** il désire être malheureux, il désire être comme Dieu veut qu'il soit: un tel homme est vraiment **8** heureux." Sa pensée fait une pensée avec celle de Dieu; qu'il fasse froid ou chaud, **9** que le vent souffle ou qu'il pleuve, Dieu le veut, il le veut aussi; n'est-ce pas qu'il est content et satisfait? S'il perd de l'argent, **10** s'il rencontre des adversités,qu'il soit malade ou qu'il meure, rien n'est contre sa pensée, il n'a pas de quoi être mécontent, **11** parce qu'il ne veut que se conformer à la volonté divine et réjouir Dieu; il ne veut absolument

自家个願意。所以自伊个心上、勿但有頂大个平安、靈魂上也豐足相。伊个快活、實在超過世界上一總个福氣。聖經上話。聖人个明白、如同日頭、總勿更改。糊塗人如同月、常常更改、今朝大、明朝小。罪人也是第个樣色、今朝笑、明朝哭、今朝咾事體稱心、就和和善善、到明朝有之苦惱、就戇火咾勿和善者。好人勿是什介、伊拉勿論碰着苦惱咾快活、總勿更改、因爲想各樣个事體、齊是天主安排拉个、所以樣樣稱心。聖經上話。好人拉拉世界上享受太平。聖女瑪大肋納巴齊、聽得人讚美天主个聖意、伊个心就覺着安慰者。

從此曉得相對天主意思个人、常常心滿意足。人咾勿相對天主个願意、就免勿脫多化苦頭、心裡勿能彀平安。儂咾想着勿

ze-ka-ke gneu-i : sou-i ze-i-ke sin laong, véh dè yeû ting dou-ke bing-eu, ling-wen laong a **2** mè tsôh-siang; i-ke k'a-wéh zéh-zai ts'ao-kou se-ka-laong ih-tsong-ke foh-k'i.

Seng-kieng laong wo : "*Seng-gnen-ke ming-bah zu-dong gnéh-deû, tsong véh kang-kai; wou-dou gnen zu-dong gneuh, zang-***4***-zang kang-kai, kien-tsao dou, ming-tsao siao.*" Zu-gnen a ze di-ke yang-seh : kien-tsao siao, ming-tsao k'ôh, kien-**5**-tsao lao ze-t'i ts'eng-sin, zieû wou-wou-zé-zé; tao ming-tsao yeû-tse k'ou-nao, zieû koang-h'ou lao véh wou-**6**-zé tsé. H'ao-gnen véh ze zéh-ka : i-la véh len bang-zah k'ou-nao lao k'a-wéh, tsong véh kang-kai; yen-**7**-wei siang koh-yang-ke ze-t'i, zi ze T'ié-tsu eu-ba-la-ke, sou-i yang-yang ts'eng-sin. Seng-kieng laong **8** wo : "*H'ao-gnen léh-la se-ka-laong hiang-zeû t'a-bing.*" Seng-gnu Mô-da-leh-nèh Pouo-zi t'ing-teh gnen tsè-**9**-mei T'ié-tsu-ke seng-i, i-ke sin zieû koh-zah eu-wei tsé.

Zong-ts'e hiao-teh siang-tei T'ié-tsu i-se-ke gnen, zang-zang sin-mé-i-tsôh; gnen lao véh siang-tei T'ié-**11**-tsu-ke gneu-i, zieû mié-véh-t'éh tou-h'ouo k'ou-deû, sin li véh neng-keû bing-eu. Nong lao siang-zah véh

---

rien selon ses désirs; ainsi, non seulement son cœur possède une paix très grande, mais son âme est aussi **2** tout à fait satisfaite; sa joie surpasse vraiment tous les bonheurs de ce monde.

La sainte Écriture dit: "*Homo sanctus in sapientia manet sicut sol; nam stultus sicut luna* **4** *mutatur.*" (Eccli. 27. 12.) Il en est ainsi du pécheur: aujourd'hui, il rit, demain, il pleure; aujourd' **5** hui, tout va à souhait, et il est de bonne humeur; demain, il est malheureux, alors il se met en colère et il n'est plus **6** aimable. Mais il n'en est pas ainsi des bons: qu'ils soient dans le malheur ou dans le bonheur, ils ne changent jamais; **7** ils pensent que toute chose a été arrangée par Dieu, et ainsi ils sont contents de tout. La sainte Écriture **8** dit: "*Et in terra pax hominibus bonae voluntatis.*" (Luc. 2. 14.) Ste Marie-Magdeleine de Pazzi en entendant louer **9** la divine volonté sentait une grande consolation.

D'où on peut comprendre que celui qui se conforme à la volonté de Dieu, est toujours satisfait; et que celui qui ne s'y **11** conforme pas, ne pourra pas éviter beaucoup de douleurs et ne pourra pas avoir la paix du cœur. Si vous pensiez

論啥事體、齊是天主安排个、啥人再敢背逆天主个聖意呢。聖若伯話。勿照天主意思个人、那得能彀得着平安。天主个意思是頂好个、自伊所要个、完全爲伲有好處个、就是願意伲成功聖人咾升天堂、活拉个辰光平安、死起來有福氣。

有常時天主用患難來罰伲、也是好意思。教訓伲回頭改過、救着伲个靈魂、一眼無沒害伲个意思。儂想想看、天主爲救伲勿肉麻甩脫自家个聖子耶穌、還有啥物事、能彀肉麻咾勿肯撥伲呢。爲此、伲乃朝後、完全要照天主个意思、挪伲各色各樣个事體、完全交代拉天主手裡、隨便天主安排、什介能自在勿差者。

有一轉、耶穌告訴聖女加大利納話。儂想着我、我也常常想着

len sa ze-t'i, zi ze T'ié-tsu eu-ba-ke, sa-gnen tsai ké pei-gneh T'ié-tsu-ke seng-i gni? Seng **2** Zah-péh wo: "*Véh tsao T'ié-tsu i-se-ke gnen, na-teh neng-keû teh-zah bing-eu ?*" T'ié-tsu-ke i-se **3** ze ting h'ao-ke, ze-i sou yao-ke wé-zié wei gni yeû h'ao-t'su-ke; zieû-ze gneu-i gni zeng-kong **4** seng-gnen lao seng t'ié-daong, wéh-la-ke zen-koang bing-eu, si-k'i-lai yeû-foh-k'i.

Yeû zang-ze T'ié-tsu yong wè-nè lai vèh gni, a ze h'ao i-se; kiao-hiun gni wei-deû-kai-kou, kieû-**6**-zah gni-ke ling-wen: ih-ngè m-méh hai gni-ke i-se. Nong siang-siang-k'eu: T'ié-tsu wei kieû gni véh **7** gnôh-mô goè-t'éh ze-ka-ke seng-tse Ya-sou; è yeû sa méh-ze neng-keû gnôh-mô lao véh k'eng péh **8** gni gni? Wei-ts'e, gni nai-zao-heû wé-zié yao tsao T'ié-tsu-ke i-se, nè gni koh-seh-koh-yang-ke **9** ze-t'i wé-zié kao-dai-la T'ié-tsu seû-li, zu-bié T'ié-tsu eu-ba: zéh-ka-neng zéh-zai véh ts'ouo-**10**-tsé.

Yeû ih tsé Ya-sou kao-sou seng-gnu Kia-da-li-nèh wo: "Nong siang-zah ngou, ngou a zang-zang siang-zah

---

que chaque chose a été réglée par Dieu, comment oseriez-vous vous révolter contre sa divine volonté ? S. **2** Job disait: "*Quis restitit ei et pacem habuit ?*" (Job. 9. 4.) La volonté de Dieu **3** est ce qu'il y a de mieux, tout ce qu'elle veut nous est avantageux; c'est-à-dire qu'elle veut que nous devenions **4** saints et que nous allions au ciel, que nous vivions en paix, et que nous obtenions une bonne mort.

Si Dieu parfois nous punit par des calamités, il a une bonne intention; c'est pour nous avertir de nous corriger et de sauver **6** notre âme: il n'a nullement l'intention de nous nuire. Réfléchissez: Dieu pour nous sauver n'a pas **7** regretté de livrer son Fils Jésus-Christ; quelle chose pourra-t-il donc regretter et refusera-t-il de nous **8** donner? Ainsi, désormais faisons en tout la volonté de Dieu, remettons toutes nos **9** affaires entre les mains de Dieu, pour qu'il en dispose à son gré: de la sorte, nous ne nous tromperons certainement pas.

Une fois, Notre-Seigneur donna cet avertissement à Ste Catherine de Sienne: "Pense à moi, et je penserai sans cesse

儂。教友、伲也該當什介能愛慕天主、同天主結合、足慣對天主話。吾主、儂是我所愛慕个、儂就是我、我味就是儂。聖尼祿話。伲勿要求天主、安排事體、照伲个意思、該當求天主。賞賜伲做事體、照天主个意思。

若然能彀什介、死之後來、一定升天堂。爲此緣故要緊效法聖母向天主話。我是天主个婢女、願意照儂話拉个咾做。或者效法達味聖王求天主話。主、我是儂个人、求儂救我。碰着患難个時候、就話。我主、儂願意什介能、我就照儂个願意、勿必話啥別樣者。

nong." Kiao-yoû, gni a kai-taong zéh-ka-neng ai-mou T'ié-tsu, dong T'ié-tsu kiéh-héh,tsôh-koé tei T'ié-tsu **2** wo: "Ngou tsu, nong ze ngou sou ai-mou-ke, nong zieû-ze ngou, ngou méh zieû-ze nong." Seng Gni-lôh wo: "Gni **3** véh yao ghieû T'ié-tsu eu-ba ze-t'i tsao gni-ke i-se; kai-taong ghieû T'ié-tsu saong-se gni tsou ze-**4**-t'i tsao T'ié-tsu-ke i-se."

. Zah-zé neng-keû zéh-ka, si-tse heû-lai ih-ding seng t'ié-daong. Wei-ts'e-yeu-kou yao-kien yao-fèh seng **6** Mou hiang T'ié-tsu wo: "*Ngou ze T'ié-tsu-ke bi-gnu, gneu-i tsao nong wo-la-ke lao tsou.*" Woh-tsé yao-**7**-fèh Dèh-vi seng-waong ghieû T'ié-tsu wo: "*Tsu, ngou ze nong-ke gneu, ghieû nong kieû ngou.*" Bang-zah wè-nè-ke **8** ze-heû, zieû wo: "Ngou tsu, nong gneu-i zéh-ka-neng, ngou zieû tsao nong-ke gneu-i"; véh pih wo sa biéh-**9**-yang-tsé.

à toi." Chrétiens, nous devons aussi aimer Dieu de cette manière, en nous unissant à Dieu et en disant souvent à Dieu: **2** "Mon Dieu, vous êtes celui que j'aime, vous êtes à moi et je suis à vous." Le saint abbé Nil disait: "Nous **3** ne devons pas demander à Dieu de régler les choses selon notre volonté; mais nous devons prier Dieu de nous accorder d'agir **4** selon sa volonté."

Si on fait cela, après la mort on ira sans nul doute en Paradis. Pour cela, il faut imiter la Sainte **6** Vierge qui disait à Dieu: "*Ecce ancilla Domini, fiat mihi secundum verbum tuum.*" Ou bien **7** imitons le saint roi David qui priait Dieu ainsi: "*Tuus sum ego, salvum me fac.*" (Ps. 118. 94.) Nous survient-il quelque **8** calamité, disons immédiatement: "Mon Dieu, puisqu'il vous a plu ainsi, je me conformerai à votre désir"; il n' est pas nécessaire de dire autre chose.